Steuerung der betrieblichen Altersversorgung
in Europa: garantierte Sicherheit?

Governance of Occupational Pensions in Europe:
Guaranteed Security?

Gouvernance des retraites professionnelles
en Europe: Sécurité garantie?

Otto Kaufmann · Sylvie Hennion
Herausgeber

# Steuerung der betrieblichen Altersversorgung in Europa: garantierte Sicherheit?

# Governance of Occupational Pensions in Europe: Guaranteed Security?

# Gouvernance des retraites professionnelles en Europe: Sécurité garantie?

Springer

*Herausgeber*
Dr. habil. (HDR) Otto Kaufmann
Max-Planck-Institut für ausländisches
und internationales Sozialrecht
Amalienstr. 33
80799 München
Deutschland
kaufmann@mpisoc.mpg.de

Professor Dr. Sylvie Hennion
Université de Rennes 1
Ecole doctorale des Sciences de l'Homme,
des Organisations et de la Société
Faculté de droit et de science politique
9 rue Jean Macé; CS 54203
35042 Rennes CEDEX
France
sylvie.hennion@univ-rennes1.fr

ISBN 978-3-642-15730-1 e-ISBN 978-3-642-15731-8
DOI 10.1007/978-3-642-15731-8
Springer Heidelberg Dordrecht London New York

Die Deutsche Nationalbibliothek verzeichnet diese Publikation in der Deutschen Nationalbibliografie; detaillierte bibliografische Daten sind im Internet über http://dnb.d-nb.de abrufbar.



*Einbandentwurf*: WMX Design, Heidelberg

Gedruckt auf säurefreiem Papier

Springer ist Teil der Fachverlagsgruppe Springer Science+Business Media (www.springer.com)

# Vorwort

Nahezu alle europäischen Staaten und viele andere Länder auch haben für die Konsolidierung ihrer Alterssicherungssysteme in den vergangenen Jahren – insbesondere nach der Jahrtausendwende – mehr oder weniger tiefgreifende Reformen durchgeführt; einige Systeme erfuhren grundlegende Änderungen. Das war notwendig, weil vor allem die demografische Entwicklung und auch die negative Arbeitsmarktlage mit hoher Arbeitslosigkeit eine Anpassung der sozialen Sicherungssysteme im Allgemeinen und der Alterssicherungssysteme im Besonderen notwendig gemacht haben. Dabei geht es vor allem um die Beziehung zwischen Beitragzahlern und Altersrentenbezieher.

Aus diesen Gründen, aber auch aus betriebspolitischen Erwägungen – die betriebliche Altersversorgung ist ein Schwerpunkt betrieblicher Sozialpolitik geworden –, nahm der Anteil der Betriebsrenten und sonstiger Zusatzaltersversicherungen an der gesamten Alterssicherung in manchen Ländern zu. Reformbedingte Leistungsminderungen der gesetzlichen Alterssicherung, wie sie manche Sicherungssysteme erfuhren, werden durch eine Verbesserung der betrieblichen Altersversorgung im übrigen auch abgefangen. Die zusätzliche betriebliche Alterssicherung kann so Defizite der gesetzlichen Alterssicherung ausgleichen und sie für manche Leistungen ergänzen. Dabei ist allerdings zu beachten, dass z. B. in Ländern wie Deutschland, wo die betriebliche Altersversorgung nicht obligatorisch ist, ein großer Teil der Arbeitnehmer keine zusätzliche kollektive Alterssicherung hat. Auch die individuell ausgestaltete Altersvorsorge wird nicht in der Weise in Anspruch genommen, dass sie die Defizite in der gesetzlichen Rentenversicherung ausgleichen könnte.

Um die rechtliche Komplexität und Unterschiedlichkeit der betrieblichen Altersversorgung zu untersuchen, fand im November 2005 in Rennes im Rahmen der Kooperation zwischen dem Max-Planck-Institut für ausländisches und internationales Sozialrecht und dem Institut de l'Ouest Droit et Europe (IODE)[1] der Universität Rennes I eine Tagung zum Thema „Betriebliche Altersversorgung in Europa"

---

[1]CNRS UMR 6262.

statt. Die Ergebnisse der Tagung wurden in einem Buch veröffentlicht.[2] Es enthält die Darstellungen nationaler Systeme mit Analysen allgemeiner, grundlegender Probleme der Altersversorgung in rechtsvergleichender Sicht.

Bereits nach der Tagung in Rennes wurde eine weitere Tagung mit weiterführender Thematik und Vertiefung bestimmter Aspekte geplant. Diese fand am 28. und 29. Mai 2009 in Berlin statt und hatte zum Thema den Titel dieses Buches:
*Steuerung der betrieblichen Altersversorgung in Europa : garantierte Sicherheit?*

Das international besetzte Forum war eine gemeinsame Veranstaltung des Max-Planck-Instituts für ausländisches und internationales Sozialrecht, Institut de l'Ouest Droit et Europe, der Hans-Böckler-Stiftung und der Friedrich-Ebert-Stiftung. Die Konzeption und inhaltliche Planung wurde vom Max-Planck-Institut und IODE durchgeführt, die Organisation vor Ort lag in der Verantwortung der Hans-Böckler-Stiftung.

Die Tagung setzte sich zum Ziel, auf den Ergebnissen der vorangegangenen Tagung aufbauend, die wesentlichen Elemente bei der Errichtung und Kontrolle betrieblicher Altersversorgung vergleichend und aus unterschiedlichen Sichtweisen zu analysieren. Wissenschaftler, Praktiker und Vertreter der Sozialpartner tauschten sich darüber aus, wie betriebliche Altersversorgung auf nationaler Ebene unter Berücksichtigung internationalen bzw. europäischen Rechts organisiert, gesteuert und gesichert wird und wie die Zukunftsperspektiven der betrieblichen Altersversorgung aussehen können.

Die globale Finanz- und Wirtschaftskrise machte bereits vor der Tagung deutlich, welchen Gefahren die Altersversorgung hinsichtlich der nachhaltigen Sicherheit ausgesetzt sein kann und wie wichtig daher solide und obligatorische Kontrollfunktionen sind. So kam es vor dem Hintergrund der Krise zu einer gewissen Verschiebung des Themenschwerpunkts zugunsten der Kontrolle der Finanzierungsmechanismen, ohne dass es jedoch kurzfristig einer grundlegenden Änderung der Themenbeschreibung bedurfte. Denn die Problematik der Kontrolle kann nicht auf ein Feld beschränkt werden, sondern ist als Ganzes zu sehen, weil sie alle Aspekte der betrieblichen Altersversorgung tangiert. In den Titel der Tagung wurde anlässlich dieser internationalen Entwicklung der Zusatz *garantierte Sicherheit?* eingefügt, um die Bedeutung der Kontrolle auf finanzieller Ebene besser hervorzuheben. Die Prüfung der Krisenfestigkeit dieser Systeme schien gerade vor dem Hintergrund der gegenwärtigen Finanzkrise angebracht – und ist es weiterhin. Die Konsequenzen der Finanzkrise auf die betriebliche Altersversorgung sind schließlich noch nicht in vollem Umfang zu überschauen, und zweifellos wird sie immer noch Auswirkungen auf manche Systeme der betrieblichen Altersversorgung zeitigen. Die Frage nach der (finanziellen) Sicherheit der betrieblichen

[2] *Sylvie Hennion-Moreau/Otto Kaufmann* (Hrsg.), Les retraites professionnelles en Europe, Droits européen et comparé. Betriebliche Altersversorgung in Europa, Europäisches Recht und Rechtsvergleichung. Occupational pension schemes in Europe, European law and comparative law, Bruylant, Bruxelles, 2007.

Altersversorgung, ob und wie diese garantiert wird, bleibt daher von höchster Aktualität.

Bei der Errichtung, der Durchführung und der Kontrolle auf allen Ebenen der betrieblichen Altersversorgungssysteme stellen sich zahlreiche Rechtsfragen, aber gerade für die Finanzierungsmodalitäten und die Anlagenpolitik auch solche ethischer Art. Dabei ist es auch von Interesse, das obligatorische oder nur freiwillige Zusammenwirken der Sozialpartner zu untersuchen und zu analysieren welche Handlungsspielräume jeweils bestehen und welche Kontroll- und Entscheidungskompetenzen jeweils zugestanden werden.

Die verschiedenen in diesem Gesamtkontext ausgewählten Themenbereiche wurden wie folgt abgehandelt:

Zu dem Hauptthema der Tagung „Bedeutung der betrieblichen Altersversorgung" wurden die Herausforderungen an die betrieblichen Altersversorgungssysteme in einem vergleichenden Ansatz (*Kaufmann*), die betriebliche Altersversorgung und die wirtschaftliche Freiheit (*Hennion*), die sozioökonomische Steuerung der betrieblichen Altersversorgung (*Döring*) und die vertraglich begründeten Garantien in der betrieblichen Altersversorgung (*Pierre*) dargestellt und diskutiert. Ein weiterer Themenschwerpunkt lag in der finanziellen Sicherung der betrieblichen Altersversorgung. Die Referenten setzten sich in ihren Beiträgen mit der finanziellen Sicherheit der betrieblichen Altersversorgung in Schweden (*Köhler*) sowie der finanziellen Sicherheit in den Ländern Spanien, Deutschland (*Reinhard*), der Schweiz (*Ross*) und Italien (*Hohnerlein*) auseinander.

Zu dem Themenbereich „Steuerungsformen und sozialer Dialog" folgten Beiträge zu den Steuerungsmöglichkeiten des Arbeitgebers (*Lutjens*), den Steuerungsmöglichkeiten der Arbeitnehmervertreter (*Kessler*) sowie zu den Rechten der Arbeitnehmer in der betrieblichen Altersversorgung (*Reinhard*). Internationale Buchungsstandards betreffend folgte eine Auseinandersetzung mit der Frage der sicheren Steuerung betrieblicher Altersversorgung (*Jubé*). Ein zusammenfassender Überblick einschließlich Perspektiven (*Becker*) waren Teil des Themenbereichs Steuerungselemente und Entwicklung der betrieblichen Altersversorgung. Abschließend diskutierten Akteure der betrieblichen Altersversorgung und Vertreter der Sozialpartner über aktuelle Entwicklungen.

Die einzelnen Themenbereiche und Diskussionsrunden wurden moderiert von *Heinz Stapf-Finé*, *Gabrielle Clotuche*, *Renate Hornung-Draus* und *Claude Blumann*. *Gert Nachtigal, Heinz Stapf-Finé*, *Dominique Boucher* und *Klaus Stiefermann* vertraten die Standpunkte der Sozialpartner und Akteure.

## Dank

Unseren Dank richten wir für die Finanzierung der Tagung in Berlin im Mai 2009 und die Veröffentlichung dieses Buches an die Hans-Böckler-Stiftung, die Friedrich-Ebert-Stiftung, IODE und das Max-Planck-Institut für ausländisches und internationales Sozialrecht.

Dank gebührt den Übersetzerinnen Christina McAllister und Esther Ihle sowie Keith Martin für ihre Übertragungen ins Englische. Sven G. Kaufmann gebührt ebenfalls Dank für Übersetzungen ins Deutsche, Französische und Englische und für seine wertvolle Hilfe bei der Korrektur der Beiträge und Druckfahnen.

München/Rennes
Oktober 2010

Otto Kaufmann
Sylvie Hennion

# Preface

Almost all European states, and many other countries, have undertaken more or less far-reaching reforms to consolidate their old-age pension systems in past years, especially after the turn of the millennium; some of the changes have indeed been profound. This was necessary above all because demographic developments, coupled with adverse labour market situations entailing high rates of unemployment, demanded adjustments to social security systems in general and old-age protection schemes in particular. In this context, the relationship between contributors and beneficiaries is of particular importance.

These reasons, but also management-policy considerations – occupational pensions are now often a main focus of corporate social policy – have in several countries led to an increase in the proportion of company pensions and other supplementary retirement benefits within the overall scope of old-age provision. Reform-induced cutbacks to statutory retirement benefits in some of the public old-age pension systems have moreover been absorbed by improved corporate pension plans. Occupational pensions are thus able to compensate for the limitations of statutory old-age security programmes by also serving as complementary benefits. It is nevertheless to be borne in mind that in countries such as Germany, for instance, where occupational pensions are not mandatory, a large percentage of employees lack any additional collective retirement arrangements. And individually tailored forms of old-age provision are often not sufficiently used to offset the deficiencies of statutory pension insurance.

In seeking to examine the legal complexity and diversity of occupational pension schemes, the Max Planck Institute for Foreign and International Social Law in collaboration with the Institut de l'Ouest: Droit et Europe (IODE – Western Institute of Law and European Studies) of the University of Rennes 1 held a conference on "occupational pension schemes in Europe" in November 2005 in Rennes. The results were published in a conference volume,[3] depicting national schemes along with analyses of general and fundamental problems of retirement planning from a

[3] *Sylvie Hennion-Moreau/Otto Kaufmann* (eds.), Les retraites professionnelles en Europe, Droits européen et comparé. Betriebliche Altersversorgung in Europa, Europäisches Recht und Rechtsvergleichung. Occupational pension schemes in Europe, European law and Comparative Law, Bruylant, Brussels, 2007.

comparative law perspective. Shortly after the conference in Rennes, plans were met for an additional symposium to elaborate on the subject matter and delve into particular aspects. This symposium took place at the end of May 2009 in Berlin; its central theme was to become the title of this volume: *Governance of Occupational Pensions in Europe: Guaranteed Security?* The internationally constituted forum was jointly hosted by the Max Planck Institute for Foreign and International Social Law, the Institut de l'Ouest: Droit et Europe, the Hans Böckler Foundation and the Friedrich Ebert Foundation. The Max Planck Institute and the IODE were responsible for the conceptual framework and agenda planning; the Hans Böckler Foundation took care of organisation at the venue.

The symposium's aim, building on the findings of the preceding conference, was to analyse comparatively and from different perspectives the core elements involved in the governance and control of occupational pensions. Researchers, practitioners and delegates of the social partners exchanged views on how to organise, govern and secure corporate pension schemes on a national level, taking account of international and European law, and sought to formulate future prospects for such schemes.

Prior to the symposium, the global financial and economic crisis had already spotlighted the potential risks of old-age provision in terms of sustainable security, and thus the importance of sound and mandatory control functions. This entailed a slight shift in thematic priority in favour of the control of financing mechanisms, without, however, necessitating any greater short-term changes to the overall agenda. For the problems of financial supervision cannot be restricted to a single field, but must be seen as a whole, because they affect all aspects of occupational retirement provision. In light of these international developments, the addendum *Garanteed Security?* was inserted into the conference title to better underscore the significance of supervision at a financial level. Examining the stability of these pension schemes seemed particularly expedient in the face of the current financial crisis – and it remains thus. Indeed, the impact of the crisis on occupational pensions cannot yet be assessed on a full scale, and no doubt it will continue to have consequences for some corporate schemes. The question of the (financial) security of occupational pensions, whether and how it can be guaranteed, thus remains highly topical.

The implementation, administration and control of occupational pension schemes at all levels raise numerous questions of law, some of which are also of an ethical nature precisely where financing modalities and investment policies are concerned. It is thereby of interest to investigate whether cooperation between the social partners should be mandatory or voluntary and to analyse the respective scopes of action as well as the supervisory and decision-making competences conceded in each case.

## Acknowledgements

We are grateful to Hans-Böckler-Stiftung, Friedrich-Ebert-Stiftung, IODE and the Max Planck Institute for Foreign and International Social Law, who have enabled us through their financial support to organise the Berlin conference held in May 2009 and to publish this book.

We would also like to thank our translators, Christina McAllister and Esther Ihle and also Keith Martin, for their English translations, as well as Sven G. Kaufmann for his French, German and English translations and valuable help with the correction of texts and proofs.

Munich/Rennes
October 2010

Otto Kaufmann
Sylvie Hennion

# Préface

Au cours des dernières années et surtout après la fin de millénaire, presque tous les Etats européens ainsi que beaucoup d'autres pays ont réalisé des reformes plus ou moins profondes afin de consolider leurs régimes de protection sociale en général et les régimes de protection vieillesse en particulier ; quelques régimes ont fait l'objet de réformes fondamentales. Ces réformes étaient particulièrement nécessaires en raison de l'évolution démographique et de la situation difficile du marché de l'emploi qui connaît souvent un taux de chômage très élevé. Dans ce contexte, la relation entre les cotisants et les bénéficiaires de pensions est d'importance certaine.

Pour ces raisons mais également à cause de considérations de politiques d'entreprise - les retraites professionnelles d'entreprise sont devenues un instrument de choix de la politique sociale d'entreprise. La diminution des prestations vieillesse qui a eu lieu dans quelques régimes suite aux réformes, peut être par ailleurs amortie grâce au renforcement de la retraite professionnelle. Ainsi la protection vieillesse complémentaire peut en partie ou en totalité compenser les déficits de la protection vieillesse obligatoire et la compléter pour ce qui est de certaines prestations. Il faut cependant tenir compte du fait que dans des pays comme l'Allemagne, où les retraites professionnelles ne sont pas obligatoires, un grand nombre de travailleurs salariés ne sont pas couverts par une protection vieillesse complémentaire collective. Le recours à la constitution d'un avantage vieillesse individuel n'est cependant pas suffisamment utilisé pour compenser les déficits de l'assurance vieillesse obligatoire.

Dans le cadre de la coopération entre le Max-Planck-Institut für ausländisches und internationales Sozialrecht et l'Institut de l'Ouest Droit et Europe (IODE)[4] de l'Université de Rennes 1 un colloque a été organisé en novembre 2005 à Rennes qui avait pour titre « Les retraites professionnelles en Europe ». Il avait pour sujet l'examen de la complexité et la diversité juridique des retraites professionnelles d'entreprise. Les résultats de ce colloque ont été publiés.[5] L'ouvrage contient la

[4]CNRS UMR 6262.

[5]*Sylvie Hennion-Moreau/Otto Kaufmann* (Hrsg.), Les retraites professionnelles en Europe, Droits européen et comparé. Betriebliche Altersversorgung in Europa, Europäisches Recht und Rechtsvergleichung. Occupational pension schemes in Europe, European Law and Comparative Law, Bruylant, Bruxelles, 2007.

présentation des systèmes et régimes nationaux avec une analyse des problèmes généraux fondamentaux des retraites, conçue dans une approche comparative.

Déjà à l'issu du colloque de Rennes un deuxième colloque avait été prévu afin de poursuivre ces études et d'approfondir certains aspects des retraites professionnelles d'entreprise. Ce colloque, dont l'intitulé a été repris pour le titre du présent livre, a eu lieu à Berlin le 28 et 29 Mai 2009.

Le Max-Planck-Institut für ausländisches und internationales Sozialrecht, l'Institut de l'Ouest Droit et Europe, la Hans-Böckler-Stiftung et la Friedrich-Ebert-Stiftung ont organisé en commun cette rencontre scientifique internationale. La conception et le contenu du colloque ont été réalisés par le Max-Planck-Institut et l'IODE, l'organisation sur place était sous la responsabilité de la Hans-Böckler-Stiftung.

L'objectif du colloque était d'analyser sous une approche comparative et en prenant en compte, d'une part, différents points de vue sur la base des résultats du colloque précédent et, d'autre part, les éléments essentiels nécessaires à la mise en place et au contrôle des retraites professionnelles. L'approche était comparative. Des scientifiques, des praticiens et des représentants des partenaires sociaux ont ainsi débattu des différentes modalités de contrôle et de gouvernance des retraites professionnelles d'entreprise ainsi que de leur avenir, tout en tenant compte du droit international et européen.

Déjà avant le colloque, la crise financière et économique avait fait ressortir les dangers auxquels la protection vieillesse se voit exposée en ce qui concerne sa sécurité durable et combien sont importantes des fonctions de contrôle solide et obligatoire. Face à cette crise, le centre de gravité du sujet du colloque a par conséquent été reporté vers le contrôle des mécanismes de financement, sans qu'un changement du thème fût nécessaire. Car il est vrai que la problématique du contrôle ne peut pas être appréciée de manière restrictive mais qu'elle doit être considérée comme un tout qui concerne tous les aspects de la retraite professionnelle d'entreprise. Le complément *sécurité garantie?* a tout simplement été ajouté au titre du colloque afin de mettre en relief l'importance du contrôle au niveau financier, pour tenir compte de ce fait dans le titre.

En raison de la crise financière l'examen de la résistance à la crise de ces régimes semblait être opportun - et l'est toujours. Les effets qu'a la crise financière sur la retraite professionnelle d'entreprise ne peuvent finalement pas encore être évalués dans l'ensemble. La crise risque de continuer d'avoir des conséquences sur certains régimes de la retraite professionnelle d'entreprise. La question relative à la sécurité financière et la garantie de la retraite d'entreprise reste dès lors l'une des plus actuelles.

De nombreuses questions juridiques de grande complexité se posent lors de la mise en place, l'exécution et le contrôle sur tous les niveaux de la retraite professionnelle d'entreprise. Mais surtout en ce qui concerne les modalités de financement et la politique des placements, des questions d'ordre éthique se posent également. Il est dès lors d'un intérêt certain d'examiner la coopération obligatoire ou seulement facultative des partenaires sociaux et d'analyser les marges de manœuvres potentiels et la concession des compétences de contrôle et de décision.

Concernant la partie du colloque relative à « l'importance de la retraite d'entreprise », les exigences envers les régimes des retraites professionnelles d'entreprise ont été présentés et analysés sous différents angles : dans un commentaire comparatif (*Kaufmann*), sous l'aspect de la retraite d'entreprise et la liberté économique (*Hennion*), de la gouvernance socioéconomique de la retraite d'entreprise (*Döring*) et des garanties contractuelles des retraites professionnelles (*Pierre*).

Un autre sujet important concernait une partie relative à la sécurité financière de la retraite d'entreprise. Les présentateurs ont abordé dans leurs contributions la sécurité financière de la retraite d'entreprise en Suède (*Köhler*) ainsi que la sécurité financière en Espagne, en Allemagne (*Reinhard*), en Suisse (*Ross*) et en Italie (*Hohnerlein*).

Quant au domaine « Les modalités de gouvernance et le dialogue social » les contributions ont concerné les possibilités de gouvernance pour l'employeur (Lutjens) les possibilités de gouvernance pour les représentants des salariés (Kessler) ainsi que les droits des travailleurs salariés résultant des la retraite d'entreprise (Reinhard).

Les standards de comptabilisation internationaux donnaient l'occasion de soulever la question de la gouvernance sécurisée en matière de retraite professionnelle d'entreprise (*Jubé*). Un résumé incluant des perspectives (*Becker*) faisait partie du sujet concernant des éléments de la gouvernance et le développement de la retraite d'entreprise. Pour conclure, les acteurs de la retraite d'entreprise et les représentants des partenaires sociaux ont discuté des développements actuels. Les sujets et les tables rondes ont été présentés par *Heinz Stapf-Finé*, *Gabrielle Clotuche*, *Renate Hornung-Draus* et *Claude Blumann*. Les points de vu des partenaires sociaux et des acteurs ont été représentés par *Gert Nachtigal, Heinz Stapf-Finé*, *Dominique Boucher* et *Klaus Stiefermann.*

## Remerciements

L'organisation du colloque de Berlin en mai 2009 et la publication de cet ouvrage ont été possibles grâce aux soutiens matériels et financiers de la Hans-Böckler-Stiftung, de la Friedrich-Ebert-Stiftung, de l'IODE ainsi que du Max-Planck-Institut für ausländisches und internationales Sozialrecht.

Nos remerciements s'adressent aussi aux traductrices Christina McAllister et Esther Ihle ainsi qu'à Keith Martin pour leurs transpositions en anglais, tout comme à Sven G. Kaufmann pour ses traductions en français, en allemand et en anglais, et son aide précieuse pour la correction des contributions et épreuves.

Munich/Rennes
Octobre 2010

Otto Kaufmann
Sylvie Hennion

# Inhaltsverzeichnis

## Teil IV Steuerungselemente und Entwicklung der betrieblichen Altersversorgung

## Governance Elements and Future Development of Occupational Pensions

## Les instruments de gouvernance et l'avenir des retraites professionnelles

# Contributors

**Claude Blumann** Prof. Dr. Dr. hc jur., Université de Paris Assas Paris II, Chaire Jean Monet de droit européen, Institut de droit comparé, 28 rue Saint-Guillaume, 75007 Paris, Frankreich, cblumann@u-paris2.fr

**Dominique Boucher** Délégué général Ipse, Ipse, 92, Bld. Magenta, 75010 Paris, Frankreich, dominiqueboucher@euroipse.org

**Gabrielle Clotuche** Consultant ETUC, Bruxelles, CES/ETUC, Boulevard du Roi Albert II 5, 1210 Brüssel, Belgien, gclotuche@etuc.org

**Marion Del Sol** Prof. Dr., Université de Bretagne Occidentale, UMR CNRS IODE, 9, rue Jean Macé – CS 54203, 35042 Rennes Cedex, Frankreich, marion.del-sol@univ-rennes1.fr

**Diether Döring** Prof. Dr., em., Goethe-Universität Frankfurt a. M., Europäische Akademie der Arbeit in der Universität Frankfurt a. M., Mertonstraße 30, 60325 Frankfurt a. M., Deutschland, D.Doering@em.uni-frankfurt.de

**Michael Fischer** Friedrich-Ebert-Stiftung, Abt. Wirtschafts- und Sozialpolitik, Godesberger Allee 149, 53175 Bonn, Deutschland, Michael.Fischer@fes.de

**Sylvie Hennion** Prof. Dr. jur., Université de Rennes 1, UMR CNRS IODE, Ecole doctorale des Sciences de l'Homme, des Organisations et de la Société, Faculté de droit et de science politique, 9 rue Jean Macé – CS 54203, 35042 Rennes Cedex, Frankreich, sylvie.hennion@univ-rennes1.fr

**Eva Maria Hohnerlein** Dr. jur., Max-Planck-Institut für ausländisches und internationales Sozialrecht, München, Amalienstr. 33, 80799 München, Deutschland, hohnerlein@mpisoc.mpg.de

**Renate Hornung-Draus** Geschäftsführerin – Managing Director, European and International Affairs BDA, Confederation of German Employers, Breite Strasse 28, 10178 Berlin, Deutschland, R.Hornung-Draus@arbeitgeber.de

**Samuel Jubé** Dr. jur., Secrétaire général, Institut d'Etudes Avancées, Nantes, 5 allée Jacques Berque, BP 12105, 44021 Nantes Cedex 1, France, samuel.jube@iea-nantes.fr

**Otto Kaufmann** Dr. jur., habil. (HDR), Max-Planck-Institut für ausländisches und internationales Sozialrecht, München, Amalienstr. 33, 80799 München, Deutschland, kaufmann@mpisoc.mpg.de

**Francis Kessler** Dr. jur., habil. (HDR), Maître de Conférences, École de droit de la Sorbonne, Université Paris I, 12, pl. du Panthéon, 75231 Paris Cedex 05, Frankreich, francis.kessler@univ-paris1.fr

**Peter A. Köhler** Dr. jur., Max-Planck-Institut für ausländisches und internationales Sozialrecht, München, Amalienstr. 33, 80799 München, Deutschland, koehler@mpisoc.mpg.de

**Gert Nachtigal** Stellvertretender Abteilungsleiter Abteilung Soziale Sicherung der BDA, Haus der Deutschen Wirtschaft, Breite Str. 29, 10178 Berlin, Deutschland, g.nachtigal@arbeitgeber.de

**Philippe Pierre** Prof. Dr. jur., Université de Rennes 1, Directeur de l'UMR CNRS IODE (Institut de l'Ouest: Droit et Europe), 9 rue Jean Macé – CS 54203, 35042 Rennes Cedex, Frankreich, philippe.pierre@univ-rennes1.fr

**Hans-Joachim Reinhard** Prof. Dr. jur., Max-Planck-Institut für ausländisches und internationales Sozialrecht, München; FH Fulda, Amalienstr. 33, 80799 München, Deutschland, reinhard@mpisoc.mpg.de

**Friso Ross** Prof. Dr. jur., Fakultät Angewandte Sozialwissenschaften, Fachhochschule Erfurt, Altonaer Straße 25, 99085 Erfurt, Deutschland, friso.ross@fh-erfurt.de

**Heinz Stapf-Finé** Prof. Dr. rer. pol., Alice Salomon Hochschule, Alice-Salomon-Platz 5, 12627 Berlin, Deutschland, stapf-fine@ash-berlin.eu

**Klaus Stiefermann** aba – Arbeitsgemeinschaft für betriebliche Altersversorgung, Rohrbacher Straße 12, 69115 Heidelberg, Deutschland, Klaus.Stiefermann@aba-online.de

# Teil I
# Bedeutung der betrieblichen Altersversorgung

# Part I
# The Current Situation of Occupational Pensions

# Partie I
# Les politiques des retraites professionnelles

# Chapitre 1
# Les politiques des retraites professionnelles

**Gabrielle Clotuche**

*Comment aborder la question de la sécurité dans le domaine des retraites professionnelles en ces temps de crise financière ?*

Les organisateurs du colloque ont été bien inspirés en ajoutant le point d'interrogation au thème proposé: « *Gouvernance des retraites professionnelles en Europe: Sécurité garantie?* »

Car, rien n'est moins sûr en ces temps de turbulences qui secouent nos États et les institutions financières censés garantir les pensions.

Certes en 2006, avec les services de la Commission nous pouvions dire: « *Un des grands succès des politiques sociales de la seconde moitié du XXème siècle est que la vieillesse n'est plus synonyme de pauvreté et que les personnes âgées ne sont plus dépendantes de l'aide que leur apportent leurs enfants. Cette réussite est en grande partie celle des régimes publics de retraite* ».[1]

Devrons-nous bientôt conjuguer cette remarque à l'imparfait ?

Car, non seulement nous subissons aujourd'hui une crise financière sans précédent, mais le contexte socio-économique de mondialisation et le vieillissement de la population en Europe ont entraîné au cours de ces vingt dernières années des modifications importantes dans nos systèmes de protection sociale. Ceci a touché profondément les régimes de pensions aussi cela perturbe quelque peu la vision que l'on pouvait avoir de la situation.

Que dire en effet, des politiques sociales en Europe depuis la fin des années 80 ?

Les politiques sociales y compris dans les pays européens, ont été grandement influencées par ce qu'il convient d'appeler le « consensus de Washington »[2] adopté par le Fonds Monétaire International et la Banque Mondiale en 1989. En privilégiant

G. Clotuche (✉)
Consultant ETUC, Bruxelles, CES/ETUC, Boulevard du Roi Albert II 5, 1210 Brüssel, Belgien
e-mail: gclotuche@etuc.org

[1] Document de travail des services de la Commission SEC(2006)304, p. 3

[2] La notion de « consensus de Washington » a été inventée par John Williamson en 1989 pour désigner les nouveaux principes qui doivent guider les politiques économiques dans les pays en développement d'Amérique latine.

O. Kaufmann, S. Hennion (eds.), *Steuerung der betrieblichen Altersversorgung in Europa: garantierte Sicherheit? Governance of Occupational Pensions in Europe: Guaranteed Security? Gouvernance des retraites professionnelles en Europe: Sécurité garantie?*,
DOI 10.1007/978-3-642-15731-8_1,  

le marché au détriment de la conception de l' État médiateur poursuivant l'intérêt général et favorisant des politiques redistributives, la Banque mondiale propage alors mondialement un nouveau programme de politique sociale, conditionnant ses prêts à l'adoption de ces nouvelles politiques. Les pays d'Europe centrale et orientale qui ont entretemps rejoint l'Union européenne et vivent à cette période une transition difficile vers l'économie de marché seront particulièrement soumis à cette influence. Ils ne sont pas seuls.

C'est une nouvelle conception de l'individu, du marché, de l'État et des politiques sociales: le marché est le meilleur mécanisme d'allocation de richesses. L'accent est mis sur les effets pervers des activités régulatrices et redistributives de l' État.

L'objectif redistributif, préconisé traditionnellement par l'Organisation Internationale du Travail (O.I.T.) et les professionnels de la sécurité sociale, est délaissé au profit d'une politique d'épargne individuelle accompagnée de politiques sociales ciblées sur les plus pauvres. En matière de pensions de retraite, les grandes organisations prônent la suppression des régimes de pension publics. Ils n'en mouraient pas tous mais tous étaient touchés.

La plupart des États membres de l'Europe centrale et orientale ont considérablement transformé leurs régimes de retraite au cours des années 1990. L'influence est manifeste. Une nouvelle architecture combinant un régime légal par répartition à un régime privé obligatoire par capitalisation est mise en place.

Dans ce paysage modifié, les retraites professionnelles d'entreprise où les acteurs sociaux (patrons et syndicats) sont associés dans la gestion sont rarement développées. On les retrouve majoritairement dans les anciens États membres où le dialogue social est une tradition.

En mars 2000 à Lisbonne l'Union européenne s'est engagée dans un processus en vue d'améliorer et moderniser les politiques de protection sociale malgré que celles-ci relèvent essentiellement de la responsabilité nationale. Mais La crainte d'un dumping social croissant et d'une situation de pauvreté qui se dégrade exige une action concertée. La MOC[3] a permis que les États membres acceptent jusqu'à un certain point que les politiques soient élaborées en commun sans remettre en question la subsidiarité.

Dans ce cadre, la défense des pensions adéquates et viables a pris tout son sens. Elle s'adresse autant aux régimes privés qu'aux régimes publics qui doivent assurer et garantir un niveau de sécurité et d'efficacité suffisamment élevé. Il s'ensuit que le contrôle et la réglementation des régimes privés de retraite constitue pour l'État une tâche importante et complexe.

---

[3]MOC = Méthode ouverte de coordination, qui consiste à adopter des objectifs communs énonçant des buts généraux et partagés, à élaborer des rapports de stratégie nationale pour les pensions, dans lesquels les États membres exposent la politique qu'ils prévoient de mener pendant une période convenue pour atteindre les objectifs communs, à évaluer ces stratégies dans des rapports conjoints de la Commission et du Conseil, ainsi qu'à collaborer à la mise au point d'indicateurs destinés à permettre une compréhension et une évaluation mutuelles.

Le Comité de Protection Sociale (SPC)[4] s'est attaché à suivre de près la gestion privée des retraites par capitalisation et a adopté en 2008 un rapport à ce propos adoptant ainsi une série de points-clés que ceux-ci devaient respecter afin de contribuer à des retraites adéquates et viables. Le sujet figurait toujours dans son programme de travail 2009. C'est dire que le colloque s'inscrivait bien dans un cadre européen de préoccupations et que les deux journées par les interventions des différents orateurs et les débats qu'ils ont suscité contribueront, rassemblés dans la présente publication, je n'en doute pas, à éclairer la question qui nous est posée.

[4]SPC = comité européen en charge du suivi de la MOC pour la protection sociale. Il a été créé en 2000 et est composé de 2 membres (hauts fonctionnaires) de chacun des États membres et de deux membres de la Commission

# Chapter 2
# Policies on Occupational Pensions

**Gabrielle Clotuche**

*How to address the question of the security of occupational pensions in times of financial crisis?*

The organisers of this colloquium were truly inspired when they added the question mark to the proposed subject: "Governance of occupational pensions in Europe: Guaranteed security?".

Because nothing could be less certain in these troubled times that are shaking our States and financial institutions, which are supposed to guarantee our pensions.

Of course, in 2006, we could agree with the European Commission's comment that "One of the main achievements of social policies in the second half of the last century is that being old is no longer synonymous with being poor or being dependent on the support of one's children. This success has mainly been achieved through the provision of public pensions."[1]

But will this conclusion soon have to be rephrased in the past tense?

Not only are we experiencing an unprecedented financial crisis today, but the socio-economic context of globalisation and the ageing of the population in Europe have also brought about major changes in our social protection systems in the last 20 years. This has profoundly affected pension systems and turns upside down the view we used to have of the situation.

What can we say about social policies in Europe since the end of the 1980s?

Social policies, including in the European countries, have been heavily influenced by what is referred to as the "Washington consensus"[2] adopted by the International Monetary Fund and the World Bank in 1989. Giving priority to the market at the expense of the concept of the mediatory State pursuing the general

G. Clotuche (✉)
Consultant ETUC, Bruxelles, CES/ETUC, Boulevard du Roi Albert II 5, 1210 Brüssel, Belgien
e-mail: gclotuche@etuc.org

[1] Commission staff working paper SEC (2006) 304, p. 3.

[2] The concept of the "Washington consensus" was invented by John Williamson in 1989 to refer to the new principles recommended to guide economic policies in the developing countries of Latin America.

O. Kaufmann, S. Hennion (eds.), *Steuerung der betrieblichen Altersversorgung in Europa: garantierte Sicherheit? Governance of Occupational Pensions in Europe: Guaranteed Security? Gouvernance des retraites professionnelles en Europe: Sécurité garantie?*,
DOI 10.1007/978-3-642-15731-8_2, © Springer-Verlag Berlin Heidelberg 2011

interest and encouraging redistributive policies, the World Bank propagated globally a new social policy programme. It made its loans conditional upon adoption of these new policies. The central and eastern European countries, which in the meantime joined the European Union, were experiencing a difficult transition to the market economy at the time and were particularly subject to this influence. They were not the only ones, however.

The Washington Consensus presented a new concept of the individual, the market, the State and social policies: the market is the best mechanism for the allocation of wealth. The accent was put on the pernicious effects of the State's regulatory and redistributive activities.

The redistributive objective, traditionally recommended by the International Labour Organisation (ILO) and social security professionals, was neglected to the benefit of a policy of individual savings matched with social policies targeting the poorest. On pensions, the large organisations recommended the abolition of public pension schemes. Not all public schemes succumbed but all were affected.

Most of the member states in central and eastern Europe significantly transformed their pension systems in the 1990s. The influence was obvious. A new architecture combining a statutory pay-as-you-go pension scheme with a mandatory private-funded pension system was put in place.

In this altered environment, company occupational pension schemes, whose management involves the social partners (employers and unions), are rarely developed. Such systems are found primarily in the old member states, where social dialogue is a tradition.

In March 2000, in Lisbon, the European Union embarked upon a process aimed at improving and modernising social protection policies in spite of the fact that these are essentially a national responsibility. Growing concerns over social dumping and a worsening situation in terms of poverty demanded concerted action. The OMC[3] enabled the member states to accept the common shaping of policies up to a certain point, without calling the subsidiarity principle into question.

Within this framework, the defence of adequate and viable pensions comes fully into play. It targets private and public systems alike, which must ensure and guarantee a sufficiently high level of security and effectiveness. The control and regulation of private systems turned out to constitute an important and complex task for the state.

The Social Protection Committee (SPC)[4] endeavoured to follow closely the private management of funded pensions and adopted in 2008 a report on this subject

[3]OMC or open method of coordination, which consists of adopting common objectives setting out general and shared aims, drawing up national strategy reports for pensions, in which the member states outline the policies they plan to implement during a given period to attain the common objectives, assessing these strategies in joint commission and council reports and collaborating on the development of indicators designed to allow for mutual comprehension and evaluation.

[4]The Social Protection Committee is in charge of monitoring the OMC for social protection. It was established in 2000 and is composed of two members (senior officials) from each member state and two commission officials.

listing a number of key conditions that such pensions had to respect in order to contribute to adequate and viable pensions. The subject was still on its work programme in 2009.

The colloquium was perfectly in keeping with a European framework of concerns and I am confident that the different contributions of this book will help shed light on the question with which we are faced.

# Chapitre 3
# Les retraites professionnelles d'entreprise dans la crise

## remarques comparatives

**Otto Kaufmann**

Ce texte sert à la présentation générale, plus exactement à dresser le cadre des problématiques évoquées et analysées dans les différentes contributions, spécialement autour des notions de gouvernance et contrôle.

## 3.1 Le cadre et l'ancrage des retraites professionnelles d'entreprise

Les retraites complémentaires, qui englobent les retraites professionnelles d'entreprise, ont un champ d'application déterminé et remplissent certaines conditions quant à la forme et quant au fonctionnement.

### *3.1.1 La place et les formes de retraites complémentaires*

La retraite professionnelle d'entreprise est l'une des composantes de la protection vieillesse complémentaire, mais non pas la seule. La protection vieillesse complémentaire est en effet très diversifiée, ceci quant au fondement et quant à la forme et quant à la gestion. Pour une étude de droit comparé, ce constat me semble pertinent.

La protection vieillesse complémentaire est organisée à différents niveaux. La classification par piliers peut être, certes, utile, mais elle ne rend pas suffisamment compte ni des différences notamment quant à l'étendue de la protection qui existent aux deuxième et troisième niveaux de protection ("deuxième et troisième pilier"). Surtout, n'est-il pas tenu compte de la structure verticale. Pour cette raison, il peut être opportun de recourir plutôt à la notion de "niveau de protection". La protection vieillesse complémentaire au second niveau – au niveau du deuxième pilier – concerne, selon les pays, et les systèmes globaux de protection vieillesse et les régimes particuliers

O. Kaufmann (✉)
Dr. jur., habil. (HDR), Max-Planck-Institut für ausländisches und internationales Sozialrecht, München, Amalienstr. 33, 80799 München, Deutschland
e-mail: kaufmann@mpisoc.mpg.de

O. Kaufmann, S. Hennion (eds.), *Steuerung der betrieblichen Altersversorgung in Europa: garantierte Sicherheit? Governance of Occupational Pensions in Europe: Guaranteed Security? Gouvernance des retraites professionnelles en Europe: Sécurité garantie?*,
DOI 10.1007/978-3-642-15731-8_3, 

- l'entreprise
- la branche professionnelle ou interprofessionnelle
- les professions
- les travailleurs salariés au niveau national indépendamment de la profession exercée.

La conception juridique (obligatoire ou facultative; collective ou individuelle; capitalisation ou répartition) est également déterminante pour le champ d'application personnel du régime de retraite. La protection vieillesse complémentaire est obligatoire ou facultative, selon les pays, elle peut être collective ou individuelle. La retraite professionnelle d'entreprise stricto sensu est cependant sans exception de nature collective[1] et elle est souvent prévue par une convention collective ou par un accord d'entreprise. La convention collective semble, par ailleurs, prendre de l'importance dans ce domaine, du moins lorsque la retraite professionnelle d'entreprise ne résulte que de la seule décision de l'employeur, ce qui est souvent le cas en Allemagne.[2]

Une caractéristique de la retraite professionnelle d'entreprise est le choix de la capitalisation comme mode de financement. Or, tous les Etats ne connaissent pas de type de retraite complémentaire au deuxième niveau, constituant « le deuxième pilier », dans une acception traditionnelle de la retraite professionnelle d'entreprise. Le deuxième niveau de protection en France par exemple, est la retraite complémentaire obligatoire. Elle ne prend pas la forme d'une retraite professionnelle d'entreprise, mais est au contraire financée par répartition, à l'instar de la retraite étatique de base, qui est censée rester le fondement de la protection vieillesse. Son fonctionnement n'en diffère en rien, sauf que cette retraite est gérée par des caisses particulières. C'est une assurance sociale qui est d'ailleurs appelée pour cette raison « sécurité sociale bis ». La France a fait entrer la retraite complémentaire obligatoire dans le champ d'application matériel de la réglementation de coordination communautaire et a pu le faire pour cette raison sans prévoir des aménagements de fonctionnement.

Un modèle d'organisation différente existe en Suède. Dans ce pays, une fraction de la retraite étatique est organisée à part et est obligatoirement constituée par capitalisation. Les modalités de gestion et de constitution de pension qui sont propres à la retraite professionnelle d'entreprise ont ainsi fait leur entrée dans la retraite étatique.

La fonction publique fournit un autre exemple de diversité en matière de protection vieillesse au deuxième niveau. De fait, les personnels de la fonction publique et notamment les fonctionnaires stricto sensu, mais également les agents non titulaires peuvent bénéficier d'un régime spécifique. C'est également vrai pour la

[1] V. cependant à propos de la conversion de salaire en droit allemand, dans cet ouvrage, Kaufmann, Les retraites professionnelles d'entreprise en Allemagne.

[2] Kaufmann, semaine juridique JCP E, 2006 n° 46, 2648 et 47, 2691, L'accord collectif au secours de la retraite complémentaire: l'exemple de l'Allemagne.

retraite complémentaire, qui peut être obligatoire. A priori les retraites professionnelles d'entreprise sont étrangères à la Fonction publique stricto sensu (à savoir les emplois occupés par des fonctionnaires), mais certains régimes sont fondés sur la capitalisation, qui, elle, est typique pour la retraite professionnelle d'entreprise. Ainsi, les personnels de la fonction publique allemande *(Öffentlicher Dienst)* sont obligatoirement affiliés à un régime particulier (VBL),[3] qui est de droit un régime de retraite professionnelle d'entreprise.[4] Les agents non fonctionnaires sont affiliés en France obligatoirement à un régime spécifique (IRCANTEC), tandis que les fonctionnaires français cotisent obligatoirement pour un régime complémentaire qui leur est réservé, le Régime additionnel de la fonction publique, (RAFP). Depuis plus longtemps déjà, la France connaît également des régimes complémentaires facultatifs pour ces catégories de personnels. Le plus connu des fonds fut créé en 1964 par des syndicats de travailleurs et est géré par la Caisse Nationale de Prévoyance de la Fonction Publique (Préfon). Ce fonds n'est cependant pas un régime fermé, d'autres catégories de personnes pouvant y adhérer.[5] Il y a également le Complément retraite mutualiste de la fonction publique (COREM) et, pour la fonction publique hospitalière, le Comité de gestion des œuvres sociales des établissements hospitaliers publics (CGOS).

Ces exemples démontrent que la forme de l'organisation des retraites et le mode de financement influent sur la gouvernance et le contrôle. L'ensemble forme un tout et les différentes composantes fonctionnent de concert.[6]

### 3.1.2 Les conditions d'une protection vieillesse complémentaire

Pour pérenniser pour autant que faire se peut la protection vieillesse dans l'ensemble et pour garantir le fonctionnement de l'organisation, tout type de protection complémentaire, y compris les retraites professionnelles d'entreprise, doit remplir certains critères, à savoir, la sûreté, la fiabilité, la disponibilité, la résistance aux aléas des marchés financiers. Si tous ces critères sont importants, il semble que ceux de disponibilité et de résistance contre les aléas financiers aient été les plus sensibles lors de la crise financière. C'est vérifiable et pour les régimes de retraites capitalisées

[3]Versorgungsanstalt des Bundes und der Länder, Office de pension de la Fédération et des Länder. Cet organisme gère la retraite complémentaires des agents de la Fonction publique.

[4]Kaufmann, Semaine Juridique JCP E, 2008 n°30, 1984, Droit d'information du salarié. Kaufmann, Semaine Juridique JCP E, 2004 n° 47, 1687 Protection sociale d'entreprise: régime social et fiscal de la protection sociale d'entreprise, Droit allemand: retraite complémentaire et d'entreprise – Harmonisation du régime fiscal.

[5]*Préfon* compte 400.000 membres, dont 80.000 en retraite. Les réserves s'élèvent à 9 Mrd. d'Euros, les recettes étaient d'un montant de 462 Mio. d'Euros en 2008.

[6]Kaufmann, La place des retraites professionnelles d'entreprise dans la protection vieillesse, in Kaufmann/Hennion-Moreau, Les retraites professionnelles en Europe, Droits européen et comparé. Betriebliche Altersversorgung in Europa, Europäisches Recht und Rechtsvergleichung. Occupational pension schemes in Europe, European law and comparative law, Bruylant, 2007, 5.

obligatoires et pour les régimes de retraites facultatifs, comme on a pu le constater dans plusieurs pays, notamment en Bulgarie, Estonie, Lettonie, Hongrie, Pologne, Slovénie et en Suède.

L'ampleur du problème se manifeste lorsque l'on se rappelle que les fonds de retraites correspondent jusqu'à la moitié du PIB; c'est le cas au Royaume-Uni, aux Pays-Bas, en Irlande. En analysant les pertes subies par certains fonds de retraites, le danger est reconnaissable et ne saurait être minimisé. Autant d'arguments, donc, pour instituer une bonne gouvernance et un contrôle efficace. Un sondage de l'institut allemand de prévoyance retraite (Deutsches Institut für Altersvorsorge, DIA) fait apparaître que 50% des personnes interrogées sont persuadées que la crise financière affaiblit la retraite; 12% pensent que ce fait a une influence négative sur l'avantage de la retraite d'entreprise individuelle et 25% voient un risque pour la prévoyance retraite.

### *3.1.3 Les réformes et le niveau de retraite*

Les réformes influent sur les relations mutuelles entre le régime de retraite étatique de base et la retraite complémentaire, surtout d'entreprise, certes, mais également la retraite sur-complémentaire.[7] Les réformes peuvent avoir pour conséquence de faire augmenter les pensions de retraite à un rythme plus lent que le salaire. Le revenu tiré des retraites peut même décroître. C'est notamment le résultat d'une réduction en montant de la retraite de base, comme elle fut décidée lors de la grande réforme de 2002 en Allemagne.[8] La diminution de fait de la retraite peut également résulter d'un ralentissement de la croissance de la retraite de base, prévue par des mesures de réforme, ou encore par l'institution d'un montant plafonné.

Le comité pour la protection sociale (Social Protection Comitee, SPC) qui a été institué au niveau de l'Union européenne, a publié en 2008 un rapport sur les retraites professionnelles d'entreprise confiée à une gestion privée et leur contribution à des retraites convenables et durables, dans lequel il procède à une évaluation des deux niveaux de retraites.[9] Il constate que l'assurance vieillesse financée par répartition resterait la source la plus importante du revenu de vieillesse. Il affirme, par contre, que les régimes de retraites privés joueraient un rôle primordial dans l'ensemble du système de retraite en Europe. Ces deux pronostics paraissent quelque peu contradictoires, mais sans doute pas lorsque l'on compare la part respective des deux retraites dans la retraite globale.

---

[7] Kaufmann, Semaine Juridique JCP E, 2007 n° 49, 2530. Protection sociale d'entreprise: Réformes des retraites complémentaires en Allemagne: l'interdépendance des retraites de base et des retraites complémentaires.

[8] Kaufmann, L'Allemagne dans les turbulences des réformes de l'assurance sociale et du marché du travail, Semaine sociale Lamy, n° 1143, 2003.

[9] V. Eureport 11, 2008, 41.

La retraite professionnelle d'entreprise n'a pas abandonné sa fonction de fidélisation des travailleurs salariés, c'est du moins vrai dans les très grandes entreprises. Le plus important rôle qui lui est dévolu consiste cependant à améliorer la retraite étatique et, surtout à compenser les diminutions successives de cette dernière. Qu'il soit permis de rappeler qu'en Allemagne, la retraite complémentaire facultative « Riester » fit l'objet d'une campagne publicitaire pour renforcer le niveau de retraite mais qu'en vérité elle comble le manque de niveau de protection qui résulte de la diminution de la retraite étatique de 4%.[10]

L'institution de gestion de la retraite étatique allemande, la DRV- Bund[11] mentionne dans sa lettre individuelle d'information sur l'état des droits à retraite que « puisque les retraites progresseront à l'avenir moins vite que les salaires, d'où résulte un écart grandissant entre la retraite étatique et le revenu de gain, la retraite complémentaire aura une importance accrue pour les personnes âgées ». Et la DRV-Bund de continuer « qu'il convient de considérer la perte du pouvoir d'achat lors du choix de la retraite complémentaire – tout comme la retraite étatique » Les praticiens les plus impliqués dans le système de protection vieillesse sont donc conscients du risque réel et actuel de dévalorisation des retraites.

## 3.2 Gouvernance et contrôle

Une exigence de la gouvernance des retraites professionnelles d'entreprise au niveau international et européen est de trouver des compatibilités, ceci non seulement pour gérer les impacts et les conséquences de la crise, mais, allant au-delà, également pour des mesures transnationales, indispensables à l'avenir, notamment pour le maintien des droits, la portabilité,[12] pour le respect de règles prudentielles. Ainsi, en 2009, la Commission européenne a notamment adopté un ensemble de propositions législatives comprenant, entre autres, une proposition de règlement du Parlement européen et du Conseil relative à la surveillance macroprudentielle du système financier et instituant un comité européen du risque systémique (CERS).[13]

---

[10] En vérité, la diminution du niveau de retraite est beaucoup plus forte, v. la contribution 'La retraite professionnelle d'entreprise en Allemagne' dans cet ouvrage.

[11] Deutsche Rentenversicherung Bund, assurance pension allemande. Pour la traduction et l'explication de termes, v. Kaufmann, Wörterbuch Arbeits- und Sozialrecht, *Französisch-Deutsch, Deutsch-Französisch,* Dictionnaire de droit du travail et de droit de la sécurité sociale, *Français-Allemand, Allemand-Français*, C.H. Beck 2004.

[12] Kaufmann, Semaine Juridique JCP E, 2005 n° 43, 1828, Protection sociale d'entreprise: Instauration de la protection sociale d'entreprise; Transposition de la directive 2003/41/CE concernant les activités et la surveillance des institutions de retraite professionnelle en droit allemand.

[13] Regulation of the European Parliament and of the Council establishing a European Insurance and Occupational Pensions Authority. COM (2009) 502499 final. Pour plus d'informations, v. la contribution Hennion dans cet ouvrage.

### 3.2.1 Principes de la gouvernance

La gouvernance des retraites professionnelles d'entreprise est comprise dans une acception large, précise et concrète mais équivoque en même temps, cependant, en raison de forme diverses. Son contenu doit par conséquent être précisé, d'autant plus qu'il peut avoir des sens très divers, désignant une action gouvernementale, voire, comme au Sénégal, les services administratifs de région – et il y en a d'autres acceptions encore. Le terme est à la mode, en tout cas[14] et peut-être aussi pour la raison d'être ambivalent et de pouvoir de ce fait être utilisé généralement, dans un but non précisé exactement, pour manifester, justement, l'intention politique et indéterminée d'agir, de gérer, de faire fonctionner un ensemble; le terme est compris comme une méthode de gestion d'un ensemble, le plus souvent d'une entreprise.

La gouvernance concerne tout d'abord le cadre juridique en ce sens qu'une norme de droit est établie pour la mise en place et pour la réglementation des retraites d'entreprise. Pour la plupart des cas, cette norme est une loi spécifique qui peut se contenter de poser les principes, renvoyer à des normes de concrétisation et d'application mais qui peut aussi contenir des dispositions allant au-delà des règles relatives à l'instauration d'un système de retraites professionnelles d'entreprise. La gouvernance est ainsi aussi un faisceau de normes de droit destiné à trouver application dans un but et pour un type d'action précis. La gouvernance concerne cependant aussi le niveau de décision politique, dans le sens propre et premier du terme ou bien à un niveau inférieur, de façon plus concrète dans les entreprises ou aux différents niveaux de négociation entre acteurs intéressés. Enfin, la gouvernance peut être pratiquée pour mettre en place des règles de gestion et de fonctionnement technique; c'est alors une compréhension de la gouvernance pratique et concrète. La gouvernance comprise dans cette triple et large acception fait apparaître qu'elle a une importance certaine, directe et indirecte sur le contrôle. Gouvernance et contrôle s'influencent en tout cas mutuellement.

Il semble opportun de rappeler, dans le contexte de cette influence réciproque, que la gouvernance n'est pas du tout limitée à gérer et à surmonter la période de crise globale. Ce volet de la gouvernance se trouve, certes, placé au centre, actuellement. Le champ d'action de la gouvernance est cependant beaucoup plus large; c'est le moyen d'apporter la solution à la gestion des conséquences qui résultent de l'évolution démographique, ou encore de surmonter les obstacles à la portabilité des retraites professionnelles d'entreprise et, partant, de maintenir des droits à prestations. Qu'il soit permis de remarquer, à ce propos, que la solution à ce problème spécifique qui suppose la maîtrise de difficultés techniques, financières et de gestion immenses, dépend néanmoins en premier lieu d'une volonté politique à différents niveaux. Or, cela fait défaut dans certains pays.

---

[14]Toutes les langues, p.ex. l'allemand, ne connaissent pas ce terme.

### *3.2.2 L'importance des bonnes décisions et les instruments de contrôle*

La retraite professionnelle d'entreprise n'est pas confrontée dans tous les pays aux mêmes problèmes. Toutefois, des placements de fonds à risques que l'on décèle nuisent bien entendu à la sécurité. Il s'agit dans ces cas soit de systèmes et de régimes dotés de mécanismes de contrôle auxquels on n'a pas apporté beaucoup d'attention, soit les mécanismes de contrôle sont à priori fiables, mais les acteurs ignorent sciemment les prescriptions et règles obligatoires interdisant des placements à risque. Plus les prescriptions applicables au placement des fonds sont précises et contraignantes, plus les retraites paraissent être sûres. C'est justement à ce niveau que les mécanismes de contrôle jouent un rôle primordial, il faut seulement faire de sorte à ce qu'ils ne soient pas contournables.

En général, des décisions prises avant et après l'éclatement de la crise n'ont pas eu d'effets « anticrise ». Si certaines faisaient preuve d'une insouciance voire d'imprudence manifeste, il faut souligner qu'il y avait aussi des décisions bonnes et positives. En écartant les cas de fraude et de corruption, force est de constater que les décisions sont prises dans le cadre du système de gouvernance et de contrôle national applicable. Il y a toutefois des tendances que l'on peut constater et juger, le cas échéant. La tendance de renforcer la responsabilité de l'individu a certainement du bon, mais peut s'avérer absolument négative, voire avoir des conséquences néfastes pour la retraite complémentaire. Car, en effet, la maitrise des rouages financiers, de la connaissance des placements financiers est une condition indispensable à la bonne gestion des fonds. Le néophyte et l'amateur peuvent être tentés de faire le mauvais choix. C'est d'autant plus vrai que des placements importants sont concernés.

Une autre évolution que l'on a pu constater est la non prise en compte de la valeur du rendement de garanties pour le capital ou le manque d'attention dans le placement de l'argent.

Nombreux sont les fonds de retraite à avoir perdu une partie de leur fonds de réserve; la couverture financière est souvent devenue insuffisante. C'était notamment le cas aux Pays-Bas où 90% faisait défaut. Si une telle évolution se produit pour un fonds qui fonctionne avec un coût de gestion élevé, l'incident peut devenir rapidement un véritable problème. Par ailleurs, le Fonds de réserve de retraite en France s'est trouvé fortement touché par la crise. Bien que ce fonds ne soit pas des plus importants, cela peut avoir des conséquences sur l'économie nationale, voire européenne. Une autre tendance amplifie les effets de crise, à savoir le fait que les retraites à prestations définies (retraites chapeau)[15] ont de plus en plus souvent été remplacées par des retraites à cotisations définies. De toute façon, les retraites à prestations définies ne sont entièrement fiables que lorsqu'elles sont prévues dans un régime à "droits certains", avec garantie de portabilité mais non lorsqu'elles relèvent

---

[15]En France environ 90.000 personnes bénéficieraient d'une retraite chapeau, dont le montant moyen serait de l'ordre de 3875 Euros par an (selon un rapport du gouvernement au Parlement du 19 octobre 2010).

de régimes à “ droits aléatoires”, n’étant effectivement payées que lorsque le bénéficiaire termine sa carrière dans l’entreprise qui prend l’engagement. L’effet négatif sur la future retraite se manifeste lorsque les cotisations baissent. Dans ce contexte les solutions proposées sont pour le moins partielles. Ainsi, d’aucuns proposent de mettre les intéressés – donc les travailleurs salariés, mais aussi les employeurs qui contribuent directement au financement – devant le fait accompli, de leur dire toute la vérité sur la situation financière des fonds de pension, afin de leur permettre d’entreprendre l’effort financier supplémentaire nécessaire pour sauver leurs retraites. Bien qu’il soit parmi les choses les plus normales que de présenter le bilan tel qu’il est, il doit être permis de poser la question si les seuls concernés, les véritables financeurs du régime, peuvent être obligés à combler les déficits, bien que la situation désastreuse soit le fait de quelques uns qui n’ont pas hésité à courir des risques au dépens d’autres personnes?

De plus, il n’y a pas seulement le risque financier lié au placement qui peut être source d’insécurité. Comme exemple de l’interdépendance de situations diverses on peut rappeler la catastrophe écologique dans le Golfe du Mexique suite à une fuite dans un puits de forage en mer. Pour réparer les dégâts causés à l’environnement par le pétrole, BP doit dégager des Mrd. de dollars, ce qui influe de façon négative sur la cotation des actions BP. La chute qui s’ensuit fait fléchir les moyens financiers ce qui constitue un risque réel et actuel pour les retraites capitalisées créées avec les fonds de BP.

## 3.3 Diversité des solutions

Les solutions sont parfois contradictoires.

### *3.3.1 Exemples*

En Finlande, par exemple, on a décidé d’augmenter le taux de cotisations ou de primes. En Roumanie, par contre, la décision d’augmenter les cotisations a été suspendue. Dans d’autres pays, les cotisations ont été abaissées, par exemple en Lituanie de 5,5 à 3% pour 2009/2010. Les retraites s’inscrivent dans une période de long terme. C’est une des raisons pour laquelle des décisions prises trop rapidement et dont les effets ne sont que de courte durée, portent atteinte à la confiance que les gens peuvent avoir dans le régime. En Autriche, semble-t-il, des voix se sont faites entendre pour réclamer un renforcement de la protection vieillesse étatique par répartition. Vu qu’une telle décision ne saurait qu’apporter une plus value aux assurés, elle ne saurait être que d’un effet positif. A l’opposé, l’OCDE se prononce contre la renationalisation du système de retraite, tel que décidé par le gouvernement argentin.

En revanche, affaiblir ou même abolir la protection vieillesse complémentaire au motif que la capitalisation n’est pas fiable, ne paraît pas être une solution satisfaisante. Car tourner le dos aux retraites professionnelles d’entreprise parce que certains ont abusé de la confiance dont ils bénéficiaient et ont perverti le système serait comparable à une approche absolument partiale et partisane ne tenant pas compte de certaines vérités. D'autant plus que l'abolition des retraites professionnelles d'entreprise serait contraire à la tradition de certains pays. Ce ne saurait être la bonne voie.

### 3.3.2 *Une proposition actuelle*

Les formes possibles de retraite complémentaire sont nombreuses, ce qui ressort des différentes contributions. La protection vieillesse complémentaire pourrait faire l'objet, dans les prochaines années, d'un renforcement substantiel.[16] Il est également fort probable que les réformes des retraites en cours dans différents pays prévoiront l'institution d'un régime d'épargne retraite, donc un régime de retraites complémentaires capitalisé dans le but de contrer les faiblesses du régime de base, mais parfois aussi dans un vrai souci d'amélioration.

Pour produire des effets de protection durable, l'amélioration et le renforcement de la protection vieillesse devraient cependant bénéficier à tous, et non pas seulement à ceux qui ont déjà acquis des droits à une retraite complémentaire ou sont en train d'en acquérir et c'est là « une percée nouvelle ».[17]

La réalisation du renforcement de la protection supposerait alors le refus de l'assurance facultative et l'obligation des retraites professionnelles d'entreprise ou d'autres formes de retraite complémentaire. La gouvernance et le contrôle jouent alors, à ne pas en douter, un rôle prééminent. Autrement dit, le but premier, à savoir l'amélioration pour tous ne saurait être atteint et seules certaines catégories de personnes seraient concernées en l'absence d'assurance obligatoire. Or, l'obligation de constituer une retraite complémentaire fait souvent défaut et il est également vrai que beaucoup de travailleurs salariés n'ont pas droit à une retraite complémentaire substantielle.

Un autre champ d'action, étroitement lié à celui qui vient d'être évoqué, pourrait être activé dans le but d'améliorer la situation précaire, à laquelle sont exposées actuellement un grand nombre de personnes. Le risque de n'avoir droit qu'à des prestations de retraite trop faibles ne permettant pas de faire face aux coûts de la vie est réelle notamment pour les catégories de personnes qui ont exercé pendant trop longtemps des emplois précaires et ne remplissent pas les conditions d'assurance indispensables. Pour des raisons de faisabilité, cette solution n'est réaliste que si l'effort de financement n'est pas à la seule charge des assurés.

La gouvernance et le contrôle ayant un support juridique, le juriste doit s'en contenter. L'économiste et le financier pourront alors agir dans ce cadre. L'avenir

---

[16]Entretien avec Jean-Claude Trichet, président de la Banque centrale européenne, Entretiens européens, n° 31, 16/03/2009, Fondation Robert Schuman.

[17]En Allemagne, un tiers des travailleurs salariés n'ont pas droit à une retraite professionnelle d'entreprise (v. chapitre 15 de cet ouvrage).

dira si, en-deça des questions juridiques et des choix de placement, le président de la Banque européenne a raison de dire que l'Euro - introduit par décision politique sur une base juridique et fonctionnant selon le savoir économique - a contribué à éviter le pire.

Il ne faudrait pas oublié dans la recherche de solutions de tenir compte des souhaits des concernés, retraités et surtout futurs retraités. Or, cette recherche est généralement délaissée au profit d'analyse des systèmes et régimes existants.[18]

[18]Muralidhar, Allegezza (éds.), Reforming European pension Systems, Dutch University Press, 2006, 360.

# Kapitel 4
# Herausforderungen an die betrieblichen Altersversorgungssysteme

## vergleichender Ansatz

**Otto Kaufmann**

Der folgende Text weist auf die in den verschiedenen Beiträgen abgehandelten Problematiken ganz allgemein hin, wobei den Begriffen der Steuerung und der Kontrolle besondere Beachtung geschenkt wird.

## 4.1 Die Rahmenbedingungen und Grundlagen der betrieblichen Altersversorgung

Im Folgenden geht es um einige allgemeine system- bzw. länderübergreifende Anmerkungen, keinesfalls um eine grundlegende Analyse der betrieblichen Altersversorgung.

### *4.1.1 Arten und Formen der zusätzlichen Alterssicherung*

Die zusätzliche Alterssicherung ist in verschiedene Ebenen untergliedert. Eine Gliederung in Säulen mag zwar nützlich erscheinen, sie hebt aber die Verschiedenheiten und Gewichtigkeiten des zweiten und dritten Sicherungsniveaus (sog. zweite und dritte Säule) nicht ausreichend hervor und vernachlässigt zudem die vertikale Struktur der Rentenleistungen. Der Begriff „Sicherungsebene" scheint aus diesem Grund angemessener.

Die betriebliche Altersversorgung[1] ist Teil der zusätzlichen Alterssicherung, stellt jedoch nicht ihre einzige Komponente dar. In diesem Zusammenhang darf auch daran erinnert werden, dass die Mitarbeiterbindung ein wichtiges Argument

O. Kaufmann (✉)
Dr. jur., habil. (HDR), Max-Planck-Institut für ausländisches und internationales Sozialrecht, München, Amalienstr. 33, 80799 München, Deutschland
e-mail: kaufmann@mpisoc.mpg.de

[1] Die betriebliche Altersversorgung impliziert die Mitwirkung des Arbeitgebers, während die Altersvorsorge – die auch betriebliche Altersvorsorge genannt wird – eher individuell ausgestaltet ist und zudem jegliche Art der Sicherung für das Alter betrifft, die über die gesetzliche oder eine andere obligatorische Alterssicherung hinausgeht.

O. Kaufmann, S. Hennion (eds.), *Steuerung der betrieblichen Altersversorgung in Europa: garantierte Sicherheit? Governance of Occupational Pensions in Europe: Guaranteed Security? Gouvernance des retraites professionnelles en Europe: Sécurité garantie?*,
DOI 10.1007/978-3-642-15731-8_4, © Springer-Verlag Berlin Heidelberg 2011

für die Errichtung betrieblicher Altersversorgung war und es in manchen Betrieben noch immer ist.[2]

Die zusätzliche Altersverssicherung ist im Hinblick auf ihre Rechtsgrundlage, Form und Verwaltung sehr vielschichtig, was für eine rechtsvergleichende Studie bedeutsam ist. Die zusätzliche Alterssicherung ist je nach Land obligatorisch oder fakultativ, sie kann kollektiv oder individuell sein.

Auf der zweiten Ebene der Alterssicherung, bzw. auf dem Niveau der zweiten Säule betrifft die zusätzliche Altersversorgung je nach Land und den allgemeinen Systemen der Altersversorgung und den Sondersystemen

- das Unternehmen,
- den beruflichen oder zwischenberuflichen Zweig,
- die einzelnen Berufe,
- die Arbeitnehmer auf nationaler Ebene ungeachtet ihres ausgeübten Berufs.

Die berufliche Altersversorgung hingegen ist ohne Ausnahme kollektiv und meist in einem Tarifvertrag verankert. Tarifverträge scheinen im Übrigen in diesem Bereich an Bedeutung zu gewinnen, zumindest wenn die Versicherung nicht von der alleinigen Entscheidung des Arbeitgebers abhängt, was in Deutschland oft der Fall ist. Eine Besonderheit der beruflichen Altersversorgung besteht in ihrer kapitalgedeckten Finanzierung.

Allerdings kennen nicht alle Staaten eine zusätzliche Altersrente auf der zweiten Ebene der Alterssicherung in Gestalt einer klassischen „zweiten Säule". Die zusätzliche Alterssicherung z. B. in Frankreich ist auf der zweiten Sicherungsebene angesiedelt. Sie stellt keine betriebliche Altersversorgung (nach deutschem Verständnis) dar, sondern ist im Gegenteil – so wie die staatliche Rente –umlagefinanziert.[3] Die Funktionsweise unterscheidet sich nicht von der der Sozialversicherung, nur wird diese zusätzliche Alterssicherung durch private Kassen verwaltet. Es handelt sich eigentlich um eine Sozialversicherung auf tarifvertraglicher Grundlage, die „sécurité sociale 'bis'",[4] („'zusätzliche' soziale Sicherheit") genannt wird. Frankreich hat die obligatorische Zusatzrente im Übrigen in den materiellen Anwendungsbereich der EU-Koordinierungsregelung überführt. Diese Zuordnung war aus genannten Gründen ohne Änderung der Funktionsweise möglich.

Ein anderes Organisationsmodel ist z. B. in Schweden zu finden (s. Beitrag Köhler). In diesem Land wird ein Teil der staatlichen Rente gesondert organisiert und ist kapitalgedeckt. Die spezifischen Regelungen der betrieblichen Altersversorgung bezüglich der Verwaltung und der Ausgestaltung der zusätzlichen Altersrente sind somit Teil der staatlichen Rente geworden.

---

[2]Hakenes, G., Die Unterstützungskasse – ein alternatives Modell für Betriebsrenten, Betriebliche Altersversorgung, 2009, 187.

[3]Zu Übersetzung und Erklärung deutscher bzw. französischer Rechtsbegriffe, s. Kaufmann, Wörterbuch Arbeits- und Sozialrecht, Französisch-Deutsch, Deutsch-Französisch, Dictionnaire de droit du travail et de droit de la sécurité sociale, Français-Allemand, Allemand-Français, Beck 2004.

[4]Bis = wiederholen; zwei mal (im Sinn von noch einmal, ein weiteres Mal).

Der öffentliche Dienst ist ein weiteres Beispiel für die Unterschiede auf der zweiten Ebene der Alterssicherung. Öffentlich Bedienstete und insbesondere die Beamten, aber auch die Bediensteten ohne Beamtenstatus (Arbeitnehmer), unterliegen oft einem Sondersystem. Dies trifft auch auf die Zusatzalterssicherung zu, die freiwillig oder obligatorisch sein kann. Die Arbeitnehmer des öffentlichen Dienstes in Deutschland z. B. sind obligatorisch in einem besonderen System gesichert (VBL, Versorgungsanstalt des Bundes und der Länder). Die nicht verbeamteten Arbeitnehmer des öffentlichen Dienstes in Frankreich (agents contractuels) leisten Beiträge an ein Sondersystem (IRCANTEC). Die französischen Beamten im eigentlichen Sinn hingegen entrichten Beiträge an ein ihnen vorbehaltenes Zusatzsystem, das „Régime additionnel de la fonction publique" (RAFP, Zusatzsystem des öffentlichen Dienstes).[5] Durch diese Zusatzversicherung sollen die Nachteile, die manche Kategorien von Beschäftigten des öffentlichen Dienstes betreffen, weil bestimmte Teile der Bezüge, die *„primes"*, für die Berechnung der Höhe des Altersruhegehalts nicht berücksichtigt werden, zumindest teilweise ausgeglichen werden.[6] Die bekannteste Zusatzrentenkasse wurde 1964 durch Arbeitnehmergewerkschaften gegründet und wird von der „Caisse Nationale de Prévoyance de la Fonction Publique" (Préfon) (Staatliche Rentenkasse für den öffentlichen Dienst) verwaltet. Diese Rentenkasse stellt jedoch kein geschlossenes System dar, andere Personengruppen können ihr daher beitreten.[7] Es gibt ebenfalls die Rentenzusatzversicherung für den öffentlichen Dienst (COREM). Für den öffentlichen Dienst des öffentlich-rechtlichen Krankenhauswesens gibt es das „Comité de gestion des œuvres sociales des établissements hospitaliers publics" (CGOS, Verwaltungsausschuss für die Sozialeinrichtungen öffentlicher Krankenhäuser und Kliniken). Allerdings gibt es in Frankreich auch freiwillige Zusatzsysteme.[8] Diese Beispiele zeigen, dass die Organisation und die Finanzierung der Renten auf die Steuerung und die Kontrolle Einfluss nehmen. Alles hängt zusammen, die unterschiedlichen Komponenten sind voneinander abhängig.[9]

---

[5] Kaufmann, Die Alterssicherung von Beamten in Frankreich, in : Becker, Köhler, Körtek (Hrsg.), Die Alterssicherung von Beamten und ihre Reformen im Rechtsvergleich, Nomos, 2010, 67.

[6] Das Zusatzsicherungssystem des öffentlichen Dienstes erhielt eine Auszeichnung für den besten Finanzanleger (le grand prix de l'investisseur responsable), die 2008 von Natixis Asset Management und dem consultant Amadeis in Zusammenarbeit mit der Zeitung Les Echos geschaffen wurde. Mit dieser Auszeichnung soll ein Finanzanleger bedacht werden, der bei seiner Tätigkeit die Umweltbedingungen, die sozialen Gegebenheiten und eine gute Anlegestrategie am besten miteinander in Einklang bringt.

[7] Préfon zählt 400.000 Mitglieder, wovon 80.000 im Ruhestand sind. Die Rücklagen belaufen sich auf 9 Mrd. Euro, die Einnahmen machten im Jahr 2008 62 Mio. Euro aus.

[8] Kaufmann, Alterssicherung in den französischen Sondersystemen, Die Angestelltenversicherung, 1997, 430. Ders., Soziale Sicherheit in Frankreich. Teil 2: Sondersysteme und autonome Systeme. Soziale Sicherheit, 1998, 299.

[9] Kaufmann, La place des retraites professionnelles d'entreprise dans la protection vieillesse, in Kaufmann/Hennion-Moreau, Les retraites professionnelles en Europe, Droits européen et comparé. Betriebliche Altersversorgung in Europa, Europäisches Recht und Rechtsvergleichung. Occupational pension schemes in Europe, European law and comparative law, Bruylant, 2007, 5.

### 4.1.2 *Voraussetzungen einer wirksamen zusätzlichen Alterssicherung*

Um die Alterssicherung und ihre Durchführung im Ganzen zu sichern und nachhaltig zu gestalten, muss jede Art von Zusatzsicherung, die betriebliche Altersversorgung inbegriffen, bestimmte Kriterien erfüllen, nämlich

- Sicherheit,
- Tragfähigkeit und Nachhaltigkeit,
- Verfügbarkeit, sowie
- Widerstandsfähigkeit gegen Finanzmarktrisiken.

Alle diese Kriterien sind wichtig. Die der Verfügbarkeit und der Tragfähigkeit waren während der Finanzkrise wohl am anfälligsten. Dies ist sowohl für die obligatorischen kapitalfinanzierten Rentensysteme als auch für die freiwilligen Rentensysteme nachvollziehbar, so wie man es in mehreren Ländern, insbesondere in Bulgarien, Estland, Lettland, Ungarn, Polen, Slowenien und Schweden, feststellen konnte.

Das Ausmaß des Problems kann man dann erfassen, wenn man sich vergegenwärtigt, dass die Rentenfonds in manchen Ländern bis zur Hälfte des BIP ausmachen. Dies ist im Vereinigten Königreich, in Irland und in den Niederlanden der Fall.

Betrachtet man die Verluste einiger Rentenkassen, so wird die beachtliche und nicht zu unterschätzende Gefahr deutlich. Es gibt also viele Argumente, die für die Einrichtung einer guten und geeigneten Steuerung sowie einer wirksamen Kontrolle sprechen. Laut einer Umfrage des Deutschen Instituts für Altersversorgung (DIA) sind 50% der befragten Personen davon überzeugt, dass die Finanzkrise die Renten schwächt, 12% meinen, dass sie einen negativen Einfluss auf die individuelle betriebliche Altersversorgung hat, und 25% erblicken in ihr eine Gefahr für die Rentenvorsorge.

### 4.1.3 *Die Rentenreformen und das Rentenniveau*

Die Rentenreformen haben Einfluss auf die Wechselbeziehung zwischen dem staatlichen Rentensystem und der Zusatzversicherung. Reformen können zur Folge haben, dass die Rente langsamer erhöht wird als das Gehalt. Das Renteneinkommen kann sich sogar verringern, insbesondere als Folge der Verringerung der Höhe der Basisrente, so wie es 2001 mit Wirkung ab 2002 durch die große Rentenreform in Deutschland beschlossen wurde.[10] Die tatsächliche Rentenminderung kann aber auch aus einem in Reformen vorgesehenen Wachstumsrückgang der

[10]Kaufmann, Köhler, Die neue Alterssicherung, Nomos, 2002.

Basisrente resultieren oder auf die Festlegung eines Höchstbetrags zurückzuführen sein. Der Ausschuss für Sozialschutz (Social Protection Committee, SCP) hat 2008 einen Bericht über die durch private Institutionen verwaltete betriebliche Altersversorgung und ihren Beitrag zu nachhaltigen und angemessenen Renten veröffentlicht[11], in dem die beiden Ebenen der Rentenversicherung bewertet wurden. Es wird festgestellt, dass die umlagefinanzierte Altersversorgung die wichtigste Einkommensquelle im Alter bleiben wird. Allerdings wird prognostiziert, dass die Privatrenten eine entscheidende Rolle in allen Rentensystemen Europas spielen werden. Diese zwei Prognosen scheinen auf den ersten Blick widersprüchlich zu sein, sind es allerdings dann nicht, wenn man ihre jeweiligen Anteile an der gesamten Rente vergleicht. Die betriebliche Altersversorgung hat –zumindest in den großen Unternehmen – ihre arbeitnehmerbindende Funktion nicht verloren, allerdings besteht ihre wichtigste Aufgabe darin, die staatliche Rente zu verbessern und insbesondere deren stetige Verminderung auszugleichen.

Es darf in Erinnerung gerufen werden, dass die freiwillige zusätzliche „Riesterrente“ Anlass zu einer Werbekampagne zur Stärkung des Rentenniveaus gegeben hat. In Wahrheit gleicht sie die aus der Minderung der staatlichen Rente um 4% resultierende geschwächte Schutzfunktion aus.

Die Deutsche Rentenversicherung Bund (DRV-Bund) hat in einem an die Versicherten gerichteten Informationsschreiben über den Stand des Rentenanspruchs festgestellt, dass, „da die Renten in Zukunft langsamer steigen werden als die Löhne, was einen immer größer werdenden Abstand zwischen staatlicher Rente und Gewinneinkommen nach sich zieht, die zusätzliche Rente für die älteren Personen immer mehr an Bedeutung gewinnt“. Die DRV-Bund führt weiter aus, „dass es angebracht ist, den Kaufkraftverlust bei der Zusatzrentenwahl mit zu beachten – so wie auch die staatliche Rente.“ Die Praktiker, die am meisten in die Alterssicherung einbezogen sind, sind sich daher des tatsächlichen Risikos des Wertrückgangs der Renten bewusst.

## 4.2 Steuerung und Kontrolle

Steuerung und Kontrolle sind wesentliche Elemente für die betriebliche Altersversorgung, weil sie die unabdingbare Voraussetzung für eine sichere Durchführung einer solchen Alterssicherung sind. Das gilt sowohl auf nationaler als auch auf transnationaler Ebene. Die betriebliche Altersversorgung ist zwar noch weit von einer nennenswerten Internationalisierung bzw. „Europäisierung“ entfernt, ein wichtiger Schritt in diese Richtung wurde jedoch durch die Umsetzung der Richtlinie 2003/41/EG gemacht.[12] Auch ein hier beispielhaft genannter Vorschlag für eine Verordnung des Europäischen Parlamentes und des Rates zur Einrichtung

[11] Vgl. Eureport 11, 2008, 41.

[12] Richtlinie 2003/41/EG vom 3. Juni 2003 über die Tätigkeiten und die Beaufsichtigung von Einrichtungen der betrieblichen Altersversorgung, ABl. L 235/10 vom 23. September 2003.

einer Europäischen Aufsichtsbehörde für das Versicherungswesen und die betriebliche Altersversorgung[13] ist ein wichtiger Schritt in Richtung „Europäisierung“ bestimmter Aspekte der betrieblichen Altersversorgung.[14]

### *4.2.1 Steuerung*

Steuerung ist ein Ausdruck, der sehr in Mode ist. Vielleicht liegt dies daran, dass er vieldeutig und ohne genaue Inhaltsbestimmung ist. Er drückt jedenfalls die politische Absicht aus, zur Erreichung eines vorgegebenen Ziels zu handeln und eine dafür verwendete Struktur zu verwalten. Der Begriff der Steuerung, der hier gleichsam als Übersetzung des französischen Begriffs „gouvernance“ im Zusammenhang mit der betrieblichen Altersversorgung Verwendung findet, kann weit ausgelegt werden, ist aber zugleich präzise und konkret und auch auf den Einzelfall abgestimmt. Die Steuerung betrifft in erster Linie den rechtlichen Rahmen des zu Steuernden, d. h. die Schaffung einer Rechtsnorm, um die betriebliche Altersversorgung einzuführen und zu regeln.

In den meisten Fällen handelt es sich bei dieser Rechtsnorm um ein spezifisches Gesetz, das sich lediglich darauf beschränkt, Grundsätze vorzugeben und auf konkretisierende Normen zu verweisen. Es kann jedoch auch weitergehende Bestimmungen zur Einrichtung eines betrieblichen Altersversorgungssystems enthalten. Die Steuerung umfasst somit auch ein Maßnahmebündel von Rechtsnormen. Sie betrifft nach ihrem Wortsinn aber auch die politische Entscheidungsebene sowie die Ebene der Unternehmen und der Verhandlungsprozesse. Schließlich können durch die Steuerung Regeln bezüglich der Verwaltung und technischer Funktionsweisen aufgestellt werden. Somit lässt sich der praktische und konkrete Sinn der Steuerung erkennen.

Folgt man einer solchen weiten Auffassung des Begriffs der Steuerung, so ergibt sich aus ihr eine sowohl direkte als auch indirekte Bedeutung für die Kontrolle. In jedem Fall beeinflussen sich Steuerung und Kontrolle gegenseitig. Im Zusammenhang mit dieser Wechselbeziehung erscheint es angebracht daran zu erinnern, dass die Steuerung in keiner Weise darauf beschränkt ist, eine globale Krise in den Griff zu bekommen und zu überwinden. Dieser Aspekt der Steuerung befindet sich zurzeit im Mittelpunkt der Überlegungen.

Ganz im Gegenteil ist der Anwendungsbereich der Steuerung viel weiter gezogen. Sie dient dazu, die Folgen der demographischen Entwicklung in den Griff zu bekommen und sogar die Hindernisse für die Tragbarkeit der betrieblichen Altersversorgung zu überwinden und gleichzeitig Rechte zu sichern.

An dieser Stelle sei erwähnt, dass die Lösung für dieses spezifische Problem, welche die Bewältigung technischer, finanzieller und mit enormem Verwaltungsaufwand verbundener Schwierigkeiten voraussetzt, in erster Linie von dem politischen

---

[13] KOM (2009) 502 endgültig.

[14] Mehr Einzelheiten dazu im Beitrag Hennion in diesem Buch.

Willen auf verschiedenen Ebenen abhängt. In vielen Ländern ist ein solcher jedoch nicht erkennbar.

Eine Anforderung, die auf internationalem und europäischem Niveau an die Steuerung der betrieblichen Altersversorgung gestellt wird, ist es, einen Vergleich anzustellen.

Dies dient nicht nur dazu, die Auswirkungen und Folgen der Krise in den Griff zu bekommen. Auch für die künftig unentbehrlichen transnationalen Maßnahmen, insbesondere für die Aufrechterhaltung der Rechte und der Tragbarkeit, ist dieser Vergleich sehr wichtig.

## *4.2.2 Die Bedeutung der richtigen Entscheidungen: Kontrollmechanismen*

### 4.2.2.1 Grundsätzliches

Die betriebliche Altersversorgung steht nicht in allen Ländern gleichen finanziellen Schwierigkeiten gegenüber. Funktionierende Kontrollmechanismen sind aber überall unumgänglich.

Kontrollmechanismen können – ähnlich wie die Steuerung selbst – vielfältig sein. Je ausgeprägter die Vorschriften über die Geldanlagen sind, desto sicherer scheinen die Betriebsrenten zu sein; die Einhaltung von Rechnungslegungsvorschriften sind eine Grundlage für die Sicherheit der betrieblichen Altersversorgung (s. den Beitrag von Jubé in diesem Band). Allerdings sind auch Risikoanlagen zu verzeichnen, die der Sicherheit natürlich abträglich sind. Das kann auf Systeme zutreffen, deren Kontrollmechanismen zu wenig Bedeutung zugemessen wurde mit der Konsequenz, dass diese ineffizient und ungenügend ausgestaltet sind. Es kann aber auch um die Nichtbeachtung Risikoanlagen untersagender Vorschriften gehen, um Spekulationen, ggf. sogar um Veruntreuung von Anlagefonds. Auf dieser Ebene kommt den Kontrollfunktionen entscheidende Bedeutung zu.

Dazu kann auch eine Genehmigungspflicht gezählt werden, sofern diese nicht nur eine Formsache ist, sondern eine Sachprüfung zur Feststellung der Erfüllung aller notwendigen Bedingungen für die Durchführung von Betriebsrenten umfasst; auch Sanktionsmöglichkeiten sind zweckmäßig. Wenn eine Genehmigungspflicht auch in den meisten europäischen Ländern vorgesehen ist,[15] so muss sie jedoch auch tatsächlich vollzogen werden. Das scheint nicht immer der Fall zu sein. Hinzu kommt, dass ein eventuell eingetretener Schaden auch zu kompensieren wäre, um Kontrolle und Sanktion durch eine solche Rechtsfolge attraktiv zu machen. Im Vorfeld spielt auch die Anlagekultur eine Rolle. So sind für die sog. Riesterrente z. B. Risikoanlagen ausgeschlossen und haben die Verweigerung der Steuervorteile zur Folge.

[15] Für eine Teilübersicht, s. European Institutions for Occupational Retirement Provision, The EFRP model for pan-European pensions, EIORP 2005, Oktober 2003, 69.

#### 4.2.2.2 Entwicklungstendenzen

Die vor und nach dem Ausbruch der Krise getroffenen Entscheidungen haben dieser nicht entgegengewirkt. Auch wenn sich einige Akteure durch Sorglosigkeit und Unvorsichtigkeit ausgezeichnet haben, so muss man doch festhalten, dass auch richtige und gute Entscheidungen getroffen wurden. Wenn man die Fälle von Betrug und Korruption beiseite lässt, kann man feststellen, dass die Entscheidungen im Rahmen des jeweiligen anwendbaren nationalen Steuerungssystems getroffen werden.

Die Entwicklung hin zum Ausbau der Eigenverantwortlichkeit hat sicherlich gute Seiten, kann sich aber auch als absolut negativ herausstellen und sogar verhängnisvolle Folgen für die Zusatzrente haben. Die Beherrschung der Finanzmechanismen und das Wissen um die Vermögensanlagen sind die Grundvoraussetzungen für die richtige Organisation der Rentenfonds. Unerfahrene und unprofessionelle Anleger könnten Gefahr laufen, die falsche Wahl zu treffen – was sogar ohne Krise schlecht wäre, insbesondere dann, wenn die Fondsanlagen ein erhebliches Volumen ausmachen.

Zahlreiche Rentenfonds haben einen Teil ihrer Rücklagen verloren, die finanzielle Deckung ist oftmals unzureichend. Das war insbesondere in den Niederlanden der Fall. Soweit eine solche Entwicklung eine Rentenkasse mit hohen Verwaltungskosten betrifft, kann sie rasch zu einem gewaltigen Problem ausarten. Im Übrigen war z. B. der Alterssicherungsfonds in Frankreich sehr stark von der Krise betroffen. Auch wenn dieser Fonds nicht zu den bedeutendsten zählt, so könnte dies doch einen Einfluss auf die nationale oder gar europäische Wirtschaft haben. Eine weitere Tendenz verstärkt die Auswirkung der Krise: Die Renten mit festen Leistungszusagen wurden immer öfter von Renten mit Beitragszusagen abgelöst. Sobald die Beiträge sinken, wird die negative Auswirkung auf die zukünftige Rente erkennbar. In diesem Zusammenhang sind die Lösungsvorschläge unzulänglich. So schlagen manche vor, die Betroffenen – d. h. die Beschäftigten, aber auch die Arbeitgeber, die sich direkt an der Finanzierung beteiligen – vor vollendete Tatsachen zu stellen und ihnen die wahre Finanzsituation der Rentenkassen zu offenbaren, damit sie eine zusätzliche finanzielle Anstrengung zur Rettung ihrer Renten unternehmen können.

Auch wenn es völlig selbstverständlich ist, die Bilanz unverfälscht offenzulegen, so muss doch die Frage gestellt werden dürfen, ob nur die wirklich Betroffenen, d. h. die wahren Geldgeber des Systems, zum Ausgleich des Defizits gezwungen werden können, obwohl die verheerende Lage dem Konto einiger weniger zugeschrieben werden muss, die willkürlich ein Risiko auf Kosten anderer eingegangen sind.

## 4.3 Lösungen

Zahlreiche Lösungen sind erwägenswert, wobei es allerdings keine allgemeingültige, länderübergreifend brauchbare gibt. Es ist vielmehr notwendig, die jeweils landesspezifischen Gegebenheiten zu berücksichtigen und alle Maßnahmen darauf abzustellen. Allgemein gilt natürlich, dass die Steuerungs- und Kontrollmechanismen unter Sicherheitsaspekten umgesetzt werden müssen. Davon abgesehen kann man grundlegende Ziele setzen, die für alle Länder vorgegeben werden können, aber im Einzelnen wiederum angepasst werden müssen.

## *4.3.1 Vielfalt der Lösungen*

Die Lösungen sind vielfältig und manchmal widersprüchlich. In Finnland hat man sich zum Beispiel für die Erhöhung des Beitragssatzes bzw. der Prämien entschieden. In Rumänien hingegen wurde die Entscheidung über die Erhöhung der Beiträge ausgesetzt. In anderen Ländern wurden die Beiträge herabgesetzt, wie z. B. 2009 von 5,5 auf 3% in Litauen. Die Renten sind über einen langfristigen Zeitraum zu betrachten. Diese sich ständig verändernden Strategien sind schädlich, weil die fehlende längerfristige Konzeption das Vertrauen in die Anlagepolitik vermindern kann. Einmal getroffene Entscheidungen sollten auf soliden Überlegungen gründen, damit ihre Auswirkungen nicht nur von kurzer Dauer sind. In Österreich wird offensichtlich eine Stärkung der staatlichen umlagefinanzierten Alterssicherung verlangt. Eine solche Entscheidung wäre durchweg positiv, da sie für die Versicherten vorteilhaft wäre. Im Gegensatz dazu spricht sich die OECD gegen die erneute Verstaatlichung der Rentenversicherung aus, so wie sie z. B. von der argentinischen Regierung beschlossen wurde. Die zusätzliche Alterssicherung zu schwächen oder gar abzuschaffen mit dem Argument, die Kapitalisierung sei nicht sicher, scheint ebenfalls keine gut Lösung zu sein. Auch wäre es eine absolut parteiische Entscheidung, sich von der betrieblichen Altersversorgung anzuwenden, nur weil einige das ihnen entgegengebrachte Vertrauen missbraucht und das System pervertiert haben. Dies umso mehr, da die Abschaffung der betrieblichen Altersversorgung in vielen Ländern doch eine Maßnahme gegen die überkommene Tradition wäre. Dies scheint folglich kein guter Weg zu sein.

## *4.3.2 Erwägenswerte Lösungen*

Im Allgemeinen ist es so, dass die Suche nach Lösungen nicht die Wünsche der Betroffenen, in erster Linie der Rentner und der zukünftigen Rentner, berücksichtigt. Das ist ein Punkt, den es zu ändern gilt.[16] Die zusätzliche Alterssicherung könnte verstärkt werden, wobei es hierfür jedoch einen neuen Ansatz geben müsste, da sie dann für alle verstärkt werden müsste und nicht nur für diejenigen, denen sie bereits zugute kommt.[17] Eine Verstärkung der zusätzlichen Alterssicherung könnte bedeuten, dass die betriebliche Altersversorgung für alle Arbeitnehmer obligatorisch werden würde. In Deutschland z. B. hat ungefähr ein Drittel der Arbeitnehmer keinen Anspruch auf eine betriebliche Altersversorgung. Bei Einführung der

[16]Muralidhar, Allegezza (Hrsg.), Reforming European pension Systems, Dutch University Press, 2006, 360 ff.

[17]Gespräch mit Jean-Claude Trichet, Europäisches Gespräch Nr. 31, Fondation Robert Schuman.

„Riesterrente“ war nicht an ein Obligatorium gedacht, es wäre auch politisch nicht durchsetzbar gewesen.

Ein weiteres Tätigkeitsfeld könnte darin bestehen, die aktuelle zum Teil unsichere Anlagepolitik zu verbessern – und das aber nicht nur zu Lasten der Versicherten. Einige Hinweise und Möglichkeiten dazu lassen sich in den verschiedenen Beiträgen dieses Buches finden. Natürlich spielen Steuerung und Kontrolle eine erhebliche Rolle. Beide Mechanismen haben eine rechtliche Grundlage, auf die sich der Jurist konzentrieren muss; der Ökonom und der Finanzwissenschaftler sowie der Finanzier können dann in diesem Rahmen tätig werden. Die Zukunft wird zeigen, ob der Präsident der Europäischen Zentralbank unabhängig von rechtlichen Fragen und solchen zur Wahl der Geldanlagen mit seiner Behauptung Recht behält, dass der Euro – durch eine rechtlich fundierte politische Entscheidung eingeführt und auf Grundlage wirtschaftlichen Wissens funktionierend – zur Verhinderung des Schlimmsten beigetragen hat.

Neben diesen Änderungen prinzipieller rechtlicher und finanzpolitischer Konzeptionen könnten ebenfalls grundlegende Anpassungen in der Arbeitsmarktpolitik und der Auswirkung der Sozialversicherung auf den Einzelnen in Betracht gezogen werden. Ein wichtiger Schritt wäre z. B. die Koppelung der Alterssicherung an die Person des Versicherten, und dies unabhängig vom Arbeitsplatz.

# Chapter 5
# Challenges Facing Occupational Pension Schemes

## Some Remarks in a Comparative Approach

**Otto Kaufmann**

**Keyword** Occupational pension

The following seeks to render a general picture of the specific problems depicted in the various reports, with a prime focus on the terms "governance" (regulation) and "control" (supervision).

## 5.1 Pension Reforms and the Diverse Pension Schemes

Occupational retirement schemes do not necessarily face the same financial difficulties in all countries. It seems that the more detailed the rules governing money investments, the securer the occupational pensions. Nevertheless, risky investments do occur and are of course detrimental to security. These are found either in systems that accord too little importance to control mechanisms or in cases where existing rules and regulations that prohibit high-risk investments are not complied with. It is here, on this level, where control functions come to play a decisive role.

It must moreover be stressed that occupational pensions merely form a part of supplementary retirement provision, but are not its only component. Nor should one forget that staff retention was an important argument for setting up corporate pension schemes in the past, and still is in some companies today.

In terms of its legal basis, form and administration, supplementary retirement planning is indeed a multi-faceted subject area. That is of considerable import to a comparative law investigation. One of the requirements at international and European level for the governance of occupational pension schemes is to seek comparison. The intent here is not only to deal with the effects and consequences of the global crisis. Such comparison is also vital for the potentially indispensable transnational measures needed, in particular, to sustain rights and portability.

O. Kaufmann (✉)
Dr. jur., habil. (HDR), Max-Planck-Institut für ausländisches und internationales Sozialrecht, München, Amalienstr. 33, 80799 München, Deutschland
e-mail: kaufmann@mpisoc.mpg.de

O. Kaufmann, S. Hennion (eds.), *Steuerung der betrieblichen Altersversorgung in Europa: garantierte Sicherheit? Governance of Occupational Pensions in Europe: Guaranteed Security? Gouvernance des retraites professionnelles en Europe: Sécurité garantie?*,
DOI 10.1007/978-3-642-15731-8_5, © Springer-Verlag Berlin Heidelberg 2011

In order to warrant old-age security and its management as a whole, and to keep it sustainable, every type of supplementary insurance, including occupational retirement schemes, must fulfil the following specific criteria:

- security
- viability and sustainability
- availability
- resilience to financial market risks

Although all these criteria seem equally important, availability and viability have no doubt proven to be the most vulnerable factors in the financial crisis. This is applicable to both mandatory and voluntary-funded pension schemes, as has been shown in several countries, notably Bulgaria, Estonia, Latvia, Hungary, Poland, Slovenia and Sweden. The magnitude of the problem is reflected in the fact that pension funds account for up to half of GDP – as in the cases of the United Kingdom, Ireland and the Netherlands.

An analysis of pension fund losses brings to light the formidable and not-to-be-underestimated hazard. Hence, there are indeed many arguments in support of good and expedient governance as well as effective supervision. According to a survey conducted by a German research institute for retirement provision, the *Deutsche Institut für Altersvorsorge* (DIA), 50% of the respondents are convinced that the financial crisis will weaken pensions; 12% feel that the crisis negatively impacts individual company pension plans; and 25% perceive an immanent threat to retirement planning.

Reforms have a bearing on interrelations between state pension systems and supplementary insurance schemes. Thus, reforms may cause pension benefits to increase at a slower pace than wages. Retirement income might even decline, especially if the basic pension amount is lowered, as in the case of the large-scale pension reform in Germany of 2001, with effect from 2002.[1] A de facto reduction in pension amounts may also result from a reform-induced slowdown in the rate of basic pension growth or through the specification of ceiling amounts.

The EU Social Protection Committee submitted a report in 2008 on private institutions for occupational retirement provision, and their contribution to sustainable and adequate old-age pensions.[2] It evaluates the two "categories" of pension insurance, noting that the pay-as-you-go schemes, as opposed to the funded ones, will remain the most important source of income in old age. Nevertheless, the report also predicts that retirement benefits administered by private institutions will play a decisive role in all European pension systems in the future. At first glance, these two forecasts appear to contradict each other – but they no longer do so if one compares each benefit type's share in the total pension amount. The report further states that occupational retirement provision has not forfeited its staff retention function,

---

[1]Kaufmann, Köhler, Die neue Alterssicherung, Nomos, Baden-Baden, 2002.

[2]See Eureport 11, 2008, 41.

at least not in large companies. Yet its prime task remains to boost state pensions, particularly to compensate for their steady decline.

One may call to mind that the German model of a voluntary supplementary retirement benefit – the so-called Riester pension, named after the minister who designed it – led to an advertising campaign to reinforce the pension level. In truth, however, the Riester pension merely serves to equalise the 4% decline in protection resulting from the curtailment of the state pension.

The German statutory pension insurance scheme *Deutsche Rentenversicherung Bund* (DRV-Bund), in a letter of information to the insured on the status of pension benefit claims, pointed out that "as pensions will rise more slowly than wages in future, entailing an increasingly large gap between state pensions and earnings, supplementary pensions will gain ever more importance for older persons". The DRV-Bund moreover states "that it is advisable when opting for a supplementary pension scheme to take account also of the loss of purchasing power – as well as the state pension". Practitioners dealing mostly with old-age security issues are thus obviously aware of the actual risk of pension depreciation.

Supplementary retirement provision is often tiered. Classification in pillars might also be useful, but does not sufficiently emphasise the disparities and weightings within the second and third levels of old-age security (the so-called second and third pillars) and, in particular, fails to stress the vertical structure. The choice of the term "tier" of provision therefore seems more appropriate. The legal approach (mandatory or optional, collective or individual, funded or pay-as-you-go, etc.) is likewise of importance to a pension system's personal scope of application. On the second tier, or at the level of the second pillar, supplementary old-age provision, depending on the country and its universal as well as special retirement schemes, applies to

- companies
- occupational or inter-occupational sectors
- the professions
- employees at national level, regardless of occupation

Supplementary old-age provision can be mandatory or optional, depending on the country; it can also be collective or individual. Occupational pension schemes are, however, without exception collective and are usually embodied in a collective bargaining agreement. Collective agreements seem to be gaining importance in this area, at least where the insurance does not depend on the sole decision of the employer – which is often the case in Germany. A notable feature of all occupational schemes is that they opt for funded pension insurance. Nonetheless, the traditional form of "second-pillar" supplementary retirement schemes is not encountered in all states. An example here is France: Although supplementary old-age provision is allocated to the second tier of protection, it does not constitute an occupational pension (as in the German understanding of the term), but is based on pay-as-you-go financing, like the state pension.[3] The functional principle is no different, save that the additional retirement provision is administered by private insurance funds. It is a form of social insurance which, by the way, is referred to as "sécurité sociale bis" ("add-on" social security).[4] France has moreover transposed the mandatory supplementary pension into the substantive scope of the EU Regulation on the coordination of social security systems. For the given reasons, this assignment was not possible without the functional change.

Another organisational model is found in Sweden. In this country, part of the state pension is administered separately and is funded. The specific regulations governing occupational pensions in terms of pension administration and configuration have thus become part of the state pension.

The public service is a further example of dissimilarity within second-tier retirement provision. Public servants, notably not only civil servants but also public employees without civil service status, often come under a separate pension scheme. That also applies to supplementary insurance, which is usually voluntary but may also be mandatory. Public sector employees in Germany are mandatorily insured under a special scheme (VBL, Versorgungsanstalt des Bundes und der Länder – Pension Institution for the employees of public service).

Public employees without civil service status in France (*agents contractuels*) pay contributions into a special scheme (IRCANTEC), whereas civil servants proper contribute to their own additional retirement plan, the *Régime additionnel de la fonction publique* (RAFP).[5] This supplementary insurance scheme is supposed to offset at least some of the disadvantages suffered by certain categories of civil servants because specific parts of their emoluments, the *primes*, are not taken into account in computing the amount of retirement benefit.[6] The best known French supplementary pension fund was initiated in 1964 by the trade unions and is managed by the *Caisse Nationale de Prévoyance de la Fonction Publique* (Préfon – State Pension Fund for the Public Service). This pension fund does not, however, constitute a self-contained regime; other groups of persons may join as well.[7] Another complementary pension insurance for public servants is the *Complément retraite mutualiste de la fonction publique* (COREM). Public sector employees in the public hospital

[3]For translations and definitions of German and French legal terms, see Kaufmann, Wörterbuch Arbeits- und Sozialrecht, Französisch-Deutsch, Deutsch-Französisch, Dictionnaire de droit du travail et de droit de la sécurité sociale, Français-Allemand, Allemand-Français, Beck, Munich, 2004.

[4]The term "bis" signifies "to repeat" or "twice" (here, it implies "add-on" or "additional").

[5]Kaufmann, Die Alterssicherung von Beamten in Frankreich, in Becker, Köhler, Körtek (Eds.), Die Alterssicherung von Beamten und ihre Reformen im Rechtsvergleich, Nomos, 2010, 67.

[6]The supplementary insurance scheme for civil servants was awarded a distinction as the best financial investor – le grand prix de l'investisseur responsable – created in 2008 by Natixis Asset Management and the consultant Amadeis in cooperation with the daily Les Echos. The prize goes to investors whose activities were best able to harmonise environmental conditions, social affairs and good investment policy.

[7]Préfon has 400,000 members, of whom 80,000 are retired. Its reserves amount to 9 billion euros; its 2008 gross income was 62 million euros.

system come under the *Comité de gestion des œuvres sociales des établissements hospitaliers publics* (CGOS – Administrative Committee for the Social Institutions of Public Hospitals and Clinics). Nevertheless, voluntary supplementary schemes also exist in France.

These examples show that the organisation and financing of pensions influence governance and control. All is interconnected and the differing components are often interdependent.[8]

## 5.2 Governance and Control

### *5.2.1 The Criteria Governing Supplementary Retirement Provision*

The notion of governance in the context of occupational pensions is construed broadly, but must, at the same time, include precise and concrete provisions, applying also to individual cases.

Governance is a modern expression; it is, as it were, currently en vogue. Perhaps, this is because it is versatile and can be used everywhere and in manifold ways, without itself requiring a precise definition of content, seeking rather to set forth a political and non-specific mode of action, administration and implementation.

Primarily, governance in our context refers to the given legal framework, in the sense that a legal norm is established to introduce and regulate occupational retirement provision. In most cases, such a legal norm will consist in a specific law limited to providing basic guidelines or references to substantiating norms, but it may also include more detailed provisions on the implementation of occupational pension schemes. Accordingly, governance incorporates a bundle of legal rules. Governance, second, also refers to the political decision-making level – both in the literal sense and with regard to lower levels of company management or decision taking. And finally, governance may entail regulations on administration and technical functionality. It follows that this term embodies practical as well as concrete meanings.

Governance in terms of its threefold meaning and broad acceptance simultaneously signifies certain direct and indirect elements of control. Governance and control in any case influence each other. And such mutual influence makes it expedient to bear in mind that governance is in no way restricted to coping with and overcoming a global crisis. Even so, this is the aspect of pension governance that currently takes centre stage – although its reach, quite on the contrary, is much wider. The governance of old-age provision seeks to cope with demographic developments, or even to surmount obstacles that stand in the way of making occupational pensions

[8]Kaufmann, La place des retraites professionnelles d'entreprise dans la protection vieillesse, in Kaufmann/Hennion-Moreau (Eds.), Les retraites professionnelles en Europe, Droits européen et comparé. Betriebliche Altersversorgung in Europa, Europäisches Recht und Rechtsvergleichung. Occupational pension schemes in Europe, European law and comparative law, Bruylant, 2007, 5.

sustainable while securing the rights of those concerned. At this point, it should also be mentioned that solutions to these specific problems, comprising an array of technical, financial and enormous administrative hurdles, primarily depend on political commitment at various levels. In many countries this is lacking, however.

### *5.2.2 Control Mechanisms*

Some old-age pension schemes exhibit enormous deficiencies that impact the quality and scope of the beneficiaries' retirement security. But occupational pension schemes do not necessarily face the same financial difficulties in all countries. It seems that the more detailed the rules governing money investments, the securer the occupational pensions. Nevertheless, risky investments do occur and are of course detrimental to security. These are found either in systems that accord too little importance to control mechanisms or in cases where existing rules and regulations that prohibit high-risk investments are not complied with. It is here, on this level, where control functions come to play a decisive role.

The decisions made before and after the outbreak of the crisis did nothing to thwart it. Although numerous actors excelled in their recklessness and imprudence, it should not be overlooked that correct and good decisions were also taken. Aside from instances of fraud and corruption, it is worth noting that the respective decisions were made within the framework of the national governance systems applicable. Tendencies that transcend national levels can nevertheless also be made out and evaluated.

A tendency towards extending personal responsibility certainly has some merits, but can also prove thoroughly negative and even have dire consequences for supplementary pensions. Mastery of financial instruments and sound knowledge of productive investments are the basic requirements for the proper organisation of pension funds. Inexperienced and unprofessional investors are liable to make the wrong choices – which can be dangerous even with no crisis at hand, especially in the case of large-volume fund assets.

A further tendency observed is that the value of investment guarantees is frequently not taken into account at all, or that the capital is not invested in line with standards designed to secure at least a minimum pension. Numerous pension funds forfeited a part of their reserves, often leading to shortages of financial cover. This was notably the case in the Netherlands. If such a development afflicts a pension fund bearing high administrative costs, the situation can rapidly get out of hand and turn into a tremendous problem. In France, for example, an old-age security fund has likewise been heavily impacted by the crisis. Even if this fund is not among the important ones, its stumbling could have a bearing on the national or even the European economy.

Another tendency has exacerbated the adverse effects of the crisis: Defined benefit pension schemes have increasingly come to be replaced by defined contribution schemes. Any decline in the fund's assets will impair future pension payments. The solutions proposed in this context have been inadequate. Some suggest that those affected – that is to say, not only the employees but also the employers directly involved in the funding – be presented with a fait accompli and informed of the pension fund's true financial situation, enabling them to undertake an additional financial effort to rescue their pensions.

Though it goes without saying that funds should be required to disclose their unadulterated balance sheets, the question must be permitted whether only those actually affected, the true contributors to the scheme, ought to be forced to compensate for the deficits, although the havoc was wrought by the few who arbitrarily took risks at the cost of others.

## 5.3 Solutions

### *5.3.1 Diversity of Solutions*

The solutions proposed are sometimes contradictory. In Finland, for example, insurers have opted to raise contribution rates or premiums, whereas in Romania a decision to increase contributions has been suspended. In other countries, contributions were lowered – in Lithuania, for instance, from 5.5 to 3% in 2009.

Pensions must be viewed over a long term. That is one of the reasons why any decisions with only short-dated effects are apt to shatter confidence in the system. In Austria there seem to be calls for a reinforcement of the public pay-as-you-go pension system. Such a decision would be positive in every respect as it would prove advantageous to the insured. Conversely, the OECD opposes any renewed nationalisation of pension insurance schemes, such as has been resolved by the Argentine government.

On the other hand, to restrict or even abolish supplementary retirement provision on the grounds of unsound funding does not seem a good solution either. Moreover, it would be a highly biased decision to turn one's back on occupational pension schemes just because a few betrayed the confidence entrusted in them and perverted the system. This holds true especially for countries in which an abolition of corporate pensions would run counter to longstanding traditions. Hence, that would not be a prudent strategy.

### *5.3.2 Solutions Worth Considering*

Supplementary provision for old age could be strengthened. The one approach here, however, would be to reinforce such protection for everyone, not just for those who already benefit from it.[9] In Germany, about a third of all employees are not entitled

---

[9]Discussion with Jean-Claude Trichet, European discussion no. 31, Foundation Robert Schuman.

to occupational pensions, meaning they would have to be covered if these were to become mandatory.

A further field of activity could be devoted to alleviating the current state of uncertainty – not only at the expense of the insured. Several contributions in this book cite suggestions and possibilities to that end. Of course, governance and control play a major role in this context. They have legal foundations upon which the jurist must concentrate. Economists and financial experts as well as financers can then act accordingly within this framework. The future will show whether the president of the European Central Bank, irrespective of legal issues and investment choices, will be proved right in his assertion that the euro – introduced by a political decision based on law and functioning according to economic principles – contributed to avoiding the worst.

Apart from amendments to – or renewed respect for – principal concepts of law and financial policy, further courses of action could include fundamental labour market policy adjustments and changes to the way social insurance affects individuals. An important step, for instance, might be to link old-age security to the person insured, independently of employment.

# Chapitre 6
# Retraites professionnelles d'entreprise et libertés économiques

# Occupational Company Pensions and Economic Freedom

**Sylvie Hennion**

**Abstract** This article is to consider reconciling the exercise of economic freedom in European Union Law with the introduction of occupational pension schemes which can guarantee a secure and reliable system to beneficiaries.

This important question has already been the subject of Directive 2003/41/CE of June 3rd 2003 on the activities and supervision of institutions for occupational retirement provision.

But the system is seriously flawed due to various factors.

The first relates to differences in social legislation between member states. Occupational pension institutions, which carry out cross-border services in Europe, have great difficulty meeting the rules of labour law and social protection of the country where the services take place. Coordination between member states concerning the knowledge of these laws is still working very badly.

The second is due to differences in control and supervision systems of financial institutions among member states. These differences came to light during the economic crisis in 2008.

To respond to the dangers of financial imbalance, The European Union, as recently as November 2010, has adopted a European System of Financial Supervision, whose purpose is to identify and address systemic risks. This reform will level accounting and financial standards particularly in the field of insurance and occupational pensions. This positive development does not, however, solve all the difficulties.

---

S. Hennion (✉)
Prof. Dr. jur., Université de Rennes 1, UMR CNRS IODE, Ecole doctorale des Sciences de l'Homme, des Organisations et de la Société, Faculté de droit et de science politique, 9 rue Jean Macé – CS 54203, 35042 Rennes Cedex, Frankreich
e-mail: sylvie.hennion@univ-rennes1.fr

O. Kaufmann, S. Hennion (eds.), *Steuerung der betrieblichen Altersversorgung in Europa: garantierte Sicherheit? Governance of Occupational Pensions in Europe: Guaranteed Security? Gouvernance des retraites professionnelles en Europe: Sécurité garantie?*,
DOI 10.1007/978-3-642-15731-8_6, © Springer-Verlag Berlin Heidelberg 2011

Indeed, institutions for occupational retirement most often transfer the financial risk and sustainability of occupational pensions onto the "beneficiaries". Institutions most often put the weight of the insolvency risks of their institutions onto employees or the self-employed and provide social protection systems with defined contributions rather than those with defined benefit.

For these reasons, the security of occupational pensions in Europe is still evolving.

Les retraites professionnelles se sont installées dans le paysage communautaire depuis la mise en place de la directive 2003/41/CE du 3 juin 2003 concernant les activités et la surveillance des institutions de retraite professionnelle.[1]

Les systèmes de retraites complémentaires dans l'Union européenne sont extraordinairement diversifiés. Une étude publiée par la Commission le 20 octobre 2008 donne certains éléments d'appréciation.[2]

La couverture des régimes obligatoire est variable. Elle s'étend de 25% en Italie à 100% en Suède.

En ce qui concerne les régimes de retraites professionnelles, le Danemark, les Pays Bas et la Suède affichent une couverture de 75% ou plus. Plusieurs pays enregistrent des taux allant de 40 à 75% (Belgique, Allemagne, Irlande, Chypre, R.U.). Mais nombre d'États n'affichent que des couvertures actuellement inférieures à 20% (Italie, Autriche, France, Espagne, Finlande, Luxembourg, Portugal et Pologne).

Les travaux du Comité européen de Protection sociale publiée en 2008[3] ainsi que le rapport de la Commission du 30 avril 2009 relatif à certains aspects de la directive 2003/ 41 /CE du 3 juin 2003 concernant les activités et la surveillance des institutions de retraites professionnelles[4] permettent d'en témoigner.

Les retraites professionnelles peuvent être définies comme des mécanismes complémentaires ou sur complémentaires de retraite établis dans le cadre des entreprises selon un principe de financement fondé sur la capitalisation.

Mécanismes de protection sociale en pleine expansion qui relèvent dans leurs modalités d'application des droits nationaux, les retraites professionnelles présentent, sur l'ensemble du territoire de l'Union, des points communs.

[1] JOUE, 23 septembre 2003, L 235, p. 10; Les retraites professionnelles en Europe, Droit européen et comparé, S. Hennion-Moreau et O. Kaufmann (dir.), Bruxelles, éd. Bruylant, 2007, 390 p ; A. Euzéby, Pour une approche éthique de la protection sociale dans l'Union européenne, RMCUE, 2009, n° 530, p. 428.

[2] Les régimes privés de retraite et leur apport à des régimes viables offrant des pensions adéquates, oct. 2008 : http://ec.europa.eu/employement_social/spsi/adequacy_sustainability_fr.htm.

[3] http://ec.europa.eu/employement_social/spsi/pensions fr.htm.

[4] COM (2009) 203 final, 30 avril 2009.

La distinction entre régimes légaux de sécurité sociale,[5] dits régimes de premier pilier, et les régimes complémentaires ou sur complémentaires dits de deuxième et de troisième piliers est bien connue.

La Cour de justice, bien avant toute disposition spéciale, a dissocié le statut des régimes de sécurité sociale « fondée sur le principe de solidarité nationale et dépourvue de tout but lucratif » dans l'arrêt Poucet et Pistre du 13 février 1993,[6] des régimes de protection sociale fondée sur le principe de capitalisation.

Les institutions concernées ont alors la qualité d'entreprise et sont soumises aux normes issues du droit de la concurrence et des grandes libertés économiques. Les arrêts ultérieurs n'ont pas sur ce point varié. Les arrêts connus Albany, Bokken et Brenjen's du 21 septembre 1999 ainsi que l'arrêt Pavlov du 1er septembre 2000 ont admis que l'instauration, par convention collective, d'un régime complémentaire d'assurance vieillesse, selon les principes de capitalisation, relève de la qualité d'entreprise.[7]

L'ensemble du dispositif s'intègre donc dans le champ du marché intérieur.

Si la gouvernance des retraites professionnelles s'exerce dans le respect des logiques du marché intérieur, elle doit pouvoir se réaliser en fonction de l'objet même poursuivi par l'instauration des retraites professionnelles.

Celles-ci ont pour finalité de constituer un revenu de remplacement versé une fois l'activité de travail achevée mais qui, au regard du droit de l'Union européenne, est assimilé à une rémunération.

En effet, toutes les formes de pensions professionnelles constituent un élément de rémunération au sens de l'article 157 TFUE (ex-art. 141 CE).[8] L'ensemble des régimes conventionnels de pension d'entreprise relève de cette qualité sans qu'il y ait lieu, de distinguer selon que le financement est partiellement ou exclusivement supporté par l'employeur ou selon que le régime professionnel intervient ou non en complément des régimes légaux de sécurité sociale.[9]

---

[5]CJCE, 16 juillet 2009, *Chamier-Gliszimski, aff. C-208/07*, Rev. Europe, 2009, n° 364, obs. L. Driguez ; Dans cet arrêt, la Cour rappelle que l'Union européenne a fait le choix d'une coordination (art 42CE et règlement communautaire 1408/71 modifié) et non d'une harmonisation. Elle en déduit que le traité ne peut garantir une totale neutralité des déplacements des personnes. En conséquence, ce qui peut être perçu comme une inégalité de traitement s'explique par les différences de législation sociale. Toutefois, dans l'arrêt Leyman (C-3/10) du 1er octobre 2009, elle affirme que le principe de coopération loyale énoncé à l'article 10 CE oblige les autorités compétentes à mettre tous les moyens dont elles disposent pour réaliser le but de l'article 39 CE. Ce texte interdit donc à un régime de Sécurité sociale d'un État membre d'imposer à un travailleur migrant des cotisations à fonds perdus qui le désavantagerait par rapport à un travailleur sédentaire.

[6]CJCE 17 février 1993, *Poucet et Pistre, aff. C-159/91 et C 160/91*, Rec. p. I-637.

[7]CJCE, 21 septembre 1999, *Albany, Bokken et Brenjen's, aff. C-97, C-212/97, C-115 et C-117/97*, Rec. p. I-5751, p. I-6121 et p. I-6025 ; 1er septembre 2000, *Pavlov, aff. C-115 à C-184/98*, Rec., p. I-6451.

[8]Directive 2006/54/CE, 5 juillet 2006, JOUE, 26 juillet 2006, L 204/23, cons. 13, art. 5 à 13.

[9]CJCE, 25 mai 1971, *Defrenne I, aff. 80/70*, Rec. p. 445, 17 mai 1990, *Barber, aff. C-262/88*, Rec. p. I-1889.

L'objet des retraites professionnelles est, donc, de garantir un revenu sûr et viable dans les décennies à venir aux citoyens ou résidents de l'Union européenne.

La finalité économique des retraites se lie à sa finalité fondamentalement sociale : garantir un revenu suffisant aux retraités dans les différents États de l'Union en complément des régimes légaux de sécurité sociale.

Il est à remarquer que les fonds de pension en Europe, qui sont fondés sur une gestion à long terme, semblent avoir mieux résisté à la crise économique que le système bancaire. Les fonds de pension n'investissent, en effet, que leurs propres sources de financement. Ils n'ont pas d'emprunt à rembourser ou à refinancer. Ils ne sont donc pas tributaires de la disponibilité du crédit à la différence des mécanismes bancaires.

Mais les effets de la crise risquent d'imposer dans les années à venir un ajustement du montant des pensions qui sera d'autant plus douloureux que les systèmes relèvent d'un régime à cotisations déterminées plutôt que d'un régime à prestations déterminées.[10]

Les liens entre les retraites professionnelles et les normes financières sont suffisamment étroits pour que ce sujet ait été intégré dans les propositions de réforme de la Commission européenne tendant à une meilleure surveillance des institutions financières dans l'Union européenne.

Une directive 2010/78/UE du Parlement et du Conseil du 24 novembre 2010[11] a été publiée dans le cadre de la mise en place d'un réseau européen des risques systémiques (CERS) et d'un système de surveillance financière[12] qui a pour objet principal d'accroître la collaboration entre les autorités nationales et européennes de surveillance

Il est donc nécessaire d'étudier, en premier lieu, les conséquences de l'ancrage des retraites professionnelles d'entreprise dans les libertés économiques (I), tant pour apprécier en quoi les retraites professionnelles peuvent constituer des produits financiers que d'envisager, aussi, le particularisme de ces fonds de retraite dans le cadre de la liberté de prestation de services, avant d'aborder, en second lieu, la fragilisation des retraites professionnelles par ces mêmes libertés économiques (II).

## 6.1 L'ancrage de la gouvernance des retraites professionnelles dans les libertés économiques

L'ancrage de la gouvernance des retraites professionnelles dans les libertés économiques est la conséquence de l'ensemble des directives sectorielles amenées à s'appliquer aux retraites professionnelles.

---

[10]Europolitique, 9 mars 2009, n° 3709, p. 16.

[11]Directive 2010/78/UE du Parlement européen et du Conseil du 24 novembre 2010 modifiant les directives 1998/26/CE, 2002/87/CE, 2003/6/CE, 2003/41/CE, 2003/71/CE, 2004/39/CE, 2004/109/CE, 2005/60/CE, 2006/49/CE et 2009/65/CE en ce qui concerne la compétence de l'Autorité bancaire européenne, l'Autorité européenne des assurances et des pensions professionnelles et l'Autorité européenne des marchés financiers, JOUE L 331/120 du 15 décembre 2010 p. 120.

[12]Communication du 4 mars 2009, COM (2009) 114.

Peuvent, ainsi, être amenées à s'appliquer la directive 93/22/CEE du 10 mai 1993 concernant les services d'investissement dans le domaine des valeurs mobilières ou la directive 92/96/ CEE du 10 novembre 1992 portant coordination des dispositions législatives réglementaires et administratives concernant l'assurance directe sur la vie.[13]

Mais la directive 2003/41/CE du 3 juin 2003 constitue la directive principale et spéciale du secteur des retraites professionnelles dans le cadre général de la liberté de prestation de services.

La directive 2006/123/CE du 12 décembre 2006 relative aux services dans le marché intérieur, qui représente le régime général de la liberté de prestation de services dans l'Union européenne, n'a pas modifié les données propres aux retraites professionnelles.

Cette directive horizontale, qui constitue le régime juridique de droit commun de la liberté de prestation de services, exclut expressément de son champ d'application, dans son article 2,§ 2,b, les services financiers dans lesquels sont intégrés, à côté des produits de banque et d'assurance « les retraites professionnelles et individuelles ». La directive renvoie, donc, pour les services et produits financiers à l'application des directives spéciales régissant ces sujets.

Mais l'assimilation des institutions de retraites professionnelles à des services financiers n'est pas sans conséquence et retiendra, en premier, notre attention avant d'aborder les conséquences générales de l'exercice de l'activité transfrontalière des institutions de retraite professionnelle.

## *6.1.1 L'assimilation des institutions de retraites professionnelles à un service financier*

L'assimilation des institutions de retraites professionnelles à un service financier s'exprime dans le titre même de la directive sectorielle 2003/41/CE du 3 juin 2003 « concernant les activités et la surveillance des institutions de retraites professionnelles ». Il s'agissait, lors de la publication de cette directive, de prévoir une gouvernance minimale pour l'ensemble des États de l'Union en faisant respecter des normes prudentielles et de gestion afin, surtout, d'établir une séparation claire entre l'entreprise créatrice de la retraite professionnelle et l'institution qui gère les fonds.

Mais cette démarche minimale de contrôle est partiellement corrigée par les réformes en cours relatives à la surveillance financière.

### 6.1.1.1 La gouvernance issue de la directive 2003/41/CE du 3 juin 2003.

Les normes de gouvernance principales qui président à la gestion des retraites professionnelles en Europe peuvent être rapidement présentées. Si la compétence de constitution des institutions de retraite professionnelle dépend du droit national, des

[13] S. Hennion-Moreau, L'impact du droit communautaire sur les retraites professionnelles d'entreprise, in Les retraites professionnelles en Europe, Droit européen et comparé, prec., p. 19.

normes minimales ont été fixées par la directive. Toutefois les fonctions de contrôle relèvent à titre principal de l'État d'origine.

*« La politique de placement d'une institution est un facteur décisif pour la sécurité des retraites professionnelles et leur accessibilité sur le plan financier. »* (considérant 24).

Ainsi, chaque État membre, impose aux institutions établies sur son territoire l'obligation de limiter leurs activités aux opérations relatives aux prestations de retraite et aux activités qui en découlent (article 7 alinéa 1).

Ce principe de spécialité des institutions de retraites professionnelles est complété par celui de la séparation juridique entre les entreprises d'affiliation et les institutions de retraite.

Mais pour le reste des dispositions, la directive abonde plus en indications qu'en normes prudentielles.

À ce titre *« Chaque État membre veille à ce qu'il existe une séparation juridique entre une entreprise d'affiliation et une institution de retraites professionnelles afin que, en cas de faillite de la première entreprise, les actifs de l'institution soient sauvegardés dans l'intérêt des affiliés et des bénéficiaires »* (art. 8).

Les articles 9 à13 traitent des conditions de fonctionnement auxquelles l'État membre *veille* ou *peut soumettre* les institutions.

Chaque État veille (art. 9 §1) à ce que toute institution établie sur son territoire soit inscrite dans un registre national par l'autorité de surveillance ou soit agréée (a) ; soit effectivement gérée par des personnes honorables possédant des qualifications et l'expérience voulue *ou* employant des conseillers possédant ces deux qualités (b).

L'État membre d'origine doit aussi veiller au bon fonctionnement des règles conçues *« de façon appropriée »* telles que la détermination des droits et obligations des parties, les risques financiers et techniques ainsi que la nature et la répartition de ces derniers (c, e, f, i, ii, iii).

Les provisions techniques doivent *« être calculées et certifiées par un actuaire, ou à défaut, par tout autre spécialiste de ce domaine, y compris un commissaire aux comptes » (d).*

Un État membre *peut prévoir* (§2), en outre, conformément au principe de subsidiarité que la couverture des risques de longévité et d'invalidité soit offerte en option aux affiliés, à titre de prestations supplémentaires « si les employeurs et les travailleurs, ou leur représentants respectifs conviennent de le faire ».

Il peut, aussi, *« soumettre les conditions de fonctionnement d'une institution établie sur son territoire à d'autres exigences, afin de garantir une protection adéquate des intérêts et des affiliés et des bénéficiaires »* (§3).

Les articles ultérieurs du texte concernent les informations minimales que les institutions doivent faire parvenir tant aux États membres sur le territoire desquels elles sont établies (art. 10, 12, 13) qu'aux bénéficiaires et affiliés (art. 11).

Les articles 14 à 20 concernent les pouvoirs d'interventions de l'État membre d'origine sur lequel est établie l'institution professionnelle.

Ainsi, « *l'État membre d'origine exige que chaque institution dispose à tout moment, pour la totalité des régimes de retraite qu'il gère, d'actifs suffisants et appropriés pour couvrir les provisions techniques.* » (art. 16-1).

Le contrôle du financement des provisions techniques ainsi que l'existence de fonds propres réglementaires relèvent de cet État.

Toutefois le dispositif n'« *interdit, toutefois, pas aux États membres d'imposer aux institutions établies sur leur territoire de détenir des fonds propres réglementaires ou d'établir des règles plus précises pour autant qu'elles se justifient d'un point de vue prudentiel » (Art. 17§3).*

L'article 18 définit les règles de placement qui doivent être prises « *au mieux des intérêts des affiliés et des bénéficiaires* ». Mais le dispositif légal permet une large palette de choix de placement.

Il s'agit d'indications de gestion. Il est précisé, par exemple, que les actifs doivent principalement être placés sur des marchés réglementés.

Au titre des normes prudentielles, les placements en instruments émis par l'entreprise d'affiliation ne doivent pas dépasser 5 % de l'ensemble du portefeuille de l'institution de retraite (Art. 18,§1,f). Mais les incitations légales de prudence sont complétées par des informations apparemment contradictoires car l'article le 18 relatif aux règles de placement prévoit au point 4 que les États ne peuvent empêcher les institutions « de placer leurs actifs sur les marchés de capital-risque » (art. 18, §5, c).

Il revient à chaque État membre le soin de veiller à ce que les autorités compétentes soient dotées, à l'égard de toute institution établie sur son territoire, de pouvoirs et de moyens permettant d'avoir des informations sur la gestion des institutions et de contrôler les relations entre l'institution et d'autres entreprises dès lors que ces dernières ont une influence sur la situation financière de l'institution.

Des comptes annuels et des rapports annuels doivent pouvoir être délivrés à la demande.

La directive 2003/41 précise, aussi, les modes de financement des provisions techniques. Dans la mesure où, à l'article 21 de la directive, il est prévu une coopération étroite entre les États membres et la Commission européenne, différentes instances ont été établies au niveau européen[14] pour permettre la publication de rapports réguliers sur l'application de cette directive. L'article 15 § 6 de la directive 2003/41 exige la publication d'un rapport régulier, au moins tous les deux ans, sur les règles relatives au calcul des provisions techniques. Son article 21 §4 prévoit, quant à lui, la présentation, dans les quatre années suivant l'entrée en vigueur de la directive, d'un rapport sur l'application des règles de placement et sur les progrès réalisés dans l'adaptation des systèmes nationaux de contrôle.

Ces obligations inscrites dans la directive ont suscité divers travaux et en particulier une réunion du Comité européen des Assurances et des Pensions Professionnelles du 5 avril 2006. Du fait du retard pris par de nombreux États dans

---

[14]Joint Protocol between CESR, CEBS and CEIOPS, 8 déc. 2008, CESR/08-1001; CEBS 2008 242; CEOIS 3L3-20-08.

la transposition de la directive,[15] il a alors été convenu entre les États membres de reporter la présentation des rapports demandés en 2008. Ce rapport a été présenté par la Commission le 30 avril 2009.[16] Mais l'actualité liée à la crise financière a modifié l'angle d'approche de la gouvernance des retraites professionnelles.

#### 6.1.1.2 La gouvernance issue de la réforme de la surveillance financière européenne

Le rapport de la Commission européenne du 30 avril 2009 avait mis l'accent sur les conséquences positives de la directive dans la gestion des retraites professionnelles, notamment par une amélioration du cadre réglementaire des règles prudentielles dans de nombreux États. Mais le rapport démontrait principalement le manque de concepts financiers communs, comme la notion de marché de capital-risque et, en conséquence, les incertitudes qui en découlaient.

La Commission concluait à l'opportunité d'une future harmonisation des règles sur le calcul des provisions techniques et à l'utilité de surveiller le fonctionnement des règles de placement.

Mais il apparaissait, en même temps, opportun à la Commission de ne rien modifier immédiatement dans la mesure où l'établissement d'un marché intérieur des régimes de retraites professionnelles organisé à l'échelle européenne commençait seulement à se fixer.

Mais l'ampleur de la crise financière a démontré l'urgence d'une régulation à l'échelle européenne et d'une réforme portant notamment sur la mise en place d'un système de surveillance financière (SECF). Le 23 septembre 2009, la Commission européenne a présenté un ensemble de propositions législatives qui ont abouti à l'adoption (1) à un règlement n° 1092/2010 du 24 novembre 2010 du Parlement européen et du Conseil relatif à la surveillance macroprudentielle du système financier et instituant un comité européen du risque systémique (CERS)[17]; (2) un règlement n° 1096/2010 du 17 novembre 2010 du Conseil confiant à la banque centrale européenne des missions spécifiques relatives au fonctionnement du Comité européen des risques systémiques[18]; (3) un règlement n° 1095/2010 du 24 novembre 2010 du Parlement européen et du Conseil instituant une Autorité bancaire européenne[19]; (4) un règlement n° 1094/2010 du 24 novembre 2010 du Parlement européen et du Conseil instituant une Autorité européenne de surveillance (Autorité européenne des

---

[15]CJUE, 14 janvier 2010, *Commission européenne c/ République tchèque, aff. C- 348/08* (absence d'institutions de retraites professionnelles établies sur le territoire national).

[16]Préc.

[17]JOUE L 331 du 15 décembre 2010, p. 1; COM (2009) 499 final. Suite à l'entrée du traité, le 1er décembre 2009, le nouveau fondement juridique du règlement CERS est l'article 127§6 du TFUE (ex-art. 105 §6 TCE).

[18]JOUE L 331 du 15 décembre 2010, p. 84; COM (2009) 500 final ; avis CON/2009/88 du 26 octobre 2009 de la BCE, JO C 13 du 20 janvier 2010.

[19]JOUE L 331 du 15 décembre 2010, p. 48; COM (2009) 501 final.

assurances et des pensions professionnelles) de[20] et (5) un règlement n° 1093/2010 du 24 novembre 2010 du Parlement européen et du Conseil instituant une Autorité européenne de surveillance (Autorité bancaire européenne).[21]

Le Système européen de surveillance financière (SESF) se compose du Conseil européen des risques systémiques (CERS), de l'Autorité bancaire européenne (ABE), de l'Autorité européenne des marchés financiers (AEMF) et de l'Autorité des assurances et pensions professionnelles (AEAPP), du comité mixte des autorités européennes et de surveillance, des autorités des États membres visées aux règlements ABE, AEMF et AEAPP.

Les règlements établissent, donc, des Autorités européennes de surveillance (AES) et prévoient une procédure uniforme d'adoption de normes techniques.

Les normes de gestion financières ne sont plus seulement laissées à la responsabilité de l'État d'origine de l'établissement financier.

La réforme impliquait, cependant que diverses modifications de législations sectorielles soient prises afin de permettre l'élaboration de normes techniques dans les secteurs considérés.

La directive 2010/78/UE du Parlement européen et du Conseil du 24 novembre 2010[22] prévoit une modification, en son article 4, de la directive 2003/41/CE des articles 9, 13, 14, 15 et 20 de la directive.

Cette réforme a d'abord pour finalité de combler des lacunes de la directive 2003/41/CE qui laissait une excessive liberté aux États membres et aux institutions professionnelles dans l'élaboration des règles provisionnelles. Les activités transfrontalières des institutions de retraite professionnelle doivent être communiquées à l'Autorité européenne de surveillance (AEAPP).

L'objectif est d'assurer l'application uniforme de la directive par l'élaboration de normes techniques d'exécution adoptées par la Commission pour 4 ans par délégation des Autorités de surveillance dont l'absence avait été précédemment déplorée par la Commission européenne.

L'inscription de la directive 2003/41/CE dans le régime des services financiers est accentuée mais celle-ci est amenée à devoir se concilier avec le respect des normes sociales (règlement n° 1094/2010, art. 1er § 4) qui sont, toutefois, particulièrement complexes à appliquer dans l'exercice de la liberté de prestation de services.

### *6.1.2 L'activité transfrontalière des institutions de retraites professionnelles*

L'activité transfrontalière des institutions de retraite professionnelle s'exerce dans le cadre de la liberté de prestation de service en suscitant des conflits de gouvernance

---

[20] JOUE L 331 du 15 décembre 2010, p. 48; COM (2009) 502 final

[21] JOUE L 331 du 15 décembre 2010, p. 12; COM (2009) 503 final.

[22] Préc.

entre l'État d'origine de l'institution professionnelle et l'État d'accueil dans lequel s'exécute la prestation de service.

Ces conflits sont d'abord des conflits des modes de contrôles techniques et financiers sur les institutions. Mais leur résolution dépend des règles de conflits de lois applicables aux institutions de retraite professionnelle effectuant une prestation de service transfrontalière.

#### 6.1.2.1 Les conflits de contrôle dans l'activité de prestation transfrontalière

« Les services financiers, au crédit, à l'assurance, aux retraites professionnelles ou individuelles, aux titres, aux fonds d'investissement, aux paiements et aux conseils en investissements » proposés dans le cadre d'une prestation de services transfrontalières sont exclus du champ d'application de la directive 2006/123/CE dans la mesure où ils relèvent de la directive sectorielle 2003/41.

Mais cette exclusion est loin de régler l'articulation des modes de contrôle des activités des institutions de retraite professionnelles

La directive 2003/41 du 3 juin 2003 est fortement marquée par l'esprit initial voulu par la Commission en matière de liberté de prestation de services selon lequel l'ensemble des normes applicables à l'institution de retraites professionnelles relève de la loi de l'État du pays d'origine.

La directive est fondée sur le principe que tout État d'établissement d'une institution de retraite professionnelle a le pouvoir et la capacité de contrôler les conditions financières et d'honorabilité de cette entreprise.

L'autorité compétente de l'État membre d'origine détient le pouvoir d'agrément de l'institution de retraite professionnelle non seulement pour effectuer des prestations sur son territoire mais aussi détient le pouvoir d'agrément pour l'exercice des prestations transfrontalières. Cette primauté de la loi du pays d'origine, qui a été fortement amendée dans la directive générale 2006/123/CE, permet dans son principe, de grandes disparités de gouvernances entre les droits des États membres et recèle des dangers de gestion laxiste des institutions de retraites professionnelles qui peuvent être amenées à s'établir volontairement dans les États membres peu enclins à édicter des normes prudentielles strictes.

Pour éviter de tels écueils, la directive 2010/78/UE du 24 novembre 2010 prévoit une politique d'uniformisation des normes techniques prudentielles en cas de prestations de services transfrontalières (art. 4§5) :« "Les États membres communiquent à l'AEAPP leurs dispositions nationales de nature prudentielle relatives aux régimes de retraite professionnelle qui ne sont pas couvertes par la référence aux dispositions nationales du droit social et du droit du travail figurant au paragraphe 1.

Les États membres mettent ces informations à jour régulièrement, et au moins tous les deux ans, et l'AEAPP les publie sur son site internet.

Afin d'assurer des conditions uniformes d'application du présent paragraphe, l'AEAPP élabore des projets de normes techniques d'exécution précisant les procédures à suivre et les formats et modèles à utiliser par les autorités compétentes pour la transmission des informations pertinentes à l'AEAPP et leur mise à jour. (art. 20 §11 modifié directive 2003/41).

Ce n'est qu'en cas de récidive, lorsque l'institution « *continue à enfreindre les dispositions applicables du droit social ou du droit du travail de l'État membre d'accueil* », que ce dernier État, après information de l'État d'origine « peut prendre des mesures appropriées afin de prévenir ou sanctionner de nouvelles irrégularités », y compris en empêchant l'institution de « fournir des services à l'entreprise d'affiliation dans l'État membre d'accueil » (Art. 20§10).

Le régime du contrôle de l'activité transfrontalière des institutions de retraite professionnelle est donc profondément soumis à une conception libérale de la libre prestation de service transfrontalière puisque l'application et le contrôle des lois du pays d'accueil dépendent en grande partie de la « vigilance » d'un autre État, l'État membre d'origine de l'établissement de l'institution de retraite professionnelle.

Les statistiques européennes sur les activités transfrontalières de retraites professionnelles montrent que si ces activités sont encore relativement faibles, elles sont en augmentation. Ainsi le CECAPP a révélé que l'on dénombrait 70 cas d'activité transfrontalière dans l'Espace Economique européen, 21 pays faisant office d'États d'accueil.[23]

La liberté de prestation de services entre les États membres exige qu'aucune entrave n'y soit tolérée et qu'en conséquence aucun privilège ne soit réservé aux institutions de retraite nationales.

La Cour de justice a pu, dans un recours en manquement, condamner le Danemark, dans un arrêt du 30 janvier 2007 pour avoir réservé des mécanismes de déduction fiscale des cotisations de retraites aux seuls contrats de pension vieillesse conclus avec des institutions de retraite établies au Danemark.[24]

Dans un arrêt du 15 juillet 2010, la République fédérale d'Allemagne a été jugée comme ayant manqué à ses obligations en attribuant directement sans appel d'offre des contrats de service d'assurance vieillesse d'entreprise qui concernaient certaines administrations communales et entreprises municipales de procéder dans le cadre d'appels d'offre européens.[25]

Enfin la mobilité des travailleurs ne doit pas être entravée par des régimes de retraites professionnels ou privés qui ne confèrerait pas les mêmes avantages sociaux selon leur lieu de résidence. Ce principe du respect de l'égalité de traitement des citoyens et de leur liberté de circulation et de séjour a été appliqué dans le cas de pensions Riester au bénéfice de travailleurs transfrontaliers qui n'étaient pas intégralementassujettis à l'impôt en Allemagne.[26]

---

[23]Etude du CECAPP (comité européen des contrôleurs des assurances et des pensions professionnelles) du 11 novembre 2008, in rapport de la Commission sur certains aspects clés à la directive 2003/41/CE concernant les activités et la surveillance des institutions de retraite professionnelle, 30 avril 2009, COM (2009) 203 final.

[24]CJCE 30 janvier 2007, *Com. /c Royaume de Danemark, aff. C-150/04*, Rec. p. I-1163.

[25]CJUE, 15 juillet 2010, *Com. /c République fédérale d'Allemagne, aff. C-271/08*, Betriebliche Altersversorgung, 2010, p. 571.

[26]Sur la pension Riester, cf. contribution Otto Kaufmann. CJCE, 10 septembre 2009, *Com. /c République fédérale d'Allemagne, aff.C-269/07*, Der Betrieb, 2009, p. 931, obs. A. Risthaus ; JCP S 2009, n° 1527, obs. Ph. Coursier, JCP E 2010, n° 24, obs. O. Kaufmann.

### 6.1.2.2 Les conflits de lois découlant des activités transfrontalières

L'activité transfrontalière des institutions de retraite professionnelle suscite non seulement des difficultés dans la répartition des modes de contrôle entre les États membres mais aussi des conflits de lois entre la loi du pays d'assurance et de la loi sociale du pays du bénéficiaire.

Mais si les réformes sociales survenues dans l'État des affiliés au régime de retraites professionnelles entraînent un déséquilibre du contrat initialement conclu, l'institution professionnelle établie dans un autre État membre sera amenée, parfois, à résilier le contrat ou à demander sa révision pour imprévision financière.

Le contentieux potentiel entre la loi applicable dans le pays du siège de l'institution professionnelle et la loi applicable dans l'État d'accueil va créer de redoutables difficultés pour l'avenir. En effet, le règlement n° 593/ 2008 du 17 juin 2008 sur la loi applicable aux obligations contractuelles (Rome I),[27] qui va rentrer en application, comme la directive « services », en décembre 2009, prévoit des règles de conflits de lois différentes en matière de contrats d'assurance et en matière de contrats individuels de travail.

Selon l'article 7, 2 relatif au contrat d'assurance il est précisé que « à défaut de choix par les parties de la loi applicable, le contrat d'assurance est régi par la loi du pays où l'assureur à sa résidence habituelle ». Peu importe dans ce cas que le risque couvert soit situé ou non dans un État membre.

Les contrats collectifs de travail ne sont pas pris en compte dans le règlement du 17 juin 2008. Seuls les contrats individuels de travail sont visés dans le règlement n° 593/2008.

Selon l'article 8 du règlement 593/2008 le contrat individuel de travail est régi par la loi choisie par les parties. « Ce choix ne peut toutefois avoir pour résultat de priver le travailleur de la protection que lui assurent les dispositions auxquelles il ne peut être dérogé par accord en vertu de la loi » qui, à défaut de choix, est la loi du pays d'exécution du contrat.

Dans la mesure où les droits à prestations de retraite sont assimilés à la notion de rémunération en tant que contrepartie différée de l'activité de prestation de travail, depuis l'arrêt de la CJCE Barber du 17 mai 1990, les prestations de retraites professionnelles ont la qualité de créances salariales et relèvent, à ce titre, de l'application du règlement 593/2008 relatif à la loi applicable aux obligations contractuelles.

Ces conflits redoutables assortis de la détermination des juridictions compétentes pour connaître des contentieux qui en découlent risquent d'inciter les partenaires sociaux à ne pas faire appel à des prestataires transfrontaliers et à préférer des mesures nationales de gestion des fonds de retraite, contrairement au principe de liberté de prestation de service.

[27] Règlement (CE) n° 593/2008 du Parlement et du Conseil du 17 juin 2008 sur la loi applicable aux obligations contractuelles (Rome I), JOUE du 4 juillet 2008, L 177/6 ; S. Bollée, S. Lemaire, M. d'Avout, S. Azzi et O.Boskovic, Dossier, D. 2008, p. 2155.

Le lien consubstantiel entre la dimension financière et assurantielle des retraites professionnelles avec leur dimension sociale devrait amener à une collaboration particulièrement étroite entre les acteurs intéressés dans le cadre de la méthode ouverte de coordination.

En effet, nombre de partenaires sociaux peuvent ressentir la fragilisation de la gouvernance des retraites professionnelles par les libertés économiques.

Il s'agira d'aborder ce deuxième point de l'exposé afin de savoir si cette fragilisation est réelle et sur quels domaines l'amélioration de la gouvernance devrait se porter.

## 6.2 La fragilisation de la gouvernance des retraites professionnelles par les libertés économiques

Cette fragilisation tient à la fois, au caractère incomplet du dispositif communautaire à l'égard des affiliés au régime de retraite professionnelles et aux incertitudes des modes de création des retraites dans l'entreprise par convention collective ou engagement unilatéral par l'employeur. Les dimensions sociales du dispositif s'avèrent moins avancées que le volet financier. Le système présent crée une entrave à la libre circulation des travailleurs.

Mais, au-delà du caractère non abouti du régime des retraites professionnelles, leurs logiques économiques impliqueraient, à la lumière de la crise économique, d'envisager les glissements actuels des régimes applicables qui transfèrent les risques économiques du fournisseur au travailleur.

### *6.2.1 Les entraves à la libre circulation des travailleurs*

La question de l'adéquation des systèmes de retraites professionnelles aux exigences de mobilité salariale a été posée, au niveau communautaire de longue date.[28]

Elle a fait l'objet d'une Communication de la Commission en 1991.[29] Il y eu ultérieurement une recommandation du Conseil en date du 27 juillet 1992. Le forum des pensions, initié par un groupe de réflexion présidé par Simone Veil a été officiellement établi par une décision de la Commission du 9 juillet 1991. Ce forum des pensions avait pour objet d'être un lieu d'échange et de bonnes pratiques ayant notamment pour finalité de faire évoluer la question délicate de la portabilité des pensions de retraite professionnelle.

---

[28] Ph. Martin, Portabilité des retraites professionnelles et mobilité salariale, in: Les retraites professionnelles en Europe, préc., p. 132.

[29] Les régimes complémentaires de Sécurité sociale ; la place de retraite dans la protection sociale des travailleurs et leur impact sur la libre circulation, (SEC(91) 1332 final).

#### 6.2.1.1 Portabilité des retraites professionnelles

La nature de créance salariale des retraites professionnelles a des conséquences importantes. Il s'agit d'un engagement juridique pris par l'entreprise de verser à un âge déterminé d'accès à l'âge de la retraite une somme sous forme de rente ou sous forme de capital ayant la qualité de rémunération différée dont le montant dépend des engagements de provisions mais aussi de l'ancienneté du salarié.

Les retraites professionnelles peuvent, donc, en soi, être un mode de frein à la mobilité des travailleurs qui cherchent à éviter de changer d'emploi, afin de ne pas perdre leurs droits conventionnels de retraite.

La portabilité des droits à retraite est donc devenue un enjeu important de la politique de mobilité de la main d'œuvre.

Mais si nombre de droits nationaux ont fixé des normes de portabilité pour éviter les pertes de revenus sociaux liés à l'instabilité de l'emploi,[30] la question n'est pas réglée au niveau communautaire.

La directive 98/49/CE du 29 juin 1998 relative à la sauvegarde des droits à pension complémentaire des travailleurs salariés et non salariés qui se déplacent à l'intérieur de la Communauté ne permet que de préserver les droits acquis.

La proposition de Directive du Parlement européen et du Conseil du 20 octobre 2005 n'est toujours pas adoptée[31] malgré divers remaniements ayant pour objet d'édulcorer son contenu.[32] Elle porte sur les conditions d'acquisitions des droits, sur la préservation des droits à pension en cas de mobilité professionnelle et sur la transférabilité des droits acquis.

La critique fondamentale des entreprises est que le système proposé par la Commission les obligerait à payer des pensions complémentaires pour les travailleurs mobiles. Les débats du Parlement européen ont été vifs en 2007, ceux-ci présentant plus de 200 amendements pour réduire la portée de la directive.

La proposition de directive est fondée sur les articles 94 et 42 du traité CE (art. 115 et 48 TFUE), lesquels portent sur le rapprochement des législations qui ont une incidence directe sur l'établissement et le fonctionnement du marché intérieur (art.115 TFUE ) et sur les mesures nécessaires, dans le domaine de la sécurité sociale, pour l'établissement de la libre circulation (art.48 TFUE), en particulier pour permettre le paiement des prestations aux personnes qui résident sur le territoire des États membres. Dans le cadre de l'article 115 TFUE le Conseil statue, conformément à la procédure législative spéciale, à l'unanimité. Dans le cadre de l'article 48 TFUE, le Parlement et le Conseil statuent conformément à la procédure législative

---

[30] Cf. les contributions ultérieures.

[31] Quantitative Overwiew on Supplementary pension Provision, Comm., nov. 2007 ; B. Gabellieri, Le renouveau communautaire en matière de retraite professionnelle, Les Petites Affiches, 27 février 2008, n° 42, p. 24.

[32] Proposition modificative (COM (2007) 603 final, M. Le Barbier-Le Bris, Eclairage sur la proposition de directive relative à l'amélioration de portabilité des droits à pension complémentaire, JCP E 2006, n° 2648 ; S. Hennion, Portabilité des droits à pension complémentaire, JCP E 2007, n° 2530.

ordinaire. Mais lorsqu'un membre du Conseil déclare qu'un projet d'acte législatif risque de porter atteinte à des aspects importants de son système de sécurité sociale en affectant notamment l'équilibre financier de ce dernier, la procédure législative ordinaire est suspendue.

La mise en vigueur du traité de Lisbonne n'ouvre donc pas de nouvelles perspectives effectives d'assouplissement du processus décisionnel.

Dans cette mesure, le dossier est dans l'impasse. Pour l'instant des questions demeurent sans solution telles que celles relative à la durée de la période d'acquisition des droits. En conséquence, en 2010, la proposition est en attente de la première lecture du Conseil.

Cet état inachevé de la portabilité des droits à retraite professionnelle pèse sur le développement de ces types de mécanismes complémentaires de protection sociale. Ils ne pourront pas être un élément essentiel du management de la main d'œuvre dès lors que les salariés connaissent le caractère précaire et volatile de leurs droits s'ils exercent leur liberté de circulation.

Cet état des lieux doit aussi se conjuguer avec les interrogations des partenaires sociaux dans les États membres sur la fragilité des conventions collectives comme support de création des retraites professionnelles.[33]

#### 6.2.1.2 Difficile opposabilité des conventions collectives dans les activités transfrontalières

L'exercice de la liberté de prestation de services en cas de détachement de travailleurs a suscité des décisions de la Cour de justice retentissantes.

Les arrêts Viking du 11 décembre 2007,[34] Laval du 18 décembre 2007[35] et Rüffert du 3 avril 2008 sont, en particulier, relatifs aux conditions d'opposabilité de conventions collectives de portée locale au prestataire de service dans le cadre de la directive 96/71/CE du 16 décembre 1996.

L'arrêt Rüffert du 3 avril 2008[36] est sur ce sujet particulièrement éclairant puisque dans un contentieux qui concernait le Land de Basse-Saxe, la Cour de justice a considéré que la loi qui soumet l'exécution d'un marché public à l'application d'un salaire minimum conventionnel est incompatible avec le droit communautaire quand la convention n'est pas d'application générale.

Les prestataires de services ne peuvent, donc, se voir opposer un accord collectif ou une convention collective locale, ce qui leur confère un avantage économique évident par les effets d'une distorsion des règles de concurrence considérées par la Cour de justice comme totalement fondées au titre des libertés économiques.

---

[33]Otto Kaufmann, L'accord collectif au secours de la retraite complémentaire : l'exemple de l'Allemagne, JCP E, 2006 n° 46, 2648 et 47, 2691.

[34]CJCE, 11 décembre 2007, *Viking, aff. C-438/05*, Rec. p. I-10779.

[35]CJCE, 18 décembre 2007, *Laval, aff. C-341/05*, Rec. p. I-11767, RDUE 2008, n° 1, p. 181, obs. S. Thomas.

[36]CJCE, 3 avril 2008, *Rüffert, aff. C-346/06*, Rec. p. I-01989, RJS 2008, p. 601, obs. J-Ph. Lernould, Neue Zeitschrift für Arbeitsrecht 2008, p. 626, obs. F. Bayreuter.

La question qui se pose, après ces arrêts, est celle de la viabilité de la culture d'entreprise et des accords collectifs de portée locale.

Or ce sujet ne concerne pas seulement la liberté de prestation de services, mais, de façon beaucoup plus large, le maintien d'une gouvernance fondée sur le dialogue social dans l'entreprise qui est normalement la source de la mise en place des retraites professionnelles.

La nécessité économique de développer des régimes de retraites professionnelles complémentaires des régimes légaux de sécurité sociale se combine avec le besoin de mobilité de la main d'œuvre en Europe. Cette combinaison ne va-t-elle pas modifier à long terme les pratiques conventionnelles dans les États ? Les partenaires sociaux ne seront-ils pas amenés à signer des accords interprofessionnels opposables à toute entreprise sur le territoire d'un État membre plutôt que des accords de portée locale ?

Nous sommes encore loin d'une évolution générale en ce sens mais un retour en force des accords nationaux et interprofessionnels apparaîtrait comme une réponse de gouvernance sociale adaptée aux risques de dumping social pour les entreprises et au gel actuel des mécanismes de portabilité des retraites professionnelles en Europe.

L'absence de sécurité juridique des droits sociaux liés aux retraites d'entreprise risque de se traduire, aussi, par une absence de sécurité économique.

Les évolutions actuelles des mécanismes de retraites professionnelles se traduisent, en conséquence, par une tendance au transfert de risque quant à la viabilité des prestations du fournisseur de la prestation au bénéficiaire théorique qui va, en réalité, subir de plein fouet les effets des insuffisances des mécanismes actuels de protection sociale.

### *6.2.2 Les transferts de risques économiques vers le travailleur*

Ces transferts de risques ont pu être clairement établis en cas d'insolvabilité de l'employeur mais aussi dans les mécanismes généraux de retraites professionnelles fondées sur la capitalisation.

#### 6.2.2.1 Le transfert de risque en cas d'insolvabilité de l'employeur

La directive 80/987/CEE du Conseil concernant le rapprochement des législations des États membres relative à la protection des salariés en cas d'insolvabilité de l'employeur (modifiée par le directive 2002/74/CE du 23 septembre 2002[37]) a d'abord régie les créance salariales résultant des contrats de travail ou des relations de travail lorsque les employeurs se retrouvent en état d'insolvabilité. Le texte a été recodifié par la directive 2008/94/CE du 22 octobre 2008.[38]

---

[37] JOCE, L 270/10, du 8 octobre 2002.

[38] JOUE, L 283/36, du 28 octobre 2008.

L'arrêt Carol Marilyn Robins c/ Secretary of State Work and Pensions, en date du 25 janvier 2007[39] (C-278/05) démontre l'ampleur des questions posées par le paiement des retraites professionnelles.

A l'occasion d'un contentieux lié à la réduction des droits à prestations de vieillesse par des régimes privés de retraite à la suite de l'insolvabilité de leur employeur, des retraités ont agi en responsabilité contre l'État du Royaume Uni pour transposition incorrecte de la directive 80/987/CEE.

A la suite d'un recours préjudiciel, la question posée à la Cour de justice fut de savoir si, sur le fondement de l'article 8 de la directive qui prévoit que les États membres s'assurent que les mesures nécessaires sont prises pour protéger les intérêts des travailleurs salariés et des personnes ayant déjà quitté l'entreprise, l'État devait être tenu de se substituer à l'entrepreneur défaillant pour l'intégralité de la créance de prestation de retraite non versée.

La Cour de justice a estimé, qu'en raison de la généralité des termes de l'article 8, le texte confère aux États membres une large marge d'appréciation aux fins de déterminer le niveau de protection des droits à prestation. Mais elle a surtout jugé que l'article 8 doit être interprété en ce sens « *que, en cas d'insolvabilité de l'employeur et d'insuffisance des ressources de régimes complémentaires de prévoyance professionnels ou interprofessionnels, le financement des droits acquis à des prestations de vieillesse ne doit pas obligatoirement être assuré par les États membres eux-mêmes ni être intégral* ».

Le risque d'insolvabilité en cas de défaillance du système conventionnel et d'insuffisance du dispositif national est totalement reporté sur le seul salarié.

La directive 2008/94 n'améliore en rien la situation puisqu'elle permet aux États membres de prévoir que les garanties collectives « *ne s'appliquent pas aux cotisations dues au titre des régimes légaux de sécurité sociale ou au titre des régimes complémentaires de prévoyance professionnels ou interprofessionnels* » (art. 6).[40]

Dans le bout de la chaîne économique, le travailleur demeure fondamentalement vulnérable et supporte les défauts des systèmes sociaux de retraites professionnelles.

Parfois le transfert de risque n'est pas seulement la conséquence de risques conjoncturels mais le fait délibéré de faire supporter les risques structurels des systèmes mis en place pour « les bénéficiaires ».

Cet état est actuellement très présent dans le développement des régimes de retraites professionnelles par capitalisation.

---

[39]CJCE, 25 janvier 2007, *Robins, aff. C-287/05,* Rec. p. I-1053, RDU 2007, n° 2, p. 465, obs. E. Dirrig.

[40]Si les États usent de cette faculté, ils doivent cependant prendre les mesures nécessaires (sans que celles-ci soient précisées dans la directive) pour que le non paiement des cotisations n'aient pas d'effet préjudiciable sur les droits aux prestations des salariés et sur les droits acquis de ceux ayant déjà quitté l'entreprise à la date de survenance de l'insolvabilité de l'employeur (art. 8).

#### 6.2.2.2 Les transferts des risques du fournisseur de retraites professionnelles aux « bénéficiaires »

Le rapport du Comité de Protection sociale en 2008[41] relatif à la gestion privée des retraites par capitalisation et leur contribution à des retraites adéquates et viables met l'accent sur les transferts de risques du fournisseur de prestations vers le théorique bénéficiaire.

La solvabilité des retraites professionnelles, dont les frais de gestion sont particulièrement élevés, est acquise par une réduction constante des droits sociaux : allongement de la durée de cotisation, développement des mécanismes de protection sociale à cotisations définies et non à prestation définies, incertitude de la viabilité des financements... La liste est longue.

Faut-il en conclure que les retraites professionnelles sont finalement d'une gouvernance hasardeuse et que leur gestion se retourne inévitablement contre les travailleurs eux-mêmes ?

Le vieillissement de la population en Europe[42] demeure une donnée incontournable de la politique sociale européenne pour le siècle présent. La bonne gouvernance des retraites professionnelles est une condition indispensable pour maintenir la solvabilité des institutions de retraite et assurer une sécurité juridique aux travailleurs dans l'Union européenne.

La recherche de pérennité et d'adéquation des pensions dans l'Union européenne est encore loin d'être aboutie.[43]

---

[41] Privately managed funded pension provision and their contribution to adequate and sustainable pensions, 2008, p. 34

[42] Promoting longer working lives through pensions reforms, report by the Social Protection Committee, avril 2007.

[43] Communication de la Commission européenne, Priorités stratégiques pour 2010 (COM (2010) 135 final ; Présentation d'un livre vert (initiative stratégique n° 27) au deuxième semestre 2010 *« pour examiner les options envisageables pour assurer la pérennité et l'adéquation des pensions dans le contexte du vieillissement de la population ».*

# Kapitel 7
# Betriebliche Altersversorgung und wirtschaftliche Freiheiten

**Sylvie Hennion**

Die betriebliche Altersversorgung ist seit der Richtlinie 2003/41/EG vom 3. Juni 2003 über die Tätigkeiten und Aufsicht über die Einrichtungen betrieblicher Altersversorgung aus der Europäischen Union nicht mehr wegzudenken.[1]

Die Systeme der zusätzlichen Altersversorgung sind in der Europäischen Union außergewöhnlich vielfältig. Eine von der Kommission am 20. Oktober 2008 veröffentlichte Studie enthält einige Hinweise hierzu.[2]

Die Deckungsrate der gesetzlichen Sicherungssysteme ist unterschiedlich und reicht von 25% in Italien bis zu 100% in Schweden.

Die betrieblichen Altersversorgungssysteme in Dänemark, den Niederlanden und Schweden weisen einen Deckungsgrad von 75% oder mehr auf. Mehrere Länder kennen einen Deckungsgrad von 40 bis 75% (Belgien, Deutschland, Irland, Zypern, Vereinigtes Königreich), zahlreiche Staaten liegen dagegen bei unter 20% (Italien, Österreich, Frankreich, Spanien, Finnland, Luxemburg, Portugal und Polen).

Dies wird durch 2008 veröffentlichte Arbeiten des Europäischen Ausschusses für Sozialschutz[3] sowie durch den Bericht der Kommission vom 30. April 2009 über bestimmte Aspekte der Richtlinie 2003/41/EG vom 3. Juni 2003 über die

S. Hennion (✉)
Prof. Dr. jur., Université de Rennes 1, UMR CNRS IODE, Ecole doctorale des Sciences de l'Homme, des Organisations et de la Société, Faculté de droit et de science politique, 9 rue Jean Macé – CS 54203, 35042 Rennes Cedex, Frankreich
e-mail: sylvie.hennion@univ-rennes1.fr

[1] ABl. L 235 v. 23. September 2003, S. 10. Betriebliche Altersversorgung in Europa, Europäisches Recht und Rechtsvergleichung. Les retraites professionnelles en Europe, Droit européen et comparé. Occupational pension schemes in Europe, European law and comparative law, S. Hennion-Moreau et O. Kaufmann (Dir.), Bruxelles, éd. Bruylant, 2007; A. Euzéby, Pour une approche éthique de la protection sociale dans l'Union européenne, RMCUE, 2009, Nr. 530, S. 428.

[2] Private Altersversorgung und ihr Beitrag zu angemessenen und nachhaltigen Renten, Okt. 2008: http://ec.europa.eu/employement_social/spsi/adequacy_sustainability_fr.htm

[3] http://ec.europa.eu/employement_social/spsi/pensions_fr.htm

O. Kaufmann, S. Hennion (eds.), *Steuerung der betrieblichen Altersversorgung in Europa: garantierte Sicherheit? Governance of Occupational Pensions in Europe: Guaranteed Security? Gouvernance des retraites professionnelles en Europe: Sécurité garantie?*, DOI 10.1007/978-3-642-15731-8_7, © Springer-Verlag Berlin Heidelberg 2011

Tätigkeiten und Beaufsichtigung von Einrichtungen der betrieblichen Altersversorgung[4] belegt.

Die betriebliche Altersversorgung kann als zusätzliches Rentensicherungssystem in Betrieben verstanden werden, das über ein Kapitaldeckungsverfahrens finanziert wird.

Als expandierendes Rentensicherungssystem, dessen Umsetzung dem nationalen Recht obliegt, weist die betriebliche Altersversorgung im gesamten Gebiet der EU Gemeinsamkeiten auf.

Die Unterscheidung zwischen den gesetzlichen Systemen der sozialen Sicherheit,[5] Systeme der ersten Säule genannt, und den Zusatzsystemen der zweiten und dritten Säule ist wohl bekannt.

Im Vorfeld jeglicher Sonderbestimmung hat der Gerichtshof in den Urteilen Poucet und Pistre vom 13. Februar 1993[6] den Status der Systeme der „auf dem Grundsatz der nationalen Solidarität beruhenden und ohne Gewinnerzielungsabsicht verwirklichten" sozialen Sicherheit von den kapitalgedeckten Sicherungssystemen getrennt.

Die betroffenen Einrichtungen werden somit als Unternehmen betrachtet; sie unterliegen dem Wettbewerbsrecht und genießen die großen wirtschaftlichen Freiheiten. Die nachfolgenden Urteile sind von diesem Standpunkt nicht abgewichen. Die bekannten Urteile Albany, Bokken und Brenjens vom 21. September 1999 sowie das Urteil Pavlov vom 1. September 2000 haben eingeräumt, dass die tarifvertragliche Einrichtung eines zusätzlichen kapitalgedeckten Altersversicherungssystems von einer unternehmerischer Eigenschaft[7] zeugt.

Das gesamte System fügt sich also in den Binnenmarkt ein.

Wenn die Steuerung der betrieblichen Altersversorgung gemäß der Logik des Binnenmarkts durchgeführt wird, muss sie entsprechend des mit der Einrichtung der betrieblichen Altersversorgung verfolgten Ziels durchzuführen sein.

Deren Ziel ist es, ein Ersatzeinkommen zu schaffen, welches bei Beendigung der beruflichen Tätigkeit ausgezahlt und vom Gemeinschaftsrecht einem Entgelt gleichgestellt wird.

---

[4]KOM (2009) 203 endgültig, 30. April 2009.

[5]EuGH v. 16. Juli 2009, *Chamier-Gliszinski, Rs. C-208/07*, Rev. Europe, 2009, Nr. 364, Anm. L. Driguez; in diesem Urteil erinnert der Gerichtshof daran, dass sich die EU für eine Koordination (vgl. Art. 42 EGV und die Gemeinschaftsverordnung 1408/71 in geänderter Fassung) und nicht für eine Harmonisierung entschieden hat. Er schließt daraus, dass der Vertrag keine vollständige Neutralität bei der Personenfreizügigkeit garantieren kann. Daher erklärt sich eine Ungleichbehandlung durch die Unterschiede der sozialen Gesetzgebung. Jedoch stellt er im Urteil Leyman (C-3/10) vom 1. Oktober 2009 fest, dass das in Artikel 10 EGV erwähnte Prinzip der loyalen Zusammenarbeit die zuständigen Behörden dazu verpflichtet, alles zu tun, um das Ziel des Art. 39 EGV zu erreichen. Diese Vorschrift verbietet also dem sozialen Sicherungssystem eines Mitgliedstaates, einen Wanderarbeiter zur Zahlung verlorener Rentenbeiträge zu verpflichten, da dies ihn einem sesshaften Arbeiter gegenüber benachteiligen würde.

[6]EuGH v. 17. Februar 1993, *Poucet und Pistre*, *Rs. C-159/91 u. C 160/91*, Slg. S. I-637.

[7]EuGH v. 21. September 1999, *Albany, Bokken und Brenjens*, *Rs. C-67/96, C-212/97, C-115* und *C-117/97*, Slg. S. I-5751, S. I-6121 und S. I-6025; v. 1. September 2000, *Pavlov, Rs. C-115* und *C-184/98*, Slg. S. I-6451.

In der Tat stellen alle Formen der betrieblichen Altersversorgung ein Entgelt im Sinne des Artikels 157 AEUV (ex-Art. 141 EGV)[8] dar. Die Gesamtheit der vertraglichen Betriebsrentensysteme basiert auf dieser Eigenschaft, ohne dass zwischen einer teilweise oder ausschließlich vom Arbeitgeber übernommenen Finanzierung unterschieden werden muss oder dass es darauf ankommt, ob das betriebliche Altersversorgungssystem als Zusatz zu den staatlichen sozialen Sicherungssystemen eingreift.[9]

Der Sinn der betrieblichen Altersversorgung ist es, den EU-Bürgern oder den in der EU Ansässigen in den kommenden Jahrzehnten ein sicheres und nachhaltiges Einkommen zu gewährleisten.

Der wirtschaftliche Zweck der Renten ist mit ihrer grundlegend sozialen Ausrichtung verbunden: zusätzlich zu den staatlichen sozialen Sicherungssystemen soll den Rentnern ein ausreichendes Einkommen in den verschiedenen EU-Staaten gewährleistet werden.

Zu bemerken ist, dass die auf einer langfristigen Anlage basierenden Pensionsfonds in Europa die Wirtschaftskrise anscheinend besser überwunden haben als das Banksystem. In der Tat beruhen die Pensionsfonds allein auf ihren eigenen Finanzierungsquellen. Sie müssen keine Darlehen tilgen oder refinanzieren. Im Unterschied zu den Bankenmechanismen sind sie also nicht von der Verfügbarkeit eines Kredits abhängig.

In den kommenden Jahren jedoch drohen die Auswirkungen der Krise eine Neuanpassung der Pensionshöhe notwendig zu machen, was umso schmerzhafter sein wird, als die Systeme eher beitrags- als leistungsdefiniert sind.[10]

Die Zusammenhänge zwischen betrieblicher Altersversorgung und Finanzvorschriften sind so erheblich, dass dieses Thema in die Reformvorschläge der Europäischen Kommission für eine Verbesserung der Finanzaufsicht innerhalb der EU einbezogen wurde.

Zur Schaffung eines Europäischen Ausschusses für Systemrisiken (ESRB) sowie eines Finanzaufsichtssystems[11] wurde die Richtlinie 2010/78/EU des Europäischen Parlaments und des Rates vom 24. November 2010[12] verabschiedet. Sie soll insbesondere die Zusammenarbeit zwischen den nationalen und europäischen Aufsichtsbehörden stärken.

---

[8]Richtlinie 2006/54/EG v. 5. Juli 2006, ABl. L 204/23 v. 26. Juli 2006, Erwgrd. 13, Art. 5 bis 13.

[9]EuGH v. 25. Mai 1971, *Defrenne I, Rs. 80/70*, Slg. S. 445; Urteil v. 17. Mai 1990, *Barber, Rs. C-262/88*, Slg. S. I-1889.

[10]Europolitique, 9. März 2009, Nr. 3709, S. 16.

[11]Mitteilung vom 4. März 2009, KOM (2009) 114.

[12]Richtlinie 2010/78/EU des Europäischen Parlaments und des Rates vom 24. November 2010 zur Änderung der Richtlinien 98/26/EG, 2002/87/EG, 2003/6/EG, 2003/41/EG, 2003/71/EG, 2004/39/EG, 2004/109/EG, 2005/60/EG, 2006/48/EG, 2006/49/EG und 2009/65/EG im Hinblick auf die Befugnisse der Europäischen Aufsichtsbehörde (Europäische Bankenaufsichtsbehörde), der Europäischen Aufsichtsbehörde (Europäische Aufsichtsbehörde für das Versicherungswesen und die betriebliche Altersversorgung) und der Europäischen Aufsichtsbehörde (Europäische Wertpapier-und Marktaufsichtsbehörde), ABl. L 331/120 vom 15. Dezember 2010, S. 120.

Zunächst sollen die Folgen der Verankerung der betrieblichen Altersversorgung in den wirtschaftlichen Freiheiten untersucht werden, um zum einen einschätzen zu können, inwieweit die betriebliche Altersversorgung ein Finanzprodukt darstellen kann, zum anderen, um die Eigenheiten dieser Rentenfonds im Rahmen der Dienstleistungsfreiheit darzulegen. Im zweiten Teil soll die Schwächung der betrieblichen Altersversorgung durch eben diese wirtschaftlichen Freiheiten erläutert werden.

## 7.1 Die Verankerung der Steuerung der betrieblichen Altersversorgung in den wirtschaftlichen Freiheiten

Die Verankerung der Steuerung der betrieblichen Altersversorgung in den wirtschaftlichen Freiheiten ergibt sich aus den sektoriellen Richtlinien, die auf die betriebliche Altersversorgung Anwendung finden.

So können z. B. die Richtlinien 93/22/EWG vom 10. Mai 1993 über Wertpapierdienstleistungen oder die Richtlinie 92/96/EWG vom 10. November 1992 zur Koordinierung der Rechts- und Verwaltungsvorschriften für die Direktversicherung (Lebensversicherung) Anwendung finden.[13] Die Richtlinie 2003/41 vom 3. Juni 2003 ist jedoch die wesentliche und zugleich spezielle Richtlinie zur betrieblichen Altersversorgung im allgemeinen Rahmen der Dienstleistungsfreiheit.

Die Richtlinie 2006/123/EG vom 12. Dezember 2006 über Dienstleistungen im Binnenmarkt, die das allgemeine System der Dienstleistungsfreiheit in der EU festlegt, hat die spezifischen Eigenheiten der betrieblichen Altersversorgung nicht verändert.

Diese horizontale Richtlinie, die den allgemeinen Rechtsrahmen der Dienstleistungsfreiheit vorgibt, schließt in Art. 2 Abs. 2 lit. b ausdrücklich die Finanzdienstleistungen, die neben Bank- und Versicherungsleistungen auch die „betriebliche und die individuelle Altersversorgung" umfassen, aus ihrem Anwendungsbereich aus. Bezüglich der Finanzdienstleistungen verweist diese Richtlinie auf die dafür geltenden spezifischen Richtlinien.

Zunächst werden die Folgen einer Gleichsetzung von Einrichtungen der betrieblichen Altersversorgung mit den Finanzdienstleistungen untersucht. Danach sollen die generellen Konsequenzen, die sich aus grenzüberschreitenden Tätigkeiten der Einrichtungen betrieblicher Altersversorgung ergeben, betrachtet werden.

### *7.1.1 Die Gleichsetzung der Einrichtungen betrieblicher Altersversorgung mit Finanzdienstleistungen*

Die Gleichsetzung der Einrichtungen betrieblicher Altersversorgung wird in der Überschrift der sektoriellen Richtlinie 2003/41/EG vom 3. Juni 2003 über die

[13] S. Hennion-Moreau, L'impact du droit communautaire sur les retraites professionnelles d'entreprise, in: Les retraites professionnelles en Europe, Droit européen et comparé, S. 19.

Tätigkeiten und die Beaufsichtigung von Einrichtungen der betrieblichen Altersversorgung hervorgehoben. Zum Zeitpunkt des Erlasses dieser Richtlinie ging es darum, ein Minimum an Steuerungsvorgaben für alle EU-Staaten zur Einhaltung von Aufsichts- und Lenkungsregeln vorzusehen. Dies sollte vor allen Dingen eine klare Trennung zwischen dem Unternehmen, das die betriebliche Altersversorgung schafft, und der mit der Finanzierung betrauten Einrichtung herstellen. Diese auf ein Minimum an Kontrolle beschränkte Entwicklung wurde jedoch teilweise durch die aktuellen Reformen zur Finanzaufsicht korrigiert.

#### 7.1.1.1 Der Steuerungsmechanismus der Richtlinie 2003/41/EG vom 3. Juni 2003

Die wesentlichen Vorschriften über die Steuerung der betrieblichen Altersversorgung in Europa sind in wenigen Sätzen dargestellt.

Die Kompetenz zur Errichtung von Einrichtungen der betrieblichen Altersversorgung wird vom nationalen Recht vorgegeben, wobei die Richtlinie Mindestvorschriften vorgibt. Die Aufsicht obliegt dem Herkunftsstaat.

*„Die Anlagepolitik einer Einrichtung ist sowohl für die Sicherheit als auch für die Finanzierbarkeit der Betriebsrenten ein entscheidender Faktor.*“ (Erwägungsgrund 24).

Somit macht jeder Mitgliedstaat den Einrichtungen mit Standort in seinem Hoheitsgebiet zur Auflage, ihre Tätigkeiten auf Altersversorgungsgeschäfte und damit im Zusammenhang stehende Aktivitäten zu beschränken (Artikel 7 Abs. 1).

Dieses Prinzip der Beschränkung der Einrichtungen der betrieblichen Altersversorgung wird durch das Prinzip der rechtlichen Trennung zwischen den Betrieben und den Renteneinrichtungen vervollständigt.

In ihren restlichen Bestimmungen ist die Richtlinie eher reich an Hinweisen als an Aufsichtstandards.

In diesem Sinne *„sorgt jeder Mitgliedstaat für eine rechtliche Trennung zwischen dem Trägerunternehmen und der Einrichtung der betrieblichen Altersversorgung, damit bei einem etwaigen Konkurs des Trägerunternehmens das Vermögen der Einrichtung der betrieblichen Altersversorgung im Interesse der Versorgungsanwärter und Leistungsempfänger gesichert ist*“ (Art. 8).

Die Artikel 9 bis 13 betreffen die Voraussetzungen der betrieblichen Altersversorgung, über die der Mitgliedstaat *wacht* oder die er den Einrichtungen *auferlegen kann*.

Jeder Mitgliedstaat stellt gemäß Art. 9 Abs. 1 in Bezug auf jede in seinem Hoheitsgebiet niedergelassene Einrichtung sicher, dass die Einrichtung durch die zuständige Aufsichtsbehörde in ein nationales Register eingetragen oder zugelassen ist (a) und dass die Einrichtung tatsächlich von zuverlässigen Personen geführt wird, die selbst über die erforderliche fachliche Qualifikation und Berufserfahrung verfügen müssen *oder* auf Berater mit diesen beiden Eigenschaften zurückgreifen (b).

Der Herkunftsmitgliedstaat hat auch dafür zu sorgen, dass die Funktionsweise des Altersversorgungssystems „ordnungsgemäß geregelt“ ist und eine ausreichende

Information der Versicherungsanwärter über die Rechte und Pflichten der Parteien, der finanziellen und versicherungstechnischen Risiken sowie die Art und Aufteilung dieser Risiken sichergestellt ist (litt. c, f, (i), (ii), (iii)).

Die versicherungstechnischen Rückstellungen müssen *„von einem Versicherungsmathematiker oder, wenn dies nicht der Fall ist, von einem sonstigen Fachmann auf diesem Gebiet, so zum Beispiel von einem Wirtschaftsprüfer, berechnet und testiert werden" (lit. d).*

Im Einklang mit dem Grundsatz der Subsidiarität *kann* ein Mitgliedstaat *vorsehen* (Art. 9 Abs. 2), dass den Versorgungsanwärtern die Abdeckung der Langlebigkeit und der Berufsunfähigkeit und die Hinterbliebenenversorgung als zusätzliche Leistungen optional angeboten werden, „wenn die Arbeitgeber und Arbeitnehmer oder ihre jeweiligen Vertreter dies vereinbaren".

Er kann auch *„im Hinblick auf den angemessenen Schutz der Interessen der Versorgungsanwärter und Leistungsempfänger die Voraussetzungen für den Betrieb einer Einrichtung mit Standort in seinem Hoheitsgebiet von weiteren Kriterien abhängig machen"* (Abs. 3).

Die nachfolgenden Artikel des Textes beziehen sich auf die Mindestanforderungen an die Informationspflicht, der die Einrichtungen sowohl im Hinblick auf die Mitgliedsstaaten, auf deren Hoheitsgebiet sie ihren Standort haben (Art. 10, 12 u. 13), als auch im Hinblick auf die Leistungsempfänger und Versorgungsanwärter unterliegen (Art. 11).

Die Artikel 14 bis 20 beziehen sich auf die Eingriffsrechte- und pflichten der zuständigen Behörden des Herkunftsmitgliedsstaats, auf dessen Hoheitsgebiet sich der Standort der Einrichtung der betrieblichen Altersversorgung befindet. Somit schreibt der Herkunftsmitgliedstaat vor, *„dass die Einrichtungen jederzeit über ausreichende und angemessene Vermögenswerte zur Bedeckung der versicherungstechnischen Rückstellungen für sämtliche von ihnen betriebenen Altersversorgungssysteme verfügen müssen"* (Art. 16 Abs. 1).

Die Finanzkontrolle über die versicherungstechnischen Rückstellungen sowie über vorhandene aufsichtsrechtliche Eigenmittel übt der Herkunftsmitgliedstaat aus. Allerdings hindert die Maßnahme *„die Mitgliedstaaten jedoch nicht daran, Einrichtungen mit Standort in ihrem Hoheitsgebiet vorzuschreiben, dass sie über die erforderlichen aufsichtsrechtlichen Eigenmittel verfügen müssen oder ausführlichere Vorschriften zu erlassen, sofern sie aufsichtsrechtlich gerechtfertigt sind"* (Art. 17 Abs. 3).

Artikel 18 bestimmt, dass die Vermögenswerte *„zum größtmöglichen Nutzen der Versorgungsanwärter und Leistungsempfänger"* anzulegen sind. Der Gesetzestext erlaubt jedoch eine vielseitige Auswahl an Anlagen, da es sich um bloße Durchführungshinweise handelt. Zum Beispiel wird vorgegeben, dass die Vermögenswerte vorrangig auf geregelten Märkten anzulegen sind.

Aufgrund der Aufsichtsstandards dürfen Anlagen des Trägerunternehmens 5% des Gesamtportfolios der Renteneinrichtung nicht überschreiten (Art. 18 Abs. 1 lit. f). Diese gesetzlichen Anstöße zur Vorsicht werden durch scheinbar widersprüchliche Vorgaben ergänzt, da Artikel 18 Abs. 5 vorsieht, dass die Staaten die Einrichtungen nicht daran hindern können „in Risikokapitalmärkte zu investieren" (Art. 18 Abs. 5 UAbs. 3 lit. c).

Jeder Mitgliedstaat hat dafür Sorge zu tragen, dass die zuständigen Behörden über ausreichende Befugnisse und Mittel verfügen, um sich Informationen über die Verwaltung der Einrichtungen zu verschaffen und die Beziehungen zwischen der Einrichtung und anderen Unternehmen zu kontrollieren, sofern letztere die finanzielle Situation der Einrichtung beeinflussen.

Auf Anfrage müssen jährliche Abrechnungen und Berichte ausgehändigt werden können. Darüber hinaus gibt die Richtlinie 2003/41 die Finanzierungsart der versicherungstechnischen Rückstellungen vor. Da in Art. 21 der Richtlinie eine enge Zusammenarbeit zwischen den Mitgliedstaaten und der Kommission vorgesehen ist, wurden verschiedene Gremien auf europäischer Ebene eingerichtet,[14] um regelmäßige Berichte über die Anwendung dieser Richtlinie zu veröffentlichen. Art. 15 Abs. 6 der Richtlinie 2003/41 sieht zwingend alle zwei Jahre die Veröffentlichung eines Berichts über die Vorschriften für die Berechnung der versicherungstechnischen Rückstellungen vor. Art. 21 Abs. 4 sieht die Veröffentlichung eines Berichts über die Anwendung der Anlagevorschriften und die Fortschritte, die bei der Anpassung der nationalen Aufsichtssysteme erzielt worden sind, innerhalb von vier Jahren nach Inkrafttreten der Richtlinie vor.

Diese in der Richtlinie niedergelegten Pflichten hatten diverse Untersuchungen zur Folge, insbesondere ein Treffen des Europäischen Ausschusses für das Versicherungswesen und die betriebliche Altersversorgung am 5. April 2006.

Aufgrund der verspäteten Umsetzung der Richtlinie in zahlreichen Staaten[15] haben sich die Mitgliedstaaten auf eine Verschiebung des Vorlagetermins der 2008 in Auftrag gegebenen Berichte geeinigt. Der Bericht wurde schließlich von der Kommission am 30. April 2009 vorgestellt.[16] Die durch die Finanzkrise entstandene Situation hat den Ansatzpunkt der Steuerung der betrieblichen Altersversorgung verändert.

#### 7.1.1.2 Der aus der europäischen Finanzaufsichtsreform hervorgegangene Steuerungsmechanismus

Der Bericht der Kommission vom 30. April 2009 hat die positiven Auswirkungen der Richtlinie auf die Verwaltung der betrieblichen Altersversorgung hervorgehoben, die sich insbesondere aus dem in vielen Staaten verbesserten Regulierungsrahmen der Aufsichtsvorschriften ergeben. Er wies jedoch hauptsächlich auf das Fehlen gemeinsamer Finanzierungskonzepte wie auch auf die fehlende gemeinsame Begriffsbestimmung des Risikokapitals und somit auf die sich daraus ergebenden Ungewissheiten hin.

Die Kommission schloss auf die Zweckmäßigkeit einer zukünftigen Harmonisierung der Bestimmungen über die Berechnung der versicherungstechnischen

---

[14]Joint Protocol between CESR, CEBS and CEIOPS, 8. Dezember 2008, CESR/08-1001; CEBS 2008 242; CEOIS 3L3-20-08.

[15]EuGH v. 14. Januar 2010, *Europäische Kommission/Tschechische Republik, Rs. C-348/08* (Fehlen von Einrichtungen der betrieblichen Altersversorgung mit Sitz im Inland).

[16]A.a.O.

Rückstellungen sowie einer Beaufsichtigung der Anwendung der Anlagevorschriften. Gleichzeitig schien es aber der Kommission angebracht zu sein, keine unverzüglichen Änderungen vorzunehmen, da sich der Binnenmarkt im Bereich der betrieblichen Altersversorgung auf europäischer Ebene erst im Anfangsstadium befand.

Das Ausmaß der Finanzkrise hat jedoch die Dringlichkeit einer Regulierung auf europäischer Ebene sowie einer Reform insbesondere der Einrichtung eines Finanzaufsichtssystems (SECF) deutlich gemacht. Am 23. September 2009 hat die europäische Kommission eine Reihe von Regelungsvorschlägen verabschiedet, die zur Verabschiedung folgender Vorschriften geführt haben: (1) die Verordnung (EU) Nr. 1092/2010 des Europäischen Parlaments und des Rates vom 24. November 2010 über die Finanzaufsicht der Europäischen Union auf Makroebene und zur Errichtung eines Europäischen Ausschusses für Systemrisiken[17]; (2) die Verordnung (EU) Nr. 1096/2010 des Rates vom 17. November 2010 zur Betrauung der Europäischen Zentralbank mit besonderen Aufgaben bezüglich der Arbeitsweise des Europäischen Ausschusses für Systemrisiken[18]; (3) die Verordnung (EU) Nr. 1095/2010 des Europäischen Parlaments und des Rates vom 24. November 2010 zur Errichtung einer Europäischen Aufsichtsbehörde (Europäische Wertpapier- und Marktaufsichtsbehörde)[19]; (4) die Verordnung (EU) Nr. 1094/2010 des Europäischen Parlaments und des Rates vom 24. November 2010 zur Errichtung einer Europäischen Aufsichtsbehörde (Europäische Aufsichtsbehörde für das Versicherungswesen und die betriebliche Altersversorgung)[20]; sowie (5) die Verordnung (EU) Nr. 1093/2010 des Europäischen Parlaments und des Rates vom 24. November zur Errichtung einer Europäischen Aufsichtsbehörde (Europäische Bankenaufsichtsbehörde)[21].

Das Europäische Finanzaufsichtssystem (ESFS) besteht aus dem Europäischen Ausschuss für Systemrisiken (ESRB), der Europäischen Bankaufsichtsbehörde (EBA), der Wertpapieraufsichtsbehörde (ESMA), der Europäischen Aufsichtsbehörde für das Versicherungswesen und die betriebliche Altersversorgung (EIOPA), einem Ausschuss, der sich aus europäischen und Aufsichtsbehörden zusammensetzt, sowie den für die Vorschriften der EBA, ESMA und EIOPA zuständigen Behörden der Mitgliedstaaten.

Die vier europäischen Behörden sind dem Europäischen Parlament gegenüber verantwortlich.

Die Verordnungen errichten somit Europäische Finanzaufsichtsbehörden (ESA) und sehen ein einheitliches Verfahren für den Beschluss technischer Vorschriften

---

[17] ABl. EU L 331 vom 15. Dezember 2010; KOM (2009) 499 endgültig. In Folge des Inkrafttretens des AEUV am 1. Dezember 2009 ist die neue rechtliche Grundlage der ESRB-Entscheidung der Artikel 127 Abs. 6 AEUV (ex-Art. 105 Abs. 6 EGV).

[18] ABl. EU L 331 vom 15. November 2010, S. 84; KOM (2009) 500 endgültig; Stellungnahme der EZB CON/2009/88 v. 26. Oktober 2009, ABl. C-13 v. 20. Januar 2010.

[19] ABl. EU L 331 vom 15. Dezember 2010, S. 48; KOM (2009) 501 endgültig.

[20] ABl. EU L 331 vom 15. November 2010, S. 48; KOM (2009) 502 endgültig.

[21] ABl. EU L 331 vom 15. Dezember 2010, S. 12; KOM (2009) 503 endgültig.

vor, die von jeder ESA ausgearbeitet und dann von der Kommission genehmigt werden.

Die Vorschriften über die Haushaltsführung fallen nicht mehr ausschließlich in die Verantwortung des Herkunftsstaates der Finanzeinrichtung.

Die Reform hat jedoch die Änderung diverser sektorieller Vorschriften notwendig gemacht, um technische Standards in den betreffenden Sektoren entwickeln zu können.

Die Richtlinie 2010/78/EU des Europäischen Parlaments und des Rates vom 24. November 2010[22] sieht in Artikel 4 eine Änderung der Artikel 9, 13, 14, 15 und 20 der Richtlinie 2003/41/EG vor.

Das Ziel der Reform ist es zunächst, die Lücken der Richtlinie 2003/41/EG zu füllen, die den Mitgliedsstaaten und den Altersvorsorgeeinrichtungen eine übermäßige Freiheit im Bereich der Ausarbeitung der Aufsichtsvorschriften einräumte.

Es geht hierbei um die Sicherstellung einer einheitlichen Anwendung der Richtlinie, deren Fehlen die Kommission zuvor beklagt hatte.

Das Prinzip einer Steuerung auf europäischer Ebene ist hier sehr klar beschrieben:

„*Um eine einheitliche Anwendung dieser Richtlinie zu gewährleisten, erarbeitet die Europäische Aufsichtsbehörde für das Versicherungswesen und die betriebliche Altersversorgung Entwürfe technischer Standards, in denen für jeden Mitgliedstaat die Aufsichtsvorschriften aufgeführt werden, die für den Bereich der betrieblichen Altersversorgungssysteme relevant sind, aber nicht unter die in Absatz 1 genannten nationalen sozial- und arbeitsrechtlichen Vorschriften fallen. Die Behörde legt der Kommission ihre Standardentwürfe bis zum 1. Januar 2014 vor*“ (Art. 13 Abs. 2 n.F.).

Die Bedeutung der Richtlinie 2003/41/EG innerhalb des Systems der Finanzdienstleistungen wird gestärkt. Sie muss gemäß Art. 1 Abs. 4 der Verordnung Nr. 1094/2010 jedoch in Einklang mit den nationalen arbeits- und sozialrechtlichen Vorschriften gebracht werden, deren Beachtung im Rahmen der Ausübung der Dienstleistungsfreiheit mit erheblichen Schwierigkeiten verbunden ist.

### *7.1.2 Die grenzüberschreitende Tätigkeit der Einrichtungen betrieblicher Altersversorgung*

Die grenzüberschreitende Tätigkeit der Einrichtungen betrieblicher Altersvorsorge wird im Rahmen der Dienstleistungsfreiheit ausgeübt und impliziert Steuerungskonflikte zwischen dem Herkunftsmitgliedstaat der Einrichtung und dem Mitgliedsstaat, in dem die Dienstleistung erbracht wird.

Diese Konflikte betreffen in erster Linie die Modalitäten der Finanz- und der versicherungstechnischen Aufsicht über diese Einrichtungen. Die Lösung hängt von den Kollisionsnormen ab, die auf grenzüberschreitend tätige Einrichtungen betrieblicher Altersversorgung Anwendung finden.

[22] A.a.O.

#### 7.1.2.1 Die Kontrollkonflikte bei grenzüberschreitenden Dienstleistungen

Im Rahmen einer grenzüberschreitenden Dienstleistung angebotene „Finanzdienstleistungen wie Kreditgewährung, Versicherung, betriebliche oder individuelle Altersversorgung, Wertpapiere, Geldanlagen, Zahlungen und Anlageberatung" sind aus dem Anwendungsbereich der Richtlinie 2006/123/EG ausgeschlossen, sofern sie dem Anwendungsbereich der sektoriellen Richtlinie 2003/41 unterstehen.

Dieser Ausschluss regelt jedoch noch lange nicht das Zusammenspiel der für Tätigkeiten der Einrichtungen betrieblicher Altersversorgung vorgesehenen Kontrollmodalitäten.

Die Richtlinie 2003/41 vom 3. Juni 2003 ist stark durch die ursprüngliche Haltung der Kommission in Bezug auf die Dienstleistungsfreiheit geprägt, wonach sich die auf die Schaffung betrieblicher Altersversorgung anwendbaren Vorschriften aus dem Recht des Herkunftslandes ergeben.

Die Richtlinie basiert auf dem Prinzip, dass jeder Staat, auf dessen Gebiet eine Einrichtung betrieblicher Altersversorgung besteht, die Befugnis hat, den finanziellen Zustand und die Bonität dieses Unternehmens zu kontrollieren.

Die zuständige Behörde des Herkunftsmitgliedstaats verfügt über die Befugnis zur Bewilligung der Altersvorsorgeeinrichtung, nicht nur im Hinblick auf die Ausübung der Dienstleistungstätigkeit auf dem Hoheitsgebiet, sondern auch im Hinblick auf grenzüberschreitende Dienstleistungstätigkeiten. Dieser Vorrang des Rechts des Herkunftslandes, der durch die Richtlinie 2006/123/EG weitgehend geändert wurde, lässt grundsätzlich große Unterschiede bei den Steuerungsmechanismen im Recht der Mitgliedsstaaten zu und birgt die Gefahr einer nachlässigen Aufsicht der Einrichtungen betrieblicher Altersversorgung. Diese können versucht sein, sich in Mitgliedsstaaten niederlassen, die keine Anstalten machen, strikte Rechtsvorschriften zu erlassen.

Um solche Schwierigkeiten zu vermeiden, sieht Art. 4 Abs. 5 der Richtlinie 2010/78/EU vom 24. November 2010 eine Vereinheitlichung der technischen Aufsichtsstandards für grenzüberschreitende Dienstleistungen vor: *„Die Mitgliedstaaten unterrichten die EIOPA über ihre nationalen Aufsichtsvorschriften, die für den Bereich der betrieblichen Altersversorgungssysteme relevant sind, aber nicht unter die in Absatz 1 genannten nationalen sozial- und arbeitsrechtlichen Vorschriften fallen."*

Die Mitgliedsstaaten aktualisieren regelmäßig diese Informationen, die mindestens alle zwei Jahre auf der Internetseite der EIOPA veröffentlicht werden.

Um einheitliche Bedingungen für die Anwendung dieses Absatzes sicherzustellen, entwickelt die EIOPA Entwürfe technischer Durchführungsstandards, mit denen die Verfahren sowie die Formulare und Mustertexte festgelegt werden, die von den zuständigen Behörden bei der Übermittlung der relevanten Informationen an die EIOPA und bei der Aktualisierung dieser Informationen zu verwenden sind (Artikel 20 Abs. 11 n.F. der Richtlinie 2003/41/EG). Nur im Wiederholungsfall, wenn die Einrichtung *„weiterhin die geltenden arbeits-*

*und sozialrechtlichen Vorschriften des Tätigkeitsmitgliedstaats in Bezug auf betriebliche Altersversorgungssysteme verletzt*", kann der Tätigkeitsmitgliedstaat nach Unterrichtung des Herkunftsmitgliedstaats „*die geeigneten Maßnahmen treffen, um weitere Unregelmäßigkeiten zu verhindern oder zu ahnden*". Dazu gehört die Möglichkeit, der Einrichtung zu untersagen, „*im Tätigkeitsmitgliedstaat weiterhin für das Trägerunternehmen Leistungen zu erbringen*" (Art. 20 Abs. 10).

Die Kontrollregelung für die grenzüberschreitende Tätigkeit der Einrichtungen betrieblicher Altersversorgung ist grundsätzlich von der liberalen Auffassung einer grenzüberschreitenden Dienstleistungsfreiheit geprägt, da die Anwendung und die Kontrolle des Rechts des Tätigkeitsmitgliedstaats zum großen Teil von der „Wachsamkeit" eines anderen Staates, nämlich des Herkunftsmitgliedstaates der Einrichtung zur betrieblichen Altersversorgung, abhängt.

Die europäischen Statistiken über die grenzüberschreitenden Tätigkeiten betrieblicher Altersvorsorge dokumentieren, dass solche Tätigkeiten zwar noch relativ schwach sind, aber stetig zunehmen. So hat der Ausschuss der Europäischen Aufsichtsbehörden für das Versicherungswesen und die betriebliche Altersversorgung (CEIOPS) festgestellt, dass es im Europäischen Wirtschaftsraum 70 Fälle von grenzüberschreitender Tätigkeit in insgesamt 21 Aufnahmestaaten gibt.[23]

Die Dienstleistungsfreiheit zwischen den Mitgliedsstaaten setzt voraus, dass kein Hindernis toleriert wird und infolgedessen auch die nationalen Alterssicherungsinstitutionen nicht privilegiert werden können. In einem Vertragsverletzungsverfahren hat der Europäische Gerichtshof mit Urteil vom 30. Januar 2007 Dänemark wegen Steuererleichterungen verurteilt, die nur für Beitragszahlungen im Rahmen von Verträgen mit Rentenversicherungsträgern mit Sitz in Dänemark gewährt wurden.[24] Zurzeit ist gegen die Bundesrepublik Deutschland ein Verfahren anhängig, durch das Kommunalverwaltungen und städtische Unternehmen verpflichtet werden sollen, vor Auftragsvergabe einer betrieblichen Altersversorgung für ihre Beschäftigten europaweite Ausschreibungen vorzunehmen.[25] Schließlich darf die Freizügigkeit der Arbeitnehmer nicht durch betriebliche oder private Rentensysteme beeinträchtigt werden, die im Hinblick auf soziale Vorteile nach dem Aufenthaltsort unterscheiden. Dieses Prinzip der Beachtung der Gleichbehandlung der Bürger und ihrer Freizügigkeit und Aufenthaltsfreiheit wurde im Falle der Riesterrente auf grenzübergreifende Arbeiter angewandt, die nicht uneingeschränkt in Deutschland steuerpflichtig waren.[26]

---

[23] Studie des CEIOPS (Ausschuss der europäischen Aufsichtsbehörden für das Versicherungswesen und die betriebliche Altersversorgung) v. 11. November 2008, in: Bericht der Kommission zu einigen Hauptaspekten der Richtlinie 2003/41/EG über die Tätigkeiten und die Beaufsichtigung von Einrichtungen der betrieblichen Altersversorgung, 30. April 2009, KOM (2009) 203 endgültig.

[24] EuGH, 30. Januar 2007, *Kommission/Königreich Dänemark, Rs. C-150/04*, Slg. S. I-1163.

[25] EuGH, *Kommission/BRD, Rs. C-271/08,* eingeleitet am 24. Juni 2008.

[26] Für die Riesterrente, s. Beitrag Kaufmann; EuGH, 10. September 2009, *Kommission/BRD, Rs. C-269/07*, Der Betrieb 2009, S. 931, Anm. A. Risthaus; JCP S 2009, Nr. 1527, Anm. Ph. Coursier; JCP E 2010, Nr. 24, Anm. O. Kaufmann.

#### 7.1.2.2 Die Gesetzeskonflikte aufgrund grenzüberschreitender Tätigkeiten

Die grenzüberschreitende Tätigkeit der Einrichtungen betrieblicher Altersversorgung führt nicht nur zu Schwierigkeiten bei der Verteilung der Kontrollausübung zwischen den Mitgliedstaaten, sondern schafft auch Gesetzeskonflikte zwischen dem Recht des Staates, in dem versichert wird, und dem Recht des Staates des Leistungsempfängers. Soweit die Sozialreformen im Staat der Versorgungsanwärter des Systems zur betrieblichen Altersversorgung ein Ungleichgewicht des ursprünglich geschlossenen Vertrags nach sich ziehen, wird die in einem anderen Mitgliedstaat niedergelassene Betriebsrenteneinrichtung zuweilen den Vertrag auflösen oder seine Neuanpassung wegen Störung der finanziellen Grundlage verfolgen müssen.

Das Streitpotenzial im Hinblick auf das Recht des Staates, in dem die Einrichtung ihren Sitz hat, einerseits, und dem anwendbaren Recht des Aufnahmestaats andererseits, wird erhebliche Schwierigkeiten mit sich bringen. In der Tat sieht die Verordnung Nr. 593/2008 vom 17. Juni 2008 über das auf vertragliche Schuldverhältnisse anzuwendende Recht (Rom I[27]), die ebenso wie die Dienstleistungsrichtlinie im Dezember 2009 in Kraft getreten ist, Kollisionsnormen für Versicherungs- und Individualarbeitsverträge vor.

Artikel 7 Abs. 2 bestimmt für den Versicherungsvertrag, dass „*soweit die Parteien keine Rechtswahl getroffen haben, der Versicherungsvertrag dem Recht des Staats unterliegt, in dem der Versicherer seinen gewöhnlichen Aufenthalt hat*“. In diesem Fall spielt es keine Rolle, ob das versicherte Risiko in einem Mitgliedsstaat besteht oder nicht.

Kollektivarbeitsverträge fallen nicht in den Anwendungsbereich der Verordnung Nr. 593/2008 vom 17. Juni 2008; diese gilt nur für Individualarbeitsverträge.

Gemäß Artikel 8 der Verordnung findet das von den Parteien gewählte Recht auf den Individualarbeitsvertrag Anwendung. „Die Rechtswahl der Parteien darf jedoch nicht dazu führen, dass dem Arbeitnehmer der Schutz entzogen wird, der ihm durch Bestimmungen gewährt wird, von denen nach dem anwendbaren Recht nicht durch Vereinbarung abgewichen werden darf“; dieses Recht ist in Ermangelung einer Rechtswahl das Recht des Staates, in dem der Vertrag erfüllt wird.

Soweit Altersrentenleistungsansprüche als verzögerte Gegenleistung für die Arbeitsleistung mit einem Entgelt gleichgesetzt werden, werden seit dem Barber-Urteil des EuGH vom 17. Mai 1990 die betrieblichen Rentenleistungsansprüche wie Lohnforderungen behandelt und fallen somit in den Anwendungsbereich der Verordnung 593/2008 über das auf vertragliche Schuldverhältnisse anzuwendende Recht.

Diese bedeutenden Konflikte, verbunden mit der Bestimmung des Gerichtsstands, könnten die Sozialpartner dazu bewegen, grenzüberschreitende Dienstleistungserbringer zugunsten nationaler Rentenfondseinrichtungen zu meiden. Dies würde dem Prinzip der Dienstleistungsfreiheit widersprechen.

---

[27] Verordnung (EG) Nr. 593/2008 des Europäischen Parlamentes und des Rates vom 17. Juni 2008 über das auf vertragliche Schuldverhältnisse anzuwendende Recht (Rom I), ABl. v. 4. Juli 2008, L 177/6; S. Bollée, S. Lemaire, M. d'Avout, S. Azzi und O. Boskovic, Dossier, D. 2008, S. 2155.

Die untrennbare Verbindung zwischen der finanziellen und der versicherungsrechtlichen Dimension der betrieblichen Altersversorgung mit ihrer jeweiligen sozialen Komponente dürfte zu einer besonders engen Zusammenarbeit zwischen den betroffenen Akteuren im Rahmen der Offenen Methode der Koordinierung führen.

In der Tat ist die Schwächung der Steuerung der betrieblichen Altersversorgung durch die wirtschaftlichen Freiheiten für viele Sozialpartner spürbar. Im folgenden zweiten Teil soll beurteilt werden, ob diese Schwächung tatsächlich eingetreten ist und in welchen Bereichen die Steuerung verbessert werden sollte.

## 7.2 Die Schwächung der Steuerung der betrieblichen Altersversorgung durch die wirtschaftlichen Freiheiten

Diese Schwächung ist zugleich auf das unzulängliche Regelwerk der EU zur Versorgungsanwartschaft in der betrieblichen Altersversorgung als auch auf die Unabwägbarkeiten der Einrichtungsmodalitäten der Altersrenten im Unternehmen durch Tarifvertrag oder einer einseitigen Arbeitgeberzusage zurückzuführen. Die sozialen Dimensionen der betrieblichen Altersversorgung sind weniger entwickelt als der finanzielle Aspekt. Das aktuelle System stellt eine Beeinträchtigung der Freizügigkeit der Arbeitnehmer dar. Über die Unzulänglichkeiten des Betriebsrentensystems hinaus scheint es so, dass die wirtschaftliche Logik vor dem Hintergrund der Wirtschaftskrise eine Veränderung der Systeme mit sich bringen wird, hin zur Übertragung des Wirtschaftsrisikos vom Anbieter auf den Arbeitnehmer.

### *7.2.1 Die Einschränkung der Arbeitnehmerfreizügigkeit*

Die Frage, ob die Betriebsrentensysteme den Anforderungen der Arbeitnehmerfreizügigkeit entsprechen, wurde auf EU-Ebene bereits vor langer Zeit gestellt.[28]

1991 war sie Gegenstand einer Mitteilung der Kommission.[29] Anschließend folgte eine Empfehlung des Rates vom 27. Juli 1992. Das von einer Studiengruppe unter Vorsitz von Simone Veil initiierte Pensionsforum wurde durch eine Entscheidung der Kommission vom 9. Juli 1991 offiziell eingerichtet. Dieses Pensionsforum sollte ein Ort des Austausches und „guter Praktiken“ sein, mit dem Ziel, das schwierige Thema der Portabilität der betrieblichen Altersversorgung voranzubringen.

---

[28]Ph. Martin, Portabilité des retraites professionnelles et mobilité salariale, in: Les retraites professionnelles en Europe, a.a.O. S. 132.

[29]Die Zusatzsysteme der sozialen Sicherheit; Der Platz der Rente in der sozialen Sicherung der Arbeitnehmer und ihr Einfluss auf die Freizügigkeit, (SEK (91) 1332 endgültig).

### 7.2.1.1 Die Portabilität der betrieblichen Altersversorgung

Die Rechtsnatur der Forderungen aus der betrieblichen Altersversorgung hat bedeutende Folgen. Es handelt sich um eine rechtliche Verpflichtung des Unternehmens, bei Erreichen eines vorbestimmten Rentenalters einen Geldbetrag als Rente oder einen als zeitversetzte Vergütung geltenden Kapitalbetrag zu zahlen, dessen Höhe von der zugesagten Deckungssumme, aber auch von der Dauer der Unternehmenszugehörigkeit des Arbeitnehmers abhängt. Die betriebliche Altersversorgung kann so an sich eine Art Bremse für die Freizügigkeit der Arbeitnehmer sein, die darauf bedacht sind, ihren Arbeitsplatz nicht zu wechseln um ihre vertraglichen Rentenansprüche nicht zu verlieren. Die Portabilität der Rentenansprüche ist somit ein wichtiges Thema für die Politik der Mobilität der Arbeitnehmer geworden.

Wenn auch zahlreiche nationale Rechtsordnungen Portabilitätsnormen festgelegt haben, um Einbußen des Sozialeinkommens aufgrund der Unbeständigkeit der Arbeitsplätze zu vermeiden, so ist das Problem auf gemeinschaftlicher Ebene nicht geregelt.[30] Die Richtlinie 98/49/EG vom 29. Juni 1998 zur Wahrung ergänzender Rentenansprüche von Arbeitnehmern und Selbständigen, die innerhalb der Europäischen Gemeinschaft zu- und abwandern, wahrt nur die erworbenen Rechte.

Der Richtlinienvorschlag des Europäischen Parlaments und des Rates vom 20. Oktober 2005 wurde trotz diverser Überarbeitungen[31] mit dem Ziel, den Inhalt akzeptabler zu formulieren, immer noch nicht angenommen.[32] Der Vorschlag betrifft die Bedingungen für Anwartschaften, die Wahrung von Pensionsansprüchen bei berufsbedingter Mobilität und die Übertragbarkeit der erworbenen Rechte.

Die Unternehmen kritisieren grundlegend, dass das von der Kommission vorgeschlagene System sie dazu zwingen würde, zusätzliche Altersrenten an Arbeiter zu zahlen, die den Arbeitsplatz wechseln. 2007 gab es im Europäischen Parlament lebhafte Debatten, aus denen mehr als 200 Änderungsanträge hervorgingen, um die Reichweite der Richtlinie einzuschränken.

Der Richtlinienvorschlag basiert auf den Artikeln 94 und 42 des EG-Vertrags (Art. 115 und 48 AEUV), die auf die Angleichung der gesetzlichen Vorschriften zielen, die einen direkten Einfluss auf die Einrichtung und die Funktionsweise des Binnenmarktes (Art. 115 AEUV) und auf die in der sozialen Sicherheit erforderlichen Maßnahmen für die Einrichtung der Freizügigkeit (Art. 48 AEUV) haben, insbesondere um die Auszahlung der Leistungen an den sich im Hoheitsgebiet des Mitgliedstaates befindlichen Personen zu ermöglichen. Im Rahmen des Artikels 115 AEUV entscheidet der Rat nach dem besonderen Gesetzgebungsverfahren durch

---

[30] Vgl. die nach folgenden Beiträge.

[31] Geänderter Vorschlag (KOM (2007) 603) endgültig; M. Le Barbier-Le Bris, Eclairage sur la proposition de directive relative à l'amélioration de portabilité des droits à pension complémentaire, JCP E 2006, Nr. 2648; S. Hennion, Portabilité des droits à pension complémentaire, JCP E 2007, Nr. 2530.

[32] Quantitative Overview on Supplementary Pension Provision, Comm., November 2007; B. Gabellieri, Le renouveau communautaire en matière de retraite professionnelle, Les Petites Affiches, 27. Februar 2008, Nr. 42, S. 24.

einstimmigen Beschluss. Im Rahmen des Artikels 48 AEUV entscheiden das Parlament und der Rat nach dem einfachen Gesetzgebungsverfahren. Sobald aber ein Ratsmitglied vorbringt, dass ein Gesetzentwurf wichtige Aspekte seines sozialen Sicherungssystems, insbesondere dessen finanzielles Gleichgewicht, beeinträchtigen könnte, ist das einfache Gesetzgebungsverfahren ausgesetzt. Das Inkrafttreten des Vertrags von Lissabon eröffnet somit keine neuen wirkungsvollen Perspektiven zur Vereinfachung des Entscheidungsprozesses. Insofern befindet sich der Vorgang in einer Sackgasse. Im Moment bleiben die Probleme ungelöst und somit auch das Problem der Dauer des Anspruchserwerbs. Infolgedessen wartet der Vorschlag 2010 auf die erste Lesung im Rat.

Diese unvollendete Situation der Portabilität der betrieblichen Altersversorgungsansprüche stellt eine Last für die Entwicklung dieser Einrichtungen zusätzlicher sozialer Sicherung dar. Diese können kein wesentlicher Bestandteil des Arbeitskräftemanagements sein, wenn die Arbeitnehmer um die Ungewissheit und die Schwäche ihrer Rechte bei Inanspruchnahme ihrer Arbeitnehmerfreizügigkeit wissen.

Diese Bestandsaufnahme muss auch im Zusammenhang gesehen werden mit den Fragen, die sich die Sozialpartner in den Mitgliedstaaten bezüglich der Schwäche der Tarifverträge als Instrument der Schaffung von betrieblicher Alterssicherung stellen[33].

#### 7.2.1.2 Die Schwierigkeit der Geltendmachung von Tarifverträgen bei grenzüberschreitenden Tätigkeiten

Die Ausübung der Dienstleistungsfreiheit bei Entsendung von Arbeitnehmern hat Anlass zu Aufsehen erregenden Entscheidungen des Gerichtshofs gegeben.

Die Urteile Viking vom 11. Dezember 2007,[34] Laval vom 18. Dezember 2007[35] und Rüffert vom 3. April 2008 betreffen insbesondere die Wirksamkeit der Tarifvereinbarungen mit lokaler Tragweite gegenüber dem Dienstleistungserbringer.

Das Rüffert-Urteil vom 3. April 2008[36] trägt zu diesem Thema besonders gut bei. In einer das Land Niedersachsen betreffenden Streitsache hat der Gerichtshof entschieden, dass das Gesetz, das die Vergabe eines öffentlichen Auftrags von einem tarifvertraglich vorgesehenen Entgelt abhängig macht, nicht mit dem Gemeinschaftsrecht vereinbar ist, soweit die Tarifvereinbarung nicht von allgemeiner Geltung ist.

Gegenüber den Dienstleistungserbringern ist somit kein Tarifvertrag und keine lokale Tarifvereinbarung wirksam, wodurch sie einen offensichtlichen

[33]Otto Kaufmann, L'accord collectif au secours de la retraite complémentaire : l'exemple de l'Allemagne, JCP E 2006, Nr. 46, 2648 und Nr. 47, 2691.

[34]EuGH, 11. Dezember 2007, *Viking, Rs. C-438/05*, Slg. S. I-10779.

[35]EuGH, 18. Dezember 2007, *Laval, Rs. C-341/05*, Slg. S. I-11767, RDUE 2008, Nr. 1, S. 181, Anm. S. Thomas.

[36]EuGH, 3. April 2008, *Rüffert, Rs. C-346/06*, Slg. S. I-01989, RJS 2008, S. 601, Anm. J.-Ph. Lernould; Neue Zeitschrift für Arbeitsrecht 2008, S. 626, Anm. F. Bayreuter.

wirtschaftlichen Vorteil erhalten, der aus der Verzerrung der Wettbewerbsvorschriften entsteht, die vom Gerichtshof als auf die wirtschaftlichen Freiheiten gegründet angesehen werden. Die Frage, die sich nach diesen Urteilen stellt, ist die der Beständigkeit der Unternehmenskultur und der auf lokaler Ebene anwendbaren Tarifvereinbarungen.

Nun betrifft dieses Thema nicht nur die Dienstleistungsfreiheit, sondern auch in einem größeren Rahmen die Beibehaltung einer Steuerungsform, die auf dem sozialen Dialog im Unternehmen beruht, der wiederum grundlegend ist für die Einrichtung einer betrieblichen Altersversorgung.

Die wirtschaftliche Notwendigkeit, zusätzlich zu den staatlichen sozialen Sicherungssystemen Systeme betrieblicher Altersversorgung einzurichten, verbindet sich mit dem Bedarf an einer Arbeitskräftemobilität in Europa. Wird diese Verbindung nicht auf längere Sicht die herkömmlichen Vorgehensweisen auf vertraglicher Grundlage in den Staaten verändern? Werden die Sozialpartner nicht dazu gezwungen, eher berufsübergreifende Vereinbarungen zu treffen, die gegenüber allen sich im Hoheitsgebiet eines Staates befindlichen Unternehmen ihre Wirkung entfalten, als Übereinkommen mit lokal begrenzter Anwendung?

Von einer generellen Entwicklung in diese Richtung sind wir noch weit entfernt, aber ein radikales Wiedererwachen nationaler und berufsübergreifender Übereinkommen erscheint wie eine Antwort sozialer Steuerung auf die Risiken des Sozialdumpings für die Unternehmen und auf das aktuelle Aufeislegen der Portabilitätsmechanismen der betrieblichen Altersversorgung in Europa.

Fehlende Rechtssicherheit für soziale Rechte bei Betriebsrenten droht auch die wirtschaftliche Sicherheit zu gefährden.

Die aktuellen Entwicklungen des betrieblichen Altersversorgungsmechanismus kommen durch einen Trend zum Transferrisiko bezüglich der Beibehaltung des Leistungsniveaus zum Ausdruck. Der Leistungserbringer überträgt das Risiko auf den theoretischen Leistungsempfänger; dieser ist es, der mit voller Wucht die Unzulänglichkeiten der Mechanismen der sozialen Sicherung zu spüren bekommt.

### *7.2.2 Die Übertragung wirtschaftlicher Risiken auf den Arbeitnehmer*

Dieser Risikotransfer konnte für den Fall der Insolvenz des Arbeitgebers und auch bei der Funktionsweise der kapitalisierten Betriebsrenten eindeutig festgestellt werden.

#### 7.2.2.1 Der Risikotransfer bei Insolvenz des Arbeitgebers

Die Richtlinie 80/987/EWG des Rates zur Angleichung der Rechtsvorschriften der Mitgliedstaaten über den Schutz der Arbeitnehmer bei Zahlungsunfähigkeit des Arbeitgebers (geändert durch die Richtlinie 2002/74/EG vom 23. September 2002[37])

[37] ABl. L 270/10 v. 8 Oktober 2002.

galt zunächst für die aus den Arbeitsverträgen oder Arbeitsbeziehungen entstandenen Lohnforderungen bei Insolvenz der Arbeitgeber. Der Text wurde später erneut in der Richtlinie 2008/94/EG vom 22. Oktober 2008[38] kodifiziert.

Das Urteil des Europäischen Gerichtshofs vom 25. Januar 2007[39] Carol Marilyn Robins ./. Secretary of State Work and Pensions (C-287/05) zeigt das Ausmaß der bestehenden Fragen zur Zahlung der betrieblichen Altersversorgung.

Anlässlich einer Streitsache, die die Minderung der Leistungsansprüche auf Altersleistungen durch Privatrentensysteme in Folge der Zahlungsunfähigkeit ihres Arbeitnehmers betraf, haben Rentner eine Haftungsklage wegen fehlerhafter Umsetzung der Richtlinie 80/987/EWG gegen das Vereinte Königreich erhoben.

Im Rahmen eines Vorlageverfahrens hatte der Gerichtshof zu klären, ob der Staat auf der Grundlage der Artikels 8 der Richtlinie, der vorsieht, dass die Mitgliedstaaten sich vergewissern, dass die notwendigen Maßnahmen zum Schutz der Interessen der Arbeitnehmer und der Personen, aus dem Unternehmen bereits ausgeschieden sind, getroffen werden, an Stelle des zahlungsunfähigen Arbeitgebers für die gesamten geschuldeten Rentenleistungen aufzukommen hat.

Der Gerichtshof war der Ansicht, dass die Vorschrift aufgrund seiner allgemein gehaltenen Terminologie den Mitgliedstaaten einen weiten Auslegungsspielraum bei der Festlegung des Schutzniveaus der Leistungsansprüche gewährt. Er hat aber vor allen Dingen festgestellt, das Artikel 8 so ausgelegt werden muss, dass „*in dem Fall, dass der Arbeitgeber zahlungsunfähig wird und die Aktiva betrieblicher oder überbetrieblicher Zusatzversorgungseinrichtungen unzureichend sind, die Finanzierung erworbener Rechte auf Altersleistungen weder zwingend von den Mitgliedstaaten selbst gewährleistet werden muss noch vollständig zu sein hat*“.

Das Insolvenzrisiko im Falle des Versagens des vertraglichen Systems und der Unzulänglichkeit der nationalen Regelungen wird vollständig auf den Arbeitnehmer verlagert.

Die Richtlinie 2008/94 verbessert die Situation nicht im geringsten, da sie den Mitgliedstaaten zugesteht, dass die Garantieeinrichtungen „*nicht für die Beiträge der Arbeitnehmer zu den einzelstaatlichen gesetzlichen Systemen der sozialen Sicherheit oder den betrieblichen oder überbetrieblichen Zusatzversorgungseinrichtungen gelten*“ (Art. 6).[40]

Am Ende der Wirtschaftskette bleibt der Arbeitnehmer in erheblichem Maße ungeschützt und den Unzulänglichkeiten der Betriebsrentensysteme ausgesetzt. Mitunter ist der Risikotransfer nicht nur die Folge eines konjunkturellen Risikos,

---

[38] ABl. L 283/36 v. 28. Oktober 2008.

[39] EuGH, 25. Januar 2007, *Robins, Rs. C-287/05*, Slg. S. I-1053, RDU 2007, Nr. 2, S. 465, Anm. E. Dirrig.

[40] Sofern die Staaten von dieser Möglichkeit Gebrauch machen, müssen sie jedoch die nötigen Maßnahmen treffen (ohne dass diese in der Richtlinie erläutert werden), damit ein Beitragsausfall keine negativen Auswirkungen auf die Leistungsrechte der Arbeitnehmer sowie auf die erworbenen Rechte derjenigen, die das Unternehmen bereits zum Zeitpunkt der Zahlungsunfähigkeit des Arbeitgebers verlassen haben, haben kann. (Art. 8).

sondern das Ergebnis einer absichtlichen Verlagerung der strukturellen Risiken der zugunsten der „Begünstigten“ vorhandenen Systeme.

Im Zuge der Entwicklung der kapitalgedeckten Systeme der betrieblichen Altersversorgung ist dieser Zustand momentan sehr gegenwärtig.

#### 7.2.2.2 Der Risikotransfer vom Anbieter der betrieblichen Altersversorgung auf die „Begünstigten“

Der Bericht des Ausschusses für Sozialschutz[41] über die private Verwaltung der Kapitaldeckungssysteme und deren Beitrag zu angemessenen und nachhaltigen Renten von 2008 hebt den Risikotransfer vom Leistungserbringer auf den theoretischen Leistungsempfänger hervor.

Die Solvabilität der betrieblichen Altersversorgung mit hohen Verwaltungskosten wird durch eine stetige Minderung der sozialen Rechte erreicht: Verlängerte Beitragszahlungen, Ausbau von Sozialschutz mit festgesetzten Beitragszahlungen und nicht mit festgesetzten Leistungen; Unsicherheit der Nachhaltigkeit der Finanzierungen... Die Liste ist lang.

Muss man daraus schließen, dass die betriebliche Altersversorgung letztendlich auf einer riskanten Steuerung beruht, und dass sich ihre Verwaltung unweigerlich den Arbeitnehmern selbst schadet?

Das Altern der Bevölkerung in Europa[42] bleibt in diesem Jahrhundert eine unumgängliche Komponente der europäischen Sozialpolitik. Die verantwortungsvolle Steuerung der betrieblichen Altersversorgung ist eine unerlässliche Bedingung für die Erhaltung der Zahlungsfähigkeit der Renteneinrichtungen sowie dafür, den Arbeitnehmern in der Europäischen Union Rechtssicherheit zu verschaffen.

Die Suche nach Nachhaltigkeit und Angemessenheit der Altersrenten in der Europäischen Union ist noch bei weitem nicht zu Ende.[43]

---

[41] Privately managed funded pension provision and their contribution to adequate and sustainable pensions, 2008, S. 34.

[42] Promoting longer working lives through pensions reforms, Report by the Social Protection Committee, April 2007.

[43] Mitteilung der Europäischen Kommission, Arbeitsprogramm für 2010 (KOM (2010) 135 endgültig); Vorlage eines Grünbuchs (strategische Initiative Nr. 27) im 2. Halbjahr 2010: „*Gegenstand werden die Möglichkeiten sein, wie die Nachhaltigkeit und Angemessenheit der Renten in Anbetracht der alternden Bevölkerung sichergestellt werden können*“.

# Kapitel 8
# Betriebliche Altersversorgung und Staat-Privat-Arbeitsteilung in Europa. Mit einigen Anmerkungen zu den Rückwirkungen der Finanzkrise

# Occupational Pension Systems and Financing Modalities

# Retraites professionnelles d'entreprise et modalités de financement

**Diether Döring**

**Abstract** Awaiting future problems financing old age pensions, several European welfare states have enacted measures reducing pension levels within first pillar systems. In compensation there was a strive to strengthen the additional funded pension elements, especially the occupational systems. Germany, among the latecomers on this path, more or less gave up the traditional employerpaid occupational plans and installed a system of income tax and social security tax exemptions for contributors and of state subsidies to low incomers. Insufficient coverage and negative distributory effects of the measure are widely critisised. With this background it is helpful for further policy measures to analyse the strategies of other European welfare states especially concerning the selected „division of labour" between the first and second tier of the pension system. In addition to that, it is important to compare the main features of different national occupational systems. On the one hand we see – in

---

D. Döring (✉)
Prof. Dr., em., Goethe-Universität Frankfurt a. M., Europäische Akademie der Arbeit in der Universität Frankfurt a. M., Mertonstraße 30, 60325 Frankfurt a. M., Deutschland
e-mail: D.Doering@em.uni-frankfurt.de

Dieser Beitrag greift in Teilen auf die Studie „Betriebliche Altersvorsorgung/Pensionsfonds und Staats-Privat-Arbeitsteilung in ausgewählten Ländern", Arbeitspapier 187 der Hans Böckler-Stiftung, Düsseldorf 2010, zurück.

O. Kaufmann, S. Hennion (eds.), *Steuerung der betrieblichen Altersversorgung in Europa: garantierte Sicherheit? Governance of Occupational Pensions in Europe: Guaranteed Security? Gouvernance des retraites professionnelles en Europe: Sécurité garantie?*,
DOI 10.1007/978-3-642-15731-8_8, 

contrast to the German example – that mostly European old age policies center the state system strongly on bettering conditions of low incomers in retirement. On the other hand the second tier is often designed as a system with combined financing by employers and employees. Another feature of old age pension policies in several European countries ist the fact that occupational plans are made more or less mandatory to reach universal coverage. The last part of the study is looking – using OECD data – at the impact of the financial crisis on occupational pension plans in the years 2008/9. All country systems had to tolerate certain losses. But, there where massive differences, reaching from 8 to almost 40 percent of assets. The main differences where caused by the distribution of investments on asset classes. Mostly the losses where high if there was a strong exposure to equities. There where mostly low if the main allocation was centered on bonds. On the individual side retirees, members of benefit-defined plans and younger employees where less affected. The impact could be massive on members of contribution-defined plans near to retirement. But in case of benefit-defined plans quite often losses triggered additional contribution requirements for the employer. This again led to government measures trying to control these obligations with respect to stabilisation policy.

**Résumé** Dans l'expectation de charges croissantes dans les systèmes de retraites légaux de nombreux pays européens ont procédé à une restriction du niveau des retraites. Depuis un certain temps déjà, un rôle plus important est réclamé pour la protection complémentaire par capitalisation en général et pour la retraite professionnelle d'entreprise en particulier; elle est souvent encouragée. En Allemagne ce n'est que relativement tardivement que ce moyen a été choisi et les solutions retenues ont pour conséquence l'abandon de la retraite professionnelle d'entreprise classique, principalement financée par l'employeur, au profit d'avantages fiscaux et de cotisations sociales réduites ainsi de subventions accordées aux épargnants bénéficiaires de bas salaires. L'absence d'obligation pour tous les salariés et la répartition inégale de ces aides font l'objet de critiques partagées. Devant ces faits, il est important d'analyser les stratégies menées dans d'autres Etats de providence européens, qui représentent des bases économiques comparables et qui sont en même temps des concurrents, afin de décider de l'action socio-politique à mener. D'importants éléments sont le choix de la pondération entre le premier et le deuxième pilier de la protection vieillesse, d'une part, et l'organisation et la structure de la protection retraite professionnelle d'entreprise stricto sensu de l'autre. Lorsque la protection est assurée par un système étatique et la protection vieillesse d'entreprise, la comparaison au niveau européen démontre que – contrairement à la situation en Allemagne –, que le premier pilier joue souvent un rôle plus important dans le but d'apporter un secours en cas de carrières défavorables (bas salaire, carrière incomplète). En ce qui concerne la retraite professionnelle d'entreprise, on constate – contrairement à la nouvelle stratégie poursuivie en Allemagne – qu'elle est souvent organisée en commun par les salariées et les employeurs et que certains Etats de providence développés prévoient de permettre à plus ou moins de la totalité des salariés d'acquérir des droits à retraite d'entreprise. La dernière partie de la contribution contient une analyse d'informations de l'OCDE sur les effets ricochet de la crise financière sur les systèmes de retraite professionnelle d'entreprise en 2008/2009. Même si la quasi totalité des pays ont enregistré au niveau macro-économique une perte de valeurs, le montant en varie cependant et oscille entre moins 8% et moins 40%, résultat qui est fonction des stratégies de placement. Les pertes étaient plus lourdes lorsque le placement s'oriente à la participation aux résultats de l'entreprise et à des actions; elles étaient généralement faibles pour des placements en bons à intérêts fixes. L'impact individuel de la crise varie également sensiblement. Sont faiblement touchés les retraités, les bénéficiaires de régimes à prestation déterminée et, de façon générale, les jeunes. Les plus durement touchés sont de façon générale les salariés bénéficiaires de régimes à cotisations déterminées et proche de la retraite. Eux subissent directement les pertes de valeur de placement. En revanche, lorsqu'il s'agit de régimes à prestations déterminées, les entreprise sont souvent tenues d'abonder, ce que certains gouvernements européens tentent d'empêcher pour des raisons de stabilisation économique.

**Stichwortverzeichnis** Anlagenstrategie, Anlagemuster · Anlagevermögen · Beitragsdefinierte Systeme · Beveridgeplan · Deckungsraten · Finanzkrise · Kernsysteme · Leistungsdefnierte Systeme · Pension gap · Recovery periods · Regulierungsgrad · Staat - Privat - Arbeitsleistung · Zielbezogene Arbeitsteilung

## 8.1 Betriebliche Altersversorgung und Staat-Privat-Arbeitsteilung[1]

### *8.1.1 Kernsystem und betriebliche Zusatzsicherung*

Die Ausgestaltung der ersten Säule der Alterssicherung, die in fast allen entwickelten Wohlfahrtsstaaten staatlich organisiert wird, prägt wesentlich das Profil der zusätzlichen Sicherung, die zumeist von privaten Akteuren[2] organisiert wird. In der Realität wirkt dieser Prägeeffekt vor allem auf die betriebliche Säule, der häufig die Kernrolle in der zusätzlichen Absicherung von abhängig Beschäftigten zugedacht wird. Fünf solche Prägeeffekte lassen sich herausarbeiten:

1. Die *personelle Ausgestaltung* des staatlich organisierten Alterssicherungssystems, also die getroffenen Entscheidungen über die Versicherungspflicht bzw. die Gewährung wohnsitzbasierter Ansprüche bei Basissystemen, bestimmt, in welchem Maße Bevölkerungsgruppen ganz oder teilweise der privaten Vorsorge überlassen werden. Davon hängt ab, ob abhängig Beschäftigte komplett oder nur teilweise einbezogen werden oder wo eventuelle Obergrenzen für die

---

[1] Vgl. zum Folgenden u. a. Döring 2000, 2002, 2004, OECD 2008.

[2] Staatliche Organisationsformen sind jedoch auch in der Zusatzsicherung nicht ausgeschlossen (wie das britische Beispiel zeigt); auch kann es derart weitgehende staatliche Regulierungen geben, dass es schwerfällt, bestimme Institutionen noch als privat zu bezeichnen.

Absicherungspflicht angewandt werden. Für die durch das staatliche System Gesicherten reduziert sich die private/betriebliche Vorsorge auf die *zusätzliche* Sicherung. In Ländern mit konsequent universeller Ausrichtung – siehe Schweiz oder Niederlande – gilt dies im Prinzip für die gesamte Einwohnerschaft. Allerdings ist dies in aller Regel nicht relevant für Nichterwerbstätige, die kein spezifisches Lebensstandardsicherungsproblem im Alter haben.

2. Die *Struktur der Leistungen* des Kernsystems prägt bis zu einem gewissen Grade die Struktur der Zusatzsicherung. Eine reine Basissicherung setzt ein Konzept der Arbeitsteilung mit der Zusatzsicherung, wie es im britischen Beveridgeplan intendiert war. Das staatliche System übernimmt hier *allein* die Aufgabe der Mindestsicherung bezogen auf den Regelfall (z. B. in den Niederlanden). Den nichtstaatlichen Systemen, also den betrieblichen Rentensystemen sowie der Individualvorsorge wird bei dieser Art der Staat-Privat-Arbeitsteilung dagegen die *alleinige* Aufgabe der gezielten Lebensstandardsicherung zugewiesen. Man kann hier deshalb von einer *„zielbezogenen Arbeitsteilung"* des Staates mit den privaten Akteuren sprechen. Man kann sagen, dass sich die Sicherungslücke mit steigendem Entgelt massiv vergrößert. Die Entscheidung für ein rein einkommensbezogenes gesetzliches Rentensystem (z. B. in Deutschland) dagegen bedeutet, dass hier das staatliche System im Grundsatz der gleichen lebensstandardsichernden Ausrichtung folgt wie die zusätzliche Sicherung. Die Arbeitsteilung von Staatssystem und Zusatzsicherung trägt damit einen wesensmäßig *„additiven" Charakter.* Nach oben ist dieser additive Charakter in der Regel durch Leistungsbemessungsgrenzen eingeschränkt. Erst oberhalb dieser Grenze steigt der Sicherungsbedarf steil an (etwas weniger steil als im ersteren Fall). Das gilt vom Grundsatz her auch für die einkommensbezogene Komponente „gemischter" Systeme (z. B. in der Schweiz), jedenfalls für einen mittleren Einkommensbereich. Bei niedrigen Einkommen ist hier u. U. eine zusätzliche Sicherung überflüssig. Bei Kleinsteinkommen kann eine reine Basisrente das Erwerbseinkommen sogar übersteigen. Dies geschieht z. B. in der Praxis bei Einkommen unter einem Viertel des Landesdurchschnitts in den Niederlanden. Hier unterstelle ich die Erfüllung der vollen Zeitvoraussetzungen, die sich bei Basissystemen in der Regel auf den Wohnsitz im Lande bezieht.
3. Die *durchschnittliche Höhe* der Leistungen des staatlich organisierten Kernsystems bestimmt, wie groß für die in den Schutz einbezogenen Gruppen die Lücke zu einem insgesamt für ausreichend gehaltenen Niveau der Lebensstandardsicherung ist, oder ob dieses u. U. sogar allein durch die erste Säule ausgefüllt wird. Es ist allerdings ein eher theoretischer Fall, dass staatlich organisierte Systeme so komfortabel ausgestattet werden, dass sie jede Zusatzvorsorge überflüssig machen. Wobei allerdings die Auffassungen divergieren können, welcher Absicherungsgrad hier ausreicht bzw. ab welchem Niveau ein „pension gap" besteht.[3] Die Bemessung der Versorgungslücke wird allerdings auch

[3]Die OECD (2009, S. 98) definiert als „pension gap" die Differenz zwischen dem im jeweiligen Land obligatorisch gesichertem Level und dem Durchschnittsversorgungsgrad aller OECD-Länder.

durch die Werthaltungen der Bevölkerung, also durch Erwartungen geprägt. Auch bei vergleichbarer Stärke der ersten Säule wird das Niveau dessen variieren, was nach nationaler Auffassung auf jeden Fall sozialstaatlich gewährleistet werden sollte.

Das vorangehend Gesagte geht von einer reinen Durchschnittsbetrachtung aus. Sie lässt sich bei streng einkommensbezogenen Systemen, die auf allen Einkommensebenen gleiche oder ähnliche Rentenniveaus unterhalten, im Prinzip auch generalisieren. Verfehlt wäre dies jedoch bei reinen Basissystemen, die wegen ihres einkommensunabhängigen Konstruktionsprinzips Beziehern niedriger Einkommen höhere und Beziehern hoher Einkommen niedrigere Absicherungsgrade liefern.

4. Die Leistungsniveaus der ersten Säule beeinflussen in der Praxis tendenziell auch den *Grad der Regulierung* der Zusatzsicherung – so etwa hinsichtlich der politischen Entscheidung darüber, ob die Zusatzsicherung gänzlich freiwillig erfolgt oder mehr oder weniger obligatorisch ausgestaltet wird bzw. welcher Grad von Verpflichtung für Arbeitgeber bzw. Beschäftigte gewählt wird. Zusätzlich spielen die nationalen Vorstellungen darüber eine Rolle, welches Absicherungsniveau möglichst verbindlich gewährleistet werden sollte. Obligatorisch kann heißen, dass der Staat durch gesetzliche Vorschriften den Pflichtcharakter auch der Zusatzsicherung etabliert, oder dass niedrige Leistungen der ersten Komponente die Tarifparteien faktisch zwingen, energisch tarifliche Zusatzleistungen auszubauen, die in manchen europäischen Ländern Allgemeinverbindlichkeit haben oder jedenfalls vom Staat nach bestimmten Regeln für allgemeinverbindlich erklärt werden können. Faktisch gibt es im Rahmen verpflichtender Lösungen in der Zusatzsicherung eine Palette von Möglichkeiten. Als höchsten Grad von Regulierung kann man die Organisation einer umfassenden Pflichtzusatzsicherung durch den Staat selbst betrachten. Solche Pflichtzusatzversicherungen können wiederum auf bestimmte Einkommenskategorien beschränkt sein. Weitgehende Freiwilligkeit der Zusatzsicherung ist eher dort gegeben, wo die erste Säule den Löwenanteil der Lebensstandardsicherung im Alter gewährleistet oder jedenfalls von der Idee her gewährleisten soll. Die Abhängigkeit von Politikentscheidungen für Pflicht oder Freiwilligkeit in der Zusatzsicherung von der Stärke der ersten Säule – schematisch in Übersicht 1 dargestellt – ist aber nicht absolut zu nehmen, sondern eher als Tendenz zu verstehen, zumal sie, wie erwähnt, auch von den nationalen „Anspruchsniveaus" in Bezug auf die Absicherung beeinflusst wird. So kann es zu obligatorischen Lösungen in der Zusatzsicherung kommen, obwohl es eine relativ starke lebensstandardsichernde erste Säule gibt. Möglicherweise kann auch ein eher patriarchales Sozialstaatsverständnis, in Verbindung mit einem gewissen Misstrauen in die privaten Sicherung oder das Verhalten privater Akteure, die Regulierungsneigungen in Bezug auf die Zusatzsicherung beeinflussen.

Als obligatorischer Bereich einer Alterssicherung kann hier also das staatliche Kernsystem allein – so tendenziell bei leistungsstärkeren Systemen – bzw. die Kombination leistungsschwächerer Kernsysteme mit ganz oder weitgehend verpflichtenden Zusatzsystem definiert werden (vgl. Übersicht/Tabelle 8.2).

**Übersicht/Tabelle 8.1** Schematische Darstellung der Wirkungen des Kernsystemprofils auf den Verpflichtungsgrad der Zusatzsicherung

| Ausrichtung des Kernsystems | Niveau der Lebensstandardsicherung durch das Kernsystem | Verpflichtungsgrad der Zusatzsicherung (Tendenz) |
|---|---|---|
| Lebensstandardsicherung (einkommensbezogene Sicherung) | niedrig | obligatorisch |
| | hoch | freiwillig |
| „gemischte" Orientierung (Kombination aus Lebensstandardorientierung und bedarfsunabhängiger Mindestsicherung) | niedrig[a] | obligatorisch |
| | hoch[a] | freiwillig |
| Basisorientierung (garantiertes Minimum im Alter) | – | obligatorisch |
| | – | obligatorisch |

Quelle: eigene Darstellung.
[a]gilt für Lebensstandardkomponente.

**Übersicht/Tabelle 8.2** Kombination von Kern- und Zusatzsicherung in ausgewählten europäischen Ländern

| Land | Kernsystem | | Zusatzsicherung | | |
|---|---|---|---|---|---|
| | Profil | personell | Verpflichtungsgrad | personell | Organisation |
| D | ERV | A | F | A | P |
| GB | BRV[a] | E | OW[b] | A | S oder P |
| F | GRV | A (E) | O | A (E)[c] | P |
| NL | BRV | U | (O) | A (E)[d] | P |
| CH | GRV | U | O | A[e] | P |

Quelle: eigene Darstellung.
BRV = Basisrentenversicherung, ERV = einkommensbezogene Rentenversicherung, GRV = „gemischte" Rentenversicherung mit Lebensstandard- und Mindestsicherungskomponente.
A = vorrangig Arbeitnehmer, E = Erwerbstätige, U = universell, F = freiwillig, O = obligatorisch, (O) = quasi-obligatorisch (Tarifverträge mit Allgemeinverbindlichkeit), W = Wahlmöglichkeit für die Form der Zusatzsicherung, P = privat, S = staatlich.
[a]Als erste Komponente wird hier nur die „Basic State Pension" einbezogen.
[b]Das Obligatorium bezieht sich auf die Zusatzsicherung, die ebenso im staatlichen System S2P (früher SERPS) wie auch durch betriebliche oder private Lösungen erfüllt werden kann.
[c]Teil der Selbständigen in obligatorischen Zusatzsicherungen.
[d]Für viele Selbständige obligatorische Vorkehrungen.
[e]Den Selbständigen wird freiwilliger Zugang zu den für Beschäftigte obligatorischen Zusatzsicherungen zugesichert.

Die Konstellation einer obligatorischen oder quasi-obligatorischen Zusatzkomponente oberhalb eines leistungsstarken Rentensystems findet sich in Europa im Übrigen häufiger im öffentlichen Sektor als in der privaten Wirtschaft. Man kann sie als Ergebnis einer besonders langen Tradition der Sicherungsentwicklung im öffentlichen Sektor betrachten. Von Einfluss dürfte auch das Fehlen eines Wettbewerbsdrucks und der davon ausgehenden Kostenrestriktionen sein. Eine Rolle können auch Gleichstellungsbestrebungen zwischen unterschiedlichen Gruppen von Beschäftigten des öffentlichen Dienstes spielen (z. B. Nichtbeamte versus Beamte, soweit im jeweiligen Lande ein solcher Status besteht). Der Einsatz obligatorischer Lösungen erlaubt nicht nur bei eher knapper staatlicher Komponente eine weitgehende Erfassung von Beschäftigten durch eine Zusatzsicherung, sondern ermöglicht auch die stärkere Installierung sozialpolitischer Gesichtspunkte. Naturgemäß ist auch diese Neigung bei knappen ersten Komponenten stärker ausgeprägter als bei sehr ausgebauten Staatssystemen.

5. Die Grundentscheidungen für die erste Säule beeinflussen naturgemäß auch die *Finanzierungsseite* der Alterssicherung als Gesamtsystem. Da die ersten Komponenten der Alterssicherung in Europa in aller Regel umlagefinanziert und die Zusatzsicherungen zumeist – von wenigen Ausnahmen abgesehen – kapitalgedeckt sind, bedeutet die Entscheidung über die Stärke der ersten Säule in der Regel auch die Vorentscheidung über das relative Gewicht von Umlage und Kapitaldeckung in der Gesamtalterssicherung. Dies gilt jedoch nicht zwingend für den Fall obligatorischer Zusatzsicherungen, die im Prinzip auch ganz oder teilweise umlagefinanziert sein können (Beispiele finden sich im französischen Zusatzsystem sowie – nicht ganz reinblütig – in der Zusatzversorgung des öffentlichen Dienstes in Deutschland). Zumeist ist mit der Abstimmung von erster Säule und Zusatzsicherung jedoch zugleich ein bestimmtes Mischungsverhältnis von Umlage und Kapitaldeckung intendiert. Diese Mischungsverhältnisse können extrem variieren, von einer dominierenden Umlagekomponente einerseits bis hin zu einer dominierenden Kapitalkomponente andererseits. Eine dominierende Kapitalkomponente wirft angesichts des erforderlichen Deckungskapitals immer ein demokratisches Kontrollproblem auf.

Blickt man auf die Seite des Versicherten bzw. seines Arbeitgebers, so zeigen sich ebenfalls Rückwirkungen der Komponentenentscheidung: Hohe Pflichtaufwendungen für die erste Säule beschränken die objektive Möglichkeit und vermutlich auch die Neigung, Beiträge für zusätzliche Sicherungen aufzuwenden. Dies kann, je nachdem wie die Beitragspflichten verteilt sind, für Arbeitgeber wie für Beschäftigte bzw. Erwerbstätige gelten.

## *8.1.2 Betriebliche Altersversorgung in Europa – Gemeinsamkeiten und Differenzen*

### 8.1.2.1 Zum Kernsystem als „Unterbau“ der BAV:

Im ersten Abschnitt ist die Variationsbreite der Arbeitsteilung zwischen Kernsystem und Zusatzsicherung sowie die Prägeeffekte der ersten Säule auf die Zusatzsysteme herausgearbeitet worden. Allgemein lässt sich sagen, dass entwickelte Sozialstaaten in Europa sind bestrebt sind, ihrer Alterssicherungsstrategie ein explizites *Konzept der Arbeitsteilung* der verschiedenen Segmente zugrunde zu legen.[4] Schlüsselfrage ist die Rollenverteilung zwischen Staatssystem und nichtstaatlichen Sicherungen. Für die Arbeitsteilung ist zumeist eine Zuordnung der armutsvermeidenden Funktion[5] zum Staatssystem charakteristisch (manchmal unter Einschluss eines lebensstandardsichernden Elements) sowie eine reine Lebensstandardfunktion der BAV. Wegen der in Europa verbreiteten Begünstigung niedriger Entgelte in den Staatssystemen kommt es verschiedentlich zur Anwendung einer Mindestentgeltgrenze in der BAV. Bezüglich der Einbeziehung von Personengruppen in die Staatssysteme gibt es einen langfristigen europäischen Trend zur Einbeziehung aller Erwerbstätigen oder zu universellen Konzepten. Entsprechend breit sind dann die Beitragspflichten in der ersten Säule verteilt. Zum Teil kommen Staatszuschüsse hinzu. Vor diesem Hintergrund lassen sich folgende Anmerkungen zur Gestalt der betrieblichen Altersversorgung in den entwickelten europäischen Wohlfahrtsstaaten machen:

- Es gibt ein deutliches Bestreben in den europäischen Ländern, die BAV (oder mindestens eine Form von Zusatzsicherung) einer möglichst großen Zahl von *Beschäftigten* zukommen zu lassen. Falsch wäre es zu sagen, sie sei mehr oder weniger überall verpflichtend (vgl. OECD 2008). Richtig ist jedoch, dass es einen schrittweisen Ausbreitungsprozess der BAV in den entwickelten europäischen Sozialstaaten gibt (Niederlande 1964, Frankreich 1970, Großbritannien 1978, Schweiz 1985, zudem Finnland, Norwegen). Ein anderer Kurs ist in Osteuropa zu verzeichnen, was hier nicht weiter betrachtet wird. Hier gibt es eher einen Trend zu Individualvorsorgepflichten, da diese Länder in aller Regel nicht auf eine längere betriebliche Altersversorgungstradition zurückgreifen können.
- BAV sind in entwickelten Sozialstaaten typischerweise von Arbeitgebern und Beschäftigten *gemeinsam finanzierte* Einrichtungen. Dabei gibt es z. T. bei Obligatorien gesetzlich vorgeschriebene Beitragsanteile, so in der Schweiz und den Niederlanden. Diese legen aber oft nur Mindeststandards fest und können durch Vereinbarungen zugunsten der Beschäftigten aufgestockt werden. Arbeitgeber werden angesichts ihrer Inanspruchnahme für die Betriebsrentenfinanzierung dafür typischerweise auf der Ebene der ersten Säule weniger belastet!
- Eine weitgehende Gemeinsamkeit in entwickelten Sozialstaaten ist, dass die *Deckung der Anwartschaften* vom Unternehmens- oder Branchenschicksal konsequent getrennt wird. Dies geschieht im Regelfall mittels einer mindestens weitgehenden Ausfinanzierung der Anwartschaften.
- Bezüglich der abgedeckten *Risiken* (Alter, Invalidität, Hinterbliebenenfall) gibt es kein einheitliches Bild. Im Allgemeinen werden neben dem Altersfall auch Invalidität und Hinterbliebenenfall eingeschlossen.

---

[4]Vgl. hierzu u. a. die Länderberichte in: Diether Döring 2010, 2. Teil.

[5]I. d. R. mit nicht bedarfsorientierter Funktion, also Basis- bzw. Mindestrente.

- Als wichtiger Faktor für die Erhöhung der Leistungsstärke eines Zusatzsystems werden zumeist die *Verwaltungs- und Steuerungskosten* einer bestimmten Lösung gesehen. Je größer und standardisierter ein System gestaltet wird, desto niedriger fallen sie aus. Hier liegt der Grund dafür, dass einerseits betriebliche Zusatzsicherungen gegenüber der Individualvorsorge bevorzugt werden, andererseits in der BAV selbst versucht wird, mindestens für Klein- und Mittelbetriebe auf größere unternehmensübergreifende Lösungen zu setzen, um die Kosten niedrig zu halten.
- Bezüglich der *Leistungsstärke* der BAV kann man keinen europäischen Standard bzw. keine Leitvorstellung nennen. Tatsache ist, dass die obligatorischen oder quasi-obligatorischen Systeme eine Leistungsstärke erreicht haben, die weit über der deutschen BAV liegt. Die Bandbreite liegt hier bei mehreren entwickelten europäischen Wohlfahrtsstaaten bei etwa 20–33⅓% der Renteneinkünfte früherer Beschäftigter. Dies lässt sich jedoch nicht generalisieren, da die obligatorischen Systeme zumeist wesentlich oder in Einzelfällen allein die Lebensstandardfunktion im jeweiligen Alterssicherungssystem haben. Das Schweizer Berufliche Vorsorge-System dürfte sogar langfristig die obere genannte Schwelle durchbrechen und nach 2025 auf jeden Fall einen weit höheren Leistungsanteil als das Kernsystem AHV erbringen.
- Die wachsende Leistungsstärke insbesondere der verpflichtenden Systeme hat auch gesamtwirtschaftliche Folgen, die je nach gesellschaftspolitischer Position als Vor- oder Nachteil bzw. Problem gesehen werden können. Die Systeme führen, insbesondere bei obligatorischer Lösung, zu einer gewaltigen *Ansammlung von Vermögenswerten*, die hohe Anteile am BIP erreichen oder dieses deutlich überschreiten können. Das kann je nach gesellschaftspolitischer Position ebenso als „Rentenversicherungssozialismus" wie als Teilelement der wirtschaftlichen „Heuschreckenplage" betrachtet werden. Hier ist es unvermeidbar, dass Tarifakteure bzw. betriebliche Akteure sich ihre Einflussmöglichkeiten auf die Anlagenstrategie sichern, mindestens auf die Anlagekriterien Einfluss nehmen. Angesichts des Zusammenwachsens der Volkswirtschaften und der zumeist internationalen Ausrichtung der Vermögensanlage der betrieblichen Systeme wäre es sinnvoll, wenn auf lange Sicht eine gewisse Verständigung in Europa auf wirtschaftliche, ökologische wie auch allgemein ethische Kriterien für die Vermögensanlage erreichbar wäre.

## 8.2 Betriebliche Altersversorgung und Finanzkrise

Betriebliche Altersversorgungssysteme sind in der Regel kapitalgedeckt. Das bedeutet, dass sie Akteure am Finanzmarkt sind. Umgekehrt hängen ihre Leistungskraft und ihre finanzielle Stabilität in hohem Maße vom Geschick ihrer Anlageentscheidungen und von den Bewegungen auf den Finanzmärkten ab. Erfahrungsgemäß schaffen längere Phasen günstiger Weiterentwicklung bei den Anlagevermögen – so in den 1990er Jahren – auch ein positives Klima für die betriebliche Altersversorgung wie allgemein für die kapitalgedeckte Altersvorsorge. Umgekehrt verstärkt sich nach harten Rückschlägen die Skepsis – bei Unternehmen, Beschäftigten wie in der Gesellschaft. Im Folgenden wird der Blick auf die OECD-Länder ausgeweitet. Dies nicht zuletzt angesichts des globalen Charakters der gegenwärtigen Finanzkrise.

### 8.2.1 Finanzkrise und die Anlagevermögen betrieblicher Altersversorgungssysteme im Jahre 2008

Der erste Blick auf die Ergebnisse der Vermögensanlage von betrieblichen Pensionsfonds verschiedener Länder im Jahre 2008 auf Basis von OECD-Daten (OECD 2009, Grafik/Tabelle 1.3) zeigt eine extreme Variationsbreite. Sie reicht von negativen Extremwerten von etwa minus 38% für Irland und 26% für die Vereinigten Staaten bis hinunter zu Ländern wie Deutschland und Schweiz, deren Anlageverluste in der Nähe von nur 10% liegen. Mittlere Minuspositionen nehmen die betrieblichen Systeme u. a. des Vereinigten Königreiches, Schwedens und der Niederlande, aber auch Österreichs ein. Der gewichtete Durchschnitt der OECD-Länder liegt bei minus 23%, der ungewichtete bei 17,4%. Der erstgenannte Wert wird stark vom Gewicht der Vereinigten Staaten beeinflusst, die rund die Hälfte der privaten Pensionsvermögen in den OECD-Ländern stellen (OECD 2009, S. 32).

Der Blick auf die hinter den divergierenden Entwicklungen stehenden Faktoren lässt erkennen, dass hier die Anlagemuster, insbesondere die vorherrschend gewählten Anlagesparten bestimmend sind. Die Anlagen verteilen sich in unterschiedlichem Muster auf dem Equity-Bereich (Aktien, Unternehmensbeteiligungen), Staatsanleihen, Unternehmensanleihen, Immobiliensektor, Geldanlagen. Während die Aktienmärkte im Jahre 2008 einen massiven Einbruch bis fast zur Hälfte erlebten, stieg im Gegensatz dazu – infolge der Flucht in sichere „Häfen" – der Weltstaatsanleihenindex mit etwa 7% an. Im Immobiliensektor fiel die Entwicklung von Land zu Land sehr unterschiedlich aus. Manchmal schwächelten Immobilien nur leicht, manchmal brachen sie wertmäßig stark ein.

Die Analysen der OECD (2009, S. 33/34) zeigen, dass das Ausmaß der Einbrüche in erster Linie eng mit dem Ausmaß des Engagements im Equity-Bereich zusammenhängt, während die relativ stabilen Ergebnisse einiger nationaler Systeme weitgehend auf starke Anlagekomponenten in Anleihen, insbesondere Staatsanleihen, zurückzuführen sind. Hinter diesen Makrodaten zu den Anlageergebnissen stehen naturgemäß eine Vielzahl von einzelnen Versorgungseinrichtungen im jeweiligen Land, bei denen die Anlagemuster in Bezug auf die Sparten, aber auch die Anlagen innerhalb der Sparten stark variieren können. D. h., es kann große Divergenzen zwischen den Makrodaten und den Entwicklungen bei einzelnen betrieblichen Systemen geben. Dabei wird die Größe der möglichen Abweichungen von der jeweiligen nationalen Regulierung mitbestimmt. Allgemein lässt sich sagen, dass solche Pensionseinrichtungen, die in überwiegendem Maße als Staatsfinanzierer aufgetreten sind, im Jahre 2008 sogar Wertzuwächse erzielt haben.

Als Folge der im Gesamtbild dominierenden Einbrüche ist die Deckungsrate („funding ratio"), das Verhältnis der Deckungsmittel zu den Pensionspflichtungen, vielfach erkennbar zurückgegangen.

**Übersicht/Tabelle 8.3** Beispiele für sinkende Deckungsraten

| | |
|---|---|
| NL | 144% → 90–92% (Anfang 2008 zu Anfang 2009) |
| GB | 118% → 76% (Juni 2007 zu Februar 2009) |
| CH | 116% → 102% (Ende 2007 zu Ende 2008) |

Quelle: OECD (2009, S. 34).

Je nach Typus der dahinterstehenden Pensionsverpflichtungen kann dies verschiedene Folgen haben. Bei beitragsdefinierten Systemen (ohne Garantieelement) führen die angesprochenen Verluste zu direkten Verlusten auf dem persönlichen Rentenkonto, treffen also die Absicherung des Beschäftigten bzw. Sparers in der Regel direkt. Sie berühren dagegen in aller Regel nicht die Verpflichtungen des Unternehmens bzw. der Branche. Solche Verpflichtungen der Unternehmen ergeben sich jedoch u. U. bei leistungsdefinierten Systemen, bei denen eine Unterdeckung der Verpflichtungen eintreten kann. Diese Unterdeckung kann – je nach rechtlicher Regulierung – sofortige Nachschüsse des Unternehmens oder der Branche erzwingen.[6] Da die Finanzkrise aber in aller Regel auch zu realwirtschaftlichen Schwierigkeiten führt, wird dies gerade dann als nicht opportun empfunden. Infolgedessen greifen die jeweiligen Akteure (Staat, Tarifparteien, Unternehmensakteure) gern zu anderen Mitteln. So der Einräumung längerer „Erholungsphasen" beim Anlagevermögen oder der Anpassung „technischer" Zusätze. Dennoch ist zu konstatieren, dass leistungsdefinierte Systeme vom Grundsatz her einen wichtigen Schutz für die Betriebsrentenansprüche von Beschäftigten bei Einbrüchen auf den Finanzmärkten bieten.

Zum Verständnis der Rückwirkungen der Finanzkrise muss noch auf Verschiebungen in der Ausrichtung der Anlage von Pensionsvermögen in den letzten Jahren hingewiesen werden. Übergreifend kann für die OECD-Länder ein Trend zu Einräumung größerer Handlungsfreiheit bei der Anlageorientierung für betriebliche Pensionseinrichtungen festgestellt werden. Dies betrifft zwei Seiten: zum einen wird bei beitragsdefinierten Systemen häufiger eine Entscheidung oder Mitentscheidung der betroffenen Beschäftigten über die Ausrichtung der Vermögensanlage zugelassen. Das hat auch Sinn, da bei diesem Typus in aller Regel die Folgen einer bestimmten Entscheidung direkt auf die Betroffenen zurückschlagen. Dies gilt schon gar bei ganz oder großenteils eigenfinanzierten Lösungen.

Zum anderen sind aber auch die zumeist traditionell restriktiv gesetzten Anlagerichtlinien bzw. -grenzen für bestimmte Sparten in vielen Ländern gelockert worden. Nach Analyse der OECD (2009, S. 41 f) gibt es nur noch in zwölf ihr angehörenden Ländern Obergrenzen für den Equity-Bereich (Unternehmensbeteiligungen/Aktien). Zudem sind diese Obergrenzen großzügiger gesetzt worden. Im Schnitt auf 52% der der Gesamtanlage.

---

[6] Darüber hinaus ergeben sich bei Unternehmenszusammenbrüchen oft höhere Unternehmensbeiträge zu den Pensionssicherungsinstitutionen. So muss der Pensionssicherungsverein in Deutschland die Beiträge für 2009 drastisch erhöhen 19. Allerdings werden auch hier die Erhöhungen auf fünf Jahre gestreckt (vgl. Frankfurter Allgemeine v. 7.11.09, S. 11).

Die größeren Entscheidungsmöglichkeiten für Betroffene bei beitragsdefinierten Systemen sind nicht zu kritisieren. Ihre sinnvolle Nutzung setzt allerdings eine ausreichende Aufklärung voraus. Jedoch muss festgestellt werden, dass die Erweiterung der Handlungsfreiheit für das Anlagemanagement und deren vermehrtes Engagement im Equitybereich durchaus kräftig zu der Stärke des Einschlags der Finanzkrise auf die Pensionsfondsvermögen in einigen Ländern beigetragen hat.

Was Mitentscheidungsmöglichkeiten von Beschäftigten bzw. Sparinhabern der beitragsdefinierten Systemen angeht, so zeigt sich auch, dass in vielen Ländern der Aspekt einer ausreichenden Aufklärung und Bildung über sinnvolle Vorgehensweisen, was ein Minimum von Finanzmarktkenntnis voraussetzt, vernachlässigt worden ist.

### 8.2.2 *Zur individuellen Betroffenheit von Rückwirkungen der Finanzkrise auf die betriebliche Altersversorgung*

Die individuelle Betroffenheit von Beschäftigten bezüglich ihrer Altersabsicherung wird naturgemäß wesentlich von der Ausgestaltung des jeweiligen Systems bestimmt. In reinen beitragdefinierten Systemen wird der Wert der Ansprüche vom Anlageerfolg bzw. -misserfolg definiert. Beides wird dann quasi an den Anspruchsberechtigten „weitergereicht"[7] Wenn – soweit möglich und zulässig – der Anspruchsberechtigte das angesparte Geld vor der Krise hat verrenten lassen, so ist diese Rente gesichert.

In leistungsdefinierten Systemen jedoch ist im Grundsatz die Rentenleistung vorgegeben. Ein Rückschlag bei den Deckungsmitteln wird bei einer arbeitgeberfinanzierten BAV eher zu einem Problem für das jeweilige Unternehmen oder für die Branche, das die eventuelle Deckungslücke auffüllen muss. Je nach Lage des Unternehmens, rechtlichen Voraussetzungen, aber auch politischen Arrangements kommt es dennoch in manchen Ländern zu Eingriffen bei den künftigen Ansprüchen, manchmal sogar bei den laufenden Renten.

Ein weiterer wichtiger Faktor für die Betroffenheit ist das Alter der Beschäftigten bzw. Anspruchsberechtigten. Für Jüngere ist die Problematik naturgemäß geringer als für Ältere, da sie eher Rückschläge beim Anlagevermögen „aussitzen" können. Umgekehrt sind Ältere umso stärker betroffen, je näher sie dem geplanten Ruhestand stehen. Dies gilt naturgemäß insbesondere bei beitragsdefinierten Systemen, wo ein verringerter Wert des Rentenkontos beim Ausscheiden dauerhaft die Rentenhöhe bestimmt. Auch ein Rentenaufschub, um eine „Erholung" der Anlagewerte abzuwarten, ist in der Regel keine Lösung, jedenfalls nicht bei längerwährenden Krisen. Erschwerend kommt hinzu, dass harte Finanzkrisen Rückwirkungen auf die Realwirtschaft und damit auf die Beschäftigungschancen haben. Vor dem Ruhestand stehende Beschäftigte in leistungsdefinierten Systemen sind in aller Regel

[7] Hier kann es Schutzregeln geben; so nach der Riesterreform in Deutschland die Garantie der eingezahlten Beiträge.

dagegen geschützt, jedenfalls zunächst. Geschützt sind auch rechtzeitig verrentete individuelle Pensionsvermögen.

Ruheständler in leistungsdefinierten Systemen sind weniger betroffen. Vorkommen können hier (je nach Rechtslage) Eingriffe in die künftige Entwicklung, konkret in die Rentenanpassung. Bei Ruheständlern mit beitragsdefinierten Systemen kann es Einbrüche geben, falls nicht – à la Riester – automatisch verrentet worden ist. Rentenähnliche Auszahlpläne aus Rentenkonten (oder Investmentfonds) erleben dagegen in aller Regel direkte Einbrüche.

Neben der Frage, wie sich die Interessen bzw. die Betroffenheit unterschiedlicher Altersgruppen innerhalb eines Systemtyps darstellt, sind noch bestimmte längerwährende Trends anzusprechen. Seit den 1980er Jahren sind in vielen europäischen Ländern deutliche Verschiebungen von leistungsbezogenen zu beitragsdefinierten Systemen in Gang gesetzt worden. Dahinter stehen im Allgemeinen Bestrebungen, die betrieblichen Systeme für Unternehmen berechenbarer zu gestalten. Ähnlich den parallel laufenden Tendenzen zur arbeitskostenfreundlichen Umfinanzierung der sozialen Sicherungen waren diese Bestandteil nationaler Strategien, Beschäftigungsspielräume zu vergrößern und die nationale Wettbewerbsfähigkeit zu steigern. Als Tendenz lässt sich festhalten, dass jüngere Beschäftigte in Europa häufiger beitragsdefinierten Systemen angehören als ältere, die zumeist noch über leistungsorientierte Ansprüche verfügen. Dies ist allerdings ausdrücklich als Tendenz zu werten, bei der es viele nationale Spielarten gibt. So haben die Schweiz und die Niederlande weiter eine deutliche Leistungsorientierung in ihren betrieblichen Systemen, Großbritannien und Dänemark schon eine dominante Beitragsorientierung. Dennoch kann man auch davon ausgehen, dass ältere Beschäftigte auch in Großbritannien überwiegend noch über leistungsbezogene Ansprüche verfügen. Die Lage ist zu komplex, um sie in diesem Beitrag detailliert darstellen können.

### *8.2.3 Einige Reaktionen der staatlichen Politik*

Die drastischen Rückschläge bei mindestens einer größeren Zahl betrieblicher Zusatzsysteme hat vielerorts die Politik auf den Plan gerufen. Einerseits, um Schwierigkeiten der Systeme abzufedern und um u. U. eintretende Einbußen bei Betroffenen auszugleichen, andererseits auch, um über Staatssysteme wie Zusatzsysteme im Interesse der Stützung der realwirtschaftlichen Entwicklung für Nachfrageimpulse zu sorgen. Einige ausgewählte Beispiele auf dem Jahre 2009 (OECD 2009, S. 36 f.).

- Kompensatorische Verbesserungen bei den Staatssystemen zum Ausgleich für Einbußen bei den Zusatzansprüchen gab es u.a. in Großbritannien und Frankreich, aber auch in Belgien, Spanien und den Vereinigten Staaten. Zumeist richtete sich dies auf die Mindestrentenleistungen innerhalb der ersten Säule.
- Kapitaldeckungsanlagen von Pensionseinrichtungen wurden – beispielsweise in Dänemark und den Vereinigten Staaten – für den leichteren Zugang seitens der Anspruchsberechtigten zum Zwecke der Konsumstützung geöffnet. Teilweise

geschah dies speziell für Hypothekenzahlungen, um Zwangsversteigerungen von Immobilien zu vermeiden.

- U. a. in Norwegen und Irland wurden Pensionsrücklagen auch zur Bankenrettung eingesetzt. In Irland geschah dies, obwohl die betrieblichen Pensionsvermögen dort zuvor mehr zusammengeschmolzen waren als irgendwo sonst in den OECD-Ländern.
- Verlängerungen von „recovery periods" der Vermögensanlage bei leistungsdefinierten Systemen wurde u. a. in den Niederlanden und in Irland vorgesehen, um nicht allzu schnell Nachschüsse von Unternehmen einfordern zu müssen. Dies wurde zu Recht als krisenverschärfend eingeschätzt. Leistungseinschränkungen und Altersgrenzenaufschübe sind zusätzlich in mehreren Ländern auf der Agenda. Auch die Änderung von Bewertungsregeln und die Anpassung „technischer" Zinssätze kommen in den europäischen Ländern wiederholt vor, etwa in den Niederlanden, Dänemark und Finnland.

### 8.2.4 Einige Lehren aus der Finanzkrise

- Die wiederkehrende Möglichkeit von Finanzkrisen spricht dafür, dass der Kern des Alterssicherungssystems weiterhin in einem breit aufgestellten umlagefinanzierten Rentensystem bestehen sollte. Dieses wird von Verlusten am Finanzmarkt nicht direkt tangiert, erlebt allerdings auch eine Schwächung, wenn die Realwirtschaft härter getroffen wird.
- Die Möglichkeit von Finanzkrisen spricht dafür, die ergänzende kapitalgedeckte betriebliche Absicherung strikt zu diversifizieren, und zwar mit einem starken Segment weniger schwankungsanfälliger Anlagen unterschiedlicher Art. Insofern werden Pensionsfonds in hohem Maße stets Staatsfinanzierer auf der nationalen und internationalen Bühne sein müssen.
- Für die Gesamtalterssicherungsstrategie des Sozialstaats bleibt die übergreifende Diversifizierung eine Schlüsselfrage. Das betrifft einerseits das Verhältnis Umlagesystem versus Kapitaldeckung. Es betrifft andererseits die Kapitaldeckungselemente selbst.
- Da wo Beschäftigte selbst über die Anlagestrategie (mit) entscheiden, muss es zuvor ein hohes Maß an Aufklärung geben, idealerweise nicht durch die Anbieter sondern durch unabhängige Instanzen. Die persönliche Entscheidungsmöglichkeit gibt es in der Praxis vor allem bei beitragsdefinierten Systemen. Die öffentliche Aufklärung für Beschäftigte in Sachen Anlageentscheidung sollte vor allem die Bedeutung des Lebenszyklusaspekts bei der Anlageentscheidung und den Kostenaspekt verschiedener Lösungen einschließen.
- Zugleich ist das Verständnis wichtig, dass Alterssicherung stets ein Langzeitprozess ist. Er läuft typischerweise über rund sieben Jahrzehnte, wenn man die aktive Zeit und den Ruhestand zusammensieht. Denkt man einen solchen Zeitraum in die Zukunft hinein, wird klar, dass hier höchst verschiedene Risiken für ein Alterssicherungssystem auftreten können. Neben dem aktuellen Krisengeschehen

können dies Risiken für die Geldwertstabilität (Inflation) wie auch demographische Einflüsse auf Staatssysteme wie kapitalgedeckte Pensionsfonds sein. Nicht zu ignorieren sind auch politische Risiken, die beide Deckungssysteme betreffen können: so die u. U. fehlende Bereitschaft der staatlichen Politik, notwendige Beitragserhöhungen oder steuerliche Zuschüsse zum Rentensystem zu tragen oder politische Begehrlichkeiten, bei knapperen Staatseinnahmen die z. T. beachtlichen Deckungsmittel von Pensionsfonds für aktuelle Zwecke zu nutzen. Ein Warnsignal setzt der irische Fall, Pensionsmittel in größerem Stil für die Bankenrettung zu verwenden. Absoluten Schutz gibt es vor der Vielfalt der möglichen Risiken sicher nicht. In der Summe spricht dies für ein bewusstes „Spiel mit verteilten Rollen" auch in der Alterssicherung.

## Literatur

Becker, S. (2003): Schweiz, in: VDR (Hg.): Rentenversicherung im internationalen Vergleich, Frankfurt a. M.
Bieber, U. (2003): Niederlande, in: VDR (Hg.): Rentenversicherung im internationalen Vergleich, Frankfurt a. M.
Bollier, G. E. (2007): Leitfaden Schweizerische Sozialversicherung, Wädenswil
Breyer, F. (1990): Ökonomische Theorie der Alterssicherung, München
Brombacher Steiner, B. V. (2006): Die Sozialversicherung in der Schweiz, Zürich
Bucerius, A. (2003): Alterssicherung in der Europäischen Union, Düsseldorf
Bundesamt für Statistik (2007, 2008, 2009, 2010): Statistisches Jahrbuch der Schweiz, Zürich
Döring, D. (1999)(Hg.): Sozialstaat in der Globalisierung, Frankfurt a. M.
Döring, D. (2002): Die Zukunft der Alterssicherung. Europäische Strategien und der deutsche Weg, Frankfurt a. M.
Döring, D. (2004): Sozialstaat, Frankfurt a. M.
Döring, D. (2008): Wege zur armutsfesten Alterssicherung, in: DRV 4/2008
Döring, D. (2009): ist die Rente krisensicher? In: Mitbestimmung 3/2009
Döring, D. u. a. (2009) Kurzfristige Auswirkungen der Finanzmarktkrise auf die sozialen Sicherungssysteme und mittelfristiger Handlungsbedarf, Bonn
Döring, D. (2010): Betriebliche Altersversorgung/Pensionsfonds und Staat-Privat-Arbeitsteilung in ausgewählten Ländern. Arbeitspapier 187 der Hans Böckler-Stiftung, Düsseldorf
Gruber, J./Wise, D. A. (1999): Social Security and Retirement around the World, Chicago/London
Köhler-Rama, T. (2009): Alterssicherung in der Schweiz. Vorbild für Deutschland? In: RV-aktuell Nr. 8
Krupp, H. J. (1997): Ist das Kapitaldeckungsverfahren in der Alterssicherung dem Umlageverfahren überlegen?, in: WSI-Mitteilungen Heft 5
Lewerenz, M. (2003): Frankreich, in: VDR (Hg.): Rentenversicherung im internationalen Vergleich, Frankfurt a. M.
van Loo, P.F. (2000): Allgemeine Einführung in das Rentensystem der Niederlande, in: Friedrich Ebert-Stiftung (Hg.): Rentenpolitik in Europa, Bonn
OECD u. a. (2008): Complementary and Private Pensions throughout the World, Paris
OECD (2009): Pensions at a Glance, Paris
Pöhler, K. (1999): Alterssicherung in den Niederlanden, Berlin
Rechmann, S. (2001): Alterssicherung in Großbritannien und Irland, Berlin
Veil, M. (2000): Alterssicherung von Frauen in Deutschland und Frankreich, Berlin
Ward, S. (2000): Pensions Handbook, London
World Bank (1994): Averting the Old Age Crisis, Oxford

# Chapitre 9
# Les garanties contractuelles des retraites professionnelles

# Vertragliche Garantien einer betrieblichen Altersversorgung

**Philippe Pierre**

**Zusammenfassung** Die Frage nach den vertraglichen Garantien der betrieblichen Altersversorgung betrifft unter anderem die Lebensversicherung, insbesondere im Rahmen der betrieblichen Kollektivversicherung, und, weitergehend, die Sparpläne der betriebliche Altersversorgung. Jedenfalls geht es darum, zu Gunsten einer alternden Gesellschaft vertragliche, nicht auf Satzungen fundierte Modelle mit der Notwendigkeit ihrer inhärenten Sicherheit zu vereinbaren. Unter diesem Fokus hat dieser Beitrag zum Ziel, die Anpassung des Lebensversicherungsvertrags an die Garantien der betrieblichen Altersversorgung und an die der betrieblichen Rentensparpläne zu untersuchen. Dabei wird die Rechtsnatur der Gruppenversicherungsverträge über betriebliche Versorgung in ihrer leistungs- sowie beitragsorientierten Ausgestaltung analysiert. Aus dieser strukturellen Analyse ergibt sich die Darstellung des rechtlichen Rahmens der Übereinkommen, insbesondere das Erkennen und die Behebung der Gründe für die Schwächung der vertraglichen Garantien, die unzureichende Information über ihren Inhalt, die Sanktion von Falschinformationen, das frühzeitige Verlassen des Unternehmens und die Mitnahme der von den Arbeitnehmern erworbenen Rechte usw. Nach gleichem Vorgehensmuster –Rechtsnatur, System– wird die Privatversicherung für Rentensparpläne skizziert, die im Übrigen nicht auf die Unternehmen beschränkt werden kann. Dabei werden verschiedene Situationen erörtert: die Situation der Selbständigen außerhalb der Landwirtschaft, die Rolle der Volksrentensparpläne (Plans d'Épargne Retraite Populaire, PERP) und auch der betrieblichen Rentensparpläne (Plans Retraite d'Entreprise, PERE), die auf

P. Pierre (✉)
Prof. Dr. jur., Université de Rennes 1, Directeur de l'UMR CNRS IODE (Institut de l'Ouest: Droit et Europe), 9 rue Jean Macé – CS 54203, 35042 Rennes Cedex, Frankreich
e-mail: philippe.pierre@univ-rennes1.fr

O. Kaufmann, S. Hennion (eds.), *Steuerung der betrieblichen Altersversorgung in Europa: garantierte Sicherheit? Governance of Occupational Pensions in Europe: Guaranteed Security? Gouvernance des retraites professionnelles en Europe: Sécurité garantie?*,
DOI 10.1007/978-3-642-15731-8_9, © Springer-Verlag Berlin Heidelberg 2011

einem individuellen, steuerlich geförderten Sparplan gründen. Die weniger ausgeprägte Rolle der Unternehmen bei der Durchführung solcher Rentenformen führt dazu, die Lage ihrer Sicherheit zu überdenken. Dazu wird auf die allgemeinen Schutzregelungen des Versicherungsrechts, auf vom allgemeinen Recht abweichende Regelungen und auch auf die Steuerung der Rentensparplansysteme durch ihre Träger zurückgegriffen.

Le modèle français de protection sociale complémentaire est à l'image de son modèle administratif : il s'est constitué par la superposition de couches successives, dont la résultante est un millefeuille parfois indigeste. Ainsi, l'indigence du régime général d'assurance vieillesse avait conduit, aux termes de l'ordonnance du 4 octobre 1945, à instaurer un régime complémentaire à la fois obligatoire pour les salariés (C. séc. soc., art. 921-1) et conventionnel, puisque fondé sur des accords collectifs avant leur extension par voie réglementaire. Ce dispositif à double détente, ferment de contractualisation de la protection sociale, a rapidement été considéré comme insuffisant, au point de provoquer dès les années cinquante la floraison anarchique de régimes d'un troisième niveau, dits supplémentaires ou surcomplémentaires. Les lois « Evin » du 31 décembre 1989 et « Veil » du 8 août 1994, textes fondateurs en la matière, sont venus discipliner et sécuriser cette troisième dimension de la prise en charge collective du risque vieillesse, elle aussi portée par un soubassement conventionnel.[1] Pour autant, ces dispositions légales, en ce qu'elles ont élargi le monopole de gestion de la retraite supplémentaire à trois opérateurs – mutuelles, institutions de prévoyance et sociétés d'assurance – tout en maintenant les institutions de retraite supplémentaire en place, sont venues alourdir la structure de la protection sociale complémentaire. Les couches du millefeuille ne sont plus seulement horizontales, mais verticales ! Il n'en demeure pas moins qu'une démarche convergente anime ces évolutions, marquée par la substitution d'une conception que l'on a pu qualifier « *d'assurantielle* » à celle, antérieure, « *d'institutionnelle* ».[2] Il s'est agi, en particulier, de délaisser la solidarité intergénérationnelle au profit de l'anticipation individualisée du vieillissement, ce qu'atteste la gestion du risque vieillesse par capitalisation et non plus par répartition, ou bien encore, naturellement, la sollicitation de pures conventions de droit privé au détriment d'accords collectifs préludant à une gestion paritaire du régime. Dans cette perspective, il apparaissait rationnel de recourir à des « organismes assureurs » (C. séc. soc., art. L. 933-1) – les trois opérateurs précités – en remplacement des organismes de

[1] Respectivement, L. n° 89-1009 du 31 déc. 1989 renforçant les garanties offertes aux personnes assurées contre certains risques et L. n° 94-678 sur la protection sociale complémentaire des salariés. Sur l'histoire de la protection sociale en France ; Henri Hatzfeld, Du paupérisme à la Sécurité sociale (1850–1940) : essai sur les origines de la Sécurité sociale en France (Paris: Librairie Armand Colin, 1971). Sur le choix des différents modèles assurantiels disponibles : François Ewald, L'Etat providence (Paris: Grasset, 1986).

[2] J. Barthélémy, Protection sociale complémentaire: de la conception institutionnelle à la conception assurantielle, JCP S, oct. 2006, n° 1810.

sécurité sociale initialement en charge du risque. Une telle conjonction de facteurs, contractualisation, capitalisation, assurantialisation, a permis de soutenir que le « *régime* » de protection avait en réalité cédé la place à la « *garantie contractuelle* » du risque de retraite professionnelle.[3]

Si cette proposition n'a pas pris racine dans les textes, il est incontestable que la logique contractuelle structure de nos jours les régimes surcomplémentaires, et que son support technique est constitué par l'assurance sur la vie. Plus précisément, est ici en cause une assurance en cas de vie, où l'événement garanti – nécessairement fâcheux – tient moins à la vie de l'assuré à la date convenue qu'à la perte de revenus qui découle de la fin de son activité professionnelle et qu'il s'agit de compenser.[4] A ce stade du propos, il pourrait cependant sembler délicat d'isoler un tel objectif au sein des assurances sur la vie les plus courantes. La plupart d'entre elles poursuivent une double finalité, et empruntent la forme d'une assurance mixte : à la garantie en cas de vie vient en effet s'ajouter, parfois prioritairement, une couverture du risque de décès de l'assuré. Les capitaux dus par l'assureur correspondant très exactement au montant des provisions mathématiques, quel que soit le mode de dénouement du contrat, de telles conventions mixtes sont en fait un mode de constitution et de transmission optimisée d'un patrimoine épargné. Et cette épargne, pourvu que le bénéficiaire en cas de décès ne l'ait pas bloquée par l'acceptation de sa désignation, est en principe accessible à tout moment pour le souscripteur, sans que perdure aujourd'hui la moindre restriction d'ordre financier. De tels objectifs ont longtemps fait douter de la qualification d'assurance des contrats mixtes, avant que la Cour de cassation ne vienne finalement les sauver en continuant de les qualifier d'aléatoires, malgré l'absence de recherche de gain ou de perte par les parties.[5] Ainsi abrités des foudres de la déqualification, les contrats d'épargne retraite individuelle reçoivent de telles incitations publiques – et notamment fiscales – qu'ils pourraient presque prétendre à une vocation monopolistique.[6] Leur liquidité n'a ainsi pour égale que leur rapide disponibilité, l'épargne en cas de vie pouvant être débloquée en quasi exonération de taxation des plus values au bout de huit ans, voire en complète

---

[3]Là-dessus: J.-J. Dupeyroux, Les exigences de la solidarité, Dr. soc. 1990, p. 74; J.-M. Belorgey, Logique de l'assurance, logique de la solidarité, Dr. soc. 1995, p. 731 ; J. Barthélémy, Solidarité et accord de protection sociale complémentaire, Etudes offertes à J. Pelissier, Dalloz 2004, p. 27; P. Morvan, Droit de la protection sociale, Lexis-Nexis Litec 2009, 4ème éd., n° 970, p. 641.

[4]Sur la typologie des assurances sur la vie : H. Groutel, F. Leduc, Ph. Pierre, M. Asselain, Traité du contrat d'assurance terrestre, Préface G. Durry, Lexis-Nexis Litec 2008, coll. Les Traités, n° 2086 et s., p. 1353.

[5]Cass. ch. mixte, 23 nov. 2004, 4 arrêts, sur lesquels not. F. Leduc et Ph. Pierre, Assurance-placement : une qualification déplacée, Resp. civ. et assur. 2005, étude 3, p. 7.

[6]Ce que traduisent les statistiques de collectes de primes: en 2008, 97,9 MM € pour les assurances en cas de vie individuelles contre 7,9 MM pour les contrats collectifs. Statistiques de la FFSA, rapport annuel. V. également La place de l'assurance retraite dans la protection sociale, mars 2007, doc. FFSA (http://www.ffsa.com).

exonération dès cinq années si elle se trouve logée dans un Plan d'Epargne en Actions (PEA).[7]

Cependant, la notion de « *retraite professionnelle* », telle que l'évoque en particulier le chapitre III du Titre IV du livre I du Code des assurances, n'est nullement réductible à l'addition de contrats personnels d'épargne retraite. Sa singularité, sa spécificité tient à ce qu'elle ne prend corps que sous la forme d'assurances de groupe,[8] tels que les définit l'article L. 141-1 C. ass. qui vise « *le contrat souscrit par une personne morale ou un chef d'entreprise en vue de l'adhésion d'un ensemble de personnes répondant à des conditions définies au contrat, pour la couverture des risques dépendant de la durée de la vie humaine...* », tout en précisant que « *les adhérents doivent avoir un lien de même nature avec le souscripteur* ». Par nature collectives, et encouragées comme telles, les retraites professionnelles n'en connaissent pas moins des degrés distincts de rassemblement des futurs retraités. Ainsi, les articles L. 143-1 et s. du Code des assurances séparent et organisent deux univers bien distincts : la retraite supplémentaire souscrite par un employeur au profit de ses salariés, et celle contractée par le truchement d'une association mais selon une logique duale, d'épargne et de retraite. Si le premier champ trouve sa cohérence dans le cadre de l'entreprise, le second a aujourd'hui débordé le monde professionnel pour s'ouvrir à tout un chacun, travailleur indépendant ou même personne agissant à titre privé.[9] Ces différences importantes, presque philosophiques, ne sauraient toutefois interdire d'esquisser une problématique commune.

Dans un cas comme dans l'autre, un contrat d'assurance, certes largement aménagé au regard du droit commun, préside à la relation entre l'adhérent et l'opérateur. Dans un cas comme dans l'autre, ce contrat s'inscrit dans un rapport tripartite collectif, noué entre l'organisme d'assurance prestataire, l'employeur ou l'association souscripteur et l'assuré bénéficiaire en cas de vie. La combinaison entre le contrat d'assurance – bilatéral – et la garantie des retraites – trilatérale et collective – est loin d'aller de soi, chacun générant ses propres contraintes.

Plutôt que d'exposer de façon linéaire les garanties contractuelles des retraites professionnelles, il peut dès lors être utile de s'enquérir de l'adaptation du socle contractuel, celui du contrat d'assurance vie, à un besoin de garantie qui doit s'envisager à l'égard des retraites d'entreprise comme des mécanismes d'épargne retraite professionnelle.

---

[7] Si le contrat hors PEA ne fait pas l'objet de retrait avant 8 ans, les plus values sont exonérées de prélèvements libératoires (mais pas des prélèvements sociaux équivalents à 12,1%) jusqu' à 4 600 euros de plus-values pour une personne seule et jusqu' à 9.200 euros de plus-values pour un couple marié. Au delà de ces limites, les prélèvements de sortie ne sont taxés qu'à hauteur de 7,5%.

[8] Ne seront pas ici évoqués, du fait de leur nature, les Plans d'Epargne Retraite Collective (PERCO - L. n° 2003-775 du 21 août 2003 portant réforme des retraites), fonds de pensions qui ne relèvent pas du contrat d'assurance mais du droit des institutions et marchés financiers.

[9] V. L. n° 2003-775 du 21 août 2003, art. 108, instaurant les Plans d'Epargne Retraite Populaire (PERP); act. C. ass., art. L 144-2, L. n° 2006-1770 du 30 décembre 2006.

## 9.1 L'adaptation du contrat d'assurance sur la vie à la garantie des retraites professionnelles d'entreprise

### *9.1.1 Le besoin de sécurisation*

En s'implantant dans le monde de l'entreprise, le contrat d'assurance vie endosse le statut de contrat de groupe. L'affirmation vaut quelle que soit la formule choisie, retraite collective à adhésion obligatoire ou facultative, régimes à *cotisations* (dits « de l'article 83 ») ou à *prestations définies* (article 32), contrats *en sursalaire* (article 82).[10] Bien que le Code des assurances (art. L. 141-6 préc.) tente une définition de l'assurance de groupe, celle-ci ne suffit pas à identifier clairement la structure de l'opération alors constituée. On conçoit assez aisément ce que signifie le « *lien de même nature* » requis des adhérents vis à vis du souscripteur, lié à la condition de salariés de l'entreprise et charpentant un « *groupe fermé* ».[11] On s'interroge en revanche sur la localisation précise du contrat d'assurance. Doit-on considérer celui-ci comme conclu entre le chef d'entreprise et l'assureur – il n'y aurait alors qu'une convention d'assurance *stricto sensu* – ou doit-on admettre que prospèrent autant de contrats d'assurance que de salariés adhérents, la convention d'origine ne pouvant dès lors emprunter cette qualification et se limitant à un contrat cadre ? Les enjeux de l'alternative sont importants. En dépendent ordinairement l'identification de l'auteur des déclarations de risques ou de sinistres, le débiteur du paiement des primes, mais aussi celle du créancier des obligations d'information dues par l'assureur, les règles applicables à l'interprétation du contrat ou l'opposabilité des modifications de garantie en cours d'exécution de la convention. Certes, l'entreprise, personnellement engagée par l'instauration du régime supplémentaire, se trouve garante des possibles distorsions entre sa créance contre l'assureur et sa dette à l'égard de ses salariés. Mais cette garantie subsidiaire est tributaire de capacités d'autofinancement parfois limitées. Il en va, au final, de la sécurité contractuelle des adhérents qui, en toute hypothèse, n'ont pas directement contribué à la négociation de l'accord initial, même si la consultation du comité d'entreprise est requise lors de la mise en place d'une garantie collective (C. trav. L. 431-4 et L. 432-3).

L'article L. 141-6 al. 3 C. ass., en ce qu'il évoque les contrats d'assurance en cas de vie « *souscrits par une entreprise* » oriente néanmoins l'analyse. De fait, il

---

[10] Sur cette typologie, v. également Lamy 2009, n° 4121 et s.

[11] D'après la Fédération française des sociétés d'assurances (Rapp. pour l'année 2004, p. 13), le « groupe ouvert » correspondrait à « une association ou un groupement formé en vue de la souscription d'assurances de personnes ouverts aux adhésions individuelles, à la différence d'autres contrats collectifs, qui s'adressent à des groupes fermés d'adhérents (par exemple les salariés d'une entreprise ou d'une profession, les emprunteurs d'un établissement de crédit) ». La distinction entre « groupe fermé » et « groupe ouvert » (rapp. C. ass., art. A 344-2) débouche parfois sur des regroupements artificiels, lorsque plus aucune circonstance de rattachement préalable ne subordonne en réalité l'adhésion au contrat collectif (H. Groutel, Faux groupes d'assurés et vraie modification du contrat : Resp. civ. et assur. 1995, chron. 48.; G. Courtieu, L'assurance de groupe dévoyée : Resp. civ. et assur. 2005, étude 5, spéc. n$^{os}$ 4 à 8).

apparaît difficile de soutenir – particulièrement dans les contrats de groupe à adhésion obligatoire – que les conventions d'assurance se nouent au fil des adhésions des salariés. Bien au contraire, les indices abondent, qui permettent de déceler une véritable assurance dans l'acte conclu entre le chef d'entreprise et l'assureur, selon un raisonnement aussi bien applicable à la protection sociale qu'à la prévoyance complémentaire d'entreprise. Ainsi, l'instauration des « *garanties collectives* » telles que les décrit l'article L. 911-2 C. séc. soc., ne postule pas l'accord des salariés concernés, ce que révèle *a fortiori* la dispense de recueil de leur consentement lorsque la garantie en cas de vie se double d'une couverture en cas de décès (C. ass., art. L. 132-2 al. 3). Réciproquement, ces contrats ne sont pas le lieu d'une sélection individuelle du risque par l'assureur. Dans le prolongement des règles posées par la « loi Evin » en matière de prévoyance complémentaire (art. 2),[12] celui-ci est apprécié *in globo* au stade de la négociation avec l'entreprise, et débouche sur une acceptation ou un refus d'ensemble. Cette globalisation contribue à lutter contre le phénomène d'antisélection, qui écarterait des cotisants les couches les plus jeunes de l'entreprise et détruirait la solidarité poursuivie par la loi, puisque les avantages fiscaux et sociaux accordés au dispositif de retraite surcomplémentaire ne se conçoivent que sous couvert de sa nature collective. L'organisme assureur consent donc à accorder sa garantie, avant que ne se matérialise l'adhésion individuelle des salariés, laquelle relève moins d'un consentement spécifique que des conséquences mécaniques de l'accord ou de l'acte instaurateur de la retraite supplémentaire. Et si le risque garanti – lié à l'arrivée à l'âge de la retraite – concerne *in fine* les salariés assurés, il ne faut pas y trouver la preuve d'une multitude de contrats d'assurance individualisables mais, plus simplement, celle d'une assurance pour compte collective, permettant de leur accorder le bénéfice d'une stipulation préalablement convenue en leur faveur.[13] Cette présentation – contrat d'assurance pour compte collectif souscrit par l'employeur en faveur de ses salariés – se vérifie à l'examen des différentes formules disponibles. Deux exemples l'attestent particulièrement.

- Dans les dispositifs de retraite supplémentaire dits « *à prestations définies* », destinés à combler la perte de rémunération lors de la cessation d'activité, le service de la rente postule que les salariés terminent effectivement leur carrière dans

[12]« Lorsque des salariés sont garantis collectivement, soit sur la base d'une convention ou d'un accord collectif... l'organisme qui délivre sa garantie prend en charge les suites des états pathologiques survenus antérieurement à la souscription du contrat ou de la convention ou à l'adhésion à ceux-ci, sous réserve des sanctions prévues en cas de fausse déclaration. Aucune pathologie ou affection qui ouvre droit au service des prestations en nature de l'assurance maladie du régime général de sécurité sociale ne peut être exclue du champ d'application des contrats ou conventions visés au premier alinéa dans leurs dispositions relatives au remboursement ou à l'indemnisation des frais occasionnés par une maladie, une maternité ou un accident ».

[13]Rapp. pour de plus amples développements : Traité du contrat d'assurance terrestre, préc., n° 2442, p. 1769.

l'entreprise,[14] ce qui exclut la tenue de comptes d'épargne individualisés.[15] Seule est ici envisageable la constitution d'un fonds global, qui doit refléter le niveau des engagements de l'entreprise, lequel varie selon le niveau des effectifs et des rémunérations. La liquidation des pensions de retraite dépend de facteurs actuariels, tels que l'évolution de l'espérance de vie, empêchant que naissent des droits acquis au profit des salariés.[16]

- Quant aux régimes de retraite professionnelle supplémentaires « *à cotisations définies* », s'ils se traduisent par l'affectation des cotisations à des comptes individuels et procurent aux assurés des droits à rente acquis quel que soit leur devenir professionnel, il n'est nullement question de sélectionner les assurés, ni même d'apprécier personnellement leur état de santé, les primes correspondant en réalité à une fraction de leur rémunération, uniforme selon les catégories de personnel en cause.[17] Il n'est pas plus question de laisser les salariés faire valoir leurs droits sur la « valeur de rachat » de l'assurance non encore dénouée, à l'instar d'un contrat individuel ordinaire, ce qui serait contraire aux objectifs sociaux d'aide à la retraite conçus à l'échelon de l'entreprise.[18]

---

[14]J. Winter et B. Serizay, Les régimes à prestations définies et le principe d'achèvement de la carrière dans l'entreprise, débat entre le juriste et l'actuaire : JCP E 2005, 235. Les prestations peuvent être définies selon deux modalités possibles, régime additif fonction du salaire annuel de fin de carrière, régime « chapeau » ou différentiel, ou encore « article 39 » (CGI) dans lequel le salarié se voit garantir un montant global de pension, après déduction des versements accomplis du chef du régime légal ou des régimes complémentaires obligatoires, lesquels ne sont pas connus à l'avance.

[15]C. séc. soc., art. L. 137-11, I : « Le financement par l'employeur n'est pas individualisable par salarié ». Cette absence d'individualisation a troublé le régime social des cotisations versées ; leur assujettissement aux cotisations de sécurité sociale en application des articles L. 242-1 et D. 242-1 anciens du Code de la sécurité sociale a finalement été approuvé par la Cour de cassation, nonobstant l'incertitude des droits susceptibles d'être conférés aux salariés et la globalisation des primes (Cass. soc., 23 juin 1994 : RGAT 1994, p. 858, note J. Bigot). L'article 115 de la loi n° 2003-775 du 21 août 2003 (C. séc. soc., art. L. 137-11, mod. L. n° 2006-1770, 30 déc. 2006) à désormais instauré une contribution sociale spécifique (J. Winter et B. Serisay, Les régimes à prestations définies et le caractère individualisable. Débat entre l'actuaire et le juriste : JCP E 2004, 1769).

[16]P. Morvan, Droit de la protection sociale, préc., n° 971, p. 642. Le caractère éventuel du droit tient à l'incertitude de devenir professionnel du salarié, sans qu'il soit ici besoin de se référer à l'aléa affectant l'événement mis en risque (Traité du contrat d'assurance terrestre, préc., n° 2094, p. 1361). Les mêmes considérations animent, peu ou prou, les contrats « indemnités de fin de carrière » ou de « cessation anticipée d'activité », dont sont redevables les entreprises lors du départ en retraite normal ou anticipé de leurs salariés (C. trav., art. L. 122-14-13).

[17]La jurisprudence admet que les contrats « de l'article 83 » puissent faire l'objet d'une « contre assurance » à hauteur du montant des primes, voire des provisions constituées sans perdre leurs avantages (Lamy assurances 2009, n° 4135 ; CE, 16 fév. 2001, n° 202632, Ministre c/ Horwitz).

[18]C. assur., art. L. 132-23, ce texte réservant toutefois des circonstances exceptionnelles où la situation du salarié légitime l'appréhension immédiate des sommes placées (expiration de ses droits aux allocations d'assurance chômage, cessation d'activité non salariée à la suite d'une liquidation judiciaire de l'entreprise, invalidité de deux ou troisième catégorie au sens de l'article L. 341-4 du Code de la sécurité sociale). Le non paiement des cotisations par l'employeur pourrait aussi,

Conclue par un seul contractant, le chef d'entreprise, la convention d'assurance n'est en réalité socialement acceptable que si elle s'accompagne de diverses garanties destinés à compenser les lois ordinaires du contrat interindividuel, et légitimés par son enjeu collectif. Dans cette convention conclue en couple et exécutée en groupe, tout est finalement question de transaction entre effet relatif et effet collectif...

### *9.1.2 Le champ de la sécurisation*

Le fait que la garantie contractuelle des retraites repose, au final, sur une stipulation pour autrui portée par le chef d'entreprise, rend le sort des salariés tributaire d'une convention à l'égard de laquelle ils sont tiers, nonobstant le rôle de leurs organes de représentation. Et les causes de fragilité de l'assurance de groupe sont potentiellement nombreuses. Ainsi l'employeur souscripteur ne bénéficie pas de la protection liminaire dont jouissent les assurés personnes physiques, n'étant personnellement destinataire que de la fiche d'information « *sur les prix et les garanties avant la conclusion du contrat* » (C. ass., art. L. 112-2)[19] sans bénéficier des renseignements sophistiqués fournis par d'autres dispositifs, tels que la note d'information visée à l'article L. 132-5-1 C. ass., particulièrement précise dans les contrats stipulés en unités de compte.[20] Or, dans la palette des formules d'assurances offertes aux employeurs, se retrouvent potentiellement des investissements de primes en fonds garantis, mais aussi en OPCVM exposées aux fluctuations boursières, mono ou multisupports...[21] Face à ce qu'un auteur a pu qualifier de « *vide sidéral* » de l'information légale,[22] le seul recours contre la fragilité financière des capitaux placés demeure la poursuite en responsabilité de l'assureur, voie ô combien aléatoire et d'autant plus précaire que le souscripteur entrepreneur ne pourra, en outre, revendiquer le bénéfice de la législation ordinaire sur les clauses abusives, réservée aux particuliers preneurs directs d'assurance.[23] Ainsi, la Cour de cassation a refusé de sanctionner le devoir de conseil d'une société d'assurances qui avait laissé souscrire

si les conditions s'en trouvent réunies, justifier le placement du contrat « en réduction », selon l'article L. 132-20 du Code des assurances.

[19]« L'assuré » visé par ce texte étant en réalité, au sens strict des termes, le « souscripteur ».

[20]Ainsi, si la Cour de cassation a pu récemment affirmer à propos du délai de renonciation que « les dispositions de l'article L. 132-5-1 du Code des assurances, dans leur rédaction antérieure à la loi du 15 décembre 2005, s'appliquent à tout contrat d'assurance sur la vie, y compris aux contrats d'assurance de groupe », cette formulation générale postule précisément d'identifier le stade de formation du contrat d'assurance, par un véritable échange de volontés entre l'adhérent et l'assureur (Cass. 2ème civ., 10 juil. 2008, 3 arrêts, RGDA 2008, p. 997, note L. Mayaux).

[21]Ph. Pierre, « La valeur du contrat d'assurance sur la vie », in Responsabilité civile et assurances, Études offertes à H. Groutel, Litec, 2006, p. 345

[22]L. Mayaux, in J. Bigot (ss dir.), Traité de droit des assurances, LGDJ 2007, T4, Les assurances de personnes p. 683.

[23]Sous réserve du droit d'obtenir des dommages-intérêts du chef de l'article L. 442-6-I-2° C. cons., mais non la nullité de l'engagement, en présence « d'un déséquilibre significatif dans les droits et obligations des parties » (loi sur la modernisation de l'économie du 4 août 2008).

un contrat à capital variable – sans garantie plancher – adossé à des parts de SCI, pourtant manifestement inadapté à la constitution d'une retraite supplémentaire.[24] Toutefois, cette déperdition financière n'aura pas d'incidence directe sur le niveau des droits des salariés, à l'égard duquel l'employeur s'est engagé, mais viendra le cas échéant alourdir la charge qui pèse directement sur l'entreprise, internalisant le coût des retraites supplémentaires, sauf reprise complémentaire à titre onéreux par l'assureur.

D'autres causes de fragilisation des garanties contractuelles peuvent en revanche retentir immédiatement sur les adhérents. Aussi bien, le rejet par la loi d'une sélection individualisée des risques, au nom de leur appréciation *in globo*, n'a jamais aboli l'obligation de déclarer les circonstances du risque, telle qu'elle s'inscrit dans l'article L. 113-2 C. ass. De nombreux éléments doivent ainsi être communiqués de bonne foi à l'assureur, afin de lui permettre des calculs actuariels, à l'instar des facteurs susceptibles d'influencer l'espérance de vie – positivement ou négativement – qui s'ajoutent à ceux traditionnellement fournis dans les contrats de prévoyance. Ces circonstances du risque sont déclarées selon un chemin complexe : fournies par les adhérents à l'employeur, elles sont transmises à l'assureur sous le contrôle de ce dernier, seul redevable de l'information puisque cocontractant. Il faut ajouter que le chef d'entreprise détient en propre des renseignements tout aussi utiles à l'organisme assureur, sur la population de l'entreprise, les catégories socio professionnelles... La sanction de la déclaration inexacte, spécialement de mauvaise foi exposée à la nullité,[25] prend alors des allures redoutables, puisqu'elle menace de compromettre l'ensemble des garanties constituées, sans possibilité cette fois pour l'employeur de parfaire les cotisations du contrat disparu. En conséquence, la doctrine soutient la limitation de cette nullité à l'adhésion mal déclarée, sans que l'on puisse néanmoins trouver de véritable argument qui ne soit d'opportunité, ou de disproportion entre la faute et sa répression, généralement perçue comme une peine privée.[26] Cette situation est d'autant plus fâcheuse qu'elle se double d'une

[24]Cass. 2ème ch., 14 juin 2006, RGDA 2006, p. 967, note J. Bigot : « attendu que l'arrêt retient qu'en acceptant de souscrire à un contrat dont le capital garanti à terme était fonction de l'évolution du marché de l'immobilier, M. X . . . ne pouvait pas ignorer le caractère aléatoire de cette évolution et l'existence d'un risque, toujours envisageable, d'une baisse de l'immobilier ; que M. X . . . et la société étaient complètement informés de la fluctuation du capital garanti, puisqu'ils n'ignoraient rien de l'évolution de la part de la SCI ; que les dispositions contractuelles étaient suffisamment claires pour qu'ils puissent comprendre qu'il était de leur intérêt que le contrat aille à son terme et qu'en revanche, en solliciter la réduction ou le rachat n'était pas forcément la meilleure solution ; qu'enfin, la société et M. X . . . ne peuvent pas sérieusement soutenir que la lettre que leur a adressée la société AGF le 17 février 2000 était dépourvue de tout conseil et que surtout, elle constituait une véritable incitation au rachat, dès lors qu'elle ne faisait que rappeler les conditions dans lesquelles pouvait être effectuée cette opération » (contrat mixte d'assurance sur la vie à capital variable immobilier destiné à fournir une retraite complémentaire au dirigeant de la société souscriptrice).

[25]C. ass., art. L. 113-8.

[26]Le droit pour l'assureur de conserver les cotisations versées (C. ass., art. L. 113-8 al. 2) ne concerne pas cependant les primes d'assurance sur la vie (ibid, al. 3).

distorsion des textes selon les organismes assureurs. L'article L. 932-7 C. séc. soc., applicable aux institutions de prévoyance, chasse la nullité ordinairement encourue pour fausse déclaration intentionnelle « *lorsque l'adhésion à l'institution résulte d'une obligation prévue par une convention de branche ou un accord professionnel ou interprofessionnel...* ».[27]

Pour autant, il serait inexact de résumer l'adaptation des règles d'assurances à des mesures lacunaires, ou à des secours prétoriens. D'autres textes conçoivent les difficultés propres à l'assurance de groupe, et prennent acte de la structure triangulaire qu'elle implique. Ainsi, la loi a constamment renforcé l'information directe des adhérents en imposant au souscripteur la remise d'une notice détaillée (C. ass., art. L. 141-4) « *exposant les garanties et leurs modalités d'entrée en vigueur ainsi que les formalités à accomplir en cas de sinistre* », de même que les modifications apportées ultérieurement aux garanties. L'intérêt de cette notice pourrait paraître purement formel, si l'on s'en tenait au fait que l'adhérent à un contrat à adhésion obligatoire ne peut « *dénoncer son adhésion à raison des modifications* » et que, tiers au rapport d'assurance, il ne peut contrarier celles-ci. Néanmoins, la notice est la clef de l'opposabilité aux salariés – assurés pour compte – des exclusions ou limitations de la garantie, actuelles ou à venir. Cette dernière solution, constante en jurisprudence,[28] déroge aux règles ordinaires de la stipulation pour autrui,[29] selon lesquelles le bénéficiaire non encore acceptant ne peut jamais contester les modifications à son droit tant qu'il demeure éventuel. L'importance de ces règles s'accroît à l'analyse de leur sanction : tenu d'apporter la preuve de la remise matérielle du document, et contraint par ses termes, l'employeur est de surcroît débiteur du devoir d'information et de conseil qui l'entoure, et s'expose en cas de faute à une responsabilité de premier rang qui peut l'amener à compenser intégralement les garanties altérées,[30] aucune indemnisation partielle – sous forme de perte de chance qui aurait postulé une faculté de choix du salarié – n'étant ici de mise. Une nouvelle fois, il apparaît que la garantie d'assurance se trouve relayée par la garantie de l'entreprise, l'internalisation des coûts prenant le chemin de l'engagement de la responsabilité, sauf à ce qu'une défaillance directe puisse être reprochée à l'assureur et conduise à le déclarer à son tour responsable. Ainsi certaines options techniques, telles que la conversion des capitaux épargnés par recours aux tables de mortalité en vigueur lors des versements ou à celles applicables lors des règlements – moins favorables

---

[27] Ce texte a été appliqué libéralement par la Cour de cassation, qu'il s'agisse de l'adhésion de l'entreprise à un groupement d'employeurs à la suite d'une convention collective ne laissant pas le choix de l'institution – ce que vise l'article L. 932-7 C. séc. soc. stricto sensu – ou de la souscription directe par l'entreprise, ce qu'un arrêt du 28 février 2006 assimile en visant « l'affiliation » de l'employeur (Cass. 2ème civ., 28 fév. 2006, JCP S 2006, 1956, note P. Morvan ; RGDA 2006, p. 508, note J. Kullmann)

[28] Dans le silence du texte sur les sanctions applicables, il convient de s'en remettre aux décisions rendues sous le régime antérieur, lesquelles prononçaient l'inopposabilité et/ou la responsabilité du souscripteur (Lamy assurances, 2009, n° 4059 et la jurisprudence citée).

[29] Contra, Lamy assurances, 2009, n° 4055.

[30] P. Morvan, Droit de la protection sociale, préc., n° 1017, citant Cass. soc. 5 av. 2006, n° 04-42105

du fait de l'allongement de l'espérance de vie[31] – pourraient être reprochées aux opérateurs si leurs enjeux financiers étaient mal présentés.

Il reste que le besoin d'adaptation des règles ordinaires du contrat d'assurance se ressent avec acuité dans une hypothèse où s'affrontent la condition de salarié et celle d'assuré. Qu'advient-il de cette seconde qualité lorsque s'efface la première, notamment par suite d'une cessation du contrat de travail antérieure à l'âge de la retraite ? Les régimes à « prestations définies » postulent – comme précédemment observé – que les salariés terminent effectivement leur carrière dans l'entreprise.[32] Cette exigence précarise sans nul doute leurs droits, simplement virtuels car fondus dans un compte global de cette entreprise.[33] Les plus jeunes, « bons risques » aux yeux de l'assurance, ne verront parfois jamais concrétisées leurs espérances. Quant aux plus anciens, ils restent exposés à une diminution de leurs droits non encore liquidés au moment de leur départ en retraite, si une révision des calculs actuariels conduit à réduire le niveau des prestations. Toutefois, la nature collective de l'assurance, contrat unique ouvert sur le groupe, trouve ici sa traduction ultime, dans le sillage de la globalisation des risques. La garantie est en réalité celle de l'entreprise, mais la dette est aussi celle du seul employeur.

La nature collective des régimes de retraite à « cotisations définies », qu'atteste en particulier leur mode d'instauration et leur caractère obligatoire, devrait de prime abord conduire à des conclusions identiques. Ce serait cependant faire fi de la finalité de ces régimes, qui tendent ici à garantir aux salariés des droits certains quant à leurs retraites supplémentaires. Il s'agit d'encourager une épargne individualisée, constituée indépendamment du devenir professionnel de l'assuré, accessible à terme même si le rachat anticipé demeure exceptionnel. On concevrait mal dès lors que perdure le lien précédent entre l'assurance et l'emploi. Cette rupture, en ce qu'elle altère l'unicité d'un contrat qui reste de groupe (v. *supra*) et le tire vers une série de liens individuels, ne se concevrait pas cependant sans une autorisation légale spécifique. Tel est l'objet de l'article L. 132-23 C. ass. (et de l'article L. 143-2), qui organise « *le transfert des droits individuels* » résultant de ces contrats « *d'assurance de groupe* » en cas de vie selon diverses modalités. Toutefois, ce transfert d'assureur n'est que facultatif, rien n'interdisant au salarié de conserver les droits acquis auprès du premier assureur.

Droits individuels, assurance de groupe, la voie s'ouvre peu à peu à de véritables contrats d'assurance conclus à l'échelon des salariés, sous forme d'épargne retraite personnelle.

[31] J.-C. Trabarel, Epargne salariale et retraites professionnelles : soeurs ennemies ? ESAS, avril-mai-juin 2004.

[32] J. Winter et B. Serizay, Les régimes à prestations définies et le principe d'achèvement de la carrière dans l'entreprise, débat entre le juriste et l'actuaire, préc.

[33] C. séc. soc., art. L. 137-11, I, préc.

## 9.2 L'adaptation du contrat d'assurance sur la vie à la garantie de l'épargne retraite professionnelle

Les garanties procurées par des contrats d'assurance de prime abord éminemment variables se rassemblent néanmoins autour de divers traits communs (9.2.1) dont le moindre n'est pas, là encore, leur besoin de sécurisation (9.2.2).

### *9.2.1 Les traits communs de l'épargne retraite*

Les régimes supplémentaires ici considérés sortent du seul champ de l'entreprise, bien que la souscription d'assurances de groupe *via* un employeur en constitue une variété encouragée par la loi. A dire vrai, la notion même de retraite professionnelle devient également sujette à caution, le législateur ayant parfois choisi d'encourager des formules universelles qui dépassent le clivage entre retraites d'ordre privé et retraites d'ordre professionnel. Quelles en sont les illustrations majeures ?

Les travailleurs non salariés des professions non agricoles disposent, depuis la « loi Madelin » du 1er février 1994,[34] de la possibilité d'adhérer à une association chargée de souscrire un contrat d'assurance de groupe, lequel a notamment pour objet « *la couverture des risques dépendant de la vie humaine...* » (C. ass., art. L. 141-1). Ce modèle associatif s'est depuis diffusé vers les exploitants agricoles et d'autres professions libérales.

- La loi du 21 août 2003 a institué l'actuel Plan d'Epargne Retraite Populaire, (PERP),[35] Celui-ci « *est un contrat régi par l'article L. 141-1 dont l'exécution est liée à la cessation d'activité professionnelle et qui est souscrit par une association relevant de l'article L. 141-7 dénommée groupement d'épargne retraite populaire. Le contrat mentionné au premier alinéa a pour objet l'acquisition et la jouissance de droits viagers personnels payables à l'adhérent à compter de l'âge de la retraite* ». D'emblée, le législateur en a proclamé l'universalité, comme l'atteste l'article 107 de la loi précitée disposant qu'« *en complément des régimes de retraite obligatoire par répartition, toute personne a accès, à titre privé ou dans le cadre de son activité professionnelle, à un ou plusieurs produits d'épargne réservés à la retraite, dans des conditions de sécurité financière...* ».

Enfin, la loi du 21 août 2003 (art. 111-1) a prolongé le dispositif du PERP en l'ouvrant à la souscription par un employeur ou un groupement d'employeurs. C'est le Plan d'Epargne Retraite d'Entreprise (PERE) disponible à condition qu'il

---

[34]L. n° 94-126 du 11 février 1994, relative à l'initiative et à l'entreprise individuelle, art. 24 et 41 ; sur le régime des travailleurs non salariés agricoles (C. ass., art. L. 144-1), Lamy assurances, n° 4274 et s.

[35]C. ass., art. L. 144-2, tel que dernièrement modifié par l'ordonnance du 30 janvier 2009 et supra, note...

vienne se greffer sur un régime de retraite supplémentaire à adhésion obligatoire (à cotisations définies, dit « de l'article 83 »[36]).

Si les garanties des retraites professionnelles ne relèvent pas systématiquement des retraites d'entreprise, et si les retraites professionnelles ne sont qu'une variété parmi d'autres dispositifs de retraites, il est loisible de relever deux traits communs atténuant cette diversité. Toutes financent la retraite par une épargne personnelle, toutes additionnent des conventions d'assurance individuelle.

C'est en effet l'accumulation d'une épargne individuelle, favorisée fiscalement par la déductibilité des primes, qu'entendent privilégier l'ensemble de ces régimes de retraite par capitalisation. Les versements des assurés sont optionnels, tant dans leur principe que dans leur montant, quand bien même le contrat d'épargne retraite viendrait se superposer à un régime supplémentaire obligatoire d'entreprise. Ce caractère « individuel et facultatif » rapproche les « véhicules d'épargne retraite » des contrats d'assurance sur la vie les plus classiques, où l'assureur ne dispose d'aucune action en paiement forcé des primes.[37] Cette constitution d'épargne est à telle point présente qu'elle nourrit parfois certains dévoiements, à l'instar de l'utilisation désormais possible du PERP afin de financer l'acquisition d'une résidence principale[38] aux antipodes de l'anticipation de la retraite. L'investissement d'une vie vient désormais coudoyer l'investissement pour la retraite.

La deuxième caractéristique de ces régimes est à rechercher dans la structure même du contrat d'assurance qui les soutient. Bien que la loi évoque à nouveau un contrat « d'assurance de groupe » (V. not. C. ass., art. L. 144-1 et L. 144-2), il ne peut plus être question d'assurance entre l'assureur et le souscripteur – association, employeur ou groupement d'employeurs – mais d'un contrat cadre préparatoire, définissant le champ des garanties auxquelles chaque assuré décide librement d'adhérer. Seuls les rapports noués entre les adhérents et l'assureur sont propres à faire naître autant de conventions d'assurances. On en veut pour preuve, parmi d'autres,[39] l'affirmation de l'article L. 141-6 du C. ass. , réputant le souscripteur « *tant pour les adhésions au contrat que pour l'exécution de celui-ci, agir, à l'égard de l'adhérent, de l'assuré et du bénéficiaire, en tant que mandataire de l'entreprise d'assurance auprès de laquelle le contrat a été souscrit* ». Aussi bien, semblable collection de mandats détenus par le souscripteur contredit l'idée d'une convention d'assurance unique. Certes, les exceptions contenues dans ce texte en réduisent notablement la portée, puisque seules sont en réalité concernées les associations participant à la distribution de contrats d'assurance sur la vie, à finalité d'épargne ou de retraite, ce qui concerne les travailleurs non salariés et les PERP. Il n'en reste pas moins que d'autres facteurs, tels, parmi bien d'autres, que la maîtrise par l'assuré du principe ou du rythme de versement

[36]Supra, I.

[37]C. ass., art. L. 113-2, dernier alinéa.

[38]Loi n° 2006-872 du 13 juillet 2006 portant engagement national pour le logement, C. ass., art. L. 144-2-I.

[39]V., de façon plus développée, Traité du contrat d'assurance terrestre, préc., n° 2445 et s., p. 1774.

des primes – cette fois générale – comme la poursuite de plein droit du contrat entre l'assureur et les adhérents en cas de dissolution de l'organisme souscripteur (C. ass., art. L. 141-6) accréditent la thèse de cette fragmentation des contrats d'assurance.

Mais alors, face à cette addition de contrats individuels simplement préparés par un accord cadre entre le souscripteur collectif et l'assureur, il ne peut plus être question – en cas de défaillance de la garantie – de compter sur le secours de l'entreprise, laquelle, à supposer qu'elle ait participé à la mise en place de l'assurance[40] ne s'est nullement engagée à maintenir le niveau des droits de ses salariés. Le besoin de garantie de l'épargne retraite resurgit et suscite, variété des formules contractuelles obligeant, d'autres réponses juridiques.

## 9.2.2 Les termes de la sécurisation

Toute la gamme des produits d'assurance est ouverte à l'épargne retraite précédemment décrite, qu'elle soit souscrite dans le cadre de l'entreprise ou en dehors entreprise de celle-ci. A côté des contrats en euros, les plus sécurisés, se retrouvent les contrats dits « en unités de compte » mono ou multisupports (OPCVM) les plus exposés puisque la valeur de l'épargne est au moins pour partie constituée d'actions.[41] A cet égard, une ordonnance du 30 janvier 2009 vient d'ajouter, *expressis verbis*, qu'un PERP peut être constitué sous la forme d'un contrat d'assurance vie diversifié.[42] Cette exposition aux risques financiers s'accroît du fait que l'épargne constituée n'est guère plus liquide que les sommes détenues au titre des régimes supplémentaires obligatoires. Le principe du « tunnel » ignoré de l'assurance sur la vie ordinaire se retrouve ici, contraignant sauf exception l'assuré à attendre l'âge de la retraite pour bénéficier des fonds placés (C. ass., art. L. 132-23).[43] Dans ce contexte, la sécurisation des produits d'épargne retraite procède d'une triple démarche cumulative[44]:

*L'application d'un corpus de règles protectrices, issues du droit commun de l'assurance vie.* Ainsi, le droit de renonciation après souscription (C. ass., art. L. 132-5-1; C. ass., art. L. 441-2 I, issu de l'ordonnance du 30 janvier 2009, précisant

[40] V. supra, pour le dispositif du PERE.

[41] Sur ces supports financiers : Bigot J. (dir), Traité de droit des assurances, Les assurances de personnes, T IV, LGDJ 2007 ; Lamy assurances 2009, n° 3657 et s.

[42] Ordonnance n° 2009-106 du 30 janvier 2009 portant sur la commercialisation des produits d'assurance sur la vie et sur des opérations de prévoyance collective et d'assurance, art. 1er ; JCP E 2009, act. 98, aperçu rapide, par G. Notté.

[43] Pour une comparaison fiscale des différents dispositifs : P. Morvan, Droit de la protection sociale, préc., n° 1101, p. 723.

[44] Dont la présentation exhaustive dépasserait le cadre de cette communication. Seules en seront évoquées quelques illustrations topiques.

que la faculté de renonciation s'exerce dans les contrats à adhésion facultative[45]) redevient effectif après adhésion à un PERP et, compte tenu de son caractère facultatif, un PERE[46]: le contrat d'assurance est bel et bien souscrit par une personne physique au sens de l'article L. 132-5-1 du Code des assurances. Il en va de même de l'information précontractuelle (C. ass., art. L. 132-5)[47] ou de la dénonciation du contrat en cas de modification de ses termes par l'assureur, interdite en cas de contrat à adhésion obligatoire.

*L'adaptation des règles ordinaires de l'assurance vie, dans un sens protecteur de l'assuré.* Aussi bien, le recours à des contrats de capital différé souscrits en unités de compte multisupport (PERP, « contrats Madelin »...), parfois périlleux en droit commun en ce qu'aucune garantie plancher n'est légalement due par l'assureur – sauf à ce que le gestionnaire des OPCVM la propose de son propre chef[48] – est ici d'emblée sécurisé puisque la valeur des placements constitués est progressivement consolidée, selon un *ratio* de fonds garantis qui augmente au fur et à mesure qu'approche le moment de la retraite.[49] Cette règle est cependant facultative, et peut être repoussée par l'assuré qui doit alors en faire la demande expresse et écrite. De même, la disposition conférant aux associations la qualité de mandataire de l'assureur est une mesure de pure opportunité, permettant d'assujettir ces personnes morales à la Commission de contrôle des assurances, ce qui postulait à l'époque une telle qualité (C. ass., art. L. 310-2 ancien). Paradoxalement cette qualité, devenue superfétatoire pour l'intervention de l'actuelle Autorité de contrôle des assurances et des mutuelles, continue d'être attribuée aux associations concernées... Quant aux règles portant sur la transférabilité des droits acquis (C. ass., art. L. 132-21 et 22), on soulignera que le transfert des PERP fait figure de modèle par sa précision réglementaire, en contemplation du régime applicable

[45]Lorsque le lien qui unit l'adhérent au souscripteur rend obligatoire l'adhésion à la convention, ces opérations sont dites à adhésion obligatoire. Dans les autres cas, elles sont dites à adhésion facultative. Pour ces dernières, la faculté de renonciation s'exerce conformément à l'article L. 132-5-1.

[46]La rédaction générale de l'article L. 441-2 C. ass., telle qu'issue de l'ordonnance du 30 janvier 2009, conduit également à inclure les « contrats Madelin » dans le champ de ce droit de renonciation.

[47]L'ordonnance du 30 janvier 2009 a pour ambition générale (articles 2 et 3) d'unifier les règles de commercialisation des contrats d'assurance sur la vie, associatifs ou non, et d'imposer une information claire et non trompeuse sur le contenu des contrats. A cette fin, elle accuse la distinction entre les opérations collectives (Titre IV Livre IV du Code des assurances) et l'assurance sur la vie de groupe (Titre IV livre I).

[48]Suppression résultant de la loi n° 92-665 du 16 juillet 1992. La fréquence accrue des conventions à capital variable peut amener les établissements de crédit à accepter d'en partager plus souvent le risque financier (H. Marck, Garanties sur contrat d'assurance vie : questions pratiques, RD bancaire et fin. 2003, p. 327).

[49]Les modalités de sécurisation progressive des droits sont les suivantes ; entre 10 et 20 ans avant la retraite, la part de l'épargne garantie est de 40 %, entre 5 et 10 ans 65 %, entre 2 et 5 ans 80 %, inférieur à 2 ans 90 %.

aux contrats de retraite à adhésion obligatoire[50] et que la rapidité en a encore été accélérée par l'ordonnance du 30 janvier 2009.[51]

*L'encadrement de la gouvernance des régimes d'épargne retraite* par les associations souscriptrices, à l'instar des comités de surveillance des PERP par les GERP dont la structure doit, en principe, garantir une autonomie de contrôle vis-à-vis des organismes assureurs (50 % au moins des membres n'ayant ni intérêt ni mandat auprès de ceux-ci dans les deux ans ayant précédé leur entrée en fonction). On observera que, dans un but d'assouplissement du contrôle parfois jugé excessivement rigide, l'article L. 144-2 C. ass. autorise désormais la fusion des conseils d'administration et de surveillance lorsque le GERP a souscrit un unique plan, tandis que l'ordonnance du 30 janvier 2009 a, en amont, facilité la constitution de ces associations en supprimant le nombre minimum d'adhérents à rassembler pour autoriser l'association à souscrire le PERP, et en allongeant la durée d'atteinte des seuils requis pour sa viabilisation.[52] Quant au PERE, sa gestion postule une composition particulière du comité de surveillance, à l'instar de l'interdiction faite aux représentants des employeurs de détenir plus de la moitié des voix.

On le constate, les assurances sur la vie dédiées à la garantie de l'épargne retraite, individuelles par leur expression contractuelle, savent aussi se rassembler dans l'expression collective de leur gouvernance.

---

[50] Là-dessus, P. Morvan, Droit de la protection sociale, préc., n° 1075, p. 707.

[51] Ord., art. 1, modifiant l'article L. 131-3 C. ass. La transférabilité du PERE postule quant à elle que l'adhérent ne soit plus contraint d'adhérer du fait de son départ de l'entreprise.

[52] Ord., art. 1.

# Teil II
# Die finanzielle Sicherheit an Beispielen

# Part II
# Financial Security at a Glance

# Partie II
# La recherche de sécurité financière par exemples

# Kapitel 10
# Die finanzielle Sicherheit der betrieblichen Altersversorgung in Schweden: Vorbild für Europa?

# La sécurité financière des retraites professionnelles d'entreprise à la rigueur : une sécurité assurée

**Peter A. Köhler**

**Résumé** La quasi-totalité des travailleurs salariés suédois bénéficient en complément de l'assurance retraite légale d'une protection conventionnelle complémentaire. Le financement est à la seule charge des employeurs. Toutes les assurances complémentaires sont prévues par des conventions collectives conclues entres les associations patronales et les syndicats. Les conventions collectives sont très répandues bien qu'il n'y ait ni obligation légale ni directive quant au contenu. On distingue dans les régimes d'assurance complémentaire de la fonction publique, celui des employés du secteur privé et celui des ouvriers. Les différents régimes prévoient une multitude de formes de prestations, dont les conditions d'octroi sont très diversifiées. Les conditions essentielles se ressemblent pourtant. Ainsi, les régimes complémentaires comprennent dans leur champ d'application matériel ce qui n'est pas couvert par la sécurité sociale, à savoir en premier lieu, le maintien du niveau de vie pendant la retraite, la protection des survivants, l'assurance vie, de groupe, essentiellement. Les conventions collectives sont conçues de sorte à permettre le changement d'emploi. Les organismes de gestion de protection complémentaire sont des institutions de droit privé, paritaires, créées par les partenaires sociaux, et sous leur contrôle. Une autorisation de fonctionnement publique n'est pas prévue. Il n'y a dès lors pas de contrôle spécifique par l'Etat. Le régime fiscal des retraites d'entreprise est identique à celui des retraites privées. Ainsi, seules les prestations versées durant la période de retraite sont soumises à impôt, les contributions

P.A. Köhler (✉)
Dr. jur., Max-Planck-Institut für ausländisches und internationales Sozialrecht, München, Amalienstr. 33, 80799 München, Deutschland
e-mail: koehler@mpisoc.mpg.de

O. Kaufmann, S. Hennion (eds.), *Steuerung der betrieblichen Altersversorgung in Europa: garantierte Sicherheit? Governance of Occupational Pensions in Europe: Guaranteed Security? Gouvernance des retraites professionnelles en Europe: Sécurité garantie?*, DOI 10.1007/978-3-642-15731-8_10, 

versées auparavant ne sont pas imposées. Au ministère des finances, on envisage l'abolition de ce privilège fiscal. Si les partis représentés au Parlement n'ont pas encore pris position sur ces réflexions, les syndicats ont déjà fait part de leur rejet d'un tel projet. Durant l'évolution commune centenaire, le système de protection étatique et l'assurance complémentaire se sont mutuellement conditionnés et influencés. Les régimes complémentaires ont gagné en importance durant cette évolution. Ils constituent aujourd'hui pour la plupart des travailleurs salariés un important pilier du maintien du niveau de vie pendant la vieillesse. Il est permis de supposer que leur existence a été l'une des raisons qui ont permis de réaliser une réforme radicale du système public de retraite il ya une décennie. La possibilité du choix qu'ont' les assurés d'opérer eux-mêmes le placement de leur retraite complémentaire sur le marché financier est une tendance répandue dans tous les régimes complémentaires. L'implication des assurés dans la responsabilité pour la constitution de leur propre protection vieillesse se concrétise par la possibilité de choix qui leur est ouvert pour la rente à prime du système public. Les assurés doivent ainsi avoir accès aux avantages du marché financier. Durant la crise financière en 2008, les assurés ont dû subir, à l'instar du système des retraites à primes, des pertes financières pour leurs placements, tout comme c'était le cas pour les institutions de gestion de retraite complémentaire traditionnelles. Toutefois, grâce au comportement de placement plutôt conservateur, on constate à nouveau des bénéfices d'intérêts. La retraite complémentaire suédoise est de ce fait relativement sûre.

Die Themenstellung verbindet zwei Fragen, nämlich die nach der finanziellen Sicherheit der betrieblichen Alterssicherung in Schweden und die Frage danach, ob dieses nationale System in Europa als nachahmenswertes Beispiel angenommen werden könnte.

## 10.1 Vorbild

Wer sich mit Rechtsvergleich beschäftigt, weiß freilich um die Problematik einer Suche nach „Vorbildern" bei der Gesetzgebung. Nur sehr selten kann wissenschaftlich nachgewiesen werden, dass ein nationaler Gesetzgeber bei seiner Arbeit ausländischen Mustern gefolgt ist[1] und noch seltener begegnet der Fall, dass er dezidiert dazu steht. Dieses Phänomen lässt sich beispielhaft bei der Entstehung der Sozialversicherung beobachten: Natürlich nahm man in Europa 1881 die historische Erstgesetzgebung des Deutschen Reichs wahr, und umgekehrt ist belegt, dass Bismarck Kenntnis von vergleichbaren Bestrebungen in den Nachbarstaaten

[1] Hier ist nicht der langwierige kulturverändernde Prozess der Rezeption eines fremden Rechtssystems wie der des Römischen Rechts im Mittelalter oder die Öffnung Japans zum westlichen Recht gemeint, sondern der rechtstechnisch interessierte „Blick über die Grenze" in der modernen Staatenwelt.

hatte[2] – der französische Delegierte auf dem Internationalen Arbeiterversicherungskongress 1902 in Düsseldorf sprach aber aus, warum selbst eine weithin als vorbildlich empfunden nationale Gesetzgebung dennoch anderen Staaten nur sehr schwer unmittelbar als Vorbild dienen kann. Für ihn war die da ja schon für alle „klassischen Zweige" fest etablierte deutsche Sozialversicherung bereits so sehr zu einem „Markenzeichen Deutschlands" geworden und in ihrer rechtlichen Ausgestaltung so „grundlegend national", dass sie zu den Bedingungen eines anderen Staates nicht in dessen Rechtssystem umgepflanzt werden kann.[3] Bringt man die damals zeittypischen nationalen Vorbehalte in Abzug, bestätigt das Urteil mittelbar die Bedeutung der „Pfadabhängigkeit" von Institutionen, denn mit diesem Begriff soll eigentlich gesagt werden, dass Entscheidungen in der Vergangenheit auf die Wahlmöglichkeiten der Gegenwart und der Zukunft einwirken, noch einfacher, dass Geschichte eine Rolle spielt.[4] Dieser Befund gilt sogar für die dem externen Beobachter der vermeintlich einander so nahe stehenden Rechtssysteme der nordischen Länder. Für deren „Sonderart" haben nordische Rechtswissenschaftler trotz der intensiven Zusammenarbeit ihrer Staaten im Nordischen Rat inzwischen weitgehend Abschied von optimistischen Konvergenzerwartungen genommen und heben stattdessen zunehmend nationale Divergenzen hervor.[5] Selbst auf regionaler Ebene bewirkt ein von Experten erarbeitetes internationales Know-how alleine offenbar noch keine gesetzgeberische Reaktion.

Die nationalstaatliche Gebundenheit des Gesetzgebers dominiert ungeachtet dessen oftmals sogar sein Handeln, so dass er selbst über die Jahre wiederholt rechtsvergleichende Expertisen in Auftrag gegeben hat. Die in Deutschland einer Reform des Berufsbeamtentums verfassungsrechtlich gezogenen Grenzen machen dies besonders deutlich,[6] doch steht dieses Beispiel keineswegs allein: So hat die von der Bundesregierung eingesetzte Expertenkommission für moderne Dienstleistungen am Arbeitsmarkt (unter der Leitung des ehemaligen Personalvorstands der Volkswagen AG, Peter Hartz, deshalb die sog. „Hartz-Kommission") in ihrer

---

[2] S. mit Nachweisen P. A. Köhler, Entstehung von Sozialversicherung, in: H. F. Zacher (Hg.), Bedingungen für die Entstehung und Entwicklung von Sozialversicherung, Berlin 1979, S. 19–88, hier S. 82.

[3] S. ebenda, S. 84–85.

[4] S. für die Politikwissenschaft T. C. Boas, Conceptualizing Continuity and Change. The Composite-Standard Model of Path Dependence. In: Journal of Theoretical Politics 19 (1) 2007, S. 33–54, für die Soziologie J. Mahoney, Path Dependence in Historical Sociology, in: Theory and Society 29 (2000) S. 507–548 und für die Geschichtswissenschaft K. Thelen, How Institutions Evolve: The Policy of Skills in Germany, Britain, the United States and Japan, Cambridge 2004.

[5] J. Niemi, Sverige och Finland – lika aller olika? In: Retfærd. Nordisk juridisk tidsskrift 33. Jg. 2010 Nr. 1, S. 95–105; K. A. Modéer, Reflexionen über die nordische „Sonderart", In: Rechtsgeschichte 13 (1008), S. 201–204; B. Henningsen, Der Norden: Eine Erfindung. Das europäische Projekt einer regionalen Identität, Berlin 1993.

[6] P. A. Köhler, Erfahrungen des Rechtsvergleichs und verfassungsrechtliche Vorgaben in Deutschland. In: U. Becker / P. A. Köhler / Y. Körtek (Hrsg.), Die Alterssicherung von Beamten und ihre Reformen im Rechtsvergleich, Baden-Baden 2010, S. 25–44.

Arbeit auch ausländische Erfahrungen einbezogen,[7] ein Erfolg lässt sich freilich für den aktuellen Fall ebenso wenig erkennen, wie 100 Jahre zuvor, als eine niederländische Expertenkommission versuchte, in der Arbeitsmarktpolitik von deutschen und englischen Erfahrungen zu lernen. Auch damals konnte der „internationale Informationsaustausch jedoch nationale Entscheidungsprozesse nicht ersetzen."[8]

Im Folgenden wird deshalb auf die Diskussion, inwieweit der betrieblichen Alterssicherung in Schweden Vorbildcharakter zugesprochen werden kann, verzichtet. Das heißt freilich nicht, dass aus den Erfahrungen dieses Landes für den interessierten Beobachter nichts zu lernen wäre.

## 10.2 Konzeption der betrieblichen Altersversorgung in Schweden

Die betriebliche Altersversorgung (hinfort: BAV) ist primär ein Ergebnis des „schwedischen Modells" der Arbeitsbeziehungen, bis heute eine „Gemeinschaftskultur, die von Gemeinsinn, Zusammenarbeit und sozialer Wohlfahrtspolitik geprägt ist".[9] Damit verbunden ist eine Dominanz des kollektiven Arbeitsrechts gegenüber gesetzlichen Regelungen. Die Architektur dieses Arbeitsrechts ist wesentlich durch Zusammenarbeit der Tarifparteien entstanden und wird von diesen bestimmt und dessen Kernbestand wurde Ende der 1930er Jahre mit dem grundlegenden Abkommen beider Tarifpartner in Saltsjöbad vereinbart.[10] Natürlich war auch „Saltsjöbaden" nicht ohne Vorgeschichte: Meist wird das Datum 1899 genannt, als erstmals ein (Mechaniker-) Streik damit beendet wurde, dass die Arbeitgeber die Vereinigungsfreiheit der Arbeiter anerkannten.[11] Das Gesetz betr. „Kollektivabsprachen" legte 1928 die Friedenspflicht für tarifgebundene Parteien fest, im gleichen Jahr wurde die Arbeitsgerichtsbarkeit geschaffen, deren wichtigste Zuständigkeit für Rechtstreitigkeiten aus Tarifverträgen bis heute besteht. Die wachsende Bedeutung der Organisationen des Arbeitsmarkts wurde durch das Gesetz über das Vereinigungs- und Verhandlungsrecht von 1936[12] vom Gesetzgeber anerkannt und

---

[7]S. dazu etwa U. Behning, Hartz IV und Europa, in: Blätter für deutsche und internationale Politik 2/2005, S. 217–228; A.-M. Weimar, Die Arbeit und die Entscheidungsprozesse der Hartz-Kommission, Wiesbaden 2004.

[8]S. die Zusammenfassung der Ergebnisse eines Graduiertenkollegs von C. Trampusch, Eine Hartz-Kommission vor hundert Jahren. Probleme einer arbeitsmarktpolitischen Expertenkommission im alten Europa, in: Georgia Augusta, Wissenschaftsmagazin der Georg-August-Universität Göttingen, Heft 3/2004, 62–66, Zitat S. 66.

[9]S. Sten Edlund, Sten und Birgitta, Nyström, Arbetsrätt i förändring, Stockholm 1995, S. 26: "...en samhällskultur präglad av samförstånd, samarbetsanda och social välfärdspolitik".

[10]S mit umfänglichen Literaturnachweisen Mats Glavå, Arbetsrätt, Stockholm 2005, S. 107–109.

[11]S. Junsjö, Kurt und Holmertz, Staffan, Riv inte upp avtalsmodellen, in: Lag och avtal, nr. 2/2003, S. 6 ff., darin auch das ausführliche Zitat des Protokolls der Streikbeilegung.

[12]Die darin enthaltenen Grundsätze gelten bis heute im Mitbestimmungsgesetz, Lag (1976:580) om medbestämmande i arbetslivet, MBL.

sogar noch gestärkt, da bei Verhandlungs*willen* einer Partei die Verhandlungs*pflicht* der anderen festgelegt wurde.

Von jeher beruhen in Schweden daher alle betrieblichen Zusatzversicherungen[13] auf Kollektivverträgen zwischen den Arbeitgebern und den Gewerkschaften. Die Träger aller Zusatzversicherungen sind von den Tarifpartnern gemeinsam errichtete, personell paritätisch besetzte und beaufsichtigte privatrechtlich gestaltete Institutionen. Ein besonderes öffentlich-rechtliches Zulassungserfordernis ist nicht erforderlich. Es gibt damit auch keine spezifische staatliche Kontrolle für den Abschluss, noch irgendeine gesetzliche Ausgestaltung der Inhalte.

## 10.3 Organisation

Man kann die verschiedenen Systeme der Zusatzversicherungen primär in die des öffentlichen Dienstes, der Angestellten der Privatwirtschaft und der Arbeiter unterteilen. Die einzelnen Systeme selbst enthalten wiederum ein vielfältiges Leistungsspektrum, dessen Umfang und dessen Voraussetzungen grundsätzlich ähnlich, in den Details aber unterschiedlich geregelt sind.

### *10.3.1 Administration – Aufsicht*

Die Zusatzsicherung der Angestellten im öffentlichen Dienst und der (wenigen) Beamten wird vom staatlichen Pensionsamt (Statens Pensionsverket, SPV) verwaltet sowie von der „Kommunsektorns Pensions AB“ (KPA), an der zu 40% der öffentliche Arbeitgeberverband und zu 60% „Folksam“, ein Versicherungsunternehmen unter kooperativen Steuerung der Tarifpartner, beteiligt sind.[14] Zur Administration der BAV der Arbeiter haben die Tarifpartner die „Fora AB“[15] gegründet, für die der Angestellten die „Collectum AB“,[16] wie Fora ein gemeinsam geführtes Unternehmen. Mit der Durchführung der Zusatzversicherung von Versicherten, die

---

[13]Zu den historischen Hintergründen und den Wechselwirkungen der BAV zum gesetzlichen System s. P. A. Köhler, Funktion und rechtliche Ausgestaltung der Zusatzversicherungssysteme bei der Reform der Alterssicherungssysteme. Das Beispiel Schweden, in: M. Schlachter / U. Becker / G. Igl (Hrsg.), Funktion und rechtliche Ausgestaltung zusätzlicher Alterssicherung. Reformen in der Schweiz, den Niederlanden, Großbritannien, Schweden und Deutschland mit ihren internationalen und gemeinschaftsrechtlichen Bezügen, Baden-Baden 2005, S. 85–105.

[14]S. P. A. Köhler, Die Alterssicherung des öffentlichen Dienstes in den Nordischen Ländern Dänemark, Norwegen und Schweden, in: U. Becker / P. A. Köhler / Y. Körtek (Hrsg.), Die Alterssicherung von Beamten und ihre Reformen im Rechtsvergleich, Baden-Baden 2010. S. 113–131; R. Gatermann, Betriebsrenten in Schweden: Man bleibt unter sich, in: Deutsche Pensions- und Investmentnachrichten, 8. Jg. Nr. 43 April/Mai 2009, S. 22–27.

[15]Zu dieser s. Gatermann, ebenda und deren Jahresberichte, zuletzt Foras årsredovisning 2009. Stockholm 2010; „AB“ (Aktiebolaget) steht für Aktiengesellschaft.

[16]Zu dieser s. Gatermann, ebenda und Collectum – knutpunkt för ITP. Pressinfo, Stockholm 2010.

keine eigene Anlagewahl treffen, wurde „Alecta"[17] betraut, die ebenfalls paritätisch im Eigentum der Tarifpartner steht. Diese Unternehmen zertifizieren die für die BAV ausgewählten traditionellen oder fondsgebundenen Versicherungen, darunter die erwähnte Folksam oder die dem Arbeitgeberverband (Svensk Näringsliv) und dem Dachverband der Gewerkschaften (Landsorganisationen, LO) gemeinsam gehörende Arbetsmarknadsförsäkring (AMF).

Wie alle anderen Akteure des Finanzmarktes stehen auch die Unternehmen der BAV unter der Aufsicht der staatlichen „Finansinspektionen" (FI), einer Behörde, die sowohl für Effektivität und Stabilität des Finanzsystems zuständig ist, aber auch für den Verbraucherschutz im finanziellen Sektor.[18]

## *10.3.2 Zustandekommen der „Supermacht Tarifpension"*

Die Geschichte der BAV in Schweden ist insgesamt eine Erfolgsgeschichte. Sie verwaltet ein Kapital von etwa 68 Milliarden SEK, an der Stockholmer Börse finden sich unter den zehn größten Aktionären mit Alecta und AMF zwei Pensionsanbieter der BAV – die tariflich vereinbarten Pensionen („Avtalspensionen") wurden deshalb in Schweden als finanzielle „Supermacht" beschrieben.[19]

Weil bei allen Unterschieden in den Details die grundsätzlichen Ähnlichkeiten der diversen Modelle der BAV überwiegen, soll im Folgenden schwerpunktmäßig die Zusatzrente für die Angestellten in Industrie und Handel ITP (=Industris och handels tilläggspension för tjänstemän), das von der Mitgliedschaft her größte System, unter dem Aspekt der Alterssicherung dargestellt werden.

Ausgangspunkt aller tariflichen Zusatzsysteme ist gewöhnlich die Formulierung einer Anregung durch Vertrauensleute der Gewerkschaft auf regionaler Ebene. Dort wird entschieden, ob das Anliegen (im Beispiel) an das Kartell der Angestelltengewerkschaften, PTK (=Privattjänstemannakartellen)[20] weitergeleitet wird. Gleiches gilt für Vorschläge der Arbeitgeberseite, die ebenfalls erst regional oder branchenweit aufgegriffen werden müssen, um schließlich auf zentralem Niveau verhandelt zu werden. Kommen PTK und Svenskt Näringsliv überein, empfehlen sie ihren Mitgliedern die Annahme eines da meist schon bis in die Details geregelten Vertrags. Nehmen die Mitglieder an, gilt der Kollektivvertrag als geschlossen. Er ist dann für beide Seiten landesweit verbindlich.

[17] Alecta verwaltet seit 1917 Zusatzversicherungen, heute ist sie für Einlagen von 1,8 Millionen Anlegern und 30.000 Unternehmen in Höhe von 450 Millionen SEK verantwortlich, s. Alecta (Hg) årsredovisning 2009, Stockholm 2010, S. 3–4.

[18] Der gesetzliche Auftrag der FI ist geregelt in Förordning (2009:93) med instruktion för Finansinspektionen und den die Finanzmärkte betreffenden Vorgaben der EU.

[19] S. mit Nachweisen Gatermann (Fn. 14), S. 24.

[20] Oder eben die entsprechende Dachorganisation der Arbeiter, LO (=Landsorganisationen) oder des öffentlichen Dienstes, TCO (=Tjänstemännens Centralorganisation).

### *10.3.3 Einbezogener Personenkreis*

Grundsätzlich sind alle Arbeitnehmer in den Schutz der Zusatzversicherung einbezogen, die bei einem an den Kollektivvertrag gebundenen Arbeitgeber beschäftigt sind. Da fast alle Arbeitgeber Verbandsmitglieder sind, gilt die Zusatzversicherung im privatwirtschaftlichen Sektor ebenso wie im öffentlichen für praktisch alle Arbeitnehmer.

Weitere Voraussetzungen[21] haben sich tarifvertraglich allgemein durchgesetzt: So muss es sich beim individuellen Arbeitsvertrag um eine Festanstellung handeln und der Angestellte muss das 18. Lebensjahr vollendet haben, für Arbeiter gilt das 21. Lebensjahr. Ab diesem Alter besteht Zusatzversicherungsschutz für (zusätzliches) Krankengeld, Arbeitsunfall und ggf. eine Lebensversicherung. Dem Arbeitgeber obliegt es, den Mitarbeiter bei der Alecta zur Zusatzversicherung (ITP) anzumelden.

Der Einbezug in die Alters- und Hinterbliebenenversicherung nach dem ITP-Plan beginnt erst mit dem 28. Lebensjahr. Arbeitsverhältnisse, die erst 36 Monate vor einem möglichen Rentenantritt beginnen, werden nur dann in die Zusatzversicherung einbezogen, wenn vorher schon einmal ein zusatzversichertes Arbeitsverhältnis bestanden hat. Zudem muss ein Arbeitsverhältnis wenigsten acht Stunden pro Woche umfassen. Eine längere Arbeitszeit, die aber noch unter der regulären Arbeitszeit liegt, begründet Ansprüche auf eine hälftige Zusatzversicherung. Teilzeitarbeit wirkt sich also auch auf die Zusatzversicherung aus, was in der Praxis primär Frauen betrifft, weil diese den größten Anteil an Teilzeitbeschäftigten stellen.

## 10.4 Das Spektrum der Leistungen

Als Alterssicherungsleistungen werden eine Altersrente, eine „alternative Rentenlösung" (=alternativ ITP), eine „komplettierende Altersrente" (=Kompletterung till ITPs ålderspension, ITPK[22]), diverse Leistungen zur Sicherung der Hinterbliebenen und eine Lebensversicherung angeboten. Seit 2001 gibt es in Entsprechung zum gesetzlichen System auch bei den Zusatzversicherungen keine Teilrenten mehr.

### *10.4.1 Die Altersrente ITP*

Die Altersrente ITP kann in voller Höhe ab dem 65. Lebensjahr bezogen werden, bei Rentenbeginn zum 55. Lebensjahr wird die Leistung entsprechend gekürzt, bei einem bis zum 70. Lebensjahr möglichen Aufschub erhöht sich die Leistung.

---

[21] S. hierzu und zum Folgenden PTK (Hg.), Handbok om försäkringar 2009. Stockholm 2009 und Försäkringsbolagen Pensionsgaranti, ömsesidig PRI Pensjonstjänst AB (Hg.), The FPG/PRI Handbook, Stockholm 2008.

[22] Diese Zusatzrente zur Zusatzrente ist ein Spezifikum der Angestelltenzusatzversicherung und findet sich so nicht bei den Systemen für die Arbeiter und den öffentlichen Dienst.

Die Höhe der Rente ist „leistungsbestimmt“: Festgelegt wird dabei unabhängig von den zuvor eingezahlten Beiträgen die Leistungshöhe, die unterschiedlich nach der Höhe der Einkünfte errechnet wird. Als sog. „rentenmitführende“ Einkünfte (=pensionsmedförande lön) gelten (vereinfacht[23]) alle Arbeitsverdienste außer Überstundenzahlungen. Elternurlaub unter Bezug des Elterngeldes ist zusatzversichert. Der Rentenberechnung wird der Durchschnitt der drei besten Jahresgehälter während der letzten fünf Jahre vor Rentenantritt zugrunde gelegt, höchstens jedoch ein Gehalt bis zum 30-fachen des „Einkommensgrundbetrags“. Dabei handelt es sich um die Berechnungsgröße der gesetzlichen einkommensbestimmten Altersrente. Der Einkommensgrundbetrag belief sich 2009 auf 50.900 SEK.

Gezahlt wird ein nach der Höhe dieses Einkommens abgestufter Prozentsatz. Für 2009 gilt:

| Gehalt nach Einkommensgrundbetrag | Gehalt in SEK | ITP-Rente |
|---|---|---|
| 0–7,5 | 0–381.750 | 10% |
| 7,5–20 | 381.750–1.018.000 | 65% |
| 20–30 | 1.018.000–1.527.000 | 32,5% |

Die volle Rente wird ab einer Versicherungszeit von 360 Monaten gezahlt, fehlende Zeiten führen in Relation dazu zu Rentenabschlägen.

Dies soll ein Beispiel verdeutlichen: Ein Versicherter mit einem Endgehalt von SEK 330.000 hat eine Versicherungszeit von 340 Monaten. Daraus errechnet sich eine ITP-Rente von

10% aus 381.750 SEK = 38.175 SEK/Jahr
65% aus 51.750 SEK (=Betrag über 7,5-Einkommensgrundbetrag) = 33.637 SEK
Die Gesamtsumme 71.812 SEK entspricht einer monatlichen Rente von 5.984 SEK.
Da nur 340 Versicherungsmonate gegeben sind, wird gekürzt:
340: 360 × 5.984 = 5.651 SEK/Monat.

Die laufenden Leistungen werden jährlich durch Anbindung an einen von ALECTA selbst errechneten Preisindex dynamisiert. Sie gelten als steuerpflichtiges Einkommen und werden entsprechend dem Einkommenssteuergesetz besteuert. Die Rentenzahlungen enden mit dem Tod des Versicherten.

[23] Es gibt komplizierte Detailregelungen betr. Provisionen, Gewinnbeteiligungen, Bonuszahlungen etc.

### *10.4.2 Die „alternative ITP“*

Seit einigen Jahren ist es wie bei der gesetzlichen „Prämienrente“[24] möglich, dass ein Versicherter alternativ zu ITP mit dem Arbeitgeber vereinbaren kann, selbst über die Anlage der für ihn abzuführenden ITP-Beiträge zu bestimmen. Voraussetzung ist ein Einkommen über dem 10-fachen des Einkommensgrundbetrags. Da die Beiträge in Kapitalfonds angelegt werden, sind die späteren Renten von der Fondsentwicklung auf dem Kapitalmarkt abhängig, nicht „leistungsbestimmt“, wie ITP. Für die Leistungen bestehen diverse Wahlmöglichkeiten hinsichtlich der Rentendauer oder der Begünstigung von Angehörigen. Nach den Bedingungen des freien Kapital- bzw. Lebensversicherungsmarkts gibt es für die „Alternative“ auch keinen „Weg zurück“ – wer sich einmal für die „Alternative“ entschieden hat, kann nicht mehr zur ITP wechseln, selbst wenn seine Einkünfte unter das 10-fache des Einkommensgrundbetrags sinken sollten.

### *10.4.3 Die komplettierende Zusatzrente ITPK*

Die ITPK (=Komplettering till ITPs ålderspension) wurde im Jahr 1977 für alle Angestellten eingeführt. Anders als die ITP ist sie „beitragsbestimmt“, d. h., von den Arbeitgebern wurden ursprünglich 2% der für ITP geltenden „rentenmitführenden Einkünfte“ über die ITP-Administration auf dem Versicherungsmarkt angelegt. Die ITPK war die erste Zusatzversicherung, die den Versicherten die Möglichkeit gab, selbst zu wählen, wo dieser 2%-Anteil angelegt werden soll. Dabei ist eine variationsreiche Wahl dahin zu treffen:

- ob die Anlage ausschließlich für den Versicherten erfolgen soll, oder
- ob die Hinterbliebenen in den Schutz einbezogen werden sollen,
- ob in eine traditionelle Versicherung
- oder in einen Aktienfonds angelegt werden soll, und
- welche Versicherungsgesellschaft die Anlage verwalten soll.

Wird keine Wahl getroffen, erfolgt die Anlage in der „ursprünglichen“ Form des Einführungsjahres als Alterssicherung durch Alecta.

Da die Leistungen aus ITPK vom Kapitalmarkt, der Zinsentwicklung etc. abhängen, können sie nicht im Voraus bestimmt werden. Es gibt auch keine Garantie, dass eine Anlage erfolgreich ist. Hinsichtlich der ab dem 55. Lebensjahr möglichen Gestaltung des Auszahlungsmodus empfiehlt Alecta den Versicherten, sich für eine fünf Jahre laufende Rente zu entscheiden. Auch diese Zusatzrente zur Zusatzrente ist wie sonstige Einkünfte zu versteuern.

---

[24]Zu dieser s. P. A. Köhler, Die neue Alterssicherung Schwedens in der globalen Finanzkrise – bedingt krisenfest?, in: Deutsche Rentenversicherung (DRV) 65 (2010) S. 102–118; ders., Die Reform der Alterssicherung in Schweden, in: U. Becker / F. X. Kaufmann / B. von Maydell / W. Schmähl / H. F. Zacher (Hrsg.), Alterssicherung in Deutschland. Festschrift für Franz Ruland zum 65. Geburtstag, Baden-Baden 2007. S. 691–712.

### *10.4.4 Hinterbliebenensicherung*

Da die gesetzliche Rentenversicherung keine Hinterbliebenenleistungen vorsieht, ist dieses Leistungsangebot eine wichtige Aufgabe der Zusatzversicherungen. Bei ITP kommt sie dann in Frage, wenn der verstorbene Versicherte über 28 Jahre alt war und über das 7,5-fache des Einkommensgrundbetrags verdient hatte.

Geschützt sind Witwen und Witwer oder registrierte Partner,[25] wenn sie mit dem Verstorbenen vor dessen 60. Lebensjahr verheiratet (resp. als zusammenlebend registriert) waren, oder wenn sie nach dessen 60. Lebensjahr wenigstens fünf Jahre mit ihm oder ihr verheiratet waren oder wenn sie ein gemeinsames Kind haben. Leibliche und adoptierte Kinder des Versicherten sind bis zu ihrem 20. Lebensjahr rentenberechtigt. Die Rente wird als „Grundbetrag" gezahlt, der auf die Berechtigten verteilt wird. Dieser beläuft sich für „rentenmitführende Einkünfte" zwischen dem 7,5-fachen bis zum 20-fachen des Einkommensgrundbetrags auf 32,5% der Einkünfte, für Einkünfte vom 20-fachen bis zum 30-fachen Einkommensgrundbetrags auf 16,25% der Einkünfte. Der Betrag wird wieder in Relation zu 360 Monaten Versicherungszeit gesetzt. Alleinstehende Witwen, Witwer und registrierte Partner erhalten den vollen Grundbetrag, sind rentenberechtigte Kinder vorhanden, wird er auf 75% reduziert. Falls nicht wieder geheiratet wird, dauert die Rentenzahlung bis zum Tod des Berechtigten. Die Waisenrenten sind der Höhe nach ebenfalls in Relation zum Einkommensgrundbetrag abgestuft.

Bei ITPK kann eine Fünfjahreshinterbliebenenrente zugunsten des überlebenden Gatten, des registrierten Partners und für Kinder gewählt werden.

Der ITP-Hinterbliebenenschutz gilt noch über drei Monate weiter, wenn ein versichertes Arbeitsverhältnis beendet wird, für ITPK kann in diesem Fall die Versicherung ohne Gesundheitsprüfung individuell weitergeführt werden.

### *10.4.5 Die neue ITP für Geburtsjahrgänge ab 1979*

Zum 1. Juli 2007 trat eine neue Vereinbarung betreffend der ITP in Kraft.[26] Die größte Veränderung war die Umstellung der Rentenleistung auf ein beitragsbestimmtes System. Die Arbeitgeber führen dabei 4,5% des Bruttoeinkommens ihrer Mitarbeiter individuell berechnet bis zum 7,5-fachen Einkommensgrundbetrag ab, für darüber liegende Einkünfte 30%. Eine Hälfte der Beiträge wird bei einem der traditionellen BAV-Versicherern angelegt, also Alecta oder AMF etc. Die andere Hälfte kann der Versicherte selbst bei einer der Institutionen anlegen, auf die sich LO und Svensk Näringsliv geeinigt haben. Die Beiträge werden auch im Krankheitsfall,

---

[25] Das sind zwei Personen des gleichen Geschlechts, die ihr Zusammenleben nach den Vorgaben des Gesetzes, d.h. Lag (1994:1117) om registrerat partnerskap, haben registrieren lassen.

[26] Die Darstellung folgt der Informationsbroschüre PTK (Hg.), Din pension enligt det nya ITP-avtalet. För dig som är född 1979 eller senare. 8. Aufl., Stockholm 2009.

bei Elternurlaubs- oder Kinderbetreuungszeiten gezahlt. Wird über das 65. Lebensjahr hinaus gearbeitet, kann mit dem Arbeitgeber eine Weiterzahlung der Beiträge vereinbart werden. Die individuelle Rentenleistung hängt von der Summe der Beiträge und deren Anlagegewinnen (und -verlusten!) ab und davon, ob der Versicherte sich für den Einbezug eines Hinterbliebenenschutzes in seine Rentenanwartschaften entscheidet.

### *10.4.6 Gruppenlebensversicherung*

Aufgrund eines besonderen Kollektivvertrags sind die Arbeitgeber des Weiteren dazu verpflichtet, für alle Angestellten bis zu einer bestimmten Gehaltseinstufung bei den dafür vereinbarten Versicherungen eine Gruppenlebensversicherung abzuschließen. Die Höhe der Versicherungssumme ist am Lebensalter des Versicherten orientiert und berechnet sich anhand einer fallenden Skala des Grundbetrags: Für Versicherte

- vom 18. bis zum 55. Lebensjahr wird im Todesfall das 6,0-fache des Grundbetrags gezahlt,
- vom 55. bis zum noch nicht vollendeten 56. Lebensjahr das 5,5 fache daraus,
- vom 56 bis zum noch nicht vollendeten 57. Lebensjahr das 5,0 fache daraus und
- absteigend so fort bis zum 64. und dem noch nicht vollendeten 70. Lebensjahr, für welche Lebensspanne nur mehr der 1 fache Preisgrundbetrags gezahlt wird.

Dazu kommen noch nach Alter gestaffelte Zuschläge für Kinder bis zum 20. Lebensjahr. Als Berechtigte können wahlweise Ehegatten, registrierte Partner, Kinder, Enkel oder die Eltern des Versicherten benannt werden. Gibt es niemand aus diesem Personenkreis, wird die Hälfte der Versicherungssumme als Beerdigungszuschuss gezahlt, der Rest fällt an die Versicherung zugunsten der anderen in der Gruppenlebensversicherung Versicherten zurück.

## 10.5 Arbeitsplatzfreizügigkeit

Bei einem Arbeitsplatzwechsel zu einem anderen, dem gleichen Kollektivvertrag angehörenden Arbeitgeber ist die Fortschreibung der Zusatzversicherungen unproblematisch. Führt der Arbeitsplatzwechsel zu einer Beendigung der Zusatzversicherung, erhält der Versicherte von Alecta eine Übersicht über seinen Kontostand und die daraus zu erwartende Alterssicherung. Innerhalb von drei Monaten kann man vereinbaren, den Zusatzversicherungsschutz durch eine sog. „Fortsetzungsversicherung" („Fortsättningsförsäkring") weiterzuführen, für die man dann die Prämien selbst bezahlt. Tritt man später wieder in ein ITP-Arbeitsverhältnis ein, zählen die Zeiten der Fortsetzungsversicherung aber nicht als Versicherungszeiten im Sinne der 360-Monate Versicherungszeit.

Bei einem Arbeitsplatzwechsel zwischen Privatwirtschaft und öffentlichem Dienst sind für die meisten Zusatzsicherungsmodelle zwischen den Trägern die sog.

„samordning" („Zusammenordnung") vereinbart, wonach die bei unterschiedlichen Arbeitgebern zurückgelegten Zeiten gegenseitig als rentenbegründend anerkannt werden.

## 10.6 Finanzierung – Steuern

Die Finanzierung erfolgt ausschließlich durch Beiträge der Arbeitgeber, die von den Trägern eingezogen und verwaltet werden. Die Beiträge betragen für Angestellte (ITP) durchschnittlich 12,50% des „pensionsführenden Einkommen", zuzüglich die 2% für ITPK, für die Arbeiter 3,5% aus dem Gesamtlohn, für die Gruppenlebensversicherungen 0,20% (Angestellte) und 0,38% (Arbeiter). Zusammen mit den weiteren Zusatzversicherungen (Krankheit, Arbeitsunfall) beläuft sich die Lohnbelastung durch die kollektivvertraglichen Verpflichtungen der Arbeitgeber auf 13,01% bei Angestellten und auf 5% bei Arbeitern. Die Beiträge selbst sind ohne Bezug auf den Familienstand ausschließlich am Einkommen orientiert. Großunternehmen ist es erlaubt, die Beiträge im Unternehmen zu belassen und als Schulden in der Bilanz auszuweisen. In diesem Fall muss aber eine Kreditversicherung abgeschlossen werden.

Steuerlich[27] werden Beiträge und Leistungen der BAV parallel zur privaten Altersvorsorge behandelt. Die privaten Sparleistungen und die „gesparten" Beiträge zur BAV werden vom zu versteuernden Einkommen des Sparers bzw. Unternehmens abgezogen und bleiben insoweit steuerfrei. Erst die später aus diesen beiden Altersvorsorgeformen jeweils geleisteten Altersrenten werden beim Bezieher mit 15% besteuert – was nur die Hälfte dessen ist, was sonst bei Kapitaleinkünften an Steuern zu zahlen ist und auch erheblich günstiger als die mit 27% besteuerten Leistungen aus Lebensversicherungen. Unterschiede bestehen allerdings bezüglich der Höhe der so geförderten Sparleistungen: Für die private Altersvorsorge sind im Jahr 2010 höchstens 12.000 SEK abzugsfähig, für die betriebliche dagegen bis zu 35% des Lohns, maximal 424.000 SEK. Dies bevorzugt die Bezieher höherer Einkommen ebenso wie die Befreiung der an sich als Lohnbestandteile verstandenen Beiträge zur BAV von der Sozialversicherungspflicht. Im Jahr 2010 beliefen sich die „Sozialabgaben" (sociala avgifterna) auf insgesamt 25,39%[28] zuzüglich der „Allgemeinen Lohnabgabe" (allmän löneavgift) in Höhe von 6,03%[29] auf insgesamt 31,42%. Die Beiträge zur BAV werden stattdessen nur mit einer „besonderen

[27] Zum Steuerrecht allgemein s. z. B. Lodin, Sven-Olof, Inkomstskatt. Lund, 12. Aufl. 2009 und speziell zur BAV die Dir. 2004:99, Översyn av den skattemässiga behandling av tjänstepensioner och privat pensionssparande. Finansdepartement, Stockholm 2004 sowie Bergström, Ä., Palme M., Persson, M., Beskattning av privat pensionssparande. Rapport till Expertgruppen för studier i offentlig ekonomi (ESO). 2010:2, Stockholm 2010.

[28] Das sind gem. Socialavgiftslagen (2000:980) Kap. 1 § 26: Für Alterrente 10,21 %, Hinterbliebenensicherung 1,7 %, Krankenversicherung 5,95 % Elternversicherung 2,20 % Unfallversicherung 0,68 % und für Arbeitsmarktpolitik 4,65 %.

[29] Lag (1994:1920) om allmän löneavgift, § 3.

Lohnsteuer" (särskild löneskatt") in Höhe von nur 24,26% belastet.[30] Dies wird damit begründet, dass mit den BAV-Beiträgen aktuarisch keine Anwartschaften im allgemeinen System der sozialen Sicherheit erworben werden.

Im erwähnten, aktuell für das Finanzministerium erarbeiteten Bericht[31] wird diese Rechtslage aus mehreren Gründen kritisiert: Zunächst wird klargestellt, dass alle geleisteten Abgaben für Einkommensbestandteile, die über der Beitragsbemessungsgrenze der gesetzlichen Alterssicherung liegen, grundsätzlich nichts anderes seien als Steuern. Die Differenz zwischen der Summe der Sozialabgaben und der besonderen Lohnsteuer in Höhe von 7,16% müssen daher als Steuersubvention für die Beiträge Besserverdienender zur BAV bewertet werden. Dies wird auch in der Praxis so verstanden und ist der Grund dafür, dass für höhere Einkommen oft der sog. „Lohnwechsel" (löneväxlingen[32]) vereinbart wird. Dabei wird ein Teil des Lohns nicht bar ausgezahlt, sondern als Alterssicherungsleistung thesauriert. Weil schließlich nur die späteren Leistungen besteuert werden, hat dies neben der Steuererleichterung zusätzlich die Wirkung eines Steueraufschubs. Schließlich besteht in der Praxis die Gefahr, dass dann, wenn der Versicherte seinen Ruhestand im Ausland verbringt, die schwedischen Steuerbehörden am Ende keine Zugriffsmöglichkeiten auf die dann erst fälligen Steuern haben.

Die ESO-Experten schlugen deshalb vor, die Beiträge zur privaten Altersvorsorge ebenso wie die zur BAV zu dem Zeitpunkt zu besteuern, an dem sie aufgebracht werden, und die späteren Rentenleistungen unter Wegfall der „besonderen Lohnsteuer" steuerfrei zu stellen.[33]

Diese Vorschläge stießen auf vehemente Kritik insbesondere von Seiten der Gewerkschaften. So schrieb z. B. Sture Nordh, der Vorsitzende von TCO[34] in Dagens Nyheter,[35] dass eine Besteuerung schon der Beiträge im schlimmsten Fall zum Ende der BAV führen könne, sicher jedoch für den Durchschnittsrentner zu einer Einbuße bei den Rentenleistungen von ca. 25.000 SEK jährlich. Die Vorschläge verletzten im Übrigen das Prinzip, dass Löhne und Einkünfte dann besteuert werden, wenn sie anfallen, in der BAV also die Rentenleistungen. Schließlich verletzten die kameralistischen Überlegungen des ESO-Berichts den Konsens, der der tiefgreifenden Rentenreform 2000 zugrunde lag: Die dabei eingeführten und von den Gewerkschaften akzeptierten Einschnitte in das Alterssicherungssystem erfolgten vor dem Hintergrund einer fast alle Arbeitnehmer erfassenden, stabilen und leistungsfähigen BAV. Nordh forderte alle Parteien auf, sich noch vor der Reichstagswahl im September 2010 dazu zu äußern, wie man jeweils zu den Überlegungen der ESO stehe.

---

[30] Lag (1991:687) om särskild löneskatt på pensionskostnader.

[31] S. den ESO-Rapport, Anm. 27.

[32] S. ebenda, S. 89.

[33] S. ebenda, S. 111 ff.

[34] Das ist die Angestelltengewerkschaft, s. o. Anm. 22.

[35] Sture Nordh, Nytt förslag dråpslag mot alla blivande pensionärer, in: DN vom 15.09.2010.

## 10.7 Konkurssicherung – Rechtsschutz

Da die von den Arbeitgebern abgeführten Beiträge wie bei einer Versicherung zentral festgesetzt und verwaltet werden, ist eine Sicherung für den Konkursfall wie bei einer betrieblichen Versicherung nicht erforderlich. Sind im Konkurs des Arbeitgebers noch Beitragsschulden offen, sind sie wie Lohnansprüche vom Konkursgesetz geschützt.

Kommt ein Arbeitgeber im Einzelfall seiner Beitragspflicht nicht nach, wird er zur Nachversicherung verpflichtet. Ist dies unmöglich, erfolgt die Nachversicherung des Arbeitnehmers durch einen eigens für derartige Fälle von den Arbeitgebern eingerichteten Fonds.

Entsprechend der tarifvertraglichen Ausgestaltung ist der Rechtsschutz für Streitigkeiten betr. der Zusatzversicherungseinrichtungen sehr eingeschränkt: Ist man mit einer Entscheidung betr. der Zusatzversicherung (etwa Berechnung des „rentenmitführenden“ Einkommens) nicht zufrieden, hat man sich zuerst an den Arbeitgeber zu wenden, damit dieser die Angelegenheit Alecta vorträgt. Ist man mit deren Entscheidung unzufrieden, hat diese nach Widerspruch die Angelegenheit erneut zu überprüfen. Erfolgt noch immer keine Abhilfe, so steht der Rechtsweg zu einem besonderen „Rentenschiedsgericht“[36] offen, das mit Vertretern der Tarifpartner besetzt ist. Ein weiterer Rechtsweg ist nicht gegeben.

Für Beschwerden des Arbeitgebers (etwa Berechnung der Beitragshöhe für einen bestimmten Angestellten) gilt ebenfalls der Weg über die internen Prüfungen bis zum „Rentenschiedsgericht“.

## 10.8 Zusammenfassung

Resümierend lässt sich sagen, dass sich im Laufe ihrer über 100 Jahre gemeinsamen Entwicklung das staatliche System der Alterssicherung und die Zusatzversicherungen gegenseitig bedingt und beeinflusst haben. Dabei haben die Zusatzsysteme synchron mit der sich institutionalisierenden Zusammenarbeit der Tarifparteien ständig an Bedeutung gewonnen. Die verschiedenen Systeme der BAV sind dadurch heute für die meisten Arbeitnehmer in Schweden eine wichtige Säule vor allem der Lebens*standard*sicherung im Alter geworden. Man kann vermuten, dass ihre Existenz einer der Gründe war, weshalb man die politische Kraft zu einer radikalen

---

[36]Zum „Schiedsgericht betr. Arbeitsmarktversicherungen" (Skiljenämnden för Arbetsmarknadsförsäkringar", zum „Försäkringsnämnden för Arbetsmarknadsförsäkringer, das für die Auslegung der gemeinsamen Bestimmungen der BAV zuständig ist und zum "Pensionsnämnden", das bei Streitigkeiten zwischen den Tarifperteien betr. der BAV anzurufen ist, s. Foras årsredovisning 2009 (Fn. 15), S. 20. Für „nämnd“ gibt es keinen deutschen Begriff, auf Englisch wird nämnd mit „tribunal“ übersetzt, s. etwa P. Lindell, Civil Procedure in Sweden, Uppsala 2004, Rn. 108. S. Ekelöf, Wie man in Schweden Recht spricht, Detmold 1949, S. 36: "Man hat gefragt, ob die englische Jury und das schwedische 'nämnd' gleichen geschichtlichen Ursprungs sind, aber irgendwelche genaue Anhaltspunkte haben sich dafür nicht finden lassen.“

Rentenreform im öffentlichen System aufbringen konnte, die das leistungsbestimmte Zusammenspiel aus Volks- und Arbeitsmarktzusatzrente von ehedem durch ein beitragsbestimmtes System ersetzte.

Die Annahme, dass Zusatzversicherungen dort besonders erfolgreich sind, wo das öffentliche System eine Lücke aufweist, bestätigen die in allen Zusatzsystemen enthaltenen Hinterbliebenenleistungen. Deren Funktion gewann aktuell noch größere Bedeutung, seit es im öffentlichen System keine Hinterbliebenenleistungen mehr gibt. Die Verzahnung mit dem öffentlichen System zeigt sich aber auch über die Steuerung der Zusatzversicherung über den ja vom Gesetzgeber errechneten Faktor des „Einkommensgrundbetrags" der gesetzlichen Rente.

Ein bedeutender, für alle Zusatzversicherung geltender Trend ist die inzwischen überall eingeführte Möglichkeit der Versicherten, Beiträge für ihre Zusatzversicherung selbst auf dem Kapitalmarkt zu platzieren: Der Einbezug der Versicherten in die Verantwortung für die Gestaltung der eigenen Alterssicherung korrespondiert wiederum mit den Wahlmöglichkeiten des neuen öffentlich-rechtlichen Systems: Man folgte dem Vorbild der obligatorischen „Prämienrente", und wie bei dieser waren im Verlauf der Finanzkrise seit 2008 auch bei den Trägern der Zusatzversicherung erhebliche Wertverluste zu verzeichnen. Alecta und AMF mussten 2008 Verluste zwischen 6 und 7% ausweisen. Wegen des traditionell eher konservativen Anlageverhaltens werden aktuell aber bereits wieder Zinsgewinne gemeldet.[37]

Die Parteien vermieden im Hinblick auf die Vorschläge der ESO-Experten eine Festlegung vor der Wahl, so dass erst die Zukunft zeigen wird, ob es Änderungen in der Besteuerung der BAV geben wird.

Abschließend doch noch ein Gedanke zur Frage nach dem „Vorbild": Das wesentliche Charakteristikum der schwedischen BAV ist deren paritätische, fast zur Gänze staatsfreie Ausgestaltung – mit anderen Worten: Sie ist so sehr Ergebnis spezieller historischer, gesellschaftlicher und politischer Entwicklungen, dass selbst die Übernahme von Details ohne ein vergleichbares Ambiente wohl ohne Erfolg bleiben müsste.

Die im Verlauf der globalen Finanzkrise aufscheinenden Ähnlichkeiten mit Vorgängen in anderen Ländern kommen als „Vorbild" ohnehin nicht in Betracht: Eine Reihe von Unregelmäßigkeiten und persönliche Vorteilssuche in den Vorständen auch in diesen paritätisch besetzten Institutionen der BAV führten zwar noch nicht zu nachhaltiger Unterdeckung der betrieblichen Rentenzusagen, der bei den Versicherten hervorgerufene Vertrauensverlust in ein sich wegen der Parität gewissermaßen „selbst kontrollierendes System" scheint aber tiefer zu gehen, als der, den die globale Finanzkrise an sich schon ausgelöst hatte.[38]

---

[37] Gatermann (Fn. 14), S. 24.

[38] Gatermann, ebenda, S. 26; M. Crofts, Folkets förtroende har gått förlorat, in: Dagens Nyheter, 18.03.1009, Ekonomi, S. 2–3.

# Chapter 11
# Occupational Supplementary Insurance in Sweden – Collectively Agreed Addition to the Statutory Pension Insurance

**Peter A. Köhler**

## 11.1 Supplementary Insurance as an Addition to Statutory Provision for Old Age

It has for many years now been clearly recognisable not only to experts that all traditional social security systems pertaining to the provision for old age are, or will in the foreseeable future be, more or less affected by the demographic change in the population. The demographic problem of rapidly ageing societies is therefore not only a Swedish peculiarity, but a trans-European problem. Extraordinary, however, is the fact that in the light of these challenges so far only Sweden has succeeded in overcoming the durability of a nearly 100-year-old provision system for old age and in establishing an entirely new model of old-age security. This reform of the public old-age provision system has also had an effect on the occupational provision systems, just as it had been the case since the beginning of the social legislation in Sweden. One historical effect of this legislation was the early fight of certain professional groups for special socio-political treatment, and particularly for an exemption from the obligation to take out insurance. After the failure of their efforts in 1918, these groups concentrated on the establishment of particular supplementary insurance schemes. SSP (Sveriges Privatanställdas Pensionskassa), for instance, which was founded as early as 1917 and prior to the decision of the legislator against special systems in social security, was counted among the majorly important occupationally structured supplementary pension schemes in Sweden until its recent merger with ALECTA. SSP helped enforce the concept that supplementary pensions are not to be regarded as an award for years of services faithfully rendered, but rather as deferred wage components that must not be lost in the case of loss or change of job. For a better understanding of current developments, the new system of old-age provision shall be outlined in the following.

P.A. Köhler (✉)
Dr. jur., Max-Planck-Institut für ausländisches und internationales Sozialrecht, München, Amalienstr. 33, 80799 München, Deutschland
e-mail: koehler@mpisoc.mpg.de

O. Kaufmann, S. Hennion (eds.), *Steuerung der betrieblichen Altersversorgung in Europa: garantierte Sicherheit? Governance of Occupational Pensions in Europe: Guaranteed Security? Gouvernance des retraites professionnelles en Europe: Sécurité garantie?*,
DOI 10.1007/978-3-642-15731-8_11, © Springer-Verlag Berlin Heidelberg 2011

After years of preparatory work the government issued, on 11 June 1998, the laws regarding an income-related old-age pension and regarding a guaranteed pension, as well as various interim regulations. Even though the new system is based on two laws, it actually consists of three parts in terms of the subject matter, which together form "an old age security combination": The most significant part consists of the "income-related old age pension", which is based on a cost allocation system called "distribution system". The second part, regulated under the same law, consists of the "premium pension" in accordance with the capital cover system; both systems are supplemented by the "guarantee pension" serving as a tax-financed means of provision for elderly persons who do not receive a sufficiently high income-related pension.

A year's contributions will have to finance the pension payments of the same year. This legally stipulated "solidarity between the generations" is a closed system insofar as the contributions paid are to be administered entirely separately from the state budget and deficits or surpluses cannot arise: The 16% of pension-generating income that are collected annually in the form of contributions must suffice in order to cover the annual expenses spent on the provision for old age. Directly correlating with the economic development, the "16% proportion in productivity" that is distributed among pensioners is a variable parameter in this self-regulating system. Exactly how much each individual pensioner may claim in relation to his co-pensioners depends on the "income principle" that is determined by the individual contributions paid, meaning that the contributions added up throughout a person's entire working life will determine the amount of the pensions. The actual amount of a person's pension will thus only become apparent in the future for each individual case. There is an "assessable income limit"; however, the law does not stipulate a time limit for any pension-relevant gainful activity.

For distribution reasons, this principle shows exceptions: Time taken for parental leave or serving in the military, as well as study periods, justifies pension claims just as much as do periods during which social security benefits, exclusive of welfare benefits, were received. The financing of these particular entitlements is effected consequently by the state withholding deductions from general taxes for the individual beneficiaries.

The new *premium pension* combines elements of social and private law: It is obligatory and, in regard to the calculation basis on the part of the contributor (2.5%), is based on the regulations under social law applying to income-related pension. The rights accrued, however, are defined by private law. The insured persons can generally decide freely on the use of their contributions, and it is also they who bear the sole risk in the case that they decide to invest their contributions in the capital market.

The "guarantee pension" is generally excluded from this old-age provision system and is based on the idea that an individual is primarily responsible for himself: Anyone who has accrued income that exceeds the assessment ceiling is to provide on his own account for a higher living standard in old age; anyone who wishes to extend or abbreviate his working life is to have the same corresponding advantages or disadvantages as regards old-age security as anyone who invests his capital funding shares from the premium system and thus turns them to either advantage or disadvantage. The new *guarantee pension* is therefore no longer a "pension plan for the general public", but a safety net that is to become effective in cases where the working life of a person does not suffice for the provision of adequate old-age security.

## 11.2 The Concept of Supplementary Insurance

All supplementary insurances in Sweden are based on collective contracts between the Swedish Employers' Association and the trade unions. There are no legislative provisions that regulate contracting, and no legal configurations as to the contents of such contracts.

The various systems of supplementary insurance can be primarily divided into the system of the public service, the system of employees of the private sector and the system of workers. The individual systems, in turn, contain a varied range of services, the requirements for which are, in fact, regulated in various ways. Since nevertheless general similarities predominate in these systems, the following description shall focus particularly on the ITP scheme (=Industrins och handelns tilläggspension för tjänstemän), a supplementary pension scheme for employees in trade and industry and the largest Swedish old-age security system as regards membership.

All tariff-based supplementary systems usually originate from the formulation of a suggestion made by union workplace representatives at regional level. It is decided at this level whether the issue is forwarded to the PTK (=Privattjänstemannakartellen),[1] i.e. the cartel of the employees' unions. The same applies to suggestions made on part of the employers, which also need to be dealt with at regional or industry level first in order to eventually be negotiated at central level. If the PTK and Svenskt Näringsliv, i.e. the Confederation of Swedish Enterprise, come to an agreement, they will recommend to their members a contract which, at that stage, will most often already have been regulated in detail. If the members accept, the collective agreement is considered as having been concluded. It is then binding nationwide upon both parties.

The task of implementing the supplementary insurance scheme is entrusted to independent insurance companies – such as ALECTA, to name an example – which are owned equally by the respective parties to the wage agreement.

## 11.3 Coverage

In general, any employee working for an employer that is bound by the collective agreement is included in the coverage of the supplementary insurance scheme. Since nearly all employers are members of the confederation, the supplementary insurance is valid for practically all employees in both the private and the public sector.

---

[1]Or to the corresponding central organisation of workers (LO – Landsorganisationen) or that of the public service (TCO – Tjänstemännens Central organisation).

Further requirements have been universally established: Accordingly, the respective employment contract must relate to a permanent position, and the employee must have reached the age of 18. Workers must have reached the age of 21. From this age, the respective persons will be covered for (additional) sick pay, accidents at work and, if applicable, a life insurance. It is the responsibility of the employer to register his employees with ALECTA for supplementary insurance (ITP).

Inclusion in the old age and survivors' insurance in line with the ITP plan only starts from the age of 28. Any employment contract starting as late as 36 months prior to a potential pension commencement will be covered under the supplementary insurance scheme only on the condition that a previous employment contract had also been covered by supplementary insurance. Moreover, such employment must involve a minimum of eight working hours per week. More working hours that still amount to less than the regular working time constitute a claim to a supplementary insurance coverage of 50%. Part-time work, therefore, also has an effect on the supplementary insurance, and in practice this primarily concerns women, since it is they who constitute the largest proportion of part-timers.

Anyone employed in an enterprise under the legal form of a stock corporation who holds, on his own or together with his family, one-third of the stocks of the enterprise remains excluded from supplementary insurance, as do executive staff members.

## 11.4 Range of Services

Among the old-age security benefits offered there is old-age pension, the "alternative pension solution" (=alternative ITP), a "complementary old age pension" (=Kompletterung till ITPs ålderspension, ITPK[2]), various benefits regarding the old-age security of surviving dependants, as well as a life insurance. In correspondence with the statutory system, supplementary insurance schemes have not featured any partial pensions since 2001 either.

### *11.4.1 ITP Old-Age Pension*

ITP Old-Age Pension may be drawn in full from the age of 65; if a person commences his pension at the age of 55, the benefits are reduced accordingly; the pensionable age can be postponed to the age of 70 and pension benefits are, in such cases, increased accordingly.

The amount of pension benefits is "based on performance": It is fixed independently from any previously paid contributions, but is determined

[2]This complementary pension to the supplementary pension is a specific supplementary pension for employees and does not exist in this form in the insurance system for workers or for the public service.

individually according to income. The so-called pension-generating income (=pensionsmedförande lön) includes – to put it simply[3] – any earned income except for over-time payments. Parental leave in connection with the receipt of parenting benefit is covered under the supplementary insurance plan. The pension calculation is based on the average of the three highest annual salaries during the last 5 years prior to pension commencement; it is limited, however, to a salary of up to 30 times the "basic income amount". It is the calculation value of the statutory, income-related old-age pension. In 2009, the basic income amount was 50,900 SEK.

Actual payments correspond to a graded percentage which is determined by the amount of this income. For 2009, the following figures apply:

| Salary in relation to basic income amount | Salary in SEK | ITP Pension (%) |
|---|---|---|
| 0–7.5 | 0–381,750 | 10 |
| 7.5–20 | 381,750–1,018,000 | 65 |
| 20–30 | 1,018,000–1,527,000 | 32.5 |

Pension benefits are paid in full once a contribution period of 360 months has been reached; missing periods correspondingly entail pension cuts.

Example:

An insured person with a salary at retirement of 330,000 SEK has paid contributions for 340 months. This yields an ITP pension of

10% of 381,750 SEK = 38,175 SEK/year

65% of 51,750 SEK (= amount exceeding the basic amount of 7.5) = 33,637 SEK

The total amount of 71,812 SEK is equivalent to a monthly pension of 5,984 SEK.

Since contributions have only been paid for 340 months, pension benefits are reduced:

340:360 × 5,984 = 5,651 SEK/month.

The current benefits are annually indexed via connection to a price index that is calculated independently by ALECTA. They count as taxable income and are taxed according to the Income Tax Act.

Pension payments are terminated in the event of death of the insured person.

[3]There exist complicated and detailed regulations in regard to commissions, profit sharing, bonus payments, etc.

### 11.4.2 "Alternative ITP"

For some years now it has been possible for employees to arrange with their employers, as an alternative to ITP, to be able to make their own decision regarding the respective payment of ITP contributions to be effected for them by their employers, as has been the case with the statutory "premium pension". A prerequisite is, however, that the employee has an income of more than ten times the basic income amount. Since the contributions are invested in capital funds, later pensions are dependent on the development of the funds on the capital market and not "performance oriented" as they are in the case of ITP. There are various benefit options as regards the term of annuity or the payout of benefits to dependants. According to the conditions of the free capital market or, respectively, of the free life insurance market, there is no "way back" from the "alternative" – once a person has opted for the "alternative", he can no longer transfer to ITP, even if his income should fall below the threshold of ten times the amount of the basic income amount.

### 11.4.3 Complementation by the ITPK Supplementary Pension

The ITPK pension (=Komplettering till ITPs ålderspension) was introduced in the year 1977 for all employees. Unlike the ITP pension, ITPK is "contribution based", meaning that employers initially invested 2% of the "pension-generating income" applicable to ITP in the insurance market via the ITP administration. ITPK was the first supplementary insurance to offer insured persons the possibility to make their own decisions in regard to the investment of these 2%. In this context, three aspects have to be decided:

- Is the investment to be made exclusively for the insured person or are dependants also to be included in the coverage scheme?
- Is the investment to be made in the form of a traditional insurance or in the form of an equity fund?
- And, which insurance company is to administer the investment?

If no decisions are made on these choices, the investment will be made in its "original" form as it was applied in the year of its introduction, i.e. as provision for old age via ALECTA.

Since the benefits to be received from ITPK are dependent on the capital market, on the interest rate development, as well as on other factors, they cannot be predetermined. There is no guarantee for an investment to be successful either. In view of the possibility to decide on the payout mode from the age of 55, ALECTA has been recommending insured persons to opt for a 5-year pension plan. This complementary pension to the supplementary pension, too, is taxable like other earnings.

### 11.4.4 Provision for Dependants

Since the statutory pension insurance does not set aside any benefits for dependants, this service has become an important task for supplementary insurances. With ITP, it comes into consideration in cases where the deceased person had been older than 28 years and had earned more than 7.5 times the amount of the basic income amount.

Widows, widowers or registered partners[4] are provided for if they had been married to (or, respectively, been registered as living together with) the deceased before the 60th birthday of the latter, or if they had been married after the 60th birthday of the latter for a minimum period of 5 years, or if they have a child in common. Natural and adopted children of the person insured are entitled to pensions until the age of 20.

Pension is paid as a "basic amount" which is distributed among the beneficiaries. For a "pension-generating income" of 7.5–20 times the basic income amount it adds up to 32.5% thereof; for income totalling 20–30 times the basic income amount it adds up to 16.25% thereof. The amount is again put in relation to an insured period of 360 months. Single widows, widowers and registered partners receive the full basic amount; the latter is reduced to 75% if there are any pensionable children. If the beneficiary does not remarry, pension payments will be continued until the death of the former. Orphan's pensions, too, are graded in relation to the basic income amount.

ITPK offers the possibility of a 5-year dependants' pension to the benefit of the surviving spouse, of the registered partner or of surviving children.

With ITP, surviving dependants continue to be covered for a further 3 months if an insured employment is terminated by the insured person; with ITPK, the insurance can be continued individually in such cases and without any additional evidence of insurability.

### 11.4.5 Group Life Insurance

Due to a particular collective agreement, employers are obliged to take out group life insurance for all employees included in a certain salary bracket with the insurances stipulated for this purpose. The total amount of contributions to be paid is graded in decreasing percentages of the basic amount depending on the age of the person to be insured: For insured persons of 18–55 years of age, 6.0 times the basic amount is paid in the event of death; for insured persons of 55 years of age, 5.5% thereof is paid; for persons aged 56, 5.0% thereof is paid, etc., and onto persons aged 64–69 years, for whom 1% of the basic amount is paid.

In addition, there are graded surcharges for children up to the age of 20. As desired, the insured person's spouse, registered partner, children, grandchildren or the

[4]That means two persons of the same sex who had their cohabitation registered according to the provisions of the law, i.e. Lag (1994:1117) om registrerat partnerskap.

parents of the latter may be designated as beneficiaries. If there are no beneficiaries among this group of persons, half of the insurance sum is paid out as a funeral grant, while the rest remains with the insurance to the benefit of the other persons insured under this group life insurance.

## 11.5 Mobility

If an insured person transfers to a new employer who participates in the same collective agreement, the continuation of the supplementary insurances is not a problem. If the change of job results in a termination of the supplementary insurance scheme, the insured person will receive an overview of his account balance from ALECTA, as well as a statement regarding the amount that can consequently be expected as provision for old age. Within 3 months, the insured person has to decide whether the supplementary insurance coverage is to be continued by way of a so-called follow-up insurance (=Fortsättningsförsäkring), the premiums for which are to be paid by the insured person himself. Should an ITP employment relationship be resumed at a later stage, the contribution period of the follow-up insurance will not count as period of coverage in terms of the 360-month contribution period.

If an insured person changes jobs between the private sector and the public service, the so-called samordning agreement between the respective agencies becomes effective for most supplementary insurance models; this agreement stipulates that contribution periods with different employers are to be mutually recognised as pension-generating periods.

## 11.6 Responsible Agencies, Supervision, Financing, Legal Protection

The agencies of all supplementary insurances are, like ALECTA, equally represented and supervised institutions under private law that have been jointly established by the parties to the wage agreement. A special authorisation requirement subject to public law is not necessary, and thus there is no specific state control.

Financing is effected exclusively via employer contributions, which are collected and administered by the agencies. Contributions for employees (ITP) amount to an average of 12.50% of the "pension-generating income", plus 2% for ITPK; for workers (SAF-LO) it amounts to 3.5% of the total wages; for group life insurances it amounts to 0.20% (employees) and 0.38% (workers). Together with further supplementary insurances (illness, accidents at work) the wage burden on part of employers due to obligations related to the collective agreement amounts to 13.01% for employees and to 5% for workers. The contributions depend exclusively on income regardless of family status.

Large businesses are permitted to keep the contributions within the company and to designate them as debts in their balance of accounts. In such cases, however, credit insurance must be effected.

Since the contributions to be paid by employers are determined and administered centrally, as is the case with insurances, no insurance against the event of bankruptcy, such as is the case with occupational insurances, is necessary. If, in the event of bankruptcy, there are any outstanding contribution debts on part of the employer, these debts are protected like wage entitlements by the Bankruptcy Act.

If, in an actual case, an employer does not fulfil his obligation to contribute, he will be placed under the obligation to pay retroactive insurance premiums. Should this prove impossible, retroactive insurance payments will be effected for the employee from a fund specifically established for this purpose by the employers.

In accordance with the configuration under private law, legal protection for disputes concerning supplementary insurance institutions is very limited: If there is discontent with a decision concerning the supplementary pension (for instance, with the calculation of the "pension-generating income"), the employee has to first address the employer in order for the latter to communicate the issue to ALECTA. If the employee is dissatisfied with the decision made by ALECTA, he will have to enter an objection; ALECTA will then have to review the matter again. Recourse against the new decision can be had to the insurance supervisory authority. If relief can still not be produced, the matter can be referred to a special "arbitration court for pension matters", which consists of representatives of the parties to the wage agreement. No further recourse is possible.

In the event of complaints on part of the employer (e.g. regarding the calculation of contributions for a particular employee), legal recourse is likewise to be found via internal reviews and, ultimately, address to the arbitration court.

## 11.7 Evaluation

All in all, it can be said that in the course of more than 100 years of joint history, the state system and supplementary insurances have conditioned and influenced one another, and in this process the supplementary systems have continuously gained in importance. Today, they indeed represent a significant pillar of support to old-age security for most employees in Sweden. It can be assumed that their existence was one of the reasons for the political efforts made in regard to radical pension reforms in the public system. The notion that supplementary insurances might be successful where the public system shows deficiencies has been confirmed by the provision for surviving dependants that is contained in all supplementary insurance systems. Their function has become even more important by the fact that there no longer exists any provision for surviving dependants in the public system. However, interlacing with the public system also becomes apparent through the fact that supplementary insurance is controlled via the "basic income amount" factor for the statutory pension which is calculated by the legislator.

One significant trend that influences all supplementary insurances is the possibility – meanwhile established everywhere – for the insured to place their supplementary insurance on the capital market on their own account; in fact, the inclusion of insured persons in the responsibility for the configuration of their own old-age security corresponds with the options offered by the new premium pension in the public system. Here too, the example of the obligatory "premium pension" was followed – and as has been the case with the latter, the agencies for supplementary pensions, too, have been experiencing considerable losses in value over the course of the financial crisis since 2008. However, due to the rather conservative investment behaviour that traditionally prevails in Sweden, interest profits are already being reported again.

# Kapitel 12
# Planes de Pensiones und andere Instrumente als Formen der betrieblichen Alterssicherung in Spanien

**Hans-Joachim Reinhard**

**Zusammenfassung** Die betriebliche Alterssicherung in Spanien hat eine lange Tradition, weil das öffentliche System der sozialen Sicherheit zunächst sehr schwach ausgebaut war. Dies hat sich seit den 1970er Jahren geändert, doch bereits seit den 1990er Jahren versucht der Gesetzgeber, die betriebliche und private Altersversorgung zusätzlich durch Steueranreize zu fördern. Es ist nur eine Begünstigung von registrierten Pensionsplänen und Pensionsfonds möglich. In den letzten Jahren hat sich gezeigt, dass die Erträge oft unter der Inflationsrate lagen oder sogar im negativen Bereich. Die eher konservativ agierenden Mutuas erzielten zwar niedrigere aber dauerhaft positive Ergebnisse. Vor diesem Hintergrund wollen sich die Mutuas künftig stärker als Alternative zu den Pensionsfonds als zusätzliche Alterssicherung positionieren.

**Stichwortverzeichnis** Planes de pensiones · Fondos de pensiones · Mutuas

## 12.1 Entwicklung der betrieblichen Alterssicherung

Die betriebliche Altersversorgung in Spanien ist einerseits relativ jung, war aber andererseits lange Zeit eine der Hauptformen der sozialen Absicherung. Dieser Widerspruch lässt sich nur vor dem Hintergrund der Geschichte der Sozialen Sicherheit in Spanien verstehen. Der Gedanke des Aufbaus einer öffentlichen sozialen Sicherung fiel schon bald nach der Bismarck'schen Gesetzgebung in Deutschland auch in Spanien auf fruchtbaren Boden. Bereits um die Wende vom 19. zum 20. Jahrhundert wurden erste Vorarbeiten geleistet und 1908 wurde das Instituto Nacional de Previsión – INP (Nationales Institut für Vorsorge) gegründet. Nach einigen

H.-J. Reinhard (✉)
Prof. Dr. jur., Max-Planck-Institut für ausländisches und internationales Sozialrecht, München; FH Fulda, Amalienstr. 33, 80799 München, Deutschland
e-mail: reinhard@mpisoc.mpg.de

O. Kaufmann, S. Hennion (eds.), *Steuerung der betrieblichen Altersversorgung in Europa: garantierte Sicherheit? Governance of Occupational Pensions in Europe: Guaranteed Security? Gouvernance des retraites professionnelles en Europe: Sécurité garantie?*, DOI 10.1007/978-3-642-15731-8_12, 

politischen Rückschlägen kam es dann zu ersten gesetzgeberischen Maßnahmen, die im Aufbau einer staatlichen Alterssicherung mündeten. Diese Anfänge der Sozialen Sicherheit im staatlichen Bereich[1] waren sehr rudimentär, wenig ausgebaut und verschafften nur einem kleinen Teil der erwerbstätigen Bevölkerung einen Grundstock an sozialer Sicherung. Anders als in Deutschland gab es keine sehr starke Arbeiterbewegung, da das Land kaum industrialisiert war. Soweit überhaupt Industriebetriebe vorhanden waren, lagen diese im Wesentlichen in Katalonien und im Baskenland. Der Rest Spaniens war ein rückständiges Agrarland mit einer verarmten Landbevölkerung, die in weiten Teilen noch unter feudalen oder halbfeudalen Strukturen litt. Die 1923 von General Miguel Primo de Rivera errichtete Militärdiktatur konnte die sozialen Probleme nicht lösen, die auch nach 1931, als die Zweite Republik ausgerufen wurde, fortbestanden. In den politischen Wirrnissen dieser Periode konnte kein System staatlicher sozialer Sicherung entstehen. Forderungen linker Aufständischer wurden teilweise blutig zurückgeschlagen. Die Zeit nach dem Sieg der *Volksfront* aus linksliberalen, sozialistischen und kommunistischen Parteien bei den Parlamentswahlen vom 17. Februar 1936 war zu kurz, um sich mit dem Thema sozialer Sicherheit zu beschäftigen, da bereits im Juli 1936 Francisco Franco putschte und damit der spanische Bürgerkrieg begann.

Aufgrund des Fehlens einer staatlichen Vorsorge entwickelte sich auf gesellschaftlicher und betrieblicher Ebene der sog. „Mutualismo“, d. h. Versicherungen auf Gegenseitigkeit, eine Form der wechselseitigen Absicherung, die auch in Deutschland vor Einführung der Sozialgesetzgebung eine wichtige Rolle in Form der Unterstützungskassen gespielt hatte. Nach dem Ende des Bürgerkriegs am 1. April 1939 nahm der Staat umfassenden Einfluss auf Wirtschaft und Gesellschaft. Zugleich gab es verstärkte Bestrebungen, das Land stärker zu industrialisieren. Die Pläne der Errichtung einer staatlichen sozialen Sicherung wurden zunächst nicht weiter verfolgt. Vielmehr nutzte die franquistische Regierung die bestehenden, zunächst freiwilligen Sicherungssysteme der „Mutuas“ zum Ausbau einer obligatorischen sozialen Sicherung im industriellen Sektor.

Damit entwickelte sich die betriebliche Altersversorgung[2] in Spanien vor allem seit Mitte der 1940er Jahre weiter.[3] Die Mutuas wurden der Aufsicht des Arbeitsministeriums unterstellt.[4] Die politische Gruppe um Franco war aber keineswegs so homogen, wie es nach außen den Anschein hatte. Es gab durchaus unterschiedliche Auffassungen über die Fortentwicklung eines Systems sozialer Sicherheit. Bei diesen Rivalitäten zwischen verschiedenen politischen Führern siegte

[1] Vgl. Monero Pérez, Los orígines de la Seguridad Social en España, Granada 2007, 175ff.

[2] Im Folgenden wird zur Vereinfachung von betrieblicher Altersversorgung gesprochen, weil die Absicherung im Alter zum Kernbestand der betrieblichen Vorsorge zählt. Viele Modelle sichern aber zusätzlich auch das Risiko der Invalidität ab sowie die Hinterbliebenen bei Tod des Verdieners. Zwingend war und ist dies aber nicht.

[3] Zur geschichtlichen Entwicklung des Mutualismo vgl. García Ninet, Notas sobre nacimiento, desarrollo y extinción del Mutualismo in: MTSS, Cien Años de Protección Social en España, Madrid 2007.

[4] Ley de 6 de diciembre de 1941 (Jefatura del Estado), de Mutualidades; Decreto de 26 de mayo de 1943.

die Strömung, die den Mutualismo gegenüber einer originären staatlichen sozialen Sicherung bevorzugte. In der Folgezeit kam es zum Ausbau des „Mutualismo" als Parallelsystem zum immer noch existierenden und eigentlich nach den Statuten für die soziale Absicherung zuständigen Instituto Nacional de Previsión. Die Bevorzugung des Mutualismo mag auch damit zusammenhängen, dass der franquistische Staat sehr klientelbezogen agierte.[5] Der Mutualismo erstreckte sich zunächst auf Arbeitnehmer in wichtigen Industriezweigen. Er wurde nicht nur von Arbeitgebern organisiert, sondern auch von den – allerdings nicht unabhängigen – Gewerkschaften.[6] Ab 1960 wurde der Mutualismo sogar auf Selbständige und Handwerker ausgeweitet.[7] In dieser Zeit gab es aber bereits Überlegungen für eine Umkehr in der Politik der sozialen Sicherheit.

Mit Verabschiedung des Basisgesetzes über die Soziale Sicherheit im Jahre 1963[8] wurde erstmals der Gedanke normiert, dass soziale Sicherheit umfassend alle Risiken absichern sollte und grundsätzlich die gesamte Bevölkerung einzubeziehen sei. Angesichts der wirtschaftlichen Lage konnte dieses Ziel jedoch nur allmählich umgesetzt werden und es musste auf bereits bestehende Strukturen zurückgegriffen werden. Deshalb wurde im Basisgesetz über die Soziale Sicherheit dem Mutualismo eine wichtige Rolle im System der sozialen Absicherung zugewiesen. Vor allem die soziale Sicherung bei Alter und im Falle der Invalidität wurde allmählich in die öffentliche (staatliche) Sicherung (Seguro Obligatorio de Vejez e Invalidez – S.O.V.I.) überführt. Da das S.O.V.I.-System nur eine Basisversorgung vorsah, die zudem nicht regelmäßig entsprechend dem Anstieg der Preise indexiert wurde, war der Mutualismo weiterhin für die Arbeitnehmer von großer Bedeutung. Mit dem Ley General de Seguridad Social – (LGSS, Allgemeines Sozialversicherungsgesetz) von 1974[9] wurde der Grundstein für das heutige System der sozialen Sicherung in Spanien gelegt. Die soziale Absicherung im Alter und bei Invalidität verbesserte sich deutlich, vor allem durch die einigermaßen regelmäßige Anpassung der Leistungen. In diesem Kontext wurde die Rolle des Mutualismo zurückgedrängt. Das LGSS erwähnte zwar noch den Mutualismo als Organisationseinheit der Sozialen Sicherheit, doch wurden die Grundlagen für seine Umgestaltung zu einer ergänzenden Sicherung gelegt.[10] Bald darauf wurde dieser Funktionswandel mit der vollständigen Ausgliederung aus dem öffentlichen System der sozialen Sicherheit besiegelt.[11] Seither übernehmen die Mutuas vornehmlich nur noch alternativ zur Sozialversicherung[12] die Aufgaben der Gewährung von Geldleistungen bei Arbeitsunfällen und Berufskrankheiten. Daneben versuchen die Mutualidades

[5]Ganz deutlich zeigte sich dies später bei der Einrichtung von Sondersystemen sozialer Sicherheit zugunsten bestimmter, dem Regime nahestehender Berufsgruppen.

[6]Z. B. Im Bereich der Metallindustrie (Indústria Siderometalúrigca).

[7]Decreto 1167/1960, de 23 de junio.

[8]Ley 193/1963, de 28 de diciembre de 1963, de Bases de la Seguridad Social.

[9]Ley General de la Seguridad Social aprobado por Decreto 2065/1974, de 30 de mayo.

[10]Decreto 3527/1974, de 20 de diciembre sobre la nueva estructura del Mutualismo Laboral.

[11]Real Decreto-Ley, de 16 de noviembre de 1978.

[12]Jeder Unternehmer kann jährlich wählen, ob er das Risiko des Arbeitsunfalls und der Berufskrankheit bei einer Mutua absichert oder im öffentlichen System der Sozialen Sicherheit. Die

heute, sich als Alternative zu den im Jahr 1987 eingeführten Planes de Pensiones als Instrument zusätzlicher Alters- und Invaliditätssicherung zu profilieren[13] oder sind auf bestimmte Betriebe als zusätzliche Sicherung beschränkt.[14] Nur in wenigen Berufssparten kann die Mutualidad die Mitgliedschaft im gesetzlichen System der sozialen Sicherheit substituieren.[15]

## 12.2 Die Einführung der Pensionspläne (planes de pensiones) als neues Instrument der betrieblichen Altersversorgung

### *12.2.1 Gründe für die Einführung der Pensionspläne*

Zu Beginn der 80er Jahre des vergangenen Jahrhunderts kam die Diskussion um Stärkung der Zusatzversorgung in Gang. Zum System der Mutuas[16] wollte man aus verschiedenen Gründen nicht zurückkehren. Zum einen galten sie als etwas behäbig und bürokratisch, zum anderen durften sie gesetzlich nur Leistungen in einer sehr beschränkten Höhe anbieten.[17] Die Mutualidades sind juristische Personen des Privatrechts, deren Errichtung, Tätigkeit und Verwaltung einer behördlichen Kontrolle unterliegt. Durch ihren genossenschaftlichen Charakter mussten überdies Arbeitgeber und Arbeitnehmer Mitglieder in den Mutuas sein.

Inspiriert von Regelungen in anderen europäischen Staaten, namentlich in Großbritannien, und getragen von Befürchtungen, das öffentliche System könne in Zukunft unter den demographischen Belastungen finanziell zusammenbrechen, wurde 1987 die Zusatzsicherung auf neue rechtliche Grundlagen gestellt. Ausgangspunkt der Neuregelung war zunächst Art. 41 der spanischen Verfassung (Constitución Española – C.E.) von 1978, der die öffentlichen Gewalten verpflichtet, ein System der Sozialen Sicherheit, das ausreichende Leistungen in Bedarfslagen, insbesondere bei Arbeitslosigkeit garantiert, für alle Bürger zu schaffen. Darüber hinaus heißt es: „Zusätzliche Fürsorge und Leistungen sind frei“. Ergänzend bestimmt Art. 50 C.E.: „Die öffentliche Gewalt garantiert den Bürgern im Alter das wirtschaftliche

Unfallverhütung gehört, anders als bei den deutschen Berufsgenossenschaften, nicht zu den Aufgaben der Mutua.

[13]Calvo Vérgez, Mutualidades de Previsón Social: Aspectos Mercantiles y Fiscales, Madrid 2009.

[14]Vgl. etwa die Mutua de previsión social del personal de RENAULT ESPAÑA, http://www.mutuarenault.com/hojas/general/gestormutua.html; Daneben gibt es noch Mutuas für bestimmte Berufsgruppen, etwa den Montepío Loreto als Mutualidad de los trabajadores del sector aéreo (Mitarbeiter/innen im Bereich der Luftfahrt), https://www.montepioloreto.com/home.aspx.

[15]So die Rechtsanwälte (abogados) und die Architekten.

[16]Die Begriffe „mutualidad“ und „mutua“ werden im Spanischen nebeneinander verwendet.

[17]Rentenzahlungen durften einen Betrag von 1.400.000 Ptas (ca. 21.000 DM), einmalige Kapitalzahlungen anstelle einer Rente 5.850.000 Ptas (ca. 87.000 DM) nicht überschreiten, vgl. Calvo Ortega, Mutualidades de previsión social y fondos de pensiones, Revista de Seguridad Social, nº 24, octubre-diciembre 1984, 63ff.; Almansa Pastor, Derecho de la Seguridad Social, 5. Aufl., Madrid 1984, 512.

Auskommen mittels angemessener und periodisch angepasster Renten. . .“ Selbst wenn es sich nur um einen Programmsatz ohne Zuerkennung eines subjektiven, einklagbaren Rechtsanspruchs handelt,[18] kommt dieser Forderung, wie auch den anderen „sozialen Grundrechten“ eine nicht unbedeutende politische Funktion zu, da sich bestimmte soziale Maßnahmen verfassungsrechtlich untermauern und sich somit politisch besser durchsetzen lassen.[19]

Mit dem Mutualismo existierte ohne Zweifel bereits ein System zusätzlicher ergänzender Leistungen, jedoch fehlte es an wirksamen Regeln, die durch Individual- oder Kollektivvertrag vereinbarten Verpflichtungen der Arbeitgeber zugunsten der Arbeitnehmer abzusichern. Für Arbeitnehmer bestand damit stets die Gefahr, ihrer Ansprüche auf eine zusätzliche Alterssicherung verlustig zu gehen. Nicht zuletzt der Konkurs der Rentenfonds der Maxwellgruppe in Großbritannien sensibilisierte die spanischen Politiker dafür, einen rechtlichen Rahmen für die finanzielle Absicherung der betrieblichen Alterssicherung zu schaffen. Aber auch in Spanien selbst wurde die Notwendigkeit offenkundig. Die Pensionskasse der spanischen Telefongesellschaft geriet in eine finanzielle Schieflage und konnte nur durch erhebliche politische Anstrengungen vor der Insolvenz gerettet werden.

### *12.2.2 Die Planes de Pensiones als neues Instrument der betrieblichen Altersvorsorge*

Mit der Einführung von Planes de Pensiones und Fondos de Pensiones[20] wurde die Zusage privater Alters-, Invaliditäts- und Hinterbliebenenrenten neu geregelt.[21] Es ist möglich, anstelle einer Rente eine Kapitalzahlung zu erbringen.[22] Ähnlich wie in Deutschland ist die Zusage durch den Arbeitgeber freiwillig oder beruht auf tarifvertraglichen Regelungen (convenios colectivos). Das Gesetz selbst stellt klar, dass es sich nur um ergänzende, nicht aber um substituierende Leistungen zur gesetzlichen Sozialversicherung handelt.[23]

---

[18] Art. 53 Nr. 3 C.E.

[19] Vgl. dazu Reinhard, Sozialstaatsprinzip und soziale Grundrechte in Spanien – Ein Vergleich mit der Bundesrepublik Deutschland, ZIAS 1988, 169ff.

[20] Ley 8/1987, de 8 de junio, de Regulación de los Planes y Fondos de Pensiones. Das Gesetz wurde durch Real-Decreto Legislativo 1/2002, de 29 de noviembre, por el que se aprueba el texto refundido de la Ley de Regulación de los Planes y Fondos de Pensiones (BOE 298/2020, de 13 de diciembre de 2002 aufgehoben und neu verkündet. Bei dieser Neuverkündung wurde das Ley 30/1995 eingearbeitet, welches Art. 8 der Richtlinie 80/987/EWG, des Rates vom 20. Oktober 1980 über den Schutz der abhängig beschäftigten Arbeitnehmer bei Insolvenz des Arbeitgebers umsetzte. Das Real Decreto 304/2004 de 20 de febrero; R. D. 1684/2007 de 14 de diciembre, setzte die Richtlinie 2003/41/EG des Europäischen Parlaments und des Rates vom 3. Juni 2003 über die Tätigkeiten und die Beaufsichtigung von Einrichtungen der betrieblichen Altersversorgung, ABl. L 235 vom 23.9.2003, S. 10–21 um.

[21] Zur Einführung ausführlich Abele, Das neue spanische Gesetz über die Regelung der Pensionspläne und Pensionsfonds, ZIAS 1988, 282ff.

[22] Art. 1 Nr. 1, Art. 5 lit. d, Art. 8 LPFP.

[23] Art. 1 Nr. 2 LPFP.

Die Pensionspläne sind seit ihrer Einführung zum Hauptmodell der betrieblichen Altersversorgung, aber auch der privaten Vorsorge geworden. Sie werden steuerlich stark begünstigt und in der Werbung sehr propagiert. In ihrer Ausgestaltung ähneln sie den „Riester-Verträgen" des deutschen Rechts. Es handelt sich um freiwillige Einrichtungen des privaten Rechts. Es werden Kapital- oder Rentenleistungen bei Erreichen des Rentenalters, an hinterbliebene Ehegatten und Waisen oder bei Invalidität gezahlt. Ebenso kann die Pflegebedürftigkeit als Risiko eingeschlossen werden.[24] Die Pensionspläne sind in ihrer Konzeption, anders als die „Riesterrente" in Deutschland, nicht dafür ausgelegt, die Leistungen des öffentlichen Systems der Sozialen Sicherheit teilweise zu ersetzen, sondern sollen eine zusätzliche, ergänzende soziale Absicherung (seguridad social complementaria) schaffen.[25]

## *12.2.3 Arten der Planes de Pensiones*

Das Gesetz unterscheidet drei Arten von Pensionsplänen[26]:

### 12.2.3.1 individuelle Pensionspläne (sistema individual)

Bei den individuellen Pensionsplänen ist Anbieter (promotor) eine Finanzgesellschaft. Meist handelt es sich um eine Bank oder ein Versicherungsunternehmen. Teilnehmer kann jede natürliche Person werden. Weitere Voraussetzungen sind nicht erforderlich.

### 12.2.3.2 Pensionspläne einer Vereinigung (sistema asociado)

Anbieter ist eine Vereinigung (asociación), eine Gewerkschaft, ein Gremium oder ein Kollektiv. Teilnehmer kann nur ein Mitglied der Vereinigung bzw. der anderen genannten Gruppen werden.

### 12.2.3.3 Pensionspläne aufgrund eines Beschäftigungsverhältnisses (sistema de empleo)

Anbieter ist ein Arbeitgeber (empresa), eine Einrichtung (entidad), eine Kooperation (cooperación) oder eine Gesellschaft (sociedad). Mitglieder sind die Beschäftigten, d. h. Personen, die mit dem Anbieter in einem Arbeitsverhältnis stehen.

Die Zulassung von individuellen Pensionsplänen und Pensionsplänen einer Vereinigung zeigt, dass das Gesetz nicht nur auf betriebliche Vorsorge Anwendung findet, sondern darüber hinaus den Bereich der nichtbetrieblichen privaten Vorsorge mit umfasst.

---

[24] Art. 8.

[25] Consejo General del Poder Judicial, Seguridad Social Complementaria, Cuadernos de Derecho Judicial, XIV – 2003, Madrid 2004.

[26] Art. 4 Nr. 1 LPFP.

## 12.3 Planes de Pensiones de Empleo (betriebliche Pensionspläne) als spezifisches Instrument der betrieblichen Altersversorgung

Im Folgenden werden eingehender die betrieblichen Pensionspläne aufgrund eines Beschäftigungsverhältnisses (sistema de empleo) behandelt. Die grundlegenden Regelungen sind für alle Systeme gleich. Die wesentlichsten Unterschiede zu den anderen beiden Typen bestehen in der Aufsicht und in der Mitwirkung der Arbeitgeber in den Kontrollgremien.

### *12.3.1 Beteiligte*

Das Gesetz nennt drei Gruppen von Beteiligten (sujetos constituyentes):

#### 12.3.1.1 Teilnehmer

Der Teilnehmer (partícipe) ist eine natürliche Person, in deren Interesse der Pensionsplan gegründet wird und dem dieser angehört.[27] Das Gesetz schreibt nicht vor, dass der Teilnehmer Beiträge entrichten muss, sondern überlässt dies den Regularien des jeweiligen Plans.[28] Mindestbeiträge sind nicht vorgesehen, wohl aber Höchstbeiträge.[29] Die Teilnehmer sind die Empfänger der Zusage.

#### 12.3.1.2 Anbieter

Der Anbieter (promotor) ist das Unternehmen, welches die Einrichtung eines Pensionsplans veranlasst, unterstützt und für sein Funktionieren sorgt und in jedem Fall Beiträge entrichtet.[30]

#### 12.3.1.3 Begünstigter

Die Begünstigten (beneficiarios) sind diejenigen, die Leistungen aus dem Pensionsplan beziehen, also entweder die ehemaligen Teilnehmer oder deren Angehörige (elementos personales).[31]

### *12.3.2 Modalitäten eines betrieblichen Pensionsplans*[32]

Ein betrieblicher Pensionsplan kann in drei verschiedenen Modalitäten ausgestaltet werden:

---

[27] Art. 3 Nr. 1 lit. b) LPFP.

[28] Art. 4 Nr. 2 lit. b), Art. 6 Nr. 1 lit. f), Art. 8 Nr. 3 LPFP.

[29] Art. 5 Nr. 3 LPFP.

[30] Art. 3 Nr. 1 lit. a) LPFP.

[31] Art. 3 Nr. 3 LPFP.

[32] Art. 4 Nr. 2 a-c; beim sistema individual ist nur eine Beitragszusage möglich, Art. 4 Nr. 3 LPFP.

#### 12.3.2.1 Beitragszusage

Bei einer Beitragszusage (aportación definida) zahlt der Arbeitgeber feste Beiträge. Die Leistung ist abhängig von der finanziellen Entwicklung des Pensionsplans. Das Leistungsrisiko liegt beim Arbeitnehmer.

#### 12.3.2.2 Leistungszusage

Bei Versprechen einer Leistungszusage (prestación definida) müssen bei einer schlechten Finanzentwicklung eventuell vom Arbeitgeber Beiträge nachgeschossen werden. Eine subsidiäre Eigenverpflichtung des Arbeitgebers auf Zahlung der zugesagten Leistung existiert, anders als im deutschen Recht, nicht.

#### 12.3.2.3 Gemischte Zusage

Schließlich ist auch die Kombination aus Beitrags- und Leistungszusage möglich (mixtos).

### *12.3.3 Prinzipien eines betrieblichen Pensionsplan*

Ein betrieblicher Pensionsplan muss verpflichtend einige Prinzipien beachten, um als solcher anerkannt zu werden, insbesondere um die Steuervergünstigungen in Anspruch nehmen zu können.[33]

Zunächst darf der betriebliche Pensionsplan keine diskriminierenden Bestimmungen enthalten.[34] Jeder Beschäftigte des Unternehmens muss unter den gleichen objektiven Voraussetzungen Zugang zum betrieblichen Pensionsplan haben, wenn er mindestens zwei Jahre im Unternehmen beschäftigt ist (antiguedad). Differenzierungen nach dem Alter, dem Einkommen, oder dem Dienstalter sind zulässig, sofern sie für alle Beschäftigten gelten. Ebenso ist es zulässig die Höhe des Beitrags des Arbeitgebers nach der Höhe eines Eigenbeitrags des Arbeitnehmers zu bemessen oder die Leistung in Abhängigkeit von den Leistungen des öffentlichen Systems der Sozialen Sicherheit auszugestalten. Diese Differenzierungen müssen im Tarifvertrag oder in einer Betriebsvereinbarung (negociación colectiva) aufgeführt worden sein. Sofern verschiedene Gruppen eines Arbeitgebers unterschiedlich behandelt werden dürfen, werden für sie einzelne, gruppenspezifische Unterpläne (subplanes) eingerichtet.

Die Leistungen müssen zwingend nach dem Kapitaldeckungsverfahren auf der Grundlage eines individuellen Kontos der Teilnehmer finanziert werden.[35] Die Finanzierung eines betrieblichen Pensionsplans im Umlageverfahren ist nicht zulässig.

---

[33] Art. 5 Nr. 2 LPFP.

[34] Art. 5 Nr. 1 LPFP.

[35] Art. 5 Nr. 1 lit. b) LPFP.

Die Verpflichtung zur Beitragsleistung ist unwiderruflich (irrevocabilidad de las aportaciones).[36] Liegen die Voraussetzungen für die Beitragszahlung vor (Zusage) müssen diese auch geleistet werden. Nach einer Ergänzung des Gesetzes[37] ist es aber nunmehr zulässig, über noch nicht gezahlte Beiträge neu zu verhandeln, etwa bei finanziellen Problemen des Arbeitgebers. Einmal gezahlte Beiträge können von ihm aber nicht mehr zurückverlangt werden.

Rechtsinhaber mit Anspruch auf die geleisteten Beiträge ist kraft Gesetzes nicht der Arbeitgeber, sondern der Teilnehmer bzw. der Begünstigte.[38] Durch diese Individualisierung werden zudem Steuerpflicht und Steuervergünstigung individuell ausgewiesen.

Schließlich muss der Pensionsplan zwingend in einen Pensionsfonds (fondo de pensiones) integriert werden.[39] In diesem Pensionsfonds wird das Kapital akkumuliert und investiert. Bei Eintritt des Leistungsfalles (z. B. Erreichen des Rentenalters) wird aus dem angesammelten Kapital aufgrund der Satzung des Pensionsplans die individuelle Leistung errechnet. Die vorzeitige Auszahlung des Kapitals vor Eintritt des Leistungsfalles ist nicht möglich, wohl aber die Übertragung in einen anderen zugelassenen Pensionsplan.

## *12.3.4 Leistungen*

Die Art und Höhe der Leistung kann frei vereinbart werden.[40] Neben der Absicherung der Erwerbsunfähigkeit (invalidez laboral absoluta y permanente para todo tipo de trabajo) ist auch die Absicherung der Berufsunfähigkeit (invalidez laboral y permanente para la profesión habitual) verbreitet da, anders als das deutsche Recht seit 2002, das spanische öffentliche System der Seguridad Social die Berufsunfähigkeit weiterhin absichert. Im Einzelnen sind folgende Leistungen vorgesehen:[41]

### 12.3.4.1 Altersrente (Ruhestandsrente)[42]

Der Bezug einer Altersrente (pensión de jubilación) kann unter den im System der Sozialen Sicherheit geltenden Voraussetzungen erfolgen, d. h. für beide

---

[36] Art. 5 Nr. 1 lit. c) LPFP.

[37] R.D. 1588/99 de 15 de octubre.

[38] Art. 10.2 R.D. 1307/88; Art. 8 Nr. 4 LPFP.

[39] Art. 5 Nr. 1 lit. e), Art. 10 LPFP.

[40] Art. 8 Nr. 5 LPFP.

[41] Art. 8 Nr. 6 LPFP.

[42] Die spanische Terminologie unterscheidet zwischen einer Altersrente (pensión de vejez) als Mindestversorgung, die gezahlt wird, weil man ein bestimmtes Lebensalter erreicht hat und der Ruhestandsrente (pensión de jubilación), die gezahlt wird, weil man aus dem aktiven Beschäftigungsverhältnis ausscheidet.

Geschlechter[43] regelmäßig bei Erreichen des 65. Lebensjahres.[44] Kann eine Rente aus der gesetzlichen Rentenversicherung nicht bezogen werden, weil die versicherungsrechtlichen Voraussetzungen nicht vorliegen,[45] kann die Leistung bei Beendigung des Arbeitsverhältnisses in Anspruch genommen werden, nicht aber vor dem 60. Lebensjahr. Eine vorzeitige Inanspruchnahme bei Arbeitslosigkeit ist möglich. Nach Erreichen des Rentenalters können weiterhin Beiträge entrichtet werden. Wird die Rente bezogen, können nur noch Beiträge für die Risiken des Todes und der Pflegebedürftigkeit entrichtet werden.

#### 12.3.4.2 Invalidität

Entsprechend den Bestimmungen der gesetzlichen Sozialversicherung können Leistungen bei Erwerbs- oder Berufsunfähigkeit sowie „hoher Invalidität" (gran invalidez)[46] gewährt werden, wenn der Pensionsplan dies vorsieht. Da das Risiko der Invalidität schwer kalkulierbar ist, sehen viele Pläne keine oder nur eine begrenzte Absicherung vor, da ansonsten die Beiträge deutlich viel höher ausfallen müssen.

#### 12.3.4.3 Todesfall

Begünstigte können Witwen/Witwer, Waisen, Erben oder sonstige benannte Personen sein.

#### 12.3.4.4 Pflegebedürftigkeit

Ende 2006 wurde in Spanien ein Gesetz über die soziale Absicherung bei Pflegebedürftigkeit verabschiedet.[47] Anders als nach dem deutschen BetrAVG kann damit auch die Absicherung des Risikos der Pflegebedürftigkeit Teil der (steuerbegünstigten) betrieblichen Vorsorge sein.

---

[43] In Spanien gab es noch nie ein unterschiedliches Rentenalter für Männer und Frauen, vgl. Reinhard, Spanien: Gleiche Altersgrenzen – gleiche Chancen?, ZIAS 2007, 197ff.

[44] Art. 8 Nr. 6 lit a) LPFP.

[45] Es müssen mindestens 15 Beitragsjahre zurückgelegt worden sein. Zwei Beitragsjahre müssen innerhalb der letzten acht Jahre vor Erreichen des Rentenalters liegen. Vor allem Frauen erfüllen diese Voraussetzungen bisweilen nicht, vgl. Reinhard (Fn. 43), 201.

[46] Eine große Invalidität liegt vor, wenn der Leistungsbezieher pflegebedürftig ist und der Hilfe einer anderen Person bedarf um die täglichen Verrichtungen des Lebens auszuführen. Die Rentenleistung wird pauschal um 50% erhöht. Durch die Einführung der Absicherung bei Pflege hat die Leistung etwas an Bedeutung verloren (vgl. dazu nachfolgend 12.3.4.4).

[47] Ley 39/2006, de 14 diciembre, sobre Promoción de la Autonomía Personal y Atención a las personas en situación de dependencia; zu diesem Gesetz vgl. Sempere Navarro / Cavas Martínez, Ley de Dependencia, Ed. Aranzadi, Cizur Menor 2007, vgl. auch Die soziale Absicherung von pflegenden Familienangehörigen in Spanien. In: Rollenleitbilder und –realitäten in Europa: Rechtliche, ökonomische und kulturelle Dimensionen, hrsg. vom Bundesministerium für Familie, Senioren, Frauen und Jugend, Forschungsreihe Band 8, Nomos, Baden-Baden 2009, 230–237.

Die Satzung des Pensionsplans kann festlegen, die Leistungen in Form einer Kapitalzahlung, als zeitlich begrenzte oder lebenslange Rente oder in gemischter Form auszukehren. In der Regel besteht ein Wahlrecht, bei dessen Ausübung der Arbeitnehmer die unterschiedlichen steuerlichen Konsequenzen in Erwägung ziehen sollte.

### *12.3.5 Übertragbarkeit der Anwartschaften*

Die Anwartschaften (derechos consolidados) in einem Pensionsplan sind höchstpersönlich und nicht übertragbar. Sie sind zudem dem Zugriff von Gläubigern entzogen.[48] Wird das Arbeitsverhältnis beendet, können die Anwartschaften unter bestimmten Voraussetzungen in einen anderen Pensionsplan übertragen werden.

### *12.3.6 Kontrollkommission*

Für die Pensionspläne ist eine Kontrollkommission (comisión de control) gesetzlich zwingend vorgeschrieben.[49] Diesem Kontrollgremium obliegt die Überwachung der Einhaltung der Satzung, die Auswahl der Wirtschaftsprüfer (actuarios), der Vorschlag zur Änderung von Beiträgen, die Überwachung der Rechnungslegung, die gerichtliche und außergerichtliche Vertretung, die Benennung der Vertreter im Aufsichtsgremium der Pensionsfonds und die Klärung von Zweifelsfragen bei der Auslegung der Satzungsbestimmungen.

Die Kontrollkommission muss wenigstens fünf Mitglieder aufweisen. Es müssen die Teilnehmer (Arbeitnehmer), der Anbieter des Plans (Arbeitgeber) und die Begünstigten (Leistungsbezieher) vertreten sein. Die absolute Mehrheit in der Kontrollkommission müssen die Teilnehmer stellen. Gibt es bei geschlossenen Plänen keine Teilnehmer mehr, sondern nur noch Begünstigte, stellen diese die Mehrheit. Für die Wahl der Repräsentanten der Teilnehmer und Begünstigten werden zwei Gruppenlisten aufgestellt. Die Listen sind offen, und wählbar ist jeder Teilnehmer bzw. Begünstigter. Die persönliche, freie, direkte und geheime Wahl kann auf dem Postweg erfolgen. Das Mandat läuft vier Jahre. Eine Wiederwahl ist zulässig.

### *12.3.7 Steuerliche Behandlung der Beiträge zu einem Pensionsplan*

Für den Arbeitgeber sind Beiträge zu einem Pensionsplan Betriebsausgaben, die in voller Höhe vom zu versteuernden Einkommen abgezogen werden dürfen. Der Arbeitnehmer kann, auch wenn der Arbeitgeber die Beiträge entrichtet, bis zu seinem

[48] Art. 8 Nr. 7, 8 LPFP.

[49] Art. 7 LPFP.

50. Lebensjahr jährlich bis zu 10.000 € oder bis zu 30% seines Erwerbseinkommens als Beiträge von seinem zu versteuernden Einkommen abziehen.[50] Ab dem 52. Lebensjahr erhöht sich die mögliche Abzugssumme auf 12.500 € oder 50% des Erwerbseinkommens. Insgesamt dürfen die Beiträge der Arbeitgeber und Arbeitnehmer aber nicht diese Grenzwerte übersteigen. Seit einer Steuerreform 2007 ist diese Abzugsmöglichkeit auch für über 65jährige Personen eröffnet, die noch keine Leistungen beziehen. Damit soll der Verbleib älterer Arbeitnehmer im Erwerbsleben gefördert werden. Die steuerlichen Vergünstigungen gelten für jeden Beteiligten der Familieneinheit (unidad familiar).[51]

### *12.3.8 Versicherungsmathematische Ausgewogenheit*

Um den Leistungsverpflichtungen nachzukommen, muss der betriebliche Pensionsplan finanziell ausgeglichen sein. Um dies zu gewährleisten, ist eine periodische Überprüfung der versicherungsmathematischen Berechnungen vorgeschrieben.[52] Bei betrieblichen Pensionsplänen mit Beitragszusage ist diese weniger problematisch, da hier allenfalls fällige Beiträge ausbleiben können, die Leistungen aber im Umfang der bereits entrichteten Beiträge in jedem Fall gegenfinanziert sind. Durch Entwicklungen im Kapitalmarkt kann es aber zu einer Absenkung im Leistungsniveau kommen. Im Extremfall könnte ein vollständiger Kapitalverlust zu einem völligen Ausfall der Leistungen führen. Da jedoch ein ausdifferenziertes Investitionsportefeuille vorgeschrieben ist, ist ein Totalausfall eher unwahrscheinlich. Hingegen erhalten viele Arbeitnehmer, die während einer aktuellen Finanzkrise das Rentenalter erreichen, nicht die Zusatzrenten in der erhofften und über Jahre in der Werbung versprochenen Höhe.[53]

Betriebliche Pensionspläne mit Leistungszusage sind gegen Schwankungen des Kapitalmarktes noch empfindlicher. Deshalb müssen diese Pensionspläne alle drei Jahre zwingend einer versicherungsmathematischen Überprüfung unterzogen werden. Sollte sich eine Unterdeckung ergeben, müssen die Beiträge angepasst werden. Die Evaluation der Pensionspläne erfolgt nach Kriterien, die das Wirtschafts- und Finanzministerium vorschreibt. Insbesondere von Seiten der Gewerkschaften wurde eine Ergänzung der rechtlichen Regelungen[54] über einen Anpassungsplan (Plan

[50] Art. 5 Nr. 3 a) LPFP.

[51] Der Begriff der "unidad familiar" entstammt dem Steuer- bzw. Sozialrecht und bezeichnet eine Gruppe von Personen, die Anspruch auf eine vergleichbare Leistung bzw. Vergünstigung haben, zusammen leben und deshalb als Einheit berücksichtigt werden. Dies können Ehegatten sein, müssen es aber nicht zwangsläufig sein (z. B. Alleinerziehende mit Kindern).

[52] Art. 9 LPFP.

[53] Die Rentabilität der betrieblichen Pensionspläne erreichte 2008 eine durchschnittliche Rendite von –10,50%. Spitzenreiter. Negativer Spitzenreiter war der Plan der Telefónica, der mehr als ein Viertel (–26,90%) des Wertes einbüßte, Sánchez Sánchez, Consorci d'estudis, mediació i conciliació a l'administració local (CEMICAL), Barcelona 16. April 2009.

[54] Art. 16.1.b) R.D. 1588/99.

de reequilibrio) kritisiert. Mit diesem Anpassungsplan werden Verpflichtungen aus vergangenen Jahren in Planes de Pensiones überführt. Die Neuregelung erlaubt es, dass die Arbeitnehmer im Rahmen eines Anpassungsplans auf bereits erworbene Anwartschaften verzichten können. Im Aufsehen erregenden Fall von Iberdrola S.A. (einem der größten privaten Stromerzeuger der Welt) führte dies dazu, dass in den Tarifverhandlungen die Sozialpartner auf etwa 180 Mio. € konsolidierter Rechte auf Altersversorgung verzichteten. Bei einer Ablehnung wären von Arbeitgeberseite die Löhne und Gehälter für fünf Jahre eingefroren worden.[55]

### *12.3.9 Insolvenzsicherung*

Für die betrieblichen Pensionspläne bestehen zwei Möglichkeiten für eine ausreichende Solvenz zu sorgen. Die übernommenen Risiken können bei einem Versicherungsunternehmen rückversichert werden. Es ist offenkundig, dass eine solche Rückversicherung eine ausreichende Deckung aufweisen muss. Wird kein Versicherungsvertrag abgeschlossen, muss der Pensionsplan genügend Rücklagen aufweisen. Diese Rücklagen bilden ein vom eigentlichen Pensionsplan getrenntes Sondervermögen. Die Höhe der Rücklagen ist regelmäßig in jedem Haushaltsjahr zu überprüfen und der voraussichtlichen Entwicklung des Pensionsplans anzupassen. Eine dem deutschen Pensionssicherungsverein vergleichbare Institution für den Insolvenzschutz existiert nicht.

### *12.3.10 Pensionspläne für behinderte und invalide Personen*

Im Zusammenhang mit der gesetzlichen Absicherung des Risikos der Pflegebedürftigkeit[56] sollte auch die private oder betriebliche Absicherung nachgewiesen behinderter oder invalider Personen verbessert werden. Für diesen Personenkreis können erhöhte Beiträge von bis zu maximal 24.250 € jährlich eingezahlt und steuerlich abgesetzt werden. Bei einer physischen Behinderung muss mindestens ein Behinderungsgrad von 65% vorliegen, bei psychischer Behinderung nur ein Grad von 33%. Bei Invalidität ist nur eine gerichtliche Feststellung der Invalidität maßgeblich, nicht aber ein Mindestgrad.[57]

### *12.3.11 Rechtsweg*

Sollten Streitigkeiten aus dem betrieblichen Pensionsplan oder einer Direktversicherung[58] entstehen, sind diese in der Arbeitsgerichtsbarkeit (Jurisdicción de

[55] Llorente Mateo, Planes y Fondos de Pensiones de Empleo, Madrid 2000, 39.
[56] Vgl. oben 12.3.4.4.
[57] Disposición adicional cuarta.
[58] Vgl. unten 12.5.1.

lo Social) auszutragen, sofern ein Arbeitsvertrag oder eine Kollektivvereinbarung zugrunde liegt.[59]

## 12.4 Fondos de Pensiones (Pensionsfonds)

### *12.4.1 Funktion und Verwaltung der Pensionsfonds*[60]

In den Pensionsfonds wird das Kapital gesammelt und investiert. In offene Pensionsfonds kann jeder einzahlen, in geschlossene Pensionsfonds nur die Teilnehmer der integrierten Pensionspläne. Da der Pensionsfonds als Kapitalvermögen nicht handlungsfähig ist, müssen die Verwaltungsaufgaben einer Verwaltungsgesellschaft (entidad gestora) übertragen werden. Diese muss zwingend eine in Spanien ansässige Aktiengesellschaft mit einem Grundkapital von 601.012 € oder mehr sein.[61] Neben der tatsächlichen Handhabung der Investitionen besteht eine Hauptaufgabe der Verwaltungsgesellschaft in der jährlichen Information des Teilnehmers über die für ihn entrichteten Beiträge und den Wert des angesammelten Kapitalstocks. Die Pensionsfonds können nicht völlig frei investieren. Die Zusammensetzung des Investitionsportefeuilles wird durch Verordnung vorgeschrieben. Generell müssen mindestens 70% der Investitionen im geregelten Markt, in Bankguthaben, in Hypotheken und in Immobilien erfolgen.[62] Es hat jährliche Rechnungslegung zu erfolgen.[63] Die Guthaben müssen bei einer Hinterlegungsgesellschaft (entidad depositaria), die in einem besonderen Register beim Wirtschaftsministerium eingeschrieben sind, nachgewiesen werden.[64]

### *12.4.2 Aufsicht*

Die Pensionsfonds unterliegen der Finanzaufsicht der Hauptabteilung für Versicherungen (Dirección General de Seguros) des Wirtschafts- und Finanzministeriums.[65]

### *12.4.3 Grenzüberschreitende Pensionsfonds*

In Umsetzung europäischen Rechts trifft das Gesetz eine Reihe von Regelungen über die grenzüberschreitende Tätigkeit von spanischen betrieblichen Pensionsfonds[66] und der Integration von betrieblichen Pensionsfonds in Spanien.[67]

---

[59] Art. 2 Ley de Procedimiento Laboral (LPL).
[60] Art. 11–15 LPFP.
[61] Art. 20 Nr. 1 LPFP.
[62] Art. 16 LPFP.
[63] Art: 19 LPFP.
[64] Registro especial de „Entidades Depositorias de Fondos de Pensiones“, Art. 21 Nr. 1 d) LPFP.
[65] Art. 24ff. LPFP.
[66] Art. 37–39 LPFP.
[67] Art. 40–41 LPFP.

Beide Varianten sind zulässig, unterliegen aber gewissen Beschränkungen. Spanische betriebliche Pensionsfonds dürfen in anderen Mitgliedstaaten keine Leistungen oder Formen anbieten, die nicht auch in Spanien nach dem LPFP zulässig sind. Umgekehrt müssen können Anbieter anderer Mitgliedstaaten keine (steuerprivilegierten) Leistungen anbieten, die nicht auch nach spanischem Recht vorgesehen sind.

## 12.5 Die Auslagerung (exteriorizacíon) der betrieblichen Altersversorgung

Mit der Neuregelung der betrieblichen Altersversorgung mussten nach einer Übergangszeit bisherige interne Einrichtungen der betrieblichen Altersvorsorge in externe Einrichtungen überführt werden (sog. exteriorización de los compromisos por pensiones). Ab 16.11.2002 mussten neue Verpflichtungen für eine betriebliche Altersversorgung zwingend in einer externen Form durchgeführt werden.[68] Diese Überführung in eine externe Form betraf die Direktzusage (pago por caja), bei der der Arbeitgeber nach Ausscheiden des Arbeitnehmers diesem unmittelbar einen Betrag auszahlt, sowie die internen Fonds (fondos internos), die funktional in etwa einer Unterstützungskasse nach deutschem Recht entsprachen.[69] Als externe Formen der betrieblichen Altersversorgung, die auch steuerlich begünstigt werden, sind nur noch Gruppenversicherungsverträge (contratos de seguro), Mutualidades de previsión social und die oben dargestellten Planes de Pensiones zugelassen.

### *12.5.1 Versicherungsverträge (contratos de seguro)*

Die Versicherungsverträge können auf das Leben eines Arbeitnehmers abgeschlossen werden sowie das Risiko des Unfalls oder der Krankheit abdecken, sofern das Risiko der Invalidität mitberücksichtigt wird. Die Versicherungsverträge müssen als Gruppenversicherungsverträge abgeschlossen werden. Sogenannte „unit-linked"-Versicherungen, also Versicherungen, deren Ergebnis von den Entwicklungen des Kapitalmarktes abhängt und die daher starken Schwankungen unterliegen können, sind bei einer Leistungszusage nicht zulässig. Bei einer Beitragszusage ist eine „Unit-linked"-Versicherung nur zulässig, wenn für ein anderes Risiko eine Leistungszusage gegeben wurde. Der Versicherungsvertrag muss ausdrücklich eine Klausel enthalten, dass er der Erfüllung von Verpflichtungen aus einer betrieblichen Altersversorgung dient.

---

[68] Grupo Santander Central Hispano, La previsión social complementaria en España – La empresa ante la exteriorización de los compromisos por pensiones, Madrid 2001, 123ff.; Font de Mora Sainz u.a. Planes de Pensiones y Exteriorización de los compromisos empresariales, Valencia 2000.

[69] Interne Fonds sind weiterhin als betriebliche Altersversorgung zugelassen in Unternehmen des Finanzsektors, des Versicherungswesens und des Wertpapiermarkts, weil der Gesetzgeber der Ansicht war, dass durch die bestehenden Regelungen der Finanzaufsicht die finanziellen Interessen der Beschäftigten hinreichend geschützt sind.

Direktversicherungen auf das Leben sind nach wie vor eines der wichtigsten Instrumente der betrieblichen Altersversorgung. Im Jahr 2007 lag die Versicherungssumme bei ca. 31 Mrd. € und es wurden ca. 2,405 Mrd. € an Prämien gezahlt, davon 93,1% von den Arbeitgebern und 6,9% von den Arbeitnehmern. 80 Versicherungsgesellschaften hatten 267.928 Policen unterschrieben. 236.359 Unternehmen hatten Gruppenversicherungsverträge abgeschlossen um ihren Pensionsverpflichtungen nachzukommen. 20,4% dieser Unternehmen waren im Baugewerbe angesiedelt, 8,3% im Gast- und Hotelgewerbe. Die Zahl der Versicherten belief sich auf 6.307.926, eine Steigerung gegenüber dem Vorjahr (2006) um 5,7%. Etwa 64,5% wurden in Papiere mit festem Ertrag investiert und etwa 18,2% in andere Papiere, etwa Aktien. Auf dem spanischen Markt wurde etwa ein Drittel (31,6%) investiert, in der sonstigen Eurozone mehr als die Hälfte (57,7%). Etwa Dreiviertel (74,4%) der von den Unternehmen gezahlten Prämien waren für die Alterssicherung bestimmt, vom Rest der überwiegende Teil (17,2%) für die Absicherung der Hinterbliebenen und ein geringer Teil (8,4%) für die Absicherung des Risikos der Invalidität,[70] was versicherungsmathematisch tatsächlich das teuerste Risiko darstellt, weil es am wenigsten kalkulierbar ist.

### *12.5.2 Mutualismo (Versicherung auf Gegenseitigkeit)*

Die betriebliche Altersversorgung über Versicherungen auf Gegenseitigkeit spielt eine weitaus geringere Rolle als die Absicherung über private Versicherungsgesellschaften,[71] obschon sie ohne Absicht der Gewinnerzielung agieren müssen[72] und daher kostengünstiger arbeiten können. Die meisten Mutualidades sichern die Hinterbliebenen ab. Aufgrund der Gesetzgebungskompetenzen und politischer Präferenzen sind die Mutualidades besonders stark im Baskenland und in Katalonien vertreten.

Es wurde bereits erwähnt, dass die Mutualidades sich stärker als Instrument zusätzlicher Altersversorgung profilieren wollen. Seitens der Mutualidades wird gerne darauf hingewiesen, dass das Anlage- und Investitionsverhalten sicherlich wesentlich konservativer ist als das stark renditeorientierte Finanzgebaren der Pensionspläne und Pensionsfonds. Damit wurden nie die höchsten Renditen erzielt, die

[70] Alle Zahlen aus Dirección General de Seguros y Fondos de Pensiones (DGSFP), Contratos de seguros colectivos que instrumentan compromisos por pensiones de las empresas con los trabajadores y beneficiarios, Memoria Estatística Ejercicio 2007, www.dgsfp.meh.es. Die DGSFP ist als Aufsichtsbehörde Teil des Wirtschafts- und Finanzministeriums (Ministerio de Economía y Hacienda).

[71] Sánchez Martínez, El mutualismo de previsión social en España, CIRIEC-España, Revista de Economía Pública, Social y Cooperativa, ñ 57, April 2007, 237; de la Torre San Cristóbal, CIRIEC-España, Revista de Economía Pública, Social y Cooperativa, ñ 47 (extraordinario), noviembre 2003, 59–68.

[72] Art. 4 Ley 9/200, de 30 de junio, de Mutualidades de Previsión Social.

auf dem Kapitalmarkt möglich waren. Es wird überwiegend (ca. 58%) in festverzinsliche Wertpapiere investiert. In einigen Mutualidades ist der Wert sogar noch höher.[73] In der Finanzkrise wirkte sich aber diese Investitionskultur für die Mitglieder sehr günstig aus. Bereits im Jahre 2007 lag die durchschnittliche Rendite der Pensionspläne nur bei 2,06% (individuelles System) bzw. bei etwa 2,44% (betriebliche Pensionspläne), während einige Mutualidades deutlich höhere Renditen erzielten. Im Jahr 2008 hat sich dieser Trend noch verstärkt. Die Durchschnittsrenditen der Pensionspläne waren im negativen Bereich, bei den betrieblichen Pensionspläne sogar im zweistelligen Bereich (–10,50%). Für 2009 sollen die Zahlen ähnlich ausfallen.

2009 existierten 410 Institutionen, die allerdings bisweilen nur bestimmten Berufsgruppen offenstanden (Polizei, Piloten, Procuradores). Das angelegte Kapital belief sich auf 27,95 Mrd. € und 2,45 Millionen Mutualistas waren eingeschrieben. Ein großer Pluspunkt für die Mutualidades sind die niedrigen Verwaltungskosten, die bei etwa 0,37% liegen.

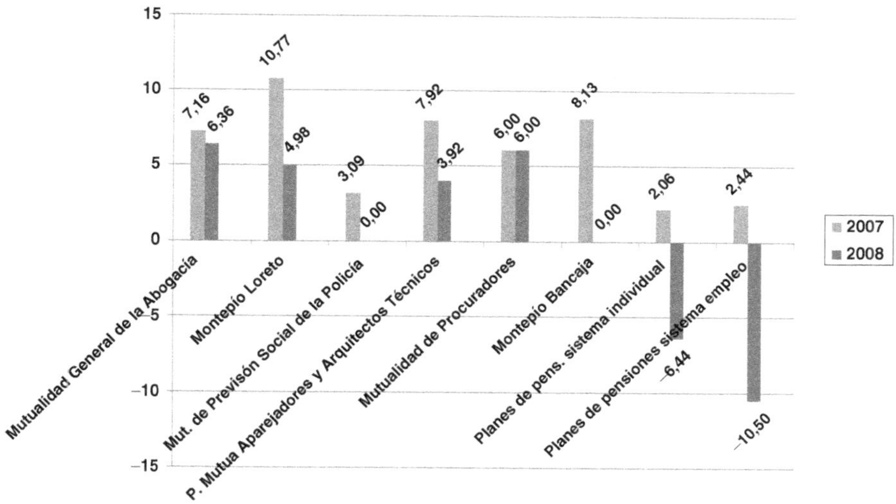


Quelle: Pérez Zaragoza, Las Mutualidades de Previsón Social se hacen querer, http://www.montepioloreto.com/noticias.aspx?id=60

[73] In der Mutualidad de Procuradores wurden 79% in festverzinsliche Wertpapiere investiert, 2,75% in Papiere mit variablen Zinssätzen und 18,25% in Immobilien. Bei der Mutualidad für die Architekten (PREMAAT) wurden sogar 82% in festverzinsliche Wertpapiere investiert und 12% in Immobilien, vgl. die Angaben von Muñoz Pérez, Confederación Española de Mutualidades, in: Pérez Zaragoza, Las Mutualidades de Previsón Social se hacen querer, http://www.montepioloreto.com/noticias.aspx?id=60

## 12.6 Schlussbemerkung

Die Pensionspläne beginnen sich allmählich als zusätzliche Form der betrieblichen Alterssicherung durchzusetzen. Ende 2007 hatten mehr als 6.700 Unternehmen Pensionspläne aufgelegt, was zwar im Verhältnis zu der Zahl der Unternehmen gering erscheint, doch liegen die Zuwachsraten bei jährlich über 20%. Im öffentlichen Sektor waren Ende 2008 mehr als 1 Million Teilnehmer eingeschrieben, im privaten Bereich etwa 200.000 Beschäftigte.[74] Die Finanzmärkte haben sich inzwischen wieder etwas beruhigt, so dass die Renditen und damit die Leistungen steigen. Ein Nachteil besteht bei den betrieblichen Pensionsplänen für die Arbeitnehmer allerdings darin, dass sie sich nicht selbst das Produkt mit der besten Rendite aussuchen können, sondern sich dem Pensionsplan anschließen müssen, den der Arbeitgeber ausgewählt hat.

Ohnehin ist die Aussicht auf Rendite für die Teilnehmer bzw. Mitglieder kaum zu steuern und wenig transparent. Große Tageszeitungen (z. B. El País) veröffentlichen in loser Folge im Wirtschaftsteil Übersichten zu den Pensionsplänen bzw. Pensionsfonds mit Angabe der erzielten Renditen. Abgesehen davon, dass viele Leser mit der Deutung der Zahlenkolonnen überfordert sein dürften, handelt es sich jeweils um eine ex-post-Betrachtung, d. h. es ist nicht vorhersehbar, wie sich die Anlage entwickelt. Es hat sich zudem gezeigt, dass die Pensionsfonds von Jahr zu Jahr recht unterschiedliche Ergebnisse erwirtschaften. Werden die Steuerbeträge voll ausgeschöpft, stehen erhebliche Beträge im Feuer. Allein ab dem 52. Lebensjahr könnten bis zum Erreichen der Altersgrenze $13 * 12.500$ € = 162.500 € steuerlich geltend gemacht werden.

Nach Untersuchungen von Wirtschaftswissenschaftlern schneiden die Pensionsfonds in Spanien in der Rendite schlecht ab. Im 10-Jahresverlauf lag die Rentabilität von 97% der Pensionsfonds unter der Inflationsrate und 99% lagen unter einer Rentabilität von 5%. Damit wurde die Verzinsung von Staatsanleihen oder der Erfolgsindex der Madrider Börse bei weitem nicht erreicht. Eine ganze Reihe von Pensionsfonds erzielte negative Ergebnisse. Die ungünstige Performance der Pensionsfonds dürfte zudem mit den hohen Kosten für Kommissionen zusammenhängen, die bis zu 2,5% jährlich betragen. Trotzdem waren Ende 2008 10,6 Millionen Teilnehmer[75] in 3293 Pensionsplänen eingeschrieben und hatten ein Vermögen von 78,5 Mrd. € angelegt.[76] Bemerkenswert ist, dass die Zahl der Pensionspläne gegenüber Ende 2007 von 3185 leicht (+3,35%) stieg, hingegen das Anlagevermögen bei einem leichten Zuwachs von Teilnehmern (+1,9%) deutlich fiel (–9,5%).[77] Dieser Verlust dürfte nicht zuletzt durch die Finanzkrise begründet sein.

Ende 2009 ergab sich für die privaten Pensionspläne folgendes Bild:[78]

---

[74] García Terrón, Planes de Pensiones de Empleo, Consumer Eroski, 19. Dezember 2007.

[75] Allerdings bei Mehrfachzählungen. Zudem sind auch die Begünstigten Teilnehmer.

[76] Fernández/Bermejo, Rentabilitad de los Fondos de Pensiones en España, 1991–2008, Universidad de Navarra, Business School, Documento de Investigación DI-819, Setiembre 2009.

[77] El negro horizonte de los planes de pensiones en España, http://www.wharton.universia.net

[78] Quelle: El País, 7 de febrero de 2009, 30 (nach Angaben von INVERCO).

| Umfang der Aktiva (in Mrd. €) | | | | | | | | |
|---|---|---|---|---|---|---|---|---|
| | 2000 | 2002 | 2004 | 2005 | 2006 | 2007 | 2008 | 2009 |
| Pensionspläne aufgrund eines Beschäftigungs-systems (sistema de empleo) | 15,553 | 21,278 | 25,125 | 28,194 | 30,200 | 30,431 | 28,408 | 30,637 |
| Pensionspläne einer Vereinigung (sistema asociado) | 0,813 | 0,760 | 0,878 | 1,007 | 1,130 | 1,193 | 0,980 | 0,993 |
| Individuelle Pensionspläne (sistema individual) | 21,494 | 26284 | 37,002 | 43,709 | 49,903 | 54,219 | 49,018 | 53,158 |
| Fonds gesamt | 37,860 | 48,322 | 63,005 | 72,910 | 81,233 | 85,843 | 78,406 | 84,788 |

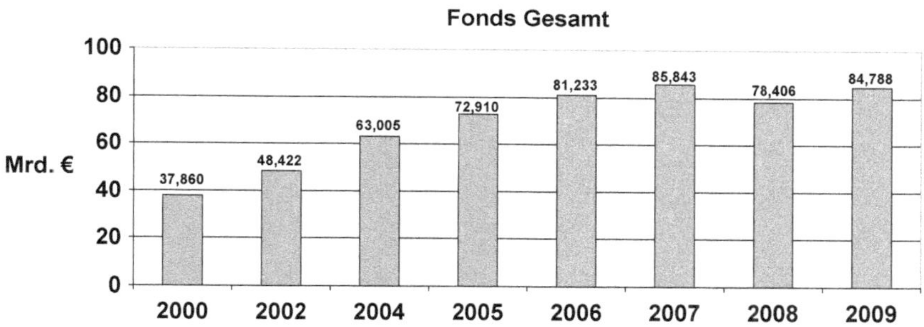


| Mittlere gewichtete jährliche Rentabilität (in %) | | | | | | |
|---|---|---|---|---|---|---|
| | 19 Jahre | 15 Jahre | 10 Jahre | 5 Jahre | 3 Jahre | 1 Jahr |
| Individuelles System | 5,31 | 4,13 | 1,03 | 1,79 | –0,18 | 6,76 |
| Feste Rendite (kurzfristig) | 4,97 | 3,63 | 1,90 | 1,57 | 1,96 | 1,80 |
| Feste Rendite (langfristig) | 5,25 | 4,06 | 2,27 | 1,88 | 2,31 | 3,96 |
| Feste Rendite (gemischt) | 5,33 | 4,07 | 1,16 | 1,47 | –0,36 | 6,05 |
| Variable Rendite(gemischt) | 6,28 | 4,82 | –0,04 | 1,90 | –3,91 | 14,21 |
| Variable Rendite | 2,40 | 8,76 | –1,97 | 2,56 | –6,86 | 27,20 |
| Garantierte Rendite | – | – | 4,87 | 2,19 | 1,13 | 3,77 |
| System aufgrund eines Beschäftigungsverhältnisses | 6,46 | 5,24 | 2,13 | 2,66 | 0,03 | 9,28 |
| System einer Vereinigung | 6,40 | 5,05 | 2,08 | 3,16 | –0,14 | 9,23 |
| Pläne gesamt | 5,59 | 4,56 | 1,39 | 2,13 | –0,10 | 7,70 |

Teilnehmerkonten (in Mio.)[a]

| | 2000 | 2002 | 2004 | 2005 | 2006 | 2007 | 2008 | 2009 |
|---|---|---|---|---|---|---|---|---|
| Pensionspläne aufgrund eines Beschäftigungssystems (sistema de empleo) | 463.519 | 614.996 | 1.282.598 | 1.543.715 | 1.624.059 | 1.737.768 | 1.878.284 | 1.926.733 |
| Pensionspläne einer Vereinigung (sistema asociado) | 72.601 | 88.712 | 83.217 | 86.132 | 90.056 | 89.041 | 87.347 | 84.017 |
| Individuelle Pensionspläne (sistema individual) | 4.402.708 | 5.829.358 | 7.244.482 | 7.696.560 | 8.164.485 | 8.529.191 | 8.647.159 | 8.733.038 |
| Fonds gesamt | 4.938.828 | 6.533.066 | 8.610.297 | 9.326.407 | 9.878.600 | 10.356.000 | 10.612.790 | 10.743.788 |

[a]Dies entspricht nicht der Gesamtzahl der Teilnehmer/innen, da für eine Person mehrere Konten bestehen können.

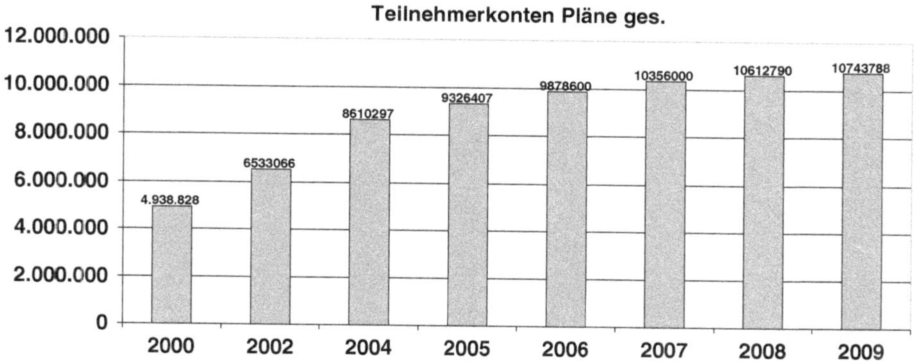
Teilnehmerkonten Pläne ges.
12.000.000
10.000.000
8.000.000
6.000.000
4.000.000
2.000.000
0
4.938.828
6533066
8610297
9326407
9878600
10356000
10612790
10743788
2000
2002
2004
2005
2006
2007
2008
2009

# Chapter 13
# Planes de Pensiones and Other Forms of Occupational Pension Schemes in Spain

**Hans-Joachim Reinhard**

**Abstract** Occupational pension schemes in Spain had a long tradition due to the weak position of public social security. This has changed since the 1970 when the public pension scheme was extended. Nevertheless, since the 1990s legislation promotes private pension plans and employer-sposered pension plans with considerable tax benefits. However, only registered pension plans and pension funds that fulfill certain requirements receive the tax allowances. The last years have shown that many pension plans obtained yields below inflation rate or even negative results. On the other hand, the more conservative "mutuas" achieved lower but permanent gains and now try to get a better position on the market for complementary pensions.

**Keywords** Pension plans · Pension funds · Mutuas

## 13.1 Development of Occupational Pension Schemes

Occupational retirement provision schemes in Spain are relatively young; nevertheless they had been the main form of social protection in Spain for a long time. This contradiction can only be understood on the historical background of Spanish social security. Shortly after the implementation of the Bismarckian legislation, the idea to build up a public social security system was very much favoured in Spain, too. Already at the turn of the nineteenth to the twentieth century first works began and in 1908 the Instituto Nacional de Previsión – INP (National Institute for Social Protection) – was founded. After some political backslashes, legislation succeeded in the implementation of a state-run social protection in old age.[1] Yet,

H.-J. Reinhard (✉)
Prof. Dr. jur., Max-Planck-Institut für ausländisches und internationales Sozialrecht, München; FH Fulda, Amalienstr. 33, 80799 München, Deutschland
e-mail: reinhard@mpisoc.mpg.de

[1] Cf. Monero Pérez, Los orígines de la Seguridad Social en España, Granada 2007, 175 ff.

O. Kaufmann, S. Hennion (eds.), *Steuerung der betrieblichen Altersversorgung in Europa: garantierte Sicherheit? Governance of Occupational Pensions in Europe: Guaranteed Security? Gouvernance des retraites professionnelles en Europe: Sécurité garantie?*,
DOI 10.1007/978-3-642-15731-8_13, 

these beginnings of social protection in the state sector were very rudimentary, rather incomplete and granted only a minimum of social protection for a small part of the working population. Other than in Germany a strong workers' movement did not exist since the country was hardly industrialised. If there was industry at all it was mainly in Catalonia and in the Basque Country. The rest of Spain was an economic backward farmland where in many regions a poor population suffered from feudal or semi-feudal structures. The government of military dictator Miguel Primo de Rivera, which came into power in 1923, could not solve the social problems which still persisted after the proclamation of the Second Republic in 1931. In the political troubles of this period no system of a state-run social security was able to grow up. The political demands of left insurgents were beaten down, partly in bloody fights. After the victory of the People's Front which consisted of left-liberals, socialist and communist parties in the parliamentary elections on 17 February 1936, time was too short to deal with the subject social security because already in July 1936 Francisco Franco rioted and the Spanish Civil War began.

Due to the lack of a state-run social protection the so-called Mutualismo developed on the level of society and enterprises. Insurance on mutuality is a form of mutual protection that had played a major role as "Unterstützungskassen" in Germany, too, before the promulgation of social legislation. When Civil War ended on 1 April 1939, the state took over a comprehensive influence on economy and society and industrialisation was enforced. Plans to implement a state-run social security system were not pursued. Moreover, Franco's government used the existing voluntary "Mutua" systems to implement a compulsory social protection scheme in the industrial sector.

Under these circumstances, occupational pension schemes[2] continued to develop from the middle of the 1940s.[3] The Ministry of Labour now supervised the Mutuas.[4] However, the political group around Franco was not as homogeneous as it looked like. Different opinions about the further development of social security were at stake. In these rivalries among various political leaders the supporters that favoured the Mutualismo instead of an original state-run social protection were successful. As a result, the Mutualismo became a parallel system to the still existing social protection via the Instituto Nacional de Previsión, the competences of which had remained, at least according to law. The Franco regime acted very clientele-related. This might have been the reason for favouring the Mutualismo.[5] In the beginning, the

[2]For reasons of simplification in the following the term occupational old-age pension is used, because protection in old age is the core element. However, many systems provide additional protection in case of invalidity and for survivors. But this is not compulsory.

[3]For a description of the historical development of Mutualismo, cf. García Ninet, Notas sobre nacimiento, desarrollo y extinción del Mutualismo in: MTSS, Cien Años de Protección Social en España, Madrid 2007.

[4]Ley de 6 de diciembre de 1941 (Jefatura del Estado), de Mutualidades; Decreto de 26 de mayo de 1943.

[5]Later in time this became very evident when special systems of social protection were created for certain professional groups that were close to the regime.

Mutualismo covered only employees in the most important industrial branches. Its organisation was in the joint hands of employers and trade unions which were not, however, independent.[6] From 1960 the Mutualismo was extended to self-employed and artisans.[7] But in these times already ideas for a turn in social security policies existed.

For the first time, the promulgation of the Basic Law of Social Security in 1963[8] brought about the idea of a comprehensive social protection of all risks covering the entire population. Facing the weak economic situation this aim could only be realised step by step and existing structures had to be used. Thus, in the Basic Law of Social Security the Mutualismo gained an important role in the system of social protection. Nevertheless, social protection in old age and invalidity was step by step transferred to the public (state-run) system of social protection (Seguro Obligatorio de Vejez e Invalidez – S.O.V.I.). Because the S.O.V.I. system provided only a minimum protection and was not indexed on a regular basis according to consumer prices, the Mutualismo was still important for employees. The Ley General de Seguridad Social – LGSS (General Law on Social Security) – of 1974[9] was the foundation stone of today's social security system. Social protection in old age improved substantially by indexing benefits more or less frequently. In this context, the Mutualismo suffered a setback. The LGSS still mentioned the Mutualismo as organisational structure but it was the beginning of its conversion into a supplementary social protection scheme.[10] The exclusion from the public system of social security soon afterwards perpetuated this functional change.[11] Since that time the Mutuas pay benefits only in case of work accident or professional diseases alternatively to the benefits of the social security system.[12] Apart from this, the Mutualidades try to gain a profile as an alternative to the Planes de Pensiones[13] which were established in 1987 as a new instrument for a supplementary social protection in old age and invalidity. Some are restricted on certain enterprises as an additional protection.[14] Only in some professions the Mutualidad can substitute the affiliation in the public social security system.[15]

---

[6]For example, in the sector of metal industry (Indústria Siderometalúrigca).

[7]Decreto 1167/1960, de 23 de junio.

[8]Ley 193/1963, de 28 de diciembre de 1963, de Bases de la Seguridad Social.

[9]Ley General de la Seguridad Social aprobado por Decreto 2065/1974, de 30 de mayo.

[10]Decreto 3527/1974, de 20 de diciembre sobre la nueva estructura del Mutualismo Laboral.

[11]Real Decreto-Ley, de 16 de noviembre de 1978.

[12]Every year each enterprise may elect to provide protection for work accidents and occupational diseases within a Mutua or within the public system. Other than the German "Berufsgenossenschaften" accident prevention is not the task of a Mutua.

[13]Calvo Vérgez, Mutualidades de Previsón Social: Aspectos Mercantiles y Fiscales, Madrid 2009.

[14]Cf., for example, the Mutua de Previsión social del personal de RENAULT ESPAÑA, http://www.mutuarenault.com/hojas/general/gestormutua.html. In addition there are Mutuas for certain professional groups, e.g. the Montepío Loreto als Mutualidad de los trabajadores del sector aéreo (employees in the aeronautic sector), https://www.montepioloreto.com/home.aspx

[15]So lawyers (abogados) and architects.

## 13.2 The Implementation of Pension Plans (Planes de Pensiones) as a New Tool of Occupational Retirement Provision

### *13.2.1 Reasons for the Implementation of Pension Plans*

At the beginning of the 1980s a discussion for strengthening social protection evolved. For several reasons a return to the Mutua system did not seem feasible.[16] They were regarded as slow and bureaucratic and they were allowed to offer benefits only in a limited range.[17] The Mutualidades are juridical persons of private law. Its foundation, activities and administration are under official control. In addition, due to its mutual character both employers and employees must be members of the Mutuas.

Inspired by regulations in other countries, namely in Great Britain, and fearing a future financial collapse of the public system in view of the demographic challenges, in 1987 a new legislative basis for the supplementary pensions came into force. Starting point was Art. 41 of the Spanish constitution (Constitución Española – C.E.) of 1978 which obliged the public authorities to create a social security system that guaranteed sufficient benefits for all citizens in situations of need, in particular in case of unemployment. It says: "Additional assistance and benefits are free." Art. 50. C.E. stipulates: "Public authorities guarantee citizens sufficient economic resources in old age by granting reasonable and periodically indexed pensions." Even if this is only regarded as a programme without enforceable individual entitlements[18] it has a political meaning that cannot be neglected. As well as the other "social basic rights" it helps to push certain social measures and eases their political enforcement.[19]

Without doubt, the Mutualismo was a system of additional supplementary benefits. However, efficient rules did not exist that insured the obligations taken up by employers in individual contracts or collective bargaining. Employees permanently faced the danger to lose their entitlements for a supplementary pension. The insolvency of the pension plans in the British Maxwell group caused sensitivity for Spanish policy-makers to create a legal frame to secure occupational old-age pensions. But in Spain, too, the necessity to react became obvious. The pension fund of the Spanish telephone company struggled financially and only strong political support avoided insolvency.

---

[16]The terms "mutualidad" and "mutua" are used synonymously in Spanish language.

[17]Pension payments were limited to a maximum of 1,400,000 ptas (ca. €8,414), lump-sum payments instead of a pension could not exceed 5,850,000 ptas (ca. €35,160), cf. Calvo Ortega, Mutualidades de previsión social y fondos de pensiones, Revista de Seguridad Social, no 24, octubre–diciembre 1984, 63 ff.; Almansa Pastor, Derecho de la Seguridad Social, 5th ed., Madrid 1984, 512.

[18]Art. 53 Nr. 3 C.E.

[19]Cf. Reinhard, Sozialstaatsprinzip und soziale Grundrechte in Spanien – Ein Vergleich mit der Bundesrepublik Deutschland, ZIAS 1988, 169 ff.

## *13.2.2 Pension Plans as a New Tool of Occupational Pension Schemes*

The implementation of Planes de Pensiones and Fondos de Pensiones[20] brought a completely new regulation of promises on old age, invalidity and survivors' benefits.[21] It is possible to make a lump sum payment instead of a pension.[22] Similar to Germany the employer promises the benefits on a voluntary basis or due to a collective agreement (convenio colectivo). The law itself qualifies the benefits as supplementary which must not substitute benefits of the public social security system.[23]

Since their implementation pension plans have become the major model of occupational retirement provisions but also of private retirement provisions. Tax treatment is very favourable and advertisements promote them vividly. The legal construction is similar to the "Riester" contracts under German law. They are institutions under private law which pay lump-sum benefits or pensions at retirement age, to surviving spouses and orphans or in case of invalidity. The risk of long-term care may be included as well.[24] However, other than in Germany pension plans are not meant to replace partly the public system. They should build up an additional supplementary social protection (seguridad social complementaria).[25]

## *13.2.3 Types of Pension Plans*

The law distinguishes three types of pension plans[26]:

### 13.2.3.1 Individual Pension Plans (Sistema Individual)

Promoter (promotor) for individual pension plans is a finance company. In most cases it is a bank or an insurance company. All natural persons may affiliate. There are no other requirements.

---

[20] Ley 8/1987, de 8 de junio, de Regulación de los Planes y Fondos de Pensiones. The Real-Decreto Legislativo 1/2002, de 29 de noviembre, por el que se aprueba el texto refundido de la Ley de Regulación de los Planes y Fondos de Pensiones (BOE 298/2020, de 13 de diciembre de 2002 repealed this law). The revised version incorporated Ley 30/1995, which had transposed Art. 8 Council Directive 80/987/EEC of 20 October 1980 on the approximation of the laws of the Member States relating to the protection of employees in the event of the insolvency of their employer. Real Decreto 304/2004 de 20 de febrero; R. D. 1684/2007 de 14 de diciembre transposed Directive 2003/41/EC (European Parliaments and Council) of 3 June 2003 on the Activities and Supervision of Institutions for Occupational Retirement Provision, OJ. L 235, 23 September 2003, 10–21.

[21] For details cf. Abele, Das neue spanische Gesetz über die Regelung der Pensionspläne und Pensionsfonds, ZIAS 1988, 282 ff.

[22] Art. 1 Nr. 1, Art. 5 lit. d), Art. 8 LPFP.

[23] Art. 1 Nr. 2 LPFP.

[24] Art. 8.

[25] Consejo General del Poder Judicial, Seguridad Social Complementaria, Cuadernos de Derecho Judicial, XIV – 2003, Madrid 2004.

[26] Art. 4 Nr. 1 LPFP.

#### 13.2.3.2 Pension Plans of an Association (Sistema Asociado)

Promoter is an association, a trade union, a board or a collective unit. Only a member of the association or, respectively, of another group mentioned is permitted to affiliate.

#### 13.2.3.3 Pension Plans on the Basis of a Labour Contract (Sistema de Empleo)

Promoter is an employer (empresa), an entity (entidad), a cooperation (cooperation) or a society (sociedad). Affiliated members are the employees, i.e. persons who have a labour contract with the promoter.

The admission of individual pension plans and pension plans of an association demonstrates that the law not only does apply on occupational pensions but also includes non-labour-related private provisions.

## 13.3 Planes de Pensiones de Empleo (Occupational Pension Plans) as a Specific Tool of Occupational Social Protection

In the following, labour contract-related occupational pension plans (sistema de empleo) are discussed more in detail. The basic regulations are the same for all types. The most important differences in relation to the other two types refer to supervision and employers' cooperation in the control board.

### *13.3.1 Constituents*

The law mentions three groups of constituents (sujetos constituyentes):

#### 13.3.1.1 Participants

The participant (partícipe) is a natural person in whose interest the pension plan is founded and who is affiliated to it.[27] The law does not prescribe that the participant has to pay contributions. The minutes of the plan may regulate the details.[28] There are no minimum contributions but a fixed maximum.[29] In legal terms, the promise is made to the participants.

#### 13.3.1.2 Promoter

The promoter (promotor) is the enterprise that initiates the foundation of a pension plan, supports it, takes care for its working and pays at any case contributions.[30]

[27] Art. 3 Nr. 1 lit. b) LPFP.

[28] Art. 4 Nr. 2 lit. b), Art. 6 Nr. 1 lit. f), Art. 8 Nr. 3 LPFP.

[29] Art. 5 Nr. 3 LPFP, cf. 7. below.

[30] Art. 3 Nr. 1 lit. a) LPFP.

#### 13.3.1.3 Beneficiary

The beneficiaries (beneficiarios) are persons who are entitled to benefits from the pension plan, i.e. former participants or their family members (elementos personales).[31]

### *13.3.2 Varieties of an Occupational Pension Plan*[32]

An occupational pension plan may consist of one of these varieties:

#### 13.3.2.1 Defined Contribution

In a defined contribution system (aportación definida) the employer pays fixed contributions. The benefit depends on the financial development of the pension plan. It is the employee that bears the risk of the development of yields.

#### 13.3.2.2 Defined Benefits

In case of a defined benefit (prestación definida) the employer eventually has to make additional contributions if the financial situation is getting worse. Other than under German law there is no personal obligation of the employer to pay the promised benefit.

#### 13.3.2.3 Mixed Promises

Finally, it is possible to give a mixed promise combining defined contributions and defined benefits.

### *13.3.3 Principles of Occupational Pension Plans*

An occupational pension plan has to observe some basic principles for being authorised and for claiming tax benefits.[33]

First, the pension plan must avoid discriminating regulations.[34] Every employee of an enterprise must have access to the pension plan under the same objective conditions if employment in the enterprise has lasted for at least 2 years (antiguedad). Differentiation according to age, income or seniority is permitted if it applies to all

---

[31] Art. 3 Nr. 3 LPFP.

[32] Art. 4 Nr. 2 litt. a–c; in the "sistema individual" only defined contributions are permitted, Art. 4 Nr. 3 LPFP.

[33] Art. 5 Nr. 2 LPFP.

[34] Art. 5 Nr. 1 LPFP.

employees. It is also allowed to fix the employer's contribution according to the employee's own contribution or to calculate the benefit on the basis of the payments from the public social security system. But these differentiations have to be mentioned in a general collective bargaining or a collective bargaining on the level of the enterprise. If various groups of an employer are treated different, it is permitted to construe group-related sub-plans (subplanes).

It is compulsory to finance the benefits on a capital-funded system on the basis of an individual account of the participants.[35] It is not permitted to run a pension plan as a pay-as-you-go system.

The obligation to contribute is irrevocable[36] (irrevocabilidad de las aportaciones). If the conditions for the payments of contributions are fulfilled (promise) these have to be paid. A recent law revision[37] allows to deal anew on unpaid contributions, e.g. in case of financial problems of the employer. But he cannot ask for reimbursement of paid contributions.

According to law, the participant or the beneficiary is entitled to paid contributions, not the employer.[38] This individualisation allows fixing tax obligations and tax benefits individually.

Finally, it is compulsory to integrate a pension plan into a pension fund (fondo de pensiones).[39] The capital is accumulated and invested in this pension fund. If the benefit is to be paid (e.g. when reaching retirement age) the accumulated capital serves for calculating the individual benefit according to the statutes of the pension plan. An earlier payment is not permitted but the capital may be transferred into another authorised pension plan.

### *13.3.4 Benefits*

The amount and type of benefit can be agreed upon deliberately.[40] Apart from social protection in case of invalidity (invalidez laboral absoluta y permanente para todo tipo de trabajo) social protection of professional incapacity (invalidez labaoral y permanente para la profesión habitual) is very common. Other than German law since 2002 the Spanish public system still provides for social protection in case of professional incapacity. The law mentions the following benefits in detail[41]:

---

[35] Art. 5 Nr. 1 lit. b) LPFP.

[36] Art. 5 Nr. 1 lit. c) LPFP.

[37] R.D. 1588/99 de 15 de octubre.

[38] Art. 10.2 R.D. 1307/88; Art. 8 Nr. 4 LPFP.

[39] Art. 5 Nr. 1 lit. e), Art. 10 LPFP.

[40] Art. 8 Nr. 5 LPFP

[41] Art. 8 Nr. 6 LPFP.

#### 13.3.4.1 Old-Age Pension (Retirement Pension)[42]

For a retirement pension the same provisions apply as in the public system. The regular retirement age is 65[43] for both sexes.[44] If a pension is not payable under the public system because the conditions are not met yet,[45] the benefit is nevertheless payable when the labour contract ends, but not before age 60. It is also permitted to draw the benefit earlier in case of unemployment. Having reached retirement age it is possible to continue with contributions. However, if a benefit is paid, it is permitted only to contribute for the risk of death and long-term care.

#### 13.3.4.2 Invalidity

According to law, the statutes of the pension plan may provide for benefits in case of invalidity or professional incapacity and "severe invalidity" (gran invalidez).[46] Since it is difficult to calculate the risk of invalidity, many plans provide only for a limited social protection or no protection at all. Otherwise, the increase in contribution rates is excessively higher.

#### 13.3.4.3 Death

Beneficiaries might be widows/widowers, orphans, inheritors or other designated persons.

#### 13.3.4.4 Long-Term Care

At the end of 2006 the Law on Social Protection for Long-Term Care was passed.[47] Other than under the German BetrAVG the social protection of the risk of long-term care can be part of (tax-favoured) labour-related social protection.

---

[42] Spanish terminology distinguishes between old-age pension (pensión de vejez) as a basic benefit, which is paid when a person has reached a certain age, and a retirement pension (pensión de jubilación), which is paid when leaving the labour market.

[43] Art. 8 Nr. 6 lit a) LPFP.

[44] In Spain there was never a different retirement age for men and women, cf. Reinhard, Spanien: Gleiche Altersgrenzen – gleiche Chancen?, ZIAS 2007, 197 ff.

[45] At least 15 contribution years are necessary. Two contribution years must fall in a period of 8 years preceding retirement. Mainly, women do not always comply with this prerequisite, cf. Reinhard (Fn. 43), 201.

[46] Severe invalidity (gran invalidez) requires long-term care of a third person for the activities of daily life. The pension is increased by 50%. This benefit has lost some of its importance when the new system of social protection for long-term care was implemented (cf. below 13.3.4.4).

[47] Ley 39/2006, de 14 diciembre, sobre Promoción de la Autonomía Personal y Atención a las personas en situación de dependencia; cf. Sempere Navarro/Cavas Martínez, Ley de Dependencia, Ed. Aranzadi, Cizur Menor 2007; Die soziale Absicherung von pflegenden Familienangehörigen in Spanien. In: Rollenleitbilder und –realitäten in Europa: Rechtliche, ökonomische und kulturelle Dimensionen, hrsg. vom Bundesministerium für Familie, Senioren, Frauen und Jugend, Forschungsreihe Band 8, Nomos, Baden-Baden 2009, 230–237.

The statutes of the pension plan may stipulate to grant the benefits as cash payments, payments for a limited time or lifelong pensions. Usually, the beneficiary has an option but should take into account the different tax consequences.

### *13.3.5 Portability of Accrued Entitlements*

The accrued entitlements (derechos consolidados) are personal, not transferable and not subject to forfeiture or garnishment.[48] If the labour contract ends, under certain conditions the accrued rights may be transferred into another pension plan.

### *13.3.6 Control Board*

The pension plans must have a control board (comisión de control).[49] This control board has to supervise the observation of the statutes, to select the actuaries (actuarios), to propose changes in contribution rates, to supervise the financial accounts, to represent the pension plan in court or in other legal affairs, to designate the supervisors for the control board of the pension fund and to clarify doubts on the meaning of the statute.

The control board has to have at least five members. The participants (employees), the promoter (employer) and the beneficiaries must be represented. The participants must have the absolute majority in the control board. If a plan had been closed and there are no more participants but only beneficiaries they have the majority. The representatives of the participants and the beneficiaries are elected on two group lists. The lists are open. Every participant or beneficiary respectively is eligible. The vote is personal, free, direct and secret. Voting by mail is allowed. The election period is 4 years. Re-election is permitted.

### *13.3.7 Tax Treatment of Contributions to a Pension Plan*

The employer can deduct the total amount of contributions as costs from taxable income. Even if the employer pays the contributions, the employee may deduct from taxable income up to €10,000 per year or up to 30% of income from gainful employment until age 50 as contributions.[50] Starting at age 52 the deductible amount raises to €12,500 or 50% of income from gainful employment. The entire contributions from employer and employee must not exceed these limits. A 2007 tax reform permitted deductions for persons over age 65 not drawing benefits yet. This shall

---

[48] Art. 8 Nr. 7, 8 LPFP.

[49] Art. 7 LPFP.

[50] Art. 5 Nr. 3 a LPFP.

encourage elderly employees to remain in the labour market. The tax reliefs apply for all members of the family unit (unidad familiar).[51]

### *13.3.8 Actuarial Equilibrity*

The pension plan must stay in an actuarial equilibrium in order to comply with its obligation to pay benefits. To ensure financial viability, law prescribes a periodical supervision of actuarial calculations.[52] This is less a problem for pension plans with defined contributions because in this case only due contributions may not be paid. In any case, the paid contributions will be sufficient to finance the benefits. However, developments in the stock market may result in a decrease of the benefit level. In extreme situations a total loss of capital may result in a total loss of entitlements. As regulations ask for a differentiated investment policy, a total loss does not seem very probable. But employees who reach retirement age in times of financial crisis will get less supplementary benefits than expected and promised in advertisements over years.[53]

Occupational pension schemes with defined benefits are even more sensitive against ups and downs on the capital market. Therefore, these pension plans have to be revised every 3 years for actuarial balance. If it shows up that there are not sufficient assets contribution rates must increase. The Ministry of Economy and Finance stipulates the criteria for evaluation. In particular, trade unions criticised a revision of legal provisions[54] on a re-equilibration plan. According to this re-equilibration plan, entitlements accrued in the past are transferred into Planes de Pensiones. The new regulation permits that employees can renounce on accrued rights. This became important in the case of Iberdrola S.A. (one of the biggest electricity producer in the world) which raised much publicity. In collective bargaining the social partners renounced on €180 Mio of consolidated rights for old-age pensions. If the trade unions had refused, employer's salaries would have suffered a pay-rise freeze for 5 years.[55]

---

[51] The term "unidad familiar" derives from tax law and social security law. It refers to a group of persons living together receiving a similar benefit. They are taken into account as unit. The term can apply to spouses but also, e.g., to an adult with children (one-parent families).

[52] Art. 9 LPFP.

[53] In 2008, the profitability of occupational pension plans had an average yield of –10.50%. Negative leader was the Plan of Telefónica, which lost more than one quarter of its value (–26.90%), Sánchez Sánchez, Consorci d'estudis, mediació i conciliació a l'administració local (CEMICAL), Barcelona 16 April 2009.

[54] Art. 16.1.b) R.D. 1588/99.

[55] Llorente Mateo, Planes y Fondos de Pensiones de Empleo, Madrid 2000, 39.

### 13.3.9 Protection Against Insolvency

For occupational pension plans there are two possibilities to remain solvent. The risks may be insured with an insurance company. It is obvious that such insurance must have a sufficient coverage. Without insurance contract the pension plan must have enough financial reserves. These financial reserves have to be kept separate and apart from the funds of the pension plan as extra funds. The amount of the reserves has to be examined in each fiscal year and must be adapted to the pension plan's prospective development. However, a protection against insolvency that is comparable to the German Pension Insurance Association (Pensionssicherungsverein) does not exist.

### 13.3.10 Pension Plans for Disabled and Handicapped Persons

In the context of social protection for long-term care the private and the labour-related protection for recognised disabled or handicapped persons was to be improved.[56] For this group additional contributions up to a maximum of €24,250 per year may be paid and deducted from tax. The degree of disablement must be at least 65% in case of physical impairment, but only 33% in case of psychical impairment. In case of invalidity a judicial statement is decisive, not a minimum degree.[57]

### 13.3.11 Legal Procedure

Disputes out on occupational pension plans or a direct insurance[58] have to be dealt with at the labour courts (Jurisdicción de lo Social) if they base on a labour contract or collective bargaining.[59]

## 13.4 Fondos de Pensiones (Pension Funds)

### 13.4.1 Operation and Administration of Pension Funds[60]

The pension fund collects capital and invests it. Everybody has access to an open pension fund; closed pension funds admit only members of the integrated pension plans. The pension fund as capital asset is not able to act legally; thus administration

---

[56] Cf. above 13.3.4.4.

[57] Disposición adicional cuarta.

[58] Cf. below 13.5.1.

[59] Art. 2 Ley de Procedimiento Laboral (LPL).

[60] Art. 11–15 LPFP.

is to be transferred on an administration entity (entidad gestora). It is compulsory that the administration entity is a Spanish stock company with a stock capital of at least €601,012.[61] Apart from legal representation and investment, the administration entity's main task is to inform participants on contributions and accrued capital. The pension funds are not completely free to invest. The law prescribes the composition of investment assets. In general, at least 70% must be invested in the regular capital market, in bank accounts, in mortgages and in real estate.[62] Accounting has to be done yearly.[63] The assets are to be deposited in a deposit entity (entidad depositoria) which is registered in a special registry with the Ministry of Economics.[64]

### *13.4.2 Supervision*

The financial supervision of the pension funds lies with the main department for insurances (Dirección General de Seguros) of the Ministry of Economy and Finance.[65]

### *13.4.3 Trans-national Pension Funds*

The law has several provisions for transposing EU rules concerning trans-national activities of Spanish occupational pension funds[66] and the integration of foreign pension funds in Spain.[67] Both varieties are permitted but have to observe some restrictions. Spanish occupational pension schemes are not allowed to offer benefits or products that are not admitted under the LPFP. On the other hand, foreign providers must not offer (tax-privileged) benefits that are not provided under Spanish law.

## 13.5 Outsourcing (Exteriorización) of Occupational Pension Schemes

Under the new law the existing occupational pension schemes had to be transferred from internal institutions into external institutions (so-called exteriorización de los compromises por pensiones). Beginning 16 November 2002 all new obligations

---

61 Art. 20 Nr. 1 LPFP.

62 Art. 16 LPFP.

63 Art: 19 LPFP.

64 Registro especial de "Entidades Depositorias de Fondos de Pensiones", Art. 21 Nr. 1 lit. d) LPFP.

65 Art. 24 ff. LPFP.

66 Art. 37–39 LPFP.

67 Art. 40–41 LPFP.

have to be organised in an external form.[68] This transfer into an external form applied to the direct pay in cash (pago por caja). In this case the employer pays an amount of money to the employee when leaving the enterprise. Internal funds were also affected. This form is very similar to the "Unterstützungskasse" under German law.[69] Permitted forms that get tax benefits are now only group insurance contracts (contratos de seguro), Mutualidades de Previsión Social and the Planes de Pensiones mentioned above.

### *13.5.1 Insurance Contracts (Contratos de Seguro)*

Insurance contracts can be taken out on the life of an employee. They may also cover the risk of accident or sickness, if the risk of invalidity is insured, too. In case of defined benefits so-called unit-linked insurances are not permitted. Unit-linked insurances depend on the development on the capital market. This is why they may experience heavy ups and downs. In case of defined contributions unit-linked insurances are only permitted if another risk is covered by a defined benefit system. The insurance contract must include a specific clause saying that it is meant as occupational retirement provision.

Direct insurances on the life of the employee are still one of the most important types of occupational retirement provisions. In 2007 the insurance sum amounted to €31 billion. Some €2.405 billion were paid as premiums, 93.1% by employers and 6.9% by employees. A total of 80 insurance companies had contracted 267,928 insurance policies. A total of 236,359 enterprises had taken out group insurance contracts to cover their obligations on occupational retirement provisions; 20.4% were part of the construction industry, 8.3% belonged to the gastronomic sector. The number of insured achieved 6,307,926. This was an increase of 5.7% compared with the preceding year (2006). Some 64.5% were invested in assets with fixed yield and some 18.2% were invested in other assets (e.g. stocks). About one-third (31.6%) was invested on the Spanish market, more than a half (57.7%) in the remaining Euro zone. Almost three-quarters (74.4%) of the premiums paid by enterprises should cover the risk of old age; 17.2% were allocated for survivors' benefits and only a small part (8.4%) should provide protection in case of invalidity.[70] The latter is the most expensive risk being hard to calculate for actuaries.

---

[68]Grupo Santander Central Hispano, La previsión social complementaria en España – La empresa ante la exteriorización de los compromisos por pensiones, Madrid 2001, 123 ff.; Font de Mora Sainz et al., Planes de Pensiones y Exteriorización de los compromisos empresariales, Valencia 2000.

[69]Internal funds are still permitted as occupational pension schemes in enterprises of the financial sector, insurance companies and stock markets. The legislator presumed that existing regulations on financial markets were sufficient to protect the employees' financial interests.

[70]All figures from Dirección General de Seguros y Fondos de Pensiones (DGSFP), Contratos de seguros colectivos que instrumentan compromisos por pensiones de las empresas con los trabajadores y beneficiarios, Memoria Estatística Ejercicio 2007, www.dgsfp.meh.es. The DGSFP as supervisory board is part of the Ministry of Economy and Finance (Ministerio de Economía y Hacienda).

### *13.5.2 Mutualismo (Mutuality)*

The mutuality is less important for occupational retirement provisions than private insurance[71] although mutuality must not be lucrative[72] and thus can work at lower costs. Most mutualities provide survivors' benefits. Due to legislative competences and political preferences mutualities are often found in the Bask Country and Catalonia.

It was already mentioned that mutualities want to increase their role as additional instrument of protection in old age. Mutualities often emphasise that they invest more conservatively than pension plans and pension funds which focus more on financial profits. They never gained the highest yields that were possible on the capital market. Predominantly, mutualities invest in securities with fixed interest rates (ca. 58%). Some mutualities have an even higher rate.[73] However, in times of financial crisis this investment culture was very positive for their members. Already in 2007 the average profit of pension plans (individual system) achieved only 2.06% and 2.44% (enterprise plans), respectively. In 2008, this unfavourable tendency increased. The average return rates of pension plans were negative; the enterprise pension plans even had a negative performance of more than 10% (–10.50%). As it was predicted figures for 2009 were similar.

In 2009 there existed 410 entities; some were open only for certain professional groups (police, pilots, procuradoes). The invested capital was €27.95 billion and 2.45 million members (mutualistas) had affiliated. A big advantage is the low costs for administration (about 0.37%).

## 13.6 Conclusion

Gradually, pension plans began to establish as additional tools of occupational retirement provisions. At the end of 2007, more than 6,700 enterprises had implemented pension plans. At first sight, this number seems to be low compared with the number of enterprises but growth rates exceed 20% yearly. At the end of 2008, in the public sector more than 1,000,000 participants had affiliated, in the private sector some 200,000 employees.[74] Meanwhile, financial markets have calmed down a bit, so interest rates and benefits increase again. It is a disadvantage of occupational

---

[71] Sánchez Martínez, El mutualismo de previsión social en España, CIRIEC-España, Revista de Economía Pública, Social y Cooperativa, ñ 57, avril 2007, 237; de la Torre San Cristóbal, CIRIEC-España, Revista de Economía Pública, Social y Cooperativa, n° 47 (extraordinario), noviembre 2003, S. 59–68.

[72] Art. 4 Ley 9/200, de 30 de junio, de Mutualidades de Previsión Social.

[73] The Mutualidad de Procuradores invested 79% in fixed-interest securities Mutualidad de Procuradores, 2.75% in securities with variable interest and 18.25% in real estate. The Mutualidad for the architects (PREMAAT) had even 82% invested in fix-interest securities and 12% in real estate, cf. Muñoz Pérez, Confederación Española de Mutualidades, in: Pérez Zaragoza, Las Mutualidades de Previsón Social se hacen querer, http://www.montepioloreto.com/noticias.aspx?id=60

[74] García Terrón, Planes de Pensiones de Empleo, Consumer Eroski, 19 December 2007.

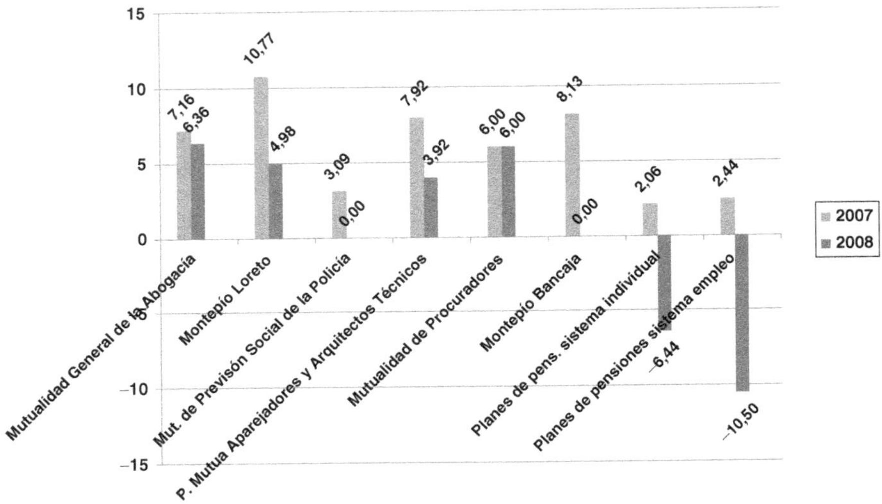


*Source*: Pérez Zaragoza, Las Mutualidades de Previsión Social se hacen querer, http://www.montepioloreto.com/noticias.aspx?id=60

pension schemes that employees cannot themselves choose products with the best yield but must affiliate to the pension plan having been selected by the employer.

Anyhow, participants or members can hardly check the yield expectancies, which are not very transparent. From time to time, some big journals (e.g. El País) publish in their financial sections overviews of pension plans and pension funds and the respective yields. Apart from the fact that many readers might not understand the long columns of numbers they are always written in an ex post perspective, i.e. the future development of the fund is not predictable. In addition, it has been shown in the past that from year to year pension funds make very different profits. When using all tax subsidies enormous amounts are moved. Only from age 52 to retirement age an amount of 13×€12.500 = €162.500 is deductible from taxable income.

According to scientific research done by economists, pension funds in Spain make low profits only. In a 10-year period the yield of 97% of pension funds was below inflation rate and 99% made a profit of less than 5%. By far this did not cope with interest rates of state bonds or the success index of Madrid's stock exchange. A good deal of pension funds showed negative results. The pension funds' unfavourable performance might be linked to the high costs for commissions that go up to 2.5% annually. Despite this at the end of 2008 some 10.6 million participants[75] had affiliated in 3,293 pension plans and had invested a fortune of €78.5 billion.[76] It is remarkable that the number of pension plans slightly increased (+3.35%) from 3,185 in 2007 as well as the number of participants (+1.9%) whereas the invested

[75] But with multi-counting. In addition, the beneficiaries count also as participants.

[76] Fernández/Bermejo, Rentabilitad de los Fondos de Pensiones en España, 1991–2008, Universidad de Navarra, Business School, Documento de Investigación DI-819, Setiembre 2009.

capital decreased dramatically (–9.5%).[77] Probably, this loss is due to the financial crisis.

At the end of 2009 private pension plans showed the following picture[78]:

| Assets (in billion €) | | | | | | | | |
|---|---|---|---|---|---|---|---|---|
| | 2000 | 2002 | 2004 | 2005 | 2006 | 2007 | 2008 | 2009 |
| Pension plan on the basis of a labour contract (sistema de empleo) | 15.553 | 21.278 | 25.125 | 28.194 | 30.200 | 30.431 | 28.408 | 30.637 |
| Pension plan of an association (sistema asociado) | 0.813 | 0.760 | 0.878 | 1.007 | 1.130 | 1.193 | 0.980 | 0.993 |
| Individual pension plan (sistema individual) | 21.494 | 26.284 | 37.002 | 43.709 | 49.903 | 54.219 | 49.018 | 53.158 |
| Funds (total) | 37.860 | 48.322 | 63.005 | 72.910 | 81.233 | 85.843 | 78.406 | 84.788 |

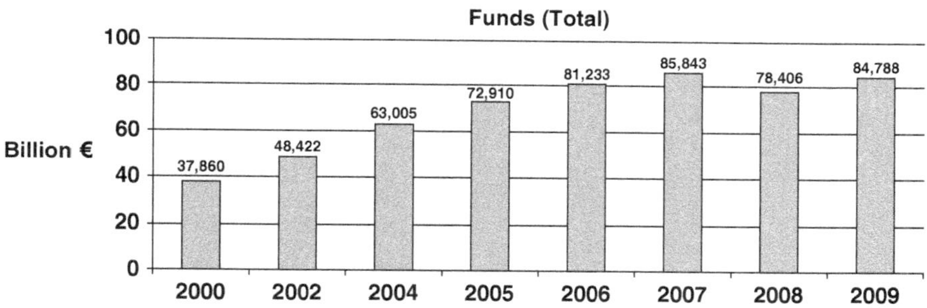


| Average yearly weighted yield (in %) | | | | | | |
|---|---|---|---|---|---|---|
| | 19 Years | 15 Years | 10 Years | 5 Years | 3 Years | 1 Year |
| Individual system | 5.31 | 4.13 | 1.03 | 1.79 | −0.18 | 6.76 |
| Fixed yield (short term) | 4.97 | 3.63 | 1.90 | 1.57 | 1.96 | 1.80 |
| Fixed yield (long term) | 5.25 | 4.06 | 2.27 | 1.88 | 2.31 | 3.96 |
| Fixed yield (mixed) | 5.33 | 4.07 | 1.16 | 1.47 | −0.36 | 6.05 |
| Variable yield (mixed) | 6.28 | 4.82 | −0.04 | 1.90 | −3.91 | 14.21 |
| Variable yield | 2.40 | 8.76 | −1.97 | 2.56 | −6.86 | 27.20 |
| Guaranteed yield | – | – | 4.87 | 2.19 | 1.13 | 3.77 |
| System on the basis of a labour contract | 6.46 | 5.24 | 2.13 | 2.66 | 0.03 | 9.28 |
| System of an association | 6.40 | 5.05 | 2.08 | 3.16 | −0.14 | 9.23 |
| Plans (total) | 5.59 | 4.56 | 1.39 | 2.13 | −0.10 | 7.70 |

[77] El negro horizonte de los planes de pensiones en España, http://www.wharton.universia.net
[78] Source: El País, 7 de febrero de 2009, 30 (based on information by INVERCO).

Accounts of Participants (in Mio)[a]

| | 2000 | 2002 | 2004 | 2005 | 2006 | 2007 | 2008 | 2009 |
|---|---|---|---|---|---|---|---|---|
| Pension plans on the basis of a labour contract (sistema de empleo) | 463,519 | 614,996 | 1,282,598 | 1,543,715 | 1,624,059 | 1,737,768 | 1,878,284 | 1,926,733 |
| Pension plans of an association (sistema asociado) | 72,601 | 88,712 | 83,217 | 86,132 | 90,056 | 89,041 | 87,347 | 84,017 |
| Individual pension plans (sistema individual) | 4,402,708 | 5,829,358 | 7,244,482 | 7,696,560 | 8,164,485 | 8,529,191 | 8,647,159 | 8,733,038 |
| Funds total | 4,938,828 | 6,533,066 | 8,610,297 | 9,326,407 | 9,878,600 | 10,356,000 | 10,612,790 | 10,743,788 |

[a]This is not equal to the total number of participants since a person might have several accounts

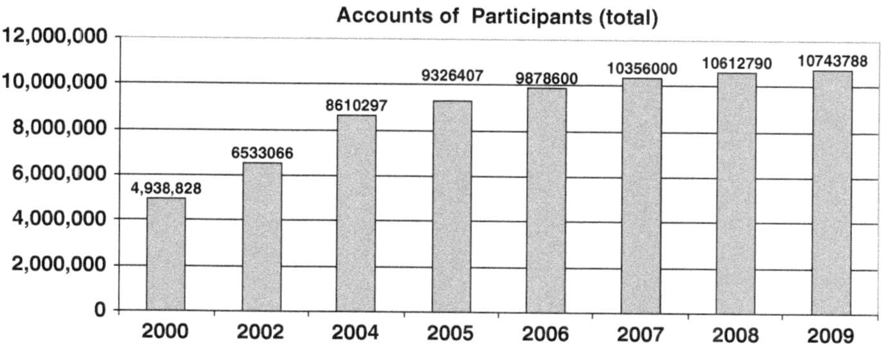
Accounts of Participants (total)
12,000,000
10,000,000
8,000,000
6,000,000
4,000,000
2,000,000
0
4,938,828
6533066
8610297
9326407
9878600
10356000
10612790
10743788
2000
2002
2004
2005
2006
2007
2008
2009

# Kapitel 14
# Betriebliche Altersversorgung und „Riesterrente" in Deutschland

**Hans-Joachim Reinhard**

**Zusammenfassung** Die betriebliche Altersversorgung in Deutschland geht bis auf die 1850er Jahre zurück. Sie blieb bis 1974 ohne gesetzliche Regelung. Seit 2002 wird die sog. Entgeltumwandlung als neue Form der betrieblichen Altersversorgung gefördert, allerdings mit dem Nachteil, dass der Arbeitnehmer diese selbst bezahlen muss. Eine finanzielle Beteiligung des Arbeitgebers ist freiwillig. In neuerer Zeit verringern die Arbeitgeber die betriebliche Altersversorgung oder schließen ihre Systeme. Ein Nachteil ist die Verfallbarkeit der betrieblichen Altersversorgung in den ersten fünf Jahren und für jüngere Arbeitnehmer. Bei Wechsel zu einem anderen Arbeitgeber besteht in der Regel keine Möglichkeit der Übertragung und die jährliche Anpassung der Leistungen kann sehr gering ausfallen. Positiv ist der Insolvenzschutz durch den Pensionssicherungsverein. Mit der „Riester"-Rente versucht der Gesetzgeber die private und betriebliche Altersversorgung durch steuerliche Anreize zu fördern.

**Stichwortverzeichnis** Gesetz über betriebliche Altersversorgung · Pensionssicherungsverein · Verfallbarkeit · Riesterrente · Entgeltumwandlung

## 14.1 Einführung

Die betriebliche Altersversorgung[1] in Deutschland blickt inzwischen auf eine fast 160jährige Geschichte zurück. Betriebliche Vorsorgeeinrichtungen entstanden

H.-J. Reinhard (✉)
Prof. Dr. jur., Max-Planck-Institut für ausländisches und internationales Sozialrecht, München; FH Fulda, Amalienstr. 33, 80799 München, Deutschland
e-mail: reinhard@mpisoc.mpg.de

[1] Die Absicherung im Alter zählt zum Kernbestand der betrieblichen Vorsorge. Im Folgenden wird deshalb zur Vereinfachung der Begriff betriebliche *Alters*versorgung verwendet. Viele Modelle sichern aber zusätzlich auch das Risiko der Invalidität ab sowie die Versorgung der Hinterbliebenen bei Tod des Arbeitnehmers. Zwingend ist diese Absicherung der weiteren Risiken aber nicht.

O. Kaufmann, S. Hennion (eds.), *Steuerung der betrieblichen Altersversorgung in Europa: garantierte Sicherheit? Governance of Occupational Pensions in Europe: Guaranteed Security? Gouvernance des retraites professionnelles en Europe: Sécurité garantie?*,
DOI 10.1007/978-3-642-15731-8_14, 

in Unternehmen wie der „Gutehoffnungshütte“ (etwa 1850) und bei der Firma Henschel (1858).[2] Diese Einrichtungen hatten allerdings weniger den sozialpolitischen Hintergrund einer Verbesserung der Lebensverhältnisse der Begünstigten, sondern waren vom Gedanken einer patriarchalischen Geschäftsführung geprägt. Der Unternehmer als Patron sorgte in gewissem Umfang für seine Mitarbeiter, verlangte aber im Gegenzug unbedingten Gehorsam und vollen Einsatz der Arbeitskraft. So wie Vergünstigungen jederzeit gewährt werden konnten, so konnten sie auch jederzeit bei Verstoß gegen arbeitsrechtliche Treuepflichten oder bei sonstigen Vorkommnissen wieder gestrichen werden. Bindungswirkung, Belohnungseffekte und Loyalität der Mitarbeiter waren unternehmerische Intention und Programm der zusätzlichen Altersversorgung. Die Zusagen waren aber keineswegs gesichert. Geriet das Unternehmen in eine finanzielle Schieflage, waren auch die Aussichten auf eine finanzielle Absicherung in Gefahr. Ein rechtlicher Rahmen für die Begründung und Aufrechterhaltung von Ansprüchen existierte nicht. Mit dem Aufkommen einer Sozialversicherung in den 1880er Jahren lag das Interesse des Gesetzgebers in der rechtlichen Regelung der öffentlichen Absicherung im Alter. Die betriebliche Alterssicherung unterlag dem Privatrecht und damit der Autonomie der Vertragsparteien. Das Arbeitsvertragsrecht wurde bei Einführung des BGB kaum kodifiziert.[3] Es wurde weitgehend durch den in § 242 BGB verankerten Grundsatz von Treu und Glauben bestimmt. Aufgrund der wirtschaftlichen Gegebenheiten wurden Arbeitsverhältnisse in der Regel nur bei groben Verfehlungen oder aus sehr wichtigen Gründen aufgelöst. Die Idee der lebenslangen Betriebstreue war Kern dieses Vertragsverhältnisses. Die überwiegende Zahl der Arbeitsverhältnisse bestand während des gesamten Arbeitslebens. Größere Mobilität seitens der Arbeitnehmer war von den meisten Arbeitnehmern weder verlangt, noch war sie für viele angesichts der familiären Verwurzelungen vorstellbar. Vor allem bei größeren Industriebetrieben, die eine zusätzliche betriebliche Altersversorgung anboten, bildete deren Bestehen ein zusätzliches Mobilitätshindernis. Schied ein Beschäftigter vor Erreichen der Altersgrenze aus, konnte seine Altersversorgung aufgrund einer Verfallsklausel teilweise oder vollständig verfallen. Selbst für den Fall, dass ein Arbeitgeber diese Verfallsklausel nicht in aller Härte anwendete, waren Regelungen sehr verbreitet, wonach derjenige, der bis zur Altersgrenze im Betrieb verblieb, deutlich besser gestellt wurde als ein vorzeitig Ausscheidender. So verloren etwa in der Zusatzversorgung des öffentlichen Dienstes (VBL) die vorzeitig Ausscheidenden ihren Anspruch auf eine dynamische Versorgungsrente und mussten mit einer wesentlich ungünstigeren Versichertenrente Vorlieb nehmen.

---

[2] Zur Geschichte und Entwicklung der betrieblichen Altersversorgung vgl. Förster/Rühmann/Cisch, Betriebsrentengesetz, 12. Aufl. 2009, Einführung Rz. 1ff.

[3] Bis heute ist es trotz mehrerer Anläufe nicht gelungen, ein einheitliches Arbeitsgesetzbuch zu schaffen.

## 14.2 Das Gesetz zur Verbesserung der betrieblichen Altersversorgung von 1974

Diese Verfallsklauseln wurden zunehmend problematisch. Gesellschaftliche und wirtschaftliche Veränderungen erforderten eine höhere Mobilität. In immer längeren Gerichtsverfahren wurde um die Wirksamkeit von Verfallsklauseln gestritten. Aber erst im Jahre 1972 beendete das Bundesarbeitsgericht die bisherige Praxis und schränkte die Wirksamkeit von Verfallsklauseln ein.[4] Es entschied, dass es unbillig sei, Arbeitnehmern, die teilweise jahrzehntelang in einem Betrieb tätig gewesen waren und sich auf eine zusätzliche Altersversorgung eingerichtet hatten, diese Vergünstigung vollständig zu streichen. Das Bundesarbeitsgericht sah eine Unbilligkeit erst ab einer Mindestzugehörigkeit zum Betrieb von 20 Jahren als gegeben an. Konnte der Arbeitgeber keine Zugehörigkeitsdauer zum Betrieb von mindestens 20 Jahren nachweisen, verfiel sein Anspruch auch nach Ansicht des Bundesarbeitsgerichts vollständig.[5] Diese Rechtsfortbildung durch Richterrecht setzte der Gesetzgeber relativ zügig um und verabschiedete 1974 das „Betriebsrentengesetz“.[6] In seinen Grundzügen bildet das BetrAVG noch heute die rechtliche Basis für die betriebliche Altersversorgung. Das BetrAVG beließ es aber bei dem Grundsatz, dass die betriebliche Altersversorgung eine freiwillige zusätzliche Leistung des Arbeitgebers war, die dieser anbieten konnte, aber nicht musste. In vielen Branchen wurden jedoch im Laufe der Jahre tarifvertragliche Regelungen getroffen. Finanziert wurde die betriebliche Altersversorgung allein durch den Arbeitgeber, der dafür steuerliche Vergünstigungen in Anspruch nehmen konnte.

Erst das Altersvermögensgesetz (AvmG)[7] brachte im Jahr 2002 wesentliche Neuerungen. Vorausgegangen war eine intensive Diskussion um die Zukunft der gesetzlichen Rentenversicherung. Angesichts der demographischen Entwicklung wurde das öffentliche System auf dem bisherigen Leistungsniveau nicht mehr als finanziell tragfähig angesehen. Das Leistungsniveau der gesetzlichen Rentenversicherung wurde daher für die Zukunft mittels Änderungen der Rentenformel abgesenkt. An die Stelle der abgesenkten Leistung sollte die private Vorsorge treten, zu der auch die betriebliche Altersversorgung zählte. Stärkung der Eigenverantwortung und der Eigenvorsorge waren die Schlagworte. Mit dieser Gesetzgebung fand erstmals ein Paradigmenwechsel in der betrieblichen Altersversorgung statt. Die betriebliche Altersversorgung sollte nicht mehr länger nur das „Sahnehäubchen“

[4] BAG v. 10.3.1972 – 3 AZR 278/71, DB 1972, 1486.

[5] BAG v. 11.12.2001 – 3 AZR 334/00, DB 2002, 2335.

[6] Gesetz zur Verbesserung der betrieblichen Altersversorgung (BetrAVG - “Betriebsrentengesetz“) vom 19. 12. 1974 (BGBl. I S. 3610), zuletzt geändert durch Artikel 4e des Gesetzes vom 21. 12. 2008 (BGBl. I S. 2940); eine umfassende Textsammlung mit allen relevanten Vorschriften zur betrieblichen Altersversorgung bei Arbeitsgemeinschaft für betriebliche Altersversorgung e.V. (Hrsg.), Die neue Betriebsrente mit Riester-Förderung, 8. Aufl. 2009.

[7] Gesetz zur Reform der Gesetzlichen Rentenversicherung und zur Förderung eines kapitalgedeckten Altersvorsorgevermögens (AvmG) v. 26.6.2002, BGBl. I 1310.

auf der gesetzlichen Rentenversicherung sein, sondern musste die gesetzliche Rentenversicherung teilweise substituieren. Flankiert wurde diese Entwicklung durch stärkere steuerliche Vergünstigungen und teilweise Freistellung der zur betrieblichen Altersversorgung verwendeten Gelder von der Beitragspflicht in der Sozialversicherung. Zugleich wurden die externen kapitalgedeckten Durchführungswege gefördert und der stark kapitalmarktorientierte Pensionsfonds als zusätzliche fünfte Durchführungsform zugelassen.

Aber es kam 2002 noch zu einer weiteren strukturellen Änderung. Galt bis dahin der Grundsatz der betrieblichen Altersversorgung als freiwilliger Leistung des Arbeitgebers, so wurde die betriebliche Altersversorgung nunmehr verpflichtend. Jeder Arbeitgeber ist auf Verlangen des Arbeitnehmers gehalten, im Rahmen einer Entgeltumwandlung[8] eine betriebliche Altersversorgung anzubieten. Die Verpflichtung, eine betriebliche Altersversorgung anzubieten, erstreckt sich aber nur auf die organisatorische Umsetzung, nicht hingegen auf die Finanzierung. Es steht nach wie vor im Belieben des Arbeitgebers, ob er finanzielle Aufwendungen für eine betriebliche Altersversorgung erbringt. Mit der Entgeltumwandlung wurde somit zwar jedem Arbeitnehmer die Möglichkeit für eine betriebliche Altersversorgung eröffnet, jedoch zu dem Preis, dass er sie grundsätzlich aus eigenen Mitteln finanzieren muss.

Es wurden aber auch einige für den Arbeitnehmer sich positiv auswirkende Regelungen eingefügt. Die Unverfallbarkeitsfrist wurde auf nur noch fünf Jahre Betriebszugehörigkeit verringert. Außerdem wurde das Lebensalter, ab welchem die Unverfallbarkeit eintreten konnte vom 30. Lebensjahr auf das 25. Lebensjahr herabgesetzt.[9] Später wurde zur Stärkung der betrieblichen Altersversorgung die Abgabenfreiheit zur Sozialversicherung dauerhaft entfristet.[10]

Schließlich wird das BetrAVG künftig vom europäischen Recht noch stärker beeinflusst werden als bisher. Wenn man den Gedanken eines europäischen Arbeits- und Sozialraums weiterverfolgt, kann die betriebliche Altersversorgung nicht unangetastet bleiben. Bislang beschränkt sich der Regelungsgehalt auf die Finanzaufsicht. Die EU-Pensionsfondsrichtlinie[11] schafft einen europäischen Aufsichtsrahmen mit aufsichtsrechtlichen Mindeststandards für rechtlich selbständige kapitalgedeckte Einrichtungen in der betrieblichen Altersversorgung. Die Mitgliedstaaten sind weiterhin uneingeschränkt für die Organisation ihrer Altersvorsorgesysteme zuständig. Nationales Sozial-, Arbeits- und Steuerrecht wird von

[8] § 1a BetrAVG.

[9] § 1b BetrAVG.

[10] Gesetz zur Förderung der zusätzlichen Altersvorsorge und zur Änderung des Dritten Buches Sozialgesetzbuch vom 17.12.2007, BGBl. I 2838; vgl. dazu eingehend Obenberger/May, DStR (10) 2008, 457–460.

[11] Richtlinie 2003/41/EG des Europäischen Parlaments und des Rates vom 3. Juni 2003 über die Tätigkeiten und die Beaufsichtigung von Einrichtungen der betrieblichen Altersversorgung (sog. „EU-Pensionsfondsrichtlinie", Abl. EU Nr. L 235 vom 23.09.2003). Die Richtlinie wurde am 08.07.2005 im Versicherungsaufsichtsgesetz (VAG) i. d. F. d. Bek. v. 17. 12. 1992 (BGBl. 1993 I S. 2), zuletzt geändert durch Art. 2 Gesetz vom 21. 7. 2010 (BGBl. I S. 950) umgesetzt.

der EU-Richtlinie nicht berührt. In Deutschland erfasst der Anwendungsbereich der EU-Pensionsfondsrichtlinie die Durchführungswege Pensionskasse und Pensionsfonds. Direktversicherungen sind vom deutschen Gesetzgeber nicht erfasst worden.[12] Darüber hinaus wurde die grenzüberschreitende Tätigkeit von Pensionsfonds und Pensionskassen geregelt. Außerdem wurden die Einrichtungen der betrieblichen Altersversorgung mit Sitz im Ausland geregelt und die Übertragung von Pensionsverpflichtungen auf einen (deutschen) Pensionsfonds erleichtert.

Hingegen konnten sich die europäischen Gremien mit ihrem Vorschlag zu einer Portabilitätsrichtlinie,[13] die die grenzüberschreitende Mitnahme von erworbenen Anwartschaften erleichtern sollte, noch nicht durchsetzen. Schließlich ist noch die Rechtsprechung des Europäischen Gerichtshofs zu nennen; dessen spektakuläres „Barber-Urteil"[14] führte zu einer Anpassung der Rentenalter zwischen Männern und Frauen. Auch das Gleichbehandlungsgesetz[15] setzte vier europäische Richtlinien um und hatte Auswirkungen auf das BetrAVG.

## 14.3 Die Regelungen des BetrAVG im Einzelnen

### *14.3.1 Definition der betrieblichen Altersversorgung*

Einführend steht eine Legaldefinition der betrieblichen Altersversorgung.[16] In den Genuss einer betrieblichen Altersversorgung kann nur ein Arbeitnehmer aufgrund eines Arbeitsverhältnisses gelangen. Abgrenzungsschwierigkeiten ergeben sich bisweilen bei mitarbeitenden Familienangehörigen oder Ehegatten, Personen mit Leitungsfunktionen, freien Mitarbeitern oder sog. Scheinselbständigen.[17] Selbstverständlich ist es dem Arbeitgeber nicht verwehrt, diesen Personen eine zusätzliche Sicherung im Alter zu gewähren, doch unterliegt diese nicht dem Schutz des BetrAVG und der günstigeren steuerlichen Behandlung. Art und der Umfang der Tätigkeit sind wegen des Grundsatzes der Gleichbehandlung grundsätzlich unerheblich. Dies soll bei einer Gesamtversorgungszusage nicht für die sozialversicherungsfrei geringfügig Beschäftigten gelten,[18] eine Auffassung, die sich in

---

[12] Direktversicherungen fallen nicht in den Anwendungsbereich der Lebensversicherungs-Richtlinie (2002/83/EG vom 05.11.2002, ABl. L 345 S.1 vom 19.11.2002). Auch die Durchführungswege Direktzusage und Unterstützungskasse sowie umlagefinanzierte Systeme und Pension-Trusts fallen nicht in den Anwendungsbereich der Pensionsfondsrichtlinie.

[13] Wiedmann, Susanne, Die EU-Portabilitätsrichtlinie und ihre Auswirkung in Deutschland, http://opus.bsz-bw.de/fhlb/volltexte/2008/58/pdf/Wiedmann_Susanne.pdf

[14] EuGH v. 17. Mai 1990, C-262/88, Barber ./. Guardian Royal Exchange Assurance Group.

[15] Gesetz zur Verwirklichung des Grundsatzes der Gleichbehandlung (AGG - Allgemeines Gleichbehandlungsgesetz) v. 14. 8. 2006 (BGBl. I S. 1897), zuletzt geändert durch Art. 15 Abs. 66 G. v. 5. 2 2009 (BGBl. I S. 160).

[16] § 1 Abs. 1 S. 1 BetrAVG.

[17] Zum Feststellungsverfahren §§ 7, 7a SGB IV.

[18] BAG v. 27.2.1996, BB 1996, 1561.

anderen Formen nach Inkrafttreten des AGG nicht mehr aufrechterhalten lassen dürfte.[19] Es muss mindestens eine Leistung der Alters-, Invaliditäts- oder Hinterbliebenensicherung zugesagt worden sein. Die Zusage ist nicht formgebunden. Leistungen ohne spezifischen Sicherungszweck (z. B. Kohle- oder Gasdeputate) sind nicht erfasst. Der Arbeitgeber kann eine interne (unmittelbare) oder externe (mittelbare) Regelung über eine in § 1b Abs. 2 bis 4 BetrAVG genannte Form wählen. Er haftet aber auch bei einer externen Regelung für die Erfüllung der zugesagten Leistungen, eine nicht unumstrittene Haftungsfolge, da der Arbeitgeber auf das Geschäftsgebaren externer Versorgungsträger kaum Einfluss hat. Während die ursprüngliche Konzeption der betrieblichen Altersversorgung auf die Zusage einer bestimmten *Leistung* abstellte, erlaubt das BetrAVG seit der Reform von 2002 auch die Zusage der Zahlung eines bestimmten *Beitrags* (beitragsorientierte Leistungszusage). Für den Arbeitnehmer ist dieser Wechsel ungünstig. Bei einer Leistungszusage kann er im Alter mit einem festen Betrag rechnen, für dessen Zahlung der Arbeitgeber in jedem Fall haftet. Bei einer Beitragszusage ist der Arbeitgeber mit der Zahlung der Beiträge seinen Verpflichtungen nachgekommen und haftet allenfalls in Höhe einer eventuell gemachten Zusage einer Mindestleistung. Welche Leistung sich aus den Beiträgen ermittelt, bleibt für die Beteiligten bis zum Eintritt des Leistungsfalles ungewiss. Je nach Entwicklung der Kapitalmärkte und der Geschäfts- und Investitionspolitik der Versorgungsträger kann die Leistung höher oder deutlich niedriger ausfallen als vorhergeplant. Das Risiko der Beitragszusage liegt damit beim Arbeitnehmer.

### *14.3.2 Entgeltumwandlung*

Diese Risikoverteilung zu Lasten des Arbeitnehmers gilt auch, wenn er von seinem Anspruch auf Entgeltumwandlung[20] Gebrauch macht. Das Instrument der Entgeltumwandlung wurde in der Reform von 2002 als neues Instrument der betrieblichen Altersvorsorge propagiert. Rein formal unterliegt es den Vorschriften des BetrAVG. Funktional hingegen hat es mit betrieblicher Altersversorgung wenig zu tun, da ausschließlich der Arbeitnehmer zur Finanzierung beiträgt. Der Arbeitgeber kann die Beiträge aufstocken, muss es aber nicht. Für den Arbeitnehmer ist die Entgeltumwandlung keine zusätzliche Leistung des Arbeitgebers, sondern vielmehr eine andere Form der Entgeltzahlung. Der Arbeitgeber muss zwar formell eine betriebliche Altersversorgung anbieten, doch ist sie für ihn nur ein durchlaufender Posten, der – ähnlich wie die Erhebung der Mehrwertsteuer – mit einem gewissen lästigen Verwaltungsaufwand einhergeht, aber keine Kosten in der Substanz verursacht.[21] Der Arbeitnehmer kann sein Entgelt innerhalb gewisser Mindest-

---

[19] Vgl. Förster/Rühmann/Cisch, Betriebsrentengesetz, 12. Aufl. 2009, § 1 Rz. 152.

[20] § 1a BetrAVG.

[21] Gleichwohl hat der EuGH C-271/08 v. 15.7.2010 (Kommission ./. Deutschland) eine Pflicht zur Ausschreibung bei öffentlichen Arbeitgebern bejaht.

(1/160 der monatlichen Bezugsgröße, 2011: 192 €) und Höchstgrenzen (4% der Beitragsbemessungsgrenze, 2011: 2640 €) umwandeln. Wird die betriebliche Altersversorgung über einen externen Träger durchgeführt, kann der Arbeitnehmer verlangen, dass dieser die Voraussetzungen für die steuerliche Förderung erfüllt. Ruht das Arbeitsverhältnis (z. B. bei Elternzeit) kann der Arbeitnehmer die Zahlungen unmittelbar an den Träger erbringen. Für diese Beiträge haftet der Arbeitgeber ebenfalls. Die Verpflichtung des Arbeitgebers, eine betriebliche Altersversorgung als Entgeltumwandlung anzubieten, ist verfassungsgemäß.[22] Der Arbeitgeber ist verpflichtet, eine Form anzubieten, die die Voraussetzungen für die steuerliche Begünstigung („Riester"-Zulagen) erfüllt.

### *14.3.3 Durchführungswege der betrieblichen Altersversorgung*

Der Arbeitgeber hat verschiedene Möglichkeiten, eine betriebliche Altersversorgung anzubieten. Welche Form er wählt bleibt ihm überlassen.

#### 14.3.3.1 Direktzusage

Bei der Direktzusage verpflichtet sich der Arbeitgeber, die Leistungen unmittelbar an den Arbeitnehmer auszuzahlen. Die Direktzusage ist verwaltungsmäßig die einfachste Form. Sie hat für den Arbeitgeber den Vorteil, dass das Kapital zunächst im Unternehmen bleibt, birgt aber für den Arbeitnehmer ein höheres Ausfallrisiko.

#### 14.3.3.2 Unterstützungskasse

Bei der Unterstützungskasse besteht ein gesondertes Vorsorgevermögen. Bei dieser internen Form hat der Arbeitgeber noch großen Einfluss auf die Investitionen.

#### 14.3.3.3 Direktversicherung

Bei dieser Form schließt der Arbeitgeber zugunsten des Arbeitnehmers einen Versicherungsvertrag bei einem Versicherungsunternehmen ab. Diese Art der betrieblichen Altersversorgung hat den Vorteil, dass auch bei einem Ausscheiden des Arbeitnehmers der Versicherungsvertrag eventuell weitergeführt werden kann.

#### 14.3.3.4 Pensionskasse

Die Pensionskasse ist eine eigenständige Einrichtung, deren Zweck die Sammlung von Kapital ist, um später die Leistungen auszubezahlen. Anders als bei der Unterstützungskasse hat der Arbeitgeber keinen unmittelbaren Zugriff auf die Geldmittel.

---

[22] BAG 3 AZR 14/06 v. 12.6.2007, DB 2007, 2722.

#### 14.3.3.5 Pensionsfonds

Die jüngste Form der betrieblichen Altersversorgung unterscheidet sich von der Pensionskasse vor allem dadurch, dass die Investitionen auf dem Kapitalmarkt weniger strengen Auflagen unterliegen.

Direktversicherung, Pensionskasse und Pensionsfonds können als „Riesterrente" steuerlich gefördert werden.[23] Die Höhe der steuerlichen Förderung hängt vor allem vom Familienstand und der Zahl der Kinder ab.

### *14.3.4 Unverfallbarkeit*

Unverfallbarkeit bedeutet, dass der Arbeitnehmer auch nach Ausscheiden aus dem Betrieb weiterhin die erworbenen Anwartschaften gegen den Arbeitgeber im Leistungsfall geltend machen kann. Lange Fristen der Unverfallbarkeit hindern die eigentlich gewünschte Mobilität der Arbeitnehmer. Zudem können sie diskriminierend gegenüber einigen Gruppen wirken, etwa bei Frauen, die wegen Schwangerschaft in jungen Jahren aus dem Erwerbsleben ausscheiden. Mit Wirkung zum 1.1.2009 wurden die Verfallbarkeitsregeln deutlich verkürzt. Eine Unverfallbarkeit tritt ein, wenn der Anspruch mindestens fünf Jahre bestand und das 25. Lebensjahr erreicht wurde.[24] Beide Voraussetzungen müssen nebeneinander erfüllt sein. Auch sind die Fristen exakt zu berechnen, so dass nur wenige fehlende Tage zur Verfallbarkeit führen können. Bei den Fristen hat sich der Gesetzgeber an den Überlegungen der Europäischen Gemeinschaft orientiert. Je nach Versorgungsform muss der Arbeitgeber durch Erklärung die Unwiderruflichkeit der Beiträge garantieren.

Die Höhe der unverfallbaren Anwartschaft errechnet sich je nach Vorsorgeform in verschiedenen Schritten. Vereinfacht gesprochen wird der während des Beschäftigungsverhältnisses erworbene Anteil zur möglichen Gesamtzeit in ein Verhältnis gesetzt.

### *14.3.5 Abfindung*

Der Arbeitgeber kann eine Anwartschaft gegen den Willen des Arbeitnehmers nur in sehr engen Grenzen bei geringfügigen Beträgen abfinden.[25] Der Arbeitnehmer kann eine Abfindung nur verlangen, wenn die Beiträge zur gesetzlichen Rentenversicherung erstattet worden sind.[26] Praktische Bedeutung hat diese Regelung vor allem für Migranten, die dauerhaft in ihr Heimatland zurückkehren.

---

[23] Zur „Riesterrente" vgl. eingehender in französischer Sprache in diesem Band den Beitrag von Kaufmann.

[24] § 1b Abs. 1 S. 1 BetrAVG.

[25] § 3 Abs. 2 BetrAVG.

[26] § 210 SGB VI.

### 14.3.6 Übertragung

Eine Übertragung einer unverfallbaren Anwartschaft[27] auf einen anderen Arbeitgeber ist nur zulässig, wenn sich dieser bereit erklärt, die Verpflichtungen des ersten Arbeitgebers mit zu übernehmen. Die Übertragung muss binnen Jahresfrist beantragt werden. In der Praxis kommt eine Übertragung eher selten vor und dann nur mit relativ kleinen Beträgen.

### 14.3.7 Auskunftsanspruch

Neu ist auch der Auskunftsanspruch,[28] den der Arbeitnehmer hat. Damit soll er in die Lage versetzt werden, seine Altersversorgung besser abschätzen zu können.

### 14.3.8 Auszehrung und Anrechnung

Der Arbeitnehmer soll seine betriebliche Altersversorgung ungeschmälert erhalten. Deshalb ist eine Anrechnung von anderen Versorgungsanrechten nicht möglich.[29] Eine Ausnahme bildet die Anrechnung von Leistungen der gesetzlichen Rentenversicherung, soweit sie auf Pflichtbeiträgen beruhen. Damit soll bei einer Gesamtversorgungszusage eine Überversorgung vermieden werden.

### 14.3.9 Vorzeitige Altersleistung

Der Arbeitnehmer kann vorzeitig die betriebliche Altersversorgung in Anspruch nehmen, wenn er die vorzeitige Altersrente in der gesetzlichen Rentenversicherung bezieht.[30] Er muss dies aber nicht tun. Ein Aufschub der betrieblichen Altersversorgung kann eventuell durch weitere Erhöhung von Steigerungsbeträgen sinnvoll sein.

### 14.3.10 Insolvenzsicherung

Die Sicherung bei Insolvenz des Arbeitgebers bzw. der Ausfall des Versorgungsträgers kann den Arbeitnehmer ernsthaft in Bedrängnis bringen, wenn er mit der betrieblichen Altersversorgung seine finanzielle Situation abgesichert sieht. Der Gesetzgeber hat daher mit dem Pensionssicherungsverein (PSV) mit Sitz in Köln ein

[27] § 4 BetrAVG.
[28] § 4a BetrAVG.
[29] § 5 BetrAVG.
[30] § 6 BetrAVG.

Sicherungsinstrument geschaffen, welches den Arbeitnehmer weitgehend vor finanziellen Verlusten schützen soll. Im PSV sind 76.000 Mitgliedsunternehmen mit 10 Millionen gesicherten Personen eingeschrieben. Im Insolvenzfall besteht gegen den Pensionssicherungsverein ein Anspruch auf Auszahlung der Leistung.[31] Der Schutz ist zwar nicht umfassend und ist begrenzt, die Summen sollten aber für die meisten Arbeitnehmer ausreichen (2011: 7665 €/Monat). Der gesicherte Kapitalwert beträgt 285 Mrd. €. Der PSV erbringt derzeit etwa Leistungen von knapp 62 Mio. € monatlich an 468.000 Leistungsberechtigte.[32] Die Finanzierung des Pensionssicherungsvereins erfolgt durch eine Pflichtumlage des Arbeitgebers. Der Bund, die Länder, Gemeinden, Körperschaften und Anstalten des öffentlichen Rechts sind nicht dem Pensionssicherungsverein angeschlossen, da für diese Einrichtungen kein Insolvenzverfahren zulässig ist.[33] Der PSV sichert allerdings nur Ansprüche aus den beiden internen Formen der betrieblichen Altersversorgung und aus Pensionsfonds ab. Bei den externen Formen und zusätzlich bei den Pensionsfonds soll das Bundesamt für Finanzdienstleistungsaufsicht (BAFin) die Liquidität der Finanzanlagen gewährleisten. Finanzielle Ansprüche des Arbeitnehmers bei Leistungsausfall bestehen allerdings gegenüber dem BAFin nicht.

| | Direktzusage | Unterstützungskasse | Direktversicherung | Pensionskasse | Pensionsfonds |
|---|---|---|---|---|---|
| Form | intern | intern | extern | extern | extern |
| PSV | ja | ja | nein | nein | ja |
| BAFin | nein | nein | ja | ja | ja |

Die Finanzkrise hatte zwar auch in Deutschland erhebliche Auswirkungen auf die betriebliche Altersversorgung, doch waren diese im internationalen Vergleich geringer, weil die Anleger eine relativ konservative Strategie verfolgten. Sie hatten überwiegend in festverzinsliche Wertpapiere investiert und den Anteil an Aktien niedrig gehalten. Dennoch entstand in einigen Unternehmen eine Deckungslücke von 10% und mehr.

## 14.3.11 Anpassung der Leistungen

Aufgrund der Geldentwertung würden die auf Jahre und Jahrzehnte hinaus angelegten Leistungen der betrieblichen Altersversorgung an Wertsubstanz verlieren, wenn diese nicht regelmäßig angepasst werden. Da die betriebliche Altersversorgung in einem engen Zusammenhang mit der Ertragslage des Unternehmens steht, hat der Gesetzgeber keine absolute Anpassungsverpflichtung geregelt. Vielmehr muss der

[31] §§ 7–15 BetrAVG.

[32] Zu den statistischen Angaben www.psv.de

[33] § 17 BetrAVG.

Arbeitgeber nur alle drei Jahre überprüfen, ob eine Anpassung geboten ist. Darüber entscheidet der Arbeitgeber nach billigem Ermessen unter Berücksichtigung seiner wirtschaftlichen Lage und der Belange des Leistungsbeziehers.[34] Unterbleibt eine Anpassung, hat der Arbeitgeber dem Arbeitnehmer die wirtschaftliche Lage darzulegen. Dieser kann der unterbliebenen Anpassung widersprechen. Für den Arbeitnehmer ungünstig ist die Regelung, dass eine unterbliebene Anpassung nicht zu einem späteren Zeitpunkt nachgeholt werden muss. Wegen des Dreijahreszeitraums der Überprüfung und den unregelmäßigen, kaum vorhersehbaren Anpassungen besteht für Leistungen der betrieblichen Altersversorgung längerfristig durchaus die Gefahr eines substantiellen Wertverlusts. Dies gilt auch dann, wenn der Arbeitgeber seiner Anpassungsverpflichtung dadurch nachkommt, dass er die laufenden Leistungen jährlich um mindestens 1% anpasst. In der Regel liegt die Inflationsrate darüber.

## 14.4 Sonderregelungen für den öffentlichen Dienst

Der große Bereich des öffentlichen Dienstes ist in der Versorgungsanstalt des Bundes und der Länder (VBL) oder in kommunalen oder kirchlichen Zusatzversorgungseinrichtungen gesichert. Nicht alle Vorschriften des BetrAVG sind anwendbar.[35] Das System wurde vor geraumer Zeit auf ein Punktesystem umgestellt. Für bereits bestehende Zusagen wurden „Startgutschriften“ ermittelt, deren Berechnung umstritten war. Der Bundesgerichtshof[36] hat zwar die Systemumstellung der VBL als solche gebilligt, hält aber die Berechnung der Anwartschaften für die jüngeren Jahrgänge für unverbindlich. Sie verstoße gegen Art. 3 GG, weil pro Jahr der Versicherung nur ein Versorgungssatz von 2,25% anerkannt wird, so dass Personen mit längeren Ausbildungszeiten benachteiligt werden und von vornherein überproportionale Abschläge hinnehmen müssen. Die Tarifvertragsparteien müssen nun eine verfassungskonforme Neuregelung der Satzung finden. Die Entscheidung betrifft alle Pflichtversicherten, die nach dem 01.01.1947 geboren wurden und deren zuständige Zusatzversorgungskasse des öffentlichen oder kirchlichen Dienstes die Mitteilungen über die Betriebsrentenanwartschaft nach dem gleichen System wie die VBL berechnen. Es ist jederzeit möglich, gegen die Mitteilung Klage zu erheben oder eine außergerichtliche Beanstandung einzulegen, da die Ausschlussfrist von sechs Monaten für die Einlegung von Beanstandungen oder Klagen nicht wirksam ist.[37]

---

[34] § 16 BetrAVG.

[35] § 18 BetrAVG.

[36] BGH IV ZR 74/06 v. 14.11.2007, BGHZ 174, 127–179, BetrAV 2008, 203–213.

[37] OLG Karlsruhe 12 U 40/06 v. 01.03.2007, BetrAV 2007, 580–583 (rechtskräftig).

## 14.5 Ausblick

Die betriebliche Altersversorgung als zusätzliche Säule der Alterssicherung kommt zumeist nur einer Gruppe von Arbeitnehmern zugute, die ohnehin schon relativ gut abgesichert ist. Arbeitnehmer in prekären Arbeitsverhältnissen profitieren davon nicht. Zudem ist die Tendenz erkennbar, über betriebliche Auslagerungen oder Schließung von Systemen die betriebliche Altersversorgung zurückzufahren. In den neuen Bundesländern hat sich die betriebliche Altersversorgung mit Ausnahme der Entgeltumwandlung noch nicht durchsetzen können. Die Verlängerung der Sozialversicherungsfreiheit der umgewandelten Entgelte kann der betrieblichen Altersversorgung einen neuen Impuls geben. Allerdings ist dies mit Einnahmeausfällen bei der gesetzlichen Rentenversicherung erkauft.

Die Rechtsprechung trägt nicht unerheblich zur Fortentwicklung der betrieblichen Altersversorgung bei. Unlängst hat das BAG[38] eine Haftung des Arbeitgebers für die Differenz bei „gezillmerten" Verträgen verneint. Bei gezillmerten Verträgen[39] werden die Vertriebskosten (z. B. Provision, Verwaltung, Werbung) auf mehrere Jahre verteilt. Wird ein Vertrag nach kurzer Laufzeit gekündigt, kann der Rückzahlungswert unter dem Betrag der Einzahlungen liegen. Im entschiedenen Fall ergab sich ein Verlust von über 35%. Damit sollten Arbeitnehmer gezielt darauf achten, welche Kosten bei Abschluss eines Vertrages anfallen. Im Extremfall können diese in den ersten Jahren die „Riester"-Zulagen gänzlich auffressen.

Weitreichende Konsequenzen für die betriebliche Altersversorgung in Form der Hinterbliebenenversorgung dürfte die Entscheidung des Bundesverfassungsgerichts[40] haben, wonach auch Partnern einer eingetragenen Lebenspartnerschaft eine Hinterbliebenenrente zustehen kann.[41] Wenngleich die Entscheidung für den Bereich der VBL ergangen ist, dürfte sie für andere betriebliche Altersversorgungssysteme in gleicher Weise Anwendung finden und zu einer Ausweitung des begünstigten Personenkreises führen. Es bleibt abzuwarten, ob als Reaktion hierauf die Arbeitgeber nicht künftig hinterbliebene Partner als Begünstigte einer betrieblichen Altersversorgung generell ausschließen.

[38] BAG 3 AZR 17/09 v. 15.09.2009, BetrAV 2010, 72–79, dazu SoSiplus 10/09, S. 9.

[39] § 169 Abs. 3 VVG; § 1 Abs. 1 Nr. 8 AltZertG (Altersvorsorgeverträge-Zertifizierungsgesetz vom 26. Juni 2001 (BGBl. I S. 1310, 1322), zuletzt geändert durch Artikel 11 des Gesetzes vom 16. Juli 2009 (BGBl. I S. 1959).

[40] BVerfG 1 BvR 1164/07 v. 07.07.2009, BVerfGE 124, 199–235; DB 2009, 2441–2442, VersR 2009, 1607–1613.

[41] Zu dieser Problematik vgl. Herbold, Felix, Gleichbehandlung in der betrieblichen Altersversorgung, Frankfurt a. M. 2007.

# Chapitre 15
# Les retraites professionnelles d'entreprise en Allemagne: Un aperçu

**Otto Kaufmann**

En Allemagne, non seulement la retraite de base – l'assurance pension légale (gesetzliche Rentenversicherung) -, mais également les retraites professionnelles d'entreprise ont fait l'objet de réformes, qui étaient indispensables pour compenser ne serait-ce que partiellement les conséquences résultant des réformes du régime de base.[1]

## 15.1 Généralités

L'ensemble des retraites de base et des retraites professionnelles d'entreprise constituant la protection vieillesse : les modifications apportées à l'une des composantes influent sur les autres.[2]

### *15.1.1 Le cadre général*

En général, les assureurs gérant les différents types de retraites complémentaires ont bien accueilli les changements intervenus suite à ces réformes et ont aménagé leurs dispositifs de gestion et d'offre. En contrepartie, ils appellent à un renforcement de la protection vieillesse complémentaire. Cette initiative en faveur de la retraite complémentaire peut porter ses fruits, car force est de constater que l'absence

O. Kaufmann (✉)
Dr. jur., habil. (HDR), Max-Planck-Institut für ausländisches und internationales Sozialrecht, München, Amalienstr. 33, 80799 München, Deutschland
e-mail: kaufmann@mpisoc.mpg.de

[1] Cette contribution présente en complément à la contribution de H.-J. Reinhard dans cet ouvrage les grandes lignes de la retraite professionnelle d'entreprise et en particulier le dispositif de la retraite complémentaire facultative, appelé communément "retraite Riester".

[2] Kaufmann, Chronique Protection sociale d'entreprise. Réformes des retraites complémentaires en Allemagne: l'interdépendance des retraites de base et des retraites complémentaires Semaine Juridique JCP E, 2007 n° 49, 2530.

O. Kaufmann, S. Hennion (eds.), *Steuerung der betrieblichen Altersversorgung in Europa: garantierte Sicherheit? Governance of Occupational Pensions in Europe: Guaranteed Security? Gouvernance des retraites professionnelles en Europe: Sécurité garantie?*, DOI 10.1007/978-3-642-15731-8_15, © Springer-Verlag Berlin Heidelberg 2011 

d'institution obligatoire d'une retraite complémentaire prive certaines catégories de travailleurs de cette protection, pourtant nécessaire.[3] Pour cette raison, même si tous les types de retraites complémentaires peuvent être envisagés, la retraite professionnelle d'entreprise stricto sensu semble constituer l'instrument adéquat pour le salarié qui devient alors bénéficiaire d'une assurance portée par la collectivité de l'entreprise.

## *15.1.2 Nécessité de renforcer la retraite complémentaire*

Pour tenir compte des effets de la prolongation de la durée de la vie sur le coût de l'assurance, une diminution du montant de la pension maximum de retraite du régime de base – l'assurance pension légale[4] – a été décidée.[5] Le maximum de la pension légale à taux plein a été fixé à environ 67% d'un salaire plafonné établi en fonction du salaire moyen des assurés, après 45 ans d'assurance, ce qui équivaut à un abaissement de 3%.[6] On doit cependant s'attendre à une chute du niveau de remplacement réel de près de 53% en 2005 à 46% en 2019. Ces développements obligent à accorder une place plus large à la retraite complémentaire dans les entreprises ou, le cas échéant, au niveau individuel.

En Allemagne, c'est au second étage/niveau – couramment appelé le deuxième pilier – qu'est localisée la retraite professionnelle d'entreprise (betriebliche Altersversorgung, BAV), qui correspond aux retraites supplémentaires ou surcomplémentaires, dans l'acception française. La retraite professionnelle d'entreprise est une prestation sociale pour la vieillesse[7] accordée de façon unilatérale par l'employeur aux personnels de son entreprise ou bien réservée à certaines catégories de salariés. Ce n'est que lorsque l'employeur offre la constitution d'un avantage de retraite d'entreprise à sa charge ou propose l'adhésion à une institution de retraite professionnelle d'entreprise, qu'il s'agit, quant à la forme, d'une retraite professionnelle d'entreprise stricto sensu. Elle est quasiment exclusivement constituée par

---

[3] Il est vrai que l'obligation ne serait pas forcément un instrument de lutte contre la pauvreté parce que tous ceux qui en auraient besoin n'en bénéficieraient pas. V. Flocke, Neiße-Hommelsheim, Betriebliche Altersvorsorge: Freiwillig oder Obligatorium, Betriebliche Altersversorgung, 2009, 112 s.

[4] La DRV Bund (littéralement assurance pension allemande – fédération) gère les assurances vieillesse et invalidité des travailleurs salariés. La Rentenversicherung comprend les branches vieillesse et invalidité. Pour la traduction et l'explication de termes, v. Kaufmann, Wörterbuch Arbeits- und Sozialrecht, *Französisch-Deutsch,Deutsch-Französisch*, Dictionnaire de droit du travail et de droit de la sécurité sociale, *Français-Allemand, Allemand-Français*, C.H. Beck, München 2004.

[5] V. aussi Kaufmann, Chronique Protection sociale d'entreprise: Réformes des retraites complémentaires en Allemagne: l'interdépendance des retraites de base et des retraites complémentaires, Semaine juridique Semaine Juridique JCP E, 2007 n° 49, 2530.

[6] Kaufmann, La réforme des retraites en Allemagne, Semaine sociale Lamy, n° 1029, 2001.

[7] Il n'est cependant pas exclu que le contrat prévoie des prestations en cas d'invalidité/diminution de la capacité de gain et de réversion. La prévoyance dans une acception large est ainsi visée.

capitalisation. On constate que certaines entreprises s'efforcent d'afficher une politique sociale de l'entreprise qui est fortement centrée sur la protection vieillesse. Les employeurs ne privilégient pas forcément les retraites professionnelles d'entreprise stricto sensu, c'est à dire celles qui reposent sur une base collective et uniforme, mais favorisent aussi les solutions individuelles et accordent un avantage financier pour la conclusion de contrats d'épargne de toutes sortes. Ces avantages de type individuel peuvent être regroupés en vue d'un placement collectif, afin de bénéficier des meilleures conditions de placement possibles. La concrétisation de la politique sociale de l'entreprise peut être facilitée par le recours à des conventions collectives, qui contiennent les lignes directrices sur les retraites complémentaires, tout comme il est possible que l'avantage vieillesse résulte uniquement d'un accord d'entreprise.[8] Dans les deux cas, il y a normalement un accord d'entreprise, conclu entre l'employeur et le conseil d'entreprise (Betriebsrat). Ce dernier peut donc avoir un droit de regard. De toute façon, le domaine social relève largement de la cogestion dans l'entreprise et il faut par conséquent se conformer au droit spécifique de la constitution sociale de l'entreprise. Généralement, le travailleur salarié doit obtenir l'accord de l'employeur pour adhérer au dispositif de retraite,[9] et en tant que bénéficiaire il a un droit d'information.[10]

## 15.2 Les formes de retraites professionnelles d'entreprise

Jusqu'en 2002, l'année d'entrée en vigueur de la grande réforme des retraites, la retraite d'entreprise était assurée par quatre procédés: l'engagement direct (Direktzusage), la caisse de pension (Pensionskasse), l'assurance directe (Direktversicherung) et la caisse de secours (Unterstützungskasse). Ces procédés sont toujours utilisables, mais il existe en plus le fonds de pension, qui joue un rôle essentiel pour la "retraite Riester", ainsi que la conversion de salaire (Entgeltumwandlung) qui, utilisée de fait bien avant, est devenue une modalité de retraite reconnue et a depuis un fondement légal. Il est à signaler qu'il est également possible d'utiliser des comptes épargne temps (Arbeitszeitkonten) à des fins d'avantages de retraite. La valeur créée par des heures supplémentaires, y compris la part patronale des cotisations sociales, est alors placée pour être restituée ultérieurement. Toutefois, ce procédé ne constitue pas une retraite professionnelle d'entreprise proprement dite, le capital épargné étant plutôt utilisée en cas de départ anticipé ou pendant une période de suspension de l'emploi.

[8] Kaufmann, Chronique de protection sociale d'entreprise, L'accord collectif au secours de la retraite complémentaire: l'exemple de l'Allemagne Semaine Juridique JCP E, 2006 n° 46, 2648 et 47, 2691.

[9] L'employeur a des prérogatives de décision en matière de retraite professionnelle d'entreprise qui peuvent se justifier par le fait que ces retraites sont facultatives et que les primes sont à sa charge.

[10] Semaine Juridique JCP E, 2008 n°30, 1984, Droit d'information du salarié.

La base légale de la retraite professionnelle est une loi particulière,[11] Certaines voies d'exécution sont gouvernées par d'autres lois et le contrôle et la sécurité financière sont soumis aux lois spécifiques en la matière.

### 15.2.1 L'engagement direct – Direktzusage

La technique juridique est celle du contrat individuel passé entre l'employeur et un ou plusieurs salariés. La promesse de prestations retraite peut être insérée dans le contrat de travail ou être stipulée à part. L'employeur est libre quant au choix des bénéficiaires; il peut s'engager pour l'ensemble des salariés, ou pour quelques-uns seulement, ou n'en faire profiter que certaines catégories. En utilisant ce support juridique, l'employeur est intégralement responsable puisqu'il s'engage directement. Il est aussi seul à pourvoir, moyennant l'épargne permanente d'une certaine somme d'argent, au financement du service des prestations. Le principe est que l'employeur réalise une épargne suffisamment importante pour pouvoir verser, après un délai d'attente déterminé, une somme périodique qui résulte des intérêts de l'épargne. Un inconvénient de l'engagement direct pour le salarié résulte du fait que l'employeur est libre de garantir le maintien du droit à pension ou non. Au moins la moitié des retraites d'entreprise reposent sur un engagement direct.

### 15.2.2 L'assurance directe au profit du salarié – Direktversicherung

L'employeur peut souscrire un contrat d'assurance individuel ou de groupe en désignant le ou les salariés bénéficiaires. En principe, l'employeur prend en charge la totalité des primes d'assurance, mais une participation du salarié n'est pas exclue. L'employeur peut garantir ou non le maintien du droit.

### 15.2.3 Les caisses de secours – Unterstützungskasse

Une caisse de secours peut revêtir des formes diverses, notamment celle d'une société ou d'une association. A l'instar de l'engagement direct, le financement d'une retraite par le biais d'une caisse de secours est toujours intégralement à la charge de l'employeur. L'activité d'une caisse de secours est soumise à la loi sur le contrôle des assurances. Toutefois, la garantie du maintien des droits à pension est régulièrement exclue.

---

[11] Loi sur l'amélioration de la retraite professionnelle d'entreprise (Gesetz zur Verbesserung der betrieblichen Altersversorgung, Betriebsrentengesetz – BetrAVG) du 19 décembre 1974 modifiée, (BGBl. I p. 3610).

### *15.2.4 Les caisses de pension – Pensionskasse*

Les caisses de pension sont des personnes morales, indépendantes de toute entreprise. Elles prennent souvent la forme d'une société d'assurance mutualiste, mais elles sont considérées comme des sociétés d'assurance et sont intégralement soumises à la loi sur le contrôle des assurances. Contrairement aux autres formes classiques de retraite d'entreprise, le financement d'une caisse d'entreprise peut être assuré conjointement par l'employeur et le salarié, à charge égale pour chacun d'eux, ou à répartition inégale. Un grand avantage pour le salarié consiste en l'obligation de garantir le maintien du droit à prestations. Toutefois, le mode de financement étant la capitalisation de sommes versées en guise de cotisation pour l'acquisition d'un droit à pension, la responsabilité de l'employeur est normalement limitée à concurrence de ces sommes.

### *15.2.5 Fonds de pension – Pensionsfonds*

Depuis 2002, tout travailleur salarié a le droit de constituer un patrimoine pour la vieillesse subventionné, qui est en fait une retraite complémentaire par capitalisation (v. infra la présentation plus détaillée). Il s'agit de la retraite appelée "retraite Riester".[12] La loi instituant cette retraite dispose que tout intéressé qui remplit les conditions a le droit de demander l'utilisation des primes pour la constitution d'une retraite d'entreprise.[13] Avec la création des retraites complémentaires par la "constitution d'un patrimoine pour la retraite", la "retraite Riester" avait avant tout pour but la constitution individuelle d'un avantage vieillesse par le futur retraité, tout en bénéficiant, le cas échéant, d'un abondement patronal;[14] il est également possible d'utiliser ces procédés pour une retraite professionnelle d'entreprise.

La loi sur la constitution d'un patrimoine pour la retraite – l'une des deux lois de réforme de 2001 – exclut cependant pour des raisons d'ordre technique et de maintien des droits (manque de garantie de versement dans tous les cas) les caisses de secours et l'engagement direct du bénéfice de la subvention étatique, avec pour effet de les rendre moins intéressants.

---

[12]Les travailleurs non salariés peuvent également bénéficier d'un dispositif comparable, communément appelé "retraite Rürup".

[13]Loi portant réforme de l'assurance pension légale et promotion d'un patrimoine pour la vieillesse par capitalisation en date du 26 juin 2001 (Gesetz zur Reform der gesetzlichen Rentenversicherung und zur Förderung eines kapitalgedeckten Altersvorsorgevermögens [Altersvermögensgesetz-AVmG], BGBl. I, 31 du 29 juin 2001).

[14]Kaufmann, Chronique protection sociale, Protection sociale d'entreprise: régime social et fiscal de la protection sociale d'entreprise, Droit allemand: retraite complémentaire et d'entreprise – Harmonisation du régime fiscal, Semaine Juridique JCP E, n° 47, 1687.

### *15.2.6 La conversion de salaire – Entgeltumwandlung comme moyen de réalisation d'une retraite professionnelle d'entreprise*

La pratique de la conversion de salaire est un droit pour le salarié. La retraite d'entreprise peut ainsi de fait devenir obligatoire, indépendamment de la volonté de l'employeur: tout salarié a droit à la conversion de salaire à hauteur de 4% du salaire plafonné. Une partie de sa rémunération peut ainsi être utilisée pour la constitution d'une retraite d'entreprise. La conversion ne constitue pas l'une des formes de la retraite d'entreprise à proprement parler, notamment parce que les sommes épargnées proviennent du seul travailleur salarié, mais elle peut être utilisée pour une retraite d'entreprise. L'employeur peut abonder et ajouter une part patronale, mais il n'a pas l'obligation de le faire. Il doit par contre assurer le placement. Il est cependant possible de déroger au droit à conversion de salaire par convention collective. Pour le reste, les dispositions applicables pour la constitution d'un patrimoine pour la vieillesse trouvent application (v. infra).

La conversion de salaire est une faculté offerte aux salariés et ne constitue nullement une obligation. Ce constat est d'importance certaine du fait de la diminution de la retraite de base et des lacunes financières qui peuvent en résulter une fois atteint l'âge de retraite. Car la situation sur le marché du travail a pour effet de banaliser le chômage et de favoriser des carrières professionnelles lacunaires. Or, la pratique montre que la conversion de salaire peut être un instrument de la protection vieillesse propice, parce que les rendements qui y sont constatés dépassent largement ceux des retraites "Riester".[15]

Dans un arrêt de la CJUE du 15 juillet 2010, la République fédérale d'Allemagne a été jugée comme ayant manqué à ses obligations en attribuant directement sans appel d'offre des contrats de service d'assurance vieillesse d'entreprise qui concernaient certaines administrations communales et entreprises municipales dans le cadre d'appels d'offre européens.[16]

## 15.3 La constitution d'un patrimoine pour la vieillesse: Fonds de pension

On n'a pas envisagé sérieusement, lors des débats précédant la grande réforme de 2001, de rendre cette retraite complémentaire obligatoire. Cela aurait pu être fait, tout en laissant la liberté de choix aux intéressés quant à la forme du produit; ainsi, on n'aurait pas mis en cause un des caractères spécifiques de la protection vieillesse complémentaire, à savoir la très forte commercialisation. Surtout, la situation n'ira pas s'améliorant avec l'augmentation progressive de l'âge de départ à la retraite à 67 ans. De plus, pour des raisons avant tout "politico-psychologiques", le taux

---

[15]Karch, Risikogruppe Jugend oder: Wie einfach ist die Entgeltumwandlung?, Betriebliche Altersversorgung, 2010, 195.

[16]CJUE, 15 juillet 2010, Com. /c République fédérale d'Allemagne, aff. C-271/08, Betriebliche Altersversorgung, 2010, 571.

de cotisation à l'assurance pension ne doit pas dépasser 20%; pour garantir cela, on recourt à un mécanisme de modulation qui limite le taux de cotisation et qui aura, de surcroît, pour effet d'exclure une augmentation des pensions, voire de les diminuer. Cette retraite complémentaire privée a pour effet de modifier l'échiquier des retraites, ceci moins par son ampleur que par son impact idéel.

### *15.3.1 La subvention étatique*

Depuis la mise en place de ce dispositif, des sommes considérables pour la subvention de constitution de retraite complémentaire capitalisée ont été investies, sous forme d'épargnes individuelles et facultatives; l'intégralité de l'effort d'épargne et surtout de la subvention étatique – qui avait été augmentée en étapes depuis 2002 – a atteint le maximum en 2008. L'épargnant verse un pourcentage limité à 4% du salaire plafonné et a droit à une subvention annuelle de base étatique. La subvention individuelle s'élève à 154 € par an pour une personne seule et au double pour une personne mariée. Chaque enfant ouvre droit à une subvention supplémentaire allant jusqu'à 185 € par enfant et par an. Le cas échéant, la subvention peut être remplacée par un dégrèvement fiscal. Le montant maximum de ce dernier est égal au montant d'épargne maximum subventionné. Le montant d'épargne subventionnée est de 4% au plus du revenu brut de l'épargnant, dans la limite du plafond de salaire fixé à 50.000 Euros par an. Seules les retraites d'entreprise classiques par fonds de pension, et non celles par assurance directe en faveur du travailleur salarié (v. supra), peuvent entrer dans le champ d'application de la nouvelle législation sur les retraites complémentaires. Tous types et formes de retraites ou d'avantages en espèces sans limitation de durée sont envisageables, si les conditions que la loi détermine pour ces retraites complémentaires sont remplies.

### *15.3.2 L'utilisation des fonds avant la liquidation de la pension*

La prise en compte de l'acquisition d'immeubles d'habitation pour la subvention en vue de la retraite est prévue. L'épargnant a le droit d'utiliser jusqu'à 50.000 € du compte constitutif de la retraite complémentaire; il peut ainsi s'attribuer un crédit sur son épargne. Cette somme devra cependant être reversée sur son compte de retraite avant l'âge de 65 ans, afin de pouvoir l'utiliser comme retraite complémentaire. En cas de vente de l'immeuble, le compte de retraite devra être réapprovisionné; en cas de non respect, la subvention est à rembourser. Le fait de limiter cet avantage aux biens situés en Allemagne et d'exclure les épargnants résidant dans un autre Etat membre de l'UE du bénéfice de la subvention étatique au motif qu'ils ne sont pas pleinement soumis à l'imposition en Allemagne, a été sanctionné par la CJUE, comme c'était à prévoir, du reste.[17]

---

[17] CJUE du 10 septembre 2009, aff. C-269/07, Commission / RFA. Kaufmann, Incompatibilité de la territorialisation de la protection vieillesse complémentaire (« Retraite Riester ») avec le droit communautaire: à propos de l'arrêt de la Cour de Justice du 10 septembre 2009 (aff. C-269/07, Commission / RFA), Chronique de protection sociale d'entreprise, Semaine Juridique JCP E, 2010 n° 24, 1597. JCP S, 2009, 1527 note Coursier.

Le versement de la retraite complémentaire ne doit pas commencer avant l'âge de retraite du bénéficiaire; en revanche, la liquidation de la pension peut avoir lieu plus tard. L'organisme gestionnaire de la retraite doit garantir son versement à vie, jusqu'au moment du décès de l'assuré. La loi exige de garantir au minimum un montant égal à la somme épargnée.

## 15.4 Le maintien des droits à la retraite professionnelle d'entreprise

Le droit à pension est maintenu même après la fin de la relation de travail, à la double condition toutefois que cette relation cesse après l'âge de 25 ans révolus et que le droit à constitution d'une retraite professionnelle d'entreprise ait existé pendant cinq ans au moins. Les deux conditions doivent être remplies cumulativement.

Par contre, la portabilité est insuffisamment développée. Le droit à retraite d'entreprise qui satisfait aux conditions de pérennité ne peut être transmis à une relation de travail avec un autre employeur que si celui-ci accepte les obligations qui incombaient à l'ancien employeur.

L'employeur n'a pas le droit de substituer au versement d'une retraite un paiement forfaitaire en guise d'indemnité, à moins que le montant de la retraite soit d'un très faible montant. Le travailleur salarié, quant à lui, n'est en droit de réclamer un versement forfaitaire que s'il a obtenu le remboursement des cotisations versées à l'assurance pension légale. Ce sont des travailleurs salariés de nationalité étrangère, notamment turque, qui font usage de cette possibilité lorsqu'ils quittent définitivement le territoire allemand pour s'installer dans leur pays d'origine.

## 15.5 La retraite complémentaire des agents contractuels de la fonction publique

Les agents publics non fonctionnaires sont non seulement affiliés au régime général qui sert la retraite de base de l'assurance pension légale, mais bénéficient d'une retraite complémentaire spécifique. Ils sont donc couverts par des régimes complémentaires obligatoires qui sont des régimes basés sur des conventions collectives et qui offrent des protections quasiment équivalentes à celles des fonctionnaires. Ces régimes complémentaires tendaient jusqu'à récemment à aligner le niveau des pensions des agents publics sur celui des fonctionnaires. Le système VBL (retraite complémentaire des contractuels de la fonction publique) vient d'être réorganisé. Il s'agissait d'un système de protection globale (Gesamtversorgungs system), qui était lié à la fois à l'assurance pension légale et au système alimentaire des fonctionnaires. La retraite complémentaire VBL de la fonction publique dépendait du nombre d'années d'assurance et du montant du salaire des dernières trois années précédant le début de la retraite. Le taux de remplacement représentait en général 75 % du dernier traitement après 35 ans de service, mais pouvait atteindre plus de 91%

et assurait ainsi une protection comparable à celle des fonctionnaires. Toutefois, la retraite complémentaire des ces personnels étant en difficulté, il a été décidé d'ouvrir la nouvelle retraite complémentaire facultative et d'étendre par conséquent le champ d'application de la loi sur la constitution d'un patrimoine pour la retraite.

La République fédérale, la communauté tarifaire des Länder et l'association des employeurs des communes ont conclu avec des syndicats[18] en 2002 une convention collective sur la retraite d'entreprise des salariés de la fonction publique[19] par laquelle le régime en vigueur jusqu'en 2000 a été remplacé rétroactivement avec effet au premier janvier 2001.[20] Les parties signataires, conscientes des difficultés d'ordre technique résultant de la conversion d'un régime de retraite complémentaire qui était intégré dans un système de retraite global (Gesamtversorgungssystem) en un régime de retraite d'entreprise (Betriebsrentensystem), ont pris soin d'insérer dans la convention collective les dispositions de transition indispensables. Il s'agit, en effet, d'un changement d'importance certaine, car le but n'est rien d'autre que la substitution du régime ancien par un système à points qui devrait, à la longue, fonctionner par capitalisation. La nouvelle retraite d'entreprise est prévue pour la fonction publique et les églises, mais à l'heure actuelle la capitalisation n'est pas réalisée pour la fonction publique. Pour l'instant, les modifications apportées au régime ne montrent pas d'effets, car les retraites en cours restent inchangées, et la capitalisation prévue n'est pas encore réalisée; de plus, la conversion n'est pas obligatoire, mais seulement prévue comme une option. La retraite complémentaire est constituée pour les travailleurs de la fonction publique qui ont accompli leur 17ème anniversaire et jusqu'à l'âge de retraite, qui est maintenant fixé à 67 ans. La retraite d'entreprise est due à partir du versement de la retraite de l'assurance pension légale. Le rapprochement avec la constitution d'un patrimoine pour la vieillesse est évident, non seulement par son but, la capitalisation, mais également par le montant des prestations promis qui est égal à celui qui serait réalisé si 4% du salaire étaient versés au régime de retraite d'entreprise. Mais les assurés ont la possibilité de bénéficier de la subvention étatique en constituant un droit à retraite supplémentaire par le versement de contributions pour la constitution d'un patrimoine pour la vieillesse, comme c'est prévu par la loi. Dans ce cas, ils ont droit à la subvention étatique prévue. Le nouveau mécanisme sous forme de retraite d'entreprise basé sur un système à points reflète la carrière professionnelle; la retraite d'entreprise n'est plus liée à l'assurance pension légale; elle est augmentée de 1% tous les ans. Un point de retraite s'obtient par la division du montant du salaire de l'assuré par un salaire de référence, le tout multiplié par un facteur d'âge.

[18]ver.di, syndicat de la police, syndicat du bâtiment e.a., syndicat de l'éducation et des sciences, Marburger Bund (médecins des hôpitaux).

[19]Tarifvertrag über die betriebliche Altersversorgung der Beschäftigten des öffentlichen Dienstes (Tarifvertrag Altersversorgung – ATV).

[20]Les idées effectivement reprises dans la convention collective du premier mars 2002 ont été présentées par Hügelschäffer, Allemagne. La nouvelle retraite complémentaire du service public, Euro Pension Bulletin, n° 12, 2002. Il y est renvoyé pour les détails.

## 15.6 Le contrôle des retraites professionnelles d'entreprise

Le contrôle est prévu, dans le cadre du droit de l'Union transposé, par diverses lois qui sont d'application contraignante. Des mesures en cas d'insolvabilité sont également prévues.

### *15.6.1 Application de différentes lois de surveillance*

La directive pensions a été transposée en 2005.[21] Elle modifie notamment la loi sur la surveillance des activités d'assurance (Versicherungsaufsichtsgesetz, VAG).[22] Si la législation distingue cinq principaux types de retraite professionnelle, la loi de transposition n'en retient que deux, à savoir les retraites constituées par les caisses de pension[23] et les fonds de pension. Elle vise ainsi également les retraites complémentaires facultatives dites "constitution d'un patrimoine pour la retraite" ("retraite Riester", v. supra). Elle contient les dispositions nécessaires aux activités transfrontalières sur le territoire de l'Union européenne pour ces types de retraite, ainsi que celles relatives au placement et au devoir d'information des affiliés et bénéficiaires actuels et futurs de retraites professionnelles d'entreprise. Sont par contre exclus du champ d'application de la directive les avantages de retraite résultant de l'assurance directe (Direktversicherung, procédé qui est en revanche soumis à la directive assurance 2002/83), l'engagement direct (Direktzusage) ainsi que les retraites professionnelles servies par les caisses de secours (Unterstützungskassen). Comme déjà signalé, l'exclusion de ces deux derniers modes de constitution de retraite professionnelle s'explique aussi du fait qu'ils ne sont pas contraignants et fiables, le constituant (l'employeur) pouvant retirer son engagement.

Les organismes allemands (en fait, ceux qui sont implantés en Allemagne) qui comptent réaliser une retraite professionnelle pour le compte d'un organisme implanté dans un autre Etat membre, sont tenus de faire une déclaration comportant un certain nombre d'informations relatives à cet organisme. L'institution de contrôle allemande des institutions étrangères de retraite professionnelle examine la

---

[21] Siebtes Gesetz zur Änderung des Versicherungsaufsichtsgesetzes, septième loi modifiant la loi sur la surveillance des assurances du 29 août 2005, BGBl. I 1er septembre 2005, 2546. Kaufmann, Chronique de protection sociale d'entreprise: Instauration de la protection sociale d'entreprise; Transposition de la directive 2003/41/CE concernant les activités et la surveillance des institutions de retraite professionnelle en droit allemand, Semaine Juridique JCP E, 2005 n° 43, 1828.

[22] Gesetz über die Beaufsichtigung der Versicherungsunternehmen (Versicherungsaufsichtsgesetz – VAG), loi sur la surveillance des sociétés d'assurance, dans la version du 17 décembre 1992 (BGBl. 1993 I p. 2) modifiée.

[23] Les caisses de pensions sont des personnes morales, indépendantes de toute entreprise. Elles prennent souvent la forme d'une société d'assurance mutualiste. Elles sont considérées comme des sociétés d'assurance et sont intégralement soumises à la loi sur le contrôle des assurances. Leur unique but est de gérer une retraite d'entreprise. Le financement d'une caisse d'entreprise peut être assuré conjointement par l'employeur et le salarié. Il y a obligation de garantir le maintien du droit à prestations.

conformité du dossier à la loi et informe à son tour l'administration de l'autre Etat membre; à cette dernière incombe l'obligation de fournir notamment des informations sur les droits du travail et de la sécurité sociale de l'Etat membre où se trouve l'organisme de retraite professionnelle.

### *15.6.2 La garantie en cas d'insolvabilité*

Pour parer aux conséquences de l'insolvabilité de l'employeur ou de l'institution de gestion de la retraite professionnelle d'entreprise un organisme spécifique, l'association de garantie des pensions (Pensionssicherungsverein, PSV) a été chargée d'assurer le service des prestations de vieillesse privées jusqu'à un certain plafond. Le versement d'une indemnité unique peut également être envisagé. Cette association est financée par les seuls employeurs qui versent obligatoirement un certain montant mensuel. L'obligation de secours de cette association se limite aux demandes en paiement d'une retraite basée sur l'engagement direct, sur une caisse de secours et sur un fonds de pension (v. supra). La demande en vue d'une compensation en cas d'insolvabilité concernant une retraite constituée par assurance directe ou par une caisse de pension est exclue. Une telle demande peut en revanche être dirigée contre l'Office fédéral de surveillance des services financiers (Bundesanstalt für Finanzdienstleistungsaufsicht, Bafin). Cette institution est chargée de garantir l'équilibre financier de ces institutions. Le Bafin a du reste également compétence pour les fonds de pension et complète ainsi la protection mise en place par l'association de garantie PSV. Le PSV a été fortement sollicité suite à la crise de 2008/2009, mais a pu pleinement remplir son rôle.[24] Seuls les employeurs du secteur privé de l'industrie et du commerce sont concernés par cette garantie en cas d'insolvabilité, les employeurs de droit public tels que la Fédération, les Länder, les communes et autres collectivités territoriales en sont exclus puisqu'il n'est pas possible de les poursuivre en cas d'insolvabilité.

## 15.7 La retraite et la fiscalité

Il n'est pas procédé ici à une analyse exhaustive des problèmes relatifs à l'imposition des retraites, qui sont pourtant importants et loin d'être résolus. Cela vaut pour la retraite de base et pour la nouvelle retraite facultative, qui est basée sur la constitution d'un patrimoine pour la retraite. Il s'agit seulement d'évoquer un problème particulier, qui a engendré d'âpres discussions en Allemagne, à savoir l'inégale imposition

[24] Wohlleben, Die Insolvenzsicherung durch den PSVaG nach dem Krisenjahr 2009, Betriebliche Altersversorgung, 2010, 497.

des retraites.[25] En effet, les retraites de l'assurance pension et celles des fonctionnaires prises en charge par l'administration, ne sont pas soumises aux mêmes règles fiscales.[26]

Les retraites versées seront soumises à impôt; par conséquent, la double imposition n'étant pas légale, le montant du revenu réservé à la constitution de la retraite complémentaire égal à 4% ne doit pas être imposable. Les retraites de l'assurance pension sont imposables pour leur partie « rendement » (Ertragsteil), c'est-à-dire la part qui équivaut aux cotisations versées pendant la durée d'assurance. Le montant de cette partie « rendement » de la retraite dépend de l'âge du retraité au moment du départ à la retraite au plus tôt à 60 ans.[27] Dans la plupart des cas, les retraites ne sont pas imposées, en fait.[28] Autrefois, jusqu'en 1955, les retraites de l'assurance sociale étaient intégralement soumises à impôt et le législateur a changé le droit applicable suite à une jurisprudence critique de la juridiction financière.[29] Les retraites des fonctionnaires sont par contre soumises à impôt pour la totalité de leur montant.

La raison de cette différence fiscale résulte du fait, que les cotisations versées par les travailleurs salariés ne sont pas déductibles du revenu imposable; elles sont de ce fait imposées. Soumettre cette part de la retraite à imposition équivaudrait à une double imposition. Les fonctionnaires ne versent pas de cotisation à leur administration, cette dernière sert les pensions comme auparavant le traitement (qui est, du reste dénommé Ruhestandsgehalt, rémunération de retraite).

Il est à signaler que ce ne sont pas les seules cotisations des assurés qui constituent les retraites de l'assurance pension. Les travailleurs salariés y contribuent à concurrence de leurs cotisations et ne bénéficient donc pas d'avantages fiscaux. En revanche, la part patronale d'égale montant est déductible des impôts. Enfin, la fédération verse une contribution égale à 23,5%. Du côté des fonctionnaires, on considérait ce traitement comme non justifié.[30] La Cour constitutionnelle, saisie par une juridiction financière a dû se prononcer sur la question.[31] Elle a alors constaté une inégalité de traitement et a déclaré les dispositions légales incriminées non conformes à la constitution.

---

[25] Semaine Juridique JCP E, 2004 n° 47, 1687 Protection sociale d'entreprise: régime social et fiscal de la protection sociale d'entreprise, Kaufmann, Droit allemand: retraite complémentaire et d'entreprise – Harmonisation du régime fiscal.

[26] Ruland, Rentenbesteuerung und Rentenreform, Neue Zeitschrift für soziale Sicherheit, 2001, 7.

[27] Le montant correspond à environ 30% du montant de la retraite avant cotisations sociales (assurances maladie et dépendance).

[28] Il en est différemment, bien sûr, d'éventuels autres revenus.

[29] Loi du 16 décembre 1954 sur la réorganisation des impôts, BGBl. I 373.

[30] Le DBB, l'union faîtière des syndicats de fonctionnaires, affirmait l'inégalité de traitement, tandis que le VDR, l'association des assureurs (sociaux) des retraites refusait de constater une non conformité constitutionnelle.

[31] BVerfG du 6 mars 2002 – 2BvL 17/99.

# Kapitel 16
# Die berufliche Vorsorge und die Sicherstellung ihrer verfassungsrechtlichen Funktion in der Schweiz

# La Prévoyance professionnelle et la garantie de la fonction qui lui est dévolue par la constitution

**Friso Ross**

**Résumé** En Suisse, les contraintes constitutionnelles s'imposent à la prévoyance professionnelle. La prévoyance professionnelle se confond avec la retraite professionnelle d'entreprise. Elle est capitalisée et obligatoire pour tous les travailleurs salariés. De plus et contrairement aux retraites professionnelles d'entreprise dans d'autres pays, elle se conçoit comme un élément essentiel de la protection vieillesse. Ceci résulte de la Constitution fédérale de la Confédération suisse, qui stipule dans son Art. 112 al. 2 b (Assurance-vieillesse, survivants et invalidité) que "les rentes doivent couvrir les besoins vitaux de manière appropriée ;" son Art. 112 al. 2 a (Prévoyance professionnelle) indique que "la prévoyance professionnelle conjuguée avec l'assurance-vieillesse, survivants et invalidité permet à l'assuré de maintenir de manière appropriée son niveau de vie antérieur". De fait, l'importance de la retraite professionnelle d'entreprise est déjà démontrée par quelques chiffres. La retraite du régime de la répartition de l'*Assurance-vieillesse, survivants et invalidité* s'élève en moyenne à près de 1800 francs suisses, tandis que la retraite capitalisée s'élève en moyenne à plus de 2500 francs suisses. Il est évident qu'il faut disposer d'un capital important pour produire des retraites d'un tel montant. En 2007, environ 602 Mrd. de francs suisses ont été payés pour la retraite professionnelle et le capital placé a atteint 801 Mrd. de francs. Ce capital énorme a été atteint par les primes versées, et également par les gains réalisés sur le marché des capitaux. Avant la crise, les gains permettaient de penser que les retraites seraient assurées ; mais la crise financière a causé d'importantes pertes. Toutefois, dès 2009, la situation était sereine, les

F. Ross (✉)
Prof. Dr. jur., Fakultät Angewandte Sozialwissenschaften, Fachhochschule Erfurt,
Altonaer Straße 25, 99085 Erfurt, Deutschland
e-mail: friso.ross@fh-erfurt.de

O. Kaufmann, S. Hennion (eds.), *Steuerung der betrieblichen Altersversorgung in Europa: garantierte Sicherheit? Governance of Occupational Pensions in Europe: Guaranteed Security? Gouvernance des retraites professionnelles en Europe: Sécurité garantie?*,
DOI 10.1007/978-3-642-15731-8_16, © Springer-Verlag Berlin Heidelberg 2011

pertes et gains semblaient équilibrés.[1] Le but attribué à la constitution de maintenir le niveau de vie grâce à un deuxième pilier et la voie choisie par le législateur d'y arriver par la capitalisation requièrent bien entendu une sécurité financière. Ce sont d'abord les contributions, ensuite les gains obtenus sur le marché financier et enfin les mécanismes de contrôle qui sent visé: La garantie financière de la prévoyance professionnelle doit ainsi être assurée. Le taux des contributions (primes) n'est pas prédéterminé. Le taux est fixé par chaque institution de retraite professionnelle. Pour atteindre le niveau de retraite souhaité, il faut compter un taux moyen, pour la carrière complète, variant entre 17 et 18%. Les cotisations sont à la charge de l'employeur et du salarié à parts égales, le premier pouvant verser une part plus importante. Le résultat du placement par capitalisation doit apporter au moins 2% du capital. On constate une préférence de placement pour les obligations, actions et biens immeubles. En 2007, la répartition de la somme globale de 602,6 Mrd. de francs était de 37% pour les obligations, de 27,8% pour les actions et de 14,4% pour l'immobilier.[2] Toutefois, cette répartition n'est pas le fruit du hasard. La loi fédérale du 25 juin 1982 sur la prévoyance professionnelle vieillesse, survivants et invalidité (LPP), notamment, impose des règles contraignantes de placement, suite à la crise de l'an 2000.[3] Au maximum 10% du capital peuvent être placés auprès d'une même institution. Une répartition est ainsi assurée. Le contrôle est confié à une fondation qui a une compétence étendue. Chaque institution met en place un organisme de contrôle qui est chargé de la révision de la gestion financière. De plus, chaque institution doit nommer un expert de la retraite professionnelle qui surveille la compatibilité des règles de sécurité avec les statuts du régime de retraite professionnelle. Il existe également des procédés de contrôle externe aux institutions, prévus par une réforme.[4] Il s'agit d'abord de renforcer les compétences de surveillance en accordant aux cantons et régions les moyens nécessaires et en clarifiant les responsabilités incombant aux différents acteurs. Les cantons sont chargés de la surveillance directe. Une commission de surveillance supérieure indépendante va être créée. Elle sera chargée de garantir un contrôle unitaire dans le but de stabiliser le deuxième pilier. A cette fin, elle pourra déterminer des standards à respecter et, partant, influer sur la qualité des produits. Des mécanismes d'intervention de crise sont prévus pour intervenir en situation de crise. Il s'agit avant tout de mesures de redressement et du fonds de réserve. Si le capital est insuffisant, les caisses de pension doivent réagir. Si cette situation est temporaire, il suffit d'assurer le paiement des pensions par des moyens divers. Si le déficit est plus important, l'institution doit en informer l'autorité de tutelle, les intérêts sont diminués et des cotisations

---

[1] Office Federal De La Statistique, Communiqué de presse n° 0350-0911-20.

[2] Office federal de la statistique, Statitstique des caisses de pensions 2007, Neuchâtel 2009, p. 15.

[3] Ross, The Swiss Occupational Pension Scheme and its impact on the Swiss Old Age Pension System, in: Hennion-Moreau/Kaufmann (éds.), Les retraites d'entreprise en Europe, droits européen et comparé, Bruxelles 2007, p. 284.

[4] Loi fédérale sur la prévoyance professionnelle vieillesse, survivants et invalidité (Réforme structurelle): Modification du 19 mars 2010, Feuille fédérale 2010, pp. 1841–1854.

supplémentaires sont demandées. Dans ce cas, il s'agit en fait d'une diminution des retraites. Le fonds de réserve n'intervient que si l'institution n'est pas en mesure de pourvoir à ses obligations. Il est géré par les organisations des partenaires sociaux et financé par les institutions de retraite.

**Stichwortverzeichnis** Drei-Säulen-Prinzip · Berufliche Vorsorge · Verfassungsauftrag der Alterssicherung · Schweizerisches Alterssicherungssystem · Alters- und Hinterlassenenversicherung · Kriseninterventionsmechanismen · Verfassungsrechtliche Sicherstellung · Ergänzungsleistungen für Bedürftige · Sozialversicherung und Bedürftigkeitssysteme · Existenzsicherung · Mindestsicherung · Betriebsrente (Schweiz) · Aufsicht (Reform) · Kapitalanlage (Regeln)

**Einleitung:** Die *berufliche Vorsorge* in der Schweiz ist nicht nur historisch gesehen die für lange Zeit einzige bedeutsame Form eines Sicherungssystems für das altersbedingte Ausscheiden aus dem Erwerbsleben gewesen,[5] sondern stellt auch heute noch das bedeutendste Element im Alterssicherungssystem[6] der Schweiz dar. Diese Bedeutung lässt sich bereits an einfachen Zahlen ablesen: Während die umlagefinanzierte AHV-Altersrente im Durchschnitt fast 1800 Schweizer Franken (CHF)[7] beträgt, kommt die kapitalgedeckte Altersrente aus der beruflichen Vorsorge auf durchschnittlich etwas über 2500 CHF.[8]

Um solch eine kapitalgedeckte Altersrente überhaupt erwirtschaften zu können, bedarf es zunächst eines beträchtlichen Kapitalstocks. Tatsächlich belief sich die Bilanzsumme für die berufliche Vorsorge etwa im Jahre 2007 auf 602 Mrd. CHF und das Anlagekapital auf 801 Mrd. CHF. Gewachsen ist dieses gigantische Vermögen aber nicht nur aufgrund der Versicherungsbeiträge, sondern vor allem aufgrund der Erträge auf dem Kapitalmarkt. Jährliche Zuwächse von 20 (2006), 30 (2003) oder gar von über 40 Mrd. CHF (2005) konnten eine sichere Altersvorsorge vermuten lassen. Doch die Finanzmarktkrise führte zunächst zu empfindlichen Verlusten: Für 2008 schätzt man einen Nettoverlust von 76 Mrd. Immerhin kehrte bereits 2009 schon wieder etwas Ruhe ein; Verluste und Gewinne scheinen sich über das Jahr verteilt ausgeglichen zu haben.[9] Letzten Endes bleibt jedoch bei dieser wie bei der Anfang des Jahrtausends aufgetretenen Finanzmarktkrise offen, ob sich ihre

---

[5] ROSS, Geschlechterdifferenzierung, Rentenalter und Hinterlassenenversorgung in der Schweiz (1855–2005), Zeitschrift für internationales Arbeits- und Sozialrecht 2007, S. 182ff.

[6] Auf die wichtige Bedeutung der beruflichen Vorsorge für die Hinterlassenen- und Invaliditätsversorgung wird in diesem Beitrag aufgrund der Gesamtthemenstellung des Sammebandes nicht eingegangen.

[7] Wechselkurs am 7.7.2010 für 1 CHF: 0,9413 USD bzw. 0,7485 EUR.

[8] BUNDESAMT FÜR SOZIALVERSICHERUNGEN, Schweizerische Sozialversicherungsstatistik 2009, Bern 2009, S. 90 und 141.

[9] Zu den Zahlen und Prognosen: BUNDESAMT FÜR SOZIALVERSICHERUNGEN, Schweizerische Sozialversicherungsstatistik 2009, Bern 2009, S. 2ff.; BUNDESAMT FÜR STATISTIK, Medienmitteilung Nr. 0350-0911-20.

Baissen finanziell überhaupt langfristig bemerkbar machen, insbesondere aus der Sicht derjenigen, die im Jahr 2030 oder 2040 Altersrenten beziehen werden.

Die Finanzmarkteinbrüche haben in jedem Falle dafür gesorgt, dass nun verstärkt auf das Finanzgebaren einzelner Akteure das Augenmerk gerichtet wird. Diese Sensibilisierung hat, wie noch zu sehen sein wird, bereits – Anfang des Jahrtausends wie in jüngster Zeit – zu Gegenmaßnahmen seitens des Gesetzgebers geführt, wenngleich nicht in jeglicher Hinsicht vom Schweizer Volk bestätigt.[10] Der sensiblere Umgang mit der beruflichen Vorsorge unterstreicht aber auch deren Bedeutung. Denn mit dem vor 25 Jahren durch Einführung einer obligatorischen zweiten Säule begonnenen Umbau des Alterssicherungssystems[11] sind Bewegungen am Finanzmarkt, gleich ob positiver oder negativer Art, immer Anlass, die Entwicklung im Bereich der Alterssicherung zu bewerten und gegebenenfalls erneut zu justieren.

Wenngleich der finanziellen Sicherstellung dieses Alterssicherungssystems unbestrittener Weise eine große Bedeutung zukommt, darf nicht übersehen werden, dass daneben weitere, genauso bedeutsame Sicherstellungen vorgenommen werden, um der verfassungsrechtlichen Funktion der beruflichen Vorsorge gerecht zu werden. Insgesamt können vier zentrale Sicherstellungsmerkmale ausgemacht werden: Zu nennen ist dabei die systematische Sicherstellung (Kapitel 16.1), wodurch tatsächlich über die berufliche Vorsorge die Versicherten in das verfassungsgemäße Alterssicherungssystem eingebettet werden. Darüber hinaus wird die berufliche Vorsorge institutionell sichergestellt (Kapitel 16.2), indem die zur Fortsetzung der gewohnten Lebenshaltung notwendigen Leistungen bestimmt werden. Außerdem wird sie organisatorisch sichergestellt (Kapitel 16.3), indem für autonome paritätische Einrichtungen, für ein effektives Kontrollwesen und für die Freizügigkeit der Versicherten gesorgt wird. Schließlich ist das empfindliche System finanziell sicherzustellen (Kapitel 16.4), angefangen von den Beiträgen und den Kapitalerträgen, bis hin zu Mechanismen der Krisenintervention. Ob die genannten vier Sicherstellungsmerkmale den Verfassungsauftrag bereits erfüllen, bleibt am Ende zu resümieren (Kapitel 16.5).

## 16.1 Die systematische Sicherstellung: Das Drei-Säulen-Konzept

Die zweite Säule der schweizerischen Altersvorsorge, die *berufliche Vorsorge*, ist eine obligatorische und kapitalgedeckte betriebliche Altersvorsorge. Dieser zweiten Säule kommt von Verfassungs wegen die Aufgabe zu, „die Fortsetzung der gewohnten Lebenshaltung in angemessener Weise" zu ermöglichen,[12] während die erste

---

[10]Das Schweizer Volk hat am 7. März 2010 der weiteren Absenkung des Mindesumwandlungssatzes mit überwältigender Mehrheit eine Absage erteilt (siehe Kapitel 16.2.2.).

[11]STREIT, 25 Jahre berufliche Vorsorge, in: Soziale Sicherheit (Bern) 2010, S. 89ff.

[12]Art. 113 Abs. 2 Bundesverfassung der Schweizerischen Eidgenossenschaft vom 18. April 1999 (SR 101). Im Folgenden werden alle Normen des Bundes, wie in der Schweiz üblich, nach der offiziellen *Systematischen Sammlung des Bundesrechts* (SR) zitiert. Gesetzesrevisionen werden nach dem *Bundesblatt der Schweizerischen Eidgenossenschaft* (BBl.) zitiert. Beide Quellen sind

Säule, insbesondere durch die umlagefinanzierte Alters- und Hinterlassenenversicherung (AHV), die Funktion hat, „den Existenzbedarf angemessen zu decken".[13] Diese verfassungsrechtliche Zuweisung bestimmt die Rollenverteilung zwischen erster und zweiter Säule: Im Gegensatz zu zahlreichen anderen nationalen betrieblichen Altersvorsorgesystemen hat das schweizerische Modell der beruflichen Vorsorge (BV) nicht die bloße Funktion einer zusätzlichen Absicherung, sondern ist als tragendes Element der Einkommensabsicherung im Alter konzipiert.

Die drei Säulen der Alterssicherung sind die universalistisch angelegte Alterssicherung (erste Säule), die berufliche Vorsorge (zweite Säule) und die Selbstvorsorge (dritte Säule). Das Drei-Säulen-Prinzip wurde nach langer Diskussion[14] und einer Volksabstimmung im Dezember 1972 in die damalige Bundesverfassung eingeführt. Demnach sorgt der Bund „für eine ausreichende Alters-, Hinterlassenen- und Invalidenvorsorge. Diese beruht auf einer eidgenössischen Versicherung, der beruflichen und Selbstvorsorge."[15] Dieses Konzept wird auch in der neuen Bundesverfassung erläutert: „Der Bund trifft Maßnahmen für eine ausreichende Alters-, Hinterlassenen- und Invalidenvorsorge. Diese beruht auf drei Säulen, nämlich der eidgenössischen Alters-, Hinterlassenen- und Invalidenversicherung, der beruflichen Vorsorge und der Selbstvorsorge."[16] Zur Rollenverteilung heißt es zunächst hinsichtlich der ersten Säule: „Die Renten haben den Existenzbedarf angemessen zu decken."[17] Für die zweite Säule wird festgelegt: „Die berufliche Vorsorge ermöglicht zusammen mit der Alters-, Hinterlassenen- und Invalidenversicherung die Fortsetzung der gewohnten Lebenshaltung in angemessener Weise."[18] Die zweite Säule selbst wurde im BVG[19] und insbesondere in den dazugehörenden Verordnungen BVV-1[20] und BVV-2[21] geregelt.

---

online verfügbar: Die SR unter http://www.admin.ch/ch/d/sr/sr.html und das BBl. unter http://www.admin.ch/ch/d/ff/index.html.

[13] Art. 112 Abs. 2 Bundesverfassung.

[14] Zur Diskussion um das Drei-Säulen-Konzept und den Hintergrund der Verfassungsrevision siehe: Brühwiler, Die betriebliche Personalvorsorge in der Schweiz: Eine arbeits- und sozialversicherungsrechtliche Studie zum Rechtszustand nach Inkrafttreten des BVG unter besonderer Berücksichtigung des Verhältnisses zwischen Personalvorsorge und Arbeitsvertrag, Bern 1989, S. 137–178.

[15] Vgl. den in die alte Bundesverfassung der Schweizerischen Eidgenossenschaft vom 29. Mai 1879 eingefügten Art. 34quater im vom Bundesrat vorbereiteten Bundesbeschluß (BBl. 1973 I 77–79).

[16] Art. 111 Abs. 1 Bundesverfassung.

[17] Art. 112 Abs. 2 lit.b Bundesverfassung.

[18] Art. 113 Abs. 2 lit.a Bundesverfassung.

[19] Bundesgesetz vom 25. Juni 1982 über die berufliche Alters-, Hinterlassenen- und Invalidenvorsorge (SR 831.40).

[20] Verordnung vom 29. Juni 1983 über die Beaufsichtigung und die Registrierung der Vorsorgeeinrichtungen (SR 831.435.1).

[21] Verordnung vom 18. April 1984 über die berufliche Alters-, Hinterlassenen- und Invalidenvorsorge (SR 831.441.1).

Deckt die erste Säule den angemessenen Existenzbedarf und ermöglicht die zweite Säule die Fortsetzung der gewohnten Lebenshaltung in angemessener Weise, so ist die dritte Säule, die Selbstvorsorge, darauf ausgerichtet, einen Vermögensaufbau für das Alter über das Gewohnte hinaus zu bilden. Dies gilt insbesondere für Arbeitnehmerinnen und Arbeitnehmer, die in der zweiten Säule obligatorisch versichert sind. Für alle, die nicht in der zweiten Säule ihre Altersabsicherung aufbauen, kann die dritte Säule die Funktion der zweiten Säule übernehmen. Die Selbstvorsorge wird unterschieden in diejenige Selbstvorsorge, die steuerlich begünstigt wird, und jene, die dieses Privileg nicht erhält. Die steuerlich begünstigte Selbstvorsorge wird durch solche Kapitalanlagen aufgebaut, die gebunden sind, was nichts anderes heißt, als dass der Anleger nicht ohne Weiteres über das angelegte Kapital verfügen kann. Häufige Anlageformen sind Lebens- und Altersversicherungen sowie Ansparpläne. Steuerlich privilegiert werden die aufgewendeten Beträge für die gebundene Kapitalanlage bis zu einer Maximalhöhe.[22]

Von größerer Bedeutung für das Drei-Säulen-Konzept ist die erste Säule der Alterssicherung. Denn sie ist universalistisch angelegt, soll den Existenzbedarf decken und ist damit der Grundstein der Alterssicherung und insbesondere der beruflichen Vorsorge. Sie wird in zwei Systeme unterteilt: Die Alters- und Hinterlassenversicherung für jedermann (Säule 1a) und die Alters- und Hinterlassenabsicherung für bedürftige Personen (Säule 1b).

### *16.1.1 Die AHV als Basis(ver)sicherung und Grundstock für die berufliche Vorsorge*

Die Alters- und Hinterlassenenversicherung für jedermann ist hauptsächlich im AHVG[23] und der zugehörigen Verordnung AHVV[24] geregelt. Versichert sind grundsätzlich alle Personen im Alter zwischen 18 und 65 Jahren (64 Jahren bei Frauen), die in der Schweiz als Arbeitnehmer oder Selbständige erwerbstätig sind , sowie alle Personen, die in der Schweiz zwar nicht arbeiten, aber dort ihren Wohnsitz haben im Alter zwischen 21 und 65 Jahren (64 Jahren bei Frauen). Damit sind fast die gesamte erwachsene Wohnbevölkerung in der Schweiz und alle Erwerbstätigen, die zur Arbeit in die Schweiz pendeln, in der Alters- und Hinterlassenenversicherung für jedermann bis einschließlich des 65. Lebensjahres obligatorisch versichert. Im Jahre 2008 waren bei einer Wohnbevölkerung von 7,710 Millionen Personen

[22] Zur steuerlichen Behandlung der Selbstvorsorge durch Versicherungen: AMSCHWAND-PILLOUD/JUNGO/MAUTE, Assurance-vie et impôts: Guide pratique, Muri-Berne 2005, S. 46–53.

[23] Bundesgesetz vom 20. Dezember 1946 über die Alters- und Hinterlassenenversicherung (SR 831.10).

[24] Verordnung vom 31. Oktober 1947 über die Alters- und Hinterlassenenversicherung (SR 831.101).

und bei 4,495 Millionen Erwerbstätigen insgesamt 4,229 Millionen Personen in der AHV versichert.[25]

Die Alters- und Hinterlassenenversicherung ist durch die Umlageverfahrensdeckung geprägt. Die Versicherten haben grundsätzlich Beiträge zu entrichten.[26] Erwerbstätige zahlen Beiträge auf ihr Einkommen.[27] Für unselbständig Beschäftigte wird der „maßgebende Lohn" als Berechnungsgrundlage herangezogen. Auf diesen hat der unselbständig Beschäftigte und sein Arbeitgeber jeweils 4,2% Beitrag, also insgesamt 8,4% zu entrichten.[28] Für selbständig Erwerbstätige wird das Erwerbseinkommen als Berechnungsgrundlage herangezogen. Der jeweilige Beitrag ist vom Selbständigen selbst aufzubringen und bemisst sich in seiner prozentualen Höhe am Jahreserwerbseinkommen.[29] Nichterwerbstätige müssen Beiträge hinsichtlich ihres Vermögens bezahlen.[30] Die Sozialversicherungsbeiträge machen insgesamt 84% der Einnahmen aus.[31] Daneben wird die Alters- und Hinterlassenenversicherung vor allem durch die öffentliche Hand finanziert[32]: 2007 wurden 20,5% der jährlichen Ausgaben der Versicherung durch Bund und Kantone finanziert und der Bund leistete darüber hinaus einen Sonderbeitrag von 179 Mio. CHF. 2008 finanzierte nur noch der Bund die AHV mit, und zwar in Höhe von 19,55% der Jahresausgaben.[33]

Altersrenten aus diesem System werden gezahlt bei Erreichen des Rentenalters (Männer: Vollendung des 65. Lebensjahrs; Frauen: Vollendung des 64. Lebensjahrs). Die Rentenhöhe bei Erreichen des Rentenalters hängt grundsätzlich von der Beitragszeit und dem maßgeblichen durchschnittlichen Jahreseinkommen ab. Die Berechnung der Rentenhöhe weist aber eine Spezialität auf: Je nach Beitragsjahren und Jahresdurchschnittseinkommen gestaffelt, gibt es eine garantierte Minimalrente und eine gedeckelte Maximalrente. Wer die Beitragszeit von 44 Beitragsjahren erreicht, kann je nach Jahresdurchschnittseinkommen und etwaigen anderen Faktoren – wie etwa Erziehungszeiten – eine Altersrente zwischen der Minimalrente in Höhe von 1140 CHF und der Maximalrente in Höhe von monatlich 2280 CHF erhalten. Werden die 44 Beitragsjahre nicht erreicht, so sinken die Monatsrenten, also auch die Minimal- und Maximalrente, prozentual hinsichtlich der fehlenden Beitragsjahre gemäß den vorgegebenen Rentenskalen.[34] Im Januar 2009

---

[25] Bundesamt für Sozialversicherungen, AHV-Statistik 2009: Tabellenteil, Bern 2009, S. 2.

[26] Art. 3 AHVG.

[27] Art. 4 AHVG.

[28] Art. 5 und 13 AHVG.

[29] Art. 8 und 9 i.V.m. Art. Art. 17ff AHVV.

[30] Art. 10 i.V.m. Art. 28ff. AHVV.

[31] Bundesamt für Sozialversicherungen, AHV-Statistik 2009, Bern 2009, S. 4.

[32] Art. 103 AHVG.

[33] Kieser, Alters- und Hinterlassenenversicherung, in: Meyer (Hrsg.), Soziale Sicherheit, 2. Aufl. 2007, S. 1165, 1288; Bundesamt für Sozialversicherungen, AHV-Statistik 2009, Bern 2009, S. 4.

[34] Art. 52 AHVV.

bezogen 1.875.000 Personen Altersrenten nach dem AHVG; die durchschnittliche Monatsaltersrente betrug fast 1800 CHF.[35]

Mit diesem System des Beitrags- und Leistungsrechts kommt es zu einer solidarischen Umverteilung innerhalb der Alterssicherung. Dies geschieht durch die Einbindung der fast gesamten erwachsenen Erwerbs-, Arbeits- und Wohnbevölkerung in das System der Alterssicherung sowie durch die Art der Rentenberechnung, die sich zwar grundsätzlich an Beitragsjahren und dem Durchschnittseinkommen orientiert, jedoch durch Mindest- und Höchstrenten einen Ausgleich zwischen unterschiedlichen Leistungsstärken herbeiführt.

### *16.1.2 Alters(ab)sicherung für Bedürftige als erste systematische Friktion*

Die Alters(ab)sicherung für Bedürftige ist hauptsächlich im ELG[36] und den zugehörigen Verordnungen ELV[37] und V09[38] geregelt. Dieses System ist nicht direkt beitragsfinanziert, sondern wird von allgemeinen öffentlichen Mitteln getragen, wozu etwa Mittel des Bundes, der Kantone, aber auch Rückstellungen aus der Alters- und Hinterlassenenversicherung gehören.[39] Dieses Alterssicherungssystem erbringt Ergänzungsleistungen zur Altersrente[40] und soll damit den verfassungsrechtlichen Auftrag an die erste Säule, den angemessenen Existenzbedarf im Alter zu decken, gewährleisten. Hinsichtlich der Alterssicherung sind grundsätzlich all jene berechtigt, Leistungen aus diesem System zu empfangen, die Renten aus der Säule 1a beziehen – also insbesondere nach dem AHVG – oder die das Rentenalter erreicht, aber keine Ansprüche aus der Säule 1a haben.[41] Leistungsberechtigte können nur folgende Personen sein: Schweizer Bürger mit Wohnsitz in der Schweiz, Ausländer, die sich seit 10 Jahren ununterbrochen in der Schweiz aufhalten, und unter

---

[35] Bundesamt für Sozialversicherungen, AHV-Statistik 2009, Bern 2009, S. 8; Bundesamt für Sozialversicherungen, AHV-Statistik 2009: Tabellenteil, Bern 2009, S. 30.

[36] Bundesgesetz vom 6. Oktober 2006 über Ergänzungsleistungen zur Alters-, Hinterlassenen- und Invalidenversicherung (SR 831.30).

[37] Verordnung vom 15. Januar 1971 über die Ergänzungsleistungen zur Alters-, Hinterlassenen- und Invalidenversicherung (SR 831.301).

[38] Verordnung 09 vom 26. Oktober 2008 über Anpassungen bei den Ergänzungsleistungen zur AHV/IV (SR 831.304).

[39] Art. 13 ELG.

[40] Es erbringt natürlich auch, wie sich schon aus der Gesetzesbezeichnung ableiten lässt, Ergänzungsleistungen für Hinterlassene (Witwen, Witwer, Waisen) und für Invalide. Dem Thema folgend wird das Augenmerk aber hier auf die Alterssicherung gelegt.

[41] Art. 4 ELG. Letzteres Kriterium wurde bereits durch die 10. AHV-Revision eingeführt. Zum Hintergrund: Carrigiet/Koch, Ergänzungsleistungen zur AHV/IV: Supplement, Zürich 2000, S. 72–73.

bestimmten Voraussetzungen Staatenlose und Flüchtlinge in der Schweiz sowie durch Sozialversicherungsabkommen berechtigte Personen.[42]

Voraussetzung für einen Leistungsbezug ist, dass die anerkannten Ausgaben einer Person deren anrechenbare Einnahmen übersteigen (Bedürftigkeit). Zu den anrechenbaren Einnahmen gehören neben Leistungen aus der Säule 1a auch Renten aus der beruflichen Vorsorge, sonstige Einnahmen und der anzurechnende Verbrauch aus eigenem Vermögen.[43] Die den anrechenbaren Einnahmen gegenübergestellten anerkannten Einnahmen werden für Personen, die zu Hause wohnen, einerseits durch Pauschalbeträge für die jährliche Lebenshaltung und andererseits konkret aufgrund des Mietzinses und der Nebenkosten ermittelt, wobei hier Höchstbeträge gelten. Für Personen, die in Heimen wohnen, werden die Tagestaxe und der Betrag für persönliche Auslagen als Grundlage für die Ermittlung der anerkannten Ausgaben herangezogen. Bei allen Personen werden weitere Ausgaben anerkannt, so etwa für Beiträge zur obligatorischen Krankenversicherung.[44]

Übersteigen die anerkannten Ausgaben die anrechenbaren Einnahmen, so sind Ergänzungsleistungen an die Berechtigten zu zahlen. Die Ergänzungsleistungen sind die Vergütung von Krankheits- und Behinderungskosten sowie die Geldleistung in Form monatlicher Renten.[45] Diese Renten ergeben sich aus der Differenz zwischen Einnahmen und Ausgaben. Im Jahre 2008 bezogen 159.600 Personen Ergänzungsleistungen zur Alterssicherung nach dem ELG, worunter 70% Frauen waren; die Bezieher und Bezieherinnen erhielten durchschnittlich monatliche Ergänzungsleistungen in Höhe von 1218 CHF, wobei unterschieden werden kann zwischen Personen in Heimen (2289 CHF) und solchen, die zu Hause (879 CHF) leben.[46]

Das Grundproblem dieses Leistungssystems ist systematischer Natur: Wenn zur Ermittlung der Bedürftigkeit bereits Einnahmen aus der zweiten Säule berücksichtigt werden, um gemäß dem Verfassungsauftrag „den Existenzbedarf angemessen zu decken“, so gibt es realiter für diesen Personenkreis keine zweite Säule. Wem Leistungen der zweiten Säule durch diese einfachgesetzliche Entscheidung vorenthalten werden, dem wird die verfassungsrechtliche Möglichkeit, die „gewohnten Lebenshaltung“ fortzuführen, nicht gewährleistet.

### *16.1.3 Versichertenkreis der beruflichen Vorsorge als zweite systematische Friktion*

In der beruflichen Vorsorge, wie sie derzeit einfachgesetzlich ausgestaltet ist, werden obligatorisch nur Arbeitnehmerinnen und Arbeitnehmer versichert. Damit

---

[42] Art. 4 und 5 ELG.

[43] Art. 11 ELG i.V.m. Art. 11ff. ELV.

[44] Art. 10 ELG i.V.m. Art. 1 V09 und Art. 11ff. ELV.

[45] Art. 3 ELG.

[46] Bundesamt für Sozialversicherungen, Statistik der Ergänzungsleistungen zur AHV und IV, Bern 2008, S. 1, 7 und 12.

unterscheidet sich das Konzept der beruflichen Vorsorge deutlich von der ersten Säule der Alterssicherung, die für die fast gesamte Wohn- und Arbeitsbevölkerung gilt. Aber auch nicht jede unselbständige Beschäftigung unterliegt der obligatorischen beruflichen Vorsorge. Zum verbindlichen Versichertenkreis gehören insbesondere nur diejenigen,[47] deren pflichtiger Jahreslohn nach dem AHVG höher ist als Dreiviertel der Maximalrente nach dem AHVG, demnach bei einem Jahreslohn von über 20.520 CHF; die diesen Jahreslohn bei einem Arbeitgeber verdienen; die einen unbefristeten oder einen über 3 Monate hinaus befristeten Arbeitsvertrag haben; und die das 17. Lebensjahr vollendet und das Rentenalter noch nicht erreicht haben, wobei die Achtzehn- bis Vierundzwanzigjährigen nur gegen die Risiken Tod oder Invalidität und alle anderen auch gegen das Risiko Alter versichert werden.

Ausgeschlossen werden von diesem Versichertenkreis darüber hinaus diejenigen,[48] deren Arbeitgeber nach dem AHVG nicht beitragspflichtig sind; die nebenberuflich tätig und bereits für eine hauptberufliche Tätigkeit obligatorisch versichert sind; die im Sinne der Invalidenversicherung zu mindestens 70% invalid sind; oder die als Familienmitglieder in landwirtschaftlichen Betrieben arbeiten.

Gegen die Risiken Tod und Invalidität, nicht aber gegen das Risiko Alter, werden ebenfalls solche Personen obligatorisch versichert, die Arbeitslosentagegelder beziehen.[49] Auch hierbei gibt es eine Mindesthöhe des Tagesgeldes, welche die Versicherungspflicht auslöst.[50] Zurzeit geht man von einer Mindesthöhe von etwa 92,60 CHF aus.[51]

Im Jahre 2007 waren von den insgesamt 3,9 Millionen Arbeitnehmenden in der Schweiz fast 3,5 Millionen in der beruflichen Vorsorge obligatorisch versichert.[52] Insgesamt werden der beruflichen Vorsorge somit obligatorisch nur solche Arbeitnehmerinnen und Arbeitnehmer unterstellt, deren jetziges Einkommen zumindest in der Nähe der Maximalrente nach dem AHVG liegt. Damit soll verhindert werden, dass diejenigen, die schon heute ein Einkommen haben, welches unter demjenigen liegt, was man für sie als angemessenen Existenzbedarf im Alter vorgesehen hat, mit weiteren Abgaben belastet werden. Dadurch aber wird diesem Personenkreis der Zugang zum Aufbau von Altersvermögen in der zweiten Säule praktisch unmöglich. Da sie wohl auch kaum finanziell in der Lage sein werden, andere Vorsorgemaßnahmen zu treffen, wird ihre geringe Rente aus der Alters- und Hinterlassenenversicherung dazu führen, dass sie Ergänzungsleistungen nach dem ELG in Anspruch nehmen werden.

Das Drei-Säulen-Konzept in der Schweiz versucht, die Alterssicherung breit gestreut zu gewährleisten. Dabei war die Einführung der beruflichen Vorsorge

---

[47] Art. 2 und 7 BVG.

[48] Art. 1j BVV-2.

[49] Art. 2 BVG.

[50] Art. 1 lit.b und Art. 4 Verordnung vom 3. März 1997 über die obligatorische berufliche Vorsorge von arbeitslosen Personen (SR 837.174).

[51] So HELBLING, Personalvorsorge und BVG, 8. Aufl., Bern/Stuttgart/Wien 2006, S. 718.

[52] BUNDESAMT FÜR STATISTIK, Pensionskassenstatistik 2007, Neuchâtel 2009, S. 10.

außerordentlich wichtig, wurden doch hiermit weitere aus Arbeitnehmer- und Arbeitgeberbeiträgen finanzierte Leistungen im Alter geschaffen. Doch das Konzept als solches genügt noch nicht den verfassungsrechtlichen Anforderungen. Dies zum einen, weil die zweite Säule weiterhin nur bestimmten Arbeitnehmern offen steht und selbständig Beschäftigte unzureichend berücksichtigt. Damit ist sie nicht in der Lage, „zusammen mit der Alters-, Hinterlassenen- und Invalidenversicherung die Fortsetzung der gewohnten Lebenshaltung in angemessener Weise" für alle Bevölkerungsschichten zu ermöglichen. Doch selbst für die vom Obligatorium betroffenen Versicherten wird dieser Zustand noch nicht erreicht. Denn es erhalten, wie bereits gezeigt, fast 10% der Rentner nach dem AHVG Ergänzungsleistungen. Mit diesen können sie, dem Konzept des ELG folgend, aber nur den angemessenen Existenzbedarf decken. Denn die Ergänzungsleistungen sollen nicht die gewohnte Lebenshaltung ermöglichen. Bei der Berechnung der Ergänzungsleistungen werden aber Renten aus der beruflichen Vorsorge miteinbezogen. Damit greift die erste Säule der Existenzbedarfssicherung in die zweite Säule über. Die von Verfassungs wegen erwirtschafteten Leistungen für den Aufbau einer Lebenshaltung in gewohnter Weise werden für den Existenzbedarf aufgebraucht.

Schließlich ist zu bedenken, dass Selbständige nicht obligatorisch versichert werden. Dies ist zunächst ein Wertungswiderspruch zur AHV, welche alle in der Schweiz wohnenden und tätigen Personen obligatorisch in der ersten Säule versichert. Wie bereits angedeutet, ist das Konzept der beruflichen Vorsorge zwar offen für eine freiwillige Versicherung.[53] Jedoch liegen für die insgesamt etwa 400.000 selbständig Beschäftigten in der Schweiz (ca. 10% der Erwerbstätigen) kaum Informationen vor, wie sie sich über die erste Säule hinaus vorsorgen, insbesondere ob und wie sie die freiwillige berufliche Vorsorge nutzen.[54] Wie kann aber der Verfassungsauftrag für eine Personengruppe, von der man so wenig weiß, sichergestellt werden? Auch hier bleibt es die Pflicht von Regierung und Parlament, die Umsetzung der verfassungsrechtlichen Vorgaben zu überprüfen und gegebenenfalls nachzusteuern.

## 16.2 Die institutionelle Sicherstellung: Leistungsarten und -höhen in der beruflichen Vorsorge

Für die Versicherten ist die am Ende auszuzahlende Leistung das Entscheidende. Nicht ohne Grund hat auch der Verfassungsgeber das Ergebnis beschrieben, und weniger den Weg dorthin. „Die Fortsetzung der gewohnten Lebenshaltung in angemessener Weise" zu ermöglichen,[55] bedeutet, dass die Leistung in ihrer

[53] Art. 4 und 44–47 BVG.

[54] So im Ergebnis die Studie von HORNUNG/RÖTHLISBERGER, Bezug aus dem Vorsorgekapital der 2. Säule bei der Aufnahme einer selbständigen Erwerbstätigkeit, Bern 2005 (Bundesamt für Sozialversicherungen, Beiträge zur sozialen Sicherheit: Forschungsbericht Nr. 8/05), S. V.

[55] Art. 113 Abs. 2 lit.b Bundesverfassung.

Höhe entscheidend ist. Worauf können sich Versicherte institutionell einstellen und verlassen?

### *16.2.1 Altersrente: Beitrags- und Leistungsprimat*

Die Geldleistungen im Alter werden in der Regel als Rente ausgezahlt, können aber unter bestimmten Bedingungen auch als Kapitalabfindung ausgerichtet werden. Wie die Altersrente berechnet wird, hängt zunächst davon ab, welchen Typ der Rente die jeweilige Einrichtung der beruflichen Vorsorge vorgegeben hat. Man unterscheidet dabei das Beitragsprimat vom Leistungsprimat. Das Beitragsprimat orientiert sich grundsätzlich an der Addition der Altersgutschriften und ihrer Verzinsung, woraus die Renten gebildet werden. Das Leistungsprimat orientiert sich an einer bestimmten prozentualen Höhe der Rente, beispielsweise 60% des letzten Lohns.

Der Unterschied zwischen Beitragsprimat und Leistungsprimat liegt darin, dass sich die Rente nach dem Beitragsprimat am koordinierten Lohn ausrichtet und somit an den Schwankungen im Einkommen. Das Leistungsprimat sieht hingegen eine Höhe vor, garantiert also eine bestimmte Rente. Das Beitragsprimat ist eine Mindestanforderung. Das Leistungsprimat ist hingegen eine Option, die zu Gunsten der Versicherten über die Mindestanforderung hinausgeht. Im Jahre 2007 wurden 2,9 Mio. Versicherte nach dem Beitragsprimat und 0,6 Mio. nach dem Leistungsprimat versichert, wobei das Leistungsprimat tendenziell immer mehr an Bedeutung verliert.[56]

Für Beschäftigte im öffentlichen Dienst ergab sich aber zunächst ein ganz anderes Verhältnis: Die öffentlich-rechtlichen Einrichtungen versicherten im Jahre 2007 nur 0,21 Mio. nach dem Beitragsprimat und immerhin 0,35 Mio. nach dem Leistungsprimat.[57] Damit kann zu diesem Zeitpunkt von einem tendenziellen Übergewicht der Rentenberechnung anhand des letzten Lohns für Beschäftigte im öffentlichen Dienst gesprochen werden. Für Angehörige des Bundespersonals kann dies ab dem Jahre 2008 nicht mehr gelten: Alle Vorsorgereglements der Vorsorgewerke von Publica haben vom Leistungsprimat auf das Beitragsprimat umgestellt; gleiches gilt für die Pensionskassen der schweizerischen Bahn und der Post.[58]

---

[56] BUNDESAMT FÜR STATISTIK, Pensionskassenstatistik 2007, Neuchâtel 2009, S. 13.

[57] Ebenda.

[58] ROSS, Schweiz ohne Beamte – Beamte ohne Pension? Zur Alterssicherung des eidgenössischen Bundespersonals, in: BECKER/KÖHLER/KÖRTEK (Hrsg.), Die Alterssicherung von Beamten und ihre Reformen im Rechtsvergleich, Baden-Baden 2010, S. 161 ff.

### *16.2.2 Altersrente: Altersgutschrift und Mindestumwandlungssatz*

Wie die Renten nach dem Beitragsprimat mindestens, das heißt nach verbindlicher Mindestformel, zu berechnen sind, ist detailliert vorgegeben[59]: Zunächst werden die Altersgutschriften gebildet. Diese orientieren sich jeweils am versicherten koordinierten Lohn (siehe Kapitel 16.4.1.) eines Beitragsjahres. Von diesem wird ein Betrag für die Altersgutschrift entnommen. Dies geschieht dadurch, dass man von den koordinierten Löhnen bestimmte Beträge für bestimmte Altersklassen ansetzt. Bei den 25- bis 34jährigen werden 7% des jeweiligen koordinierten Lohnes eines Beitragsjahres entnommen, bei den 35- bis 44jährigen 10%, bei den 45- bis 54jährigen 15% und bei den 55- bis 65jährigen 18%. Hat ein 50jähriger einen versicherten koordinierten Lohn von 30.000 CHF im Jahr 2010, so werden ihm für das Jahr 2010 15% des koordinierten Lohns gutgeschrieben, also 4500 CHF.

Aus der Summe der jährlichen Gutschriften, zuzüglich der Verzinsung, wird die Altersgutschrift gebildet. Dabei gibt es Vorgaben, wie hoch der Mindestzinssatz zu sein hat. Die Verzinsung ist ein probates institutionelles Mittel, um über Jahre das „Guthaben" steigen zu lassen, damit etwaige Inflationsverluste auszugleichen und gleichzeitig zu steuern, welche Anstrengungen zu unternehmen sind, um all dies zu erwirtschaften. Letzterer Punkt kann sich natürlich zu einer Falle für die Einrichtungen der beruflichen Vorsorge entwickeln: Ist der Mindestzinssatz zu hoch, animiert dies auch zu höherer Spekulationsbereitschaft. Der Gesetzgeber hat dies erkannt und aufgrund der Finanzmarktkrise Anfang des Jahrtausends wie auch derjenigen der jüngsten Zeit veranlasst, dass die Mindestverzinsung schrittweise abgesenkt wurde:[60] Das Altersguthaben wird nun verzinst für den Zeitraum bis 31. Dezember 2002 mit mindestens 4%, für den Zeitraum vom 1. Januar bis zum 31. Dezember 2003 mit mindestens 3,25%, für den Zeitraum vom 1. Januar 2004 bis zum 31. Dezember 2004 mit mindestens 2,25%, für den Zeitraum vom 1. Januar 2005 bis zum 31. Dezember 2007 mit mindestens 2,5%, für den Zeitraum vom 1. Januar 2008 bis zum 31. Dezember 2008 mit mindestens 2,75%, und ab 1. Januar 2009 nur noch mit mindestens 2%. Realiter kommt es daher zu einer Absenkung der Verzinsung von einst 4% auf nunmehr die Hälfte.

Zur Ermittlung der monatlichen Rente wird die Altersgutschrift – inklusive Verzinsung und etwaiger prozentualer Beteiligung aus Gewinnen am Kapitalmarkt – mit dem Rentenumwandlungssatz multipliziert und durch zwölf geteilt. Beläuft sich für eine Versicherte beim Erreichen des Rentenalters die Altersgutschrift auf 250.000 CHF, so ergibt sich für sie eine monatliche Rente aus der beruflichen Vorsorge in Höhe von 1417 CHF (= (250.000 CHF $*$ 0,068) /12). Dreh- und Angelpunkt für die Rentenberechnung ist somit der Umwandlungssatz. Seine Höhe generiert die tatsächliche Rentenhöhe. Ist er hoch, fällt die Rente hoch aus; ist er niedrig, fällt die Rente niedrig aus. Insoweit ist es verständlich, dass die Versicherten einerseits ein persönliches Interesse an hohen Umwandlungssätzen haben, weil diese ihre

[59] Art. 14–16 BVG.

[60] Art. 15 Abs. 2 BVG i.V.m. Art. 12 BVV-2.

Rente bestimmen, und andererseits ein ebenso persönliches Interesse an nicht zu hohen Umwandlungssätzen haben, damit die Einrichtungen der beruflichen Vorsorge nicht verleitet werden, zu spekulativ am Markt zu operieren, um sich das Kapital für die versprochenen Leistungen zu beschaffen. Letztere Sorge wird vor allem von der Politik geteilt.

Die Einrichtungen der beruflichen Vorsorge sind jedenfalls frei, den Umwandlungssatz zu bestimmen. Der Gesetzgeber hat jedoch einen Mindestumwandlungssatz vorgegeben. Diese Mindestvorgabe ist institutionell wichtig, weil sie den Versicherten eine Grundorientierung gibt und hinsichtlich des Verfassungsauftrages das Ziel deutlich macht. Zahlreiche Stimmen wenden sich aber gegen eine solche Vorgabe, wiederum aus dem Grunde, um die Einrichtungen der beruflichen Vorsorge nicht allzu sehr auf Spekulationswege zu führen.[61] Der Mindestumwandlungssatz soll für die Jahrgänge ab 1949 bei 0,068 liegen.[62] Dieses Ziel ist Resultat der 1. BVG-Revision, welche vor allem unter dem Eindruck der Finanzmarktbaisse Anfang des Jahrtausends zu sehen ist. Ab 2005 wurde der Umwandlungssatz von 0,072 abgestuft und für die einzelnen Jahrgänge von Rentenberechtigten schrittweise niedriger angesetzt. Bei Frauen des Jahrgangs 1943 etwa setzt man künftig einen Umwandlungssatz von 0,0715, bei Männern desselben Jahrgangs einen Umwandlungssatz von 0,0705 an und bei Frauen und Männern des Jahrgangs 1947 wird der Umwandlungssatz nur noch 0,069 betragen. Am Ende steht dann der Mindestumwandlungssatz von 0,068 für alle Jahrgänge ab 1949.[63] Der gesetzliche Vorstoß von Regierung und Parlament, den Mindestumwandlungssatz ab 2016 auf 0,064 festzulegen, wurde vom Schweizer Volk am 7. März 2010 mit 72% Neinstimmen verworfen.[64]

### *16.2.3 Kapitalabfindung: Sicherstellungswiderspruch?*

Die Versicherten können sich einen Teil des Altersguthabens als *Kapitalabfindung* auszahlen lassen. Bei der Berechnung der Altersrente vermindert sich dann die Altersgutschrift um diesen Betrag. Jeder Versicherte kann ein Viertel des Altersguthabens verlangen.[65] Da dies nur eine Mindestvorschrift ist, kann hiervon abgewichen werden. So können sich etwa Versicherte der Pensionskasse Post bis zu 100% der Altersgutschrift als Kapitalabfindung auszahlen lassen.[66]

---

[61] Vgl. etwa die einzelnen Studien bei BURKHARD (Hrsg.), NAVOS – Nachhaltige Altersvorsorge Schweiz, Zürich 2005.

[62] Art. 14 Abs. 2 BVG.

[63] Art. 14 BVG i.V.m. Übergangsbestimmung b zur Änderung vom 3. Oktober 2003 (1. BVG-Revision) BVG i.V.m. Art. 62c BVV-2 und i.V.m. Schlussbestimmung a zur Änderung vom 18. August 2004 (1. BVG-Revision) BVV-2.

[64] Bundesratsbeschluss über das Ergebnis der Volksabstimmung vom 7. März 2010, BBl. 2010, 2625–2630.

[65] Art. 37 Abs. 2 BVG

[66] Art. 50 Vorsorgereglement der Pensionskasse Post vom 1. Januar 2008.

Auch während des Erwerbslebens darf Kapital aus der Vorsorgeeinrichtung entnommen werden, wenn bis drei Jahre vor der Pensionierung selbstgenutztes Wohneigentum finanziert werden soll.[67] Grundsätzlich muss der entnommene Betrag zur Finanzierung verwendet werden. Damit kein Missbrauch entstehen kann, wird im Grundbuch eine Veräußerungsbeschränkung eingetragen.[68] Dadurch wird verhindert, dass der Versicherte sein Wohneigentum veräußert und den Erlös nicht wieder an die Vorsorgeeinrichtung abführt.

Darüber hinaus ist es sogar möglich, dass eine Austrittsleistung an die versicherte Person ausgezahlt wird. Allerdings kann dies nur geschehen, wenn der Versicherte eine selbständige Beschäftigung aufnimmt.[69] Dann wird der versicherten Person die Austrittsleistung ausbezahlt, um eine Anfangsfinanzierung der selbständigen Beschäftigung zu gewährleisten.

All die genannten Formen der Kapitalauszahlung, vor oder nach der Verrentung, für eigenen Wohnraum oder für ein eigenes Geschäft, korrelieren im Grunde mit der Freiheit des Bürgers und seiner Eigenverantwortung. Jedoch kann nicht jede Person immer alles überblicken. Nimmt man den Verfassungsauftrag an die zweite Säule ernst, darf jedenfalls die finanzielle Verantwortung nicht zu Ungunsten der Versicherten auf diese allein verschoben werden. Eine hundertprozentige Auszahlbarkeit mag Sinn machen, muss aber volkswirtschaftlich und verfassungsrechtlich nachdenklich stimmen.

## 16.3 Organisatorische Sicherstellung: Autonomie, Kontrolle und Freizügigkeit

Gemäß dem Verfassungsauftrag ist die berufliche Vorsorge ebenfalls organisatorisch sicherzustellen. Dies erfolgt einerseits durch die Einrichtungen der beruflichen Vorsorge, insbesondere ihrer paritätischen Autonomie, andererseits durch Aufsicht und Kontrolle. Darüber hinaus muss organisatorisch gewährleistet sein, dass Arbeitnehmende ohne jeglichen Verlust von Arbeitgeber zu Arbeitgeber wechseln können.

### *16.3.1 Einrichtungen der beruflichen Vorsorge: Autonome Parität*

Jeder Arbeitgeber, der obligatorisch Versicherte beschäftigt, muss eine Einrichtung der beruflichen Vorsorge errichten oder sich einer bestehenden anschließen[70]; auch Sammeleinrichtungen mehrerer Arbeitgeber sind möglich. Für das Personal

---

[67] Vgl. hierzu insgesamt: Verordnung vom 3. Oktober 1994 über die Wohneigentumsförderung mit Mitteln der beruflichen Vorsorge (SR 831.411).

[68] Art. 30d BVG.

[69] Siehe Kapitel 16.3.3.

[70] Art. 11 Abs. 1 BVG.

des Bundes etwa gibt es einerseits die Sammeleinrichtung Publica, die verschiedene Vorsorgewerke beherbergt, und andererseits eigenständige Einrichtungen wie die Pensionskasse der Bahn (SBB) oder diejenige der Post. Im Jahre 2007 gab es insgesamt 2543 Einrichtungen der beruflichen Vorsorge.[71] Daneben gab es die sog. Gemeinschaftseinrichtungen mehrerer Arbeitgeber und Sammeleinrichtungen, welche von Banken oder Versicherungen für Arbeitgeber durchgeführt werden.

Eine Einrichtung muss eine rechtlich selbständige Institution sein und zwingend als Stiftung, Genossenschaft oder Einrichtung des öffentlichen Rechts errichtet werden.[72] Die Einrichtungen der beruflichen Vorsorge haben Statuten zu erlassen,[73] welche die Leistungen, die Organisation, die Verwaltung, die Finanzierung und die Kontrolle regeln. Jede Einrichtung legt somit fest, ob sie über die Mindestvorschriften des BVG hinausgeht, zum Beispiel indem sie sich für das Leistungsprimat entscheidet. Arbeitgeber und Arbeitnehmer haben das Recht, in die Organe der Einrichtung die gleiche Anzahl von Vertretern zu entsenden.[74]

### *16.3.2 Kontrolle und Aufsicht: Neue Wege?*

Das wichtigste Organ der Stiftungseinrichtungen ist der Stiftungsrat, dem die Überwachung der Geschäfte, die Kontrolle über die Zahlung der Beiträge, die Bestimmung der Art der Vermögensanlage und die Abnahme der Jahresrechnung obliegt. Daneben muss für jede Einrichtung eine Kontrollstelle errichtet werden,[75] deren Aufgabe es ist, jährlich die Geschäftsführung, das Rechnungswesen und die Vermögensanlage zu prüfen. Schließlich muss jede Einrichtung einen Experten der beruflichen Vorsorge berufen, der die finanzielle Sicherheit für die Leistungen im Alter und die Übereinstimmung der Statuten mit dem BVG zu überwachen hat.[76]

Die Einrichtungen der beruflichen Vorsorge werden auch extern beaufsichtigt. Einrichtungen, die in der gesamten Schweiz operieren, werden vom Bundesamt für Sozialversicherung,[77] alle anderen hingegen von kantonalen Aufsichtsbehörden beaufsichtigt.[78] Diese Behörden haben die Statuten, insbesondere über die Anlage des Vermögens, und die Geschäftstätigkeit überwachen.[79]

Gerade angesichts der letzten Krise ist Kritik am aufgespaltenen Aufsichtssystem aufgekommen. Zwar gab es bereits aufgrund der Krise Anfang des Jahrtausends

---

[71] Bundesamt für Statistik, Pensionskassenstatistik 2007, Neuchâtel 2009, S. 11.

[72] Art. 48 Abs. 2 BVG.

[73] Art. 50 BVG.

[74] Art. 51 BVG.

[75] Art. 53 Abs. 1 BVG.

[76] Art. 53 Abs. 2 BVG.

[77] Art. 3 BVV-1.

[78] Art. 2 BVV-1.

[79] Art. 62 BVG.

erste Änderungen durch die 1. BVG-Revision.[80] Doch ging dies einigen nicht weit genug. Regierung und Parlament haben nun die Weichen gestellt: Eine Strukturreform wurde am 19. März 2010 verabschiedet.[81] Inhaltlich geht es zunächst um die Stärkung der Aufsicht durch Kantonalisierung und Regionalisierung der direkten Aufsicht und eine klare Abgrenzung der Aufgaben und Haftung der verschiedenen Akteure. Die Direktaufsicht wird nun von den Kantonen wahrgenommen und muss künftig verwaltungsunabhängig in der Form einer öffentlich-rechtlichen Anstalt mit eigener Rechtspersönlichkeit ausgestaltet werden. Der Wechsel der bisher vom Bund beaufsichtigten Vorsorgeeinrichtungen in die Direktaufsicht des jeweiligen Kantons soll innerhalb von drei Jahren erfolgen.

Darüber hinaus soll die Oberaufsicht gestärkt werden. Dafür wird eine eidgenössische Oberaufsichtskommission geschaffen, die vom Bundesrat administrativ und finanziell unabhängig ist, mit einem unabhängigen, administrativ dem Bundesamt für Sozialversicherungen angegliederten Sekretariat. Aufgabe der Oberaufsichtskommission wird es sein, für eine einheitliche Aufsichtspraxis zu sorgen und die Stabilität des Systems der zweiten Säule zu garantieren. Sie wird Standards festlegen können und damit für die Qualitätssicherung zuständig sein. Sie kann Weisungen erteilen und bei Bedarf auch eigene Prüfungen durchführen. Insgesamt erhofft man sich von der Oberaufsicht eine aktivere und regulatorisch weitergehende Funktionswahrnehmung.

### *16.3.3 Freizügigkeit und Entnahmemöglichkeiten: Eigenverantwortung?*

Die Versicherten sind dem Obligatorium unterworfen und damit weder frei, über die Art ihrer Vermögensbildung hinsichtlich der zweiten Säule zu entscheiden, noch die Einrichtung der beruflichen Vorsorge zu wählen, und haben daher innerhalb des Obligatoriums auch keinen Einfluss auf die Höhe von Beiträgen und von Leistungen. Diesem Umstand zu begegnen, sind zwei wichtige gesetzgeberische Entscheidungen geschuldet: Die Freizügigkeit und die Entnahmemöglichkeiten. Sie stellen ebenfalls organisatorisch den Verfassungsauftrag sicher.

Die Freizügigkeit regelt im Grundsatz den Wechsel von Beschäftigten von einem zum anderen Arbeitgeber. Denn hiermit ist fast immer ein Wechsel in der Art der beruflichen Vorsorge verbunden, weil jeder Arbeitgeber selbst Einrichtungen errichtet oder anderen beitritt und somit Unterschiede etwa bei den Leistungen im Alter bestehen. Den Arbeitnehmern soll aber ein Wechsel nicht zum Nachteil gereichen, und deshalb ist ihr bisheriges Vorsorgeniveau für die bereits versicherten

---

[80] Ross, Die berufliche Vorsorge im Alterssicherungssystem der Schweiz: Rechtliche Grundlagen und Reformansätze, in: Hennion-Moreau/Kaufmann (Hrsg.), Les retraites d'entreprise en Europe, droits europeen et comparé, Bruxelles, 2007, S. 284ff.

[81] Bundesgesetz über die berufliche Alters-, Hinterlassenen- und Invalidenvorsorge (Strukturreform): Änderung vom 19. März 2010, BBl. 2010, 2017–2030.

Beitragsjahre zu erhalten. Die Normen des FZG[82] und der FZV[83] bestimmen, wie in solchen Situationen zu verfahren ist. In der Regel wird für den Versicherten eine Austrittsleistung errechnet,[84] die in die neue Einrichtung der beruflichen Vorsorge eingebracht wird. Die Austrittsleistung wird grundsätzlich nicht an die versicherte Person ausgezahlt. Hiervon gibt es Ausnahmen. Eine der wichtigsten betrifft die Aufnahme einer selbständigen Beschäftigung.[85] Dabei wird der versicherten Person die Austrittsleistung ausbezahlt, die meistens zur Anfangsfinanzierung der selbständigen Beschäftigung verwendet wird. Auch hier kommt es deutlich und dem Verfassungsauftrag nicht unbedingt in Gänze entsprechend zu einer Verschiebung der Verantwortung.

## 16.4 Finanzielle Sicherstellung: Beiträge, Kapital und Was tun?

Das ambitionierte Ziel der Verfassung, mit einer zweiten Säule die gewohnte Lebenshaltung zu erreichen, und das ambitionierte Ziel der Gesetzgebung, dies durch Kapitaldeckung zu meistern, bedarf natürlich einer finanziellen Sicherstellung. Im Grunde sind es drei Arten: Zunächst die Beiträge, die bekanntlich immer fließen! Außerdem die Erträge auf dem Anlagemarkt, welche gewöhnlich auf lange Sicht zu fließen scheinen. Und schlussendlich benötigt auch der Beitrags- wie Anlagegläubige – bei allem Optimismus – Schutzvorrichtungen:

### *16.4.1 Beitragswesen: Herzstück*

Die berufliche Vorsorge wird hauptsächlich durch Beiträge finanziert. Zuschüsse aus öffentlichen Mitteln – sieht man einmal von steuerlichen Privilegierungen ab – sind dem System der beruflichen Vorsorge im Grunde fremd. Die Höhe der Beiträge ist im Gegensatz zu anderen Sozialversicherungssystemen, insbesondere der Alters- und Hinterlassenenversicherung, nicht vorgegeben. Sie wird von jeder Einrichtung der beruflichen Vorsorge festgelegt. Da an diese aber Mindestanforderungen gestellt werden, wie etwa die Sicherung für die Leistungen im Alter und die grundsätzliche Kapitaldeckung der beruflichen Vorsorge, ergibt sich schon faktisch die Konsequenz, dass die Beiträge für die gesamte Versicherungszeit durchschnittlich ungefähr bei mindestens 17 bis 18% des koordinierten Lohns liegen müssen.[86] Dies

---

[82] Bundesgesetz vom 17. Dezember 1993 über die Freizügigkeit in der beruflichen Alters-, Hinterlassenen- und Invalidenvorsorge (SR 831.42).

[83] Verordnung vom 3. Oktober 1994 über die Freizügigkeit in der beruflichen Alters-, Hinterlassenen- und Invalidenvorsorge (SR 831.425).

[84] Art. 15-18 FZG.

[85] Art. 5 FZG.

[86] HELBLING, Personalvorsorge und BVG, 8. Auflage, Bern/Stuttgart/Wien 2006, S. 173–176.

gilt insbesondere bei den Einrichtungen der beruflichen Vorsorge, die ihr System an der Mindestanforderung des Beitragsprimats ausgerichtet haben.

In der beruflichen Vorsorge wird nicht der gesamte Lohn obligatorisch versichert, sondern nur der sog. koordinierte Lohn.[87] Dieser stellt die Differenz zwischen dem tatsächlichen Jahreslohn und sieben Achtel der Maximaljahresrente nach AHVG (Koordinationsabzug) dar, beläuft sich also gegenwärtig auf 23.940 CHF. Die Differenz ist bis zu einer Höchstgrenze von 58.140 CHF obligatorisch zu versichern. Verdient ein Arbeitnehmer im Jahr 40.000 CHF, so sind hiervon 23.940 CHF abzuziehen, so dass 16.060 CHF zu versichern sind. Verdient eine Arbeitnehmerin im Jahr 90.000 CHF, so sind hiervon ebenfalls 23.940 CHF abzuziehen; der sich ergebende Differenzwert von 66.060 CHF übersteigt aber die Höchstgrenze des Obligatoriums, so dass in diesem Fall der zu versichernde koordinierte Lohn nur die Höchstgrenze, also 58.140 CHF beträgt.

Der koordinierte Lohn ist die Grundlage zur Ermittlung der zu zahlenden Beiträge und der Altersgutschriften im Leistungsfall. Besonders aus letzterem Gesichtspunkt wurde eine Fiktion bei der Ermittlung des koordinierte Lohns eingeführt: Bei Jahresverdiensten, die zwar personell die Versicherungspflicht auslösen, aber unterhalb des Koordinationsabzuges liegen, demnach zwischen 20.520 und 23.940 CHF, wird ein koordinierender Lohn von 3.420 CHF als Berechnungsgrundlage angesetzt. Damit wurde auch für diese Einkommen die Voraussetzung geschaffen, an der beruflichen Vorsorge teilzuhaben.

Die Beiträge sind vom Arbeitgeber an die Einrichtung der beruflichen Vorsorge abzuführen. Getragen werden sie mindestens zur Hälfte vom Arbeitgeber.[88] Der Rest wird den versicherten Personen auferlegt. Das genaue Verhältnis zwischen den Arbeitgeber- und den Arbeitnehmerbeiträgen legt wiederum die Einrichtung der beruflichen Vorsorge fest. Dabei wird häufig der Arbeitgeberanteil höher als der mindestens hälftige Anteil festgesetzt; im öffentlichen Dienst immer noch gängige Praxis.[89] Im Jahre 2007 standen bei allen Einrichtungen Arbeitgeberbeiträge in Höhe von 19 Mrd. CHF Arbeitnehmerbeiträgen in Höhe von 13,8 Mrd. CHF gegenüber.[90]

### *16.4.2 Kapitalanlage: Kür*

Die berufliche Vorsorge wird aber nicht nur durch die Beiträge finanziert. Um die Mindestanforderungen an die Sicherung der Leistungen im Alter zu gewährleisten und um insbesondere der vorgegebenen Mindestverzinsung der Altersgutschriften

---

[87] Art. 8 BVG.

[88] Art. 66 Abs. 1 BVG.

[89] ROSS, Schweiz ohne Beamte – Beamte ohne Pension? Zur Alterssicherung des eidgenössischen Bundespersonals, in: BECKER/KÖHLER/KÖRTEK (Hrsg.), Die Alterssicherung von Beamten und ihre Reformen im Rechtsvergleich, Baden-Baden 2010, S. 164ff.

[90] BUNDESAMT FÜR STATISTIK, Pensionskassenstatistik 2007, Neuchâtel 2009, S. 23.

zu entsprechen, legen die Einrichtungen der beruflichen Vorsorge Kapital an, um Erträge aus den Beiträgen zu erwirtschaften. Von den mannigfaltigen Anlagemöglichkeiten werden insbesondere Obligationen, Aktien und Immobilien bevorzugt. Im Jahre 2007 betrug die Summe der direkten und kollektiven Anlagen insgesamt ein Vermögen in Höhe von 602,6 Mrd. CHF; hiervon wurden 37% in Obligationen, 27,8% in Aktien und 14,4% in Immobilien angelegt.[91]

Diese Zusammensetzung ist allerdings kein Zufall. Das BVG und weitere Vorschriften regeln detailliert, wer was wie anlegen kann. Diese Regelungsdichte ist ebenfalls ein Resultat der Krise um die Jahrtausendwende und der damit einhergehenden 1. BVG-Revision.[92] Höchstens 10% des Gesamtvermögens dürfen als Forderung bei einem einzelnen Schuldner angelegt sein[93]; derivative Finanzinstrumente werden gesondert geregelt,[94] ebenso kollektive Anlagen.[95] Darüber hinaus gibt es Begrenzungen einzelner Gesellschaftsbeteiligungen oder bei der Anlage in einzelne Immobilien und bei deren Belehnung.[96] Auch Versuche der Anlagekategorisierung wurden unternommen, so als man festlegte, dass nur noch 30% für Anlagen in Immobilien und dabei nur ein Drittel im Ausland oder „nur" 50% in Aktien angelegt werden dürfen.[97]

### *16.4.3 Kriseninterventionsmechanismen: Pflicht*

Das schweizerische System der beruflichen Vorsorge hat, nicht zuletzt aufgrund der Baisse um die Jahrtausendwende, Mechanismen entwickelt, um auf Krisen reagieren zu können. Die zwei wichtigsten sind die Sanierungsmaßnahmen und der Sicherheitsfonds:

Decken die Aktiven der Pensionskasse nicht mehr die erforderlichen Mittel zur Ausrichtung der reglementarischen Leistungen, so spricht man von einer Unterdeckung. Die Einrichtungen der beruflichen Vorsorge, also vor allem die Pensionskassen, sind verpflichtet gegenzusteuern. Dabei muss unterschieden werden: Tritt die Unterdeckung nur zeitlich kurz auf, genügt es, dass sichergestellt wird, dass bei Fälligkeit der Leistungen die liquiden Mittel zur Verfügung stehen.[98] Ist die

---

91 BUNDESAMT FÜR STATISTIK, Pensionskassenstatistik 2007, Neuchâtel 2009, S. 15f.

92 ROSS, Die berufliche Vorsorge im Alterssicherungssystem der Schweiz: Rechtliche Grundlagen und Reformansätze, in: HENNION-MOREAU/KAUFMANN (Hrsg.), Les retraites d'entreprise en Europe, droits europeen et comparé, Bruxelles 2007, S. 284ff.

93 Art. 54 Abs. 1 BVV-1.

94 Art. 56a BVV-1.

95 Art. 56 BVV-1.

96 Art. 54a und Art. 54b BVV-1.

97 Art. 55 BVV-1.

98 Art. 65c BVG.

Unterdeckung voraussichtlich länger anhaltend und sind „andere Maßnahmen“[99] nicht Erfolg versprechend, muss seitens der Einrichtung folgendes unternommen werden[100]: Die Aufsichtsbehörde ist zu unterrichten, der Mindestzinssatz wird abgesenkt, paritätische Zusatzbeiträge werden erhoben und Sonderbeiträge werden von den Rentnerinnen und Rentnern erhoben, was faktisch einer Rentenkürzung gleichkommt.

Die Vorsorgeeinrichtung muss die Unterdeckung selbst beheben. Der Sicherheitsfonds tritt erst dafür ein, wenn die Vorsorgeeinrichtung zahlungsunfähig ist.[101] Der sog. Sicherheitsfonds[102] wird von den Spitzenverbänden der Arbeitnehmer und der Arbeitgeber errichtet. Der Fonds hat zwei wichtige Aufgaben[103]: Zum einen richtet er Zuschüsse an solche Einrichtungen aus, die eine ungünstige Altersstruktur haben, also viele ältere Arbeitnehmer und Arbeitnehmerinnen versichern. Getragen werden diese Zuschüsse durch Beiträge, welche die Einrichtungen der beruflichen Vorsorge an den Fond erbringen. Zum anderen dient der Sicherheitsfonds der Sicherstellung der Leistungen im Alter für solche Einrichtungen, die insolvent geworden sind. Sichergestellt werden dabei nur die gesetzlichen Leistungen, das heißt die Mindestanforderungen des BVG. Die zu schaffenden Reserven für diese Funktion werden ebenfalls durch Beiträge aller Vorsorgeeinrichtungen aufgebracht.

## 16.5 Sicher! Sicher? Ein Ausblick

Die kapitalgedeckte berufliche Vorsorge genügte in den ersten 15 Jahren ihres Bestehens den Anforderungen, weil Wachstum für Sicherheit sorgte, mithin die verfassungsrechtlichen Vorgaben „leicht“ zu erfüllen waren. Seit Anfang des Jahrtausends und insbesondere im Jahr 2008 geriet dieses System etwas ins Schwanken. Dabei muss zunächst unterschieden werden, wo es sich nur um temporäre Einschnitte handelt, welche sich wieder ausgleichen können, und wo es sich um strukturelle Probleme handelt.

Ein strukturelles Problem ist dabei die verfassungsrechtliche Vorgabe selbst. Ambitiös verlagert sie die Altersabsicherung von einem universellen System auf ein betriebliches. Sollen diese Vorgaben aber erreicht werden, muss geradezu das Heil im Kapitalmarkt gesucht werden. Wer dabei dem Vorsichtigkeitsgebot folgend auf einprozentige Renditen setzten würde, könnte die Verfassungsvorgaben ebenso wenig erfüllen. Höhere Renditeobjekte bringen aber das Gesamtsystem und

[99] Andere Maßnahmen können sein: Neustrukturierung der Rückdeckung (vgl. Art. 67 BVG), Anpassungen der Anlagestrategie, organisatorische Maßnahmen zur Steigerung der Kosteneffizienz, Auflösung von Arbeitgeberbeitragsreserven mit Verwendungsverzicht (Art. 65e BVG), Anpassungen im Finanzierungs- oder Leistungsplan.

[100] Art. 65d Abs. 2-4 BVG.

[101] Art. 65 d Abs. 1 BVG.

[102] Art. 56 BVG und Verordnung vom 22. Juni 1998 über den Sicherheitsfonds BVG (SR 831.432.1).

[103] Ausführlich hierzu: Lüönd, Der Sicherheitsfonds BVG, Zürich/Basel/Genf 2004.

damit auch die Verfassungsvorgaben ins Wanken. Der Gesetzgeber erkannte dies und versuchte mittels der Absenkung des Mindestumwandlungssatzes für Beruhigung zu sorgen. Die Bürger entschieden sich dagegen, wohl auch, weil ihnen seit der Jahrtausendwende schon einiges zugemutet wird.

Trotz aller Krise darf auch nach 25jährigem Bestehen der obligatorischen beruflichen Vorsorge behauptet werden, dass sie ein Erfolgsmodell darstellt. Wer nur die Baisse betrachtet, wird kaum Schlüsse ziehen können, warum die berufliche Vorsorge in kurzer Zeit ein gigantisches Vermögen überhaupt ansammeln konnte. Dabei war es vor allem der Vierklang aus systematischer, institutioneller, organisatorischer und finanzieller Sicherstellung, der die verfassungsrechtliche Funktion der beruflichen Vorsorge gewährleistet. Jedes dieser Sicherstellungsmerkmale hat aber auch Kehrseiten. Diese müssen angegangen werden, insbesondere die systematischen Friktionen wie auch die institutionellen Fehlentwicklungen, wie etwa bei den Entnahmemöglichkeiten oder den Verzinsungssätzen.

Der jüngst eingeschlagene Weg, über Leistungskürzungen die Sicherheit herzustellen, konterkariert die Verfassungsvorgaben ebenfalls. Diejenigen Mittel, welche dazu dienen, den Fortbestand der gewohnten Lebensverhältnisse zu sichern, sollen zurückgenommen werden, um den Fortbestand der gewohnten Lebensverhältnisse zu gewährleisten. Solches Unterfangen führt kaum zum Ziel. Es bleibt ebenfalls Spekulation, ob die erste Krise des Systems am Anfang des Jahrtausends und die daher angegangenen Reformen letztlich positiv sind, weil schon damals Symptome erkannt und gebannt worden sind. Jedenfalls wird man sagen können, dass die erste Krise immerhin verschiedene Regelungen, insbesondere für das Anlageverhalten, befördert hat und vielleicht auch deswegen die ganz großen Einbrüche den schweizerischen Arbeitnehmerinnen und Arbeitnehmern erspart geblieben sind. Denn der Schaden in Höhe von ca. 78 Mrd. CHF im Jahre 2008 betrug, gemessen am Gesamtanlagekapital vor der Krise, etwa eine Höhe von 10% – an der Bilanzsumme vor der Krise etwa eine Höhe von 13%.[104] Die Minderung des Vermögens in einem Jahr kann aber das Ausmaß der Krise nicht beschreiben. Dem kommt gleich, dass die Verluste zwar hoch sind, dennoch nicht derart katastrophal wie in anderen Wirtschaftsbereichen. Letztlich darf auch hervorgehoben werden, dass die Baisse Anfang des Jahrtausends überhaupt erst Sanierungsmaßnahmen ermöglicht hat, indem ihre Auswirkungen zum Anlass genommen worden sind, rechtliche Instrumentarien zur finanziellen Sicherstellung in puncto Sanierungsmaßnahmen einzuführen. Somit konnte bei der erneuten Krise das Instrumentarium eingesetzt werden.

Insgesamt wird sich das Gemeinwesen mit der Frage zu beschäftigen haben, wie die Alterssicherung auszugestalten ist. Demographische Entwicklungen wie soziale Determinanten sind dabei zu berücksichtigen. Wiederum kann auch letztere Krise fruchtbar gemacht werden, um eine solche sozialpolitische wie verfassungsrechtliche Diskussion erneut zu führen. Der Zeitpunkt scheint günstig zu sein.

---

[104] Bundesamt für Statistik, Medienmitteilung Nr. 0350-0911-20.

# Chapter 17
# Safeguarding the Constitutional Function of the Occupational Pension System

**Friso Ross**

**Keywords** Swiss occupational pension scheme · Swiss old age pension system · Three-pillars-concept · Constitutional function of the pension scheme · Crisis-Intervention-Mechanism

## 17.1 The Constitutional Provisions Governing the Swiss Occupational Pension System

The Swiss Occupational Pension Scheme, based on the Federal Law on Occupational retirement provison (BVG), takes the form of an occupational pension system operating on a funded basis and, in principle, mandatory for all employees.

In contrast to numerous other national occupational pension regimes, the Swiss system was conceived as a fundamental element and thus a pillar of old-age protection. This concept is set out in the Swiss Federal Constitution:

The universal pension system (covering everybody, including the needy) constitutes the first pillar; the occupational pension system, the second; and the voluntary system of self-provision (whether state-sponsored or not), the third. These three pillars[1] are stipulated and guaranteed in Arts. 111–113 of the Swiss Federal Constitution. According to these constitutional provisions, each of the three pillars has a different function. Art. 112(2) declares that the universal pension must "cover the necessities of life in an appropriate way", whereas Art. 113(2) provides that the occupational pension in conjunction with the universal pension is to "adequately maintain the accustomed standard of living". The third pillar, hence, is to allow for old-age provision to exceed the habitual standard of living.

F. Ross (✉)
PhD, Professor of Law, Faculty of Applied Social Sciences, Erfurt University of Applied Sciences, Altonaer Str. 25, 99085 Erfurt, Germany
e-mail: friso.ross@fh-erfurt.de

[1] For further details on the three-pillar concept, see ROSS, The Swiss Occupational Pension Scheme and its impact on the Swiss Old Age Pension System, in: HENNION-MOREAU/KAUFMANN (eds.), Les retraites d'entreprise en Europe, droits européen et comparé, Bruxelles 2007, pp. 284 ff.

O. Kaufmann, S. Hennion (eds.), *Steuerung der betrieblichen Altersversorgung in Europa: garantierte Sicherheit? Governance of Occupational Pensions in Europe: Guaranteed Security? Gouvernance des retraites professionnelles en Europe: Sécurité garantie?*,
DOI 10.1007/978-3-642-15731-8_17, 

## 17.2 The Current Situation of the Swiss Occupational Pension System

Apart from these constitutional requirements, the significance of occupational retirement provision is readily depicted with the help of a few simple figures, while the pay-as-you-go-financed universal old-age pension (AHV) benefit averages nearly 1,800 Swiss francs (CHF),[2] the average funded occupational pension is over CHF 2,500. To generate a funded retirement pension of that amount, a considerable capital stock is necessary. In fact, the 2007 balance sheet total for occupational retirement provision was CHF 602 billion, with invested capital at CHF 801 billion. These gigantic assets did not, however, accumulate solely from insurance contributions, but rather and above all from capital market gains. Annual increases of CHF 20 billion (2006), 30 billion (2003) or even over 40 billion (2005) would normally lead one to expect a secure retirement benefit. Nevertheless, the most recent financial market crisis initially incurred painful losses, with the 2008 net loss estimated at CHF 76 billion. And yet the market had steadied again by 2009, as losses and profits seemed to even out over the year.[3]

## 17.3 The Universal Old-Age Pension as a Fundament of the Occupational Pension

According to the constitutional concept, the first and second pillars are closely connected. Unlike many occupational pension schemes, the Swiss occupational pension is not a mere additional provision for old age, but the "supporting pillar", allowing beneficiaries to maintain their habitual standard of living upon retirement. That is also why a description of this pillar cannot be separate from the others, especially the first.

The universal pension system is designed to cover the necessities of life. For this purpose, it is divided into two subsystems (pillar 1a and pillar 1b). Pillar 1a of the universal scheme covers all persons working in Switzerland, employed or self-employed, between 18 and 65 years of age (women 64), and everybody living but not working in Switzerland between 21 and 65 (women 64). The system is thus mandatory for nearly all adults in Switzerland and is financed from contributions. Employees and employers contribute equal amounts, with the present rate fixed at 5.5% of monthly wage. For the self-employed, a graduated contribution rate is applied.

Universal pension benefits are granted to all persons upon reaching pensionable age or becoming widowed and range from a guaranteed minimum to a guaranteed

---

[2]Exchange rate on 7/7/2010; for CHF 1: USD 0.9413 or EUR 0.7485.

[3]For figures and forecasts, see BUNDESAMT FÜR SOZIALVERSICHERUNGEN, Schweizerische Sozialversicherungsstatistik 2009, Bern 2009, pp. 2 ff.; BUNDESAMT FÜR STATISTIK, Medienmitteilung Nr. 0350-0911-20.

maximum, subject to the average annual income, thus putting a cap on the maximum pension.

Pillar 1b of the universal pension system covers needy persons who are entitled to universal benefits under pillar 1a and who live in Switzerland and have Swiss nationality (or are non-nationals who have resided in Switzerland for at least 10 years). Beneficiaries are deemed needy if their *annual income* (universal pension benefits, occupational pension benefits, other income, and obligatory consumption of property) is lower than their *annual expenditure* (fixed lump-sum amounts for housing and the costs of living and health care).

## 17.4 Core Elements of the Occupational Pension System

The occupational pension system is obligatory for most employees and the unemployed and voluntary for the self-employed and remaining employees. Employees subject to obligatory coverage are persons whose contractual term of employment exceeds 3 months and whose annual income is above CHF 20,520.

### *17.4.1 The Contributions*

The occupational pension system is financed from contributions. In the case of obligatorily covered employees, the employer must pay 50% of the contribution rate, but may contribute more, which often occurs. The remaining 50% is paid by the employee. Contribution rates differ depending on the rules of the respective funds and range between 15 and 18% of monthly income.

The contribution itself is based on the so-called covered income, which is not the same as the employee's income. The covered income is the difference between the annual wage and the maximum annual benefit paid under the universal scheme which, at present, amounts to CHF 23,940. The maximum difference corresponds to the triple amount of the maximum annual universal pension benefit, which is currently CHF 58,140. A larger difference is not obligatorily covered. To support low incomes, the legislator introduced a fiction for the minimum annual covered income, which is presently fixed at CHF 3,420. As a consequence, annual wages between CHF 20,520 and CHF 23,940 result in the above minimum covered income for which contributions must be paid.

### *17.4.2 The Benefits*

Benefits are paid to all persons upon reaching retirement age or upon becoming widowed or disabled. The risk covered on behalf of unemployed persons entitling them to benefits under the occupational pension system only applies to widowhood or disability. The benefits are funded from the contributions and the interest accruing therefrom, with the interest rate defined by law (currently: 2% p.a.). The benefit fund can be augmented through investments (see Section 17.5.1).

The individual benefits are calculated by adding up all contributions, the annually accrued interest, and the individual partial returns on the fund's investments. In summing up the contributions paid over the covered income years, the system does not count the actual contributions, but operates using a legal fiction: every covered annual income is multiplied by an age-dependent factor – 7% for the age range 18–34, 11% for 35–44, 15% for 45–54, and 18% for 55–65. The system thereby acknowledges that the last incomes are usually higher and thus more closely reflect the accustomed standard of living.

The sum of the above elements (contributions, accrued interest, partial returns on investment) forms the beneficiary's personal account, which in turn is multiplied by the factor 0.068 and then divided by 12. The result is the monthly benefit.

## 17.5 The Financial Safeguarding of Occupational Retirement Provision

The Swiss Constitution's ambitious goal of maintaining the accustomed standard of living by way of a second pillar of retirement provision, along with the legislator's equally ambitious aim of achieving such provision on a funded basis, naturally requires some form of financial security. The financial stability of the system essentially depends on four constituents: first of all, the contributions (as explained above); second, investment market returns (Section 17.5.1); third, the control of investors (Section 17.5.2); and, finally, safeguards in the event of crisis (Section 17.5.3).

### *17.5.1 Capital Investment*

To ensure that the minimum requirements for securing old-age benefits are met, notably that the credited benefits bear the stipulated minimum interest, the occupational pension institutions invest capital to generate returns on the contributions paid. Of the manifold investment options, those preferred are bonds, equities, and real estate. In 2007, total direct and collective investments amounted to CHF 602.6 billion, of which 37% were in bonds, 27.8% in equities, and 14.4% in real estate.[4]

This investment structure is no coincidence. The law governing occupational retirement provision (BVG) and additional regulations stipulate in detail who may invest what and how. This regulatory density is likewise a result of the millennial crisis and the concomitant first BVG amendment.[5] Accordingly, not more than 10% of total assets may be invested in individual debt instruments; derivative instruments

[4]Bundesamt für Statistik, Pensionskassenstatistik 2007, Neuchâtel 2009, pp.15 f.

[5]Ross, The Swiss Occupational Pension Scheme (note 1).

are regulated separately, as are collective investments. Restrictions moreover exist on individual shareholdings or on investments in single real properties and their mortgages. Attempts were also made to categorise investments by introducing caps of, say, 30% on real estate investments, of which not more than a third may be abroad; "only" 50% is allowed for equity investments.

## *17.5.2 Control of Investors*

The most important body of the foundations for the investment of pension fund assets is the foundation council, which monitors business transactions and contribution payments, determines the types of investment, and approves the annual financial statements. Apart from that, every such institution must establish a board of control entrusted with the annual review of management, accounting and productive investment, and must moreover appoint an expert on occupational retirement provision who is responsible for overseeing the financial security of pension benefits as well as compliance with the BVG regulations.

Occupational pension institutions are also subject to external supervision. Those that operate throughout Switzerland are supervised by the federal social insurance authority – the *Bundesamt für Sozialversicherung* – while the others are overseen by the cantonal inspectorates. These authorities supervise compliance with the pertinent regulations, particularly those governing investments, as well as business operations.

Especially, the most recent financial crisis has prompted criticism of the split supervisory system. The crisis at the beginning of the millennium had already occasioned initial changes under the first BVG amendment. These, however, did not go far enough for some. The government and parliament have now set the course for further adjustments with their adoption of a structural reform on 19 March 2010.[6] In terms of content, the primary aim is to strengthen supervision by "cantonalising" and regionalising direct oversight and by clearly defining the duties as well as the liability of the diverse actors. The cantons are now to exercise direct supervision, which is to be organised autonomously in the form of public establishments with their own legal personality. The pension institutions' transition from the previous federal supervision to direct oversight by the respective cantons is to occur over a period of 3 years.

Beyond that, superintendence is likewise to be reinforced. To that end, a confederate superintendence commission (*Eidgenössische Oberaufsichtskommission*), administratively and financially independent of the Swiss Federal Government (Bundesrat), is to be created, along with an autonomous secretariat administratively affiliated with Federal Social Insurance Agency. The commission's duty will be to

---

[6]Bundesgesetz über die berufliche Alters-, Hinterlassenen- und Invalidenvorsorge (Strukturreform): Änderung vom 19. März 2010 [Federal law on occupational retirement provision (structural reform): amendment of 19 March 2010], BBl. 2010, 2017–2030.

ensure uniform standards of control and to guarantee the stability of the two-pillar system. It will have the authority to lay down standards and, hence, manage quality assurance. It will moreover be allowed to issue instructions and, if necessary, conduct its own examinations. All in all, this superintendence body is hoped to exercise a more active and extensive regulatory function.

### *17.5.3 Crisis Intervention Mechanisms*

The Swiss system of occupational retirement provision has developed crisis intervention mechanisms, not least in response to the slump at the turn of the millennium. The two most important mechanisms are remediation measures and the security fund.

If a pension fund's assets no longer cover the financial means required to effect the mandatory benefit payments, this is referred to as under-coverage or funding gap. The institutions for occupational retirement provision, i.e. above all the pension funds, are obliged to adopt remedial counter-measures in such cases, thereby differentiating between two scenarios: If under-coverage is only of a brief nature, it will suffice to ensure that the necessary liquid assets are available when benefit payments fall due. If the funding gap is likely to last longer and if "other measures"[7] are not promising, the institution must proceed as follows: notify the supervisory authority; undercut the minimum interest rate; levy shared supplementary contributions; and collect special contributions from the retirees, which, in fact, is tantamount to a pension curtailment.

The occupational pension institution itself must close the funding gap. The so-called security fund will not intervene unless the institution is declared insolvent. The security fund is established by the head associations of employees and employers and performs two vital functions. On the one hand, it grants subsidies to institutions that have unfavourable age structures, i.e. which insure a large number of older employees. These subsidies are funded from contributions levied on the institutions. On the other hand, the security fund guarantees the pension benefits on behalf of institutions that have become insolvent – however, only the statutory benefits, i.e. the minimum requirements set out in the BVG. The reserves created to that end are likewise raised from the contributions of all occupational pension institutions.

[7]Other measures may include restructuring of reinsurance (Art. 67 BVG), adjustments to investment strategy, organisational measures to enhance cost efficiency, dissolution of employer reserves with renunciation of use (Art. 65e BVG), or adjustments to finance or benefit planning.

# Kapitel 18
# Einkommenssicherheit im Alter: Garantien der betrieblichen Altersvorsorge in Italien

# Des garanties pour le maintien de la retraite professionnelle d'entreprise

**Eva Maria Hohnerlein**

**Résumé** L'Italie se place, au sein de l'Europe, parmi les retardataires en matière du renforcement des retraites d'entreprises. Depuis les réformes des années 1990, la voie a été ouverte pour l'établissement d'un deuxième et d'un troisième pilier de la prestation vieillesse complémentaire basé sur la capitalisation volontaire. Contrairement à ce qui se passe dans d'autres pays européens, les retraites complémentaires en Italie proviennent largement d'avoirs d'épargne salariaux. Ces derniers sont en fait constitués par des prestations obligatoires patronales dues à titre du TFR (« Trattamento di fine rapporto »), qui sont versées après la cessation de la relation de travail. Depuis peu, il est fait recours à la fiction d'un accord tacite : en l'absence d'un refus exprès dans un délai de six mois, l'avoir est automatiquement transféré à un fonds de retraite complémentaire. La dernière réforme de la *previdenza complementare* italienne est entrée en vigueur en 2007. Malgré la crise financière et économique internationale, environ 27% des salariés disposent d'une retraite complémentaire. Néanmoins, beaucoup plus de salariés que prévu ont expressément opté pour le maintien du régime TFR traditionnel ; celui-ci est, contrairement à la retraite complémentaire subventionnée par l'Etat, accompagné d'une garantie sur la valeur réelle ainsi que d'un rendement modique, certes, mais assuré. Les salariés n'encourent aucun risque financier et les prestations TFR ne sont pas amoindries par des coûts et taxes supplémentaires. En revanche, les risques liés à la retraite complémentaire sont indiscutablement reportés sur les salariés : ils sont exposés aux conséquences des crises financières et des cycles économiques défavorables. Les garanties légales se limitent pour l'essentiel à l'absence ou à l'insuffisance des cotisations versées par l'employeur, qui sont couvertes par un fonds de

E.M. Hohnerlein (✉)
Dr. jur., Max-Planck-Institut für ausländisches und internationales Sozialrecht, München, Amalienstr. 33, 80799 München, Deutschland
e-mail: hohnerlein@mpisoc.mpg.de

O. Kaufmann, S. Hennion (eds.), *Steuerung der betrieblichen Altersversorgung in Europa: garantierte Sicherheit? Governance of Occupational Pensions in Europe: Guaranteed Security? Gouvernance des retraites professionnelles en Europe: Sécurité garantie?*, DOI 10.1007/978-3-642-15731-8_18, © Springer-Verlag Berlin Heidelberg 2011

garantie particulier. Une autre garantie légale en matière de retraite complémentaire concerne le cas dit de l'adhésion tacite. Celle-ci n'est cependant pas absolue, elle vise, en fin de compte, à disposer d'un avoir comparable à celui prévu par le système TFR. Dans les autres cas de retraite complémentaire, une garantie sur la valeur nominale, un rendement minimal ou une prestation minimum ne peuvent être assurés que par des conventions accessoires, conclues avec les systèmes de retraites complémentaires. Le transfert des risques liés à une protection vieillesse appropriée dans le cadre des systèmes de retraites complémentaires à la seule charge des salariés est largement inhérent au système. Les mesures de supervision et de contrôle pourtant considérables n'y changent pas grand-chose. Des propositions dans le contexte de la crise des marchés financiers visent l'instauration de garanties spécifiques couvrant la période des dernières années précédant la retraite. Dans l'ensemble, le doute demeure quant à la possibilité des systèmes de retraites complémentaires de contribuer à la mise en œuvre efficace du droit fondamental des travailleurs à une protection vieillesse appropriée. Pourtant, l'accès à des retraites complémentaires suffisantes n'est pas seulement compromis par les crises des marchés financiers et le point de départ aléatoire de la retraite. Des risques importants pour une protection appropriée résultent également des relations d'emploi précaires ainsi que d'une capacité insuffisante de constitution de retraites. Des approches visant à surmonter ces difficultés se retrouvent dans certains systèmes de prévoyance complémentaires au niveau régional.

## 18.1 Einführung

Die Alterssicherung ist eine der großen Dauerbaustellen im italienischen Wohlfahrtsstaat. In mehreren Reformen zwischen 1992 und 2010 wurde die erste und nach wie vor wichtigste Säule – die im Umlageverfahren finanzierte gesetzliche Rentenversicherung – gründlich umgestaltet. Hierdurch kommt es zu einer deutlichen Absenkung der gesetzlichen Renten. Dieser Verlust an Sicherung sollte durch den Ausbau der sog. zweiten Säule der Alterssicherung in Gestalt der kapitalgedeckten Zusatzvorsorge (*previdenza complementare*) kompensiert werden. Doch die Einführung der ersten umfassenden gesetzlichen Grundlage für die Zusatzvorsorge im Jahr 1993 hatte kaum Auswirkungen. Noch im Jahr 2001 waren nur etwa 10% der Erwerbstätigen einem System der beruflichen Zusatzvorsorge angeschlossen. Nunmehr ist am 1.1.2007 eine weit reichende Reform der kollektiven und individuellen *previdenza complementare* in Kraft getreten, die den Deckungsgrad der Zusatzvorsorge nachhaltig ausweiten soll.[1]

[1] Zur Entwicklung der „previdenza complementare“ (vormals auch als „previdenza integrativa“ bezeichnet) existiert eine umfangreiche Spezialliteratur in italienischer Sprache. Vgl. statt vieler *M. Cinelli*, Disciplina delle forme pensionistiche complementari, in: Nuove Leggi Civili Commentate (=NLCC), 1995, 1 ff; *P. Sandulli*, Previdenza complementare, Digesto del Diritto Privato commentato, col. XI, 1995; *C. Cester* (a cura di), La riforma del sistema pensionistico, 1996; *R. Pessi*, La previdenza complementare, 1999; *G. Ferraro* (a cura di), La previdenza complementare nella riforma del welfare, 2000; *M. Bessone*, Previdenza complementare, 2000; *A. Tursi*,

Tatsächlich ist die Zahl der Beschäftigten, die sich einem Zusatzrentensystem angeschlossen haben, seit 2007 deutlich gewachsen. Am 31. Dezember 2010 waren 5,325 Mio. Personen einer zusätzlichen Altersversorgung mit einem Anlagevermögen von insgesamt 81,9 Mrd. Euro angeschlossen.[2] Von den etwa 13,7 Mio. Beschäftigten in der Privatwirtschaft waren Ende 2009 knapp 3,7 Mio. Arbeitnehmer Mitglied in einem Zusatzrentensystem, was einem Deckungsgrad von ca. 27% entspricht.[3]

Im Folgenden sollen zunächst Funktion und institutionelle Ausgestaltung der betrieblichen Zusatzrentensysteme nach der jüngsten Reform von 2004/2007 in Italien gezeigt werden (2). Dabei werden die Besonderheiten des italienischen Finanzierungsmodells erläutert. Der Hauptteil (3) ist den rechtlichen Garantien für die Sicherungsfunktion der Zusatzrentensysteme gewidmet. Der folgende Teil zeigt, wie sich die Finanzkrise auf die italienischen Zusatzrentensysteme ausgewirkt hat und welche Vorschläge für zusätzliche bzw. verbesserte Garantien in der jüngsten Zeit entwickelt wurden (4). Der Beitrag schließt mit einer Zusammenfassung und einem Ausblick (5).

## 18.2 Funktion und institutionelle Ausgestaltung der betrieblichen Altersvorsorge in Italien

### *18.2.1 Die Bausteine der Einkommenssicherung im Alter*

Die Alterssicherung in Italien setzt sich aus drei Säulen oder Bausteinen zusammen. Die erste und wichtigste Säule ist nach wie vor die umlagefinanzierte gesetzliche

---

La previdenza complementare nel sistema italiano di sicurezza sociale: fattispecie e disciplina giuridica, 2001; *G. Zampini*, La previdenza complementare, 2002; *R. Vianello*, Previdenza complementare e autonomia collettiva, 2006; *M. Persiani*, La previdenza complementare, 2008; zur Neuregelung durch das Decreto legislativo (D.lgs.) Nr. 252/2005 vgl. *A. Tursi*, La nuova disciplina della previdenza complementare, in: NLCC, 2007, 537; *A. Tursi*, La terza riforma della previdenza complementare in itinere: spunti di riflessione, in: Previdenza e assistenza pubblica e privata (=PAPP), 2005, 513 ff.; *G. Santoro-Passarelli*, La previdenza complementare tra rischio e bisogno, in: Massimario di Giurisprudenza del Lavoro, 2006, 976 ff.; *A. Pandolfo*, Prime osservazioni sulla nuova legge sulla previdenza complementare a mo' di (parziale) commento del d.lgs. 252/2005, in: PAPP, 2006, 189 ff., *M. Messori* (a cura di), La previdenza complementare in Italia, 2006; *M. Cinelli*, "Operazione verità" sui fondi pensione, in: RIDL, 2007, I, 475 ff.; *M. Sarti*, Fondi pensione, 2007; *F. Vallacqua*, La previdenza complementare per i dipendenti pubblici e privati, 2008; *S. Giubboni*, La previdenza complementare tra libertà individuale ed interesse collettivo, 2009; *M. Persiani*, Diritto della previdenza sociale, 17. Aufl. 2009, S. 353 ff. mit weiteren Nachweisen; *V. Ferrante*, La previdenza complementare al tempo della crisi finanziaria: Vicende dei fondi e tutela delle posizioni individuali, in: RIDL, 2009, I, 531 ff.; *M. Cinelli* (a cura di), La previdenza complementare. Art. 2123. Il Codice Civile – commentario, 2009; *D. Garofalo*, La previdenza complementare in Italia, in: Sicurezza sociale e previdenza complementare in Europa, 2010, S. 67 ff.

[2]Commissione di Vigilanza sui Fondi Pensione (= COVIP), La previdenza complementare. Principali dati statistici, gennaio 2011, Tab. 1 und 2.

[3]COVIP, Relazione per l'anno 2009, vorgelegt am 15.6.2010, Tab. 2.3, S. 45 (http://www.covip.it/wp-content/files_mf/1276594956 2009RelAnnuale.pdf).

Rentenversicherung. Es handelt sich dabei um ein beitragsfinanziertes Sozialversicherungssystem, das neben Altersrenten auch Leistungen bei Invalidität sowie Unterhaltsersatzleistungen an Hinterbliebene gewährt. Bedürftige Personen über 65 Jahre haben unter bestimmten Voraussetzungen Anspruch auf eine Mindestsicherung im Alter (in Höhe von ca. 412 € im Monat bzw. 5350 € p. a. im Jahr 2010), sofern bestimmte Einkommensgrenzen nicht überschritten werden.

Die meisten italienischen Arbeitnehmer des privaten Sektors sind über den staatlichen Sozialversicherungsträger INPS (*Istituto Nazionale della Previdenza Sociale*) rentenversichert (2008).[4] Er organisiert in Sonderverwaltungen auch die Rentenversicherung für selbständige Handwerker, Kaufleute und Landwirte sowie für arbeitnehmerähnliche freie Mitarbeiter. Die 3,6 Mio. Beschäftigten im öffentlichen Dienst sind bei einem eigenständigen Sozialversicherungsträger (INPDAP) versichert. Weitere Sondersysteme gibt es etwa für Journalisten sowie für zahlreiche freie Berufe. Insgesamt sind in der ersten Säule der umlagefinanzierten Rentenversicherung rund 24,7 Mio. Erwerbstätige versichert.

Der zweite Baustein der Alterssicherung sind kapitalgedeckte Vorsorgesysteme auf kollektivvertraglicher Grundlage (previdenza complementare su base collettiva). Ein dritter Baustein sind schließlich Zusatzrentensysteme auf individueller Grundlage. Eine klare Abgrenzung zwischen betrieblichen und nicht betrieblichen Modellen der Zusatzvorsorge ist nicht möglich, da auch Zusatzrenten auf individueller Basis mit dem Arbeitsverhältnis verknüpft sein können.

Durch die Rentenreformen zwischen 1992–2010 wurden die Einkommensersatzquoten drastisch gesenkt. Nach Modellrechnungen kommt es in der Zukunft – unabhängig von den jeweils zugrunde gelegten Variablen – in jedem Fall zu erheblichen Kürzungen bei der gesetzlichen Rente. Die Ersatzquote der Altersrenten von abhängig Beschäftigten wird – bezogen auf den letzten Lohn vor der Verrentung – von derzeit etwa 67% um bis zu 1/3 sinken. Bei einer Versicherungszeit von 40 Jahren wird eine Ersatzquote von durchschnittlich nur noch 45–50% des letzten Verdienstes prognostiziert. Von diesen Kürzungen sind die Arbeitnehmer der Privatwirtschaft ebenso betroffen wie die Beschäftigten im öffentlichen Dienst.

Trotz des ursprünglich großzügigen Sicherungsversprechens der gesetzlichen Rentenversicherung sind bereits heute die durchschnittlichen Altersrenten in der Privatwirtschaft eher bescheiden. Im Januar 2009 betrug die durchschnittliche Regelaltersrente in der allgemeinen gesetzlichen Rentenversicherung für Arbeitnehmer der Privatwirtschaft rund 1000 €, die so genannte Dienstaltersrente bei langer Versicherungsdauer rund 1.500 € im Monat.[5] Betrachtet man die Verteilung der

[4]Zu den statistischen Angaben für die diversen Kategorien von Versicherten im Jahr 2008 vgl. Ministerio del Lavoro, della Salute e delle Politiche Sociali / Nucleo di Valutazione della Spesa Previdenziale, Gli andamenti Finanziari del sistema pensionistico obbligatorio, Roma, Novembre 2009, S. 38 (Tab. 19.a).

[5]CENSIS, 43° Rapporto sulla situazione sociale del paese 2009, S. 296.

Alters- und Dienstaltersrenten nach der Höhe des Rentenbetrags, so lagen von 5,6 Mio. Renten ca. 1,6 Mio. unter 500 € mit einem durchschnittlichen Monatsbetrag von 324 €, weitere 3 Mio. Renten lagen zwischen 500 und 1500 € mit einem durchschnittlichen Monatsbetrag von 937 €, und 1,1 Mio. Renten lagen über 1.500 € – mit einem durchschnittlichen Monatsbetrag von 2.153 €.[6]

Betriebliche Zusatzrentensysteme, die die gesetzliche Alterssicherung aufstocken, existierten bereits vor der ersten Kodifizierung der Zusatzvorsorge im Jahr 1993,[7] oft (aber nicht nur) auf betrieblicher Ebene. Sie dienten traditionell der Lebensstandardsicherung für besser gestellte Gruppen unter den Erwerbstätigen, u. a. im Bankensektor und in Versicherungsunternehmen.

Seit den Reformen der 1990er Jahre hat sich die Funktion der Zusatzrenten im System der Altersversorgung grundlegend verändert. Sie sind nicht länger das Sahnehäubchen, sondern struktureller Bestandteil der sozialen Sicherung im Alter. Zusammen mit den gesetzlichen Renten dienen sie der Umsetzung des sozialen Grundrechts auf eine angemessene Alterssicherung, wie sie die italienische Verfassung in Art. 38 Abs. 2 verbürgt. Wegen dieser besonderen verfassungsrechtlichen Fundierung wird der Sicherungsfunktion der Zusatzrenten große Bedeutung beigemessen. Dementsprechend waren die Stärkung der Sicherungsfunktion und der rechtlichen Garantien der verschiedenen Zusatzvorsorgesysteme ein zentrales Anliegen der Reform durch Gesetz 252/2005.[8] Nach der Rechtsprechung des italienischen Verfassungsgerichtshofs besteht eine funktionale Verbindung zwischen der öffentlichen Vorsorge und der Zusatzvorsorge, die über die Bereitstellung zusätzlicher Leistungen hinausgeht.[9] Inwieweit die Zusatzvorsorgesysteme nach ihren rechtlichen Rahmenbedingungen allerdings tatsächlich in der Lage sind, einen verlässlichen Beitrag zu einer angemessenen Altersversorgung zu leisten, bleibt fraglich.

---

[6] CENSIS, 43° Rapporto sulla situazione sociale del paese 2009, S. 325, Tab. 41.

[7] Decreto legislativo (=D.lgs.) Nr. 124 vom 21.4.1993 „Regelung der verschiedenen Formen der Zusatzrenten im Sinne des Art. 3 Abs. 1 Buchst. v) des Gesetzes Nr. 421/1992“ (*Disciplina delle forme pensionistiche complementari*). Rentenreformen in Italien werden typischerweise durch so genannte Ermächtigungsgesetze des Parlaments beschlossen und dann durch gesetzesvertretende Verordnungen („decreti legislativi“) mit Gesetzeskraft umgesetzt. Im Text werden diese Rechtsakte als „Gesetze“ bezeichnet.

[8] D. lgs. Nr. 252 vom 5.12.2005 „Regelung der Zusatzrentenformen“ (*Disciplina delle forme pensionistiche complementari*), zur Umsetzung der Ermächtigungen in Art. 1 Abs. 2 Gesetz Nr. 243/2004, in der Fassung durch Gesetz 244/2007 (Finanzgesetz 2008). Das Inkrafttreten der Neuregelung wurde um ein Jahr auf den 1.1.2007 vorverlegt.

[9] Corte costituzionale, Urteil Nr. 393/2000. Kritisch hierzu *Persiani*, Diritto della previdenza sociale, 17. Aufl. 2009, S. 358. Die Beiträge des Arbeitgebers zur Finanzierung von Betriebsrenten gelten nicht mehr als Lohn, sondern als echte Vorsorgebeiträge, wie der Verfassungsgerichtshof in der viel beachteten Entscheidung Nr. 421/1995 festgestellt hat.

### *18.2.2 Rechtliche Grundlagen und Formen der kapitalgedeckten betrieblichen Altersvorsorge*

Die ergänzende Altersvorsorge war lange Zeit nur bruchstückhaft im Zivilgesetzbuch[10] geregelt. Dabei wurde vor allem das Erfordernis, die Versorgungsrechte der Versicherten langfristig und unabhängig vom jeweiligen Arbeitgeber zu garantieren, nicht ausreichend berücksichtigt. Eine punktuelle Verbesserung brachte insoweit die Anbindung der Zusatzvorsorge an den sog. Garantiefonds[11] für integrative Rentenleistungen, wenn diese wegen Nichterfüllung der Beitragspflichten des Arbeitgebers nicht gezahlt werden konnten. 1992 wurde schließlich ein spezieller Garantiefonds für Zusatzrenten beim staatlichen Sozialversicherungsträger INPS eingerichtet. Er schützt jedoch nur vor dem Risiko der Zahlungsunfähigkeit des Arbeitgebers.[12]

Erst das Gesetz Nr. 124/1993 über die ergänzende Altersvorsorge schuf weitergehende Regelungen für Garantien und Sicherheiten von Zusatzrenten.[13] Gesetz Nr. 47/2000 vereinheitlichte weitgehend die steuerliche Förderung von Zusatzrentensystemen.[14] Nach zahlreichen Modifikationen wurden die Vorschriften für Zusatzrenten durch Gesetz Nr. 252/2005[15] vollständig überarbeitet. Außerdem wurden die Vorschriften zur Durchführung und Überwachung dieser Sicherungsformen modifiziert.[16] Die Neuregelung sollte endlich den lang angekündigten Durchbruch bei der Ausweitung des Deckungsgrades schaffen, vor allem durch eine Reform der Finanzierungsmechanismen, verbesserte steuerliche Anreize, Gleichstellung aller Formen der Zusatzvorsorge sowie durch eine Verbesserung des Überwachungssystems – d. h. durch einen Ausbau der Regelungen, die das Vertrauen in die kapitalgedeckte Altersvorsorge stärken sollten. Langfristig soll über eine betriebliche oder berufliche Zusatzvorsorge ein Anteil von 15–20% des letzten Entgelts abgesichert werden.

---

[10]Artt. 2117 und 2123 Codice Civile (= c.c.).

[11]Vorgesehen nach Gesetz Nr. 297/1982.

[12]Art. 5 D.lgs. Nr. 80/1992 (Attuazione della direttiva 80/987/CEE in materia di tutela dei lavoratori subordinati in caso di insolvenza del datore di lavoro = Richtlinie 80/987/EWG des Rates über den Schutz der Arbeitnehmer bei Zahlungsunfähigkeit des Arbeitgebers). Dazu unten 3.6.

[13]Oben Fn. 7.

[14]D. lgs. vom 18.2 2000, Nr. 47 „Riforma della disciplina fiscale della previdenza complementare, a norma dell'articolo 3 della legge 13 maggio 1999, n. 133".

[15]Oben Fn. 8.

[16]Art. 1 Abs. 749 – 767 Gesetz Nr. 296/2006 (=Finanzgesetz 2007) und Decreto legislativo Nr. 28/2007 zur Umsetzung der Richtlinie Nr. 41/2003 auf dem Gebiet der Aktivitäten und Aufsicht von betrieblichen oder beruflichen Vorsorgeeinrichtungen; zur Gleichbehandlung von Männern und Frauen beim Zugang zu Systemen der Zusatzvorsorge und beim Leistungsrecht und zur Überwachung des Diskriminierungsverbots vgl. D.lgs. Nr. 5 vom 25.1.2010.

#### 18.2.2.1 Formen der freiwilligen Zusatzvorsorge

Die Zusatzvorsorge umfasst Rentenformen, die den Aufbau einer Zusatzrente neben der öffentlichen Rente ermöglichen sollen. Adressaten sind die abhängig Beschäftigten des privaten oder öffentlichen Sektors,[17] die arbeitenden Mitglieder von Produktionsgenossenschaften, selbständig Beschäftigte und Freiberufler. Jenseits der Erwerbsbevölkerung im engeren Sinn werden als potentielle Adressaten auch Personen angesprochen, die innerhalb der Familie unbezahlte Familien- und Sorgearbeit in Erfüllung familiärer Verpflichtungen leisten.

Diese zusätzliche Alterssicherung, die als so genannte zweite Säule die gesetzliche Altersvorsorge ergänzt, umfasst zwei Systemformen: zum einen kollektivvertraglich begründete Zusatzrentensysteme, zum anderen Zusatzrenten auf individueller Grundlage. Zu den **kollektiven** Formen gehören

- die kollektivvertraglichen (oder geschlossenen) Rentenfonds
- die offenen Rentenfonds mit Beitritt auf kollektiver Basis sowie
- die „alten" Fonds (die bereits vor dem 15.11.1992 errichtet wurden).[18]

**Die individuellen** Zusatzrentenformen umfassen den individuellen Beitritt zu einem offenen Rentenfonds und die individuell abgeschlossenen Lebensversicherungsverträge zu Vorsorgezwecken (sog. individuelle Rentenpläne) mit einem dafür zugelassenen Versicherungsunternehmen.[19]

(1) **Geschlossene Rentenfonds** sind Vereinigungen ohne Gewinnerzielungsabsicht, die ihren Mitgliedern eine zusätzliche Rente zur gesetzlichen Rente gewährleisten sollen. Sie bestehen im Allgemeinen für bestimmte Branchen oder für ein bestimmtes Unternehmen und sind dementsprechend in ihrem

[17] Der Beitrag konzentriert sich auf die Zusatzrentensysteme für die Beschäftigten der Privatwirtschaft. Die öffentlichen Bediensteten sind zwar grundsätzlich ebenfalls Adressaten der Zusatzvorsorge, allerdings ist für den öffentlichen Dienst – mit Ausnahme des Schulwesens – das neue Zusatzrentengesetz Nr. 252/2005 vorläufig nicht anwendbar, da die dazu erforderlichen Anpassungsvorschriften bisher nicht erlassen wurden, sodass übergangsweise die früheren Regelungen gemäß Gesetz 124/1993 weitergelten (Art. 23 Abs. 6 D.lgs. 252/2005). Zur Rechtslage im öffentlichen Dienst vgl. *Vianello*, La previdenza complementare dei dipendenti pubblici, in: *Cinelli* (Hrsg.), La previdenza complementare (oben Fn. 1), S. 627 ff; *Garofalo*, La previdenza complementare in Italia, in: Sicurezza sociale e previdenza complementare in Europa (oben Fn. 1), S. 112 ff.

[18] „Fondi pensioni preesistenti". Diese Rentenfonds aus der Zeit vor der Ermächtigung zur Rentenreform von 1992 und zur Normierung der Zusatzvorsorge durch das Gesetz Nr. 421/1992 weisen im Vergleich zu den später errichteten Rentenfonds besondere Merkmale auf (u.a. haben sie die Möglichkeit, das Vorsorgevermögen selbst zu verwalten). Durch Ministerialdekret Nr. 62 vom 10.5.2007 wurden die erforderlichen Anpassungen an das Gesetz Nr. 252/2005 festgelegt. 2009 bestanden noch 391 dieser Vorsorgesysteme, darunter 255 als autonome Rentenfonds mit eigener Rechtspersönlichkeit sowie 136 als unternehmensinterne Rentenfonds. Vgl. COVIP, Relazione per l'anno 2009, S, 145, Tab. 7.1.

[19] Art. 13 D.lgs. 252/2005.

persönlichen Anwendungsbereich beschränkt („geschlossen").[20] Der Beitritt ist Arbeitnehmergruppen vorbehalten, die besondere Voraussetzungen erfüllen (hinsichtlich der Art ihrer Tätigkeit, der Arbeitnehmerkategorie oder des Arbeitsortes). Diese Rentenfonds werden durch Kollektivverträge und kollektive Abkommen oder Betriebsvereinbarungen errichtet, in denen der persönliche Anwendungsbereich und die Modalitäten des Beitritts festgelegt werden. In jedem Fall ist die individuelle Beitrittsfreiheit der Versicherten garantiert. Außer von Gewerkschaften kann die Initiative auch von einer Vereinbarung unter Arbeitnehmern ausgehen – wenn diese durch Gewerkschaften gefördert werden, die nationale Tarifverträge unterzeichnet haben –, von nationalen Vereinigungen der Genossenschaftsbewegung sowie von Unternehmen, für die keine kollektivvertraglichen Vereinbarungen gelten. Einen Sonderfall bilden die geschlossenen Rentenfonds der Regionen.[21] Die geschlossenen Rentenfonds haben meist einen größeren Einzugsbereich als die offenen Fonds und dadurch eine günstigere Kostenstruktur.

(2) **Offene (kommerzielle) Rentenfonds** dürfen nur durch bestimmte Unternehmen mit entsprechender Erlaubnis errichtet werden: Banken, Wertpapiervermittlungsgesellschaften (Società di Intermediazione Mobiliare, SIM), Versicherungen und Vermögensverwaltungsgesellschaften (Società di Gestione del Risparmio, SGR). Sie stehen allen Arbeitnehmern offen und werden nicht durch Kollektivvertrag gegründet. Das ausschließliche Ziel dieser Fonds ist die Auszahlung zusätzlicher Vorsorgeleistungen, im Gegensatz zu den geschlossenen Rentenfonds verfolgen sie allerdings auch die Absicht der Gewinnerzielung. Die Arbeitnehmer können individuell oder kollektiv beitreten.[22]

(3) Zusatzrenten in Form **privater Lebensversicherungsverträge zu Vorsorgezwecken** (private Rentenversicherungsverträge)[23] werden mit Versicherungsgesellschaften vereinbart, die von der Versicherungsaufsichtsbehörde ISVAP

---

[20] *Fondi pensione chiusi*. Von den derzeit (31.8.2010) zugelassenen geschlossenen Rentenfonds wenden sich 38 an Arbeitnehmer des privaten Sektors. Seit 2001 können auch Arbeitnehmer mit befristeten Verträgen und mit Ausbildungsverträgen einem geschlossenen Rentenfonds beitreten. Für Beschäftigte mit anderen atypischen Verträgen ist kein Beitritt möglich, sie können sich nur einem offenen Rentenfonds anschließen.

[21] Art. 3 Abs. 1 Buchst. d) D.lgs. Nr. 252/2005 sieht vor, dass Regionen mit entsprechender regionalgesetzlicher Grundlage Rentenfonds errichten können. Bisher gibt es regionale Rentenfonds in Südtirol (mit über 111.000 Versicherten), im Aostatal und in Venetien. Zwei der kollektiven regionalen Rentenfonds wenden sich an Arbeitnehmer des privaten wie des öffentlichen Sektors (*Laborfonds* in Südtirol und *Fopadiva* im Aostatal), während der Zusatzrentenfonds der Region Venetien (*Solidarietà Veneto*) seit 2008 auch den selbständig Beschäftigten offensteht, vgl. COVIP, Relazione per l'anno 2009, S. 89.

[22] Art. 12 D.lgs. 252/2005. Offene Rentenfonds haben einen kleineren Einzugsbereich als die geschlossenen Rentenfonds. Durch Fusionierungen verringerte sich die Zahl der offenen Rentenfonds mit operativem Geschäft zwischen 2008–2009 von 80 auf 76. Vgl. COVIP, Relazione per l'anno 2009, S. 115.

[23] Art. 13 Abs. 1 b) D.lgs. 252/2005. Für diese individuelle Vorsorgeform (*polizze individuali pensionistiche* = *PIP*) standen Ende 2009 75 „neue" Rentenfonds zur Auswahl, die von 41 Versicherungsunternehmen angeboten wurden. Ein Teil der Erwerbstätigen (650.000) ist noch über sog.

(Istituto per la vigilanza sulle assicurazioni private) hierfür zugelassen sind. Der Beitritt ist freiwillig und nicht von der Erfüllung gewisser Voraussetzungen abhängig. Für diese Verträge gelten – anders als bei den geschlossenen oder offenen Rentenfonds – die Anlagevorschriften des Versicherungsvertragsrechts (Gesetz Nr. 209/2005).

Daneben gibt es nach wie vor die alten Zusatzrentensysteme aus der Zeit vor dem 15.11.1992, für die besondere Vorschriften gelten.[24]

Die ursprünglichen Regelungen von 1993 begünstigten in hohem Maß die von der Gewerkschaft ausgehandelten **geschlossenen Rentenfonds** auf kollektivvertraglicher Grundlage. Nur Arbeitnehmer, für die keine gewerkschaftlichen bzw. kollektivvertraglichen Rentenfonds zur Verfügung standen, konnten einem offenen Rentenfonds beitreten.[25] Seit der Neuregelung von 2007 sind die geschlossenen Rentenfonds, die offenen Rentenfonds und die individuellen Rentenpläne grundsätzlich gleichgestellt. Die Beschäftigten können zwischen den verschiedenen Formen der zusätzlichen Altersvorsorge frei wählen, vorausgesetzt, dass das gewünschte Modell auch existiert. Nach wie vor sind jedoch die meisten Versicherten (knapp über zwei Millionen) Mitglied in einem geschlossenen Rentenfonds.

#### 18.2.2.2 Das obligatorische arbeitsrechtliche Vorsorgesystem bei Vertragsbeendigung (TFR-System)

Das italienische Recht kennt ein zusätzliches arbeitsrechtliches Vorsorgesystem: die sog. **TFR-Leistung**[26] (TFR = trattamento di fine rapporto), eine unspezifische, obligatorische Form kapitalgedeckter Vorsorge für Arbeitnehmer. Die TFR-Leistung ist nichts anderes als ein Teil des Lohns, der nicht monatlich ausgezahlt, sondern beim Arbeitgeber im Betrieb belassen wird. Der Arbeitgeber kann dieses Geld investieren und zahlt das aufgelaufene und aufgewertete TFR-Guthaben bei Beendigung des Arbeitsverhältnisses (sei es Kündigung, Verrentung, etc.) aus.[27]

---

„alte" Versicherungsverträge gesichert, die nicht an die neue Rechtslage angepasst wurden. Zur Entwicklung des Sektors vgl. COVIP, Relazione per l'anno 2009, S. 135, 139.

[24]Vgl. oben Fn. 18. Die Zahl dieser überkommenen Zusatzrentenfonds verringerte sich im Jahr 2009 von 411 auf 391, 32 weitere Fonds befanden sich im Prozess der Liquidierung, vgl. COVIP, Relazione per l'anno 2009, S. 145; zu den rechtlichen Konstruktionen vgl. *Canavesi*, La disciplina dei fondi preesistenti, in: *Cinelli* (Hrsg.), La previdenza complementare. Art. 2123, Il Codice Civile. Commentario, 2009, S. 569 ff.

[25]Art. 9 D.lgs. 124/1993. Diese Einschränkung wurde durch die Reform von 2005 aufgehoben, vgl. Art. 12 D.lgs. Nr. 252/2005.

[26]Die TFR-Leistung ist in Gesetz Nr. 297 vom 29.5.1982 geregelt, das die Vorläuferregelungen zur Kündigungs- und zur Dienstaltersentschädigung im Zivilgesetzbuch (Artt. 2120 und 2121 c.c.) substituierte. Zur Entwicklung der TFR-Leistung vgl. *Santoro-Passarelli*, Il trattamento di fine rapporto. Artt. 2122-2122. Il Codice Civile. Commentario, 2009.

[27]Zum TFR-System ausführlich *Santoro Passarelli*, Il trattamento di fine rapporto, in: Santoro Passarelli (Hrsg.), Diritto e processo del lavoro e della previdenza sociale, 5. Aufl. 2009, S. 1021 ff.

Für jedes Jahr der Beschäftigung haben die Arbeitnehmer Anspruch auf 6,91% des Jahresbruttolohns. Zusätzlich zahlt der Arbeitgeber 0,5% als Solidarabgabe an den allgemeinen Arbeitnehmerrentenfonds der gesetzlichen Rentenversicherung. Jeder Monat mit mindestens 15 Arbeitstagen wird angerechnet. Die im Vorjahr angesammelten Guthaben werden jeweils zum Jahresende aufgewertet. Dabei wird ein fester Aufwertungssatz von 1,5% mit einem zusätzlichen variablen Aufwertungssatz von 75% der Steigerung der Lebenshaltungskosten als Inflationsausgleich kombiniert.[28]

Die dadurch erzielte Rendite liegt im Allgemeinen unter dem Ertrag der geschlossenen oder offenen Rentenfonds.[29] Eine Ausnahme bildete das Jahr 2007, in dem die Erträge der Rentenfonds unter die TFR-Rendite absanken. Im Durchschnitt lag der Ertrag des TFR-Kapitals jedoch um ca. 10 Prozentpunkte unter dem der Zusatzrentenfonds.

Das TFR-Kapital ist ein vielseitiges Finanzierungsinstrument. Sein Finanzvolumen betrug im Jahr 2009 ca. 24 Mrd. Euro. Es hilft den Arbeitnehmern bei Verlust des Arbeitsplatzes und diente in der Vergangenheit auch als zusätzliche Absicherung im Alter. Allerdings beträgt die durchschnittliche Anspardauer für TFR-Guthaben zumeist nicht mehr als zehn Jahre, da die Arbeitnehmer nach acht Jahren Beschäftigung bei einem Arbeitgeber Vorschüsse bis zu 70% ihres TFR-Guthabens beantragen können, um den Erwerb von Wohneigentum oder um Gesundheits- und Ausbildungskosten zu finanzieren.

Zur Sicherung der Ansprüche auf das TFR-Guthaben wurde beim Sozialversicherungsträger INPS ein Garantiefonds eingerichtet, der im Fall der Insolvenz des Arbeitgebers die Zahlung der TFR-Leistungen übernimmt. Der Garantiefonds wird durch Beiträge der Arbeitgeber in Höhe von 0,2% des sozialversicherungspflichtigen Entgelts (0,4% für Führungskräfte in der gewerblichen Wirtschaft) finanziert. In den Schutz sind auch Arbeitnehmer in Kleinbetrieben einbezogen, die nicht den Konkursverfahren unterliegen.

Dieser Garantiefonds steht auch bei Ausfall anderer arbeitsrechtlicher Forderungen der Arbeitnehmer ein. Dazu gehören die der gesetzlichen Sozialversicherung geschuldeten Beiträge, die unabhängig von Verjährungsfristen als gezahlt gelten.[30] Für die freiwilligen Zusatzrentensysteme wurde jedoch ein gesonderter Garantiefonds eingeführt.[31]

### 18.2.3 Rechtsform und Verwaltung der freiwilligen Altersvorsorge

Zusatzrentenfonds zur freiwilligen Altersvorsorge können als nicht anerkannte Vereine nach Art. 36 Zivilgesetzbuch gegründet werden, sie können aber auch eine eigene Rechtspersönlichkeit erlangen. In jedem Fall benötigen die Zusatzrentensysteme

[28] Art. 2120 c.c.

[29] Sie schwankte in den Jahren 2003–2009 zwischen 2,8–2,0 %.

[30] Art. 1 und 2 D.lgs. 80/1992 zur Umsetzung der EG-Richtlinie Nr. 987/1980.

[31] Art. 5 D.lgs. Nr. 80/1992, vgl. unten.

vor Aufnahme ihrer Tätigkeit eine Zulassung der unabhängigen Aufsichtsbehörde COVIP (*Commissione di Vigilanza sui Fondi Pensione*).[32] Verstöße gegen Genehmigungsvorschriften werden strafrechtlich oder verwaltungsrechtlich geahndet.[33] Neben den Zulassungsvorschriften wurden in jüngster Zeit auch die Vorschriften über die Mitteilungen an die Gesicherten vereinheitlicht.[34]

**Geschlossene Rentenfonds** sind fast immer als juristische Personen mit eigenen Gesellschaftsorganen wie der Delegiertenversammlung, dem Verwaltungs- und dem Kontrollorgan (Aufsichtsrat) ausgestaltet. Das Aufsichtsorgan ist paritätisch durch Vertreter der Arbeitnehmer- und der Arbeitgeberseite zu besetzen, wenn der Rentenfonds auch durch Arbeitgeberbeiträge finanziert wird. Bei Rentenfonds, die ausschließlich durch die Arbeitnehmer finanziert werden, müssen im Aufsichtsrat die betroffenen Berufskategorien bzw. Erwerbstätigengruppen vertreten sein.[35] Die Tätigkeit der kollektivvertraglichen Rentenfonds besteht vor allem in der Anwerbung neuer Mitglieder, im Beitragseinzug und in der Festlegung der Anlagepolitik für das eingesammelte Kapital der Versicherten. Dieses wird bei einer Depotbank hinterlegt. Die geschlossenen Rentenfonds verwalten das Anlagevermögen nicht selbst, sondern überlassen die Verwaltung professionellen externen Vermögensverwaltern. Die Rentenleistung wird direkt von den Rentenfonds oder von vertragsgebundenen Versicherungsgesellschaften ausgezahlt.

**Bei den offenen Rentenfonds** kann die Vermögensverwaltung direkt von der Gründungsgesellschaft ausgeführt oder externen Fachleuten anvertraut werden. Das Vermögen der offenen Rentenfonds ist von der Gründungsgesellschaft getrennt und dient ausschließlich der Auszahlung der Rentenleistungen. Auch wenn diese Fonds im Gegensatz zu kollektivvertraglichen Rentenfonds keine eigene Rechtspersönlichkeit haben, so verfügen sie doch über eigene Organe, die im ausschließlichen Interesse der Mitglieder handeln.

Bei den **individuellen Lebensversicherungen** zum Zweck der Altersvorsorge gelten die Vorgaben der staatlichen Aufsichtsbehörde COVIP (*Commissione di Vigilanza sui Fondi Pensione*). Diese Vorgaben sollen gewährleisten, dass Rechte

---

[32] Art. 4 Abs. 3 D.lgs. Nr. 252/2005. Das Ergebnis des entsprechenden Verwaltungsverfahrens wird dem Arbeits- und Sozialministerium sowie dem Wirtschafts- und Finanzministerium übermittelt. Im Juli 2010 erließ die Aufsichtsbehörde COVIP einheitliche Vorschriften für das Zulassungsverfahren sämtlicher Formen der Zusatzvorsorge, vgl. Regolamento sulle procedure relative all'autorizzazione all'esercizio delle forme pensionistiche complementari, alle modifiche degli statuti e regolamenti, al riconoscimento della personalità giuridica, alle fusioni e cessioni e all'attività transfrontaliera – Deliberazione vom 15.7.2010.

[33] Artt. 19-*bis* ff. D.lgs. 252/2005, eingefügt durch Art. 6 des D.lgs. Nr. 28 vom 6.2.2007. Verstöße gegen die Genehmigungsvorschriften werden mit einer Freiheitsstrafe zwischen sechs Monaten und 3 Jahren und mit Geldstrafe geahndet (Art. 19-*bis*); die Übermittlung wahrheitswidriger Mitteilungen, Daten oder Dokumente durch die verantwortlichen Verwaltungsorgane wird mit Freiheitsstrafe zwischen sechs Monaten und drei Jahren geahndet (Art. 19-*ter*); bei unzulässiger Verwendung der Bezeichnung „Rentenfonds" sowie bei diversen Pflichtverletzungen der Verwaltungsorgane können Bußgelder verhängt werden (Art. 19-*quater*).

[34] COVIP, Beschluss vom 22.7.2010 – Disposizioni in materia di comunicazioni agli iscritti.

[35] Art. 5 D.lgs. Nr. 124/1993; jetzt Art. 5 D.lgs. Nr. 252/2005.

und Leistungen aus den Lebensversicherungen denjenigen aus den anderen Formen der Zusatzvorsorge vergleichbar sind. Auch in dieser Vorsorgeform wird ein gesondertes Anlagevermögen gebildet.

Für ihre Verwaltungsaktivitäten erheben die einzelnen Zusatzrentensysteme diverse, oft nicht sonderlich transparente Kosten und Gebühren, die den Aufbau des Vorsorgekapitals und damit die Garantie einer angemessenen Alterssicherung beeinträchtigen können. Im Allgemeinen ist bei Eintritt in einen Rentenfonds der Zusatzvorsorge eine einmalige Aufnahmegebühr und danach ein jährlicher Mitgliedsbeitrag zu zahlen. Die Höhe der zusätzlichen Verwaltungskosten hängt im Allgemeinen mit der Art der Investitionen zusammen. Bei den geschlossenen Fonds sind die Gebühren wegen der großen Mitgliederzahl regelmäßig günstiger als in anderen Vorsorgeformen. Die Kosten können nicht nur in der Höhe, sondern auch hinsichtlich des Kostenanlasses variieren. So sind in einigen Rentenfonds besondere Gebühren beim Wechsel der Anlagestrategie vorgesehen (bis zu 50.000 €), während andere Rentenfonds einen solchen Wechsel kostenfrei vollziehen. Erhebliche Kostenunterschiede finden sich auch bei einer vorzeitigen Auszahlung oder beim Austritt aus einem Rentenfonds.[36] Um die Transparenz und Vergleichbarkeit der Kosten unterschiedlicher Vorsorgeprodukte für die Versicherten zu erhöhen, hat die Aufsichtsbehörde COVIP einen Kostenindikator entwickelt, mit dem modellhaft die Auswirkungen der Kosten zu unterschiedlichen Zeitpunkten der Ansparphase (nach 2, 5, 10 und 35 Jahren) darstellbar sind (*indicatore sintetico dei costi*). Die jeweiligen Werte werden jährlich aktualisiert.

### *18.2.4 Die Leistungen der Zusatzrentensysteme*

Früher gab es in bestimmten Branchen integrative Zusatzversorgungssysteme, die die gesetzliche Rente auf eine festgelegte Gesamtversorgung aufstockten.[37] Diese „integrativen" Festleistungssysteme gewährten teilweise über die Zusage einer Gesamtversorgung hinaus noch weitere Vorteile, etwa eine geringere Versicherungsdauer bzw. einen vorzeitigen Rentenzugang ohne Abschläge. Solche Regelungen sind inzwischen obsolet, so dass Zusatzrentensysteme nicht mehr dafür benutzt werden können, die gesetzlichen Rentensysteme zu modifizieren. Überdies wurden Zusatzrentensysteme mit festgelegten Leistungen für abhängig Beschäftigte generell abgeschafft. Ihnen steht nur noch die Zusatzvorsorge mit einem Festbeitragssystem zur Verfügung.[38]

Im Gegensatz zur früheren Rechtslage (Gesetz 124/1993) sind die Leistungen der Zusatzvorsorgesysteme nicht mehr in den Gründungsstatuten festgelegt. Die

---

[36] *Rossi*, La previdenza complementare, 2006, S. 35 f.

[37] Außer für die Beschäftigten der italienischen Staatsbank und einiger Kreditinstitute war diese Form der Absicherung in bestimmten Staatsunternehmen verbreitet. Rechtsgrundlagen für die Leistungen der sog. *previdenza integrativa* waren Art. 2117 und 2123 c.c.

[38] Art. 20 Abs. 5 D.lgs. 252/2005.

Voraussetzungen des Leistungsbezugs werden stattdessen durch das jeweilige Zusatzvorsorgesystem bestimmt (Art. 11 Abs. 1 Gesetz 252/2005). Das Gesetz gibt keine Sicherungsfälle vor, sondern legt nur allgemeine Mindestvoraussetzungen fest[39]:

Voraussetzung für den Bezug einer Leistung aus einem Rentenfonds ist die Berechtigung zum Bezug der gesetzlichen Rente sowie fünf volle Versicherungsjahre in einem Rentenfonds oder einer gleichgestellten Einrichtung der Zusatzvorsorge ab dem 1.1.2007. Ein vorzeitiger Bezug der Zusatzrente – maximal fünf Jahre vor Erreichen der gesetzlichen Altersgrenze – ist möglich, wenn die Beschäftigung beendet wurde und zu einer Arbeitslosigkeit von über 48 Monaten führte.[40]

Die Höhe der Leistungen ergibt sich für die Arbeitnehmer zwingend nach dem Festbeitragssystem, so dass ein bestimmtes Leistungsniveau nicht garantiert wird. Die künftige Rente hängt von mehreren Faktoren ab, z. B. Höhe des angesammelten Guthabens aufgrund der gutgeschriebenen Beiträge und der gutgeschriebenen Erträge, Alter bei Verrentung, Geschlecht, Zeitpunkt des Beitritts, aber auch Zeitpunkt des Rentenzugangs.

Hinsichtlich der Art der Leistungen haben Arbeitnehmer die Option zwischen einer lebenslangen Zusatzrente (Leibrente) und einer Teilauszahlung des Kapitals. Bei der Leibrente kann auch eine übertragbare Rente gewählt werden, bei der die Rente bei Tod des Mitglieds an eine begünstigte Person ausbezahlt wird, wenn die Leistungsregeln des Zusatzrentensystems diese Möglichkeit vorsehen.[41] Die Teilauszahlung des Kapitals ist begrenzt auf maximal 50% des Gesamtguthabens. Der Rest wird als lebenslange Zusatzrente ausgeschüttet. Bei einem geringfügigen Gesamtguthaben ist unter bestimmten Voraussetzungen auch eine einmalige Kapitalauszahlung ohne Restrente möglich.[42]

Wie im TFR-Vorsorgesystem kann auch bei den Zusatzrentenfonds in bestimmten Fällen schon vor Rentenantritt ein Teil des Kapitals ausgezahlt werden. Dabei wird zwischen Vorschüssen und vorzeitiger Ablöse unterschieden.

Vorschüsse auf das Rentenfondsguthaben sind für Arbeitnehmer des privaten Sektors unter folgenden Bedingungen möglich[43]:

- Für Ausgaben im Gesundheitsbereich für das versicherte Mitglied, den Ehegatten oder die Kinder ist jederzeit ein Vorschuss von bis zu 75% des Guthabens möglich;
- zum Kauf der Erstwohnung für sich oder die Kinder bzw. zur Modernisierung der Erstwohnung ist nach acht Beitragsjahren ein Vorschuss von bis zu 75% des Guthabens möglich;

[39] Zu den Veränderungen des Leistungsrechts im Einzelnen vgl. *Ciocca/Olivelli*, Le prestazioni, in: *Cinelli* (Hrsg.), La previdenza complementare, op.cit. (oben Fn 1), S. 325 ff. (345 ff.).

[40] Art. 11 Abs 4 D.lgs. 252/2005.

[41] Art. 11 Abs. 5 D.lgs. 252/2005. Den Begünstigten wird entweder das nicht verbrauchte Guthaben ausgezahlt oder sie erhalten eine Rente. Eine Hinterbliebenensicherung ist damit möglich, der Versicherte kann aber auch andere Personen als Begünstigte bestimmen.

[42] Art. 7 Abs. 6 D.lgs. 124/1993, jetzt Art. 11 Abs. 3 D.lgs. 252/2005.

[43] Art. 11 D.lgs. 252/2005.

– für andere persönliche Bedürfnisse ist nach acht Beitragsjahren ein Vorschuss von bis zu 30% des Guthabens möglich.

Für Beschäftigte im öffentlichen Dienst sind Vorschüsse immer erst nach acht Beitragsjahren – allerdings in Höhe von bis zu 100% des Guthabens – möglich zur Deckung von Gesundheitsausgaben sowie zum Kauf oder zur Modernisierung der Erstwohnung.

Eine vorzeitige Auszahlung des Kapitals (als Ablöse) ist für Versicherte der Privatwirtschaft in folgenden Fällen vorgesehen[44]:

– bis zu 50% des Guthabens bei Arbeitslosigkeit von über 12 Monaten (bis zu 48 Monaten) sowie bei drohender Kurzarbeit bzw. oder Freistellung durch den Arbeitgeber;
– bis zu 100% des Guthabens bei Arbeitslosigkeit von über 48 Monaten sowie bei dauerhafter Minderung der Erwerbsfähigkeit auf weniger als ein Drittel (d. h. Invalidität von über 66%).

Die vorzeitige Ablöse entfällt, wenn weniger als fünf Jahre bis zur Erfüllung der Leistungsvoraussetzungen für die Zusatzrente fehlen, da in diesem Fall ein vorgezogener Rentenbeginn möglich ist.[45]

Stirbt die versicherte Person, bevor sie selbst die Voraussetzungen für den Bezug der Zusatzrente erfüllt, so wird das gesamte Guthaben an die Erben bzw. an die von der versicherten Person benannten Bezugsberechtigten ausbezahlt.[46]

Für die Zusatzrentenleistungen gelten in Bezug auf Übertragbarkeit, Beschlagnahme und Pfändbarkeit dieselben Vorschriften wie für die gesetzlichen Renten.

### *18.2.5 Freie Wahl- und Übertragungsmöglichkeit*

Ein wesentliches Anliegen der Reform der Zusatzvorsorge durch Gesetz 252/2005 war die Stärkung der freien Wahl- und Übertragungsmöglichkeit im Rahmen der verschiedenen Formen der Zusatzvorsorge. Daher erhielten die Arbeitnehmer bei einer freiwilligen Überschreibung ihrer Position auf eine andere Rentenform die Möglichkeit, das gesamte individuelle Vorsorgeguthaben mitzunehmen.[47]

---

[44] Art. 14 D.lgs. 252/2005.

[45] Art. 11 Abs. 4 D.lgs. 252/2005.

[46] Art. 14 Abs. 3 D.lgs. 252/2005.

[47] Zur Reichweite von Art. 14 Abs. 6 D.lgs. 252/2005 vgl. *Zampini*, Trasferimento e riscatto delle posizioni individuali, in: *Cinelli* (Hrsg.), La previdenza complementare (Fn. 1), S. 541 ff. (547 ff.). Fraglich bleibt allerdings die Mitnahme der Arbeitgeberbeiträge, die nur bei entsprechender kollektivvertraglicher Vereinbarung möglich ist (Art. 14 Abs. 6, letzter Satz D.lgs. 252/2005).

Die Übertragung ist zum einen bei Verlust der Voraussetzungen für die Mitgliedschaft in einem geschlossenen Rentenfonds vorgesehen (z. B. im Zusammenhang mit einem Arbeitgeberwechsel). Alternativ kann der Arbeitnehmer sich auch das Guthaben auszahlen lassen oder umgekehrt das Guthaben beitragsfrei beim Rentenfonds belassen.

Zum anderen ist auch eine „freiwillige" Übertragung möglich, selbst wenn die Voraussetzungen für die Mitgliedschaft in einem bestimmten Fonds weiter bestehen. In diesem Fall ist eine Übertragung aber nur nach einer Mindestversicherungszeit von zwei Jahren in dem ersten Fonds möglich. Nach den Richtlinien der Aufsichtsbehörde COVIP darf das Recht auf Übertragung durch die Statuten des Rentenfonds nicht – auch nicht indirekt – eingeschränkt werden. Arbeitnehmer, die in dem residualen Rentenfonds der Sozialversicherung INPS eingeschrieben sind, können allerdings bereits nach einem Jahr zu einer anderen Form der Zusatzvorsorge wechseln.

Eine vorzeitige Übertragung der individuellen Position ist möglich, wenn sich die wirtschaftliche Lage des gewählten Rentenfonds spürbar verschlechtert oder sich die Merkmale der Zusatzvorsorge substantiell verändern, etwa hinsichtlich der Anlagepolitik. Diese Übertragungsmöglichkeit ist speziell für die offenen Rentenfonds und für die Lebensversicherungsverträge vorgesehen.[48]

### *18.2.6 Die Finanzierung der betrieblichen Altersvorsorge*

#### 18.2.6.1 Die Finanzierungsmechanismen

Im Gegensatz zu anderen europäischen Ländern wird die Zusatzvorsorge in Italien überwiegend aus dem Kapital der Arbeitnehmer finanziert. Ein Beitrag der Arbeitgeber ist nur bei den sog. kollektivvertraglich begründeten geschlossenen Rentenfonds vorgesehen, im Allgemeinen handelt es sich um 1–1,5% des Bruttojahresverdienstes. Die Beitragsleistungen des Arbeitsgebers werden heute nicht mehr als aufgeschobener Lohn, sondern als Vorsorgebeitrag angesehen. Dementsprechend sind sie nicht Teil des sozialversicherungspflichtigen Arbeitsentgelts, sondern es wird auf sie lediglich ein Solidarbeitrag erhoben.

Die Modalitäten der Finanzierung sind in den Gründungsstatuten des jeweiligen Rentenfonds festzulegen. Sie können vorsehen, dass die Beiträge zu Lasten der Arbeitnehmer aus bestimmten Teilen der Vergütung, aus dem jährlichen TFR-Anspruchs oder aus einem Teil des TFR-Kapitals finanziert werden. Seit 2008 besteht auch die Möglichkeit, das bereits vor dem 31.12.2006 angesammelte TFR-Guthaben auf eine Zusatzrentenform zu übertragen.[49] Tatsächlich stammt das Gros

---

[48] *Vallacqua*, La previdenza complementare per i dipendenti pubblici e privati, S. 95 f.

[49] Vgl. Art. 23 Abs. 7-*bis* des D.lgs. 252/2007 in der Fassung durch Gesetz 244/2007 (Finanzgesetz 2008).

des Beitragsaufkommens in der Zusatzvorsorge aus den TFR-Guthaben der Arbeitnehmer.[50] Demgegenüber sind die Beiträge der Mitglieder und der Arbeitgeber mit durchschnittlich 1,17% eher niedrig, obwohl einige Rentenfonds höhere freiwillige Beitragssätze durch die Arbeitnehmer gestatten.[51]

Um den Arbeitgeberanteil zu erhalten, muss das Mitglied den vom Kollektivvertrag vorgesehenen Mindestbeitrag leisten. Die Arbeitnehmer können ihren finanziellen Vorsorgebeitrag auf die bloße Überweisung ihres TFR-Guthabens beschränken und auf einen zusätzlichen Eigenbeitrag verzichten. Je nach Kollektivvertrag kann es sich um den gesamten im Jahr aufgelaufenen TFR oder um einen Teil davon handeln. Diejenigen Arbeitnehmer, die nach dem 28.4.1993 – dem Inkrafttreten des ersten Gesetzes über die Zusatzvorsorge – erstmals eingestellt wurden und sich einem kollektiven Zusatzrentensystem anschlossen, sind allerdings gesetzlich verpflichtet, 100% ihres jährlich auflaufenden TFR-Guthabens zur Finanzierung der Zusatzrente zu verwenden. Der Beitritt zu einer kollektiven Zusatzrentenform führt obligatorisch zur Überweisung des TFR-Guthabens. Falls dies nicht gewünscht ist, kann die Zusatzrente nur über eine individuelle Zusatzrentenform ohne kollektive Basis aufgebaut werden. Bei kollektiven Zusatzrentenformen ist die Beitragszahlung in der Regel an den Entgeltanspruch gekoppelt, so dass sich Zeiten einer unbezahlten Freistellung negativ auswirken. Erhält das Mitglied keinen Lohn oder bekommt es keine TFR-Leistung, entfällt auch die Beitragszahlung an den Rentenfonds. Die Arbeitnehmer des Privatsektors können mit ihrer Beitragszahlung zu eigenen Lasten aussetzen, während ein Aussetzen in Bezug auf die TFR-Leistung nicht möglich ist, solange das Arbeitsverhältnis besteht.

#### 18.2.6.2 Die „stillschweigende" Übertragung von TFR-Mitteln auf die Zusatzvorsorge

Ab 1. Januar 2007 gilt ein neuer Finanzierungsmechanismus für die Zusatzvorsorge, der darauf abzielt, deren Deckungsgrad weiter zu erhöhen.[52] Die Neuregelung

[50] Über 50 % des jährlichen Beitragsaufkommens in den geschlossenen Rentenfonds (2,74 Mrd. € von insgesamt 4,1 Mrd.€) entfielen im Jahr 2009 auf transferierte TFR-Mittel. Bei den offenen Rentenfonds und den individuellen Vorsorgeplänen ist der Anteil der TFR-Mittel naturgemäß geringer. Insgesamt stammten 5,1 Mrd. € der Beiträge an Zusatzrentenfonds aus TFR-Ansprüchen. Zugleich verblieben 2009 TFR-Mittel im Wert von 12,7 Mrd. € bei den Unternehmen, vgl. COVIP, Relazione per l'anno 2009, S. 48.

[51] Der durchschnittliche Jahresbeitrag lag 2009 in den geschlossenen Rentenfonds im Durchschnitt bei etwa 2.200 € pro Mitglied, in den offenen Rentenfonds bei etwa 2.100 €, wobei Arbeitnehmer in Zusatzrentenfonds auf kollektiver Grundlage die höchsten Beitragsleistungen (2.800 € im Jahr) verzeichneten; deutlich niedriger – mit durchschnittlich 1.800 € – fielen die Beitragsleistungen bei den individuellen Vorsorgeplänen aus. Vgl. Mefop, Bollettino statistico Nr. 37/2010, S. 9.

[52] Ausführlich zur Reform der Finanzierungsmodalitäten *Cardoni*, Finanziamento della previdenza complementare e autonomia negoziale, in: Rivista del Diritto della Sicurezza Sociale (=RDSS), 2008, Nr. 3, S. 693–740.

betrifft die Arbeitnehmer der Privatwirtschaft, jedoch sind für die öffentlichen Bediensteten entsprechende Regelungen in Planung. Wie bisher kommen entweder Beiträge des Arbeitnehmers und des Arbeitgebers oder die Übertragung des jährlich anreifenden TFR-Kapitals, (d. h. 6,91% des Bruttojahreslohns) für die Finanzierung der Zusatzrenten in Betracht.[53] Neu ist, dass das TFR-Kapital nicht nur explizit, sondern auch stillschweigend übertragen werden kann. Seit 1.1.2007 sind die Arbeitnehmer gehalten, innerhalb von sechs Monaten nach Arbeitsaufnahme durch schriftliche Erklärung gegenüber dem Arbeitgeber zu bestimmen, wie die künftigen TFR-Guthaben verwendet werden sollen.[54] Wird innerhalb der sechs Monate keine Entscheidung mitgeteilt, muss der Arbeitgeber das laufende TFR-Guthaben automatisch in den kollektivvertraglichen bzw. mittels Betriebsabkommen bestimmten Rentenfonds[55] einzahlen (so genanntes stillschweigendes Einverständnis). Hilfsweise ist das TFR-Kapital auf den speziellen Zusatzrentenfonds beim Sozialversicherungsträger INPS (FondInps) zu übertragen.[56] Zwar ist der Beitritt zu Zusatzvorsorgesystemen nach wie vor eine freiwillige Entscheidung des einzelnen Arbeitnehmers. Allerdings wird das Einverständnis durch den neuen Mechanismus faktisch fingiert, wenn Arbeitnehmer nicht ausdrücklich widersprechen. Eine derartige Widerspruchslösung führt zu einem quasi-obligatorischen Beitritt all jener Arbeitnehmer, die sich nicht äußern. Allerdings wurden zugleich detaillierte Informationspflichten für die Arbeitgeber eingeführt, um eine bewusste Entscheidung der Arbeitnehmer zu fördern.[57] Es gibt folgende Optionen:

1. Die Arbeitnehmer können das TFR-Guthaben im Unternehmen lassen, wie es bis zur Reform möglich war. Falls das Unternehmen mehr als 50 Beschäftigte

---

[53] Art. 8 D.lgs. 252/2005.

[54] Art. 8 D.lgs. 252/2005. Bei bereits bestehenden Arbeitsverhältnissen am 1.1.2007 beginnt die Sechsmonatsfrist mit Inkrafttreten des Reformgesetzes, d.h. am 1.1.2007, Art. 23 Abs. 8 D.lgs. Nr. 252/2005 in der Fassung durch Art. 1 Abs. 479 Gesetz Nr. 296/2006. Zur Kritik am Konzept der stillschweigenden Übertragung des TFR-Kapitals auf die Zusatzvorsorge, vgl. *Sandulli*, Il conferimento, tacito e non, del TFR al sistema di previdenza complementare. Riflessioni critiche, in: *Messori* (Hrsg.), La previdenza complementare in Italia, 2006, S. 157–194; *Cinelli/Giubboni*, La disciplina del finanziamento, in: *Cinelli* (Hrsg.), La previdenza complementare (Fn. 1), S. 251 ff. (260 ff.).

[55] Wenn gleichzeitig mehrere kollektivvertragliche Rentenfonds bestehen, wird die Zusatzvorsorge bei dem Rentenfonds begründet, in dem die meisten Arbeitnehmer des Betriebs Mitglied sind, soweit keine anderweitige Betriebsvereinbarung vorliegt. Im Fall der stillschweigenden Übertragung des TFR-Guthabens müssen die Statuten des Zusatzrentenfonds eine besonders vorsichtige Investitionsstrategie für diese Mittel vorsehen.

[56] Fondo pensione complementare INPS. Vgl. Art. 9 D.lgs. 252/2005 in der Fassung durch Art. 1 Abs. 479 Gesetz Nr. 296/2006.

[57] Art. 8 Abs. 8 D.lgs. Nr. 252/2005; Art. 1 Abs. 765 Gesetz Nr. 296/2006. Die Arbeitnehmer müssen angemessene Informationen über die unterschiedlichen Formen der Zusatzrente, die Bedingungen für den vorzeitigen Rücktritt, die voraussichtlichen Renditen der Zusatzrentenfonds und über die Möglichkeit der freien Wahl der Rentenform, an die die TFR-Leistung überwiesen werden soll, erhalten.

hat, wird die Verwaltung der Guthaben jedoch einem separaten Fonds des Sozialversicherungsträgers INPS[58] übertragen. Die Garantien sind die gleichen wie vor der Reform. Die Guthaben werden wie bisher bei Beendigung des Arbeitsverhältnisses unmittelbar an den Arbeitnehmer ausgezahlt. Im Fall dieser Option kann man später jederzeit zu einer der anderen drei Optionen wechseln.[59]

2. Sie können das TFR-Guthaben in einem geschlossenen Rentenfonds der entsprechenden Branche (z. B. Telekommunikation; Metallarbeiter) investieren, d. h. auf einen Rentenfonds, der durch Kollektivvertrag zwischen Unternehmen und Gewerkschaften begründet wurde, übertragen.
3. Sie können das künftige TFR-Guthaben auf einen offenen Rentenfonds übertragen, d. h. einen von Banken oder Finanzunternehmen angebotenen Fonds, mit dem der Beitritt auf kollektivvertraglicher Basis vereinbart wurde.
4. Sie können ihr TFR-Guthaben auf einen individuellen privaten Rentenversicherungsvertrag übertragen, der von Banken oder Versicherungen angeboten wird.

Am 30.9.2010 lagen 172.601 Beitritte durch stillschweigende Einwilligung vor, die meisten davon (132.404) führten zu einer Mitgliedschaft in geschlossenen Rentenfonds, darunter entfielen 40.197 auf den subsidiären Rentenfonds Fondinps.[60]

Im Ergebnis hat sich der Deckungsgrad gegenüber der Zeit vor der Reform etwas verbessert. Er liegt jedoch noch weit hinter den Erwartungen der Regierung zurück. Die geschlossenen Zusatzrentenfonds haben eine Beitrittsquote von durchschnittlich 16,5% der potentiell Beitrittsberechtigten (Stand: 30.6.2010).[61] Etwa 70% der Arbeitnehmer, die das TFR-Kapital für die Zusatzvorsorge nutzen könnten, haben sich aktiv für die Beibehaltung des TFR-Regimes entschieden – sei es wegen der Überforderung, eine Anlageentscheidung zu treffen, sei es wegen der grundlegenden Skepsis gegenüber einem Vorsorgeinstrument, dessen Tauglichkeit sich erst noch beweisen muss. Weitere Gründe für die bewusste Option für das alte TFR-Regime könnten mit den Interessen der Betriebe zusammenhängen, weiter auf das TFR-Kapital zugreifen zu können.

---

[58] „Fondo per l'erogazione ai lavoratori dipendenti del settore privato dei trattamenti di fine rapporto", (sog. Fondo Tesoreria) nach Art. 1 Abs. 755 Gesetz Nr. 296/2006. Dieser Fonds tritt an die Stelle des Arbeitgebers bei der Auszahlung des TFR-Guthabens. Er muss jedoch die Finanzmittel für öffentliche Aufgaben verwenden, insbesondere zur Unterstützung von infrastrukturellen Maßnahmen, Art. 1 Abs. 758 Gesetz Nr. 296/2006.

[59] Eine solche Rückkehr zum TFR-System ist bei den anderen Optionen derzeit ausgeschlossen.

[60] Sviluppo Mercato Fondi Pensione (=Mefop), Bollettino statistico, Nr. 38/2010, S. 5.

[61] Die Beitrittsquote ist je nach Zusatzrentenfonds sehr unterschiedlich; die höchsten Beitrittsquoten (75–87% der potentiell Beitrittsberechtigten) finden sich bei einigen geschlossenen betrieblichen oder überbetrieblichen Rentenfonds. Zu den unterschiedlichen Beitrittsquoten vgl. Mefop, Bollettino statistico, Nr. 38/2010, S. 2-5.

### *18.2.7 Die steuerrechtliche Förderung*

Alle Formen der zusätzlichen Altersvorsorge werden auch steuerrechtlich gefördert.[62] Beiträge zu Rentenfonds, Lebensversicherungen und sonstigen Zusatzvorsorgeeinrichtungen, die nicht auf TFR-Guthaben oder auf freiwilligen Arbeitgeberleistungen beruhen, können vollständig vom zu versteuernden Einkommen abgezogen werden, maximal bis zu einer Höhe von 5.164,57 €. Für erstmals Beschäftigte nach dem 1.1.2007, die in den ersten fünf Jahren ihrer Beschäftigung den Freibetrag nicht ausschöpfen können, gilt ab dem sechsten Jahr und für die weiteren 20 Jahre ein erhöhter Absetzbetrag (bis zu 2.582,29 € zusätzlich). TFR-Guthaben sind ausgenommen, da sie durch ausdrückliche gesetzliche Regelung nicht als Arbeitseinkommen gelten. Die in die Zusatzvorsorge investierten TFR-Mittel sind steuerfrei – und abgesehen von einer Solidarabgabe von 1% sozialabgabenfrei – und werden erst in der Auszahlungsphase versteuert.

Zinserträge auf das Zusatzvorsorgeguthaben unterliegen einer Zinssteuer von 11%.[63] Bei Leistungen aus der Zusatzvorsorge wird nur derjenige Anteil besteuert, der nicht bereits in der Ansparphase versteuert wurde. Allgemein gilt für Rentenbezüge – gleich welcher Art – ein Einkommensteuersatz von 15%. Dieser Satz vermindert sich um jeweils 0,3 Prozentpunkte für jedes über einer 15jährigen Versicherungszeit liegende Jahr. Die maximale Minderung des Rentensteuersatzes liegt bei 6 Prozentpunkten. Der Steuersatz für Rentner mit 35 oder mehr Versicherungsjahren beträgt somit nur 9%. Wenn das TFR-Guthaben im Unternehmen gelassen wird, aber auch bei vorzeitig entnommenen Kapitalauszahlungen gilt dagegen ein Mindeststeuersatz von 23%. Diese Optionen werden damit steuerlich disprivilegiert.

### *18.2.8 Verbreitung der Zusatzrentenformen*

Bis zum Jahresende 2010 ist die Verbreitung der Zusatzaltersvorsorge auf über 5,3 Millionen Erwerbstätige angestiegen, davon sind ca. 3,8 Mio. Arbeitnehmer der Privatwirtschaft.[64]

Die Zahl der Neubeitritte ist jedoch seit 2008 stark rückläufig und betrug im Jahr 2009 nur noch 320.000 (gegenüber 430.000 im Jahr 2008). Fast 200.000 der neuen Mitglieder optierten für die Form der individuellen Versicherungsverträge. Zeitgleich mit dem Rückgang der expliziten Beitritte zu einer Form der

---

[62] Zur Entwicklung der steuerlichen Förderung der Zusatzvorsorgesysteme vgl. *Giannini/Guerra*, Alla ricerca di una disciplina fiscale per la previdenza complementare, in: *Messori* (Hrsg.), La previdenza complementare in Italia, 2006, S. 473–509; *Tinelli*, La disciplina tributaria dei conferimenti e dei risultati di gestione dei fondi pensione, in: RDSS, 2008, Nr. 3, S. 593–623.

[63] Der derzeitige Steuersatz ist geringer als jener, der auf die von anderen Anlageformen erzielten Erträge angewendet wird (z. B. allgemeine Investmentfonds, deren Erträge mit 12,5 % besteuert werden).

[64] Zur Entwicklung der Mitgliederzahlen vgl. die von COVIP regelmäßig veröffentlichten statistischen Daten, zuletzt die Aktualisierung zum 31.12.2010, veröffentlicht im Januar 2011 (http://www.covip.it/wp-content/uploads/Agg_Stat-Set2010-v20110127.pdf).

Zusatzvorsorge steigt die Zahl der „stillschweigenden Beitritte“, d. h. der Mechanismus der stillschweigenden Übertragung der TFR-Leistung gewinnt an Bedeutung. Im Jahr 2009 waren 23.000 der neuen Beitritte zu einem kollektivvertraglichen Zusatzrentensystem diesem Mechanismus geschuldet.

Am meisten verbreitet sind bis heute die *geschlossenen* Rentenfonds mit über zwei Millionen Mitgliedern am 31.12.2010, davon 1,87 Mio. Arbeitnehmer des privaten Sektors. Frauen sind unter den Versicherten immer noch unterrepräsentiert, ihr Anteil beträgt lediglich 33%. Das den geschlossenen Fonds anvertraute Vorsorgevermögen ist bis Ende 2010 auf 22,4 Mrd. €. angewachsen.

Die *offenen* Rentenfonds haben zwischen 2006 und 2010 ihre Mitgliederzahl von 440.00 auf rund 848.000 (darunter rund 410.000 Arbeitnehmer) erhöht, wobei besonders der starke Zuwachs unter den abhängig Beschäftigten auffällt. Das Vorsorgevermögen dieser Fonds wurde Ende 2010 mit 7,48 Mrd. € beziffert.

Großen Zulauf verzeichneten in jüngerer Zeit vor allem die neuen *individuellen* Versicherungsverträge. Zusammen mit den alten Lebensversicherungsverträgen sichern sie etwa 1,8 Mio. Mitglieder mit einem Vorsorgevermögen von rund 9,6 Mrd. € ab.[65] Hinzu kommen die knapp 400 „alten“ kollektiven Rentenfonds mit 673.000 Mitgliedern, die über ein Anlagevermögen von 40,5 Mrd. € verfügen.

Insgesamt fällt die Verbreitung der Zusatzvorsorge regional sehr unterschiedlich aus und ist – entsprechend dem typischen Nord-Süd-Gefälle – vor allem in Norditalien überdurchschnittlich hoch, insbesondere in den Regionen, die territoriale (regionale) Zusatzrentensysteme eingeführt haben.[66]

Die regionalen Disparitäten im Deckungsgrad korrelieren zumeist mit Arbeitslosigkeit und fehlender Vorsorgefähigkeit aufgrund der Arbeitsmarktsituation. Die Beschäftigten in den zahlreichen kleineren Betrieben sind häufig keiner Zusatzvorsorge angeschlossen. Unterrepräsentiert in der Zusatzvorsorge sind in der Regel auch jüngere Arbeitnehmer, Frauen und generell Personen in prekären Arbeitsverhältnissen.

Im Ergebnis ist die Ausweitung der Zusatzvorsorge im Hinblick auf den potentiellen Adressatenkreis hinter den Erwartungen zurückgeblieben. Die gegenwärtigen Unsicherheiten auf dem Arbeitsmarkt lassen es verständlich erscheinen, dass gerade jüngere Arbeitnehmer am wenigsten auf das Instrument des TFR mit seinen vielfältigen Einsatzmöglichkeiten als sozialer Stoßdämpfer verzichten wollen, obwohl sie es sind, die eine robuste zweite Säule am meisten brauchen werden.

Sorgen bereitet darüber hinaus die Tatsache, dass eine nicht unbeträchtliche Zahl unter den Mitgliedern im erwerbsfähigen Alter (700.000) zwar einem Zusatzrentensystem beigetreten ist, aber keine Beiträge leistet. Das damit einhergehende

---

[65] COVIP, La previdenza complementare. Principali dati statistici, Dezember 2010, Tab. 1 und 2. Die Mitgliederzahl in den neuen Versicherungsverträgen ist bis Ende Dezember 2010 auf 1,16 Mio. angewachsen, während die anderen Vorsorgeformen nur noch wenige Neuzugänge bzw. teilweise sogar rückläufige Mitgliederzahlen verzeichnen.

[66] Vgl. COVIP, Relazione per l'anno 2009, S. 46 f.

Risiko unzureichender Altersvorsorge betrifft vor allem die Personen, die individuell einem offenen Rentenfonds beigetreten sind bzw. einen individuellen Lebensversicherungsvertrag abgeschlossen haben.

## 18.3 Rechtliche Garantien, Aufsicht und Kontrolle

Wegen der Absenkung der gesetzlichen Renten wird die Zusatzvorsorge die gesetzliche Alterssicherung nicht nur ergänzen, sondern teilweise substituieren. Umso wichtiger ist die Frage, wie ein angemessenes Alterseinkommen garantiert werden kann.

Die gesetzlichen Vorschriften über die kapitalgedeckte Zusatzvorsorge schützen die Position der Versicherten auf unterschiedliche Weise. Das gesetzlich vorgeschriebene Kapitaldeckungsverfahren ist mit begrenzten Garantien für die Erhaltung zumindest des Nominalwertes der individuell eingezahlten Beiträge verknüpft worden[67]: So besteht die Möglichkeit, durch entsprechende akzessorische vertragliche Abreden eine Garantie auf Rückzahlung des Kapitals, eine garantierte Mindestrendite oder eine garantierte Mindestleistung zu vereinbaren.[68] Solche Garantien sind nicht automatische Folge des Beitritts zu einem Zusatzrentenfonds, sondern setzen die Wahl einer entsprechenden Investitionslinie voraus. Die einzelnen Formen der Zusatzvorsorge zeigen unterschiedliche Präferenzen hinsichtlich der Art der angebotenen Garantien: Bei den geschlossenen Rentenfonds besteht zumeist die Möglichkeit eine Garantie zur Rückerstattung des eingezahlten Kapitals zu wählen, an zweithäufigster Stelle wird eine Garantie in Anlehnung an die TFR-Rendite angeboten. Bei den offenen Rentenfonds und bei den individuellen Vorsorgeverträgen überwiegt die Garantie in Form einer Mindestrendite, die wiederum zwischen 0,34% und 2,5% schwanken kann. Ob dies ausreicht, um zusammen mit der gesetzlichen Rente angemessene Leistungen im Alter zu garantieren, bleibt dabei fraglich.

Das italienische Recht hat indes zahlreiche andere Schutzmaßnahmen entwickelt, um den Besonderheiten der Zusatzvorsorge und ihrem verfassungsrechtlichen Kontext Rechnung zu tragen. Diese Schutzmaßnahmen umfassen eine verstärkte Professionalisierung, Ausbau der partizipativen Elemente, effektivere Aufsichtsratsstrukturen, aber auch ein System vielfältiger Sanktionen.[69] Die Aufsichts- und Kontrollvorschriften gehen über die normalen Regeln für einfache Versicherungsgesellschaften und andere Finanzmarktakteure hinaus.[70] Eine wichtige Rolle bei der Garantiefunktion von Zusatzvorsorgesystemen kommt der Aufsichtsbehörde

[67] Art. 7 D.lgs. 124/1993; jetzt sinngemäß aus Art. 2 Abs. 2 D.lgs. Nr. 252/2005.

[68] Artt. 6 Abs. 9 (Kapitalwertgarantie); 7-*bis* Abs. 1 D.Lgs. 252/2005 (Mindestrendite; Mindestleistung). Vgl. *Vianello*, Garanzie e tutela dei diritti, in: *Cinelli* (Hrsg.), La previdenza complementare (Fn.1), S. 649 ff. (738 ff.)

[69] Vgl. Artt. 19-*bis*, 19-*ter* und 19-*quater* D.lgs. 252/2005.

[70] Allgemein zu den Schutz- und Kontrollmaßnahmen vgl. *Landini*, Soggetti gestori, modelli gestionali e strutture di controllo, in: *Cinelli* (Hrsg.), La previdenza complementare (Fn. 1),

COVIP[71] zu. Es handelt sich hierbei um eine juristische Person des öffentlichen Rechts, die ihrerseits der Aufsicht des Arbeits- und Sozialministeriums unterstellt ist. Institutionelle Aufgabe der COVIP ist es, zum Schutz der Versicherten und der Leistungsberechtigten die Transparenz und Ordnungsmäßigkeit aller Aktivitäten der Zusatzvorsorgeformen und ein korrektes und vorsichtiges Verwaltungshandeln dieser Sicherungssysteme zu überwachen.[72] Die COVIP ist seit 2007 für sämtliche Formen der Zusatzvorsorge zuständig.[73] Ebenfalls hervorzuheben unter den institutionellen Maßnahmen ist die verschärfte Haftung der Verwalter von Zusatzvorsorgesystemen und die Vorgabe, dass alle Zusatzvorsorgesysteme einen Verantwortlichen benennen müssen.[74] Im Fall eines rechtsfähigen Rentenfonds wird diese Person durch den Verwaltungsrat ernannt, andernfalls durch das Unternehmen, das die Zusatzvorsorge anbietet. Diese Neuerung betrifft insbesondere die Zusatzvorsorge über Lebensversicherungsverträge durch Versicherungsunternehmen, bei denen ein derartiges Rechtsinstitut früher nicht vorgeschrieben war.[75]

### *18.3.1 Allgemeine Maßnahmen zur Sicherung einer zusätzlichen Altersvorsorge*

Verschiedene Vorschriften zielen darauf ab, Nachteile aufgrund von Veränderungen in der Erwerbsbiographie und im Arbeitsverhältnis, in der Situation des Arbeitgebers, sowie in der Situation der Rentenfonds selbst zu vermeiden oder zu minimieren. Dazu gehören die Regeln zur Übertragbarkeit oder zur vorzeitigen Auszahlung individueller Positionen, auch wenn ein Leistungsrecht gegenüber dem ursprünglich zuständigen Rentenfonds noch nicht entstanden ist.[76]

Wird ein Rentenfonds aufgelöst aufgrund von Ereignissen, die die beitragspflichtigen Arbeitgeber betreffen, so gelten die gleichen Möglichkeiten der Auszahlung oder Übertragung wie bei Verlust der Eigenschaften, die zum Beitritt zu einem bestimmten Rentenfonds berechtigen. Da ein vorzeitiger Zugriff auf Teile des Vorsorgeguthabens, wie er zur Deckung primärer Bedürfnisse möglich ist, grundsätzlich ein Risiko für die Absicherung des Langlebigkeitsrisikos in den kapitalgedeckten Zusatzrentensystemen darstellt, wurden Vorschriften zur Begrenzung

---

2009, S. 171 ff.; zu den Garantien vgl. *Vianello*, Garanzie e tutela dei diritti, in: *Cinelli* (Hrsg.), La previdenza complementare (Fn. 1), S. 649 ff. jeweils mit weiteren Nachweisen.

[71] Commissione di Vigilanza sui Fondi Pensione (COVIP), gegründet nach Artt. 16 und 17 D.lgs. 124/1993.

[72] Art. 18 Abs. 2 D.lgs. 252/2005.

[73] Zum Aufgabenkreis der COVIP vgl. Art. 19 D.lgs. 252/2005.

[74] Artt. 15 und 18-*bis* D.lgs. 124/1993 (in der Fassung durch Gesetz Nr. 335/1995) und jetzt Artt. 5 Abs. 7 und folgende sowie Art. 19-*quater* D.lgs. 252/2005.

[75] Art. 5 Abs. 2 D.lgs. 252/2005.

[76] Vgl. oben.

dieses Risikos eingeführt, sei es durch Begrenzung der Möglichkeiten einer vorzeitigen Auszahlung des Kapitals, sei es durch Regeln über die Rückzahlung etwa von Vorschüssen an diese Vorsorgesysteme („reintegro").[77] Arbeitnehmer können solche Beiträge zur Wiederherstellung des ursprünglich angesparten Guthabens jederzeit leisten, auch über die Grenze des normalen steuerlichen Absetzbetrages für Zusatzrentensysteme hinaus. Ein weiterer Anreiz zum Aufbau einer Zusatzrente als Teil der Alterssicherung besteht in der freiwilligen Fortsetzung der Beitragszahlung bei Erreichen der Voraussetzungen der gesetzlichen Altersrente, wenn zu diesem Zeitpunkt die Mindestversicherungszeit im Zusatzrentensystem von fünf Jahren noch nicht erfüllt ist, aber bereits Beiträge für mindestens ein Jahr gezahlt worden sind.

Des Weiteren gilt ein besonderer Schutz für die der Zusatzvorsorge geschuldeten Beitragszahlungen des Arbeitgebers, für die ein spezieller Garantiefonds beim Sozialversicherungsträger INPS errichtet wurde.[78] Der Fonds sichert allerdings nur den Ausfall von Beitragszahlungen ab, nicht den Ausfall eines angemessenen Leistungsniveaus.[79]

### *18.3.2 Grundsätze und Formen der externen institutionellen Aufsicht und Kontrolle*

Im Hinblick auf ihren besonderen Vorsorgeauftrag, zusammen mit der gesetzlichen Rentenversicherung für eine angemessene Einkommenssicherheit im Alter zu sorgen, sind die Zusatzrentensysteme umfänglichen Aufsichtsregelungen und Kontrollen unterworfen. Um den Mitgliedern größtmögliche Sicherheit zu bieten, unterliegen die Zusatzrentenformen nicht nur der Überwachung durch die spezielle Aufsichtsbehörde für Zusatzrentensysteme COVIP, sondern – je nach Zuständigkeitsbereich – außerdem einer weiteren externen Kontrolle durch diverse Einrichtungen, sowie der allgemeinen Aufsicht durch das Schatzministerium (Finanzministerium) und das Arbeitsministerium.

Mit dem Reformgesetz 252/2005 wurden die Regeln zum Schutz der Mitglieder intensiviert, um die Verbreitung der Zusatzvorsorge durch „vertrauensbildende Maßnahmen" zu unterstützen. Dies wurde vor allem auch wegen der formalen Gleichstellung aller Sicherungsformen für erforderlich gehalten. Die rechtlichen Garantien, die zur Vertrauensbildung beitragen sollen, umfassen

---

[77] *Cazzola*, Fondi pensione: istruzioni per l'uso, 2008, S. 98 f.

[78] Fondo di garanzia per la previdenza complementare, Art. 5 D.lgs. Nr. 80/1992. Nach Art. 16 Abs. 2 Buchst. a) des D.lgs. 252/2005 wird dieser Garantiefonds durch einen Beitrag der Arbeitgeber in Höhe von 1% des sog. Solidaritätsbeitrags finanziert.

[79] Ausführlich zu den Sicherungsfunktionen dieses Garantiefonds vgl. *Vianello*, Previdenza complementare e tutela della posizione assicurativa individuale, in: RDSS 3/2009, S. 653 ff. (659 ff.) mit weiteren Nachweisen.

(1) Instrumente der strukturellen Beaufsichtigung der Zusatzvorsorgesysteme, insbes. durch Zulassungsverfahren, durch Herstellung von Transparenz und Aufklärung der Versicherten,
(2) Regeln zur Begrenzung der Anlage- bzw. der Finanzmarktrisiken in einem System der doppelten Kontrolle und Beaufsichtigung.

#### 18.3.2.1 Staatliche Aufsicht und Kontrolle

Das Arbeits- und Sozialministerium erlässt in Absprache mit dem Wirtschafts- und Finanzministerium allgemeine Leitlinien zur Überwachung der Zusatzrentensysteme. Die Umsetzung dieser Richtlinien obliegt der staatlichen Behörde zur Überwachung der Zusatzvorsorge COVIP, die hierzu eigene Normsetzungsbefugnisse hat.[80] Die Aufgaben der COVIP umfassen insbesondere (Art. 19 Gesetz 252/2005):

- die Genehmigung der Satzungen und Regelwerke der Zusatzvorsorgesysteme unter Beachtung der gesetzlichen Vorgaben und die Erstellung einer Liste der offiziell zugelassenen Zusatzvorsorgeeinrichtungen;
- Überwachung der Vermögensverwaltung der einzelnen Rentenfonds, vor allem Überwachung der Transparenz und Korrektheit des Verhaltens; Aufklärung über die zentralen Aspekte der Rechtsmaterie;
- Kontrolle von Dokumenten, Bilanzen und Jahresberichten zur Garantie einer „gesunden" und vorsichtigen Verwaltung des Anlagevermögens; die Kontrolle bezieht sich auf die technische und finanzielle Verwaltung, die Verwaltung des Anlagevermögens sowie die Rechnungslegung der Zusatzrentensysteme, mit entsprechenden Inspektionsbefugnissen und Kontrollen vor Ort;
- periodische Berichte an das Arbeits- und Sozialministerium und gegebenenfalls Empfehlungen für Reformvorschläge.

#### 18.3.2.2 Die Depot-Bank (banca depositaria)

Die Depot-Bank[81] erfüllt ebenfalls eine Schutz- und Kontrollfunktion im Hinblick auf die Sicherheit der Vermögensanlage. Sie wacht über die Mittel des Fonds, die ihr zur Verwaltung anvertraut sind; sie führt die Anweisungen des Verwalters nur aus, wenn diese mit den gesetzlichen und satzungsmäßigen Vorgaben des Fonds übereinstimmen. Die Bank ist also nicht nur ausführendes Organ. Sie ist verpflichtet, Unregelmäßigkeiten in der Verwaltung der Rentenfonds der staatlichen Aufsichtsbehörde unverzüglich mitzuteilen.

---

[80] Vgl. *Scimìa,* Le ragioni di una Autorità dedicata in materia di previdenza complementare, in: *Messori* (Hrsg.), La previdenza complementare in Italia, 2006, S. 251–277.

[81] Art. 7 D.lgs. 252/2005.

#### 18.3.2.3 Weitere bereichsspezifische Kontrollorgane

Je nach Anlageform sind weitere externe Kontrollorgane beteiligt, darunter die für die Aufsicht über den Wertpapierhandel zuständige Behörde CONSOB,[82] die italienische Zentralbank Banca d'Italia, sowie bei Einschaltung von Versicherungsgesellschaften die Versicherungsaufsichtsbehörde.[83]

### *18.3.3 Interne Kontrolle und Schutz der Interessen der Versicherten durch die Verwaltungsorgane der Rentenfonds*

#### 18.3.3.1 Interne Kontrolle

Zur Verankerung einer verantwortlichen Steuerung des Systems und zur Entwicklung robusterer Organisationsstrukturen hat die staatliche Aufsichtsbehörde COVIP eine Serie von Richtlinien für die interne Kontrolle erarbeitet (*delibera* 18.3.2003; 4.12.2003). Diese Richtlinien dienen dazu, eine effiziente Kontrolle aller Faktoren, die eine gesunde und kluge Verwaltung beeinflussen, zu etablieren. Dazu gehört eine entsprechende organisatorische Struktur, die eine Koordinierung und Kontrolle der auf externe Strukturen übertragenen Aufgaben und Aktivitäten gestattet. Die interne Kontrolle darf nicht den Mitgliedern der bereits bestehenden Kontrollorgane übertragen werden. Es handelt sich also um eine Kontrolle der Kontrolle. Aufgabe der internen Kontrolle ist es, das jeweilige Kontrollorgan und Verwaltungsorgan zu unterstützen sowie die Angemessenheit der Aktivitäten sämtlicher Personen zu überprüfen, die am Management des Rentenfonds beteiligt sind. Die Kontrolle erstreckt sich auf die Einhaltung der gesetzlichen Vorschriften sowie der Durchführungsbestimmungen, die der Verwaltungsrat des jeweiligen Rentenfonds beschlossen hat.

#### 18.3.3.2 Schutz der Interessen der Versicherten

Die Wahrnehmung der Interessen der Versicherten ist vor allem in den berufsgruppenspezifischen geschlossenen Rentenfonds im Rahmen der Besetzung der Organe (Delegiertenversammlung; Verwaltungsrat und Kontrollorgan) institutionell verankert. Verwaltungsrat und Kontrollorgan müssen paritätisch von Vertretern der Arbeitnehmer und der Arbeitgeberseite besetzt sein. Die Versammlung dient der Willensäußerung der Mitglieder (der Versicherten) des Fonds und tritt mindestens einmal jährlich zusammen. Sie besteht entweder aus allen Mitgliedern, in der Regel jedoch aus gewählten Delegierten der Mitglieder. Falls auch Arbeitgeber Mitglieder

---

[82] Commissione Nazionale per le Società di Borsa, eine unabhängige Behörde mit Sitz in Rom und Mailand.

[83] Istituto per la Vigilanza sulle Assicurazioni Private e di Interesse Collettivo (ISVAP). Vgl. dazu *Bessone*, Previdenza complementare, 2000, 396.

sind, gilt der Grundsatz der paritätischen Besetzung der Versammlung. Die Versammlung entscheidet u. a. über die Genehmigung der Bilanz, Satzungsänderungen, Auflösung des Rentenfonds und Modalitäten der Liquidation des Vermögens, Wahl des Verwaltungs- und des Kontrollorgans.

Die Verwaltung wird externen Unternehmen (Banken, Versicherungen und Immobilienverwaltungsgesellschaften) übertragen; laufende Rentenzahlungen übernimmt in der Regel eine Versicherungsgesellschaft. Die Verwaltung wird im Allgemeinen für einen befristeten Zeitraum übertragen (fünf Jahre) und dann neu ausgeschrieben. Für diese strategischen Entscheidungen – aber auch für Anlagestrategien – ist der Verwaltungsrat zuständig, gegebenenfalls in Abstimmung mit der Versammlung.

Eine wichtige Funktion im Rahmen der Zusatzrentensysteme übt der Generaldirektor aus, der vom Verwaltungsrat ernannt wird und häufig auch als Verantwortlicher des Rentenfonds fungiert.[84] In der Funktion des Verantwortlichen hat er sicherzustellen, dass die Verwaltung des Anlagevermögens im ausschließlichen Interesse der Versicherten erfolgt und dass die geltenden Vorschriften und Vorgaben der Satzung sowie die Richtlinien der Aufsichtsbehörde eingehalten werden. Er ist verpflichtet, der COVIP Maßnahmen zur Aufrechterhaltung des finanziellen Gleichgewichts vorzuschlagen.

#### 18.3.3.3 Die Haftung der Organe der Rentenfonds

Die Mitglieder der Organe unterliegen den gleichen Haftungsregelungen wie für Kapitalgesellschaften. Die Mitglieder des Kontrollorgans haften solidarisch mit den Mitgliedern des Verwaltungsrats für Taten oder Unterlassungen, die den Rentenfonds geschädigt haben. Darüber hinaus sind die Mitglieder des Kontrollorgans verpflichtet, der staatlichen Aufsichtsbehörde COVIP eventuelle Unregelmäßigkeiten und Umstände, die das finanzielle Gleichgewicht des Rentenfonds beeinträchtigen könnten, mitzuteilen.

### 18.3.4 Begrenzung der Finanzmarktrisiken

Zahlreiche Details, die für die Sicherheit der Zusatzvorsorgesysteme relevant sind, sind in untergesetzlichen Normen festgelegt, also etwa in Ministerialverordnungen oder in den von der COVIP erlassenen Rechtsakten. Es herrscht Einverständnis darüber, dass die Zusatzrentenfonds zahlreichen Risiken ausgesetzt sind, die man bestmöglich minimieren muss. Diese Risiken sind teils die gleichen wie für andere Finanzdienstleistungen, teils handelt es sich aber um ganz spezielle Risiken. Hierzu

[84] Nach dem Gesetz muss der Verwaltungsrat des Rentenfonds eine verantwortliche Person benennen, die ihre Aktivitäten autonom und unabhängig ausübt (Art. 5 Gesetz 252/2005). Diese Person ist verpflichtet, den Verwaltungsorganen des Rentenfonds direkt Rechenschaft abzulegen. Vgl. dazu auch *Persiani,* (Fn.1), 2009, mit weiteren Nachweisen.

wird u. a. die Bewältigung und Prävention von Interessenkonflikten gezählt. Insgesamt geht es um eine Maximierung der Nettorenditen bei starker Risikoaversion, nach den Grundsätzen einer gesunden und vorsichtigen Fondsverwaltung.

#### 18.3.4.1 Allgemeine Schutzvorschriften und ihre Grenzen

Die Zusatzvorsorgesysteme dürfen keinen anderen Zweck verfolgen als den der Einkommenssicherung durch Renten. Außerdem gilt für die geschlossenen Fonds das satzungsmäßige Verbot einer Gewinnerzielungsabsicht. Die Verwaltung der Finanzmittel erfolgt durch professionelle Anleger unter Wahrung der gesetzlichen und satzungsmäßigen Anlagevorschriften. Zu den allgemeinen Schutzvorschriften gehören die

- Informationsregelungen (Transparenz durch Information),[85]
- spezielle fachliche und ethische Voraussetzungen für die Vorstände und die
- Bildung eines autonomen Sondervermögens (*Patrimonio autonomo e separato*, PAS) zum Schutz des Vorsorgeguthabens.

Die Missachtung der Vorschriften und Anordnungen der Aufsichtsbehörde ist mit verwaltungsrechtlichen und strafrechtlichen Sanktionen bewehrt.

Die Versicherten haben aber keinen Anspruch auf unveränderte Beibehaltung des ursprünglichen Regelwerks des von ihnen gewählten Zusatzrentensystems. Dies bedeutet, dass die Leistungssysteme nachträglich geändert werden können.

#### 18.3.4.2 Anlageschutzvorschriften

Die Möglichkeiten zu Direktinvestitionen sind für geschlossene Rentenfonds erheblich beschränkt, insoweit gilt ein System der indirekten Verwaltung durch Beauftragung von Banken, Kapitalanlagegesellschaften, Versicherungsgesellschaften etc. Direkte Anlagen sind nur in Aktien von Immobiliengesellschaften und in Anteile von allgemeinen geschlossenen Immobilienfonds sowie in geschlossene Wertpapierfonds gestattet und in jedem Fall begrenzt auf 20% des Anlagevermögens des Rentenfonds, bzw. auf 25% des Anlagevermögens im Fall eines geschlossenen Rentenfonds. Die Vorschriften sollen möglichst hohe Professionalität garantieren. Daher werden die jeweiligen Rentenfondsverwalter zusätzlich durch ihre spezifischen Aufsichtsbehörden kontrolliert.

Zur Sicherung gegen diverse Finanzmarktrisiken des Fondsvermögens sind bestimmte qualitative sowie quantitative Kriterien und Grenzen für das Anlage-Portfolio vorgeschrieben. In qualitativer Hinsicht besteht ein *numerus clausus* hinsichtlich der Produkte, in denen das Fondsvermögen angelegt werden darf.

---

[85] Vgl. dazu zuletzt COVIP, Beschluss (delibera) vom 22.7.2010.

Das operative Geschäft der Fonds soll sich an den Prinzipien der Transparenz und der angemessenen Information der Versicherten orientieren. Neben diversen Verboten bzw. Grenzen für die Vermögensanlage gelten auch strenge Grenzen in Bezug auf die Verwendung hochspekulativer Instrumente (d. h. der Derivate), durch die das Gesamtrisiko nicht erhöht werden darf. Maximal 15% des Vermögens darf in Titel desselben Emittenten angelegt werden; es ist vorgeschrieben, Investitionen zumindest zu 1/3 in der Währung auszuweisen, in der die Leistungen zu zahlen sind.

Entscheiden sich die Arbeitnehmer für eine Zusatzvorsorge, so haben sie in der Regel die Auswahl zwischen mehreren Produkten mit unterschiedlichem Risikoprofil, die sich vor allem nach ihrem Aktienanteil unterscheiden.

#### 18.3.4.3 Die garantierte Investitionslinie

Speziell für die Zusatzrentensysteme, die auf einer stillschweigenden Mitgliedschaft basieren, ist zur größtmöglichen Sicherheit eine sog. garantierte Investitionslinie vorgeschrieben, die sich an den Regeln für den TFR orientiert. Die garantierte Investitionslinie soll die Rückzahlung des eingezahlten Kapitals und eine Rendite vergleichbar dem Aufwertungssatz des TFR-Kapitals garantieren. Hierzu hat die staatliche Aufsichtsbehörde COVIP als Garantie vorgeschrieben, dass eine uneingeschränkte Verpflichtung zur vollständigen Restitution des eingezahlten Kapitals in einem vorbestimmten Zeitraum oder bei Eintritt bestimmter Ereignisse (Verrentung) besteht. Die Anlagepolitik dieser Linie muss darüber hinaus geeignet sein, mit hoher Wahrscheinlichkeit gleich hohe oder höhere Renditen als beim TFR zu erzielen, zumindest in einem mehrjährigen Zeitraum.[86]

### *18.3.5 Regionale Zusatzrentensysteme*

Die Regionen können auf zwei verschiedenen Wegen territoriale Rentenfonds begründen: Zum einen durch eine kollektivvertragliche Vereinbarung, wie dies bereits in Südtirol, Venetien und im Aostatal geschehen ist. Die andere Möglichkeit ist neu durch das Reformgesetz 252/2005 eingeführt worden und besteht in einem direkt von der Region gegründeten Zusatzrentenfonds. Entsprechende regionale Rechtsgrundlagen haben die Regionen Sizilien (2006) und Venetien (2007) geschaffen.

Eine Besonderheit ist das Zusatzrenten-System *Pensplan*, das die autonome Region Trentino-Südtirol bereits 1997 zur Entwicklung und Förderung einer

[86] Art. 8 Abs. 9 D.lgs. 252/2005.

regionalen Zusatzvorsorge gestartet hat.[87] Die Region Südtirol verpflichtete sich, dem kollektiv-vertraglich begründeten Zusatzrentensystem etwa 25,8 Mio. Euro in einem Zeitraum von zehn Jahren zur Verfügung zu stellen. Mit diesem Geld wurden Verwaltungskosten gedeckt, Sicherheiten gestellt, Anschubfinanzierungen für Geringverdiener sowie Unterstützung bei finanziellen Engpässen der Versicherten geleistet.[88]

Die Vorteile dieser regionalen Initiative liegen in der Entwicklung maßgeschneiderter Vorsorgeprogramme für unterschiedliche Zielgruppen, in einer unabhängigen Beratung, aber auch in höheren Renditen, da die Region den Großteil der Verwaltungskosten der vertragsgebundenen (konventionierten) Rentenfonds übernimmt. Hinzu kommen einige besondere Garantien und Sozialmaßnahmen für die Mitglieder des regionalen Zusatzvorsorgesystems. Diese umfassen[89]:

1. während des Aufbaus der Anwartschaften (mindestens) Garantie des im Rentenfonds angereiften Kapitals in den letzten zwei Jahren vor der Inanspruchnahme der gesetzlichen Rente[90];
2. während der Auszahlungsphase eine Garantie der Auszahlung der Zusatzrente für einen Zeitraum von maximal zwei Jahren bei Zahlungsunfähigkeit des Rentenfonds und/oder Zwangsliquidation der Versicherungsgesellschaft, die mit der Auszahlung der Renten beauftragt wurde.

Die Region Südtirol sieht darüber hinaus eine Reihe von Sozialmaßnahmen für bestimmte schutzbedürftige Kategorien von Beschäftigten vor. Dazu gehören eine außerordentliche Beitragsleistung für sog. Projektmitarbeiter und die Unterstützung der Beitragszahlungen im Falle wirtschaftlicher Schwierigkeiten.[91]

[87] Regionalgesetz vom 27.2.1997, Nr. 3 über „Maßnahmen im Bereich der Ergänzungsvorsorge in Zusammenhang mit den Rentenfonds auf regionaler Ebene", das aufgrund der besonderen Gesetzgebungszuständigkeit im Rahmen des Sonderautonomiestatuts erlassen wurde. Zum Konzept der vom Regionalgesetzgeber geförderten Zusatzvorsorge vgl. *Peterlini*, Pianificare il futuro, 2000.

[88] Weitere Finanzmittel zur Förderung der Zusatzvorsorge sind vom regionalen Familienpaket für die rentenrechtliche Absicherung von Erziehungs- und Pflegezeiten vorgesehen.

[89] Art. 3 Abs. 1 und Art. 5 des Regionalgesetzes Nr. 3/1997.

[90] Der Zeitraum von zwei Jahren wird nach den jüngsten Erfahrungen mit der internationalen Finanzmarktkrise inzwischen als zu kurz angesehen. Erforderlich erscheint ein Zeitraum von 5-7 Jahren.

[91] Eine Beitragssubvention zugunsten von Arbeitnehmern ist in folgenden Fällen vorgesehen: Bezug von Arbeitslosengeld, Eintragung in die sog. Mobilitätslisten bzw. Bezug von Leistungen der Lohnausgleichkasse bei Kurzarbeit, lange Krankheitszeiten, finanzielle Engpässe der Familie infolge von Naturkatastrophen oder aufgrund besonderer und außerordentlich schwerwiegender Umstände; finanzielle Notfälle durch Naturkatastrophen und außergewöhnliche Umstände berechtigen auch selbständig Beschäftigte zu einer Unterstützung der Beitragsleistung.

### *18.3.6 Der Garantiefonds für Zusatzrentensysteme*

Gegen das Risiko von Beitragsausfällen durch versäumte oder unzureichende Beitragszahlungen für die Zusatzvorsorge durch einen insolventen Arbeitgeber wurde beim Sozialversicherungsträger INPS ein besonderer Garantiefonds eingerichtet.[92]

Einen Leistungsanspruch gegen den Garantiefonds haben nicht die Zusatzrentensysteme, sondern die betroffenen Arbeitnehmer bzw. ihre zu einer Hinterbliebenenrente berechtigten Angehörigen. Dieser Garantiefonds springt ein, wenn ein zahlungsunfähiger Arbeitgeber Beitragszahlungen an eine Form der Zusatzvorsorge entweder versäumt oder nur teilweise geleistet hat. Die Arbeitnehmer können in diesem Fall jedoch nicht die Zusatzrente verlangen, auf die sie bei regulärer Beitragszahlung Anspruch gehabt hätten, sondern lediglich eine Einzahlung der fehlenden Beiträge in das Zusatzvorsorgesystem.[93] Der Garantiefonds wird aus einem Teil des Solidarbeitrags finanziert, den die Arbeitgeber auf die Beiträge für die Zusatzvorsorge zu entrichten haben.[94] Bei Zahlungsschwierigkeiten des Arbeitgebers tritt der Garantiefonds u. a. im Fall des Konkurses, des Vergleichsverfahrens, der außerordentlichen Verwaltung bzw. nach Durchführung eines Zwangsvollstreckungsverfahrens ein, wenn dieses nicht zu einer Befriedigung der offenen Forderungen der Arbeitnehmer geführt hat.

## 18.4 Auswirkungen der internationalen Finanzkrise und aktuelle Reaktionen

Die internationale Finanzkrise hat auch bei den italienischen Zusatzrentenfonds ihre Spuren hinterlassen. Mit dem Einbruch der Renditen stagnierten die Mitgliederzahlen vor allem in den ersten Monaten von 2009. Darüber hinaus verloren die geschlossenen Rentenfonds auf kollektiver Grundlage etliche Mitglieder, die offenbar vor allem auf die individuellen Vorsorgeverträge auswichen, die in der jüngsten Zeit großen Zulauf hatten.

Nach den Turbulenzen des Jahres 2008 haben sich negativen Renditeergebnisse im ersten Trimester 2009 bereits deutlich abgeschwächt. Die kategoriellen Rentenfonds verloren durchschnittlich 0,77% an Wert, die offenen Rentenfonds 1,39%. Diese Ergebnisse sind nicht befriedigend, aber keinesfalls desaströs, verglichen mit den Ergebnissen von 2008, als die kategoriellen geschlossenen Fonds

---

[92] Art. 5 D.lgs. 80/1992. Vgl. hierzu *Spiniello*, Fondo di garanzia della posizione previdenziale complementare, in: *Vallacqua*, La previdenza complementare per i dipendenti pubblici e privati, 2008, 233 ff.; *Vianello*, Previdenza complementare e tutela della posizione assicurativa individuale, in: RDSS, 2009; Nr. 3, S. 653 ff. mit weiteren Nachweisen.

[93] Die Modalitäten für die Intervention des Garantiefonds, sind im Rundschreiben des INPS Nr. 23 vom 22.2.2008 geregelt. Vgl. hierzu auch *Cinelli*, Diritto della previdenza sociale, 8. Aufl. 2008, S. 361 f.

[94] Art. 9-*bis* Abs. 2 Decreto legge Nr. 103/1991, in der Fassung durch Gesetz Nr. 166/1991.

einen Wertverlust von – 6,3%, die offenen Rentenfonds einen Verlust von – 14% aufwiesen.[95]

Angesichts der internationalen Finanzkrise und vor allem infolge der anhaltenden wirtschaftlichen Rezession in Italien bleibt der Ausbau der Zusatzrentensysteme eine schwierige Herausforderung. In der jüngsten Zeit wird über zusätzliche Sicherheiten insbesondere durch Kapitalgarantien in den letzten Jahren vor der Verrentung bzw. unmittelbar vor Rentenbeginn nachgedacht. Konkret beschlossen wurde bislang eine Ausweitung der Aufsichtsratsstruktur auf größere offene Rentenfonds, so dass sich die Zahl der verantwortlichen Personen mit Kontrollfunktionen hier erhöhen wird. Als weitere Möglichkeiten zur Bewältigung der speziellen wirtschaftlichen Risiken in der kapitalgedeckten Zusatzvorsorge nannte der Präsident der Aufsichtsbehörde COVIP folgende Maßnahmen:

- Einführung eines Sicherungsfonds als Garantiesystem,
- Solidaritätsmechanismen zwischen den Rentenfonds,
- Aufschub der Auszahlungsphase/des Rentenbeginns ohne weitere Beitragszahlung und
- staatliche Unterstützung für Versicherte, die aufgrund der akuten Finanzmarktkrise die Auszahlung ihrer Zusatzrente verschieben müssen.

Außerdem sollen die Interessen der Versicherten durch die Einführung eines ethischen „Marketing" beim Vertrieb der Anlageprodukte sowie durch eine verstärkte Beratung der Mitglieder zur sachgerechten Bewertung der ihnen unterbreiteten Anlageempfehlungen besser geschützt werden.[96]

Weitere Reformvorschläge zielen darauf ab, die Attraktivität der Zusatzvorsorge zu erhöhen. Gedacht ist – neben allgemeinen Maßnahmen zur Verminderung von Kosten und Gebühren sowie zur Modernisierung der Anlagevorschriften aus dem Jahr 1996 – auch an die Einführung einer begrenzten Rückkehr zum TFR-System in Form eines Widerrufsrechts der Versicherten.

## 18.5 Zusammenfassung und Ausblick

Nach der Reform der Zusatzvorsorge durch Gesetz 252/2005 ist der Deckungsgrad der Gesicherten bis Ende 2009 auf rund 22% der Erwerbstätigen und etwa 27% der abhängig Beschäftigten angestiegen. Allerdings bestehen in Italien nach wie vor strukturelle Probleme beim Ausbau der Zusatzvorsorge, unabhängig von der letzten Finanzmarktkrise. Chronische Sicherungsdefizite hinsichtlich einer angemessenen

---

[95] Zu den provisorisch ermittelten Nettorenditen der unterschiedlichen Vorsorgeinstrumente in der Zusatzvorsorge im Jahr 2009 vgl. COVIP, La previdenza complementare. Principali dati statistici, aggiornati a dicembre 2009, Januar 2010, Tabelle 2.

[96] Vgl. *Finocchiaro*,"Crisi finanziaria e fondi pensione – gli interventi della COVIP", Vortrag auf der Konferenz "European Investment Series 2009 der Financial Times, Mailand, 15.10.2009.

Alterssicherung zeichnen sich in den vielen Kleinbetrieben, unter den Jugendlichen, den Frauen, bei den selbständig Beschäftigten, im unterentwickelten Mezzogiorno, sowie unter den Beschäftigten im öffentlichen Dienst ab.

Ein weiteres Problem sind die vielen Fälle, in denen nachträglich die Voraussetzungen für die Mitgliedschaft in einem Rentenfonds entfallen und das angesparte Vorsorgekapital ausgezahlt wird, etwa bei Verlust oder Wechsel des Arbeitsplatzes. Im Jahr 2008 betraf dies 3% der Mitglieder in Zusatzrentenformen. In Zeiten ökonomischer Krisen ist es für einige Arbeitnehmer schwierig, im System der Zusatzvorsorge zu verbleiben. Bedenklich sind daher die Daten bezüglich unterbrochener, ausgesetzter oder äußerst geringfügiger Beitragszahlungen. Im Jahr 2009 leisteten rund 700.000 der Mitglieder in den Zusatzvorsorgesystemen (16% der Versicherten gegenüber 12% im Jahr 2008) keinerlei Beiträge. Angesichts dieser Zahlen ist die finanzielle Absicherung im Alter weniger gewiss, als es die Ausweitung des Deckungsgrades vermuten lässt.

Darüber hinaus bleibt offen, inwieweit neben der Finanz- und Wirtschaftskrise der jüngeren Vergangenheit weitere Risiken die Funktionsweise der zusätzlichen Altersvorsorge beeinträchtigen und damit die Hoffnung auf eine angemessene Alterssicherung insgesamt trüben könnten. Die makroökonomischen Folgen der Anlagepolitik der Zusatzrentenfonds sind ungewiss. Bisher wurden die Fondsvermögen zu 77% im Ausland investiert, während nur ein sehr geringer Anteil (2,5% im Jahr 2006) in den Kauf von Aktien italienischer Unternehmen fließt. Dies ist kein Zufall, sondern eine Folge der strukturellen Merkmale des italienischen Produktionssystems, das überwiegend aus kleinen bzw. nicht börsennotierten Unternehmen besteht. Die Fondsvermögen fließen damit zu einem beträchtlichen Teil ins Ausland und begünstigen konkurrierende Produktionssysteme, was wiederum die Stabilität der Arbeitsplätze in Italien gefährden kann.[97]

Obwohl die italienischen Zusatzrentensysteme die Auswirkungen der Krise besser verkraftet haben als viele andere Vermögensverwaltungen, bleibt doch die Frage, ob sie ihren Beitrag zur Garantie angemessener Renten erfüllen können. Die Finanzmarktkrise hat offenbart, dass viele der älteren Arbeitnehmer einen bedenklich hohen Aktienanteil in ihrem Portfolio hatten. Circa 40% der Mitglieder in kollektiven Rentenfonds in der Altersgruppe zwischen 60 und 65 Jahren hatte sich für eher risikoreiche Investitionslinien entschieden. Diese Tendenz ist in den offenen Rentenfonds noch stärker ausgeprägt. Der Zusammenbruch der Finanzmärkte hat das Vorsorgevermögen dieser Versicherten erheblich geschmälert. Dies ist deshalb dramatisch, weil diese Altersgruppe nicht die erforderliche Zeit hat, sich von den eingetretenen Verlusten wieder zu erholen. Allem Anschein nach war das italienische System der Zusatzvorsorge nicht in der Lage, den Versicherten zu einer verständigen Anlageentscheidung zu verhelfen. Alles in allem haben die italienischen Zusatzrentensysteme bislang kein ausreichendes Instrumentarium an Garantien entwickelt, das vor individuellen Dramen im Alter hinreichend Schutz bietet.

---

[97] *Pizzuti*, Il sistema pensionistico e il sistema di welfare, in: Guerzoni (Hrsg.), La riforma del welfare. Dieci anni dopo la „Commissione Onofri", 2008, 321 ff. (326).

## Anhang:

**Tabelle 18.1** Verbreitung der Zusatzvorsorge in Italien – Mitgliederzahl und Anlagevermögen am 31.12.2010 (provisorische Daten)

| Art der Zusatzvorsorge | Zahl der Mitglieder | Veränderung in % zwischen Dez. 09 – Dez. 10 | Anlagevermögen (in Mrd. €) | Veränderung in % zwischen Dez. 09 – Dez. 10 |
|---|---|---|---|---|
| Kollektivvertragl. geschlossene Rentenfonds | 2.012.022 | −1,4 | 22,36 | 19,2 |
| Offene Rentenfonds | 848.357 | 3,4 | 7,48 | 19,3 |
| Alte Rentenfonds | 673.000 | – | 40,5 | – |
| Neue individuelle Rentenversicherungen (PIP) | 1.160.069 | 29,8 | 5,03 | 48,1 |
| *Alte private Rentenversicherungen* | *654.000* | – | *6,5* | |
| **Summe** | **5.325.911** | **5,4** | **81,904** | **12,3** |
| *davon Arbeitnehmer* | *3.845.551* | *4,2* | | |

Quelle: COVIP, La previdenza complementare. Principali dati statistici, Gennaio 2011 (http://www.covip.it/wp-content/uploads/Agg_Stat-Set2010-v20110127.pdf).

**Tabelle 18.2** Nettorenditen der unterschiedlichen Zusatzrentensysteme und Aufwertung des TFR-Kapitals

| | 2003 | 2004 | 2005 | 2006 | 2007 | 2008 | 2009 | Dez. 2009 – Dez. 2010 |
|---|---|---|---|---|---|---|---|---|
| Geschlossene Rentenfonds | 5,0 | 4,6 | 7,5 | 3,8 | 2,1 | −6,3 | 8,5 | 3,0 |
| Offene Rentenfonds | 5,7 | 4,3 | 11,5 | 2,4 | −0,4 | −14,0 | 11,3 | 4,2 |
| Aufwertung TFR | 2,8 | 2,5 | 2,6 | 2,4 | 3,1 | 2,7 | 2,0 | 2,6 |

Quelle: COVIP, La previdenza complementare. Principali dati statistici, Tab. 3, Gennaio 2011.

**Tabelle 18.3** Deckungsgrad der Zusatzvorsorge (Ende 2009)

| | Mitglieder in Systemen der Zusatzvorsorge | Beschäftigte insgesamt | Deckungsgrad in % |
|---|---|---|---|
| Arbeitnehmer der Privatwirtschaft | 3.692.000 | 13.716.000 | 26,9 |
| Arbeitnehmer im öffentl. Dienst | 139.000 | 3.566.000 | 3,9 |
| Selbständig Beschäftigte (autonomi) | 1.225.000 | 5.640.000 | 21,7 |
| **Insgesamt** | **5.056.000** | **22.922.000** | **22,1** |

Quelle: COVIP, Relazione per l'anno 2009, S. 45. (http://www.covip.it/wp-content/files_mf/12765949562009RelAnnuale.pdf).

# Chapter 19
# Occupational Old-Age Pensions in Italy – Coverage and Financial Security of Voluntary Funded Supplementary Pensions

**Eva Maria Hohnerlein**

**Stichwortverzeichnis** Altersgrenze · Anlagepolitik · Anlagevermögen · Anlagevorschriften · Arbeitgeberanteil · Arbeitslosigkeit · Aufnahmegebühr · Aufsichtsbehörde · Aufsichtsorgan · Austritt · Beitrittsfreiheit · Beitrittsquote · Deckungsgrad · Depotbank · Direktinvestition · Einwilligung · Festbeitragssystem · Finanzierung · Finanzmarktrisiken · Fondinps · Fondsverwaltung · Gesamtversorgung · Informationspflichten · Invalidität · Kapitalgarantien · Kollektivverträge · Kontrollorgane · Kostenindikator · Leibrente · Mindestbeitrag · Mindestleistung · Mindestrendite · Rentenpläne, individuelle · Rückerstattung · Sanktionen · Solidaritätsmechanismen · Sondervermögen · Teilauszahlung · TFR-Kapital · TFR-Leistung · TFR-Rendite · TFR-System · Transparenz · Übertragbarkeit · Vermögensverwaltung · Versicherungsaufsichtsbehörde · Verwaltungskosten · Vorschüsse · Vorsorgeauftrag · Vorsorgebeitrag · Zentralbank · Zulassungsverfahren · Zulassungsvorschriften · Zusatzvorsorge

## 19.1 The Changing Architecture of Old-Age Pension Provision

Since the early 1990s the Italian pension system has been under permanent reconstruction in order to stabilise the public pension spending: The public pension system – the first pillar of old-age pensions – used to be one of the most generous ones in Europe. Occupational pensions existed only for a very limited number of better-off employees (especially in the banking and the insurance sector) and for managerial staff.

Now, as a result of four major reforms not only the legal retirement age has been increased but overall entitlement conditions have worsened. As a result of the new rules for the pension calculation based on a notional defined contribution formula,

E.M. Hohnerlein (✉)
Dr. jur., Max-Planck-Institut für ausländisches und internationales Sozialrecht, München, Amalienstr. 33, 80799 München, Deutschland
e-mail: hohnerlein@mpisoc.mpg.de

O. Kaufmann, S. Hennion (eds.), *Steuerung der betrieblichen Altersversorgung in Europa: garantierte Sicherheit? Governance of Occupational Pensions in Europe: Guaranteed Security? Gouvernance des retraites professionnelles en Europe: Sécurité garantie?*, DOI 10.1007/978-3-642-15731-8_19, © Springer-Verlag Berlin Heidelberg 2011

replacement rates in the statutory scheme are to decline considerably, in particular for younger generations. Future adequacy of old-age security will thus depend – in addition to longer working lives – to a great extent on the development and diffusion of a solid second pillar of capital-funded occupational pensions. Even the Italian Constitutional Court recognised that supplementary funded schemes today pursue distinct social protection objectives and contribute – along with statutory pensions – to the provision of adequate means in old age for workers.

Accordingly, the Italian Government and the social partners agreed on the need for promoting and enhancing the coverage of supplementary, voluntary funded pensions – the so-called *previdenza complementare*.[1] However, achieving this aim proves to be extremely difficult.

Traditional reasons for this are the lack of an adequate regulatory framework as well as lacking or insufficient funding capacities of potential affiliates.

A first comprehensive law on supplementary funded pension schemes was passed in 1993 in the context of the statutory pension reform process.[2] As a result, coverage increased from less than 5% of the economically active population before the 1993 reform to about 10% of the working population in 2001. A further increase in coverage of occupational pensions took place after a fundamental reform was passed in 2004/2005 to promote affiliation by a new financing mechanism, tax incentives and additional safeguards to protect the position of affiliates. Under the new Law No. 252/2005 on supplementary funded pensions (applied as of January 2007)[3] the participation rate rose to about 22% of the working population (about 5 million persons), including 3.7 million employees in the private sector. The assets invested in the different forms of *previdenza complementare* amounted to 81.9 billion euros at the end of 2010.

Not surprisingly, the extension of coverage took place mainly in sectors with strong social partners and in larger enterprises. The mean coverage rate among private sector employees has reached about 27%. This is not only below the benchmark

---

[1]For more details on the issue of funded supplementary pensions within the pension reform process, see *M. Cinelli*, Disciplina delle forme pensionistiche complementari, in: Nuove Leggi Civili Commentate, 1995, p. 1 ff; *P. Sandulli*, Previdenza complementare, Digesto del Diritto Privato commentato, col. XI, 1995; *C. Cester* (a cura di), La riforma del sistema pensionistico, 1996; *R. Pessi*, La previdenza complementare, 1999; *G. Ferraro* (a cura di), La previdenza complementare nella riforma del welfare, 2000; *M. Bessone*, Previdenza complementare, 2000; *A. Tursi*, La previdenza complementare nel sistema italiano di sicurezza sociale: fattispecie e disciplina giuridica, 2001; *G. Zampini*, La previdenza complementare, 2002; *R. Vianello*, Previdenza complementare e autonomia collettiva, 2006; *F. Vallacqua*, La previdenza complementare per i dipendenti pubblici e privati, 2008; *M. Persiani*, Diritto della Previdenza Sociale, 17th ed. 2009, p. 353 ff.; *M. Raitano*, The Italian pension system and social inclusion, in: *T. Meyer, P. Bridgen, B. Riedmüller* (eds.), Private Pensions versus Social Inclusion? Non-State Provision for Citizens at Risk in Europe, 2007, pp. 168–192 (with further references).

[2]Law No. 124 of 21 April 1993.

[3]Law No. 252 of 5 December 2005 and subsequent modifications. For an early appraisal of this reform, see *C. Pinna and L. Sforza*, Occupational Pension Reform in Italy – challenges and opportunities, in: Benefits & Compensation International May 2007, pp. 3–7.

of 40% which the Italian Minister of Labour and Social Affairs had set prior to the reform, but it also conceals tremendous disparities linked to age, gender, size of the enterprise or the region where the activity is carried out. Despite the new incentives of the 2005 reform law, more than 70% of private sector employees decided *not* to join a voluntary supplementary pension system. The reluctance of major portions of the working population might very well be due to a number of financial insecurities linked directly or indirectly to the international financial crisis. On the one hand, reform brought to the fore that funded schemes have relevant side effects in that they transfer the pension risks to the individuals, who are exposed to the consequences of unfavourable economic cycles and to financial crises. On the other hand, current coverage patterns seem to indicate that funded occupational schemes enhance existing inequalities: they do not cope with changing labour market conditions, nor do they offer reliable protection for the most vulnerable, for the unemployed, for those in precarious working conditions or for those working in very small enterprises. What are the solutions adopted so far in Italy to safeguard the position of individual affiliates and to improve financial security of funded occupational pensions?

## 19.2 Forms of Supplementary Old-Age Pension Provision

Prior to the first law on supplementary pension schemes of 1993, there were about 800 funded occupational pension schemes in Italy. Despite a process of concentration and aggregation many of them (411) still persist along with the new forms of supplementary pension schemes created since 1993.[4] Currently, there are about 600 pension funds and equivalent protection schemes.

The current regulatory framework distinguishes between three different forms of funded schemes. They include (1) closed (negotiated/contractual) funds regulated by collective agreement; (2) open funds managed by financial intermediaries, and (3) individual pension insurance policies (so-called PIP).[5] All three forms need accreditation by the public supervisory body COVIP.[6] Affiliation is always voluntary, even in case of a collective agreement. It can take place within the scope of a collective agreement (either by joining a closed pension fund or an open fund) or on an individual basis (joining an open fund or contracting a pension insurance policy). Employees can choose freely between the different options for supplementary funded pensions provided that the specific form of protection is available.

A special feature of Italian social legislation is the employee statutory severance pay – the so-called *Trattamento di Fine Rapporto* (TFR).

[4]The old schemes have to adapt to new regulatory conditions to be entitled to attract new affiliates.

[5]Piani individuali di previdenza (PIP).

[6]Commissione di Vigilanza sui Fondi Pensione. COVIP is a public authority, whose responsibility it is, above all, to authorise supplementary pension funds and to supervise their fund management, including the examination of documents, account balances and annual reports, as well as to carry out on-site inspections.

### 19.2.1 Occupational Pension Schemes

(1) *Closed pension funds* are established for a specific branch, for a particular company or by the Regions as territorial entities with special legislative competences[7]; these funds are based on a collective agreement which specifies the personal scope of application.[8] They are administered by the social partners. Currently, they cover about 1.9 million private sector employees (as of 30 June 2010).
(2) *Open pension funds* are not restricted in their personal scope but are open to everybody. They are established unilaterally by banks, securities companies, as well as insurance and investment companies. They are to pursue exclusively the objective to pay additional pension benefits.[9] Coverage is provided for about 410,000 private sector employees.
(3) *Individual life insurance policies* are now subject to the regulation of the supervisory body COVIP in order to make rights and benefits of insurance policies for old-age provision comparable to benefits from pension funds.[10]

### 19.2.2 The TFR System (End-of-Service Allowance)

The TFR payment is a statutory end-of-service or severance allowance. A specified portion of the workers' pay is not paid out at the end of each month, but set aside by the employer and paid out as a lump-sum upon termination of the labour contract, regardless of the reason of termination. The TFR amount corresponds to an annual rate of 7.41% of pay accrued in a company book reserve. Employees are entitled to 6.91% of the gross annual wage, the rest (0.5%) is to be paid to the statutory public pension scheme. Previous accruals are indexed annually on the basis of 75% of the cost of living plus a fixed rate of 1.5%. Despite the fact that this guaranteed "return" is rather modest (in general between 2.4 and 2.8%) it has been perceived by employees as reliable and of good value, given that the company book reserves do not entail any management or transaction fees. In periods of financial crisis – as experienced in 2002 and again in 2008 – the return rate of the TFR system always proved to be above the rate of funded pension schemes. There is a special guaranty fund administered by INPS, the major social insurance institute, that protects individual entitlements to benefits, e.g. in case of an employer's insolvency. Furthermore,

---

[7] Regional pension fund schemes can be used in particular to subsidise supplementary pensions for vulnerable persons, in particular for low-income workers, the unemployed or persons in atypical employment. See, e.g. the initiatives taken by the autonomous region of South Tyrol/Alto Adige.

[8] Currently, there are 38 closed (negotiated) pension funds authorised by COVIP directed towards private sector employees.

[9] Currently, 80 open pension funds authorised by COVIP are operative.

[10] Currently, 75 of these pension schemes (provided by 41 different insurance companies) have been authorised. These contracts are subject to the provisions of the Law on Insurance Contracts (Law No. 209/2005).

the TFR becomes applicable in the event of any type of employment termination, whereas benefits from funded occupational pension schemes are normally available only at retirement. For this reason, employees are reluctant to give up their statutory TFR pay to finance a funded occupational pension.

## 19.3 The Features of Occupational Pension Funds After the 2005 Reform Law

Previous legislation on occupational pensions privileged negotiated closed pension funds based on collective agreements on the initiative of trade unions. But subsequently, the rights and obligations of all forms of *previdenza complementare* were harmonised to a large extent, especially in the area of safeguards and supervision rules. The current features of occupational pension schemes are based on the following principles.

*Previdenza complementare* schemes serve exclusively the objective to increase old-age pension benefits. Closed (negotiated) pension funds are not allowed to make any profit.

Individual affiliation is always voluntary and subject to freedom of choice. Previously, employees working in a particular industry were not allowed to join any pension fund other than the one in place at national level for their particular sector of activity. Assets may be transferred to another form of funded pension schemes after a minimum period of 2 years. However, contributions of the employer are transferable only if such portability is permitted by collective agreement.

To promote affiliation, new rules to encourage the transfer of TFR to pension funds by a silent assent mechanism, as well as specific protection rules, were introduced by Law No. 252/2005.

### *19.3.1 Transfer of TFR to Pension Funds by Silent Assent*

The recent reform has significantly modified the TFR system by establishing a new mechanism of tacit approval: Now the statutory severance pay is transferred automatically into a pension fund unless the employee explicitly decides otherwise (so-called silent assent mechanism). The mechanism works within a time limit of 6 months. Thus, as of 1 January 2007, employees have a 6-month period to decide on the destination of their TFR entitlements. New labour market entrants must also decide within a period of 6 months. In case of silent consent, any future TFR accruals will be paid into a pension fund selected according to Law No. 252/2005. In the first place, the affiliation is to the company's own pension fund if there is one. If the company does not have a fund, the silently assenting employees are to join the national industry pension fund. If there is no such fund and no other subsidiary fund at regional level, the silently assenting employees are affiliated to the national supplementary pension fund set up by the National Social Insurance Institute (INPS).

This new fund (called FondInps) will collect the TFR accruals of employees who have not made any explicit choice and have not been automatically enrolled in any other pension fund.

### *19.3.2 Specific Protection Rules to Minimise Risks for Affiliates*

As to the safeguards and protection rules, the Italian supplementary pension schemes differ from traditional investment and saving funds in order to reach the pursued objectives of social protection. Protection rules in particular refer to a number of institutional safeguards, operated by the specialised supervisory authority *COVIP*. There are very strict rules on the administration of the assets of pension funds, on the information to be given to the affiliates and the transparency of the system. They are enforced by internal and external control procedures at different levels and by the sanctioning of non-compliance with mandatory protection rules (including non-compliance with authorisation requirements) under criminal law. The main responsibility lies with COVIP, which has been endowed with pervasive competences under the supervision of the Ministry of Labour and Social Affairs.

So far, there has been a guarantee fund covering contributions, but not pension benefits as such.

Special safeguards have been adopted as regards the silent affiliation mechanism. In order to minimise the risk to the affiliates, an investment policy that guarantees a return comparable to the one established for the TFR return must be offered by pension funds that wish to manage the TFR contributions transferred by way of the silent assent mechanism. This applies also to the subsidiary pension fund "FondInps" under the auspices of the National Social Insurance Institute.

### *19.3.3 Benefits*

Contrary to some of the "old" integrative pension funds, the new generation of pension fund schemes for employees is based on the defined contribution principle. The level of future pensions depends on the contributions invested and their returns.

Pension benefits are linked to the entitlements to the statutory public pension. The minimum affiliation period to one pension fund is 5 years. At retirement, employees can choose between a lifetime pension and a partial lump-sum payment (a maximum of 50% of the overall value) in combination with a lifetime pension. Under specific conditions affiliates may get lump-sum payments up to a certain amount in advance (for urgent health expenditures and housing needs).

Before retirement, assets can be paid out as a whole in exceptional cases only, namely, in case of a period of unemployment exceeding 48 months (a payout of 50% of the capital is permitted if unemployment lasts more than 12 months) and in case of permanent invalidity of a degree of more than 66%.

### *19.3.4 Financing*

The pension funds can be financed by contributions made by the employer, the employee and/or by the transfer of TFR accruals. In practice, contributions are mainly financed by TFR accruals. Other contributions from affiliates and from employers are relatively low (on average only 1.17% of the gross wages). The average contribution per affiliate in closed pension funds amounts to about €2,200 per annum (2009). There is concern because a growing portion of affiliates (16%) do not pay any contributions, most likely due to unemployment and precarious labour market conditions.

## 19.4 Concluding Remarks

The recent reforms of the Italian *previdenza complementare* were implemented in 2007. Despite the coincidence with the international financial crisis, coverage of supplementary pension schemes has increased, even though not as greatly as the involved actors had aspired. A majority of employees deliberately decided to stay with the TFR system that does not carry any financial risks or additional costs.

In times of difficult economic conditions the decision to keep the TFR allowance is more than reasonable. The supervisory authority COVIP has submitted a number of proposals to remedy the systemic shortcomings of funded pension schemes. They include, among others, the introduction of a new guarantee fund and special guarantees for the last years before retirement. In addition, regional experience in some parts of Italy has shown that the Regions can act to improve the coverage of pension funds while minimising the systemic shortcomings. Despite all these efforts, the further extension of supplementary pension funds will prove difficult. Italian employees seem to prefer "the bird in the hand to the two birds in the bush".

# Chapitre 20
# Les systèmes de retraite au révélateur de la crise financière : quels enseignements pour les retraites d'entreprise en France ?[1]

# Die Situation der Rentensysteme angesichts der Finanzkrise

**Marion Del Sol**

**Zusammenfassung** Die Kapitalrentensysteme haben die Auswirkungen der Finanzkrise zu spüren bekommen und dabei eine manchmal beunruhigende Verwundbarkeit durch die Risiken des Marktes an den Tag gelegt. In Frankreich waren die Folgen dieser Krise weniger spürbar als in anderen Ländern, was an der Struktur des Rentensystems liegt, das den freiwilligen Privatrenten (u. a. den Betriebsrenten) eine relativ geringe Bedeutung zukommen lässt. Diese Feststellung legt es nahe, sich nicht ohne weiteres für ein Säulensystem einzusetzen, wie es bis vor kurzem von der Europäischen Union im Rahmen der Methode der offenen Koordinierung befürwortet wurde. Im Gegenteil sollte Frankreich wohl eher Überlegungen anstellen, wie diese Konzeption der (Renten-)Struktur, die sich durch mehrere Ebenen mit einer bedeutenden, nach dem Umlageverfahren konzipierten ersten Stufe auszeichnet, bewahrt werden kann, und wie die Sicherheit, Beständigkeit und Zukunftsfähigkeit dieser Ebenen sowie ihr Zusammenwirken verbessert werden können.

Daher wird sich insbesondere die Frage der Betriebsrenten in absehbarer Zukunft erneut stellen, wobei allerdings die Ausgangslage angesichts der Auswirkungen der Krise anders sein wird. Frankreich wird insbesondere nicht umhin kommen, den rechtlichen Rahmen der Betriebsrenten zu überdenken, da angesichts der heutigen Rechtslage kein einheitlicher Ausgangspunkt für die Verwaltung der für die

M. Del Sol (✉)
Prof. Dr., Université de Bretagne Occidentale, UMR CNRS IODE, 9, rue Jean Macé – CS 54203, 35042 Rennes Cedex, Frankreich
e-mail: marion.del-sol@univ-rennes1.fr

[1] Cette contribution ne s'intéressera qu'à une partie seulement des retraites professionnelles, celles des travailleurs salariés.

O. Kaufmann, S. Hennion (eds.), *Steuerung der betrieblichen Altersversorgung in Europa: garantierte Sicherheit? Governance of Occupational Pensions in Europe: Guaranteed Security? Gouvernance des retraites professionnelles en Europe: Sécurité garantie?*,
DOI 10.1007/978-3-642-15731-8_20, © Springer-Verlag Berlin Heidelberg 2011

Schaffung einer Alterszusatzrente bereitgestellten Fonds existiert. In absehbarer Zeit könnte die Institutionalisierung von Pensionsfonds im eigentlichen Sinn auf die Tagesordnung gesetzt werden. Eine Folge davon wäre die Anerkennung einer auf die für die Verwaltung der „Alterssicherungsfonds" zuständigen Einrichtungen anwendbaren Sonderregel (spezialisierte und exklusive Investoren). Eine weitere Folge wäre die Festlegung der Voraussetzungen für die Realisierung der notwendigerweise langfristig angelegten Investitionen (z. B. die rechtlichen Vorgaben für die Nutzung von Überschüssen im günstigen Zyklusperioden, zumal die zeitliche Komponente für die Alterssicherung grundlegend ist).

Darüber hinaus werden die wenig versprechenden Zukunftsaussichten der öffentlichen Rentensysteme ohne Zweifel dazu führen, dass die Rolle der Betriebsrenten überdacht werden muss. Dabei wird die Berücksichtigung der Betriebsrente als Zusatzleistung die bisher mangels Alternativen gültige Auffassung, Betriebsrente als reine Erhöhung zu betrachten, ersetzen. Insofern sollten die Betriebsrenten zur Erreichung der vom gesamten System verfolgten Ziele beitragen: ein ausreichendes Schutzniveau der sozialen Sicherung, eine langfristige finanzielle Planung, aber auch Raum für Solidarität zwischen Generationen und Geschlechtern. Anders gesagt, die soziale Sicherung im Rahmen der Betriebe muss dahingehend gefördert werden, die Politiken zur Erfassung des Altersrisikos zu unterstützen. Dies ist zum jetzigen Zeitpunkt nicht der Fall, da die Betriebsrenten auf das Modell der privaten Versicherung ausgerichtet sind und sich nicht an dem der Sozialversicherungen orientieren.

Depuis le début des années quatre-vingt-dix, de nombreux pays se sont engagés dans des réformes de leur système de retraite afin d'y introduire des doses croissantes de capitalisation et ce, selon des modalités diverses. Certains ont opté résolument vers un renforcement et un accroissement de la place représentée par les régimes privés du type fonds de pension. Pour d'autres, il s'est agi par ce biais de consolider les régimes publics par répartition en créant des fonds de réserve gérés en capitalisation tout en invitant au développement des régimes privés. Tel est le cas de la France qui a institué un fonds de réserve afin de renforcer les régimes par répartition dans la perspective du choc démographique de 2005 correspondant aux premiers départs massifs en retraite des enfants du baby boom[2] et adopté diverses incitations en faveur de dispositifs personnels et professionnels d'épargne retraite.[3]

À l'occasion d'un colloque organisé par le Conseil d'orientation des retraites,[4] une cartographie synthétique des systèmes de retraites des principaux pays

[2]Le fonds de réserve a été créé par la loi de financement de la sécurité pour 1999 (loi du 23 décembre 1998 – JO 27 déc. 1998) et a été transformé en un établissement public autonome par une loi du 17 juillet 2001.

[3]Parmi les dispositifs « privilégiés », une place particulière sera réservée dans les développements qui vont suivre au PERCO (plan d'épargne retraite collectif) institué par la loi du 21 août 2003.

[4]*Les systèmes de retraite face à la crise en France et à l'étranger* – colloque organisé par le Conseil d'orientation des retraites (COR), Paris, déc. 2009

développés a été réalisée.[5] La lecture du document souligne que la situation française se caractérise par une part encore très marginale des régimes privés (professionnels ou individuels) et de l'épargne individuelle comme source de revenus des personnes âgées de plus de 65 ans : seulement 8% contre 85% provenant de transferts publics (dont les régimes par répartition)[6] et 6% pour les revenus du travail. Face à la crise financière, on serait tenté de dire : heureusement ! En effet, les dispositifs « publics » de retraite par répartition sont *mutatis mutandis* moins sensibles à la crise financière – même s'ils le sont à la crise économique[7] – que les régimes fonctionnant en capitalisation.[8] Ce constat semble militer en faveur de la préservation de l'architecture du système français de retraite, préservation qui n'est toutefois pas exclusive d'un réaménagement de la place et du rôle des régimes professionnels. En d'autres termes, la nécessité d'une reconfiguration ne paraît pas d'actualité ; pour autant, le besoin criant de sécurité financière qu'a mis en évidence la crise invite à une réflexion sur l'amélioration du cadre réglementaire et des règles de gestion des régimes privés de retraite, mais également sur les modalités d'articulation entre les régimes de base et les retraites professionnelles.

## 20.1 Une architecture à préserver

Différentes communications et rapports émanant de l'Union européenne ou réalisés à sa demande recourent – de façon plus ou moins explicite – à la « théorie » des piliers. En général, ce schéma de la piliarisation est « *convoqué pour promouvoir la capitalisation et réduire le champ de la répartition* »[9]. Bien que la France ne se montre pas insensible à cette volonté de réorientation des places respectives des retraites par répartition et par capitalisation, elle n'est pas encore entrée de plain-pied dans cette logique comme l'attestent les chiffres cités dans l'introduction. Il n'est d'ailleurs pas certain qu'elle soit tentée de le faire dans un proche avenir en raison de la sensibilité parfois assez forte des dispositifs par capitalisation du type fonds de pension au risque des marchés financiers (20.1.1).[10] Les enseignements de la crise devraient dès lors inciter à préserver les places respectives des régimes publics et privés de retraite (20.1.2).

---

[5] Voir la fiche 1 du dossier du participant (téléchargeable sur le site du COR).

[6] C'est le deuxième taux le plus élevé parmi les pays de l'OCDE (derrière la Hongrie).

[7] Voir M. Durand, *Les effets de la crise conduisent-ils à modifier le cadre d'analyse et la gestion des systèmes de retraite ?* – intervention dans le cadre du colloque organisé par le Conseil d'orientation des retraites (COR), Paris, déc. 2009.

[8] Voir *Perspectives en politique sociale* – AISS, nov. 2009.

[9] L. ApRoberts, *Les logiques des systèmes de retraite en Europe* – Revue Retraite et société, 2007, n° 50, p. 11.

[10] Sans compter qu'en période de crise, le système de retraite français par répartition « *joue le rôle de stabilisateur économique et social* » selon les propres termes de D. Libault, directeur de la sécurité sociale – intervention lors du colloque organisé par le Conseil d'orientation des retraites (COR), Paris, déc. 2009.

### 20.1.1 *Un constat : la sensibilité des retraites par capitalisation à la crise financière*[11]

Qu'il s'agisse de fonds de réserve ou de régimes privés, tous les dispositifs gérés en capitalisation sont par définition sensibles aux évolutions des marchés financiers.[12] Diverses analyses récentes soulignent cette sensibilité. Il en sera fait état ici quand bien même n'existent pas de travaux spécifiques à la France, la configuration actuelle de son système de retraite n'en faisant pas un terrain d'étude pertinent.

Une étude de l'OCDE[13] mais également une enquête de l'Association Internationale de la Sécurité Sociale (AISS)[14] mettent en évidence la fragilisation des fonds de sécurité sociale dans un contexte de crise financière. Les investissements réalisés ont souvent généré des résultats négatifs, parfois même dans des proportions considérables entraînant de lourdes pertes en 2008.[15] Or, ces pertes gagent l'avenir puisque les réserves peuvent à terme s'avérer insuffisantes pour consolider le régime par répartition et faire face, comme en France, aux évolutions démographiques (vieillissement de la population et augmentation de l'espérance de vie). Cependant, des nuances doivent être apportées afin de tenir compte des objectifs assignés par les pouvoirs publics à ces fonds. Dans certains pays,[16] il s'agit de véritables fonds structurels contribuant à part entière au financement des retraites. À titre d'exemple, en Suède, les réserves représentent 31,7% du PIB et environ 4 ans de prestations.[17] La détérioration de leurs résultats est nécessairement problématique pour assurer à terme la sécurité des retraites sur la base du montant projeté de pension. En France, en revanche, le dispositif mis en place en 1999 entre dans la catégorie des fonds de lissage dont la finalité est de «*faciliter les transitions*»[18] ... en l'occurrence amortir le choc lié aux départs en retraite des « baby-boomers » ; ainsi, en 2007, les réserves ne représentaient que 1,9% du PIB et 1 mois de pensions. Le moindre rendement du fonds ne va pas sans poser de problèmes mais ils sont sans commune mesure avec ceux auxquels sont confrontés pays ayant « parié » sur les fonds structurels. Le contexte de crise ne milite donc pas pour un infléchissement

[11] Certains préfèrent même le terme de vulnérabilité et non simplement de sensibilité. Voir M. Durand, préc.

[12] Clin d'œil de l'histoire : c'est notamment pour cette raison qu'en 1945, la France a opté pour un régime par répartition tirant ainsi les enseignements des conséquences désastreuses de la crise de 1939 sur le système de retraite par capitalisation institué par la loi du 30 avril 1930.

[13] *Les pensions dans les pays de l'OCDE 2009, panorama des systèmes de retraite* – OCDE, nov. 2009. Voir la synthèse réalisée pour le colloque du COR (préc.)

[14] *La sécurité sociale face à la crise* – Enquête de l'AISS, 2009.

[15] Dans les pays de la zone OCDE, le rendement nominal moyen des fonds de réserve en 2008 est compris entre -30% et 5%.

[16] Japon, Canada, Espagne, Suède.

[17] Il s'agit là des chiffres pour l'année 2007 (extraits du document cité note 2).

[18] Selon la typologie utilisée par O. Davanne, *Les expériences étrangères de fonds de réserve* – contribution réalisée pour le COR, 2000.

national plus marqué du système de retraite en faveur de fonds de réserves gérés en capitalisation.

La sensibilité au risque du marché est tout aussi problématique pour les régimes privés et est cause de forte insécurité pour les retraités actuels comme pour les futurs pensionnés. Elle s'explique par « *la forte contraction de la valeur des titres dans les pays industrialisés, avec un recul moyen de 23 pour cent en 2008, et la baisse spectaculaire des taux d'intérêts* ».[19] Ainsi, le rendement nominal moyen en 2008 des fonds de pensions dans la zone OCDE est compris entre -35% et 10%.[20] Sur l'ensemble de cette zone, ce sont 5 400 milliards de dollars qui ont été perdus en valeur de marché en 2008.[21] Les fluctuations enregistrées par les marchés financiers constituent donc un risque majeur pour la sécurité des retraites, d'autant plus ressenti dans les pays où les ressources des retraités proviennent massivement de régimes privés (individuels ou professionnel).[22] Une étude comparative de systèmes de retraite par capitalisation conclut « *à l'incapacité manifeste de la capitalisation à maintenir un niveau de remplacement adéquat lorsque les cotisations sont sous-estimées en conséquence d'une surestimation des taux de rendement du capital du fonds* ».[23]

## 20.1.2 Une conséquence : conforter la complémentarité des régimes publics et privés de retraite

Au niveau européen, est promue la logique de piliarisation. Le recours à la notion de piliers entérine une volonté de réorientation radicale où chaque type de dispositif de retraite est un élément nécessaire qui contribue – à l'instar des autres – à permettre l'existence et la pérennité de « *pensions viables et adéquates* ». Il ne s'agit plus de mettre en place une protection retraite complémentaire venant compléter la retraite de base jugée globalement suffisante en vue de maintenir un niveau de vie satisfaisant à l'âge de la retraite, mais bien de faire face à une couverture de la retraite de base qui va tendre à devenir insuffisante. Autrement dit, est écartée l'analyse traditionnelle en niveaux ou étages de retraite qui rendait compte de la complémentarité des différents dispositifs de retraite (régime obligatoire par répartition, régime complémentaire privé), de l'existence d'un socle fort constitué des régimes de base et du caractère relativement « marginal » des dispositifs complémentaires.

---

[19] *Les régimes de sécurité sociale face à la crise* – AISS, Perspectives en politique sociale, n° 10, nov. 2009, p. 2.

[20] Les fonds de pension avaient déjà été confrontés à une forte dépréciation de leurs actifs des fonds lors de l'éclatement de la bulle Internet (2001-2003). À titre d'exemple, selon le Pension Protection Fund au Royaume-Uni, 81% des fonds de pension présentaient un déficit en 2002.

[21] Dont 1 500 ont été « récupérés » au cours du premier semestre 2009.

[22] En Europe, on peut citer les Pays-Bas (42%), le Royaume-Uni (39%) et la Suède (21%).

[23] P. Monperrus-Veroni, *Les fonds de pension dans la crise* – Revue de l'OFCE 2009/3, n° 110, p. 253.

Ainsi, dans une étude d'octobre 2008 réalisée pour l'Union européenne, il était affirmé que, « *en soi, le transfert des risques de l'État vers les institutions et personnes privées ne pose pas de problème pour la viabilité financière des régimes de pension* ».[24] Ces propos sont assez révélateurs d'une sorte de consensus selon lequel seule l'introduction de dispositifs privés est en capacité de faire face aux évolutions démographiques et à la moindre générosité des régimes par répartition. Mais un an et une crise financière mondiale plus tard, cette belle assurance semble déjà frappée de caducité.[25] Bien plus, le contexte de ces derniers mois va peut-être conduire à "rebattre les cartes" dans un certain nombre de pays.

Les enseignements de la crise financière devraient amener la France à préserver l'architecture actuelle de son système de retraite. En effet, avec la Belgique, l'Espagne ou encore l'Italie, la France est certainement le pays où la piliarisation est le plus embryonnaire. La logique de complémentarité entre régimes publics par répartition et régimes privés par capitalisation pourrait en sortir confortée. Autrement dit, l'avenir serait sans doute dans une certaine forme de *statu quo ante*... ce qui n'est pas pour autant synonyme d'une absence de réformes, celles-ci n'ayant pas alors vocation à remettre en cause l'existence d'une pluralité de niveaux de retraite avec un premier étage substantiel (par répartition) mais à renforcer la sécurité, la viabilité, la pérennité et l'articulation[26] de ces niveaux.

À notre sens, il convient de sortir de la pensée dominante qui laisse accroire que le développement massif des régimes privés est inéluctable et représente la seule voie possible et économiquement viable de réforme des systèmes de retraite. Au plan du discours, les pouvoirs publics français opèrent d'ailleurs une sorte de « rétropédalage » en raison d'un contexte très peu favorable à la promotion des régimes par capitalisation ; l'accent est mis sur les modalités de réforme des régimes obligatoires.[27] Pour autant, la question des retraites privées, spécialement professionnelles, ne manquera pas de resurgir dans un proche avenir... mais les termes du débat s'en trouveront nécessairement changés en raison des effets de la crise.

## 20.2 Remodeler le cadre dans lequel s'inscrivent les retraites professionnelles

Les tenants des fonds de pensions cherchent à les faire accéder à une certaine forme de respectabilité en promouvant de nouvelles règles de gouvernance, de gestion et

---

[24] *Les régimes de retraites privés* – rapport de l'UE, 2008.

[25] Bien que l'OCDE insiste sur la nécessité « *de ne pas changer de cap... les pensions privées [ayant] encore un rôle majeur à jouer pour assurer l'équilibre des sources de revenu à la retraite* » – OCDE, *Recommandations sur les principes fondamentaux des pensions professionnelles*, juill. 2009, p. 7 20.2.1.

[26] Voir *infra*.

[27] Voir *Retraites : annuités, points ou comptes notionnels ?* – COR, 7ème rapport, 27 janv. 2010. La loi du 9 novembre 2010 portant réforme des retraites prend d'ailleurs soin de préciser, dès son article 1er, que "la Nation réaffirme solennellement le choix de la retraite par répartition au coeur du pacte social qui unit les générations" (CSS, art. L. 161–17 A).

d'investissement. Il est vrai que la crise financière a mis en lumière l'urgence d'une réforme de la réglementation, y compris en France (20.2.1). Pour autant, des choix politiques doivent nécessairement précéder l'évolution réglementaire afin de rendre cohérent l'ensemble du système français de retraite (20.2.2).

## *20.2.1 Instaurer un cadre normatif approprié pour les retraites professionnelles : une exigence indiscutable*

Les dispositifs de retraite souscrits dans le cadre professionnel en faveur des salariés sont soit à prestations définies (contrats dits article 39[28]), soit à cotisations définies. Relèvent de cette seconde catégorie les contrats dits article 83 mais également le PERCO (dispositif d'épargne salariale dédié à la retraite dont le financement est principalement le fait du salarié mais est abondé par l'entreprise[29]). L'hétérogénéité de ces dispositifs est marquée[30] et leur diffusion inégale selon les secteurs et la taille des entreprises. De surcroît, les modes de gestion des fonds épargnés sont frappés du sceau de la diversité : il peut s'agir d'une gestion internalisée, l'entreprise étant son propre assureur[31] ; mais la gestion des sommes collectées peut également être confiée à un gestionnaire externe relevant de la catégorie des entreprises d'assurance pour les contrats art. 39 et 83 (sociétés d'assurance, institutions de prévoyance ou mutuelles) ou des OPCVM (organismes de placement collectif en valeurs mobilières) pour les PERCO.

### 20.2.1.1 Vers une institutionnalisation de fonds de pension

Ce paysage éclaté est le fruit d'un empilement de dispositifs dont l'articulation n'a pas été construite. Outre la faible lisibilité de l'ensemble, il en ressort une pluralité de cadres réglementaires pour les structures gestionnaires. Ainsi, à l'heure actuelle, les gestionnaires d'OPCVM sont assujettis à des règles prudentielles différentes et moins contraignantes que celles s'imposant aux entreprises d'assurance ; par ailleurs, ils ne sont pas soumis à la directive Solvabilité 2[32] alors que, depuis le

---

[28] Par référence à leur régime fiscal prévu par l'article 39 du Code général des impôts.

[29] N. Cuzacq, *Le PERCO, un nouveau plan au service de la retraite d'entreprise* – Bull. Joly Bourse, 2004, n° 6, p. 722.

[30] Sur une comparaison des contrats article 83 et du PERCO, voir M. Del Sol et J. Ferrion, *Les modes d'épargne retraite en France* – in Les retraites professionnelles d'entreprise en Europe (dir. S. Hennion-Moreau et O. Kaufmann), éd. Bruylant, 2007, pp. 193-224. Voir également M. Del Sol, *Étude comparée des dispositifs de retraite d'entreprise* – JCP 2006, éd. S., n° 1113, pp. 9–16.

[31] Les entreprises sont financièrement incitées à externaliser leurs engagements « retraite » au titre des contrats art. 39 et 83 et à en confier la gestion à un organisme assureur dont c'est le métier et qui doit satisfaire à des exigences prudentielles et de solvabilité offrant des garanties. En d'autres termes, pratiquer l'auto-assurance pour ces contrats est juridiquement possible mais présente un coût sensiblement plus élevé pour l'employeur.

[32] Pour une analyse de la directive, voir V. Mendel-Kopelman, *Un choc réglementaire sous forme de révolution* – La Tribune de l'Assurance, n° 118-119, déc. 2007.

1^er^ janvier 2010, les entreprises d'assurance le sont.[33] Ces différences ne se justifient guère quand les activités développées sont empruntes de similitudes. Dès lors, pourrait être envisagé un alignement des règles comparable à celui qui est intervenu dans le secteur assurantiel par l'effet des directives « assurance ». Il n'est toutefois pas certain qu'il s'agisse là de la solution optimale tant l'activité de gestion de fonds dédiés à la retraite présente des particularités et se situe au cœur d'enjeux individuels et collectifs majeurs à l'échelle d'un pays : pour la France, enjeu relatif à la viabilité d'un des étages du système de retraite ; pour les pays dans lesquels les revenus des retraités dépendent bien davantage des régimes privés, enjeu relatif à la viabilité d'un des piliers. Il est difficile de souscrire à l'une des conclusions du rapport du sénateur P. Marini selon laquelle « *la constitution d'un dispositif complet, pérenne et incitatif d'épargne retraite nécessite des aménagements, plus qu'une refonte, du droit actuel de l'épargne retraite* ».[34] Cette proposition *a minima* doit sans doute être écartée au profit de l'institutionnalisation de véritables structures de fonds de pension. Il serait ainsi décidé de confier la gestion des fonds d'épargne retraite à des organismes dont ce serait l'unique activité et finalité et auxquels des règles prudentielles spécifiques s'imposeraient. Deux exigences doivent alors être respectées : en premier lieu, ces organisations doivent avoir la qualité d'investisseur qualifié[35] au sens de l'article L. 411-2 du Code monétaire et financier : « *personnes ou aux entités agissant pour compte propre et disposant des compétences et des moyens nécessaires pour appréhender les risques inhérents aux opérations sur instruments financiers* » ; en l'état actuel du droit positif, les divers organismes gérant des fonds destinés à la retraite se sont vus reconnaître cette qualité.[36] En second lieu, il importe que ces organismes aient la qualité d'investisseur spécialisé dans la gestion de fonds destinés à assurer à (long) terme le paiement de prestations de retraite. La principale innovation se situe là et suppose que soit consacré un principe de spécialité légale[37] dont l'un des avantages est en principe d'éviter que des objectifs contradictoires d'investissement se télescopent au détriment de l'objectif « retraite ». Le devoir de gérer dans l'intérêt exclusif de l'épargnant-souscripteur et en toute indépendance que l'article L 214-3 du Code monétaire et financier met à la charge des OPCVM

---

[33]Cela peut aboutir à la surprenante situation suivante : pendant sa période d'activité, le participant à un PERCO est souscripteur de parts d'OPCVM et les fonds sont alors gérés par un gestionnaire d'OPCVM qui n'est pas soumis à la directive Solvabilité 2 ; mais, lors de son départ à la retraite et dans l'hypothèse d'une sortie en rente viagère, les fonds sont transmis à un assureur qui en devient le gestionnaire et qui, en sa qualité d'assureur, est assujetti à la directive Solvabilité 2.

[34]P. Marini, *Rapport d'information sur l'épargne retraite* Rapport fait au nom de la Commission des finances, du contrôle budgétaire et des comptes économiques de la Nation du Sénat, n° 308, 30 avril 2008, p. 27.

[35]Voir M.-J. Experton, *L'investisseur qualifié* – Bull. Joly Bourse 1999, p. 140.

[36]Voir la liste de l'article D. 411-1-I du Code monétaire et financier dans laquelle figurent notamment les OPCVM, les sociétés d'assurance, les mutuelles et les institutions de prévoyance.

[37]Tel qu'il était prévu par l'article 8 de la loi relative à l'épargne retraite du 25 mars 1997 (dite loi Thomas) dont on sait qu'elle ne connut aucune mise en œuvre, le changement de majorité en juin 2007 ayant conduit à la non-adoption des décrets d'application, puis à l'abrogation du texte en 2002.

pourrait alors être décliné de façon spécifique, au regard de l'objectif de viabilité financière à terme des placements réalisés sur le cycle de vie.[38]

Face à cette évolution, des raidissements idéologiques ne manqueront pas d'apparaître, raidissements sans doute exacerbés par les conséquences désastreuses de la crise sur la valeur des actifs des fonds de pension existants. Il importe donc qu'en amont, des gages soient donnés sur le rôle complémentaire que l'on assigne à ces fonds dans l'architecture globale du système de retraite.[39] Et, en aval, doivent être adoptées des règles encadrant l'activité de ces gestionnaires afin que l'objectif « retraite » puisse être atteint. Une exigence forte de sécurité doit guider l'élaboration du cadre réglementaire d'exercice de l'activité des fonds de pension. Et, dans ce domaine, « *la sécurité dépend des obligations à la charge des fonds de pension, des règles prudentielles qu'ils doivent respecter, mais également du contrôle des adhérents et des pouvoirs publics* ».[40] Ce sont des règles prudentielles spécifiques qu'il s'agit d'imposer aux gestionnaires afin de préserver les droits futurs à retraite, ce qui suppose « *une allocation optimale des actifs qui varie selon l'âge des adhérents* »[41] et un encadrement des stratégies d'investissement (notamment la diversification des placements dans le souci de mieux répartir le risque).[42]

#### 20.2.1.2 Un encadrement normatif de l'activité des fonds de pension

Des contraintes liées au pilotage des investissements sont nécessaires. S'inscrire dans une perspective à long terme devient une priorité qui suppose un certain volontarisme de la part des pouvoirs publics. En particulier, doit être pensée la question de l'utilisation/allocation des excédents dans des périodes cycliques favorables car l'horizon temporel est un paramètre-clé en matière de retraite. Certes, la réponse emporte des effets sur les stratégies d'investissement et les besoins de provisionnement des gestionnaires et relève pour partie du cadrage réglementaire de leur activité. Mais il s'agit avant tout d'un choix politique : « l'arbitrage » doit-il s'opérer au niveau individuel ou à l'échelle collective ? Renvoyer la réponse au niveau individuel serait sans conteste cause de fragilité ; qui plus est, si l'existence de choix individuels autorise des ajustements personnalisés, la mobilisation qui peut en être faite risque de s'avérer très inégalitaire. On se situe sur un champ très complexe au plan financier, juridique et fiscal. L'optimisation individuelle dépend certes de la capacité contributive des salariés, mais aussi du niveau d'information et de compréhension des dispositifs (par exemple, le choix du profil de gestion et de l'organisme

---

[38] N. Cuzacq, *Le vote des gestionnaires d'OPCVM* – Revue des sociétés, n° 3/2006, pp. 491–520.

[39] Voir *supra*.

[40] N. Cuzacq, *La difficile introduction des fonds de pension dans le droit positif français* Thèse de doctorat de l'Université de Paris 1 Panthéon-Sorbonne, 2000, p. 276.

[41] N. Cuzacq, thèse préc. p. 64.

[42] Les différentes études et analyses évoquées dans le point 1.1 mettent en évidence la sensibilité plus ou moins grande à la crise des fonds de pensions en fonction des stratégies d'investissement privilégiées. De façon très réductrice (celle d'un juriste !), plus forte est l'exposition au marché actions, et plus importante est la dépréciation des actifs.

de placement collectif en matière de PERCO n'est absolument pas neutre au regard de l'âge du salarié,[43] mais également des autres protections sociales individuelles ou collectives dont il peut bénéficier). Par conséquent, il appartient aux pouvoirs publics d'adopter une réglementation évitant la pro-cyclicité (propension des variables financières à évoluer dans le même sens que le cycle économique).

Par ailleurs, des règles de contrôle et de surveillance doivent être spécialement définies. Ainsi, dans l'élaboration du cadre normatif, une attention toute particulière devrait être portée à l'obligation de vote des gestionnaires des OPCVM (ou des futurs fonds de pensions « retraite ») dans les sociétés dont ils détiennent des titres et plus largement à l'obligation de rendre compte de leur gestion (transparence) et de justifier des choix opérés au regard de la finalité retraite, ce qui suppose de tenir compte de la duration de la détention des actifs.[44] Dès lors, les modalités d'exercice du droit de vote ne représentent pas une simple question technique. Cela devient un enjeu d'ordre public et l'on ne peut se satisfaire d'un dispositif qui, *in fine*, s'apparente davantage à de l'autorégulation qu'à de la régulation. En effet, dans ce champ d'une grande complexité, le créancier de l'obligation (l'épargnant) n'est pas en capacité d'exercer de façon effective et efficiente un contrôle. Il convient donc de fixer, en amont, un cadre de régulation et, en aval, un cadre de contrôle « collectif ». Instituer une structure de surveillance aux moyens renforcés est une évidence dans la perspective de fonds de pension « retraite », structure au sein de laquelle une place de choix doit être réservée aux représentants des employeurs (pris en leur qualité de financeur via l'abondement patronal) et des salariés (pris en leur double qualité d'épargnant et de bénéficiaire).[45]

L'État ne peut se contenter – comme la crise financière l'a démontré avec brutalité - de penser que la régulation par le jeu de la concurrence entre offreurs est par définition vertueuse et profitable « au bout de la chaîne » aux épargnants. Il doit engager une démarche interventionniste *a minima* portant sur les règles de contrôle, de surveillance et de supervision. Sur ce dernier point et dans le souci de renforcer « *une supervision transversale du secteur financier* », un pas important vient d'être franchi en France avec la création de l'Autorité de Contrôle Prudentiel (ACP) – fusion de la Commission bancaire, de l'Autorité de contrôle des assurances et des

---

[43]Ainsi, il est intéressant de choisir un mode de gestion « piloté » afin de prévoir une « désensibilisation » des droits à retraite aux actions au fur et à mesure que le salarié approche du terme de sa vie active. Autrement dit, il s'agit de sécuriser davantage les sommes capitalisées en fin de carrière sur des supports moins risqués que les actions. C'est en partie chose faite dans le cadre de la loi du 9 novemebre 2010 portant réforme des retraites puisqu'il devra dorénavant être proposé au salarié-épargnant "une allocation d'épargne permettant de réduire progressivement les risques financiers" (C. trav., art. L. 3334-11, al. 2).

[44]Lorsque les fonds sont confiés à un assureur (par exemple régimes à cotisations définies), le créancier de l'obligation de vote à la charge des gestionnaires d'OPCVM est l'assureur – et non « l'épargnant » – car c'est lui qui a souscrit les parts.

[45]Ce qui passe par un renforcement de l'éducation financière des membres de la structure de surveillance.

mutuelles, du Comité des établissements de crédit et des entreprises d'investissement et du Comité des entreprises d'assurance –[46] dont la mission est de « *veiller à la préservation de la stabilité du système financier et à la protection des clients, assurés, adhérents et bénéficiaires des personnes soumises à son contrôle* ».[47]

## *20.2.2 Inscrire les retraites professionnelles dans une logique systémique : une exigence encore à discuter*

L'adoption d'une réglementation *ad hoc* pour les gestionnaires des retraites professionnelles relève aujourd'hui de l'évidence... même si elle tardera peut-être à se concrétiser en France. Mais la promotion de « bonnes pratiques » dans le champ des régimes privés[48] ne doit pas occulter les arbitrages que les pouvoirs publics doivent effectuer afin de rendre cohérent l'ensemble du système français de retraite. En effet, dans la logique de complémentarité précédemment évoquée, les retraites professionnelles doivent contribuer à atteindre les objectifs de ce système apprécié *in globo* : un niveau suffisant de protection sociale, une viabilité financière sur le long terme, mais également des périmètres de solidarité entre les générations et entre les sexes. En d'autres termes, cette protection sociale d'entreprise doit alors être construite afin d'accompagner les politiques de gestion du risque vieillesse. Or, tel n'est absolument pas le cas à l'heure actuelle puisque les dispositifs de retraites professionnelles empruntent leurs caractéristiques essentiellement au modèle assurantiel privé et non au modèle d'assurances sociales. Ils s'avèrent donc incapables d'apporter une contribution efficace à la pérennisation du système global de retraite... même s'ils se montrent capables d'améliorer sensiblement le niveau futur de revenu de certains retraités considérés individuellement. Pour l'heure, ce niveau de retraite est additif et non réellement complémentaire.

### 20.2.2.1 Rendre obligatoire les retraites professionnelles ?

Afin d'asseoir son caractère complémentaire, devrait être améliorée « *la capacité du modèle de protection sociale d'entreprise à répéter le modèle d'assurance sociale de base* »[49] afin que l'articulation s'opère de façon optimale. À cet égard, rendre obligatoire les retraites professionnelles semble une piste de réflexion dont on ne peut faire l'économie, la régulation incitative montrant ses limites. En effet, lorsque l'instauration de régimes de retraites professionnelles n'est que facultative, toute logique de solidarité tend à disparaître en raison de leur diffusion très inégale,

---

[46]Ordonnance n° 2010-76 du 21 janvier 2010 portant fusion des autorités d'agrément et de contrôle de la banque et de l'assurance – JO 22 janvier 2010.

[47]Art. L. 612-1 du Code monétaire et financier.

[48]Voir la *recommandation sur les principes fondamentaux des pensions professionnelles* adoptée par le conseil de l'OCDE en juillet 2009.

[49]M. Kerleau et al., *Pratiques et enjeux autour de la protection sociale complémentaire d'entreprise* – rapport pour la MiRe, janv. 2008, tome 1, p. VII.

les salariés des grandes entreprises ayant plus de probabilité d'en bénéficier que ceux des PME. De surcroît, dans le cadre du PERCO, l'utilisation est renvoyée au choix de chaque salarié et accentue les inégalités : la capacité d'épargne devient un déterminant primordial du montant futur de pension et, en raison des incitations fiscales qui accompagnent souvent la mise en place de ces régimes, ce sont généralement les catégories de population ayant les revenus les plus élevés qui y recourent... donc qui optimisent immédiatement (au plan fiscal) et à terme (niveau de retraite) les incitations. Aucun périmètre de solidarité n'existe quand bien même le cadre d'instauration des dispositifs de retraite est collectif.

Or, certains choix peuvent contribuer à introduire des périmètres de solidarité. En effet, lorsque l'on est en présence d'un dispositif de retraite professionnelle à affiliation obligatoire, des espaces de solidarité existent même s'ils s'avèrent plus étroits que dans les régimes de pensions publiques caractérisés par une couverture beaucoup plus large. Le périmètre de la solidarité est réduit au groupe. Les caractéristiques de celui-ci peuvent donc en elles-mêmes générer des inégalités. Par exemple, « *pour les groupes comptant une forte proportion de femmes, le coût des pensions, en proportion de la masse salariale, est supérieur à niveau de prestation donné, du fait de la longévité supérieure des femmes* ».[50] On peut parler alors de solidarité fragmentée, voire même « atomisée ».[51] Pour la combattre, doit alors être organisée une mutualisation entre les groupes professionnels.

Le caractère obligatoire permet également de gommer partiellement le risque de « droits dormants », offrant ainsi des garanties – mais non des certitudes – sur le montant futur de retraite. En effet, la généralisation des retraites professionnelles est le seul moyen de pallier l'inégale diffusion des dispositifs de retraite. En l'état actuel des choses, tout changement d'employeur peut s'avérer pénalisant si la nouvelle entreprise n'est pas dotée d'un régime de retraite ; si tel est le cas, les droits acquis précédemment sont bien évidemment conservés mais le compte retraite du salarié se trouve figé dans l'état où il se trouvait avant son départ.[52] Devrait également être regardée avec attention la situation des travailleurs précaires, ce qui suppose une démarche volontariste tendant à limiter la durée des périodes de « stage » préalables à l'acquisition de droits au risque autrement de pénaliser la constitution de droits à retraite pour ces salariés.[53]

#### 20.2.2.2 Réviser le mode de gouvernance du système de retraite ?

La complémentarité entre les niveaux de retraite nécessite un cadre normatif assez substantiellement réaménagé (v. *supra*) afin de permettre que les retraites

---

[50] L. ApRobert, – préc. p. 27.

[51] L. ApRoberts recourt à l'expression « *d'ilot de solidarité* ».

[52] Exception faite de la valorisation dont les droits acquis feront l'objet. Autrement dit, le salarié n'acquiert pas d'éléments retraite supplémentaires seuls à même de participer à la réalisation des projections sur le niveau futur de la rente.

[53] Voir M. Del Sol, *Les faux-semblants des retraites d'entreprise* – RDSS n° 1/2008, pp. 43–52.

professionnelles deviennent partie intégrante du système d'ensemble.[54] Cette logique systémique ne peut rester sans effet sur le mode de gouvernance puisque le rôle assigné aux retraites professionnelles est renforcé. Ces dispositifs ne relèveront plus d'arbitrages opérés à l'intérieur de chaque entreprise dans le cadre de sa politique salariale et sociale. Un basculement se produit d'une dimension interne et à géométrie inévitablement variable à un cadre réellement collectif transcendant les choix opérés par chaque employeur, cadre au sein duquel les retraites professionnelles se voient confier des responsabilités plus étoffées.

Le contexte politico-institutionnel doit nécessairement être révisé afin d'intégrer cette nouvelle donne. Associer tant les partenaires sociaux que les organismes gestionnaires des fonds « retraite » à la définition de la politique de gestion du risque vieillesse aux côtés des pouvoirs publics devient une exigence. Sur le plan strictement institutionnel – et indépendamment de la réalité de sa mise en œuvre –, une architecture assez comparable à celle adoptée en 2004 à l'occasion de la réforme de l'assurance maladie[55] pourrait être envisagée ; il en résulterait une gouvernance tripartite associant les régimes de retraite de base, les organismes gestionnaires des fonds « retraite » et les partenaires sociaux[56] dans la définition des orientations et des modalités de gestion du risque vieillesse.

[54]Indépendamment du fait que soit envisagé de cantonner à un niveau limité les revenus des retraites provenant de régimes privés. C'est ce que signifie la complémentarité contrairement à la logique simplement additive.

[55]Loi n° 2004-810 du 13 août 2004 relative à l'assurance maladie – JO n° 190 du 17 août 2004, p. 14598.

[56]Dans le champ de l'assurance maladie, la gouvernance issue de la loi de 2004 associe l'assurance maladie obligatoire (au travers de l'UNCAM – Union nationale des caisses d'assurance maladie), les organismes complémentaires d'assurance maladie (dont les représentants siègent au sein de l'UNOCAM – Union nationale des organismes complémentaires d'assurance maladie) et les professionnels de santé (via l'UNPS – Union nationale des professions de santé).

# Teil III
# Steuerungsformen und sozialer Dialog

# Part III
# Corporate Governance and Social Dialogue

# Partie III
# Gouvernance et dialogue social

# Kapitel 21
# Entwicklung der betrieblichen Altersversorgung und sozialer Dialog im europäischen Binnenmarkt

## Anmerkungen aus der Sicht der Arbeitgeber

# The Development of Occupational Pension Systems, Social Dialogue and the European Single Market

## Remarks from an employer perspective

# Développement des retraites professionnelles, dialogue social et marché unique

## Remarques du point de vue des employeurs

**Renate Hornung-Draus**

**Abstract** There is an overall consensus in the EU about the need to strengthen occupational pension systems. These systems vary across different member states, both with regard to their coverage, which reaches from below 20% to over 90% of the employed workforce, and with regard to their design and the social partner involvement in them. The subsidiary liability of employers, the insolvency protection mechanism and the strong social partner involvement in the design and management of occupational pensions have made the German system particularly resilient with regard to the financial market crisis of 2008 and 2009. EU-level regulatory instruments must take into account both the specificity of occupational pension systems

R. Hornung-Draus (✉)
Geschäftsführerin – Managing Director, European and International Affairs BDA, Confederation of German Employers, Breite Strasse 28, 10178 Berlin, Deutschland
e-mail: R.Hornung-Draus@arbeitgeber.de

O. Kaufmann, S. Hennion (eds.), *Steuerung der betrieblichen Altersversorgung in Europa: garantierte Sicherheit? Governance of Occupational Pensions in Europe: Guaranteed Security? Gouvernance des retraites professionnelles en Europe: Sécurité garantie?*, DOI 10.1007/978-3-642-15731-8_21,  

vis-à-vis other types of insurance and the great variety of approaches in the design of occupational pension systems. The attempt by the EU Commission to present an EU directive on the portability of occupational pensions since 2005 has been based on an ill-conceived approach of defining minimum standards incompatible with the different national systems. It has failed and should therefore be abandoned altogether.

**Résumé** Il existe un consensus, en Union Européenne, sur la nécessité de développer davantage le deuxième pilier des retraites professionnelles. Les systèmes de retraites professionnelles sont très différents dans les différents Etats membres de l'UE, aussi bien par rapport à leur degré de couverture – qui va de moins de 20% jusqu'à plus de 90% de la main d'œuvre – que par rapport à leur structure. Grâce à la responsabilité subsidiaire de l'employeur pour les retraites professionnelles, au mécanisme de protection contre l'insolvabilité et au rôle essentiel que jouent les partenaires sociaux dans le régime allemand des retraites professionnelles, celui-ci s'est avéré extrêmement stable et résistant par rapport à la crise des marchés financiers des années 2008 et 2009. Tout instrument législatif au niveau européen doit tenir compte de la spécificité des régimes de retraites professionnelles existant dans les Etats membres de l'UE. L'initiative prise par la Commission européenne dès 2005 de présenter une directive sur la portabilité des retraites professionnelles a échouée parce que la Commission voulait introduire des normes minima pour les régimes nationaux des retraites professionnelles, qui étaient incompatibles avec ceux-là, et qui, de plus, n'avaient pas de lien avec le problème de la portabilité. La nouvelle Commission devrait, par conséquent, retirer cette initiative.

Der weitere Ausbau der zweiten und dritten Säule der Altersvorsorge ist vor dem Hintergrund der wirtschaftlichen Globalisierung und der demografischen Entwicklung in Europa eine allgemein akzeptierte Notwendigkeit.

Jeder EU-weite Ansatz zur Förderung der betrieblichen Altersvorsorge (im Folgenden: BAV) muss berücksichtigen, dass die betriebliche Altersvorsorge und ihr Verhältnis zur Rente aus der Sozialversicherung – also der ersten Säule in den verschiedenen Mitgliedstaaten der EU – unterschiedlich ausgeprägt ist. Dies betrifft zum einen die Verbreitung der BAV: Nach einer Studie der EU-Kommission vom 20. Oktober 2008 erhalten in Dänemark, den Niederlanden und Schweden über 75% der abhängig Beschäftigten zusätzlich zur gesetzlichen Rente eine betriebliche Zusatzrente; in Belgien, Deutschland, Irland, dem Vereinigten Königreich und Zypern liegt der Anteil der Arbeitnehmer mit betrieblicher Zusatzrente zwischen 40 und 75%, und in acht Mitgliedstaaten (Italien, Österreich, Frankreich, Spanien, Finnland, Luxemburg, Portugal, Polen) liegt dieser Anteil bei unter 20%.

Das deutsche System der betrieblichen Altersversorgung hat sich als besonders erfolgreich und krisenfest erwiesen. Die Auszahlungen von Betriebsrenten durch Arbeitgeber sind nach den Angaben des Sozialbudgets 2007 des Bundesministeriums für Arbeit und Sozialordnung seit dem Jahr 2000 kontinuierlich und stark angestiegen, und zwar von 17,5 Mrd. Euro im Jahr 2000 auf 20,7 Mrd. Euro in

2007. Die langfristigen und sicherheitsorientierten Anlagestrategien der Versorgungswerke der deutschen betrieblichen Altersvorsorge haben sich gerade in der Wirtschaftskrise seit 2008 bewährt, so dass im Unterschied zu vielen anderen EU-Mitgliedstaaten die Zahlung der Betriebsrenten zu keinem Zeitpunkt gefährdet war. In den versicherungsförmigen Durchführungswegen der BAV haben die restriktiven Anlagevorschriften dazu geführt, dass der Aktienanteil im Vermögen der deutschen Versorgungsträger mit 16% erheblich niedriger ist als in den Niederlanden (26%), den USA (45%), im Vereinigten Königreich (49%), oder gar in Irland (54%). Dies hat in der Krise für Stabilität bei diesen Durchführungswegen gesorgt. Von besonderer Bedeutung für die Stabilität des BAV-Systems in der Krise war auch das robuste System zum Insolvenzschutz der BAV durch den Pensions-Sicherungsverein (PSV), der im Jahr 2009 Schäden von 4 Mrd. Euro aufgefangen hat.

Ein wesentlicher Faktor für die Ausbreitung und Stabilität der betrieblichen Altersvorsorge, in Deutschland ebenso wie in den meisten EU-Mitgliedstaaten, ist die Einbeziehung der Sozialpartner in die Verwaltung und Aufsicht der Einrichtungen der betrieblichen Altersvorsorge. So sind Aufsichtsräte in den Pensionskassen und Pensionsfonds oftmals paritätisch mit Vertretern der Arbeitgeber und Arbeitnehmer besetzt. Diese Parität in der Besetzung sollte nicht durch Festlegung anderer Eignungskriterien für die Aufsichtsräte derartiger Einrichtungen unterminiert werden. Nur durch die aktive Rolle der Arbeitgeber in den Aufsichtsgremien kann sichergestellt werden, dass die Ausstattung und Leistungen der BAV die beteiligten Unternehmen nicht überstrapazieren und die weitere Verbreitung der BAV gefördert wird.

Bei der betrieblichen Altersversorgung gibt es in allen EU-Mitgiedstaaten eine Entwicklung weg von den bislang vorherrschenden Defined-Benefit-Systemen hin zu Defined-Contribution-Ansätzen. Dieser Trend wurde durch die sowohl wirtschaftlich als auch politisch generierte zunehmende Unsicherheit der Unternehmen über die Höhe zukünftiger Belastungen bei Defined-Benefit-Systemen hervorgerufen. Je mehr die Arbeitgeber aus den Verwaltungsstrukturen der betrieblichen Altersversorgung verschwinden und damit die Kontrolle über künftig zu erwartende Belastungen einbüßen, umso mehr dürfte sich der Trend hin zu den Defined-Contribution-Systemen verstärken.

Auf EU-Ebene haben in den zurückliegenden Jahren mehrere Rechtsetzungsinitiativen unmittelbare Bedeutung für die betriebliche Altersversorgung gehabt:

## 21.1 Portabilität von Betriebsrentenanwartschaften

Über einen Richtlinienvorschlag für Mindeststandards von Betriebsrenten wird seit dem Jahr 2005 auf EU-Ebene kontrovers diskutiert. Die ursprüngliche Zielsetzung der Rechtsetzungsinitiative der EU-Kommission war es, die Portabilität zu verbessern und damit die Funktionsweise des Binnenmarktes zu verbessern, indem die Freizügigkeit von Arbeitnehmern gefördert wird. Der Richtlinienvorschlag enthielt jedoch eine Reihe von für die Portabilität völlig irrelevanten Mindestvorschriften – etwa die Verkürzung der Unverfallbarkeitsfristen oder die Verschärfung der Anpassungsregeln –, die mit den unterschiedlichen Ansätzen der BAV in den EU-Mitgliedstaaten nicht vereinbar sind und gerade für die deutsche BAV erhebliche Zusatzkosten und Bürokratie bringen würden. Im Ergebnis ist es daher trotz 4-jähriger intensiver Beratungen über diesen Richtlinienvorschlag zu keiner Einigung im EU-Ministerrat gekommen. Aus der Sicht der deutschen Arbeitgeber ist eine solche EU-Richtlinie auch nicht erforderlich, denn unverfallbare Anwartschaften auf betriebliche Zusatzrenten führen zu einer Rentenzahlung, auch wenn der Arbeitnehmer das Unternehmen verlässt, ganz gleich, ob er sich danach im Inland oder im EU-Ausland befindet. Sie behindern somit in keiner Weise die Funktionsweise des EU-Binnenmarktes. Die neue Kommission sollte daher diese Rechtsetzungsinitiative ad acta legen.

## 21.2 Solvency II

Die im Frühjahr 2009 verabschiedete Richtlinie zur Aufnahme und Ausübung der Versicherungstätigkeit (Solvency II), mit der verschärfte Eigenkapitalvorschriften sowie neue Regelungen zum Risikomanagement für Versicherungsunternehmen festgelegt wurden, bezog ursprünglich auch Einrichtungen der betrieblichen Altersversorgung in ihren Geltungsbereich ein. Sie hätte ohne sachliche Notwendigkeit die betriebliche Altersversorgung erheblich verteuert, obwohl diese aufgrund der vielfach vorhandenen subsidiären Haftung des Arbeitgebers schon über ausreichende Sicherungsmechanismen verfügt. Es war insofern nur folgerichtig und für die Entwicklung der BAV positiv, dass die Versorgungseinrichtungen der BAV vom Geltungsbereich der Solvency-II-Richtlinie ausgenommen wurden.

## 21.3 Europäische Finanzmarktaufsicht

Die als Antwort auf die Finanzmarktkrise erarbeiteten Verordnungsentwürfe der EU-Kommission zur zentralen europäischen Finanzmarktaufsicht sind grundsätzlich zu begrüßen. Es muss jedoch vermieden werden, dass dadurch die einzelnen Versorgungseinrichtungen mit einer doppelten Aufsicht, einmal auf nationaler und zusätzlich auf europäischer Ebene, belastet werden.

Abschließend ist festzuhalten, dass die unterschiedlichen Systeme der betrieblichen Altersversorgung in den meisten Ländern, insbesondere in Deutschland, kein Hindernis für die Entwicklung des EU-Binnenmarktes darstellen, da sie die Freizügigkeit nicht behindern. Länder, in denen die Systeme der betrieblichen Altersversorgung Mobilitätshindernisse für Arbeitnehmer – und zwar sowohl national als auch grenzüberschreitend – darstellen, sollten diese Regelungen auf nationaler

Ebene überprüfen. Die europäischen Rahmenbedingungen müssen sowohl die Besonderheit der betrieblichen Altersversorgung – wie z. B. die subsidiäre Haftung der Arbeitgeber und die Rolle der Sozialpartner – berücksichtigen als auch den sehr großen Unterschieden in den nationalen Ansätzen der betrieblichen Altersversorgung Rechnung tragen, die sowohl in ihrer Verbreitung als auch im Anlageverhalten der Versorgungseinrichtungen zum Ausdruck kommen.

# Chapter 22
# The Governance of Supplementary Pension Schemes and the Role of Employee Representatives: A Story of Paradoxes

# Les pouvoirs de la représentation des salariés dans la gestion des fonds de pension

**Francis Kessler**

**Résumé** L'analyse des pouvoirs de la représentation des salariés dans la gestion des fonds de pension révèle un étrange paradoxe. Il est aujourd'hui couramment admis que la participation des représentants des salariés améliore la qualité de la gestion des fonds (privés) de pension. Toutefois, si bon nombre de législations européennes prévoient une telle représentation des salariés leurs pouvoirs apparaissent de facto limité. Le constat est patent, tant les textes de l'OCDE sur la gouvernance des fonds de pensions, telles les lignes directrices sur la gouvernance des fonds de pension émises par cette organisation internationale que la directive 2003/41/CE concernant les activités et la surveillance des institutions de retraite professionnelle (la directive IRP) ne portent pas sur la représentation des bénéficiaires des prestations surcomplémentaires de vieillesse. Il est tout juste tenu compte d'une éventuelle désignation par les salariés dans des termes très hé-génraux. Ainsi pour l'OCDE « *Les membres et les bénéficiaires du plan/fonds ou leurs instances représentatives peuvent aussi jouer un rôle dans la nomination des membres de l'organe directeur du fonds de pension. Si le plan est institué dans le cadre d'un accord collectif, le(s) syndicat(s) partie(s) à l'accord ont la responsabilité de la nomination de l'organe directeur au nom des membres et des bénéficiaires du plan/fonds* ». On regrettera ainsi que la directive IRP ne fait pas de la présence de salariés au sein des organes dirigeant des fonds de pensions une condition pour être appelé à pouvoir opérer sur le territoire d'autres Etats membres et se contente de rendre compte de la diversité des compositions de ces organes dans les législations des Etats membres. Les législations nationales de régulation des fonds de pension présentent une mosaïque complète de

---

F. Kessler (✉)
Dr. jur., habil. (HDR), Maître de Conférences, École de droit de la Sorbonne, Université Paris I, 12, pl. du Panthéon, 75231 Paris Cedex 05, Frankreich
e-mail: francis.kessler@univ-paris1.fr

O. Kaufmann, S. Hennion (eds.), *Steuerung der betrieblichen Altersversorgung in Europa: garantierte Sicherheit? Governance of Occupational Pensions in Europe: Guaranteed Security? Gouvernance des retraites professionnelles en Europe: Sécurité garantie?*,
DOI 10.1007/978-3-642-15731-8_22, 

solutions allant de l'absence totale de représentants salariés dans les fonds de pensions irlandais à la nécessité d'un paritarisme dans les fonds allemands, néerlandais ou français. Mais même là où les législations nationales imposent une présence de représentants de salarié au sein des organes dirigeants leur impact réel semble limité. A cela plusieurs raisons. La première tient évidemment à la technicité de la matière. Il est tout à fait remarquable de constater que dans les textes qui se veulent de régulation de certains fonds de pension que seule est exigée une « *compétence collective de l'organe directeur* » et de la nécessité de faire un effort de formation. Les représentants élus ou désignés par les organisations syndicales sont ainsi souvent dépendants d'une information donner par les gestionnaires professionnels de fonds auxquels la gestion quotidienne à été déléguée et ne peuvent de ce fait guère peser dans les choix de gestion. Parfois aussi, les organes même de décision des fonds de pension n'ont que peu de pouvoir, ainsi en est-il en cas de réassurance ou lorsque l'entité gestionnaire fait, comme le montre l'exemple français, partie d'un groupe de protection sociale dont les décisions stratégiques échappent en grand partie aux organes décisionnels du fonds de pension pour se fondre dans une stratégie globale. L'on constate également dans d'autres pays une préférence à une supervision de gestion professionnelle et extérieure plutôt qu'au contrôle par des organes internes comportant des représentants du personnel ainsi que l'illustre la pratique aux Pays-Bas. Certaines études ont ainsi pu démontrer que les représentants de salariés n'interviennent dans la gestion qu'au moment de la fixation des taux de cotisations ou des primes puis se contentent d'exiger une maximisation des profits du fonds de pension. Pris entre l'idée encore bien ancrée que l'attribution d'avantages de pensions relève du pouvoir unilatéral de l'employeur, et de grandes difficultés dans la complexité de la gestion en l'absence d'informations diversifiées, l'activité des représentants du personnel dans la gestion de fonds de pension bien que promue par certaines législations nationales nous semble peu effective. Au moment ou les fonds de pension gagnent en importance ces constats ont de quoi être inquiets.

**Keywords** Pension funds · Trade-Unions · Employees representatives · OECD · Governance

Occupational pension regimes in Europe have not been sufficiently explored by the existing literature, not least because of the limited comparability of these schemes across countries: this is particularly true for employee representation in the boards or committees of pension fund governance.[1]

This chapter does not deal with personal plans where the contract is signed directly between the plan member and the financial institution: the intervention of

[1] See Schuller T., Hyman J., Trust Law and Trustees: Employee Representation in Pension Schemes, *Ind. Law J*, 1983; 12: 84–98; Ambachtsheer K., Capelle R., Lum H., Pension Fund Governance Today: Strengths, Weaknesses, and Opportunities for Improvement, *Financial Analysts Journal*, October 2006.

employee representatives is irrelevant in that case. Another subject area not covered by this chapter is the provision of special pension benefits to select groups of management or highly compensated employees. In those cases, the need for employee representation is likewise unnecessary as the negotiation ability and capacity of these top managers is very high and thus sufficient.

The legal form of pension funds determines the structure of their governing bodies. There are two types of autonomous pension funds. The first is where the fund is an independent entity with legal personality and capacity and hence has its own internal governing board. Examples of pension funds of the institutional type include pension foundations and associations – in countries such as Denmark, Finland, Hungary, Italy, Norway, Poland, the Netherlands and Switzerland – as well as corporations such as the *Pensionskassen* in Austria and Germany. In most of these countries, pension funds have a single governing board whose members are typically chosen by the sponsoring employers and employees (or their representatives). In some countries, like Germany and the Netherlands, there is a dual-board structure. In Germany, a supervisory board is responsible for selecting and monitoring the management board, which in turn is responsible for all strategic decisions.

The second type of autonomous fund consists of a segregated pool of assets without legal personality and capacity that is governed by a separate entity, typically a financial institution such as a bank, an insurance company, or a pension fund management company. The governing body of a fund set up in the contractual form is usually the board of directors of the management entity, though in some countries (e.g. Spain) certain key responsibilities are shared with a separate oversight committee (*comisión de control*). Other examples of contractually established pension funds include those in the Czech Republic, Portugal and Slovakia and the open funds in Italy and Poland. The trust, which is the legal form used by pension funds in countries with an Anglo-Saxon legal tradition, does not fit comfortably into these categories: under the trust form, it is the trustees who legally own (have legal title to) the pension fund assets. Trustees must administer the trust assets in the sole interest of the plan participants, who are the beneficiaries of those assets' investment according to the trust deed. While this feature of trusts is similar to that of foundations, the trustees are not legally part of the trust. Indeed, a trustee may be of the corporate type (as is sometimes the case in Ireland), with the pension fund resembling a contractual arrangement.

Though not easy to evaluate, our investigations of national legislations show that the influence of employee representatives could be considered as a paradox. On the one hand, the discourse and the law make it clear that employee representatives are to participate in the governance of pension funds. In most European countries, the members of occupational pension fund governing boards must be elected by the sponsoring employers and employees, often in equal numbers. The main exception is Ireland, where there is no requirement for employee or member representation in the individual employer plans. In some other countries, like Austria and the United Kingdom, member representation is required, but not necessarily in numbers equivalent to sponsor representation.

On the other hand, the recognition of formal employee representation does not ipso facto mean that the representatives are actually able to influence the decision-making process: quite on the contrary, employee representatives have almost no real power and only few rights. As a matter of fact, decision-making often proves difficult and, all in all, employee representatives are usually poorly trained in this complex field. As a result, thus the argument in this chapter, the role of employee representatives is sometimes referred to as a "governance vacuum".

The chapter is structured as follows: Section 22.1 describes briefly the governance discourse; Section 22.2 draws attention to the fact that European law is actually "neutral" as regards the role of employees in transnational pension plans; and Section 22.3 identifies continuing weaknesses in the participation of trade unions in pension fund governance – based on recent surveys and independent studies, including some carried out by regulatory and supervisory authorities.

## 22.1 The "Good" or "New Governance" Discourse

Some 20 years after the famous Maxwell case[2] and 10 years after the Enron pension fund scandal,[3] the latest OECD studies show that, despite regulatory and industry initiatives, pension funds still exhibit weaknesses in terms of their governance. It is held that some of the more serious cases of governance failure could be resolved through a more balanced representation of employees in the governing body.

At a first glance, it seems quite natural that employee representatives participate in the decision-making process of professional pension funds. The 2005 OECD "Guidelines for pension fund governance"[4] merely state the following in Appendix II "Annotations to Guidelines for Pension Funds Governance":

> [t]he election by plan members and beneficiaries of representatives in the governing body may be most suitable when membership of the pension plan/fund is compulsory or automatic as part of the employment contract (often the case for closed funds). In these cases,

---

[2]As much as £400 million was thought to have been diverted from the Mirror Group pension fund as unauthorised loans to Robert Maxwell's private companies.

[3]On 2 December 2001, the Enron Corporation filed for Chapter 11 bankruptcy protection with the Federal Court in New York. Enron sponsors a retirement plan – a "401(k)" – for its employees, to which they can contribute a portion of their pay on a tax-deferred basis. As of 31 December 2000, 62% of the assets held in the corporation's 401(k) retirement plan consisted of shares of Enron stock. Some Enron employees held even larger percentages of Enron stock in their 401(k) accounts. The company's bankruptcy substantially reduced the value of many of its employees' retirement accounts. Shares of Enron, which in January 2001 traded for more than $80 per share, were in January 2002 worth less than 70 cents each. The "401(k)" plan is named for a section of the Internal Revenue Code that was added by the *Revenue Act of 1978* (P.L. 95-600). In a 401(k) plan, the employee can make pre-tax contributions to a retirement account. These contributions are often matched by the employer in whole or in part up to some percentage of the employee's base salary.

[4]The guidelines were prepared by the OECD Insurance and Private Pensions Committee and Working Party on Private Pensions and were adopted by the OECD Council on 28 April 2005.

> plan members cannot normally "vote with their feet" and choose a different pension fund (except if they leave their employer). Election through a fair voting system (e.g. majority voting) is recommended in cases where plan members and beneficiaries can elect some of the members of the governing body. Biographical information on the member of the governing body seeking election should be provided to those involved in the selection process. The information should be provided in a timely manner and should be sufficient including age, length of time he/she has been associated with the pension fund, qualifications and experience. Having said this, existing associations of employees (e.g. trade unions) already have internal electoral systems in place which may make these additional elections redundant.

The more recent OECD guidelines[5] as well as some countries' legislation encourage employees/members to nominate representatives, taking into account the need for an appropriate mix of skills and accountability to plan members.

It is recommended that members represented in pension fund boards should particularly act as intermediaries at the interface between service provider and employee, channelling information to scheme members in a flexible capacity that serves the members' best interests in varied and changing circumstances.[6]

Usually, appended to legislation sensu stricto, sophisticated codes of governance for private companies (corporate governance) have been encouraged and developed to provide a self-regulatory framework for the structure.[7] But, as the British example shows, employee representation is far from being compulsory or even envisaged.[8]

Although the European Federation for Retirement Provision states "that IORPs (institutions for occupational retirement provision) usually have a governance structure involving representatives of plan members, ensuring that the pension scheme is managed in their best interest and that conflicts of interests are minimised",[9] the presence of employee representatives does not seem to be compulsory in every European country (Table 22.1).

[5] OECD, *Guidelines for pension fund governance* approved by the Working Party on Private Pensions on 5 June 2009.

[6] Stewart F., Yermo J., *Pension Fund Governance: Challenges and Potential Solutions*, OECD Working Paper on Insurance and Private Pensions No. 18, June 2008.

[7] Gordon L. Clark and Roger Urwin, Best-practice pension fund governance, *Journal of Asset Management* 9: 2–21 May 2008.

[8] NAPF, *Corporate Governance Policy and Voting Guidelines for Investment Companies*, April 2010. The National Association of Pension Funds (ANPF) is the leading UK body providing representation and other services for those involved in designing, operating, advising and investing in all aspects of pensions and other retirement provision.

[9] EFRP, *IORP Directive – securing workplace pensions*, EFRP paper on Funding and Solvency Principles for IORPs, May 2008. The European Federation for Retirement Provision (EFRP) considers itself as representing the various national associations of pension funds and similar institutions for supplementary/occupational pension provision. It affiliates 16 EU Member States and 5 other European countries, totalling 29 Member Associations. It is recognised as the leading voice on workplace pensions in Brussels.

**Table 22.1** Summary of employee representation rules in some EU countries

| | |
|---|---|
| Austria | Member representatives are elected to the supervisory board. The board of supervisors of the pension fund may have two seats fewer for employee representatives than for the sponsoring employer or other shareholders of the pension fund |
| Belgium | The board of directors of a pension fund must have equal representation of employers and employees, but only if employees contribute |
| Denmark | Equal employee and employer representation is normally required |
| Finland | If a pension foundation is established, there must be at least five employees on the administrative board<br>If it is a pension fund, there must be at least three employees on the administrative board |
| Germany | Supervisory board: employee representation depends on the number of employees in the pension fund, with a maximum of equal representation. The managing board is appointed by the supervisory board<br>For *Pensionskassen* and *Unterstützungskassen*, the works council's involvement ensures equal employer/employee representation on the supervisory board |
| Hungary | Mandatory pension funds must have member representatives on their boards of directors |
| Iceland | The board of the pension fund must have equal representation of employers and employees |
| Ireland | There is no requirement for employee representation; if a fund has more than 50 members, members can call for a member trustee election for either two member-nominated representatives or an equal number of member and employer representatives |
| Luxemburg | There is no requirement for employee representation on the board. Employee representative/s in the company are to be consulted whenever a plan is set up, amended or terminated |
| Italy | The general assembly and the board of directors must each have equal representation of employers and employees |
| Norway | The board of the pension fund must have at least as many employee as employer representatives |
| Poland | Not less than half of the members of the supervisory board of the occupational pension society should be nominated by the members of the fund |
| Portugal | Employee representation is obligatory in case of funds funding contributory schemes |
| Spain | Plan members and beneficiaries must select the majority of the control commission. There is no requirement for member representation on the boards of pension fund management companies |
| Sweden | The board of the foundation must have equal representation of employers and employees |
| Switzerland | The supreme council of a pension fund must have equal representation of employers and employees |
| The United Kingdom | At least half of trustees must be member-nominated |

## 22.2 The Missed Opportunity in European Law

Much has been written in recent years about institutions for occupational retirement provision (IORPs) in conjunction with Directive 2003/41/EC of the European Parliament and of the Council of 3 June 2003 on the activities and supervision of institutions for occupational retirement provision (hereafter referred to as "IORP Directive"[10]), but the attention has focused almost entirely on the technical aspects of setting up an IORP, i.e. on describing and comparing the legal, fiscal and solvency requirements of the home countries in which such pan-European pension funds are based. The IORP Directive is considered to have been an important catalyst for changes in the market for pan-European pension funds. Moreover, it is also believed to have changed the way of thinking about other pan-European pension solutions. This transnational regulatory framework governing pension funds across borders requires a minimum harmonisation of investment, social and supervisory regulations. But the European rules do not take account of the idea of employee representation on the boards of the pension funds.

If the IORP is located in a member state of the European Union, advantages include cost savings (economies of scale in investment and administration), simpler governance and compliance (operating a single legal vehicle and dealing with just one supervisor) and a consistent employee benefits philosophy. The main drawbacks must be seen in such practical hurdles as the complexity involved in adhering to domestic, social and labour law, resulting in unpredictable costs and long processes. The model of European Institutions for Occupational Retirement Provision (EIORPs) features national sections, although that concept does not appear in the IORP Directive. National sections provide an appropriate technique for enabling a single fund to achieve multi-jurisdictional compliance as long as this is necessary. According to the IORP Directive, the host State laws with which an EIORP must also comply, along with any home State laws, cover the social and labour legislation relevant to occupational pension provision and, possibly, a limited range of prudential aspects, i.e. quantitative investment rules allowed in cross-border situations, specific members' information requirements, and the role of employee representation.

The IORP Directive's lack of interest in how the governance of national pension funds is organised can be explained by the fact that back in 2003 the single pension market was part of the overarching European Monetary Union project, under which several steps towards further financial market integration had already been taken. These measures included banking and stock-market regulation as well as the permission for banks, insurance and investment companies to operate EU-wide under a single license. Realising their competitive disadvantage vis-à-vis insurance

[10]The IORP Directive (Directive 2003/41/EC on the activities and supervision of institutions for occupational retirement provision) was published in the Official Journal on 23 September 2003 and had to be implemented by Member States by 23 September 2005. By 2007, all Member States had notified their implementation measures, although two infringement procedures for incorrect implementation are still open.

companies, pension funds, represented by the European Federation for Retirement Provision (EFRP), began to lobby for their own "single passport". The question of employee representation in the governance mechanisms of a pension fund was strictly non-relevant in that approach.

Article 9(6)(1)(b) of the IORP Directive states "that these institutions [are to be] effectively run by persons of good repute who must themselves have appropriate professional qualifications and experience". This requirement, adapted from the OECD Guidelines, does not go far enough, according to the view taken here. The opportunity to link employee representation to all the IORPs operating on the EU market should have been made compulsory as a rule of good pension fund governance. Strangely enough, not even the European Trade Union Institute (ETUI) has made a proposal to that effect!

## 22.3 Far From Any Discourse: The Real Power of Employee Representatives

Representation in the sense of democratic participation requires involvement in decision-making, with voting rights accorded on all management levels, from senior to lower-ranking committees.

In the case of "fiduciary management" of pension funds, commercial providers handle not just the fund's operational decisions but also key issues such as strategic asset allocation, external manager recruitment and monitoring.

A typical example of employee representatives' participation in France is their role in the management of additional branch pensions established via collective bargaining arrangements. These pension plans are allegedly managed by a so-called paritarian institution, created as a legally autonomous non-profit institution in which the negotiators of collective agreements (trade unionists and employers) are also the managers of the plan – through the "paritarian" composition of its management board and/or its supervisory board.[11] Under the authority of this paritarian board, an administrative body assumes responsibility for the daily management of the institution, either directly or by delegation. These institutions seem a perfect illustration of employees' participation in a pension plan. In actual fact, however, the real management decisions are taken elsewhere. Sometimes the paritarian institution concludes a form of treaty reinsurance: the reinsurer assumes part or all of a ceding institution's responsibility. In the case of a quota share pro-rata reinsurance, where the primary insurer cedes a fixed percentage of premiums and losses for every risk accepted, most of the decisions are no longer taken by the paritarian board but by the reinsurer. These paritarian institutions today form part of a so-called social protection group in which the administrative body, e.g. the director, exercises sole control over

[11] This paritarian setup is an institutionalised copy of the joint negotiation committee that established the collective agreement and the institution.

the group's strategic decisions, with employee representation thus becoming more and more symbolic.

Another example of how complex the implementation of employee representation powers can be is found in Spain, where a jumble of responsibilities arises because the role of control commissions overlaps with that of pension fund management companies. For example, the "control commission", composed of employer and employee representatives, is expected to prepare the fund's investment principles together with the pension fund management company. As a result of this requirement, management companies play a key role in the design of the investment policies – an important task that should normally lie solely in the hands of the governing board (when necessary, after seeking the advice of experts).

Sometimes intervention levels are modified, as is shown by the Dutch example, where a one-tier board (OTB) or an audit commission used to be instituted to oversee the pension fund management, comprising executives and a group of non-executive employer and employee representatives as well as pensioners and the sponsoring employer. According to the Dutch Central Bank (DNB), however, by mid-2007, 90% of the pension funds had opted for the alternative of internal supervision via a visitation commission consisting of at least two independent and experienced persons not already involved in the certification of the fund's records and entrusted with the task of evaluating performance at least once every 3 years.

In the United Kingdom, trade unions are typically involved in proposing member-nominated trustees (MNTs). In the private sector, most schemes were required to ensure by 31 October 2007 that one-third of their trustees were MNTs. (The schemes were nevertheless permitted to opt out of this requirement, and many did so.) Since 2009, private-sector scheme members have been entitled to nominate half the trustees on governing boards. As in many countries, pension fund board members are often selected on the basis of their status in a trade union or as an employee representative, rather than on account of their specific knowledge of or experience with pension issues. Conflicts of interest are thus not effectively identified and tackled – in numerous countries, a code of conduct for managing conflicts of interest within pension funds is not a requirement.

The domain of pension funds is characterised by product complexity – e.g. the tax issues involved, expected future salaries, longevity, the difficulty of valuating assets and liabilities. This complexity is quite often beyond the financial literacy of most employee representatives, giving rise to asymmetrical levels of information between pension fund managers, financial intermediaries and employee representatives. Defined-contribution (DC) plans present additional governance challenges resulting from the individual members' involvement in key decision-making areas.

Employee representatives generally lack suitable background knowledge, experience or training in pension insurance matters, which additionally prevents them from being able to understand and question the advice they receive from outside experts. In Ireland, the Pensions Board reviewed the trustee structure of governance in 2006, thereby finding that ongoing, quality trustee training was the exception rather than the rule.

A study conducted by the consulting firm Mercer on pension funds in the United Kingdom partly attributes improvements in pension fund deficit levels (which fell from £40 billion to £2 billion in 2007) to the strengthening of fund governance.[12] Thus, it was found that the basic training of trustees on how to oversee fund managers has led to better performance through more sophisticated money and risk management.[13]

Another survey by Mercer on the governance of global retirement plans offered by multinational corporations ascertained that sponsoring employers are very concerned about their benefit plans' governance shortcomings in the different countries in which they operate. A lack of resources (including skills) and weak local engagement were found to be the most common challenges facing multinational corporations in meeting their global pension governance goals.[14]

Last but not least, a further reason for employee representatives' meagre influence on the decision-making process is that investment managers (or their equivalent) hold sway over investment policy. In other words, the fund manager is not simply the executor of a policy decided by the board of pension fund administrators, but a crucial agent in shaping that policy. The weakness of employee representation reflects the weakness of the pension fund boards.

Even if employee representatives do have the ability and the power to intervene, they exercise only little control over pension fund activities once contribution levels have been settled: the goal is profit maximisation. Although US studies[15] acknowledge that "the percentage of the board that is elected by members or serve ex-officio has a positive effect on funding level (or appearance of funding)" and that "the results of the asset allocation and the funding level indicate member elected trustees are more focused on a stable, sustainable plan to provide future benefits as opposed to chasing higher returns through a riskier asset allocation", there have been repeated accounts of employee trustees being more single-mindedly intent on profit maximisation than their management counterparts.

---

[12]http://uk.mercer.com/pressrelease/details.jhtml/dynamic/idContent/1292675.

[13]This also concerns employers, e.g. in Ireland, where the Pensions Board produced a review in 2006 of the trustee structure of governance (Pensions Board (2006)). The Irish report identified a number of weaknesses, such as the small size of some schemes, widely varying levels of awareness and understanding of trustee responsibilities, and conflicts of interest among trustees, particularly among employer-nominated trustees of defined benefit plans. In addition, the Pension Board's review found evidence that ongoing, quality trustee training was the exception rather than the rule.

[14]Mercer Human Resource Consulting, *Global Governance of Retirement Plans Survey 2006: Meeting the Challenge of Implementation: Europe*, 2006.

[15]Harper J. T., *Board of Trustee Composition and Investment Performance of US Public Pension Plans,* Working paper, Rotman International Centre for Pension Management, February 2008.

## 22.4 Conclusion

Today, no one disputes the fact that pensions form an integral and important part of an employee's remuneration. Yet they are neither fully negotiable in the same way as other elements of the employee's terms and conditions of service nor is their management really shared with employee representatives.

This de facto exclusion of employee representation is in our view a consequence of complementary pensions still being regarded as ex gratia payments made more or less at the employer's discretion, even as regards their funding.

Where this is not the case, employee representatives face professional asset managers and technical providers. And even their own pension fund or social protection group managers often lack specific skills and distinct information channels, forcing them to rely on the information they are given.

The participation of employee representatives in pension fund management remains highly limited, especially in comparison with the growing importance of these funds – not only as social protection instruments, but also as investors in the global economy.

# Kapitel 23
# Die betriebliche Altersversorgung aus der Sicht der Arbeitnehmer

# Les travailleurs salariés et la retraite professionnelle d'entreprise

**Hans-Joachim Reinhard**

**Résumé** La retraite professionnelle d'entreprise présente de ce point de vue un aspect positif dans la mesure où elle ouvre droit à des prestations de vieillesse et souvent d'invalidité et de réversion. Le but primaire de la retraite d'entreprise n'était cependant pas d'apporter une sécurité pour la vieillesse, mais de fidéliser le travailleur. La retraite d'entreprise repose toujours – en Allemagne – sur une offre facultative de la part de l'employeur, il n'y a pas d'obligation légale. Les possibilités de codécision du travailleur et de la représentation du personnel sont très restreintes. C'est à l'employeur qu'appartient le choix de la forme de la retraite professionnelle d'entreprise et de l'assureur. La tendance est de favoriser les régimes de retraites à cotisations définies, ce qui revient à faire supporter au travailleur salarié le risque de perte de valeur. Les règles sévères relatives à la déchéance et la portabilité restreinte entravent la mobilité du travailleur. La conversion de salaire ouvre droit à une retraite professionnelle d'entreprise, mais l'employeur n'est pas tenu de participer financièrement. L'indexation des prestations est insuffisante, moins avantageuse que dans les régimes publics, avec pour conséquence une perte du pouvoir d'achat. Au niveau international, le déplacement transfrontalier peut aboutir à la perte d'avantages fiscaux parce que le droit fiscal national prévoit l'acquisition des droits et le paiement des prestations dans le même Etat. Il en est de même des cotisations sociales pour la santé et la dépendance (qui s'élèvent p.ex. en Allemagne à 15%).

**Stichwortverzeichnis** beitragsorientierte leistungen · Verfallbarkeit · Übertragbarkeit · Entgeltumwandlung · Indexierung · Besteuerung

H.-J. Reinhard (✉)
Prof. Dr. jur., Max-Planck-Institut für ausländisches und internationales Sozialrecht, München; FH Fulda, Amalienstr. 33, 80799 München, Deutschland
e-mail: reinhard@mpisoc.mpg.de

O. Kaufmann, S. Hennion (eds.), *Steuerung der betrieblichen Altersversorgung in Europa: garantierte Sicherheit? Governance of Occupational Pensions in Europe: Guaranteed Security? Gouvernance des retraites professionnelles en Europe: Sécurité garantie?*,
DOI 10.1007/978-3-642-15731-8_23, © Springer-Verlag Berlin Heidelberg 2011

## 23.1 Einführung

Die betriebliche Altersversorgung hat aus Sicht der Arbeitnehmer zunächst eine positive Seite. Sie erhalten eine zusätzliche soziale Absicherung im Alter, meist auch noch eine Absicherung ihrer Hinterbliebenen und häufig Aussichten auf Leistungen bei Invalidität.[1] Es sollte allerdings nicht übersehen werden, dass die Einführung der betrieblichen Altersversorgung nicht aus altruistischen Überlegungen geschah, sondern vielmehr sehr paternalistische Züge aufwies. Ursprüngliches Ziel der betrieblichen Altersversorgung war die Bindung der Arbeitnehmer an den Betrieb, um deren Können für das Unternehmen nutzbar zu machen. Die bessere soziale Absicherung der Arbeitnehmer war nicht der Zweck der betrieblichen Altersversorgung, sondern nur der Ansporn für eine bessere Leistung.

Erst mit der Abkehr von individuellen Vereinbarungen bezüglich der betrieblichen Altersversorgung hat sich die Situation etwas verändert. Die meisten betrieblichen Altersversorgungen beruhen inzwischen nicht mehr auf einem konkreten Arbeitsvertrag, sondern auf kollektivvertraglichen Regelungen. Dies gewährleistet, dass auch Arbeitnehmer mit wenig Verhandlungsgeschick automatisch in den Genuss einer zusätzlichen Altersversorgung gelangen, wenn diese tarifvertraglich vorgesehen ist. Überdies lässt sich über einen Tarifvertrag eine betriebliche Altersversorgung leichter durchsetzen als in einer individuellen Vereinbarung. Zudem bleibt es von Unternehmen begehrten Arbeitnehmern unbenommen, noch zusätzlich günstigere Regelungen auszuhandeln.

## 23.2 Die Freiwilligkeit der betrieblichen Altersversorgung

Das Erfordernis von Verhandlungen, sei es auf der Ebene von Tarifverträgen, sei es auf der Grundlage von Individualarbeitsverträgen zeigt aber auch das Defizit der betrieblichen Altersversorgung. Nach wie vor beruht die betriebliche Altersversorgung auf einem freiwilligen Zugeständnis des Arbeitgebers. Eine gesetzliche Verpflichtung zur Gewährung einer betrieblichen Altersversorgung besteht nicht. Wenn ein Arbeitgeber nicht gewillt ist, eine betriebliche Altersversorgung anzubieten, besteht für den Arbeitnehmer keine Möglichkeit diese zu erzwingen.[2] Selbst wenn der Arbeitgeber eine betriebliche Altersversorgung einrichtet, sind die Mitwirkungsmöglichkeiten des Arbeitnehmers oder des Betriebsrates sehr begrenzt.[3]

[1] Die Absicherung im Alter zählt zum Kernbestand der betrieblichen Vorsorge. Im Folgenden wird deshalb zur Vereinfachung der Begriff betriebliche *Alters*versorgung verwendet. Viele Modelle sichern aber zusätzlich auch das Risiko der Invalidität ab sowie die Hinterbliebenen bei Tod des Arbeitnehmers. Zwingend ist diese Absicherung der weiteren Risiken aber nicht.

[2] Zum Sonderfall der Entgeltumwandlung vgl. unten 23.6.

[3] Vgl. Bissels, Alexander, Betriebliche Altersversorgung und Mitbestimmung - Neuregelungen des BetrAVG unter Berücksichtigung von Mitbestimmungsrechten des Betriebsrates bei Pensionsfonds, Schriftenreihe arbeitsrechtliche Forschungsergebnisse, Band 136, Hamburg 2009; s.a. zu den Möglichkeiten der Mitbestimmung LAG München v. 08.05.2007, 11 Sa 720/06.

In der Praxis bleibt es weitgehend dem Arbeitgeber überlassen, in welcher Form und bei welchem Träger er eine betriebliche Altersversorgung durchführt.

Für den Arbeitnehmer hat dies zweierlei Konsequenzen: Zum einen kann er nicht beeinflussen, ob er überhaupt in den Genuss einer betrieblichen Altersversorgung gelangt. Viele kleinere Betriebe bieten keine Leistungen der betrieblichen Altersversorgung an. Zwar ist zutreffend, dass der Arbeitgeber, wenn er eine betriebliche Altersversorgung anbietet, diese allen Arbeitnehmern in gleicher Weise zukommen lassen muss. Zumindest in Deutschland gebietet dies bereits der Grundsatz der Gleichbehandlung,[4] und auch nach europäischem Recht[5] ist eine Differenzierung zwischen Männern und Frauen unzulässig. Der Arbeitgeber ist aber grundsätzlich nicht gehindert, ein bestehendes System der betrieblichen Altersversorgung ganz zu schließen und damit auslaufen zu lassen, womit neu eingestellte Arbeitnehmer nicht in den Genuss einer betrieblichen Altersversorgung kommen. Eine weitere, nicht selten genutzte Möglichkeit besteht für den Arbeitgeber darin, bestimmte Unternehmensteile formal auszugliedern und in diesen keine betriebliche Altersversorgung anzubieten.

## 23.3 Tendenz zu beitragsorientierten Leistungen

Zum anderen hat der Arbeitnehmer keinerlei Einfluss darauf, dass die für ihn günstigste Form der betrieblichen Altersversorgung gewählt wird. Der Ertrag einer betrieblichen Altersversorgung wird für ihn wenig vorhersehbar. In leistungsorientierten Systemen der betrieblichen Altersversorgung ist das für den Arbeitnehmer weniger ein Problem, da die Leistung in jedem Fall vom Arbeitgeber erbracht werden muss. Allein im Fall der Insolvenz des Arbeitgebers kann es dann zu Leistungseinbußen kommen, wenn die Insolvenzsicherung nicht ausreicht. Viel problematischer sind für den Arbeitnehmer die beitragsorientierten Systeme der betrieblichen Altersversorgung. Hier trägt der Arbeitnehmer – und nicht mehr der Arbeitgeber – das Risiko der Anlage. Im Gegensatz zu den leistungsorientierten Systemen kann der Arbeitnehmer bis zum Erreichen des Rentenalters kaum abschätzen, in welcher Höhe ihm eine betriebliche Altersversorgung zusteht. Vor allem in Zeiten stürmischer Entwicklungen an der Börse, wie sie in den letzten Jahren zu beobachten waren, können sich leicht Unterschiede von bis zu 20% und mehr ergeben.[6] Damit wird der Ruhestand weniger planbar. Dies ist vor allem für Arbeitnehmer deshalb misslich, weil in der betrieblichen Altersversorgung verstärkt eine Tendenz zu beitragsorientierten Systemen zu verzeichnen ist.

---

[4] Art. 3 GG.

[5] EuGH C-262/88 v. 17. Mai 1990, Barber ./. Guardian Royal Exchange Assurance Group.

[6] Private Pensionspläne verloren 2008 ca. 23% ihres Wertes, also fast ein Viertel. Der geschätzte Verlust belief sich auf etwa 5,4 Billionen US$ (ca. 4,3 Billionen €), eine Zahl, die den nationalen Staatshaushalt aller EU-Mitgliedstaaten übersteigt., vgl. OECD Social Policy Division, Pensions and the Crisis – How should retirement-income respond to financial and economic pressures?, Paris 2009, http://www.oecd.org/dataoecd/10/26/43060101.pdf.

## 23.4 Verfallbarkeit

Die Bindung des Arbeitnehmers an den Betrieb wird durch die Verfallbarkeitsregelungen erreicht. Die Ansprüche auf eine betriebliche Altersversorgung entstehen nicht sofort, sondern erst nach einer gewissen Wartezeit. Diese Verfallbarkeitsklausel ist ein Relikt der patriarchalischen Konzeption der betrieblichen Altersversorgung. Nur Betriebsangehörige, die sich über einen längeren Zeitraum gegenüber dem Arbeitgeber loyal verhalten hatten, sollten in den Genuss einer betrieblichen Altersversorgung kommen. Aufgrund des europäischen Rechts wurden die strengen Regeln der Verfallbarkeit in Deutschland gelockert, doch sind immer noch fünf Jahre erforderlich, um einen Anspruch auf eine betriebliche Altersversorgung zu erwerben.[7] Scheidet der Arbeitnehmer vorher aus dem Betrieb aus, verliert er seinen Anspruch vollständig. Gerade in Bereichen, in denen von den Arbeitnehmern erhöhte Mobilität gefordert wird oder in denen aufgrund verschiedener Finanzierungsträger jeweils unterschiedliche befristete Arbeitsverträge geschlossen werden, kann es dazu kommen, dass ein Arbeitnehmer zwar langjährig erwerbstätig war, aber keinerlei Anspruch auf eine betriebliche Altersversorgung erwirbt. Im europäischen Bereich hat sich inzwischen die Kommission dieses Themas für die Gruppe der mobilen Forscher angenommen,[8] doch stellt sich zum einen die Frage, weshalb nur diese Gruppe im Fokus steht. Zum anderen würden entsprechende Regelungen nur bei transnationaler Mobilität greifen und das Problem auf nationaler Ebene nicht beseitigen.

Als weiteres Hindernis erweist sich die Voraussetzung, dass für den Erwerb einer betrieblichen Altersversorgung ein Mindestalter verlangt wird. In Deutschland bleiben Zeiten vor Erreichen des 25. Lebensjahres außer Betracht.[9] Dies diskriminiert jüngere Arbeitnehmer und kann sich zudem für Frauen nachteilig auswirken, weil Arbeitnehmerinnen in dieser Lebensphase häufig wegen Kindererziehung aus dem Unternehmen ausscheiden und Zeiten der Kindererziehung, anders als in den öffentlichen Systemen keine Berücksichtigung finden.

## 23.5 Übertragbarkeit

Die unzureichende Möglichkeit der Übertragbarkeit von Ansprüchen steht in engem Zusammenhang mit den Verfallbarkeitsklauseln. Während es bei der Verfallbarkeit darum geht, ob ein Arbeitnehmer überhaupt Ansprüche erwirbt, regelt die

---

[7] § 1b BetrAVG [Gesetz zur Verbesserung der betrieblichen Altersversorgung (BetrAVG - „Betriebsrentengesetz“) vom 19. 12. 1974 (BGBl. I S. 3610), zuletzt geändert durch Artikel 4e des Gesetzes vom 21. 12. 2008 (BGBl. I S. 2940)] Nach der geplanten EU-Portabilitätsrichtlinie soll dieser Zeitraum auf zwei Jahre verkürzt werden.

[8] Vgl. Feasibility Study of a Pan-European pension fund for EU researchers, Hewitt Associates on behalf of the European Commission (DG RTD), Mai 2010.

[9] § 1b BetrAVG; nach der geplanten EU-Portabilitätsrichtline soll das Alter auf das 21. Lebensjahr gesenkt werden.

Übertragbarkeit die Mitnahme von bereits erworbenen Ansprüchen. Da die betriebliche Altersversorgung eng mit dem Unternehmen verknüpft ist, besteht in der Regel keine Option einer Übertragbarkeit auf den neuen Arbeitgeber. Damit muss der Arbeitnehmer bei einem Unternehmenswechsel mit dem Aufbau einer betrieblichen Altersversorgung wieder von vorne anfangen, d. h. die Zeiten der Verfallbarkeit müssen erneut vollständig erfüllt werden. Hinzu kommt, dass einige Systeme der betrieblichen Altersversorgung erst nach einer längeren Laufzeit günstigere Leistungen vorsehen. Ein Arbeitnehmer, der das Unternehmen wechselt, verliert damit einen solchen Bonus des alten Unternehmens und startet im neuen Unternehmen wieder wie ein Anfänger.

Selbst wenn der Anspruchserwerb auch bei kurzer Betriebszugehörigkeit erfolgen kann, es also keine Verfallbarkeitsklausel gibt, kann ein Wechsel zu Problemen führen. In Ländern, in denen eine betriebliche Altersversorgung aufgrund von Allgemeinverbindlichkeit eines Tarifvertrags bzw. durch Gesetz verbreiteter ist (z. B. Niederlande, Vereinigtes Königreich), wurden inzwischen Einrichtungen für die Nachverfolgung (Suche) von Versorgungsanwartschaften geschaffen.[10] Es hatte sich gezeigt, dass Arbeitnehmer, die ihren Arbeitsplatz häufig gewechselt hatten, bisweilen den Überblick über die ihnen zustehenden Ansprüche der betrieblichen Altersversorgung verloren hatten. Auch in Deutschland zeigt sich bei Verfahren im Rahmen des Versorgungsausgleichs, dass die Parteien bei einer unsteten Erwerbsbiographie oft keine Vorstellung darüber haben, welche Ansprüche an Altersversorgung sie außerhalb des gesetzlichen Systems erworben haben.

## 23.6 Der Sonderfall der Entgeltumwandlung

Oben wurde ausgeführt, dass die betriebliche Altersversorgung auf freiwilliger Basis durchgeführt wird und ihre Einführung nicht vom Arbeitnehmer erzwungen werden kann. Deutschland hat die sog. Entgeltumwandlung eingeführt. Damit wird der Arbeitgeber verpflichtet, eine betriebliche Altersversorgung anzubieten. Er wird allerdings gesetzlich nicht zu einer Mitfinanzierung verpflichtet. Es ist daher fraglich, ob man die Entgeltumwandlung tatsächlich als Form der betrieblichen Altersversorgung ansehen kann.[11] Der Vorteil für den Arbeitnehmer liegt jedoch darin, dass er den Schutz der rechtlichen Regelungen über die betriebliche Altersversorgung und steuerliche Vergünstigungen genießt. Nachteilig ist für ihn hingegen, dass er trotz eigener Finanzierung nicht auf die Auswahl des Trägers Einfluss nehmen kann.[12]

---

[10] Z. B. Pension Tracing Service im Vereinigten Königreich. Ein ähnlicher Dienst ist auch auf europäischer Ebene angedacht, vgl. European Commission, Green Paper towards adequate, sustainable and safe European pension systems, 7.7.2010 COM(2010) 365 final, SEC(2010)830, S. 12

[11] Dies hat der EuGH C-271/08 v. 15.7.2010 (Kommission ./. Deutschland) allerdings nunmehr implizit bejaht.

[12] Unter diesem Gesichtspunkt ist das oben (Fn. 11) genannte Urteil des EuGH kritisch zu betrachten, da durch die erforderliche Ausschreibung nicht unbedingt der für den Arbeitnehmer günstigste Träger zum Zuge kommt.

## 23.7 Indexierung

Eine für Arbeitnehmer wenig befriedigende Situation liegt in der Anpassung der Leistungen. Selbst bei niedrigen Inflationsraten ergibt sich ein Kaufkraftschwund. Während gesetzliche Systeme versuchen, aus politischen Gründen den Kaufkraftverlust nicht allzu hoch werden zu lassen, haben Systeme der betrieblichen Altersversorgung wenig Veranlassung einen Inflationsausgleich herbeizuführen. Das Ziel der betrieblichen Altersversorgung, nämlich die Bindung des Arbeitnehmers an das Unternehmen bzw. der Ansporn zu besseren Leistungen ist mit der Beendigung des Arbeitsverhältnisses entfallen. Folglich besteht seitens des Arbeitgebers kein Bedürfnis, die Leistungen regelmäßig zu erhöhen. In einigen Rechtsordnungen sind Anpassungen der betrieblichen Altersversorgung zwar vorgeschrieben.[13] Diese fallen jedoch häufig geringer aus als die Anpassungen der gesetzlichen Systeme der Altersversorgung. Deshalb kann es im Lauf der Jahre zu einem deutlichen Wertverlust der betrieblichen Altersversorgung kommen.

## 23.8 Besteuerung

Die Leistungen der betrieblichen Altersversorgung unterliegen wie andere Leistungen der Altersversorgung der Besteuerung. Die Besteuerung des Erwerbs der betrieblichen Altersversorgung steht in einem unmittelbaren Verhältnis zur Auszahlungsphase. Ist der Aufbau der betrieblichen Altersversorgung steuerbegünstigt, wird die Auszahlung entsprechend besteuert. Dies ist so lange unproblematisch, wie Aufbauphase und Auszahlungsphase demselben nationalen Steuerrecht unterliegen. Ändert sich hingegen das Steuerrecht durch Migration, kann dies zu Verwerfungen bei den steuerlichen Vergünstigungen führen. Bislang nimmt das nationale Steuerrecht auf diese Fälle mit europarechtlichem Bezug kaum Rücksicht, so dass es der höchstrichterlichen Klärung bedarf.[14]

## 23.9 Beitragspflicht

In einigen Rechtsordnungen (z. B. Deutschland) sind auf Leistungen der Altersversorgung Beiträge für das Gesundheitswesen und die Absicherung des Pflegerisikos zu zahlen. Für Arbeitnehmer besonders misslich ist die Tatsache, dass sie die Beiträge in vollem Umfang selbst bezahlen müssen und es keinerlei Beteiligung des Arbeitgebers gibt. In Deutschland sind dies mittlerweile immerhin 15,5% der betrieblichen Altersversorgung, die monatlich für die Absicherung gegen das Risiko

---

[13] Z. B. § 16 BetrAVG.

[14] EuGH C-269/07 v. 10.9.2009 (Kommission ./. Deutschland); s.a. EuGH C-522/04 v. 5.7.2004 (Kommission ./. Belgien).

der Krankheit aufgewendet werden müssen. Hinzu kommt, dass diese Aufwendungen für die Beiträge bei vielen Beziehern einer betrieblichen Altersversorgung nicht zu einer Verringerung der Steuerschuld führen, da vor allem Bezieher von niedrigen Altersvorsorgeleistungen kaum Steuern bezahlen. Dies bedeutet im Ergebnis, dass insbesondere Arbeitnehmer, die ein niedriges Einkommen bezogen haben, die Beiträge in voller Höhe ohne steuerliche Entlastung aufbringen müssen.

# Chapter 24
# Occupational Retirement Pensions – The Employee's View

**Hans-Joachim Reinhard**

**Abstract** From the employee's view occupational pensions are very positive since they provide additional benefits in old age. However, in most countries it is a voluntary benefit provided by the employer. Negative issues are long vesting periods, the lack of portability, the insufficient indexation and unfavourable tax laws for migrant workers.

**Keywords** Defined contribution schemes · Vesting · Portability · Indexation · Taxation

## 24.1 Introduction

At first sight, occupational retirement pensions have a very positive effect for employees. They get an additional social protection in old age, in many cases survivors' benefits and protection in case of invalidity.[1] Originally, the implementation of occupational retirement pensions was not a means of social protection. Employers tried to bind good employees to make best use of their skills for the enterprise.

The situation changed when there was a shift from individual contracts towards collective agreements. Today, most occupational retirement schemes are not agreed upon individual labour contracts but on collective agreements. Nevertheless, the employee may negotiate even more favourable conditions.

H.-J. Reinhard (✉)
Prof. Dr. jur., Max-Planck-Institut für ausländisches und internationales Sozialrecht, München; FH Fulda, Amalienstr. 33, 80799 München, Deutschland
e-mail: reinhard@mpisoc.mpg.de

[1] The protection in old age is a core element of occupational pension plans. In the following, for reasons of simplification the term occupational retirement pension is used. Many schemes also provide social protection in case of invalidity and for survivors. However, this additional social protection is not compulsory.

O. Kaufmann, S. Hennion (eds.), *Steuerung der betrieblichen Altersversorgung in Europa: garantierte Sicherheit? Governance of Occupational Pensions in Europe: Guaranteed Security? Gouvernance des retraites professionnelles en Europe: Sécurité garantie?*,
DOI 10.1007/978-3-642-15731-8_24, 

## 24.2 Occupational Retirement Pensions as Voluntary Benefit

The need for collective agreements or individual bargaining shows the main deficit of occupational retirement pensions. They are still granted on a voluntary basis. There is no legal obligation for employers to provide an occupational retirement pension. The employee cannot force his/her employer to set up an occupational retirement pension scheme if he does not want to do so.[2] Even if the employer sets up a scheme, the possibilities for the employee to interfere are very limited.[3] In practice, it is up to the employer to decide the kind of occupational retirement scheme he/she wants to offer and manage it.

This has two consequences for the employee:

First, he/she has no influence whether he/she will get an occupational retirement pension at all. Many small enterprises do not offer additional retirement benefits at all. It is true that an employer who offers an occupational retirement scheme has to treat all employees equally. Not only under German[4] but also under European[5] law the equal treatment of men and women is essential. However, the employer may close an existing scheme so that newcomers are not included anymore. Employers sometimes use another way to get rid of existing schemes. They formally split off parts of the enterprise and do not offer occupational benefits in the new departments.

## 24.3 Tendency Towards Defined Contribution Schemes

On the other hand, the employee has no influence and the employer chooses a scheme that is the most favourable for him/her. The yield of the occupational retirement scheme is not really predictable. This is less a problem for the employee in defined benefit schemes. The employer has to pay the benefit anyway. More problematic are the defined contribution schemes. It is now the employee who bears the risk – and not the employer. Unlike in defined benefit schemes, the employee can hardly estimate the amount he/she will get when reaching retirement age. In particular, in times of stormy developments at the stock exchange, differences of up to 20% may occur.[6] Retirement is less easy to plan. The bad thing for employees is that there is a strong tendency to defined contribution schemes.

---

[2]For the special case of salary conversion, see below.

[3]Cf. Bissels, Alexander, Betriebliche Altersversorgung und Mitbestimmung - Neuregelungen des BetrAVG unter Berücksichtigung von Mitbestimmungsrechten des Betriebsrates bei Pensionsfonds, Schriftenreihe arbeitsrechtliche Forschungsergebnisse, Band 136, Hamburg 2009; see also for the possibilities to intervene LAG München, 08 May 2007, 11 Sa 720/06.

[4]Art. 3 GG (Basic Law of the Federal Republic of Germany).

[5]Barber v Guardian Royal Exchange Assurance Group [1990], ECJ C-262/88, 17 May 1990.

[6]In 2008, private pension plans lost some 23% of their value, almost one quarter. The estimated loss amounted to some US $5.4 trillion (ca. 4.3 trillion euros), a figure that exceeds the national budgets of all EU-member states, cf. OECD Social Policy Division, Pensions and the Crisis – How should retirement-income respond to financial and economic pressures?, Paris 2009, http://www.oecd.org/dataoecd/10/26/43060101.pdf

## 24.4 Vesting

Vesting is a means to bind the employee to the enterprise. Entitlements to occupational retirement pensions do not vest immediately, but only after a certain period (vesting period). This vesting period is a relic of the former paternalistic concept of occupational retirement pension. Only those employees who were loyal to the employer for a longer period deserved an occupational retirement pension. According to European law, the strict rules for vesting were eased. However, there are still 5 years necessary to vest an entitlement on occupational retirement pensions.[7] If the employee leaves the enterprise earlier, the entitlement is completely lost. In particular, employees working in branches with a high demand of mobility are affected. The same is true for branches where the method of financing often changes or work contracts are frequently limited in time. It may happen that an employee worked for a long period but did not acquire any entitlement for an occupational retirement pension. On the European level, the Commission has taken up the issue for the group of mobile researchers.[8] However, the question is why the focus is only on this particular group. Moreover, the rules would apply but on trans-national mobility and would not solve the problem on a national level.

Another obstacle is the condition of a minimum age for acquiring an occupational retirement pension. In Germany, periods before age 25 are not taken into account.[9] This is a disadvantage for young employees and in particular it might be discriminating for women. Young female employees often quit their job for child-rearing. Unlike in public systems, occupational retirement schemes give no credits for child-rearing.

## 24.5 Portability

Portability means the transfer of acquired rights to a new employer. Since occupational retirement schemes are linked to the enterprise, usually there is no portability option. This means that the vesting periods begin anew when changing to another employer. Moreover, some schemes provide better benefits for longer stays in the enterprise. As a consequence, job changers start like beginners.

Even if there is no vesting period required, some problems may occur. In countries, where occupational pension schemes are compulsory or widespread (e.g. the

[7] § 1b BetrAVG [Gesetz zur Verbesserung der betrieblichen Altersversorgung (BetrAVG - "Betriebsrentengesetz") vom 19. 12. 1974 (BGBl. I S. 3610), last amendment by Artikel 4e des Gesetzes vom 21. 12. 2008 (BGBl. I S. 2940)]. According to the proposed EU-Directive on portability, this period should be reduced to 2 years.

[8] Cf. Feasibility study of a Pan-European pension fund for EU researchers, Hewitt Associates on behalf of the European Commission (DG RTD), May 2010.

[9] § 1b BetrAVG; according to the proposed EU Directive on Portability the age should be lowered to age 21.

Netherlands, the United Kingdom), meanwhile, tracing services had to be established.[10] It has shown that employees who had frequent changes in workplace had lost the overview on their accumulated pension rights. In Germany, all pension rights are split during a divorce proceeding. It often happens that parties have no idea what pension rights they have acquired outside the general pension scheme.

## 24.6 The Special Case of Salary Conversion

It was already mentioned above that the employee cannot oblige the employer to set up an occupational retirement scheme. Some years ago, in Germany the so-called salary conversion was implemented. The employer is now obliged to offer an occupational pension scheme so that the employee may pay in. However, the employer himself is not obliged by law to pay in either. Therefore, it is questionable whether a salary conversion really is an occupational pension scheme.[11] The advantage for the employee is the access to tax benefits. Moreover, his/her contributions are protected under the rules for occupational pension schemes. It is a disadvantage that the employee has no influence on the selection of the managing entity although it is the employee's money that finances the pension plan.

## 24.7 Indexation

Indexation is unsatisfying for the employee. Even in times of low inflation rates, there is a loss of purchase power. For political reasons, statutory pension schemes try to compensate this loss of purchase power. For occupational pension plans, it is not that interesting to mitigate inflation. The intention of occupational retirement scheme, namely, binding the employee to the enterprise and incentives for better work is not relevant anymore. Thus, the employer has no interest to increase the benefits regularly. Some jurisdictions legally provide for regular indexing of benefits.[12] However, indexation is often less generous than in public schemes. Therefore, in the course of the years, a substantial loss of purchase power may occur.

---

[10]E.g. Pension Tracing Service in the United Kingdom. A similar service is proposed on EU-level, cf. European Commission, Green Paper towards adequate, sustainable and safe European pension systems, 7 July 2010 COM(2010)365 final, SEC(2010) 830, 12.

[11]Recently, the ECJ C-271/08, 15 July 2010 (Commission v Germany) has implicitly agreed on this.

[12]E.g. § 16 BetrAVG.

## 24.8 Taxation

Like other benefits, pensions from an occupational retirement scheme are subject to taxation. There is a direct link between the acquisition of the entitlement and the payment. If the acquisition is exempted from taxes, the payment is taxable. This is not a problem if acquisition and payment are subject to the same national tax law. However, in case of migration this may result in an inadequate taxation concerning tax benefits. Until national tax laws hardly take into account these cases with EU relation. Thus, there is a need for judgements from the European Court of Justice.[13]

## 24.9 Social Security Contributions

In some jurisdictions (e.g. Germany) retirement pensions are subject to social security contributions for health care and long-term care. It is annoying for employees that they have to pay the full amount of contributions. There is no co-payment of the employer. At the moment, in Germany the contribution rate achieves 15.5%, meaning that this percentage is deducted from the monthly payment of an occupational retirement pension.

Moreover, in most cases this deduction does not reduce income tax because due to low income many pensioners do hardly pay any income tax. As a consequence, employees who had a low salary have to pay the full amount of social security contributions without any tax relief whereas high-income earners profit from tax deductions.

[13]ECJ C-269/07, 10 September 2009 (Commission v Germany); see also ECJ C-522/04, 5 July 2004 (Commission v Belgium).

# Teil IV
# Steuerungselemente und Entwicklung der betrieblichen Altersversorgung

# Part IV
# Governance Elements and Future Development of Occupational Pensions

# Partie IV
# Les instruments de gouvernance et l'avenir des retraites professionnelles

# Chapitre 25
# La norme comptable internationale IAS 19 vient-elle sécuriser les engagements de retraite supplémentaire à prestations définies ?

**Samuel Jubé**

Les régimes de retraite supplémentaire d'entreprise font aujourd'hui l'objet d'une grande attention. Cela s'explique notamment par la pression sous laquelle se trouvent les régimes dits du *premier pilier*, qui rencontrent d'importantes difficultés financières, et par l'essor des mesures destinées à accroître la transparence des états financiers.

Au sein de ces régimes, l'usage veut que l'on distingue, d'une part, les régimes à *cotisations définies* et, de l'autre, les régimes à *prestations définies*. Ces derniers présentent des enjeux de gouvernance particuliers. L'employeur ne se contente pas de verser une contribution à un fonds. Il doit lui-même répondre de l'engagement qu'il a pris de verser aux anciens salariés une prestation de retraite définie, le plus souvent, par un pourcentage du dernier salaire. La mise en œuvre effective de cette responsabilité suppose que l'employeur anticipe la charge que représentera pour lui le versement de ces pensions viagères et qu'il prenne dès en amont les dispositions nécessaires.

De ce fait, les employeurs engagés dans un tel régime sont parfois tenus à certaines obligations comptables. Pour le juriste travailliste, la constitution de *provisions* pour couvrir les engagements se présente a priori comme une technique de sécurisation des droits acquis, en cours d'acquisition, ou même simplement potentiels. Il n'est toutefois pas toujours aisé de délimiter les contours des obligations comptables procédant des dispositions du droit social. En France, par exemple, devant l'imprécision des textes, certains auteurs soutiennent que les employeurs ont l'obligation de constituer des provisions pour couvrir leurs engagements à prestations définies alors que d'autres soutiennent le contraire.

L'imprécision des dispositions procédant du droit social et la diversité des droits nationaux s'avèrent incompatibles avec les exigences de la construction de marchés financiers à l'échelle mondiale. Une telle construction repose sur l'adoption d'un langage commun et, plus particulièrement, d'un langage comptable commun.

S. Jubé (✉)
Dr. jur., Secrétaire général, Institut d'Etudes Avancées, Nantes, 5 allée Jacques Berque, BP 12105, 44021 Nantes Cedex 1, France
e-mail: samuel.jube@iea-nantes.fr

O. Kaufmann, S. Hennion (eds.), *Steuerung der betrieblichen Altersversorgung in Europa: garantierte Sicherheit? Governance of Occupational Pensions in Europe: Guaranteed Security? Gouvernance des retraites professionnelles en Europe: Sécurité garantie?*, DOI 10.1007/978-3-642-15731-8_25, 

Jusqu'aux années 1970, les normes comptables relèvent encore strictement des cadres nationaux. La Communauté économique européenne engage alors une harmonisation de ces normes au niveau communautaire par le biais de directives[1] ; processus qui se révèle inadéquat et qui sera finalement abandonné au début des années 1990. Dans le même temps, l'*International Accounting Standards Committee* (IASC), organisme de droit privé situé à Londres, est créé le 29 juin 1973 par le regroupement des organisations comptables de dix pays,[2] afin de travailler à l'élaboration d'un référentiel unique de normes comptables à l'échelle mondiale. Cet organisme manquait de toute évidence d'indépendance à l'égard des plus grandes sociétés d'audit anglo-saxonnes. Pour répondre aux nombreuses critiques qui lui étaient faites et qui venaient dorénavant entraver l'accomplissement de ses missions, l'IASC a adopté une constitution en 2000, prévoyant sa transformation en une fondation et déléguant l'élaboration des normes comptables à un bureau plus restreint, l'*International Accounting Standards Board* (IASB), mis en place et financé par ladite fondation. Depuis février 2009, l'IASCF prétend être enfin devenue pleinement responsable au regard du public, du fait qu'elle doit maintenant faire rapport à un *Monitoring Board*, composé d'experts représentant la Commission européenne, le Japanese Financial Services Agency, la US Securities and Exchange Commission, le Comité des pays émergents du IOSCO[3] et le Comité technique du IOSCO.

L'importance de ce référentiel est en réalité sans commune mesure avec sa nature juridique. En 1995, l'IASC se voit confiée par l'IOSCO la charge de préparer un référentiel complet de normes comptables destiné à être agréé par l'ensemble des commissions de bourse du monde.[4] En juillet 2002, l'Union européenne décide de ne plus travailler de façon isolée dans le domaine de la normalisation des comptes, et d'adopter progressivement les normes IAS IFRS.[5] En octobre 2002, le normalisateur comptable américain (le FASB) et l'IASB s'engagent dans un processus de convergence. Alors que le référentiel IAS-IFRS n'a en soi aucune force exécutoire, il est aujourd'hui concrètement utilisé dans presque 120 pays, soit de façon

[1] Il s'agit essentiellement de la directive n°78/660/CEE du Conseil concernant les comptes annuels de certaines formes de sociétés, adoptée par le Conseil le 25 juillet 1978 (quatrième directive), et de la directive du Conseil n°83/349/CEE, adoptée le 13 juin 1983, au sujet des comptes consolidés (septième directive).

[2] Il s'agit de l'Australie, du Canada, de la France, de l'Allemagne, du Japon, du Mexique, des Pays Bas, du Royaume-Uni, de l'Irlande et des Etats-Unis.

[3] International Organisation of Securities Commissions.

[4] Lors de sa conférence du 17 mai 2000, l'IOSCO a effectivement salué le travail réalisé par l'IASC en recommandant à tous ses membres d'accepter dorénavant les publications de comptes réalisées selon le référentiel IAS.

[5] Les normes IFRS (*International Financial Reporting Statements*) sont les normes élaborées par l'IASB depuis sa mise en place en 2001. Ce changement de nom les distingue des normes IAS élaborées par son prédécesseur, l'IASC. Les IAS et les IFRS ne constituent cependant qu'un seul et même ensemble de normes. Le principe d'adoption des ces normes par l'Union européenne résulte du règlement n°1606/2002 du Parlement européen et du Conseil du 19 juillet 2002.

facultative soit de façon obligatoire. Tous les autres pays ayant une économie significative sont également engagés dans un processus d'adoption ou de convergence.[6]

L'IASC a adopté dès 1983 une norme relative au mode de comptabilisation des engagements de retraite à prestations définies (la norme IAS 19), qui fut amendée en 1998 pour prendre en compte l'ensemble des « avantages » consentis au personnel. C'est que l'adoption d'un mode uniforme de comptabilisation de ces engagements présente un enjeu crucial à la fois pour la fluidité des échanges sur les marchés financiers (transparence dans l'évaluation du passif social) et pour la sécurité des investissements (anticipation des flux de trésorerie futurs). Plus exigeante que bon nombre de normes comptables nationales, l'application de l'IAS 19 en Europe semble accueillie par tous comme le gage d'une meilleure gouvernance des régimes de retraite supplémentaire. Cette réaction se fonde sur le postulat selon lequel une prise en compte accrue des engagements de retraite au passif des entreprises serait synonyme d'une sécurisation des droits correspondants.

Ce postulat mérite pourtant d'être interrogé. La mise en œuvre de l'IAS 19 vient-elle vraiment éclairer la situation des droits et obligations relatifs aux régimes de retraite d'entreprise ? Cet éclairage est-il fidèle à la nature et à la fonction de ces régimes ? Ces questions les plus simples mettent immédiatement en exergue la tension qui existe entre la normalisation comptable et le droit social. Pour l'IASB, l'enjeu de la comptabilisation des engagements de retraite s'inscrit dans l'objectif d'élaborer un système de comparaison interentreprises à l'échelle mondiale, susceptible de doter l'ensemble des acteurs d'un langage commun et, surtout, d'une représentation commune des entreprises. Il faut donc éliminer les barrières formées par la diversité nationale tant des méthodes comptables que des droits sociaux et uniformiser les points de vue. Pour ce faire, l'IASB prétend s'intéresser à la « substance » des relations économiques, concept devant lui permettre de surmonter la diversité des « formes », c'est-à-dire des formes juridiques.[7] Par ailleurs, seul le point de vue de l'investisseur est retenu pour référence. L'IASB postule en effet qu'une information répondant aux exigences des investisseurs répondra de fait aux attentes de tous les autres utilisateurs.[8]

Pour le juriste travailliste, au contraire, les régimes de retraite sont l'objet de conflits d'intérêts considérables. De son point de vue, l'enjeu de la comptabilisation des engagements de retraite n'est pas *globalisé*, mais au contraire *localisé* au cœur de relations individuelles et collectives de travail prenant place au sein d'une

---

[6]IASCF, *2009 Annual report*.

[7]« Si l'information doit présenter une image fidèle des transactions et autres évènements qu'elle vise à présenter, il est nécessaire qu'ils soient comptabilisés et présentés conformément à leur substance et à leur réalité économique et non pas seulement selon leur forme juridique ». cf. IASC, 1989, *Cadre pour la préparation et la présentation des états financiers*, §35.

[8]« Bien que tous les besoins d'information de ces utilisateurs ne puissent pas être satisfaits par des états financiers, il y a des besoins qui sont communs à tous les utilisateurs. Comme les investisseurs sont les apporteurs de capitaux à risque de l'entreprise, la fourniture d'états financiers qui répondent à leurs besoins répondra également à la plupart des besoins des autres utilisateurs susceptibles d'être satisfaits par des états financiers ». cf. IASC, 1989, op. cit., §10.

entreprise ou d'un groupe donné. L'émergence du droit social et la diversité de ses manifestations dans les différents pays s'expliquent précisément par cet attachement au principe de réalité, c'est-à-dire aux caractéristiques concrètes de la relation de travail et à la nécessité de l'aménager dans un cadre social et légal donné.[9]

La normalisation comptable internationale interdit précisément de considérer encore l'entreprise dans un cadre isolé. Les informations comptables qu'elle émet à chaque reddition de compte ne sont plus tant destinées à traduire la *responsabilité* de l'employeur qu'à exposer aux investisseurs les leviers déterminant les flux de trésorerie futurs de l'entreprise afin qu'ils puissent, le cas échéant, exercer une pression sur les dirigeants lorsqu'ils estiment que l'allocation des ressources ne convient plus à leurs intérêts. En d'autres termes, la comptabilité cesse progressivement d'être un instrument de responsabilisation portant sur les décisions de gestion de l'entreprise. Elle devient un instrument permettant de faire glisser le lieu de prise des décisions, de la direction des entreprises vers les marchés financiers, d'où les investisseurs peuvent agir sans être tenus responsables pour les conséquences de leurs actes.

Le provisionnement des engagements de retraite se présente dès lors comme un engrenage mettant en prise les droits en cours d'acquisition des salariés avec les pressions internationales de la comparaison interentreprises. C'est à l'étude de cet engrenage que nous consacrerons cet article, en précisant les deux questions sus évoquées : Le provisionnement des engagements de retraite selon les normes comptables internationales constitue-t-il véritablement un instrument de *sécurisation* des droits à retraite ? Fournit-il une image fidèle des droits et des obligations issus des régimes à prestations définies ?

## 25.1 La norme IAS 19 conduit-elle l'employeur à sécuriser ses engagements à prestations définies ?

L'adoption des normes IAS IFRS génère un accroissement certain d'informations en direction des marchés financiers. Cet afflux d'information ne signifie pas pour autant que l'employeur soit davantage responsabilisé. Il se pourrait même que cela ouvre la voie vers une déresponsabilisation de l'employeur débiteur de tels engagements.

### *25.1.1 Une information accrue sur les régimes de retraite à prestations définies*

La norme IAS 19 s'inscrit dans la perspective d'une comparabilité accrue des entreprises et vise, pour cela, à établir un cadre détaillé pour la comptabilisation de l'ensemble des *avantages* du personnel. La classification retenue des différents

---

[9]Voir notamment SUPIOT A., Pourquoi un droit du travail, *Droit social*, 1990, p. 485 et s. et, du même auteur, Un faux dilemme : la loi ou le contrat, *Droit social*, 2003, p. 59 et s.

éléments de rémunération s'explique par la diversité des techniques actuarielles qu'exige l'évaluation de ces avantages. Les avantages à court terme, par exemple, constituent une catégorie homogène parce qu'ils ne requièrent aucune *actualisation* dans leur évaluation.[10] Sur le plan juridique, ils incluent pourtant des éléments très divers.[11] Pour les mêmes raisons, les *avantages postérieurs à l'emploi* sont distingués selon qu'ils constituent des régimes à *cotisations définies* ou à *prestations définies*. Cette distinction est opérée en fonction de « la réalité économique du régime qui ressort de ses principaux termes et conditions ».[12] Le régime est considéré à *cotisations définies* lorsque « le risque actuariel (risque que les prestations soient moins importantes que prévues) et le risque de placement (risque que les actifs investis ne soient pas suffisants pour faire face aux prestations prévues) incombent aux membres du personnel. »[13] Il est considéré, au contraire, à *prestations définies*, lorsque le risque actuariel et le risque de placement incombent en substance à l'employeur.[14] Les *autres avantages à long terme* se distinguent de la catégorie précédente parce que leur évaluation « n'est pas soumise au même degré d'incertitude que celle des avantages postérieurs à l'emploi. »[15]

Les régimes de retraite à cotisations définies ne donnent lieu à aucune difficulté particulière. Les contributions versées au fonds par l'employeur au cours de l'année passée sont portées en charge au compte de résultat. Lorsqu'une part des contributions reste encore à verser au jour de la clôture des comptes, elle est portée au passif du bilan. L'inscription au bilan n'est ainsi due qu'au décalage conjoncturel entre la période de travail au titre de laquelle le droit a été acquis et la date de paiement de la contribution. Elle ne porte pas sur des montants significatifs. Dans ses grandes lignes, ce traitement comptable n'affecte que le compte de résultat et laisse intact le bilan.

Le mode de comptabilisation des engagements à prestations définies est bien plus complexe. Bien que le compte de résultat et le bilan soient tous les deux affectés,

---

[10]IAS 19, §9.

[11]tels que (a) les salaires, rémunérations et cotisations de Sécurité sociale ; (b) les absences rémunérées à court terme (telles que les congés annuels et les congés maladie) lorsque les absences doivent se produire dans les douze mois suivant la période pendant laquelle le personnel a rendu les services correspondants ; (c) les sommes à payer au titre de l'intéressement et des primes dans les douze mois suivant la fin de la période pendant laquelle le personnel a rendu les services correspondants ; ou encore (d) les avantages non monétaires (tels que l'assistance médicale, le logement, la voiture et les biens ou services gratuits ou subventionnés) accordés au personnel en activité ». cf. IAS 19, §8.

[12]IAS 19, §25.

[13]IAS 19, §25.

[14]IAS 19, §27.

[15]IAS 19, §127. Cette catégorie inclut des avantages aussi divers que (a) les absences rémunérées de longue durée, telles que les congés liés à l'ancienneté ou les congés sabbatiques, (b) les jubilés ou autres avantages liés à l'ancienneté, (c) les indemnités d'incapacité de longue durée, (d) l'intéressement et les primes à payer douze mois ou plus après la fin de l'exercice pendant lequel les membres du personnel ont effectué les services correspondants et (e) les rémunérations différées versées douze mois ou plus après la fin de l'exercice au cours duquel elles ont été acquises.

c'est sur le bilan que se porte toute l'attention, puisqu'il s'agit de reconnaître un passif au titre de ces engagements. La norme IAS 19 interdit à l'employeur d'attendre le départ en retraite des salariés bénéficiaires pour inscrire une dette au passif de son bilan. Elle lui impose de constituer un passif dès qu'une période de travail entre dans le champ de la formule en vigueur pour le calcul des droits à pensions. Ceci l'oblige à faire les calculs nécessaires pour estimer la valeur actuelle de ses engagements envers l'ensemble des bénéficiaires, actuels et futurs.

La valeur des engagements de retraite à prestations définies portée au bilan est fondamentalement égale à la *valeur actualisée* des prestations futures à verser aux salariés, moins la *juste valeur* des actifs dont dispose le fonds éventuellement constitué par l'employeur pour couvrir ses engagements. La détermination de ces deux montants repose entièrement sur des hypothèses actuarielles très complexes, telles que des hypothèses démographiques relatives aux bénéficiaires et à leurs ayants-droit (mortalité, turn-over, incapacité, retraite anticipée, proportion des bénéficiaires ayant des ayants-droit, etc.) et des hypothèses financières (la pension étant généralement fixée sur la base d'un pourcentage du dernier salaire).

La fixation des hypothèses actuarielles repose avant tout sur le propre jugement de l'employeur. Les normes comptables lui imposent des restrictions dans le choix du taux d'actualisation qu'il doit retenir dans son évaluation.[16] Mais pour le reste, en raison de la très grande diversité des régimes existants, aucune liste exhaustive des hypothèses actuarielles à retenir ne peut être dressée. Les normes comptables se contentent de préciser que « les hypothèses actuarielles sont les meilleures estimations faites par l'entreprise des variables qui détermineront le coût final des avantages postérieurs à l'emploi. »[17] Elles ajoutent que les hypothèses actuarielles retenues doivent être « objectives et mutuellement compatibles. »[18] Le sens de ces termes mérite d'être relevé. « Les hypothèses actuarielles sont objectives dès lors qu'elles ne sont ni imprudentes ni d'une prudence excessive ».[19] Par ailleurs, « Les hypothèses actuarielles sont mutuellement compatibles si elles traduisent les rapports économiques existant entre certains facteurs tels que l'inflation, les taux d'augmentation des salaires, le rendement des actifs du régime et les taux d'actualisation. »[20]

[16]« Le taux à appliquer pour actualiser les obligations au titre des avantages postérieurs à l'emploi (que ceux-ci soient financés ou non) doit être déterminé par référence à un taux de marché à la date de clôture fondé sur les obligations d'entreprises de première catégorie. Dans les pays où ce type de marché n'est pas actif, il faut prendre le taux (à la clôture) des obligations d'Etat. La monnaie et la durée des obligations d'entreprises ou des obligations d'Etat doivent être cohérentes avec la monnaie et la durée estimée des obligations au titre des avantages postérieurs à l'emploi ». IAS 19, §78.

[17]IAS 19, §72.

[18]IAS 19, §72.

[19]IAS 19, §74.

[20]IAS 19, §75.

Une fois déterminée la valeur actualisée des engagements de l'employeur, les normes comptables lui imposent de tenir compte du fait que le montant de ces avantages est le plus souvent fonction de la durée de service dans l'entreprise. Cette prise en compte se réalise au moyen de la technique dite des *unités de crédit projetées.*[21] Cette technique vise à déterminer le *coût des services rendus au cours de l'exercice* considéré et le *coût des services passés* en se fondant sur un rythme linéaire d'acquisition des droits prévus au régime. Le *coût des services rendus au cours de l'exercice* est obtenu en divisant le coût de l'obligation de l'employeur par le nombre d'exercices nécessaires à l'acquisition de l'avantage évalué.

Le coût ainsi imputé à un exercice donné doit enfin être *actualisé* afin de tenir compte du temps qui s'écoulera entre l'exercice considéré et le début de l'exécution de l'obligation. La valeur actualisée correspond au montant qui doit être placé à la date de clôture des comptes pour atteindre, selon le taux d'actualisation, le montant de l'obligation le jour où son versement sera dû.

La juste valeur des actifs du régime, quant à elle, est définie comme le montant pour lequel les actifs pourraient être échangés entre des parties bien informées, consentantes et agissant dans des conditions de concurrence normales.[22] Elle est fournie soit par le prix de marché au jour de la clôture des comptes, soit par le recours à un modèle permettant d'estimer la somme des flux de trésorerie futurs attendus des actifs considérés.

Toutes les hypothèses actuarielles retenues à la fin d'un exercice sont susceptibles de varier à la fin de l'exercice suivant. Puisque la valeur de l'engagement n'est qu'*estimée* et non *constatée*, elle est considérablement dépendante de ces hypothèses. Les variations de la valeur actuelle de l'engagement imputables aux « effets des changements d'hypothèses actuarielles » ou aux « ajustements liés à l'expérience (les effets des différences entre les hypothèses actuarielles antérieures et ce qui s'est effectivement produit) » sont appelées « écarts actuariels ».[23] La prise en compte de ces écarts actuariels conduit immanquablement à une extrême volatilité de la valeur des engagements de retraite provisionnée au passif du bilan des entreprises. C'est pourquoi, la norme IAS 19 admet le recours à une technique communément appelée *corridor*, visant à permettre aux employeurs de ne prendre en compte qu'une fraction des écarts actuariels lorsque ces derniers s'avèrent significatifs.[24]

---

[21] « La méthode des unités de crédit projetées (parfois appelée méthode de répartition des prestations au prorata des années de services ou méthode des prestations par année de service) considère que chaque période de service donne lieu à une unité supplémentaire de droits à prestations et évalue séparément chacune de ces unités pour obtenir l'obligation finale ». IAS 19, §65.

[22] IAS 19, §7 Définitions.

[23] IAS 19, §7 Définitions.

[24] C'est-à-dire lorsque les écarts actuariels excèdent le plus important des deux montants : 10% de la valeur actuelle de l'obligation au titre des prestations définies à cette date (avant déduction des actifs du régime) ; ou 10% de la juste valeur des actifs du régime à cette date. IAS 19, §92. Il existe également d'autres alternatives possibles, qui font l'objet de discussions en cours.

Enfin, pour des raisons évidentes de transition entre deux méthodes comptables, les normes comptables n'imposent pas à l'employeur de reconnaître à son passif, de façon brutale, le poids des services correspondant à l'ensemble des exercices passés. Elle l'autorise alors à lisser la reconnaissance comptable de ces droits (à l'exception des droits d'ores et déjà acquis), « selon un mode linéaire, sur la durée moyenne restant à courir jusqu'à ce que les droits correspondants soient acquis au personnel. »[25]

Sur la base de tout ce qui précède, la norme IAS 19 impose à l'employeur d'inscrire au passif de son bilan la somme des postes suivants : (a) la valeur actualisée de l'obligation au titre des prestations définies à la date de clôture ; (b) majorée des profits actuariels (minorée des pertes actuarielles) non comptabilisés en raison du traitement indiqué... [technique du corridor] ; (c) diminuée du coût des services passés non encore comptabilisé ; (d) diminuée de la juste valeur à la date de clôture des actifs du régime (s'ils existent) utilisés directement pour éteindre les obligations. »[26]

Pour ce faire, l'employeur doit enregistrer en charge dans son compte de résultat, une dotation aux provisions dont le montant est le total des postes suivants : (a) le coût des services rendus au cours de la période [*charge*] ; (b) le coût financier [*charge*] ; (c) le rendement attendu de tous les actifs du régime et de tous les droits à remboursement [*produit*] ; (d) les écarts actuariels, dans la mesure où ils sont comptabilisés [*charge* ou *produit* selon les cas] ; (e) le coût des services passés [*charge*] et ; (f) l'effet de toute réduction ou liquidation de régime[27] [*produit*].

Enfin, la norme IAS 19 impose à l'employeur de compléter les données quantitatives du compte de résultat et du bilan par une liste importante d'informations qualitatives à fournir dans l'annexe.

## *25.1.2 Une pression accrue sur les régimes de retraite à prestations définies*

Le provisionnement des engagements de retraite à prestations définies au passif du bilan des employeurs responsables ne constitue pas nécessairement un élément de sécurisation. Premièrement, les provisions de retraite portées au bilan des entreprises ne constituent pas en soi une garantie de la solvabilité des employeurs. Ces provisions ont leur contrepartie dans des valeurs d'actifs sur lesquelles les salariés n'ont aucun privilège. Il n'y a littéralement aucune *mise en gage* des actifs de l'employeur. Les normes comptables ne peuvent aucunement fournir la source d'un privilège des salariés sur les actifs de l'employeur, pas même sur les actifs consacrés au régime et pris en compte pour réduire le montant de l'engagement porté au passif du bilan.

---

[25] IAS 19, §96.
[26] IAS 19, §54.
[27] IAS 19, §61.

Deuxièmement, si l'évaluation de ce montant porté au passif du bilan tient compte de la valeur actuelle des actifs du régime, elle ne tient pas compte du risque pris dans la gestion de ces actifs et n'apporte, sur ce point, aucune garantie. Une solution envisageable serait de ne prendre en compte que la valeur actuelle des actifs « sécurisés » et de considérer les autres comme une prise de risque que l'employeur est libre d'opérer, mais pas d'opposer aux tiers dans le calcul de la provision. Telle n'est pas la solution actuellement retenue.

Troisièmement, le provisionnement des engagements de retraite place le maintien de ces régimes sous la pression de la comparaison interentreprises internationale. Il peut ainsi se traduire par une pression à la réduction ou à l'abandon des droits à retraite subordonnés à la liquidation ultérieure de la retraite. Le montant exorbitant de ce poste et sa volatilité sont en effet deux critères qui soulèvent l'aversion des investisseurs. Le fait même d'avoir à perturber la prévisibilité du bilan par l'intégration de ce poste instable contribue nettement à faire pression sur les employeurs concernés pour qu'ils se libèrent de tels engagements.

Le passage en France aux normes IAS IFRS a ainsi motivé la réforme du régime de retraites du personnel des industries électriques et gazières IEG (EDF et GDF) (loi n°2004-803 du 9 août 2004), du régime de retraites du personnel de la RATP (décrets n°2005-1635 à 2005-1639 du 26 décembre 2005), du personnel de la SNCF (décret n°2007-730 du 7 mai 2007), du personnel de La Poste (Article 150 de la loi n°2006-1771 du 30 décembre 2006 de finances rectificative pour 2006). C'est désormais un fait notoire. La commission des Finances, de l'Economie générale et du Plan, à l'Assemblée nationale, le reconnaît explicitement dans son rapport du 11 octobre 2007 sur le projet de loi de finances pour 2008 : « La norme IFRS n°19, « Avantages du personnel », vise à s'assurer que les entreprises disposent des actifs nécessaires à la couverture des engagements pris à l'égard de leurs salariés, en particulier les engagements de retraite. Elle prescrit à cette fin l'obligation d'indiquer chaque année le montant des avantages accordés et impose un provisionnement intégral des charges qui en résultent. Compte tenu du niveau des prestations et du déséquilibre démographique entre leurs cotisants et leurs pensionnés, les industries électriques et gazières (IEG), la RATP et la SNCF auraient pu être contraintes de provisionner des montants énormes : 90 milliards d'euros pour les IEG, dont 70 milliards d'euros pour EDF et 15 milliards d'euros pour GDF ; 21 milliards d'euros pour la RATP ; 111 milliards d'euros pour la SNCF ; 70 milliards d'euros pour La Poste. Il était nécessaire d'éviter que cette obligation de provisionnement ne dégrade la situation financière de ces entreprises. »[28]

Les observations faites au sujet de la réforme opérée dans le régime de retraite de La Poste ne pourraient être plus claires : « L'explosion des charges de pension était incompatible avec le passage aux nouvelles normes comptables internationales à partir de 2007 et l'insertion croissante de La Poste dans la concurrence. La réforme

---

[28]Assemblée Nationale, Rapport n°276 du 11 octobre 2007 de la Commission des Finances, de l'Economie générale et du Plan sur le projet de loi de finances pour 2008 (CARREZ G., Rapporteur), p. 46 et 47.

opérée en 2006 tend à amener progressivement les charges sociales que l'entreprise publique acquitte à un niveau comparable à celui supporté par ses concurrents du secteur postal et financier et à lui éviter de provisionner dans ses comptes l'intégralité des engagements au titre des retraites dues à ses fonctionnaires. »[29]

Si l'Etat lui-même raisonne ainsi et procède aux réformes qui relèvent de ses moyens, on ne peut qu'anticiper des réactions similaires des entreprises privées qui, selon leurs propres moyens, s'attacheront à convertir leurs régimes à prestations définies en régimes à cotisations définies. Une simple observation de l'évolution des régimes de retraite à prestations définies des sociétés françaises du CAC 40, depuis que les normes IAS IFRS les obligent à porter ces engagements au passif de leur bilan, suffit à démontrer l'impact de cette mesure sur les régimes de retraite.[30]

La production croissante d'*informations* sur les engagements de retraite, que génère l'adoption de la norme IAS 19, s'accompagne ainsi, paradoxalement, d'un retrait des *responsables* de prestations de retraite. Dans la majorité des pays, on observe en effet l'essor d'une formule dans laquelle nul ne répond du montant effectif des prestations de retraite : le développement de régimes dits à cotisations définies ou, plus souvent encore, de formules d'épargne retraite volontaire.[31] Dans ces deux cas, l'épargne constituée fait l'objet d'une information comptable détaillée.[32] Mais le bilan de l'employeur se trouve nettoyé de tout passif lié au financement des retraites, sans pour autant que cela n'affecte la situation financière de l'Etat ou des régimes de retraite de Sécurité sociale.

Cette dissociation de la production d'*information* et de la *responsabilité* n'est pourtant qu'illusoire. Elle masque des risques importants concernant la possibilité même de gérer ce qu'on pourrait appeler le passif social des retraites à l'échelle de nos sociétés. Le passif du bilan de l'employeur se compose des *capitaux propres*, d'une part, et du *passif externe*, de l'autre. Les *capitaux propres* rassemblent notamment le *capital*, les *réserves* et les *provisions*. Le *passif externe* rassemble les dettes à l'égard des tiers. L'abandon de régimes à prestations définies pour les remplacer par des régimes à cotisations définies, ou par des formules d'épargne retraite, permet effectivement de supprimer du passif les *provisions* et les *dettes* relatives à des prestations de retraite. Mais ce qui est chassé de ces postes revient le plus souvent au passif des entreprises à travers le poste *capital*, c'est-à-dire à travers l'acquisition des titres de sociétés par les gestionnaires de fonds. L'employeur qui ne souhaite plus

---

[29] Assemblée Nationale, Rapport n°276 du 11 octobre 2007 précité, p. 50 et 51.

[30] Les informations relatives à ces processus de désengagement des régimes à prestations définies peuvent notamment être trouvées dans les documents de références de Total, BNP Paribas, Suez, Vivendi, Danone, Alcatel-Lucent, Michelin PSA, Cap Gemini.

[31] Conseil d'Orientation des Retraites, 2004, op. cit., 3ème partie.

[32] Directive 2003/41/CE du Parlement européen et du Conseil, du 3 juin 2003 concernant les activités et la surveillance des institutions de retraite professionnelle, transposée en Droit français par l'ordonnance n°2006-344 du 23 mars 2006. Cette ordonnance oblige notamment les entreprises d'assurance gérant des régimes de retraite supplémentaires à établir une comptabilité auxiliaire d'affectation unique pour l'ensemble des opérations relevant de ces régimes (art. L.143-4 C. assurances).

*répondre* d'engagements de retraite à prestations définies se trouve alors contraint de *répondre* des exigences de rentabilité élevée que nourrit la concurrence entre les gestionnaires d'épargne retraite. Or à la différence des engagements à prestations définies, ces exigences-là ne connaissent pas de limites.

Ces effets collatéraux constituent-ils le prix à payer pour obtenir des bilans sincères et transparents de la part des employeurs responsables de régimes à prestations définies ? Pour y répondre, il est nécessaire de vérifier si l'image comptable de ces engagements est bien *fidèle*.

## 25.2 La norme IAS 19 fournit-elle une image fidèle des droits et obligations issus des régimes à prestations définies ?

La législation comptable des différents pays impose que les états financiers fournissent une *image fidèle* ou une *présentation juste* de l'entreprise et de ses relations avec les tiers. Les normes IAS-IFRS doivent nécessairement en tenir compte et c'est la raison pour laquelle l'IASC énonce, dans son *cadre pour la préparation et la présentation des états financiers*, que : « Bien que le présent cadre ne traite pas directement de ces concepts, l'application des principales caractéristiques qualitatives et des dispositions normatives comptables appropriées a normalement pour effet que les états financiers donnent ce qui généralement s'entend par image fidèle ou présentation fidèle de cette information. »[33] Tel n'est pas le cas, selon nous, de la norme IAS 19. Cette norme considère en effet les engagements de retraite à prestations définies comme des obligations actuelles dépourvues de contrepartie future, alors même qu'ils ne génèrent parfois pas d'obligations actuelles, et qu'ils ont bien des contreparties futures.

### *25.2.1 Une comptabilisation malgré l'absence d'obligations actuelles*

Pour les inscrire au passif du bilan, la norme IAS 19 doit nécessairement qualifier les engagements de retraite d'*obligations actuelles* pesant sur l'employeur. En effet, le *cadre pour la préparation et la présentation des états financiers* de l'IASC – cadre conceptuel présidant à l'élaboration des différentes normes comptables – définit le concept de *passif* comme une *obligation actuelle* : « Un passif est une *obligation actuelle* de l'entreprise résultant d'évènements passés et dont l'extinction devrait se traduire pour l'entreprise par une sortie de ressources représentatives d'avantages économiques. »[34] Cette définition est rappelée dans la norme IAS 37 (Provisions, passifs éventuels et actifs éventuels), qui poursuit en détaillant les conditions selon lesquelles une provision peut être comptabilisée au bilan : « Une provision

---

[33] IASC, 1989, op. cit., §46.

[34] IASC, 1989, op. cit., §49, b.

doit être comptabilisée lorsque (a) l'entité a une obligation actuelle résultant d'un évènement passé, (b) il est probable qu'une sortie de ressources représentatives d'avantages économiques sera nécessaire pour régler l'obligation et (c) le montant de l'obligation peut être estimé de manière fiable[35].

L'existence d'une obligation au jour de clôture des comptes est donc un critère indispensable à la comptabilisation d'un passif. Si cette existence n'est que *potentielle*, il ne s'agit alors que d'un *passif éventuel*, écarté du bilan et mentionné dans l'annexe[36], que la norme IAS 37 définit comme suit : « Un passif éventuel est : soit une obligation potentielle de l'entité à l'égard d'un tiers résultant d'événements dont l'existence ne sera confirmée que par la survenance, ou non, d'un ou plusieurs événements futurs incertains qui ne sont pas totalement sous le contrôle de l'entité ; soit une obligation de l'entité à l'égard d'un tiers dont il n'est pas probable ou certain qu'elle provoquera une sortie de ressources sans contrepartie au moins équivalente attendue de celui-ci. »[37]

Il est important, à ce stade, de comprendre ce qui est considéré comme *obligation* dans le cadre du référentiel IAS-IFRS. La norme IAS 37 précise qu'une *obligation actuelle* de l'entreprise peut être soit *juridique*, soit *implicite*[38]. Cette norme ouvre donc la définition du passif à des obligations dont la nature conduit l'IASC à les opposer à une obligation *juridique*. Elle définit ensuite cette notion d'obligation implicite de la façon suivante : « La présente norme définit une obligation implicite comme une obligation qui découle des actions d'une entreprise lorsque : (a) elle a indiqué aux tiers, par ses pratiques passées, par sa politique affichée ou par une déclaration récente suffisamment explicite, qu'elle assumera certaines responsabilités ; et que (b) en conséquence, elle a créé chez ces tiers une attente fondée qu'elle assumera ces responsabilités. »[39]

L'*obligation implicite* (*constructive obligation* en anglais) au sens de l'IAS 37, ne correspond pas à l'expression *terms implied by law* – que certains appellent aussi *constructive obligation*[40] – expression bien connue du droit des contrats dans la *common law* pour y désigner un droit supplétif inséré dans le contrat par le juge ou par le législateur en dépit du silence des parties.[41] S'il en avait été ainsi, l'*obligation implicite* de l'IAS 37 se serait entièrement inscrite dans le cadre des conventions. Or il ne peut en être ainsi, dès lors que l'IASB distingue précisément les *constructive obligations* des *legal obligations* et que les contrats sont justement classés au sein de ces dernières. Cela apparaît clairement au paragraphe 10 des définitions de l'IAS

[35]IAS 37, §14.

[36]IAS 37, §19.

[37]IAS 37, §18.

[38]IAS 37, §2.

[39]IAS 37, §2 et 3.

[40]CORBIN, *Conditions in the law of contracts*, 28 Yale L.J. 739, 1919, 740 à 744, cité dans la *Columbia Law review*, January 1940, vol XL, n°1, p. 141.

[41]JOLOWICZ J.A., *Droit anglais*, 2ème édition, Paris, Dalloz, 1992, p. 131. Pour un rapprochement avec le droit français, voir ANCEL P., Force obligatoire et contenu obligationnel du contrat, *Revue trimestrielle de droit civil*, 1999, p. 771 et s.

37 : « A legal obligation is an obligation that derives from: (a) a contract (through its explicit or implicit terms); (b) legislation; or (c) other operation of law. »

Les obligations qui procèdent du contrat (dispositions explicites et implicites), de la loi ou du règlement sont donc regroupées dans la catégorie des *legal obligations*. La seconde catégorie d'obligations apparaît, quant à elle, extrêmement floue et subjective. Mais de toute évidence, l'IASB y regroupe des obligations non *juridiquement exécutoires*.[42]

Quelles sont les contours de la qualification d'*obligation implicite* ? La définition générale de l'obligation implicite, au sein du référentiel de normes IAS IFRS, est posée dans la norme IAS 37, comme nous l'avons déjà mentionné. Mais c'est dans la norme IAS 19 que l'on retrouve le recours le plus fréquent à ce concept. C'est dans cette norme que l'on peut voir comment il se révèle à l'usage. Le concept d'obligation implicite y trouve un enjeu primordial, car l'existence d'une telle obligation est susceptible non seulement de modifier la valeur d'un engagement à prestations définies, mais aussi de faire basculer la qualification d'un régime, de cotisations définies à prestations définies. Certaines dispositions de cette norme rapprochent l'obligation implicite des usages procédant des pratiques passées de l'employeur : « L'entreprise doit comptabiliser non seulement l'obligation juridique ressortant des termes formels du régime à prestations définies, mais aussi toute obligation implicite découlant de ses usages. »[43] Mais ces assimilations ne sont qu'apparentes. L'IAS 19 poursuit en effet en précisant que : « Ces usages génèrent une obligation implicite lorsque l'entreprise n'a pas d'autre solution réaliste que de payer les prestations aux membres du personnel. Il y a, par exemple, obligation implicite si un changement des usages de l'entreprise entraîne une dégradation inacceptable des relations avec son personnel. »[44]

L'obligation implicite ne tire donc pas son caractère obligatoire de l'usage. La correspondance n'est que fortuite. L'usage n'est constitutif d'une obligation implicite que si un changement de ce dernier « entraîne une dégradation inacceptable des relations » avec le personnel. Une telle déclinaison de l'obligation implicite est déconcertante. Qu'est-ce exactement qu'une « dégradation inacceptable » des relations avec le personnel ? Qui est qualifié pour apprécier le caractère inacceptable de cette dégradation ? Un comité d'entreprise peut-il contester la sincérité des comptes s'il n'y voit pas provisionnés dans les comptes de l'employeur, les engagements dont il estime la réduction inacceptable ? N'apportant aucun élément de réponse à ces questions, l'IASB semble en réalité sanctionner uniquement des rapports de force entre la direction et le personnel. La dégradation sera inacceptable si le personnel

---

[42]Cela pose justement difficulté dans le cadre du processus de convergence entre les IAS-IFRS et les normes américaines. Pour les surmonter, L'IASB considère notamment la possibilité de rapprocher légèrement l'obligation implicite du concept de *reliance*, sans toutefois faire correspondre exactement ces deux notions. Ces démarches n'ont encore abouti à aucun changement des normes IAS-IFRS.

[43]IAS 19, §52.

[44]IAS 19, §52.

dispose d'un rapport de force tel qu'il sera en mesure de s'y opposer par des mouvements de grève ou par un moyen même illégal, dès lors qu'il s'agit de sanctionner uniquement un rapport de force. En effet, il importe seulement que l'entreprise n'ait pas d'autre *solution réaliste* que de payer ces prestations aux membres du personnel.

La question se pose alors de savoir à quel titre les engagements de retraite à prestations définies se trouvent portés au passif des bilans. Le sont-ils au titre des obligations juridiques / *legal* ou à celui des obligations implicites / *constructive* ? Les dispositions suivantes indiquent que l'on ne retient que la qualification d'obligation implicite : « Dans le cas d'un régime à prestations définies, les services rendus par un membre du personnel génèrent une obligation même si les droits à prestations sont conditionnés par un emploi futur (autrement dit, ils ne sont pas acquis). Les années de service antérieures à la date d'acquisition des droits génèrent une obligation implicite parce qu'à chaque date de clôture successive, le nombre d'années de service futur qu'un membre du personnel devra effectuer avant d'avoir droit aux prestations diminue. »[45]

En considérant que cette obligation existe d'ores et déjà, la norme IAS 19 masque la réelle fragilité des droits correspondants. L'obligation implicite ne correspond pas à l'obligation née pour l'employeur à la date du départ en retraite du bénéficiaire. Elle correspond à une obligation antérieure, soi-disant née au cours de la vie active du salarié, actuelle au jour de la clôture des comptes de l'exercice. Comme nous l'avons évoqué, seule l'impossibilité concrète pour l'employeur de se défaire de ses engagements du fait des rapports de forces avec le personnel devrait pouvoir justifier cette qualification d'obligation implicite actuelle. Or l'analyse juridique des modes d'établissement de ces régimes révèle qu'il est tout à fait possible pour l'employeur de réduire, voire de faire disparaître les droits à retraite tant que le salarié n'a pas liquidé sa pension. L'observation des pratiques des entreprises assujetties à l'obligation de provisionner ces engagements le démontre suffisamment. Ironiquement, l'argument tiré de l'impossibilité pour l'entreprise de maintenir un tel poste au passif de son bilan permet précisément de rendre acceptable auprès du personnel la réduction des droits dont on prétend, par ailleurs, qu'elle est inacceptable pour la porter au bilan.

Force est donc de constater que les engagements à prestations définies ne constituent pas une obligation actuelle, ni juridique, ni implicite, tant qu'ils ne constituent pas des droits acquis. Qui plus est, un tel traitement trahit la réalité économique des engagements de retraite en l'imputant, *in fine*, à la seule existence d'une certaine résistance sociale. La norme IAS 19 fait ainsi comme si les engagements de l'employeur ne comportaient aucune véritable logique économique et ne s'expliquaient que par des archaïsmes sociaux.

---

[45] IAS 19, §69.

### 25.2.2 *Une comptabilisation malgré l'existence de contreparties postérieures à la clôture des comptes*

Quand bien même nous admettrions l'existence d'une obligation actuelle, cela ne suffirait pas à justifier la comptabilisation d'un passif. Selon le cadre pour la préparation et la présentation des états financiers de l'IASB, comme nous l'avons mentionné précédemment, « un passif est une obligation actuelle de l'entreprise résultant d'évènements passés *et dont l'extinction devrait se traduire pour l'entreprise par une sortie de ressources représentatives d'avantages économiques.* »[46]

Pour l'IASB, une obligation actuelle ne constitue un passif que si la sortie de ressources qu'elle provoquera n'a pas d'autre utilité future pour l'entreprise que la seule *extinction* de l'obligation. Autrement dit, si l'obligation est, dans l'économie de l'acte qui la fonde, causée par une contrepartie encore à recevoir au jour de la clôture des comptes (ce peut être notamment le cas d'engagements synallagmatiques, lorsqu'au moins une partie de la prestation principale n'est pas encore exécutée), la sortie de ressources correspondante est exclue de toute comptabilisation au passif car elle sera compensée par l'avantage économique encore à recevoir. Pour que l'obligation réponde à la qualification de passif, la sortie de ressources ne doit avoir aucune contrepartie future pour l'entreprise ; elle doit être sans lien avec la poursuite de l'activité.

Ce principe sous-tend notamment les dispositions relatives aux provisions pour restructurations. Selon les paragraphes 80 et 81 de l'IAS 37, « Une provision pour restructuration ne doit inclure que les dépenses directement liées à la restructuration, c'est-à-dire les dépenses qui sont à la fois : (a) nécessairement entraînées par la restructuration ; et (b) qui ne sont pas liées aux activités poursuivies par l'entreprise. [...] Ces dépenses sont liées à la conduite future de l'activité et ne constituent pas des passifs au titre de la restructuration à la date de clôture. Ces dépenses sont comptabilisées sur la même base que si elles se produisaient indépendamment de toute restructuration ».

La notion de contrepartie ne fait pas l'objet d'une définition particulière dans les normes comptables internationales. On peut en revanche trouver un éclairage utile dans les commentaires publiés dans la littérature française : « En pratique, [...], la sortie de ressources est sans contrepartie lorsque, en échange de celle-ci, le tiers vis-à-vis duquel l'entreprise a une obligation n'effectue aucune prestation au bénéfice de l'entreprise. Le fait que l'entreprise trouve un avantage pour elle-même à la sortie de ressources (par exemple une contrepartie financière, une économie future...) ne doit pas être confondu avec la contrepartie que doit lui procurer le tiers lui-même. Ainsi, un licenciement procure bien une contrepartie financière à l'entreprise par le biais d'une économie future de coûts, mais le tiers concerné (le salarié) ne travaillant plus pour l'entreprise recevra une indemnité de l'entreprise (sortie de ressources) sans qu'en contrepartie il ait à fournir une quelconque prestation. [...] Les activités qui se poursuivent doivent donc être distinguées de celles qui ne se poursuivent pas.

---

[46] IASC, 1989, op. cit., §49 (b).

En effet, du fait de la notion de contrepartie attendue d'un tiers, une provision ne doit être constituée que pour les activités qui s'arrêtent, celles-ci ne pouvant plus par hypothèse apporter de contrepartie à l'entreprise. »[47]

Il y a donc une incompatibilité stricte entre les deux hypothèses sur lesquelles repose le provisionnement des engagements à prestations définies. Pour considérer que l'obligation de verser à l'avenir les prestations définies n'est pas causée par une contrepartie future, il est nécessaire de considérer qu'elle se rapporte à une période de travail non seulement passée, mais également non susceptible de se poursuivre à l'avenir, ou tout au moins parfaitement isolable de tout prolongement dans l'avenir. Or pour considérer que cette obligation *existe*, pour qu'elle soit tenue pour *actuelle* à la date de clôture des comptes, il faut précisément postuler que la même relation de travail se poursuivra et ne cessera pas jusqu'au jour de la retraite – et par conséquent qu'elle génèrera bien d'autres contreparties après la clôture des comptes. Autrement dit, l'engagement de retraite à prestations définies ne peut fondamentalement pas répondre en même temps aux deux critères de définition du passif tant qu'il ne correspond pas à un droit acquis.

En comptabilisant au passif ces engagements correspondant à des droits non acquis, l'IAS 19 recourt donc à deux hypothèses actuarielles parfaitement incompatibles. Ce faisant, ce mode de comptabilisation trahit là encore la nature et la valeur des engagements de retraite à prestations définies en traitant fictivement la sortie de ressources futures comme si elle n'avait d'autres contreparties que les services passés. C'est là un *déni de fidélité*, puisque la sortie de ressources correspondant aux prestations définies trouve sa contrepartie non pas dans un avantage épuisé – un service passé –, mais dans un service durable, prolongé, continu et, de ce fait, postérieur à la clôture des comptes. Ce qui rend probable la sortie de ressources, ce n'est pas l'*extinction* de l'obligation, mais justement la *poursuite* de la relation et, par conséquent, le bénéfice de contreparties futures.

## 25.3 Conclusion

La norme IAS 19 impose aux employeurs de faire toute la lumière sur leurs engagements de retraite à prestations définies. Cependant, elle ne garantie pas que ces employeurs aient effectivement les moyens de faire face au paiement des pensions considérées. Par ailleurs, les employeurs qui doivent dorénavant porter au passif de leur bilan cette provision d'un montant considérable, s'engagent dans des processus de réduction ou de clôture des régimes à prestations définies, par crainte de la sanction des marchés financiers. Il est impossible de justifier ces réactions par le fait qu'elles résulteraient d'une prise de conscience enfin sincère de l'ampleur de ces engagements, car leur traitement par la norme IAS 19 manque précisément de

---

[47]LOPATER C., SIJELMASSI L., CREN S., SAINT JEAN C., *IFRS 2005. Divergences France/IFRS Tous secteurs (y compris Banques et Assurances)*, Editions Francis Lefebvre, 2004, § n°7017.

sincérité. L'image des engagements à prestations définies qui en résulte n'est pas fidèle, dès lors qu'elle impose de comptabiliser au bilan un engagement qui ne répond pas aux critères de définition d'un passif.

Cette situation ne peut laisser indifférents les juristes travaillistes, qui peuvent contribuer à trouver des solutions. L'une d'entre elles pourrait être de considérer qu'un engagement comptabilisé au passif du bilan correspond nécessairement à un droit acquis. De cette façon, les droits à pension correspondant aux périodes déjà travaillées seraient sécurisés et le résultat attendu de l'IAS 19 en termes d'information serait réconcilié avec le cadre conceptuel de la comptabilité internationale.

# Chapter 26
# Is International Accounting Standard 19 Providing a More Secure Governance of Occupational Pension Schemes?

**Samuel Jubé**

Occupational pension schemes offer a complementary or an alternative solution to mandatory pension plans. They are given a greater attention as, on the one hand, the mandatory plans are facing serious financial difficulties and, on the other hand, investors are seeking total transparency into financial reporting.

Two kinds of occupational pension schemes are commonly distinguished. First, *defined contribution plans* are retirement benefit plans under which the employer pays fixed contributions into a separate entity (a fund) and will have no obligation to pay any further contribution if the fund does not hold sufficient assets to pay all employee benefits. Second, *defined benefit plans* are plans under which the employer is held responsible for serving a fixed retirement pension, usually depending on the employee's last salary and the time spent in the employer's service before retiring. Within this second kind of pension plans, the employer does not merely put money into a fund. He also bears full responsibility for serving the agreed pensions. To secure such a plan, the employer would rather anticipate the cost of these pensions.

For this reason, labour lawyers usually consider that recognizing the agreed pensions as a liability – not only when the beneficiaries retire, but also during their career – constitutes a useful technique to secure this kind of plans. Nevertheless, legal provisions are not always clear about the obligation for the employer to do so. In France, for example, different sources of provisions are to be combined and legal specialists differ in their interpretation. Such a situation is not compatible with the construction of global and secure financial markets and this is why the accounting regulation paid early attention to this matter.

Until the 1970s, accounting regulation was strictly confined within national settings. The European Economic Community then started a process of standardization

S. Jubé (✉)
Dr. jur., Secrétaire général, Institut d'Etudes Avancées, Nantes, 5 allée Jacques Berque, BP 12105, 44021 Nantes Cedex 1, France
e-mail: samuel.jube@iea-nantes.fr

O. Kaufmann, S. Hennion (eds.), *Steuerung der betrieblichen Altersversorgung in Europa: garantierte Sicherheit? Governance of Occupational Pensions in Europe: Guaranteed Security? Gouvernance des retraites professionnelles en Europe: Sécurité garantie?*,
DOI 10.1007/978-3-642-15731-8_26, 

by way of directives,[1] which proved to be inadequate and thus abandoned in the early 1990s. At the same time, the *International Accounting Standards Committee*[2] (IASC) – that is a private entity – was created on 29 June 1973 by ten national accounting organizations, to initiate the elaboration of a complete set of global standards. It obviously lacked independence from the major global audit companies and critics arose. In response, a *constitution* was adopted in 2000. The IASC became a foundation (IASCF) financing and appointing a board (*International Accounting Standards Board* – IASB) in charge of pursuing the process of standard setting. Since February 2009, the foundation claims to have reached public accountability by reporting to a *Monitoring Board*, composed of experts representing the European Commission, the Japanese Financial Services Agency, the US Securities and Exchange Commission, the Emerging Markets Committee of IOSCO[3] and the Technical Committee of IOSCO.

The concrete importance of this private entity goes far beyond its legal status. In 1995, the IASC agreed with IOSCO on a work programme to complete a core set of standards that would eventually be accepted by every securities commissions in the world.[4] In July 2002, the European Union decided to no longer work alone in the field of accounting standardization and to progressively endorse the *International Accounting Standards* (IAS) set by the IASC and the *International Financial Reporting Standards* (IFRS) set by the IASB.[5] In October 2002, The IASB and the American standard setter (the FASB) came to a formal agreement on the principle of convergence between their standards, interpretations and underlying principles. In 2009, about 120 countries require or permit the use of IAS-IFRSs, either directly or indirectly, by modifying their own national set of standards. All remaining major economies have established time lines to converge with or adopt IFRSs in the near future.[6]

The IASC first adopted a standard regarding *accounting for retirement benefits in financial statements of employers* in January 1983 (IAS 19). This early attention paid to retirement benefits derived from the deep concern investors had with these pension schemes, which were often kept obscure although they greatly affected future cash flows. This standard was revised in 1998 to address all employee benefits. Its adoption by the European Union appeared in some way as a revolution and led

---

[1]Essentially, the Fourth Council Directive 78/660/EEC of 25 July 1978 on the annual accounts of certain types of companies and the Seventh Council Directive 83/349/EEC of 13 June 1983 on consolidated accounts.

[2]The International Accounting Standards Committee (IASC) was founded on 29 June 1973 as a result of an agreement between accountancy bodies in Australia, Canada, France, Germany, Japan, Mexico, the Netherlands, the United Kingdom, Ireland and the United States.

[3]International Organisation of Securities Commissions.

[4]On 17 May 2000's conference in Sidney, the IOSCO effectively expressed a recommendation for its members to accept companies which present IAS-based accounting.

[5]Regulation (EC) N°1606/2002 of the European Parliament and of the Council of 19 July 2002 on the application of International Accounting Standards.

[6]IASCF 2009 *Annual Report*.

companies to elaborate far more detailed financial statements. For this reason, it was considered to be the guarantee of a more secure governance of these pension schemes. This interpretation is based upon the postulate that a greater recognition of agreed retirement pensions as liabilities is synonymous to a more secure governance of these benefits.

However, this postulate deserves deeper analysis. Does the application of IAS 19 truly bring a greater light on the situation of rights and obligations within these pension schemes? Is the light shed on these benefits true and fair? Is it faithful to the nature and function of these schemes? These simple questions stress the tension that exists between accounting standardization and labour law. As far as accounting standardization is concerned, accounting for retirement pensions is a matter of comparison, of building a common language and even a common representation of the companies' value, despite and beyond the many differences existing among national labour law and professional practices found in different sectors of activity. To overcome these differences, the IASB claims to pay attention to the *substance* of the economic relations rather than to their *form*, that is, to their *legal form*.[7] It also postulates that there is no need to consider the different points of view on the company and that a financial statement which meets the needs of the investors will also meet most of the needs of other users. It thus denies the existence of conflicting or diverging interests and positions.[8]

On the contrary, as far as labour law is concerned, pension schemes governance is not so much a *global* issue as it is a *local* one, dealing with conflicting interests, embedded in a given set of rules, in a given entity. Even the rise of labour law and its different manifestations within the national settings derives from a deep consideration for the concrete dimension of the work relation and the need to reconcile it with its legal framework.[9]

With the application of IAS 19, specific companies can no longer be considered as isolated entities. It is no longer possible to understand the value of their pension schemes only according to a specific history and professional particularities. Financial statements are no longer designed to ensure the employer's responsibility. They serve as a way to inform investors on the determining factors of future cash flows, so as to give them the possibility to make pressure on the firm's management whenever they feel that resources need to be reallocated to better meet their interest.

---

[7]IASC, 1989, *Framework for the preparation and presentation of financial statements*, §35: "Substance over form. If information is to represent faithfully the transactions and other events that it purports to represent, it is necessary that they are accounted for and presented in accordance wit their substance and economic reality and not merely their legal form."

[8]IASC, 1989, op. cit., §10: "While all of the information needs of these users cannot be met by financial statements, there are needs which are common to all users. As investors are providers of risk capital to the enterprise, the provision of financial statements that meet their needs will also meet most of the needs of other users that financial statements can satisfy."

[9]For analysis produced in French literature on this matter: See SUPIOT A., Pourquoi un droit du travail, *Droit social*, 1990, p. 485 ff. and, from this same author, Un faux dilemme: la loi ou le contrat, *Droit social*, 2003, p. 59 ff.

In other words, accounting is no longer considered as a mean for accountability, that is, responsibility for one's decision. It is indeed designed to transfer the place of decision, from the firm's management to financial markets, where investors can thereafter impose their decisions without being held accountable to anyone. This explains why the IASB no longer sets *accounting* standards, but *financial reporting* standards.

Recognition of agreed retirement pensions as liabilities can serve as a gear, giving financial markets a hold on the vesting rights to retirement pensions. This chapter is intended to analyse this gear. We will thus focus on the two following questions: Is IAS 19 raising the employer's responsibility for securing defined retirement pensions? Does it provide a true and fair view of these pension schemes?

## 26.1 Is IAS 19 Holding the Employers Responsible for Securing Defined Retirement Pensions?

Application of IAS 19 surely provides financial markets with unprecedented detailed information. But this increase in financial information does not necessarily mean an increase in the employer's responsibility. It could even open the possibility for the employers to escape from any responsibility for former established pension schemes.

### *26.1.1 An Increased Information Regarding Defined Benefit Pension Schemes*

IAS 19 is designed to guarantee a greater comparability of financial statements and, therefore, of the companies themselves. Investors expect from its application a real transparency regarding all kinds of employee benefits. A classification is made, depending on the complexity required to produce financial information. *Short-term benefits* constitute one homogeneous category because no actuarial assumptions are being used and because their measurement is performed on an undiscounted basis. From the legal point of view, this category encompasses very different elements.[10] *Post-employment benefits* are divided into two categories: *defined contribution plans* and *defined benefit plans*, depending on the "economic substance" of the plan as derived from its principal terms and conditions.[11] It is a *defined contribution plan*

[10] Such as (a) wages, salaries and social security contribution; (b) short-term compensated absences (such as paid annual leave and paid sick leave) where the absences are expected to occur within 12 months after the end of the period in which the employees render the related employee service; (c) profit-sharing and bonuses payable within 12 months after the end of the period in which the employees render the related service; and (d) non-monetary benefits (such as medical care, housing, cars and free or subsidized goods or services) for current employees" (IAS 19, §8).

[11] IAS 19, §25.

when actuarial risk (that benefits will be less than expected) and investment risk (that assets invested will be insufficient to meet expected benefits) fall on the employee.[12] It is a *defined benefit plan* when these risk fall, in substance, on the employer.[13] The *other long-term benefits* are distinguished from the former ones because their measurement is not usually subject to the same degree of uncertainty.[14]

Accounting for defined contribution plans does not give rise to any technical complexity. Contributions paid to the separate entity are registered as expenses in the *income statement*. The occasional contributions which remain to be paid at the end of the reporting period although the related service is already past must be recognized as a liability in the *balance sheet*. However, this latter recognition as a liability is insignificant. In its basic principles, a defined contribution plan lets the employer free from any ongoing liability. His balance sheet is basically kept unaffected.

Accounting for defined benefit plans is far more complex. Although both the income statements and the balance sheet will be affected, the focus will be placed on the balance sheet since it is all about measuring and recognizing a liability for the present value of agreed retirement pensions. Applying IAS 19, the employer will not be permitted to wait for the beneficiaries to retire before recognizing such a liability. He will have to recognize it all along the beneficiaries' career. As soon as periods of service fall under the plan's benefit formula, the employer will have to estimate the level of pension expected to be served from retirement date onwards. The amount recognized as a liability will be basically equal to the present value of defined benefit obligations at the end of the reporting period, minus the fair value of the assets affected to the pension plan.[15] Complex actuarial assumptions are required to measure this value, such as demographic assumptions about the future characteristics of current and former employees – and their dependants – who are eligible for benefits (mortality, rate of employee turnover, disability, early retirement, proportion of plan members with dependants who will be eligible for benefits, etc.) and financial assumptions (the defined benefit formula being usually based on a percentage of last salary before retirement date).

The determination of these actuarial assumptions totally rests in the employer's hands. IAS 19 states that "actuarial assumptions are the employer's best estimates of the variables that will determine the ultimate cost of providing post-employment benefits".[16] The only obligation made to the employer is that actuarial assumptions must be unbiased and mutually compatible.[17] They are *unbiased* if they are neither imprudent nor excessively conservative.[18] They are *mutually compatible* if they

---

[12] IAS 19, §25.
[13] IAS 19, §27.
[14] IAS 19, §127.
[15] IAS 19, §54.
[16] IAS 19, §73.
[17] IAS 19, §72.
[18] IAS 19, §74.

reflect the economic relationships between factors such as inflation, rates of salary increase, the return on plan assets and discount rates.[19]

Once the total amount of pensions to be served on the post-employment life of the beneficiaries is estimated, the employer has to estimate what part of it relates to each one of the working periods, so as to recognize a liability only to the extent of what is related to current and (in a gradual manner) past service. To do so, the employer will have to use the *projected unit credit method.*[20] This method sees each period of service as giving an additional unit of benefit entitlement and measures each unit separately to build up the final obligation. Current service cost finally needs to be discounted to obtain its present value. Using the interest rate of secure investments as a discount rate,[21] the present value is given by the amount which needs to be invested at the end of the reporting period so as to reach the amount to be paid when the retirement pension is due.

The fair value of the assets affected to the plan is defined as the amount for which the assets could be exchanged between knowledgeable, willing parties in an arm's length transaction.[22] Either it is given by market price or it is estimated using complex actuarial assumptions to measure total amount of expected future cash flows.

From one reporting period to the other, all these actuarial assumptions may have to be adjusted, thus giving rise to actuarial gains or losses. To avoid too much volatility, IAS 19 allows the employer not to take into account these gains or losses as far as they do not exceed the greater of these two values: 10% of the present value of the defined benefit obligation; or 10% of the fair value of any plan assets.[23]

Also to avoid unsustainable recognition as liabilities following IAS 19 first application, employers are allowed not to fully recognize past and current service cost at once. Past service cost may indeed be gradually recognized on a straight-line basis over the average period until the benefits become vested.

At the end of each reporting period, the employer will basically have to recognize as a defined benefit liability in his balance sheet the net total of the following amounts: (a) the present value of the defined obligation at the balance sheet date; (b) plus any actuarial gains (less any actuarial losses) allowed not to be recognized; (c) minus any past service cost not yet recognized; (d) minus the fair value at the balance sheet date of plan assets.[24] Accordingly, he will basically have to recognize in his income statement the net total of the following amounts: (a) current service cost; (b) interest cost; (c) expected return on any plan assets and on any reimbursement rights; (d) a part of actuarial gains and losses as explained before; (e) a part

[19]IAS 19, §75.

[20]IAS 19, §64.

[21]IAS 19, §78.

[22]IAS 19, §7, definitions.

[23]IAS 19, §92.

[24]IAS 19, §54.

of past service cost; and (f) the effect of any curtailments or settlements.[25] Detailed disclosure is also to be provided in the notes.

### *26.1.2 An Increased Pressure Upon the Employers to Withdraw from Their Responsibilities*

Recognizing the agreed retirement pensions as a liability in the balance sheet is not sufficient per se to secure the beneficiaries' rights. First, this cannot in itself guarantee the employer's solvability. Recognizing a liability is not equivalent to funding the pension plan. The recognized liability is precisely the difference between the present value of defined benefit obligations and the fair value of the plan assets. Once it is recognized in the balance sheet, it has its counterpart in all the employer's assets which employees do not have any hold on. There is absolutely no asset mortgage in any way. An employer may very well lack the necessary cash or cash equivalent to be able to serve the pensions. His assets may be in major part composed of plant and equipment, which are totally indispensable for the going concern. They may also greatly depend on goodwill or other intangible assets, which may be highly volatile. In other words, recognizing a liability does not mean that the employer has set apart any specific means to secure the considered benefits.

Second, the amount recognized as a liability takes into consideration the fair value of all plan assets, no matter how risky they are. We could have imagined that only secured assets would have been taken into account to reduce the amount of the liability recognized in the balance sheet, but this is not the case. An employer who would take high risks in managing plan assets would be able, for a time, to reduce significantly the recognized liability, thus transferring his risk on the plan beneficiaries.

Given these considerations, IAS 19 does not guarantee a more secure governance of defined benefit pension plans. It could have been fine if its adoption had only been neutral on these plans, but it does indeed affect them. IAS 19 raises a new pressure upon the employers to withdraw from their responsibilities, curtailing and/or settling their defined benefit plans. Recognizing such a liability places defined benefit pensions plans under the pressure of international firm comparison. Not only its amount is tremendously high, but it is also greatly volatile and it always remains concretely uncertain given the fact that it is totally virtually estimated instead of being objectively observable. Given all these characteristics, investors who are free to invest in whatever company everywhere in the world, will seek to preserve their investments from companies bearing important responsibility for defined benefit plans. Management officers will anticipate that reaction and attempt to get rid of these embarrassing obligations.

In France, for example, adoption of IAS 19 caused several reforms regarding the pension schemes of employees serving in the Electricity and Gas industry (Loi no.

---

[25] IAS 19, §61.

2004-803, 9 August 2004), in the Paris metro company (RATP) (Décrets no. 2005-1635 to 2005-1639, 26 December 2005), in the national railway company (SNCF) (Décret no. 2007-730, 7 May 2007), in the Postal services (Article 150 of the Loi no. 2006-1771, 30 December 2006). A commission of the French *Assemblée nationale* investigated on the matter and reported on 11 October 2007 that "IAS 19 regarding Employee benefits is designed to guarantee that companies have the necessary assets to cover their obligations towards their employees, in particular retirement pension obligations. For this reason, it requires to give each year the amount of given benefits and to recognize it, in total, as a liability. Given the level of defined benefits and the demographic imbalance between employees and retirees, the Electricity and Gas Industries, the RATP and the SNCF would have been constrained to recognize liabilities of an enormous amount: 90 billion euros for Electricity and Gas industries (70 billion euros for EDF company and 15 billion euros for GDF company), 21 billion euros for the RATP, 111 billion euros for the SNCF and 70 billion euros for La Poste. It was thus necessary to avoid such a recognition, which would have seriously deteriorated the financial situation of these companies."[26]

Regarding the situation of the Postal services, this commission reported that: "the explosion of pension costs was incompatible with the adoption of these new international accounting standards from 2007 onwards and with the increasing competitiveness within the postal services. The 2006 reform is designed to bring pension cost of the national company closer to the comparable level of its competitors in the postal and financial sector, and to avoid a total recognition of its pension liability towards its civil servants."[27]

If this is the way the French government reacts to the adoption of IAS 19, we can only anticipate that companies will also use all possible ways to minimize the recognition of their own obligations. The analysis of the situation of the 40 major French companies (composing the French CAC 40) indeed reveals that most of them have closed – or are in the process of closing – their defined benefit pension schemes, replacing them with defined contribution schemes.[28]

This observation leads us to contradict the postulate that increased financial disclosure regarding defined benefit plans is a way to secure beneficiaries' rights. It is indeed accelerating the withdrawal of the responsible actors who used to be involved in managing pension schemes: government and employers. As we observe the decline of defined benefit plans, we also observe the related rise of defined contribution plans and even of voluntary savings undertaken by the employees themselves. In these two latter solutions, though, no one is any longer guaranteeing a certain level of retirement pensions during the period of contribution.

[26] Assemblée Nationale, Rapport n°276 du 11 octobre 2007 de la Commission des Finances, de l'Economie générale et du Plan sur le projet de loi de finances pour 2008 (CARREZ G., Rapporteur), p. 46 and 47.

[27] Assemblée Nationale, Rapport n°276 du 11 octobre 2007, p. 50 f.

[28] Such processes are openly disclosed within the *reference documents* issued by Total, BNP Paribas, Suez, Vivendi, Danone, Alcatel-Lucent, Michelin, PSA, Cap Gemini.

This withdrawal of responsible actors does not solely affect the beneficiaries. It does affect the measurability and the manageability of what we could call the substantial liabilities related to retirement pensions. Whenever pension obligations are recognized as liabilities, balance sheets provide at least a measure of the pensions to be served. When employers get rid of these plans to replace them with defined contribution plans, balance sheets no longer provide any measure. The substantial burden of the pensions to be served remains, though, but we can no longer measure it and it may become even heavier. Employers free themselves from any provision for employee benefits, but they now have to face the increased expectations of their new shareholders: these pension funds which compete to draw defined contributions and whose requirements sometimes come in conflict with long-term strategies.

One may say that this is the price to pay for finally having true and fair financial statements issued by employers responsible for serving defined benefits. But once again, the argument fails as soon as we analyse carefully IAS 19 provisions.

## 26.2 Is IAS 19 Providing a True and Fair View of Defined Benefit Obligations?

National accounting regulations usually require companies to provide a true and fair view of their activity and relationships with external actors. IAS-IFRS thus need to comply with these requirements and this is why the IASC/B states in its conceptual framework that "Although this framework does not deal directly with such concepts, the application of the principal qualitative characteristics and of appropriate accounting standards normally results in financial statements that convey what is generally understood as a true and fair view of, or as presenting fairly such information."[29] It is our understanding that IAS 19 does not meet this requirement. Agreed pensions under defined benefit plans are treated as present obligations with no future economic counterpart provided by the employees, although they sometimes are neither present obligations nor deprived of future economic counterpart.

### *26.2.1 The Lack of a Present Obligation to Justify Recognition as a Liability*

The IASB's definition of a liability is to be found in its framework for the preparation and the presentation of financial statements (first adopted by the IASC in 1989 and approved by the IASB in 2001). Its article 49(b) states that "a liability is a present obligation of the enterprise arising from past events, the settlement of which is expected to result in an outflow from the enterprise of resources embodying economic benefits." This definition is reminded in the IAS 37, regarding *provisions,*

[29] IASC, 1989, op. cit., §46.

*contingent liabilities and contingent assets*. IAS 37 further details under which conditions a liability qualifies for recognition in the balance sheet: (a) the entity has a present obligation as a result of a past event; (b) it is probable that an outflow of resources embodying economic benefits will be required to settle the obligation; and (c) a reliable estimate can be made of the amount of the obligation.[30] The existence of a *present obligation* is thus an indispensable condition for qualifying as a liability and therefore for recognition in the balance sheet. According to IAS 37, the *present obligation* criterion is precisely what distinguishes a *provision* (recognized liability of uncertain timing or amount) from a *contingent liability*: "In a general sense, all provisions are contingent because they are uncertain in timing or amount. However, within this standard the term 'contingent' is used for liabilities and assets that are not recognized because their existence will be confirmed only by the occurrence or non-occurrence of one or more uncertain future events not wholly within the control of the entity. In addition, the term 'contingent liabilities' is used for liabilities that do not meet the recognition criteria."[31] Contingent liabilities are not recognized in the balance sheet, but only mentioned in the notes.[32]

It is important, though, to understand what IAS-IFRS consider as "obligation". Surprisingly, according to IAS 37, a present obligation may be either a *legal* or a *constructive* obligation.[33] Such a statement opens the definition of obligation to a different conception than the legal one; a conception precisely opposed to the legal one. It is important noticing that this notion of *constructive obligation* does not recover the notion of *terms implied by law* also often referred to as *constructive obligation* within the common law.[34] This latter conception totally fits within contract law and would therefore belong to the legal kind of obligation within IAS 37. This clearly results from the fact that IAS 37's legal obligation encompasses (a) a contract (through its explicit or implicit terms); (b) legislation or (c) other operation of law.[35]

The legal kind of obligation thus seems to be clearly defined under IAS 37. This is not the case for the constructive obligation, which is defined in very large terms: "a constructive obligation is an obligation that derives from an entity's actions where (a) by an established pattern of past practices, published policies or a sufficient specific current statement, the entity has indicated to other parties that it will accept certain responsibilities and (b) as a result, the entity has created a valid expectation on the part of those other parties that it will discharge those responsibilities."[36] From such a definition, it is hard to set when an entity falls under a constructive obligation.

[30]IAS 37, §14.
[31]IAS 37, §12.
[32]IAS 37, §19.
[33]IAS 37, §10.
[34]CORBIN, *Conditions in the law of contracts*, 28 Yale L.J. 739, 1919, 740 à 744, quoted in *Columbia Law review*, January 1940, vol XL, no. 1, p. 141.
[35]IAS 37, §10.
[36]IAS 37, §10.

No one else than the entity itself seems to be qualified to make such a judgement. An attempt to bring this notion closer to the notion of reliance has been made within the process of convergence with the US accounting standards (GAAP), but it has not yet brought any change in IAS 37. The constructive obligation thus remains a very flexible concept and one needs to analyse each one of its concrete applications within the IAS-IFRS to understand what it is really intended to be.

In fact, most occurrences of the constructive obligation are to be found in IAS 19 regarding pension plans. IAS 19 states that the existence of a constructive obligation may, in some cases, change the qualification of a given pension plan, from defined contribution to defined benefit. What is at stake is thus nothing less than a total change in the way to account for such a plan.

Some of IAS 19 provisions would likely consider constructive obligations as custom. We can thus find in paragraph 135: "An entity may be committed, by legislation, by contractual or other agreements with employees or their representatives or by a constructive obligation based on business practice, custom or a desire to act equitably, to make payments (or provide other benefits) to employees. ..." We also find in paragraph 52: "an entity shall account not only for its legal obligation under the formal terms of a defined benefit plan, but also for any constructive obligation that arises from the entity's informal practices." However, these two notions do not recover each other. In paragraph 135, custom is only one of the possible sources of a constructive obligation. In paragraph 52, further reading helps us understand that informal practices are indeed not sufficient to give rise to a constructive obligation: "Informal practices give rise to a constructive obligation where the entity has no realistic alternative but to pay employee benefits. An example of a constructive obligation is where a change in the entity's informal practices would cause unacceptable damage to its relationships with employees."

Such a statement hits the labour lawyer, who will immediately raise the following questions: What is an *unacceptable damage* caused to the relationships with the employees? Who is appointed to judge whether or not a change would cause such an unacceptable damage? We find no provisions in IAS 19 on this matter. It must then be considered that it is left solely to the employer's judgement. In the IASB's understanding, what matters most is to know whether or not the employees are concretely able to impose their will, by using strikes or illegal methods. It is a matter of *facts* and not a matter of *rights*. The key criterion is whether or not the entity has, or does not have, a realistic alternative but to pay employee benefits. This is totally consistent with paragraph 17: "A present obligation exists when, and only when, the entity has no realistic alternative but to make the payments". Such a treatment justifies recognizing a liability for retirement pensions only because of social resistance instead of legal or contractual provisions, or even instead of reciprocal economic interest for both the employees and the employer who will use the pension plan to attract and maintain skilled employees in his service on a long-term basis. Such a justification is not providing a fair representation of the nature and economic function of these pension plans.

The question of justification for recognition as a liability regards in particular not vested benefits, which are the main focus of IAS 19 as far as retirement pensions are concerned. Companies would usually recognize a liability when pension plan beneficiaries would retire. The question was whether or not they should also recognize a liability for not vested benefits all along the future beneficiaries' career. IAS 19 requires employers to do so, and it does it under the justification of the existence of a constructive obligation: "Employee service gives rise to an obligation under a defined benefit plan even if the benefits are conditional on future employment (in other words they are not vested). Employee service before the vesting date gives rise to a constructive obligation because, at each successive balance sheet date, the amount of future service that an employee will have to render before becoming entitled to the benefit is reduced."[37]

This explanation is totally inconsistent with the observable reality of the employers' practices. On the one hand, those benefits which the employer has no realistic alternative but to pay are the vested ones, but they do not need any justification under the existence of a constructive obligation since they usually result from legal or contractual provisions. On the other hand, considering that a constructive obligation to pay not vested benefits exists at balance sheet date, means that the employer is supposed not to have any realistic alternative but to pay these benefits. Legal provisions make that possible though, by giving employers the possibility to curtail or to settle their pension plans, and as we mentioned it earlier, we can regularly observe some employers using this faculty, thus finding a real alternative to the solution of paying not vested benefits. Even the adoption of IAS 19 in itself is often used by the employers to convince employees that there is no realistic alternative but to change defined benefit plans into defined contribution plans. In other words, the adoption of IAS 19 itself has for effects to make these changes accepted by employees, thus contradicting the argument that these benefits could be recognized as liabilities because a change would cause unacceptable damage to the relationships with the employees.

For these reasons, not vested benefits fail to meet the first requirement for recognition as liabilities. They do not consist in a present obligation, neither a legal one nor a constructive one. Moreover, as we will now demonstrate it, they also fail to meet the second requirement.

### *26.2.2 A Present Obligation Recognized as a Liability Although the Outflow of Resources Is Depending on Future Economic Benefits*

Coming back to the definition of a liability, we will find a second requirement: "a liability is a present obligation of the enterprise arising from past events, *the settlement of which is expected to result in an outflow from the enterprise of resources embodying economic benefits*."[38] Even if we were to admit the existence of a present obligation, this second criteria would not be met. It results from this definition that

[37] IAS 19, §69.

[38] IASC, 1989, op. cit., §49, b.

the predictable outflow of resources embodying economic benefits must be caused by the *settlement* of the considered present obligation; it must have no other utility that this settlement. When future economic benefits are yet to be received from the other party, the entity maintains a direct interest into the future outflow of resources. Its utility is not to settle the obligation, but to actually get these economic benefits. In such a situation, the future outflow of resources is not disconnected with the going concern and the considered obligation thus fails meeting the requirement for recognition as a liability.

This is also inferred by IAS 37 provisions regarding restructuring provisions. Its paragraphs 80 and 81 state that: "A restructuring provision shall include the direct expenditures arising from the restructuring, which are those that are both (a) necessarily entailed by the restructuring and (b) not associated with the ongoing activities of the entity. A restructuring provision does not include costs as (a) retraining or relocating continuing staff; (b) marketing or (c) investment in new systems and distribution networks. These expenditures relate to the future conduct of the business and are not liabilities for restructuring at the balance sheet date. Such expenditures are recognized on the same basis as if they arose independently of a restructuring."

Referring to French common interpretation of this matter, we can say that "In practice, according to our understanding, the outflow of resources is without any counterpart when the other party towards whom the entity has a present obligation no longer gives service to the entity. The fact that the entity may find advantage for itself within the outflow of resources (for instance, a financial counterpart, reduced costs...) must not be confounded with the counterpart that the other party must yet give. Thus, dismissal provides a financial counterpart for the entity since it reduces its future costs, but the employee will not work any longer for the entity. He will receive a termination lump sum (outflow of resources) but he will not give any future counterpart. Activities that keep going must be distinguished from those which are quit. Because of the notion of counterpart expected from the other party, a provision can be recognized only regarding activities that are quit, since by hypothesis, in these activities, the other parties cannot provide any future counterpart."[39]

Therefore, there is a strict incompatibility between the two assumptions under which not vested defined benefits are recognized as liabilities. On the one hand, to consider that the present obligation meets the requirements for recognition as a liability, one must necessarily assume that the future outflow of resources is disconnected with the going concern, that it is not caused by any economic benefits yet to be received from the employee after balance sheet date. On the other hand, to consider that there is an obligation to pay some retirement pensions, one must necessarily assume that the work relationship will keep going in the future, even until retirement date. Without this assumption, it would be absolutely impossible to consider any present obligation. In other words, this second consideration totally

---

[39]LOPATER C., SIJELMASSI L., CREN S., SAINT JEAN C., *IFRS 2005. Divergences France/IFRS Tous secteurs ( y compris Banques et Assurances)*, Editions Francis Lefebvre, 2004, § no. 7017.

rests upon the assumption that there will be some future counterpart provided by the employee. In fact, what makes probable the outflow of resources is not the settlement of any present obligation at balance sheet date, but it is the pursuing of a long-lasting work relationship giving rise to future economic benefits. The situation would be totally different if defined benefits were vested all along the beneficiary's career. But as long as this is not the case, as long as they remain conditional on future employment, they cannot meet the requirements for recognition as liabilities.

Moreover, this strict incompatibility is inconsistent with the obligation to use mutually compatible actuarial assumptions. It cannot be decently sustained that a fair presentation would result from the use of incompatible assumptions and, therefore, we must conclude that IAS 19 fails to provide a true and fair view of not vested defined benefits.

## 26.3 Conclusion

IAS 19 sheds a greater light on defined benefit pension plans than most national accounting regulations do, but it does not guarantee that responsible employers have set apart the necessary means to secure the pensions to be served. Moreover, once they are required to recognize such an enormous and volatile amount as a liability, these employers anticipate tremendous pressure from global investors, and engage themselves into a process of curtailing and/or settling this kind of pension plans. These reactions are not based upon a fair representation of these benefits since IAS 19 considers as liabilities not vested defined benefits although they fail to meet both required criteria: they do not give rise to a present constructive obligation and no future outflow of resources of any kind could be anticipated without assuming that the work relationship will keep going in the future, thus giving rise to future economic benefits.

Labour lawyers should be concerned with this situation and work on possible solutions. One of them could be to adapt labour law, in order to draw logical consequences from the recognition of pension benefits as liabilities, that is, to consider that whenever a pension benefit is recognized as a liability in the employer's balance sheet, it must be qualified as a vested benefit. In such a way, defined benefits related to past service would be secured from any risk of curtailment or settling. This would also reconcile the treatment adopted by IAS 19 with the conceptual framework of international accounting.

# Chapitre 27
# La politique sociale de l'Union Européenne: Fondements, compétences et procédures

**Claude Blumann**

27.1 La politique sociale constitue un véritable paradoxe en droit communautaire. Elle occupe dans le traité CE une place on ne peut plus opulente mais en même temps ses détracteurs ne manquent aucune occasion de dénoncer ses innombrables insuffisances voire son inexistence. Il est vrai qu'initialement cette place était beaucoup plus modeste. Si ce n'est le traité CECA qui se paraît de préoccupations sociales importantes notamment au travers de régimes d'aides pour la reconversion des travailleurs en cas de cessation d'activité, le traité CE lui reste beaucoup plus timoré. S'il consacre bien un titre III (troisième partie) à la politique sociale, le contenu de celle-ci s'avère très lacunaire puisque réduit à trois éléments : l'instauration d'un fonds social européen destiné à améliorer les possibilités d'emploi dans le marché commun (ex-art. 123), une politique commune en matière de formation professionnelle (ex-article 127), au curieux destin au demeurant puisque c'est sur sa base que la Communauté a pu développer toute son action en faveur de l'Université et notamment de la mobilité étudiante (CJCE 13 février 1985 Gravier aff. 293/83 rec. 593) et enfin le principe d'égalité homme-femme en matière de rémunération (ex-article 119).

Les traités successifs de révision n'auront de cesse d'améliorer cette situation. L'acte unique européen de 1986 marque un tournant qui permet à la Communauté d'intervenir en vue notamment de promouvoir l'amélioration du milieu de travail et l'adoption de normes communes en matière de santé et de sécurité des travailleurs (ex-art. 118 A) et l'ex-art. 118 B prône pour sa part le dialogue entre les partenaires sociaux. Maastricht s'accompagne de la conclusion d'un accord et un protocole social, refusé au demeurant par la Grande-Bretagne, ce qui donne lieu à un exemple intéressant d'Europe à géométrie variable. Avec le traité d'Amsterdam, la Grande-Bretagne rejoint ses partenaires en même temps que se voit intégrée dans le traité de Rome une politique nouvelle en matière d'emploi. La charte des droits fondamentaux de l'Union adoptée en décembre 2000 et réitérée par le Conseil européen le 12

C. Blumann (✉)
Prof. Dr. Dr. hc jur., Université de Paris Assas Paris II, Chaire Jean Monet de droit européen, Institut de droit comparé, 28 rue Saint-Guillaume 75007 Paris, Frankreich
e-mail: cblumann@u-paris2.fr

O. Kaufmann, S. Hennion (eds.), *Steuerung der betrieblichen Altersversorgung in Europa: garantierte Sicherheit? Governance of Occupational Pensions in Europe: Guaranteed Security? Gouvernance des retraites professionnelles en Europe: Sécurité garantie?*,
DOI 10.1007/978-3-642-15731-8_27, © Springer-Verlag Berlin Heidelberg 2011

décembre 2007 comporte des dispositions sociales (notamment le titre solidarité) malgré l'opposition répétée du même gouvernement.

Aujourd'hui, la politique sociale figure au titre XI de la troisième partie du traité de Rome, couplée il est vrai avec l'éducation, la formation professionnelle et la jeunesse. Mais dans cet ensemble hétéroclite, les « dispositions sociales » occupent cependant la place la plus importante (art. 136 à 145 CE). Si l'on ajoute à cela les dispositions relatives à la politique de l'emploi (art. 125 à 130), celles qui touchent à l'égalité homme-femme qui obtient en sa faveur une clause dite de cohérence ou de transversalité, en vertu de laquelle le principe d'égalité entre les sexes doit être présent et recherché dans toutes les politiques de l'Union (art. 3 § 2 CE), celles sur la libre circulation des travailleurs qui permettent au Conseil d'établir des règles de sécurité sociale pour les travailleurs migrants (art. 42 CE) les dispositions aussi sur la citoyenneté européenne (art. 17 à 22) qui, interprétées très largement par la Cour de justice, ont pour résultat d'étendre quasi-automatiquement les droits sociaux ou de protection sociale d'un Etat membre à l'ensemble des ressortissants communautaires voire des États tiers séjournant sur son territoire (CJCE 15 mars 2005 Bidar aff. C-299/03 rec. I -2119), on ne peut que s'étonner de la virulence des critiques à l'encontre de la politique sociale de l'Union européenne.

Il est vrai que les thèmes évoqués par les articles du traité ou par la charte des droits fondamentaux ne sont pas de ceux qui passionneront un syndicaliste français accoutumé au combat social, aux luttes sociales, à la grève et autres moyens de revendication. Il s'agit en effet pour l'essentiel de dispositions techniques se rattachant dans les ordres juridiques nationaux au droit du travail et sur la base desquelles le législateur européen comme la Cour de justice ont développé un corpus normatif tout à fait convaincant.

D'où vient alors cette impression de « déficit social » de l'UE, comme cela fut cruellement souligné lors de la campagne référendaire française du printemps 2005 relative au traité constitutionnel européen. Le thème du plombier polonais couplé à la directive Bolkestein ont provoqué bien des rancœurs et ressentiments. Certains partis politiques ont inscrit dans leur programme la mise en place d'une politique sociale européenne, comme si celle-ci n'existait pas. En réalité, une telle politique sociale – entendue comme une amélioration continue et incessante des droits à prestation et des droits collectifs des travailleurs – ne fait pas consensus dans l'Union et là se situe la principale source des difficultés. Les États membres peuvent être classés en trois catégories : ceux qui prêchent inlassablement pour une politique sociale européenne (sans en préciser vraiment le contenu) comme la France. Ceux qui au nom d'un libéralisme débridé s'y opposent par principe (Royaume-Uni et beaucoup de nouveaux adhérents à l'Union) et ceux qui sont favorables à une politique sociale, mais qui au nom du principe de subsidiarité entendent qu'elle demeure pour l'essentiel régie au plan national (Allemagne notamment).

Il ne faut pas non plus occulter les faiblesses, insuffisantes et contradictions des textes actuels des traités. Il suffit de prendre le droit de grève pour s'en convaincre. Selon l'article 137 § 5 CE, la Communauté n'a pas compétence en matière de droit de grève (ni de lock-out). Cependant la charte des droits fondamentaux reconnaît formellement le droit de grève en son article 28. Mais les explications de la charte données par le présidium de la convention de même que l'article 51 précisent bien que la charte ne crée aucune compétence nouvelle ni ne modifie les compétences de l'Union, telles que définies dans les traités...

Là encore la complexité, le manque de transparence, l'éloignement minent grandement l'autorité du droit et des politiques communautaires. Déterminer précisément aujourd'hui la nature et l'étendue des compétences de l'Union en matière sociale ainsi que les procédures décisionnelles ne paraît pas choses aisée. Le traité de Lisbonne pourrait contribuer à clarifier les choses dans la mesure où sur de nombreux points il se livre à un exercice utile de codification et que sur quelques autres il vient heureusement combler certains vides.

27.2 Sur le plan des compétences, le traité de Lisbonne codifie la classification compétence exclusive-compétence partagée et reprend la catégorie issue du traité constitutionnel des domaines d'appui, de coordination et de complément. A cet égard, le traité sur le fonctionnement de l'Union européenne (TFUE) dans son article 4 range sans surprise la politique sociale parmi les domaines de compétence partagée, tout en la cantonnant aux *« aspects définis dans le présent traité »*. Il y a là une importante restriction qui ne se retrouve pas pour les autres domaines de compétence partagée. Une restriction sans grand intérêt juridique puisque en tout état de cause les compétences partagées ne peuvent porter au nom du principe d'attribution que sur des domaines qui ont été mis dans le pot commun et non sur autre chose. Néanmoins cette formule confirme la suspicion dans laquelle les États membres tiennent les interventions sociales de l'Union. Mais quoi qu'il en soit des intentions en pénétrant dans la sphère des compétences partagées, la politique sociale se voit donc soumise au principe de subsidiarité qui signifie ici comme ailleurs que l'Union ne peut intervenir que si l'action de ses États membres se révèle insuffisante et si elle est mesure de montrer qu'elle peut faire mieux que ceux-ci (art. 5 CE).

27.2.1 L'idée de subsidiarité imprègne l'ensemble des dispositions sociales du traité. De sorte que, si nécessité législative il y a, il importe de prendre des mesures *« qui tiennent compte de la diversité des pratiques nationales »*. Prévaut aussi l'idée que le social ne doit pas nuire à l'économique et s'avère donc complémentaire de celui-ci. Pour la Cour au demeurant, il n'y a aucune raison de faire prévaloir des droits sociaux sur les libertés économiques fondamentales des traités. Elle a bien montré dans les déjà célèbres arrêts Viking et Laval (CJCE Viking 11 décembre 2007 aff. C-438/05, 18 décembre 2007 Laval aff. C-341/05) que la liberté d'établissement ou celle de prestation de services n'avaient aucune raison de céder le pas devant les droits syndicaux et que de tels conflits devaient se résoudre sur la base des principes de proportionnalité et de balance des intérêts.

La subsidiarité se retrouve encore lorsqu'il est indiqué à l'article 153 § 1^er^ TFUE que l'Union *soutient et complète* l'action des États membres. Prise à la lettre, cette disposition prohibe toute véritable action propre ou innovante de l'Union. Elle ne peut qu'accompagner, fournir un renfort, jouer un rôle supplétif. En général, ce mode mineur ne se rencontre que là où la Communauté ne possède que des compétences d'appui, de coordination ou de complément. Dans ces domaines (protection civile, industrie, tourisme), elle ne peut en principe légiférer. Or pourtant, la politique sociale va plus loin puisqu'elle ouvre de réels champs normatifs à l'Union. Ceci prouve bien au passage que la politique sociale occupe en réalité un place intermédiaire entre ces simples domaines d'appui, de coordination et de complément, en réalité peu communautarisés, et une véritable compétence partagée. L'Union ne peut légiférer que dans les domaines énumérés à l'article 137 CE, alors que dans les autres politiques relevant de la compétence partagée (marché intérieur, environnement, cohésion économique et sociale, transports, etc.), elle peut légiférer dans tout le champ des objectifs qui leur sont assignés. Cette différence n'est peut-être pas seulement théorique. Elle peut avoir comme conséquence fâcheuse, que la procédure dite d'adaptation de l'article 308, destinée à combler d'éventuelles lacunes, ne pourrait pas être activée en dehors des stricts domaines d'intervention dans lesquels l'Union se voit cantonnée.

27.2.2 La politique sociale se caractérise encore par un autre type de subsidiarité : une subsidiarité visant à donner une certaine priorité au dialogue social ou aux interventions des partenaires sociaux. Ainsi les partenaires sociaux peuvent se voir sollicités par les États membres pour la mise en œuvre des directives adoptées dans le domaine social. A ce moment-là, les règles classiques en matière d'exécution qui voient l'intervention des administrations nationales voire dans certains cas des institutions communautaires elles-mêmes avec le cas échéant le soutien de la comitologie, sont-elles écartées au profit d'une sorte de cogestion ou autogestion par les partenaires sociaux. Plus globalement, la consultation des partenaires sociaux constitue une des missions de la Commission. Celle-ci doit prendre toute mesure utile pour faciliter leur dialogue *« en veillant à un soutien équilibré des parties »*. Le dialogue social peut au demeurant conduire à des relations conventionnelles, y compris des accords, conclus au niveau communautaire et mis en œuvre le cas échéant par les partenaires sociaux. Le traité constitutionnel avait poussé au plus haut point l'idée de démocratie participative (art. I-47) en prévoyant dans sa partie proprement constitutionnelle un article spécifique sur les *« partenaires sociaux et le dialogue social autonome »* (art. I-48).

27.2.3 La Commission doit également jouer un rôle d'encouragement de la coopération et de la coordination entre les États membres dans tous les chapitres de la politique sociale européenne mais plus particulièrement encore dans une liste de domaines énumérés à l'article 140 CE. Cette fonction d'animation ne se confond pas avec l'exercice de compétences normatives dans ces mêmes domaines. Elle vise à un rapprochement des positions ou des législations nationales par des procédures souples et non contraignantes. Il s'agit d'amener les États membres sur des positions ou actions communes sans avoir à légiférer ou lorsqu'il est difficile de légiférer. Ce n'est d'ailleurs pas un hasard si les matières plus particulièrement concernées par cette fonction sont celles où le Conseil doit statuer à l'unanimité (sécurité sociale, droit syndical,etc.).

Le traité de Lisbonne confirme cette disposition mais en apportant un plus : la Commission, outre l'élaboration de rapports, études ou avis précédés d'une large consultation pourra prendre *« des initiatives en vue d'établir des orientations et des indicateurs, d'organiser l'échange des meilleures pratiques et de préparer les éléments nécessaires à la surveillance et à l'évaluation périodiques »* (art. 156 al. 2 TFUE). Les observateurs avisés auront reconnu derrière ce langage hermétique la codification de la méthode ouverte de coordination (MOC) qui a pris naissance au demeurant dans le cadre de la politique sociale et joue un certain rôle également dans des politiques peu communautarisées comme l'emploi, l'éducation, l'industrie, etc. La MOC permet à l'exécutif bruxellois de jouer un rôle moteur au service d'une politique de rapprochement souple des droits ou des pratiques nationales sans avoir à passer par l'élaboration de normes contraignantes. Cette méthode souple si elle fait le bonheur des amateurs du moins-légiférant possible peut présenter le grave inconvénient de remettre en cause des compétences formelles attribuées aux institutions de l'Union.

27.3 Il est vrai que les procédures décisionnelles « classiques » en matière sociale ne sont pas des plus lumineuses. Là encore tout semble avoir été fait pour ménager au maximum la sensibilité des États membres avec comme conséquence fâcheuse un manque de clarté, de transparence et de lisibilité. Si l'on excepte le principe d'égalité homme-femme qui figure à l'article 141 CE et qui relève de la procédure de codécision – le Conseil statuant à alors à la majorité qualifiée et le Parlement européen se trouvant sur un pied d'égalité – avec cependant la possibilité pour les États membres de maintenir ou adopter des normes plus contraignantes en vue d'assurer une sorte de discrimination positive (alors même que la Cour de justice se montre assez réservée : 6 juillet 2000 Abrahamsson aff. C-407/98), l'essentiel de la procédure décisionnelle au sens strict du terme se trouve concentré à l'article 137.

27.3.1 Il en résulte un dispositif assez bigarré où l'on voit d'abord les institutions de l'Union disposer de deux types de compétences assez différentes. Elles peuvent en effet, dans tous les domaines visés à l'article 137 (points a à k) arrêter des mesures d'encouragement de la coopération entre les États membres sous forme de programmes d'action, d'échanges d'information, etc. à, l'exclusion alors de toute harmonisation des législations nationales. Il y a d'ailleurs là une caractéristique qui ramène la politique sociale vers les simples domaines d'appui, de complément ou de coordination (v. supra) où la Communauté ne peut aller plus loin sur le plan juridique. Mais les institutions peuvent aussi dans les seuls domaines visés au point a à i, ce qui exclut la lutte contre l'exclusion sociale et la modernisation des systèmes de protection sociale, adopter par voie de directives *« des prescriptions minimales »* conduisant alors mais avec beaucoup de prudence (nécessité d'agir progressivement, imposer le moins de contraintes possibles aux PME) à une certaine harmonisation des législations ou réglementations nationales.

L'adoption de ces actions d'encouragement mais aussi de ces prescriptions minimales s'opère selon deux systèmes différents compte tenu de la sensibilité des matières visées à l'article 137. S'il s'agit d'amélioration de la santé et sécurité des travailleurs (point a), des conditions de travail (point b) de l'information et la consultation des travailleurs (point e) de l'intégration des personnes exclues du travail (point h) et de l'égalité homme-femme (point i, déjà visé à l'article 141 CE), la procédure de codécision s'applique ce qui rend le dispositif à la fois plus démocratique (codécision du Parlement européen) et plus efficace (majorité qualifiée au

Conseil). Les deux comités consultatifs à compétence plénière de l'Union – comité des régions et comité économique et social – doivent également donner leur avis. En revanche, pour les autres points, a priori plus délicats et conflictuels : sécurité sociale et protection sociale des travailleurs (point c), protection des travailleurs en cas de résiliation du contrat de travail (point d), représentation et défense collective des travailleurs (point f) et emploi de ressortissants de pays tiers (point g), les directives d'harmonisation ne peuvent être adoptées que par le Conseil statuant à l'unanimité avec simple consultation du Parlement européen et consultation aussi du comité des régions et du comité économique et social.

C'est là que le bât blesse, puisque ces domaines, qui se situent au cœur de toute politique sociale, figurent parmi les plus disputés et les plus conflictuels. L'unanimité au Conseil freine bien évidemment le processus de décision et conduit souvent à l'adoption de textes insipides ou très édulcorés. Les États réticents à toute politique sociale musèlent toute initiative allant au-delà de ce qui est acceptable à leurs yeux et de là naît cette impression déjà évoquée au début de la présente analyse de l'absence de véritable politique sociale européenne (v. supra). Une impression au demeurant tout à fait fallacieuse si l'on regarde, même superficiellement, le nombre considérable de textes adoptés en matière sociale, ainsi que leur importance qualitative, sans oublier la jurisprudence très active de la Cour en faveur de l'émergence d'une citoyenneté sociale (v. supra).

27.3.2 Sur le plan « strictement » juridique, la nécessité de l'unanimité au Conseil peut se voir tempérée par l'existence d'une clause dite de passerelle ou de révision simplifiée, en vertu de laquelle le Conseil statuant néanmoins à l'unanimité peut décider de rendre la procédure de codécision applicable dans les domaines précités. Une telle disposition, qui existe aussi dans d'autres politiques (environnement) se révèle cependant très difficile à mettre en œuvre et n'a quasiment jamais joué. Inversement, et dans le sens cette fois-ci d'une plus grande souplesse, l'article 137 § 4 offre deux clauses de sauvegarde aux États membres : La première de caractère général confirmant le droit des États membres de définir les principes fondamentaux de leur système de sécurité sociale et invitant le législateur européen à ne pas affecter de manière sensible l'équilibre financier de ceux-ci. Cette clause, quelque peu redondante avec l'exigence d'unanimité au Conseil pour tout ce qui touche à la sécurité sociale, et qui réitère dans une certaine mesure la nature partagée de la compétence de l'Union en matière sociale, devrait permettre aux États de s'échapper de certaines règles communes jugées trop contraignantes. Il en va de même de celle plus technique qui constitue une clause dite de protection renforcée en vertu de laquelle les États membres peuvent toujours, nonobstant la législation communautaire, maintenir ou établir des mesures de protection plus strictes. Encore faut-il dans ce dernier qu'elles soient compatibles avec le traité. Ces clauses de sauvegarde, à la différence de leurs homologues d'autres domaines (marché intérieur, environnement, notamment) ne prévoient cependant aucune procédure pour leur mise en œuvre. Il en résulte une grande incertitude et l'ouverture possible de contentieux voyant la Commission prendre l'initiative de recours en manquement contre les États en situation d'illicéité.

Enfin s'agissant de la sécurité sociale des travailleurs migrants, dont le régime juridique pour l'heure peut être établi selon la procédure de codécision (art. 42 CE), le traité de Lisbonne (art. 48 al. 2 du TFUE) marque un certain retour en arrière en donnant le droit à un Etat membre lorsqu'il estime qu'un projet d'acte législatif en la matière risque de porter atteinte *« à des aspects importants de son système de sécurité sociale »* de demander la saisine du Conseil européen. Ce dernier peut alors geler la procédure législative ordinaire ou demander une nouvelle proposition de la Commission. Dans ces deux cas, le projet initial est réputé non adopté. Cette procédure nouvelle marque à l'évidence une régression par rapport aux règles actuelles en permettant de réintroduire dans une certaine mesure la règle du véto là où la codécision avait acquis droit de cité. Ceci peut paraître choquant par rapport à l'idéal communautaire. Mais malheureusement, le traité de Lisbonne s'est rallié à l'idée, jusqu'alors inédite qu'il pouvait y avoir des reculs dans l'intégration européenne. Il y en a ici une illustration caractéristique.

# Kapitel 28
# Die Sozialpolitik der Europäischen Union – Grundlagen, Zuständigkeiten und Verfahren -

**Claude Blumann**

28.1 Die Sozialpolitik stellt ein wahres Paradox im Gemeinschaftsrecht dar. Zwar nimmt sie innerhalb des EG-Vertrags eine kaum zu überbietende Stellung ein. Dennoch verpassen ihre Verächter keine Gelegenheit, ihre unzähligen Schwachstellen anzuprangern und sogar zu behaupten, es gebe sie nicht. In der Tat war ihre Bedeutung ursprünglich wesentlich geringer. War der EGKS-Vertrag noch um die Einbindung wichtiger sozialer Belange bemüht, indem er unter anderem Einrichtungen für die Umschulung von Arbeitnehmern im Fall der Beendigung der Tätigkeit schuf, so bleibt der EG-Vertrag erheblich zurückhaltender. Obwohl er den Titel III (Dritter Teil) der Sozialpolitik widmet, bleibt ihr Inhalt doch sehr lückenhaft, da er auf drei Aspekte reduziert ist: Erstens die Errichtung eines europäischen Sozialfonds zur Verbesserung der Beschäftigungsmöglichkeiten im Binnenmarkt (ex-Artikel 123). Zweitens eine gemeinsame Politik der beruflichen Bildung (ex-Artikel 127), die im Übrigen eine seltsame Wandlung erfahren hat, da die Gemeinschaft auf sie ihre gesamte Tätigkeit im Bereich der Universitäten und insbesondere zugunsten der Freizügigkeit von Studenten gestützt hat (EuGH, 13. Februar 1985, Gravier, Rs. 293/83 Slg. 593). Drittens schließlich den Grundsatz des gleichen Entgelts für Männer und Frauen (ex-Artikel 119).

Die aufeinander folgenden Reformverträge haben diese Situation fortdauernd verbessert. Die Einheitliche Europäische Akte von 1986 stellte einen Wendepunkt dar, der es der Gemeinschaft erlaubte, im Bereich der Verbesserung der Arbeitsumwelt tätig zu werden sowie gemeinsame Vorschriften über Gesundheit und Sicherheit der Arbeitnehmer zu erlassen (ex-Artikel 118 a); ex-Artikel 118 b hebt daneben den Dialog zwischen den Sozialpartnern hervor. Maastricht wurde von einem Sozialabkommen und einem Sozialprotokoll begleitet, welches im Übrigen von Großbritannien nicht unterzeichnet wurde. Dies stellt ein interessantes Beispiel eines unterschiedlich integrierten Europas dar. Im Zuge des Amsterdamer Vertrags schließt sich Großbritannien seinen Partnern wieder an, gleichzeitig wird eine neue

C. Blumann (✉)
Prof. Dr. Dr. hc jur., Université de Paris Assas Paris II, Chaire Jean Monet de droit européen, Institut de droit comparé, 28 rue Saint-Guillaume, 75007 Paris, Frankreich
e-mail: cblumann@u-paris2.fr

O. Kaufmann, S. Hennion (eds.), *Steuerung der betrieblichen Altersversorgung in Europa: garantierte Sicherheit? Governance of Occupational Pensions in Europe: Guaranteed Security? Gouvernance des retraites professionnelles en Europe: Sécurité garantie?*, DOI 10.1007/978-3-642-15731-8_28, © Springer-Verlag Berlin Heidelberg 2011

Arbeitsmarktpolitik in den EG-Vertrag eingefügt. Die im Dezember 2000 verabschiedete und vom Europäischen Rat am 12. Dezember 2007 erneut aufgegriffene Grundrechtecharta der Union enthält trotz des wiederholten Widerstands eben dieser Regierung soziale Vorschriften (insbesondere das Kapital Solidarität).

Heute findet sich die Sozialpolitik im Titel XI des Dritten Teils des EG-Vertrags, allerdings zusammen mit der allgemeinen und beruflichen Bildung und der Jugend. Allerdings nehmen die „Sozialvorschriften" den größten Platz in diesem vielfältigen Themenverbund ein (Artikel 136–145 EG). Zählt man darüber hinaus mehrere andere Vorschriften hinzu, so kann man sich nur über die Schärfe der Kritik an der Sozialpolitik der Europäischen Union wundern. Dabei handelt es sich um die Vorschriften über die Beschäftigungspolitik (Artikel 125–130 EG), über die Gleichbehandlung von Männern und Frauen, welche über eine Kohärenz- oder Querschnittsklausel verfügt, aufgrund derer das Gleichbehandlungsprinzip im Hinblick auf das Geschlecht im Rahmen aller Unionspolitiken immanent sein und gefördert werden muss (Artikel 3 Abs. 2 EG), sowie über die Arbeitnehmerfreizügigkeit, aufgrund derer der Rat Regelungen auf dem Gebiet der sozialen Sicherheit für Wanderarbeitnehmer erlassen kann (Artikel 42 EG). Gleiches gilt für die Vorschriften über die Unionsbürgerschaft (Artikel 17–22 EG), die vom EuGH sehr weit interpretiert werden und somit fast automatisch die sozialen Rechte oder das Recht der sozialen Sicherung eines Mitgliedsstaates auf alle EU-Bürger, ja sogar auch auf Nicht-EU-Bürger, die sich innerhalb der EU befinden (EuGH, 15. März 2005, Bidar, Rs. C-299/03, Slg. I-2119),

Zwar ist es richtig, dass die in den Vorschriften des EG-Vertrags oder der Grundrechtecharta angesprochenen Themen nicht zu denen gehören, die einen französischen Gewerkschafter, der an Arbeitskampf, an soziale Auseinandersetzungen, an Streiks und andere Formen für Forderungen gewöhnt ist, begeistern werden. Es handelt sich in der Tat überwiegend um technische Vorschriften, die auf nationaler Ebene mit dem Arbeitsrecht zusammenhängen. Auf ihrer Grundlage haben der europäische Gesetzgeber sowie der Europäische Gerichtshof eine überaus überzeugende Rechtsordnung geschaffen.

Woher kommt also dieser Eindruck eines „sozialen Defizits" innerhalb der EU, der im Frühling 2005 während der französischen Kampagne des Referendums für den europäischen Verfassungsvertrag in schonungsloser Manier betont wurde. Das Thema des polnischen Klempners, gekoppelt mit der Bolkestein-Richtlinie, hat erheblichen Groll und Verbitterung hinterlassen. Einige politische Parteien haben die Schaffung einer europäischen Sozialpolitik in ihrem Programm verankert, so als ob diese nicht existierte. In Wahrheit fußt eine solche Sozialpolitik, soweit sie als stetige und ununterbrochene Verbesserung der Leistungsansprüche und der kollektiven Rechte der Arbeitnehmer verstanden wird, nicht auf einem Konsens innerhalb der Union, was die Hauptursache der Schwierigkeiten darstellt. Die Mitgliedstaaten können in drei Kategorien eingeteilt werden: Zunächst diejenigen, die, wie Frankreich, unablässig eine europäische Sozialpolitik predigen (ohne jedoch wirklich ihren Inhalt zu präzisieren). Dann diejenigen, die sich im Namen eines ungezügelten Liberalismus aus Prinzip dagegen sträuben (das Vereinigte Königreich und viele neue Mitgliedsstaaten der Union). Schließlich diejenigen, die einer Sozialpolitik positiv gegenüber stehen, jedoch unter Berufung auf das Subsidiaritätsprinzip eine Regelung hauptsächlich auf nationaler Ebene bevorzugen (insbesondere Deutschland).

Allerdings dürfen die Schwachstellen, Unzulänglichkeiten und Widersprüche der aktuellen Bestimmungen in den Verträgen auch nicht verheimlicht werden. Um sich davon zu überzeugen, genügt es, das Streikrecht zu betrachten. Gemäß Artikel 137 Abs. 5 EG hat die Gemeinschaft keine Kompetenz im Bereich des Streikrechts (gleiches gilt für das Aussperrungsrecht), während die Grundrechtecharta in ihrem Artikel 28 ausdrücklich das Streikrecht vorsieht. Allerdings stellen die Begründungen der Charta durch das Konventionspräsidium ebenso wie Artikel 51 klar, dass die Charta weder zusätzliche Zuständigkeiten schafft noch die vorhandenen Zuständigkeiten der Union, wie sie in den Verträgen vorgesehen sind, beeinflusst...

Auch hier höhlen die Komplexität, der Mangel an Transparenz sowie die Distanz die Autorität des Gemeinschaftsrechts und der Gemeinschaftspolitik erheblich aus. Es erscheint eben heute nicht leicht, die Art und die Reichweite der Kompetenzen der Union im sozialen Bereich sowie die Entscheidungsverfahren genau darzustellen. Der Vertrag von Lissabon könnte dazu beitragen, diesen Zustand zu verbessern, indem er in vielen Punkten eine Kodifikation durchführt und in anderen erfreulicherweise gewisse Lücken füllt.

28.2 Im Bereich der Kompetenzen kodifiziert der Vertrag von Lissabon die Unterteilung in ausschließliche und geteilte Zuständigkeit und übernimmt die im Verfassungsvertrag vorgesehenen Bereiche der Unterstützung, Koordinierung und Ergänzung. In dieser Hinsicht überrascht es keineswegs, dass der Vertrag über die Arbeitsweise der Europäischen Union (AEUV) in seinem Artikel 4 die Sozialpolitik dem Bereich der geteilten Zuständigkeit zuordnet, sie jedoch auf „*hinsichtlich der in diesem Vertrag genannte Aspekte*“ beschränkt. Dies stellt eine wichtige Einschränkung dar, die sich im Rahmen der anderen Bereiche der geteilten Zuständigkeit nicht wiederfindet. Allerdings ist sie in rechtlicher Hinsicht wenig bedeutsam, da sich die geteilte Zuständigkeit unter Anwendung des Prinzips der Einzelermächtigung von vorneherein nur auf Sachbereiche beziehen kann, die gemeinsam ausgeübt werden. Gleichwohl spiegelt diese Formulierung das Misstrauen wider, welches die Mitgliedsstaaten der Tätigkeit der Union im sozialen Bereich entgegenbringen. Ungeachtet der durch die geteilte Zuständigkeit verfolgten Zielsetzungen jedoch unterliegt die Sozialpolitik jedenfalls dem Subsidiaritätsprinzip. In diesem Sachbereich – ebenso wie in allen anderen – kann die Union nur dann tätig werden, wenn das Handeln der Mitgliedsstaaten unzureichend ist und wenn sie gleichzeitig darlegen kann, dass sie effizienter handeln kann als diese (Artikel 5 EG).

28.2.1 Der Gedanke der Subsidiarität zieht sich durch alle sozialen Vorschriften des Vertrages. Sofern ein gesetzgeberisches Tätigwerden geboten ist, müssen daher Maßnahmen getroffen werden, „*die der Vielfalt der einzelstaatlichen Gepflogenheiten Rechnung tragen*“. Darüber hinaus herrscht gleichzeitig der Gedanke vor, dass das Soziale dem Wirtschaftlichen nicht schaden darf und ersteres sich daher eine Ergänzung zum letzteren darstellt. Jedenfalls sieht der Gerichtshof keinen Anlass, sozialen Rechten wirtschaftlichen Grundfreiheiten, wie sie in den Verträgen vorgesehen sind, den Vorrang einzuräumen. Er hat in den mittlerweile berühmten Viking- und Laval-Urteilen (EuGH, 1. Dezember 2007, Viking, Rs. C-438/05 ; 18. Dezember 2007, Laval, Rs. C-341/05) festgehalten, dass es keinen Anlass gebe, die Niederlassungs- oder Dienstleistungsfreiheit hinter die Gewerkschaftsrechte zurücktreten zu lassen. Solche Konflikte müssten über das Verhältnismäßigkeitsprinzip und das Prinzip der Interessenabwägung gelöst werden.

Erneut findet sich die Subsidiarität in Artikel 153 Abs. 1 AEUV, nach dem die Union die Tätigkeit der Mitgliedsstaaten *unterstützt und ergänzt*. Wörtlich genommen verbietet diese Vorschrift jegliches eigenständige und innovative Tätigwerden der Union. Sie kann bloß begleiten, unterstützend tätig werden und eine Nebenrolle spielen. Generell beschränkt sich diese untergeordnete Rolle der Gemeinschaft auf Bereiche, in denen ihr nur die Kompetenz zur Unterstützung, Koordinierung und Ergänzung übertragen ist. In diesen Bereichen (Katastrophenschutz, Industrie, Tourismus) kann sie grundsätzlich nicht gesetzgeberisch tätig werden. Dabei geht der Bereich der Sozialpolitik jedoch weiter, da er der Union echte normative Handlungsmöglichkeiten eröffnet. Dies beweist durchaus, dass die Sozialpolitik eine vermittelnde Rolle zwischen den Bereichen der Unterstützung, Koordinierung und Ergänzung, an denen die Gemeinschaft tatsächlich nur wenig Anteil hat, sowie einem Bereich einer veritabel geteilten Zuständigkeit einnimmt. Die Union ist auf die im Artikel 137 EG aufgezählten Bereichen beschränkt, während sie in den übrigen Bereichen der geteilten Zuständigkeit (Binnenmarkt, Umwelt, wirtschaftlicher und sozialer Zusammenhalt, Verkehr, etc.) im gesamten Anwendungsbereich der ihr vorgegebenen Zielsetzungen gesetzgeberisch tätig werden kann. Vielleicht ist dieser Unterschied nicht nur rein theoretischer Natur. Eine unerfreuliche Konsequenz dessen kann darin bestehen, dass das Kompetenzergänzungsverfahren des Artikels 308, das eventuelle Lücken füllen soll, außerhalb dieser genau festgelegten Tätigkeitsbereiche der Union keine Anwendung finden kann.

28.2.2 Die Sozialpolitik weist darüber hinaus noch eine andere Art der Subsidiarität auf, die darauf abzielt, dem sozialen Dialog oder den Interventionen der Sozialpartner eine gewisse Priorität verleiht. So können die Sozialpartner von den Mitgliedsstaaten für den Vollzug der im sozialen Bereich beschlossenen Richtlinien herangezogen werden. In diesem Fall werden die klassischen Regeln des Vollzugs durch die nationalen Verwaltungsapparate, manchmal auch durch die Gemeinschaftsorgane selbst und unter Umständen mit der Unterstützung der Komitologie, zugunsten einer Art Mit- oder Selbstverwaltung durch die Sozialpartner verdrängt. Die Anhörung der Sozialpartner gehört im Allgemeinen zu den Aufgaben der Kommission. Diese muss sachdienliche Maßnahme ergreifen, um ihren Dialog zu fördern, „*wobei sie für Ausgewogenheit bei der Unterstützung der Parteien sorgt*". Der soziale Dialog kann dadurch zu vertraglichen Verbindungen führen, unter anderem zu Abkommen, die auf Gemeinschaftsebene geschlossen werden und gegebenenfalls durch die Sozialpartner vollzogen werden. Der Verfassungsvertrag hatte den Gedanken der partizipativen Demokratie (Artikel I-47) in höchstem Maße übernommen, indem er in seinem eigentlich verfassungsrechtlichen Teil einen eigenen Artikel mit der Überschrift „*Die Sozialpartner und der autonome soziale Dialog*" (Artikel I-48) vorsah.

28.2.3 Die Kommission hat ebenfalls im Bereich der Förderung der Kooperation und Koordination zwischen den Mitgliedsstaaten bezüglich aller Bereiche der europäischen Sozialpolitik eine Rolle zu spielen, insbesondere in den im Artikel 140 EG aufgezählten Sachbereichen. Diese Förderfunktion ist nicht gleichbedeutend mit der Ausübung der normativen Zuständigkeiten in den gleichen Bereichen. Sie zielt auf eine Annäherung der Positionen und nationalen Rechtsordnungen ab, die durch flexible und nicht bindende Verfahren erreicht werden soll. Es geht darum, die Mitgliedsstaaten zu gemeinsamen Positionen oder Aktionen anzuregen, ohne dafür gesetzgeberisch tätig werden zu müssen. Gleiches gilt, wenn eine solche Tätigkeit mit Schwierigkeiten verbunden ist. Es ist kein Zufall, dass die von dieser Funktion betroffenen Bereiche zu denen gehören, in denen die Beschlüsse des Rats einstimmig erfolgen müssen (soziale Sicherheit, Koalitionsrecht, etc.).

Der Vertrag von Lissabon übernimmt diese Vorschrift, ergänzt sie jedoch: zusätzlich zur Ausarbeitung von Berichten, Untersuchungen und Stellungnahmen auf der Grundlage eingehender Konsultationen kann die Kommission Initiativen ergreifen, „*die darauf abzielen, Leitlinien und Indikatoren festzulegen, den Austausch bewährter Verfahren durchzuführen und die erforderlichen Elemente für eine regelmäßige Überwachung und Bewertung auszuarbeiten*" (Artikel 156 Abs. 2 AEUV). Aufmerksame Beobachter werden hinter diesem hermetischen Sprachgebrauch eine Kodifikation der Offenen Koordinierungsmethode (OKM) erkannt haben, die im Übrigen im Rahmen der Sozialpolitik geschaffen wurde und auch im Bereich weniger vergemeinschafteter Bereiche wie der Beschäftigung, der Bildung, der Industrie etc. eine gewisse Rolle spielt. Die OKM räumt der Brüsseler Exekutive eine antreibende Rolle im Dienste einer Politik ein, die eine flexible Annäherung der nationalen Rechtsordnungen und Verwaltungsabläufe verfolgt, ohne dafür bindende Regeln aufstellen zu müssen. Diese flexible Methode, die den Anhängern einer möglichst geringen Regulierung entgegenkommt, kann allerdings den erheblichen Nachteil haben, dass den Unionsorganen formell zugewiesene Kompetenzen in Frage gestellt werden können.

28.3 In der Tat gehören die „klassischen" Entscheidungsverfahren im sozialen Bereich nicht zu den wirksamsten. Es scheint, als sei alles dafür getan worden, die Empfindlichkeiten der Mitgliedsstaaten zu schonen, was aber die ärgerliche Folge eines Mangels an Klarheit, Transparenz und Lesbarkeit nach sich zieht. Lässt man das Gleichbehandlungsgebot des Artikels 141 EG einmal beiseite, das dem Mitentscheidungsverfahren unterliegt – der Rat beschließt hier mit qualifizierter Mehrheit, während ihm das Europäische Parlament gleichberechtigt gegenüber steht –, so findet sich das Entscheidungsverfahren im eigentlichen Sinn im Artikel 137. Allerdings besteht für die Mitgliedsstaaten die Möglichkeit, strengere Schutzvorschriften beizubehalten oder zu verabschieden, um so eine Art positiver Diskriminierung zu schaffen (obwohl der Gerichtshof in dieser Hinsicht eher zurückhaltend ist: 6. Juli 2000, Abrahamsson, Rs. C-407/98).

28.3.1 Auf diese Weise entstehen recht heterogene Vorschriften, nach denen die Unionsorgane über zwei äußerst unterschiedliche Arten von Kompetenzen verfügen. Sie können in der Tat in allen von Artikel 137 lit. a–k aufgezählten Sachbereichen Fördermaßnahmen zur Kooperation zwischen den Mitgliedsstaaten erlassen. Es kann sich dabei um Aktionsprogramme, Informationsaustausche etc. handeln, jedoch unter Ausschluss jeglicher Harmonisierungsmaßnahmen der nationalen Rechtsordnungen. Diese Eigentümlichkeit verlagert nebenbei die Sozialpolitik in den Bereich der einfachen Unterstützung, Koordinierung und Ergänzung (s.o.), in dem die Gemeinschaft auf rechtlicher Ebene nicht tätig werden darf. Die Organe können aber in den lit. a–i aufgezählten Bereichen, also unter Ausschluss der Bereiche der Bekämpfung der sozialen Ausgrenzung und der Modernisierung der Systeme des sozialen Schutzes, durch Richtlinien „*Mindestvorschriften*“ erlassen. Mit großer Behutsamkeit (Notwendigkeit des schrittweisen Vorgehens, möglichst geringe Belastung für kleine und mittlere Unternehmen) wird somit das Ziel einer gewissen Harmonisierung der nationalen Rechtsordnungen angestrebt.

Die Beschließung von Fördermaßnahmen, aber auch von Mindestvorschriften, erfolgt angesichts der sensiblen Thematik der in Artikel 137 aufgezählten Bereiche mittels zweier unterschiedlicher Verfahren. Soweit die Verbesserung der Gesundheit und der Sicherheit der Arbeitnehmer (litt. a), der Arbeitsbedingungen (lit. b), der Unterrichtung und Anhörung der Arbeitnehmer (lit. e), der beruflichen Eingliederung der aus dem Arbeitsmarkt ausgegrenzten Personen (lit. h) und der Chancengleichheit von Männern und Frauen (lit. i, bereits im Artikel 141 EG enthalten) betroffen ist, so findet das Mitentscheidungsverfahren Anwendung. Dies macht das Verfahren sowohl demokratischer (Mitentscheidung durch das Europäische Parlament) als auch effizienter (qualifizierte Mehrheit im Rat). Die beiden beratenden Einrichtungen der Union mit umfassender Zuständigkeit – der Ausschuss der Regionen und der Wirtschafts- und Sozialausschuss – müssen ebenfalls angehört werden. Die anderen Bereiche – die soziale Sicherheit und der soziale Schutz der Arbeitnehmer (lit. c), der Schutz der Arbeitnehmer bei Beendigung des Arbeitsvertrags (lit. d), die Vertretung und kollektive Wahrnehmung der Arbeitnehmerinteressen (lit. f) sowie die Beschäftigungsbedingungen der Staatsangehörigen anderer Länder (lit. g) –, sie alle sind auf den ersten Blick heikler und konfliktträchtiger. Harmonisierungsrichtlinien in diesen Bereichen können vom Rat nur einstimmig nach einfacher Anhörung des Europäischen Parlaments sowie des Ausschusses der Regionen und des Wirtschafts- und Sozialausschusses beschlossen werden.

Eben hier drückt der Schuh, da diese Sachgebiete, die den Kernbereich jeglicher Sozialpolitik markieren, zu den umstrittensten und konfliktträchtigsten gehören. Die Einstimmigkeit im Rat bremst natürlich das Entscheidungsverfahren und führt oft zur Verabschiedung nichtssagender oder zumindest sehr entschärfter Texte. Die Staaten, die einer Sozialpolitik ablehnend gegenüberstehen, untergraben jede Initiative, die über das für sie akzeptable Maß hinausgeht. Hierdurch entsteht der schon zu Beginn dieser Analyse angesprochene Eindruck, es existiere keine wirkliche europäische Sozialpolitik (s.o.). Ein trügerischer Eindruck, zumal wenn man einmal auch nur oberflächlich die beachtliche Zahl der im sozialen Bereich beschlossenen Texte sowie ihre qualitative Bedeutung betrachtet. Darüber hinaus darf auch die sehr aktive Rechtsprechung des Gerichtshofs zugunsten einer sozialen Staatsbürgerschaft nicht übersehen werden (s.o.).

28.3.2 Auf „rein" rechtlicher Ebene wird das Erfordernis der Einstimmigkeit im Rat durch die Existenz einer Überleitungsklausel bzw. einer Klausel für ein vereinfachtes Änderungsverfahren entschärft. Aufgrund einer solchen Klausel kann der Rat einstimmig beschließen, das Mitentscheidungsverfahren auf die oben genannten Bereiche anzuwenden. Eine solche Vorschrift, die sich auch im Rahmen anderer Politiken wieder findet (Umwelt), ist allerdings in der Praxis nur schwer umzusetzen und wurde so gut wie nie angewendet. Umgekehrt sieht Artikel 137 Abs. 4 im Sinne einer höheren Flexibilität zwei Schutzklauseln zugunsten der Mitgliedsstaaten vor. Die erste, etwas allgemeiner gehaltene Klausel bestätigt die Befugnis der Mitgliedsstaaten, die Grundprinzipien ihres Systems der sozialen Sicherheit festzulegen und fordert den europäischen Gesetzgeber auf, das finanzielle Gleichgewicht dieser Systeme nicht erheblich zu beeinträchtigen. Diese Klausel sollte es den Staaten erlauben, einige Gemeinschaftsvorschriften, die als zu zwingend betrachtet werden, zu umgehen. Dabei erscheint sie allerdings etwas überflüssig, kann doch der Rat im Bereich der sozialen Sicherheit ohnehin nur einstimmig beschließen, was in gewisser Weise die geteilte Zuständigkeit der Union im Sozialbereich unterstreicht. Gleiches gilt für die etwas technischere sog. verstärkte Schutzklausel, die den Mitgliedsstaaten die Möglichkeit einräumt, abseits des Gemeinschaftsrechts strengere Schutzvorschriften beizubehalten oder zu erlassen. Auch in diesem Fall gilt, dass diese mit dem Vertrag vereinbar sein. Diese Schutzklauseln sehen allerdings, anders als ihre Gegenstücke in anderen Bereichen (insbesondere Binnenmarkt und Umwelt), kein Verfahren für ihre Umsetzung vor. Daraus folgt eine erhebliche Unsicherheit und eine Situation, die Anlass für Rechtsstreitigkeiten in Form von Aufsichtsklagen der Kommission gegen sich rechtswidrig verhaltende Staaten geben kann.

Was die soziale Sicherheit von Wanderarbeitnehmern betrifft, deren rechtliche Situation zurzeit im Wege des Mitentscheidungsverfahrens (Artikel 42 EG) festgelegt werden kann, so stellt der Vertrag von Lissabon (Artikel 48 Abs. 2 AEUV) einen gewissen Rückschritt dar. Er räumt den Mitgliedsstaaten die Befugnis ein, den Europäischen Rat anzurufen, sofern sie davon ausgehen, dass der Entwurf eines Gesetzgebungsakts „*wichtige Aspekte ihres Systems der sozialen Sicherheit*" verletzt. Der Europäische Rat kann dann das ordentliche Gesetzgebungsverfahren aussetzen oder die Kommission um einen neuen Vorschlag ersuchen. In beiden Fällen gilt der ursprüngliche Entwurf als nicht beschlossen. Dieses neue Verfahren stellt einen offensichtlichen Rückschritt im Vergleich zu den aktuellen Vorschriften dar, da es in gewissem Sinne das Vetorecht in einem Bereich wieder einführt, in dem das Mitentscheidungsverfahren nicht mehr wegzudenken war. Dies mag im Hinblick auf das Gemeinschaftsideal als schockierend erscheinen. Doch leider hat der Vertrag von Lissabon das bis dahin Undenkbare vollbracht, indem er sich der Ansicht angeschloss, dass es Rückschritte im Bereich der europäischen Integration geben könne. Hier sieht man ein anschauliches Beispiel dafür.

# Kapitel 29
# Zur betrieblichen Altersvorsorge

**Gert Nachtigal**†

## 29.1 Die betriebliche Altersvorsorge und die Finanzkrise

Trotz der Finanzkrise ist die betriebliche Altersvorsorge in Deutschland sicher. Die Auszahlung der Betriebsrenten war weder bisher, noch ist sie zukünftig gefährdet. Es ist natürlich nicht auszuschließen, dass die betriebliche Altersvorsorge die allgemeine Wirtschaftskrise zu spüren bekommt. Aber dennoch hat sie sich bewährt, nicht zuletzt wegen der zwei- bis dreistufigen Betriebsrenten in Deutschland.

Während die versicherungsförmigen Durchführungswege der Versicherungsbranche, also vornehmlich die Direktversicherungen, durch Protektor gegen Ausfälle von Versicherern geschützt sind, stehen die in Deutschland dominierenden Direktzusagen ebenso wie die Pensionsfonds unter dem Schutz des Pension-Sicherungs-Vereins (PSVaG).

Die versicherungsförmigen Durchführungswege sind – wie die Lebensversicherungsbranche in Deutschland insgesamt – zudem relativ gering von Verlusten betroffen, weil die Versicherer in aller Regel überaus konservative Anlagestrategien verfolgen.

Dadurch genießt die betriebliche Altersvorsorge im Vergleich zu anderen Vorsorgeformen für das Alter weiterhin ein hohes Vertrauen, das sich nicht zuletzt in den positiven Berichterstattungen der Medien widerspiegelt.

## 29.2 Die betriebliche Altersvorsorge im System der Alterssicherung in Deutschland

Die BDA hat schon 2001 den Paradigmenwechsel in der Alterssicherung gefordert, nämlich die Verschiebung von der Umlagefinanzierung hin zu mehr kapitalgedeckter Vorsorge. Die BDA unterstützt die Bundesregierung intensiv bei der

---

Gert Nachtigal 2011†

O. Kaufmann, S. Hennion (eds.), *Steuerung der betrieblichen Altersversorgung in Europa: garantierte Sicherheit? Governance of Occupational Pensions in Europe: Guaranteed Security? Gouvernance des retraites professionnelles en Europe: Sécurité garantie?*,
DOI 10.1007/978-3-642-15731-8_29, © Springer-Verlag Berlin Heidelberg 2011

Beibehaltung dieses Kurses; denn dieser Kurs ist zweifellos trotz der Finanzkrise der Richtige. Die Finanzkrise ist zwar nicht sehr schnell und nicht ganz einfach zu überwinden, aber es steht außer Frage, dass sie bewältigt werden wird. Die demografische Entwicklung erfordert auf jeden Fall auf lange Sicht die Gewichtsverschiebung hin zu mehr Kapitaldeckung. Anders wären unsere Alterssicherungssysteme über kurz oder lang nicht mehr leistungsfähig.

Zudem bestehen – entsprechende positive Rahmenbedingungen vorausgesetzt – gute Aussichten, dass die betriebliche Altersvorsorge auf freiwilliger Grundlage noch weitere Verbreitung findet. Kontraproduktiv wäre hingegen ein gesetzliches Obligatorium, das als Zwangslösung Bürokratieregulierung und Personalzusatzkosten steigern würde. Den Unternehmen würde mit einem solchen Schritt ein wichtiges Instrument zur Personalgewinnung und zum Halten qualifizierter Mitarbeiter genommen. Außerdem werden Pauschallösungen den überaus unterschiedlichen Altersvorsorgeerfordernissen und -planungen nicht gerecht. Die Unternehmen brauchen Freiraum, um die betriebliche Altersvorsorge entsprechend den individuellen Verhältnissen vor Ort gestalten zu können.

Günstige steuer- und beitragsrechtliche Rahmenbedingungen und die Vermeidung von unnötiger Bürokratie sind daher für ein weiteres Wachstum der betrieblichen Altersvorsorge unerlässlich. Die BDA hat in einem Positionspapier sehr konkrete Vorschläge zur weiteren Verbesserung der Rahmenbedingungen der betrieblichen Altersvorsorge erarbeitet. Eine Verbesserung setzt insbesondere voraus, dass den Besonderheiten der betrieblichen Altersvorsorge als kollektive Einrichtung ausreichend Rechnung getragen wird. Anderenfalls würde ein wesentlicher Vorteil der betrieblichen Altersvorsorge, ihre geringen Verwaltungskosten, verloren gehen. Jeder Euro, den die Betriebe für die Verwaltung ihrer Betriebsrentensysteme aufwenden müssen, geht an Alters- und Risikoabsicherung für die Beschäftigten verloren, mit anderen Worten: Kosten kürzen Renten!

## 29.3 Die betriebliche Altersvorsorge und die Europäische Union

Der Grundsatz, dass die betriebliche Altersvorsorge vor bürokratischen Belastungen zu verschonen ist und die steuer- und beitragsrechtlichen Rahmenbedingungen günstig auszugestalten sind, gilt auch für Europa. Insbesondere ist zu begrüßen, dass der ECOFIN und das Europäische Parlament in ihren Beschlüssen im April bzw. Mai 2009 zu Solvency II davon Abstand genommen haben, diese Richtlinie auch auf Einrichtungen der betrieblichen Altersvorsorge anzuwenden. Diese Regelungen hätten den Besonderheiten der deutschen betrieblichen Altersvorsorge (z. B. zur Arbeitgeberhaftung) nicht Rechnung getragen und die betriebliche Altersvorsorge unnötig verteuert. Folge wäre mit Sicherheit eine Reduktion von Zusagen aus betrieblicher Altersvorsorge in Deutschland gewesen.

Diese nationalen Besonderheiten müssen auch bei der anstehenden EU-Konsultation zur Überarbeitung der Pensionsfonds-Richtlinie beachtet werden.

Eine Verteuerung und zusätzliche Bürokratie würde auch durch den EU-Richtlinienvorschlag für Mindestbedingungen in der betrieblichen Altersvorsorge (vormals Portabilitätsrichtlinie) drohen. Auch hierfür besteht kein Bedürfnis – schon gar auf europäischer Ebene –, zumal die eigentliche Übertragbarkeit von Ansprüchen nicht mehr Gegenstand des Vorschlages ist. Hier unterscheidet sich das deutsche Recht, demzufolge seit dem 1. Januar 2005 ein Anspruch auf Übertragung besteht, zumindest bei externen Durchführungswegen.

# Chapter 30
# On Occupational Pension Schemes

**Gert Nachtigal**†

## 30.1 Occupational Pension Schemes and the Financial Crisis

Despite the financial crisis, occupational pension schemes in Germany are safe. The payment of occupational pensions has never been endangered nor will it be in the future. Of course, it cannot be excluded that occupational pension schemes might be affected by the overall economic crisis. They have, however, proven their value, in particular thanks to the two- or three-stage occupational pensions in Germany.

While insurance-related funding vehicles in the insurance sector, i.e. in particular primary insurance companies, are protected from shortfall in payment by insurance providers, the direct promises dominantly used in Germany, as well as pension funds, are covered by the PSVaG (Pension-Sicherungs-Verein, pension security association).

Insurance-related funding vehicles are less affected by losses – as is the case with the German life insurance sector as a whole – because insurance providers usually follow exceedingly conservative portfolio strategies.

Thus, occupational pension schemes continue to enjoy great confidence compared to other age-related provision schemes, a fact that is reflected by positive media coverage.

## 30.2 Occupational Pension Schemes and the German Old-Age Provision System

In 2001, the BDA (Bundesvereinigung der Deutschen Arbeitgeber, Confederation of German Employers) already called for a paradigm change in old-age provision and suggested a shift from pay-as-you-go financing towards a more capital-funded

Gert Nachtigal 2011†

O. Kaufmann, S. Hennion (eds.), *Steuerung der betrieblichen Altersversorgung in Europa: garantierte Sicherheit? Governance of Occupational Pensions in Europe: Guaranteed Security? Gouvernance des retraites professionnelles en Europe: Sécurité garantie?*,
DOI 10.1007/978-3-642-15731-8_30, © Springer-Verlag Berlin Heidelberg 2011

provision scheme. The BDA strongly supports the Federal Government in keeping this course of action, as this option is without doubt the right one despite the financial crisis. The financial crisis can certainly not be overcome quickly and easily; there is, however, no doubt that it will be resolved in the end. Demographic development definitely requires a shift towards more capital-funded methods in the long term. Otherwise our old-age provision systems – at one point or another – will not be efficient any more.

In addition, provided that adequate and positive surrounding conditions have been established, there are good prospects for an increasing proliferation of old-age provision schemes on a voluntary basis. The contrary, i.e. a legal obligation, would be counterproductive due to the increase in bureaucratic regulations and labour costs. Businesses would thus be stripped of a valuable instrument for recruiting personnel and keeping qualified staff. Besides, broad brush solutions will not meet the exceedingly varied requirements and strategies in the area of old-age provision. Businesses require scope for development in order to adjust occupational pension schemes to individual needs and local conditions.

Favourable surrounding conditions concerning taxes and contributions as well as the avoidance of unnecessary bureaucracy are essential features for the further development of occupational pension schemes. In its position paper, the BDA has made very specific recommendations for the further improvement of the surrounding conditions for occupational pension schemes. Such an improvement requires, above all, a provision for the specifics of occupational pension schemes as a collective institution. Otherwise, one basic advantage of occupational pension schemes would be lost: their low administrative costs. Each Euro businesses have to spend on the administration of their company pension schemes is lost for the old-age and risk provision of employees. In other words: costs cut pensions!

## 30.3 Occupational Pension Schemes and the European Union

The basic principle of keeping occupational pension schemes free of bureaucratic burden and of shaping favourable surrounding conditions concerning taxes and contributions also applies to Europe on the whole.

By the decisions of April and May 2009, ECOFIN and the European Parliament have decided to refrain from applying the Solvency II Directive to occupational pension schemes. These decisions are to be welcomed, as this directive would not have taken into account the specifics of German occupational pension schemes (e.g. concerning the employer's liability) and would have increased the costs of occupational pension schemes. One of the consequences would without doubt have been a decrease in commitment to occupational pension schemes. These national specifics also have to be kept in mind on the occasion of the upcoming EU consultation on the revision of the occupational pension schemes directive.

Increasing costs and further bureaucracy would also be entailed by the EU directive draft on minimum standards for occupational pension schemes (formerly

"Portability Directive"). There is no need for this, especially not on the European plane, since the portability of rights is not the subject matter of the draft any more. German law differs at least concerning external funding vehicles, as it has provided for the portability of rights since 1 January 2005.

# Kapitel 31
# Betriebliche Altersversorgung: Licht und Schatten

**Heinz Stapf-Finé**

Ein erster Blick auf die Datenlage zeigt, dass sich die Verbreitung betrieblicher Altersvorsorge recht dynamisch entwickelt. Der Anteil der Betriebsstätten mit Zusatzversorgung ist zwischen Dezember 2001 und Dezember 2007 von 31 auf 51% angestiegen.[1] Nicht ganz so dynamisch ist der Anstieg bei den sozialversicherungspflichtigen Beschäftigten in diesem Zeitraum von 38 auf 52%.

Dieser Prozess ist zunächst nicht weiter verwunderlich, die Politik hat in den vergangenen Jahren auf den teilweisen Ersatz der gesetzlichen Alterssicherung durch private und betriebliche zusätzliche Versorgung gesetzt. Oder aus Sicht der betroffenen Arbeitnehmerinnen und Arbeitnehmer: Das Sicherungsniveau der gesetzlichen Rentenversicherung wurde gesenkt und der Lebensstandard kann nur noch durch zusätzliche betriebliche oder private Vorsorge gehalten werden.

Allerdings ist ein Prozess erkennbar, dass sich die Arbeitgeberinnen und Arbeitgeber zunehmend aus der Finanzierung betrieblicher Altersversorgung davonstehlen. Im Jahr 2001 war die betriebliche Altersversorgung noch in 54% der Betriebe ausschließlich arbeitgeberfinanziert. Dieser Anteil ist auf 38% im Jahr 2007 gefallen. Im Jahr 2007 erreichte der Anteil der Betriebe mit ausschließlich durch die Arbeitnehmer finanzierter betrieblicher Altersvorsorge 32%. Das ist ein Anstieg um 6 Punkte seit 2001.

Betrachtet man die Betriebsrentenleistungen, so ergibt sich bei den ehemals in der Privatwirtschaft Erwerbstätigen folgendes Bild. In den alten Ländern erhalten 44% der Männer und 10% der Frauen eine Leistung der betrieblichen Altersversorgung. In den neuen Ländern sind es nur 2% der Männer und 1% der Frauen. Die durchschnittliche Höhe der Leistungen variiert ebenfalls nach Region und

H. Stapf-Finé (✉)
Prof. Dr. rer. pol., Alice Salomon Hochschule, Alice-Salomon-Platz 5, 12627 Berlin, Deutschland
e-mail: stapf-fine@ash-berlin.eu

[1] Zahlenmaterial in: TNS Infratest Sozialforschung, Situation und Entwicklung der betrieblichen Altersversorgung in Privatwirtschaft und öffentlichem Dienst, 2001 – 2007, München 2008. Vgl. auch Bundesministerium für Arbeit und Soziales: Alterssicherungsbericht 2008.

O. Kaufmann, S. Hennion (eds.), *Steuerung der betrieblichen Altersversorgung in Europa: garantierte Sicherheit? Governance of Occupational Pensions in Europe: Guaranteed Security? Gouvernance des retraites professionnelles en Europe: Sécurité garantie?*,
DOI 10.1007/978-3-642-15731-8_31, © Springer-Verlag Berlin Heidelberg 2011

Geschlecht Sie beträgt im Westen 228 Euro für Frauen und 500 Euro für Männer. Im Osten sind es 81 Euro für Frauen und 231 Euro für Männer.

Folgende Trends sind in der Entwicklung der betrieblichen Altersvorsorge zu erkennen,[2] die meisten davon gehen zu Lasten der Arbeitnehmerinnen und Arbeitnehmer.

- Es gibt einen Trend weg von internen hin zu externen Durchführungswegen. Dadurch dass die Tarifvorgaben von externen Dienstleistern erstellt werden, geht die Betriebs- bzw. Unternehmensidentität verloren.
- Es gibt eine zunehmende Abkehr von Leistungszusagen zugunsten von Beitragszusagen.
- Wie bereits oben angeführt, erleben wir eine Erosion der arbeitgeberfinanzierten betrieblichen Altersversorgung. Der Trend geht eindeutig in Richtung ausschließlich arbeitnehmerfinanzierter betrieblicher Altersvorsorge.
- Durch die Schließung von Altersvorsorgeeinrichtungen läuft es in vielen Betrieben auf eine Zwei-Klassen-Versorgung hinaus. Neu eingestellte Beschäftigte werden nicht mehr aufgenommen, können allenfalls ausschließlich zu ihren Lasten Entgeltumwandlung betreiben. Die Altbelegschaft behält hingegen ihren Anspruch aus der betrieblichen Altersversorgung.
- In kleinen und mittleren Betrieben kann man von Unterversorgung sprechen. Je kleiner der Betrieb, desto seltener wird eine Betriebsrente angeboten.
- Frauen erhalten weniger Leistungen im Vergleich zu Männern.
- Im Osten hat eine Betriebsrente Seltenheitswert.
- Es findet eine Reduktion auf Altersvorsorge statt. Häufig wird Erwerbsunfähigkeit nicht mit abgesichert.

Diese Trends sind eingebettet in einen zunehmenden Abbau von Leistungen in der ersten Säule der Alterssicherung, der gesetzlichen Rentenversicherung.

Folgende Maßnahmen werden zu einer dramatischen Senkung des Rentenniveaus führen:

- Verschlechterungen bei der Rentenanpassung
- Veränderungen an der Rentenformel
- Anhebung der gesetzlichen Altersgrenze
- Abbau von Möglichkeiten des flexiblen Rentenübergangs

Der Lebensstandard im Alter kann nur noch gehalten werden, wenn man zusätzlich betrieblich und privat vorsorgt. Die Auswirkungen des zunehmenden Überwälzens von Alterssicherung in die private Verantwortung sind in ihrer Tragweite in der Öffentlichkeit noch nicht ausreichend wahrgenommen worden. Wenn die Politik nicht rechtzeitig umsteuert, droht eine zunehmende Altersarmut, ein Problem, das in Deutschland als überwunden galt. Zudem enthält die gesetzliche Rente umverteilende Elemente. Wenn also der Anteil der gesetzlichen Rente an der Absicherung im

[2] Vgl. Sven Chr. Dietrich: Modelle betrieblicher Altersversorgung, Frankfurt am Main 2004.

Alter abnimmt, dann ist eine zunehmende Ungleichheit die logische Folge. Hauptbetroffene von wachsender Armut und Ungleichheit sind Frauen, Niedrigverdiener, atypische und mobile Beschäftigte.

In Zeiten einer Weltwirtschaftskrise ist noch der Aspekt zu betonen, dass kapitalgedeckte Vorsorge stark von den Schwankungen des Kapitalmarktes abhängig ist. Es macht eben einen großen Unterschied, ob man im Auf- oder im Abschwung in Rente gehen muss. Ist der kapitalgedeckte Anteil zu hoch, müssen ältere Arbeitnehmerinnen und Arbeitnehmer gegebenenfalls ihren Renteneintritt hinausschieben, ggf. zu Lasten ihrer Gesundheit und zu Lasten eines ohnehin schwierigen Arbeitsmarktes.

Aus Sicht der Arbeitnehmerinnen und Arbeitnehmer sind folgende Forderungen zu stellen:

- Die gesetzliche Rentenversicherung muss die wichtigste Säule der Absicherung bleiben. Ein Normalverdiener hat einen Anspruch auf einen angemessenen Lebensstandard im Alter
- Die anderen Säulen der Alterssicherung sollten additiv, nicht substitutiv sein. In dem Maße, in dem Leistungen des gesetzlichen Systems ersetzt werden, muss die zusätzliche Vorsorge verpflichtend sein, und zwar unter finanzieller Beteiligung der Arbeitgeber.

Zu Weiterentwicklung der betrieblichen Vorsorge sind nach unserer Auffassung folgende Verbesserungen zu diskutieren:

- Übertragbarkeit bei Wechsel des Arbeitgebers
- Unisex-Tarife in der betrieblichen Vorsorge
- Ausbau der Mitbestimmung in der betrieblichen Altersvorsorge
- stärkere Betonung der betrieblichen im Vergleich zur privaten Vorsorge

# Chapitre 32
# Les retraites professionnelles d'entreprise : zones d'ombre et de lumière

**Heinz Stapf-Finé**

Un premier regard sur les données disponibles montre que l'assurance vieillesse d'entreprise connaît un développement dynamique : la part des établissements ayant un régime complémentaire est passée de 31 à 51% entre décembre 2001 et décembre 2007.[1] Pendant la même période, le nombre de salariés assujettis à la sécurité sociale n'a pas évolué de façon aussi dynamique, augmentant de 38 à 52%. Dans un premier temps, cette évolution n'est pas étonnante, puisque ces dernières années, les responsables politiques ont misé sur un remplacement partiel du régime légal d'assurance vieillesse par des assurances complémentaires privées et d'entreprise. Du point de vue des salariés concernés, le niveau de protection du régime légal d'assurance vieillesse a été réduit et le niveau de vie ne peut être maintenu que par le recours à des plans de prévoyance complémentaire, d'entreprise ou privés.

On constate toutefois que les employeurs ont de plus en plus tendance à se soustraire au financement des retraites professionnelles d'entreprise. En 2001, dans 54% des établissements, les retraites professionnelles d'entreprise étaient encore exclusivement financées par les employeurs. En 2007, cette part était tombée à 38%. En 2007, le taux d'établissements à régime d'assurance vieillesse d'entreprise exclusivement financé par les salariés a atteint 32%, soit une augmentation de 6 points depuis 2001.

Si on considère les prestations fournies au titre des retraites d'entreprise, la situation est la suivante pour les anciens actifs du secteur privé : dans les anciens Länder, 44% des hommes et 10% des femmes touchent des prestations au titre des retraites professionnelles d'entreprise, alors que dans les nouveaux Länder, ce taux n'est que de 2% pour les hommes et 1% pour les femmes. Le montant moyen des prestations varie également en fonction des régions et du sexe. Il est de 228 euros

H. Stapf-Finé (✉)
Prof. Dr. rer. pol., Alice Salomon Hochschule, Alice-Salomon-Platz 5, 12627 Berlin, Deutschland
e-mail: stapf-fine@ash-berlin.eu

[1] Données chiffrées tirées de : TNS Infratest Sozialforschung, Situation und Entwicklung der betrieblichen Altersversorgung in Privatwirtschaft und öffentlichem Dienst, 2001–2007, Munich 2008. Cf. également : Ministère fédéral du Travail et des Affaires sociales : Alterssicherungsbericht 2008.

O. Kaufmann, S. Hennion (eds.), *Steuerung der betrieblichen Altersversorgung in Europa: garantierte Sicherheit? Governance of Occupational Pensions in Europe: Guaranteed Security? Gouvernance des retraites professionnelles en Europe: Sécurité garantie?*,
DOI 10.1007/978-3-642-15731-8_32, © Springer-Verlag Berlin Heidelberg 2011

pour les femmes et de 500 euros pour les hommes à l'Ouest et de 81 euros pour les femmes et de 231 euros pour les hommes à l'Est.

L'évolution de l'assurance vieillesse d'entreprise présente les tendances suivantes,[2] dont la plupart se font aux dépens des salariés.

- La tendance est à l'abandon des modèles internes au profit des modèles externes. Comme les critères des tarifs sont élaborés par des prestataires externes, il en résulte une perte d'identité de l'établissement ou de l'entreprise.
- On constate un abandon croissant des engagements à fournir une prestation concrète au profit des retraites reposant sur le capital constitué par les cotisations et leur rémunération.
- Comme indiqué plus haut, nous assistons à une érosion des retraites professionnelles d'entreprise financées par les employeurs. On se dirige clairement vers un régime d'assurance vieillesse d'entreprise exclusivement financée par les salariés.
- Dans de nombreux établissements, la fermeture d'organismes d'assurance vieillesse conduit à un système à deux vitesses : les employés nouvellement recrutés ne sont plus admis et ne peuvent au mieux opter que pour la conversion de certains éléments de leur rémunération et à leur charge. Le personnel déjà présent dans l'entreprise, en revanche, conserve ses droits à la retraite professionnelle d'entreprise.
- Dans les petites et moyennes entreprises, on peut parler de déficit en ce domaine. Plus l'établissement est petit, plus il propose rarement une retraite d'entreprise.
- Les femmes reçoivent des prestations inférieures à celles des hommes.
- À l'Est, les retraites d'entreprise sont rares.
- Le régime se réduit à l'assurance vieillesse d'entreprise et souvent, l'invalidité n'est pas assurée.

Ces tendances s'inscrivent dans une réduction croissante des prestations dans le premier pilier de l'assurance vieillesse, le régime légal d'assurance retraite.

Les mesures suivantes entraîneront une baisse dramatique du niveau des retraites :

- détérioration lors de l'ajustement des retraites ;
- modification de la formule de calcul des retraites ;
- relèvement de la limite d'âge ;
- suppression des formules souples de départ à la retraite.

Le niveau de vie des personnes âgées ne peut être préservé que par une prévoyance supplémentaire, en entreprise et privée. L'opinion publique n'a pas encore suffisamment pris conscience de la portée des répercussions du transfert croissant de l'assurance vieillesse vers la responsabilité privée. Si la politique ne change pas de

[2]Cf. Sven Chr. Dietrich : Modelle betrieblicher Altersversorgung, Francfort-sur-le-Main, 2004.

cap à temps, on court le risque d'une augmentation de la pauvreté des personnes âgées, un problème que l'Allemagne estimait avoir surmonté. Par ailleurs, le régime légal de retraite contient des éléments de répartition. De ce fait, si la part de la retraite du régime légal dans l'assurance vieillesse diminue, il en résultera logiquement une inégalité croissante. Les principales victimes de l'augmentation de la pauvreté et des inégalités sont les femmes, les personnes à revenus modestes, les salariés atypiques et mobiles.

En période de crise économique mondiale, il faut encore souligner que la prévoyance par capitalisation est fortement tributaire des fluctuations du marché des capitaux. En effet, il y a une grande différence entre devoir partir à la retraite en période de croissance et le faire en période de récession. Si la part de capitalisation est trop élevée, les salariés âgés doivent, le cas échéant, repousser leur départ à la retraite, éventuellement aux dépens de leur santé et d'un marché du travail déjà difficile.

Du point de vue des salariés, il faut poser les exigences suivantes :

- Le régime légal d'assurance retraite doit rester le pilier principal de la protection. Une personne percevant un revenu normal a droit à un niveau de vie correct dans sa vieillesse.
- Les autres piliers de l'assurance vieillesse doivent être additifs et non substitutifs. La prévoyance complémentaire doit être obligatoire, se faire avec la participation financière des employeurs et correspondre à l'ampleur des prestations du système légal remplacées.

Pour développer la prévoyance d'entreprise, nous estimons qu'il faut discuter des améliorations suivantes :

- la portabilité en cas de changement d'employeur ;
- les tarifs unisexes dans la prévoyance d'entreprise ;
- le développement de la cogestion dans le régime d'assurance vieillesse d'entreprise ;
- un accent plus fort à mettre sur la prévoyance d'entreprise par rapport à la prévoyance privée.

# Chapitre 33
# Les retraites: garanties et gouvernance

# Solidarity and social dialogue in the governance of occupational pensions

**Dominique Boucher**

**Abstract** If treating pensions, particularly occupational pensions, calls attention to social actors such as employers' organizations and trade unions, we must also consider the role of operators of health insurance whose business is the management and development of the supplementary social welfare. However, many of these operators are a priori not merchants. Their goals are not profit and payment of shareholders. They are, for some, jointly managed social organizations created by social partners, for others, mutual and cooperative structures. Ipse would like to mention three approaches.

The first approach tends to recall the synergy between basic and complementary/supplementary schemes. Let us emphasize that occupational pension schemes constitute a "second pillar". However, the pillars do not found, especially at three, a stable house. That is why Ipse prefer the idea of three floors, which must necessarily be united because it seems inconceivable to develop the complementary and supplementary schemes to the detriment of the base.

The second approach addresses security of guarantees. In the schemes of the first floor (basic schemes), the goal of solidarity gives some legal consistency to the community of contributors and may also offer non-contributory rights. There is no objection to the fact that occupational pension schemes claim to the organization of solidarity, even if their space is limited to professional or local levels.

The third approach concerns the responsibility of social partners in the development of occupational pensions, resulting from social dialogue. The lack of trade union representatives in most enterprises thwarts the exercise of this responsibility. Moreover, a certain passivity from representatives of employers and trade unions in the boards of social agencies or supervisory boards have for too long facilitated a shift toward some form of notability of this representatives. Adapted, renewed and strengthened with experts, the presence of social partners is a primary source of their future legitimacy on the whole social field and good governance.

---

D. Boucher (✉)
Délégué général Ipse, Ipse, 92, Bld. Magenta, 75010 Paris, Frankreich
e-mail: dominiqueboucher@euroipse.org

O. Kaufmann, S. Hennion (eds.), *Steuerung der betrieblichen Altersversorgung in Europa: garantierte Sicherheit? Governance of Occupational Pensions in Europe: Guaranteed Security? Gouvernance des retraites professionnelles en Europe: Sécurité garantie?*,
DOI 10.1007/978-3-642-15731-8_33,  

In conclusion, we can say that the public interest with respect to precise specifications must be the basis for a good governance of all forms of occupational pension management and even of the entire supplementary social welfare.

Parmi les acteurs figurent en premier lieu les partenaires sociaux représentants des employeurs et des salariés, puisqu'il s'agit ici des retraites professionnelles et non de systèmes sociaux à vocation universelle. Il ne s'agit pas de simples produits du commerce, même si le rapport de la Commission européenne, rendu public le 4 mai 2009, concernant la mise en œuvre de la directive 2003/41 rappelle son objectif de « l'établissement d'un marché intérieur des régimes de retraite professionnelle organisé à l'échelle européenne ».

Si traiter des retraites, et particulièrement des retraites professionnelles, invite à s'intéresser aux acteurs sociaux que sont les organisations d'employeurs et les syndicats de travailleurs, nous devons aussi considérer le rôle des opérateurs d'assurance de personnes dont le métier est la gestion et le développement de cette protection sociale complémentaire. Or, nombre de ces opérateurs ne sont a priori pas des commerçants. Leur but n'est pas le profit et la rémunération d'actionnaires. Ce sont, pour les uns, des organismes sociaux gérés paritairement et créés par les partenaires sociaux, pour les autres, des structures mutualistes et coopératives.

Le droit des retraites pose aussi le problème de sa complexité : il mêle en effet beaucoup d'autres droits, et plus exactement le droit de la sécurité sociale, du travail, des assurances, de la mutualité ou encore de la fiscalité.

Trois approches peuvent ainsi être retenues. La première approche tend à rappeler la synergie entre régimes de base et complémentaires. La deuxième aborde brièvement la question de la sécurité des garanties sociales. Enfin, la troisième approche pose la question de la gouvernance et plus particulièrement dans le monde de l'économie sociale de la protection sociale, c'est-à-dire parmi les mutualistes et les organismes paritaires, que nous associons au sein de l'Ipse.

Pour aborder la première approche, soulignons tout d'abord que les retraites professionnelles sont des régimes complémentaires. Pour reprendre les termes proposés par le professeur Perrin, il s'agit d'un second pilier. Or, les piliers ne fondent pas, surtout à trois, une maison stable. Aussi, préférons-nous à l'Ipse l'idée de trois étages. Trois étages qui doivent être nécessairement solidaires car il nous semble inconcevable de développer du complémentaire et du supplémentaire au détriment de la base.

Ceci étant, certains Etats membres, comme la République Tchèque, ne connaissent qu'un premier et directement un troisième étage. Et les partenaires sociaux, que nous avons interrogés ensemble, n'entendent actuellement pas engager des frais pour en bâtir un second. Pour d'autres, et c'est surtout le cas de la France, l'absence de second étage s'explique du fait qu'il y a deux premiers étages. Le « deuxième premier étage », que l'on appelle dans les maisons flamandes de Belgique « le Bel Etage », est si vaste qu'il fait presque part égale avec celui du dessous. Il est construit et géré par ses occupants sous un mode contractuel et démocratique grâce aux partenaires sociaux. Les gestionnaires du premier étage sont les politiques, l'Etat et le Parlement.

La question qui se pose est alors de savoir si l'objectif de ces acteurs à moyen terme ne serait pas de fusionner en un "Pôle retraite" (comme il existe depuis peu un Pôle emploi) le premier étage, qu'est le régime de base, avec le deuxième, celui de l'Agirc-Arrco. Même si l'on peut douter que cette fusion permette le maintien d'un taux de remplacement du revenu salarié à son niveau actuel, cette perspective apparaîtra probablement comme une simplification logique aux yeux d'une population peu informée. Les partenaires sociaux, en charge de la gouvernance de ces régimes complémentaires de retraite, ont d'ailleurs très certainement leur part de responsabilité dans cette volonté de simplification du fait de ne pas communiquer davantage sur la richesse de leur gouvernance. Si cette fusion avait effectivement lieu, il resterait alors à bâtir un second étage et à renforcer le troisième. C'est l'objectif de certains protagonistes de la question sociale et surtout des compagnies d'assurance.

Néanmoins, les crises financière, économique et sociale entremêlées ainsi que les turbulences sévères de nombre de fonds de pensions laissent peu entrevoir de succès pour un développement, à court ou moyen terme, de nouvelles retraites complémentaires et supplémentaires. La situation pourrait être différente si les ressources consacrées aux régimes solidaires actuels étaient diminuées mais, en toute évidence, cela risquerait d'aggraver les inégalités sociales déjà fortes.

La deuxième approche est celle de la sécurité des garanties. A ce sujet, il est important qu'une distinction de taille demeure présente entre régime et garantie sociale. La notion de régime doit être réservée à des situations dans lesquelles les droits à la retraite s'inscrivent dans une règle d'égalité entre masses de cotisations et de prestations. Dans les régimes dits de premier étage, l'objectif de solidarité donne une certaine consistance juridique à la collectivité des assurés et peut aussi offrir des droits non contributifs. Rien ne s'oppose au fait que l'on puisse également concevoir que des régimes complémentaires prétendent à l'organisation de solidarités, même si leur espace est limité au plan professionnel ou local.

Dès qu'il s'agit de régimes professionnels, surtout s'ils sont issus d'accords collectifs, les garanties doivent être apparentées à celles issues du contrat de travail. D'où l'importance pour les employeurs et pour les salariés de non seulement souscrire des assurances collectives auprès d'organismes qui doivent obligatoirement répondre aux normes prudentielles, mais aussi d'avoir un accès direct au contrôle des opérations et des résultats des dits organismes. C'est aussi un acte premier d'une bonne gouvernance de la protection sociale complémentaire au delà des indispensables normes comptables. Cela rejoint la troisième et dernière approche.

Les partenaires sociaux ont en amont la responsabilité de la mise en place des retraites professionnelles, issue du dialogue social. Toutefois, l'absence de présence syndicale dans la majorité des entreprises contrarie l'exercice de cette responsabilité.

De plus, depuis au moins vingt ans, les accords interprofessionnels ont marqué le pas, dans un premier temps au bénéfice de la branche. Cela constitue encore à présent une solidarité entre entreprises (notamment contre le dumping social) et entre salariés.

Aujourd'hui, c'est l'entreprise qui est au centre des politiques sociales. L'aspect positif de cette situation est la proximité des rapports sociaux avec les intérêts et les problèmes rencontrés dans l'entreprise. En revanche, en l'absence de présence syndicale, un fossé se creuse de plus en plus entre grandes et petites entreprises. En outre, les assureurs, y compris non-lucratifs, privilégient les grands comptes que sont les grandes entreprises.

Les partenaires sociaux ont la responsabilité importante de s'investir dans la mise en œuvre des régimes complémentaires. Or, une certaine passivité des représentants, patronaux et syndicaux, présents dans les conseils d'administration d'organismes sociaux ou dans des conseils de surveillance ont durant trop longtemps facilité une dérive vers une forme de notabilité des mandataires.

On peut également constater le manque de compétences des mutualistes syndicaux pour le contrôle des comptes de résultats, malgré l'existence de formations qui restent trop peu employées. Le renfort d'experts doit donc être une priorité pour permettre un plein exercice de la responsabilité des partenaires sociaux. Adaptée, renouvelée, cette présence des partenaires sociaux est une source première de leur future légitimité sur l'ensemble du champ social.

La protection sociale complémentaire, y compris les retraites, est aussi gérée sous un mode plus partagé en Europe, celui de l'économie sociale, c'est-à-dire par les mutualistes et les coopératives d'assurance. Issue de la démocratie directe, soit sous la forme d'assemblée générale des adhérents, elle collabore également dans bien des cas avec les partenaires sociaux. Ainsi, en Suède, Folksam gère les contrats collectifs issus d'accords entre partenaires sociaux. Dans les statuts, ces organismes sont souvent des modèles confinant à l'idéal. Leur compétence technique n'a de plus cessé de se "renforcer" et, à force de fusion, les entités sont devenues de taille de plus en plus significatives.

Toutefois, malheureusement et/ou heureusement, l'idéal n'existe pas : sans une présence pertinente, et donc une compétence non seulement politique mais aussi technique des élus administrateurs de ces mutualités, le risque de confiscation du pouvoir par la technostructure existe. Une bonne gouvernance, c'est l'intelligence d'un pouvoir et d'un contre pouvoir qui travaillent ensemble à la satisfaction des souscripteurs.

En conclusion, affirmons que l'intérêt général, avec le respect de cahiers des charges précis, doit être à la base de la gouvernance de tous les modes de gestion des retraites complémentaires comme d'ailleurs de l'ensemble de la protection sociale complémentaire. C'est la question du sens même de la protection sociale complémentaire qui est posée.

# Kapitel 34
# Steuerung der betrieblichen Altersversorgung in Deutschland: garantierte Sicherheit ? Aus der Sicht eines Fachverbandes

**Klaus Stiefermann**

**Abstract** The reforms of Germany's pension system (i.e. the fundamental pension reform of 2001 known as the "Riester pension reform", as well as the implementation of the Pension Sustainability Act and the Retirement Income Act which became operative in 2005), which entailed a reduction of the state benefit level and an increased focus on occupational and private pensions, represented a fundamental socio-political challenge. The framework conditions in tax, social security and labour law in regard to occupational pensions have fundamentally improved in Germany since 2001. Successes have meanwhile become noticeable. The results of official studies have shown that since the pension reform of 2001 a lot has been achieved, even if Germany will still have a long way to go to reach the socio-political goal of a nationwide occupational pension: The share of workers covered by a social security insurance with occupational pension promises in the private industry was at 46% (on 30 June 2004, as compared to 38% as of 31 December 2001). The equivalent share of workers in the private industry and the public service was at 64% (31 December 2007). Trade unions and factory committees are involved in all levels of governance processes as regards occupational pensions. This helps to make sure that the various needs of the employees of the different industries are met. It also helps promote the idea of occupational pensions. An important part of the safety net of the German occupational pension system is the protection against insolvency. In Germany, occupational pensions are reliable – even in the case of insolvency on the part of the employer. The Pension Security Association PSVaG, which guarantees the payment of occupational old-age pension benefits in the event of insolvency, commenced business operations on 1 January 1975. The basis of its activity is the Improvement of Occupational Pension Schemes Act, BetrAVG. The employees' representatives are members of the consultative panels of the PSVaG. "Safety first" is

K. Stiefermann (✉)
aba – Arbeitsgemeinschaft für betriebliche Altersversorgung, Rohrbacher Straße 12, 69115 Heidelberg, Deutschland
e-mail: Klaus.Stiefermann@aba-online.de

O. Kaufmann, S. Hennion (eds.), *Steuerung der betrieblichen Altersversorgung in Europa: garantierte Sicherheit? Governance of Occupational Pensions in Europe: Guaranteed Security? Gouvernance des retraites professionnelles en Europe: Sécurité garantie?*,
DOI 10.1007/978-3-642-15731-8_34, © Springer-Verlag Berlin Heidelberg 2011

the motto of German occupational pension systems. Guarantees are typical for those pension plans. Therefore, the investment structures are rather conservative. This has been an advantage in regard to the current financial crisis, since the German system has been coping much better than many other occupational pension systems in Europe.

Die deutsche betriebliche Altersversorgung hat seit Inkrafttreten der sog. Riesterreform im Jahr 2002 eine wahre Renaissance erlebt. Nach Jahren der Stagnation und des Rückbaus hat der Verbreitungsgrad um mehr als ein Drittel zugenommen. Kam zur Jahrtausendwende erst etwa jeder zweite Arbeitnehmer im Bereich des öffentlichen Dienstes und der Privatwirtschaft in den Genuss einer Betriebsrentenzusage, wo waren es 2007 bereits zwei von drei Beschäftigten.[1]

Angesichts der wachsenden Notwendigkeit einer kapitalgedeckten Zusatzvorsorge über die zweite (betriebliche Altersversorgung) bzw. dritte (private Vorsorge) Säule der Altersversorgung ist dies zu begrüßen, da so die hohen Effizienzen der kollektiven, gebühren- und kostengünstigen Systeme der betrieblichen Altersversorgung verstärkt zur Anwendung kommen. Denn für die Altersvorsorge über den Betrieb sprechen gute Gründe: Gruppeninteressen werden gebündelt, Kosten reduziert und so die Versorgung insgesamt optimiert.

Außerdem geben die Versorgungswerke Arbeitnehmervertretern vielfältige Steuerungsmöglichkeiten. Darüber hinaus verfügen sie durch ein bewährtes System von Mindestgarantien, Arbeitgeberhaftung, Finanzmarktaufsicht und/oder Insolvenzschutz über ein europaweit nahezu einzigartiges Sicherheitskonzept. So ist es gelungen sicherzustellen, dass selbst bei Finanzkrisen und Unternehmensinsolvenzen Anwärter und Betriebsrentner nicht ihre Ansprüche verloren haben.[2]

Die so geschaffene Verlässlichkeit und Effizienz waren es auch, die zum Jahrtausendwechsel die deutschen Gewerkschaften dazu veranlasst haben, verstärkt auf die Betriebsrentensysteme zu setzen.

## 34.1 Steuerungsmöglichkeit der Arbeitnehmer

Arbeitnehmervertreter haben auf unterschiedlichen Ebenen vielfältige Steuerungsmöglichkeiten im Bereich der betrieblichen Altersversorgung. Je nach Tarifbereich, Unternehmensgröße und -struktur wird anders von diesen Möglichkeiten Gebrauch gemacht.

---

[1] Eingehend Hemmer, E./Schmid, C., Daten und Fakten zur betrieblichen Altersversorgung, BetrAV 2009, 158 ff.

[2] Doetsch, P, Finanzkrise – Die deutsche Betriebliche Altersversorgung besteht die Bewährungsprobe besser als andere, BetrAV 2008, 731.

### 34.1.1 Ebene des Tarifvertrages

Im Zuge der Umsetzung der sog. „Riester-Reform" mussten sich aufgrund des dort eingeführten Tarifvorbehaltes im Rahmen des Anspruchs auf Entgeltumwandlung die Tarifvertragsparteien mit dem Thema beschäftigen. Ohne entsprechende Tarifregelungen wären die Umwandlungsansprüche, sofern sie sich auf Tariflohn bezogen, nicht durchsetzbar gewesen.[3]

Binnen kürzester Zeit gab es so eine große Zahl von Tarifverträgen zur betrieblichen Altersversorgung. Die Regulierungstiefe war und ist höchst unterschiedlich. Wurden in der Regel bloße Tariföffnungsklauseln vereinbart, kam es in anderen Bereichen zu innovativen, autonomen Regelwerken. Teilweise wurden Arbeitgeberbeteiligungen vereinbart, in Bereichen wie Chemie oder Metall entstanden gar völlig neue Versorgungswerke. Im Rahmen der rechtlichen Möglichkeiten wurden für diese paritätisch besetzte Steuerungsgremien geschaffen. Die Architektur der Einrichtungen, ihre interne Kontrolle und vor allem die Kapitalanlagestrategie wurden und werden so durch Arbeitnehmervertreter mitgestaltet, mitbeaufsichtigt und mitverantwortet. Die so geschaffene starke Identifizierung der Arbeitnehmervertretungen mit den Versorgungssystemen hat auch dazu geführt, dass trotz Freiwilligkeit die Verbreitung in diesen Bereichen besonders positiv ausgefallen ist.

### 34.1.2 Betriebsrente

Gerade in mittleren und großen Betrieben haben sich zudem die Betriebsparteien intensiv mit der Ausgestaltung und Weiterentwicklung betrieblicher Versorgungswerke beschäftigt. Die finanzielle Beteiligung des Arbeitgebers, die Wahl des Durchführungsweges, das Angebot der Risikoabsicherungen etc. sind auf dieser Ebene zentrale Regelungsgegenstände.

Hier ist auch das notwendige Know-how vorhanden, um Systeme zu entwickeln, die zum Unternehmen passen.

Bei Firmen- und Branchenversorgungswerken übernehmen Arbeitnehmervertreter zudem Steuerungsfunktionen in paritätisch besetzten Gremien der Einrichtungen. Allerdings sind die Einflussmöglichkeiten durch Regelungen des Versicherungsaufsichtsrechtes und durch die staatliche Aufsicht eingeschränkt.

## 34.2 Sicherheit

Doch trotz all dieser Steuerungs- und Sicherungsmechanismen bleiben die Systeme nicht von den aktuellen Krisen unbeeinflusst.

---

[3] Vgl. § 17 Abs. 5 BetrAVG.

### *34.2.1 Auswirkungen der Finanzkrise*

Die globale Finanz- und Wirtschaftskrise lässt kapitalgedeckte Versorgungswerke natürlich nicht unberührt. Im Frühjahr 2009 konnten wir täglich Überschriften wie diese in den Zeitungen lesen:

Irische Pensionspläne 30 Milliarden Euro unterfinanziert
Fundingratio bei Pensionsfonds in den Niederlanden von 145% auf 95% gesunken
Rekordverluste bei japanischen Pensionsfonds
Betriebspension: Österreichische Pensionisten verlieren Geld
Deutschen Betriebsrentnern stehen karge Zeiten bevor
Aktionäre sollen für Rentner leiden
Krise belastet Pensionspläne.

Die Diskussion „Umlagefinanzierung versus Kapitaldeckung“ rückte wieder auf die Agenda. Umlagefinanzierte Altersvorsorgesysteme wie die gesetzliche Rentenversicherung werden von der Finanzmarktkrise zwar nur mittelbar durch deren realwirtschaftliche Konsequenzen betroffen. Aber schon jetzt sehen wir, was eine wachsende Zahl von Arbeitslosen für die Finanzierung des Systems bedeutet. Kapitalgedeckte Systeme sind demgegenüber unmittelbar mit den Folgen von Kapitalmarkt- und Wechselkursschwankungen, und nur mittelbar von Demografie und Arbeitsmarktproblemen tangiert. Völlig risikofrei und damit absolut sicher ist aber keines der beiden Finanzierungsprinzipien. Beide Finanzierungssysteme sind auf unterschiedliche Art und Weise betroffen! Nur gemeinsam werden wir die Krise daher für Anwärter und Betriebsrentner im Schulterschluss mit den Arbeitgebern und dem Staat meistern können! Gerade deswegen muss ein modernes Alterssicherungssystem im Interesse des Ausgleichs der unterschiedlichen Risiken beider Finanzierungskonzepte immer eine Mischfinanzierung aus umlagefinanzierten und kapitalgedeckten Renten enthalten. Bei kapitalgedeckten Altersvorsorgesystemen ist davon auszugehen, dass langfristig die Beitragsrendite besser ist als die eines Umlagesystems. Darauf verweisen auch die deutschen Gewerkschaften. In Kenntnis der gewerkschaftsinternen Debatten zu dieser Problematik bin ich für solche Bewertungen äußerst dankbar.

Unstrittig ist aber auch, dass die deutsche betriebliche Altersversorgung nicht eine Insel der Glückseligen ist. Sie bleibt nicht unbeeinträchtigt durch die globale Finanz- und Wirtschaftskrise. Unstrittig dürfte aber auch sein, dass in diesen krisenhaften Zeiten das in der Vergangenheit vielfach als antiquiert bezeichnete deutsche System der betrieblichen Altersversorgung die Wirren besser überstanden hat als so manches andere europäische oder amerikanische, ach so moderne Betriebsrentensystem.

Insgesamt sind die Anlagen der deutschen Versorgungswerke in Aktien sehr gering, sodass sie weniger von den Kurseinbrüchen betroffen waren. Hier gingen nicht 20–40% der Werte verloren. Betroffen sind sie aber von den deutlichen Zinssenkungen, mit denen der Krise begegnet werden soll. Sicherheit hat in der betrieblichen

Altersversorgung bei uns Vorfahrt. Doppel- und Dreifachsicherungen sorgen dafür, dass Betriebsrentner anders als in anderen europäischen Ländern am Ende nicht leer ausgehen, selbst dann, wenn eine Versorgungseinrichtung oder der Arbeitgeber teilweise oder ganz ausfallen sollte.

### *34.2.2 Insolvenzschutz*

Deutsche Betriebsrentner können seit Einführung der gesetzlichen Insolvenzsicherung im Jahre 1975 darauf vertrauen, dass der Nominalwert ihrer Renten zuverlässig gesichert ist. Mögliche Zuwächse wie Anpassungen und z. B. Überschussbeteiligungen in den versicherungsförmigen Durchführungswegen sind natürlich abhängig von aktuellen Entwicklungen. Aber in Deutschland muss niemand wegen der Kapitalmarktkrise länger arbeiten. Auf diese Stabilität unserer Systeme sollten wir zu Recht stolz sein.

Das hat natürlich auch seinen Preis.

Man darf nicht verkennen, dass es Auswirkungen auf die Leistungs- bzw. Kostenseite gegeben hat und weiter geben wird. Natürlich wurden die Renditen der Versorgungseinrichtungen der Unternehmen oder auch die der CTAs herb getroffen. Arbeitgeber haben möglicherweise Nachschusspflichten zu erfüllen, bisher „ausgelagerte" Verpflichtungen werden in den Bilanzen wieder aufleben. Für die politische Diskussion und auch für die Zukunft der Betriebsrentensysteme ist es aber essentiell, dass Versorgungsberechtigte am Ende nicht leer ausgehen. Versprochene Mindestverzinsung oder zumindest Kapitalerhaltungsgarantien, verbunden mit einem faktischen oder rechtlichen Insolvenzschutz, stellen dies sicher. Deutsche Arbeitnehmer und Betriebsrentner stehen so häufig besser da als ihre ausländischen Kollegen. Dort, wo Versorgungsberechtigte allerdings auf hohe Überschussbeteiligungen gehofft haben, werden diese Hoffnungen wohl erst in der Zukunft wieder erfüllt werden können. Die Betriebsrentenanpassungen dürften somit in diesem Jahr zu Recht insgesamt niedriger ausfallen als in der Vergangenheit. Aufgrund der schlechten wirtschaftlichen Lage werden viele Unternehmen berechtigterweise Anpassungen unterlassen. Dank wichtiger Gesetzesänderungen, die wir in der Vergangenheit erreicht haben, bilden sich so aber keine Angst machenden Anpassungslawinen. Arbeitgeber müssen hier aber rechtlich einwandfrei argumentieren und dokumentieren.

Soweit ein Anlagerisiko im Rahmen der betrieblichen Altersversorgung beim Unternehmen liegt, wird der zusätzliche Finanzierungsbedarf zwar mehr oder weniger spürbar sein, sich jedoch insgesamt eher in Grenzen halten, da relativ wenig in risikoreiche Anlagen investiert wurde. Zudem muss man in diesem Zusammenhang die langen Anlagehorizonte in den Systemen berücksichtigen. Es darf aber auch nicht verkannt werden, dass einige Konzerne sicherlich deutliche Effekte aufgrund der Finanzkrise sehen werden, sofern sie durch ein hohes Verpflichtungsvolumen und durch Defined-Benefit-Pläne geprägt sind und einen erheblichen Teil des Pensionsvermögens in Aktien angelegt haben. Aber selbst in diesen Fällen wird die

Finanzkrise nur Dellen in der Finanzierung, aber keineswegs tiefe, die Stabilität der Systeme gefährdende Löcher produzieren. Aufgrund der Langfristigkeit der Systeme werden die Dellen wieder ausgeglichen. Hierdurch wird das Gesamtsystem der betrieblichen Altersversorgung keineswegs in Frage stellt.

Ohne Zweifel werden das aktuelle und auch das kommende Jahr für den Pensions-Sicherungs-Verein (PSVaG), den Träger der Insolvenzsicherung in Deutschland, zu einer echten Bewährungsprobe werden. Das Schadensvolumen des Jahres 2009 ist das höchste in der Geschichte des PSV und auch 2010 lässt wenig Raum für Hoffnung auf Besserung. Dies wird ohne Zweifel viele Unternehmen in dieser schwierigen Zeit zusätzlich belasten. Auf der anderen Seite ist der PSVaG aber der Garant dafür, dass viele Unternehmen aktuell auch von der Möglichkeit der Innenfinanzierung profitieren. Viele würden auf Kreditanträge von ihren Banken eine Absage erhalten. Arbeitnehmervertreter sind auch als Mitglieder in beratenden Gremien des PSVaG an der Steuerung der Insolvenzversicherung beteiligt.

Aus dieser Krise müssen wir lernen! Wir werden nach neuen Wegen der Risikosteuerung suchen müssen, um Risiken zu reduzieren und so in Zukunft noch besser tragbar zu machen. Die hierzu bereits vorhandenen Ansätze müssen noch weiter vertieft werden.

## 34.3 Fazit

Trotz des Prinzips der „Freiwilligkeit“, das nach wie vor die deutsche betriebliche Altersversorgung prägt und nur durch den Anspruch auf Entgeltumwandlung durchbrochen wird, haben Arbeitnehmer und ihre Vertreter gemeinsam mit Unternehmensvertretern vielfältige Steuerungsmöglichkeiten in allen Bereichen der Betriebsrentensysteme, bis hin zu deren Insolvenzsicherung. Dies wirkt sich stabilisierend, Sicherheit betonend und auch identitätsstiftend aus. Nur so kann auch in Krisensituationen, wie etwa der aktuellen Finanzkrise, sichergestellt werden, dass Arbeitnehmer zu „ihren Versorgungswerken stehen“.

# Kapitel 35
# Betriebliche Altersversorgung in Deutschland – sanierungsbedürftige „2. Säule“ auf zunehmend porösem Fundament

# Occupational pensions in Germany – a “second pillar” in need of rehabilitation and on increasingly fragile ground

# La retraite professionnelle d’entreprise en Allemagne : un deuxième pilier sur un fondement incertain et à rénover

**Michael Fischer**

**Abstract** In recent years, pension systems have been strained nearly worldwide. As a result of demographic changes, dependency ratios have increased due to the growing numbers of pensioners, inevitably leading to either higher contributions or lower benefits. Globalization exposes companies to increasing cost pressure, as a result in Germany primarily the so-called “ancillary wage costs”, which include contributions to the pension system, were identified as cost drivers and eventually capped a certain level. To avoid looming pension gaps resulting from these measures, private and occupational capitalized pension schemes were introduced and promoted through a number of reforms. However, the recent financial crisis has revealed certain risks of this strategy. Furthermore, the reduction of public pension benefits and the support of private and professional capitalized pension schemes lead to adverse distributional effects and, at least in the past, have hampered economic growth. Instead, an increase in public pension benefits as part of

M. Fischer (✉)
Friedrich-Ebert-Stiftung, Abt. Wirtschafts- und Sozialpolitik, Godesberger Allee 149, 53175 Bonn, Deutschland
e-mail: Michael.Fischer@fes.de

O. Kaufmann, S. Hennion (eds.), *Steuerung der betrieblichen Altersversorgung in Europa: garantierte Sicherheit? Governance of Occupational Pensions in Europe: Guaranteed Security? Gouvernance des retraites professionnelles en Europe: Sécurité garantie?*,
DOI 10.1007/978-3-642-15731-8_35, 

a comprehensive growth strategy and the obligation of employers to equally participate in co-financing the employee pension schemes would be more effective to avoid old-age poverty even in an ageing society and without putting too much of a burden on the active population. If public pensions provided an adequate minimum income for pensioners, professional pension schemes could play a broader role in sustaining living standards for retirees.

**Résumé** Durant les dernières années, presque partout dans le monde les systèmes de retraite ont subis des pressions. L'évolution démographique a inversé la relation entre cotisants et bénéficiaires de prestations en faveur de ces derniers. La conséquence en est soit l'augmentation des cotisations soit la diminution des prestations. La globalisation expose les entreprises à des contraintes financières, ce qui a entraîné en Allemagne une discussion sur le coût social des salaires, notamment les cotisations pour la vieillesse et a mené à leur plafonnement. Dans le but de contrer les lacunes possibles de couverture sociale, des réformes ont été réalisées pour promouvoir la protection vieillesse par capitalisation privée et professionnelle d'entreprise. Le mot d'ordre était « plus de responsabilité propre ». La crise financière a cependant montré les risques immanents à de tels programmes. De plus, la diminution du niveau de la retraite légale et la promotion de retraites capitalisées privées et professionnelles avec l'actuelle conception ont pour effet une répartition problématique et un ralentissement de la croissance économique. L'augmentation du niveau de la retraite légale en tant qu'élément d'un programme généralisé de croissance, combinée avec l'obligation des employeurs de financer paritairement la protection vieillesse des salariés contribueraient à contrer de façon généralisée la pauvreté dans une société vieillissante, sans charger les actifs outre mesure. Si la retraite légale apporte une protection minimum pour la vieillesse, les retraites professionnelles d'entreprise peuvent remplir un rôle décisif pour le maintien du niveau acquis.

**Stichwortverzeichnis** Rentensystem · Demographie · Umlagefinanzierung · Kapitaldeckung · Entgeltumwandlung · Arbeitsmarktpolitik · Gesamtwirtschaft

## 35.1 Alterssicherung in der Krise

Systeme der Alterssicherung stehen seit Jahren in nahezu allen entwickelteren Gesellschaften unter Druck und scheinen in ihrer bisherigen Form und hinsichtlich ihres bisherigen Leistungsniveaus immer weniger finanzierbar. Angesichts des demographischen Wandels, in dessen Zuge die Bevölkerung in vielen Ländern und schließlich auch in Deutschland durchschnittlich älter wird, und unter Berufung auf die Generationengerechtigkeit wurden in Deutschland Reformen durchgeführt, die die Altersversorgung auch künftig sichern sollen. So sollten zum einen die Beitragzahler der gesetzlichen umlagefinanzierten Rente (GRV) mit Blick auf eine steigende Anzahl an Leistungsempfängern entlastet, die Entwicklung der „Lohnzusatzkosten" in Grenzen gehalten und damit die internationale Konkurrenzfähigkeit deutscher Unternehmen sichergestellt werden. Zum anderen sollten mit der Förderung der kapitalgedeckten Altersvorsorge eine relative Entkopplung von der volkswirtschaftlichen Entwicklung ermöglicht und im Idealfall höhere Renditen auf das angesparte Kapital erzielt werden. Dazu wurden auf der einen Seite die Beitragssätze zur gesetzlichen umlagefinanzierten Rente auf maximal 22% des Einkommens bis zum Jahr 2030 festgeschrieben und auf der anderen Seite mit einer Reihe von Reformen („Riester-Rente“ etc.) der Ausbau der privaten und der betrieblichen kapitalgedeckten Altersversorgung gefördert. Diese Reformen führen zum Teil jedoch zu Effekten, die die Erreichung des Ziels einer flächendeckenden, stabilen und für alle ausreichenden Altersversorgung eher erschweren als erleichtern.

## 35.2 „Die Rente ist sicher“ – mehr oder weniger: Umlage vs. Kapitaldeckung

Aus gesamtwirtschaftlicher Perspektive sind vermeintliche Vorteile der kapitalgedeckten Alterssicherung gegenüber einem umlagefinanzierten System kritisch zu hinterfragen. Denn sofern das Kapital für die Altersvorsorge nur oder zumindest vorwiegend im eigenen Land investiert wird, so sind dessen Ansprüche ebenfalls aus dem (späteren) laufenden Volkseinkommen zu decken. Die Kapitaldeckung hätte gegenüber der Umlagefinanzierung einen Vorteil, wenn mit den entsprechenden Ersparnissen solche Investitionen getätigt würden, die auf einen höheren Wachstumspfad und damit zu einem vergleichsweise höheren Volkseinkommen führen. Das würde die ausreichende Versorgung eines wachsenden inaktiven Anteils an der Bevölkerung zwar nicht automatisch sicherstellen, aber die entsprechenden Verteilungskonflikte mildern. Doch empirisch kann ein solcher wachstumsförderlicher Effekt kapitalgedeckter Altersvorsorge selbst für die besonders angebotsfreundliche Zeit bis zur jüngsten Finanzmarkt- und Wirtschaftskrise nicht bestätigt werden.[1] Zwar sind Regelungen denkbar, die die Verwendung des Altersvorsorgekapitals für Realinvestitionen sicherstellen – doch zusätzlich müsste ein entsprechender Wachstumsimpuls auch die Nachfrageausfälle durch die erhöhten Sparquoten der privaten Haushalte kompensieren, die nunmehr in höherem Maße eigenverantwortlich für ihr Alter vorsorgen sollen und daher in der Gegenwart weniger konsumieren. Und sofern dieser Ausfall der privaten Nachfrage nicht durch eine erhöhte Investitionsgüternachfrage ausgeglichen wird – wie in der Realität geschehen –, stehen den privaten Sparbemühungen der Einnahmenrückgang der Anbieter entsprechender Güter und Dienstleistungen im Binnenmarkt gegenüber, die somit im Ergebnis von einer Deckelung oder Senkung von „Lohnnebenkosten“ wie Rentenbeiträgen kaum profitieren; allenfalls exportorientierten Unternehmen nützen solche Maßnahmen unter Umständen, je nachdem wie sich die Nachfrage aus dem Ausland

[1] G. Horn/K. Rietzler, Forcierte Angebotspolitik löst keinen zusätzlichen Investitionsschub aus. Ein Zyklenvergleich, IMK Report, Nr. 24, November 2007 (http://www.boeckler.de/pdf/p_imk_report_24_2007.pdf).

und konkurrierende Angebotsbedingungen entwickeln. Berechnungen des Instituts für Makroökonomie und Konjunkturforschung in der Hans-Böckler-Stiftung zufolge hat diese Politik jedenfalls in den vergangenen Jahren zu einer Schwächung des Wirtschafts- und Beschäftigungswachstums in Deutschland beigetragen.[2]

Wo aus Gründen der Anlagesicherheit gesetzliche Vorgaben für staatlich geförderte Altersvorsorge den Investitionen auf dem freien Kapitalmarkt enge Grenzen setzen, greifen ihre Verwalter in hohem Maße auf Staatsanleihen u. ä. zurück – in diesem Falle oftmals von der Bundesrepublik. Da die entsprechenden Zinszahlungen jedoch auch aus der laufenden Wirtschaftsleistung Deutschlands bedient werden müssen, stellt sich die Frage, weshalb nicht gleich das Umlageverfahren in vollem Umfang beibehalten bzw. weiter ausgebaut wurde.

Dieser Kritik könnte entgegnet werden, dass sich die Beiträge zur kapitalgedeckten Altersvorsorge theoretisch weltweit investieren lassen – vorzugsweise dort, wo sie die höchsten Erträge abwerfen. Die Versorgung der nicht mehr aktiven Generation des eigenen Landes könnte damit später zu einem erheblichen Teil durch die Wirtschaftsleistung in ganz anderen Teilen der Welt finanziert werden. Da jedoch bei der Altersversorgung in Zeiträumen von Jahrzehnten zu rechnen ist, birgt eine solche Strategie besondere Risiken und Unsicherheiten (z. B. politische Instabilität, Wechselkursrisiken etc.). Gilt zudem das Argument des demographischen Wandels, erweist sich schon ihre Voraussetzung als kaum belastbar. Denn in den nächsten Dekaden, die für Deutschland als besonders kritisch gelten, „altern" fast alle Länder auf der Welt, darunter auch das derzeitige „Wirtschaftswunderland" China. Funktionieren könnte eine solche Strategie allenfalls im Rahmen einer global koordinierten Wirtschaftspolitik, die im besonderen Maße entwicklungspolitische Ziele verfolgt, vor allem für jene Regionen mit einer günstigen Entwicklung der Bevölkerung im erwerbsfähigen Alter.[3] Die politischen und institutionellen Rahmenbedingungen für eine solche Politik sind jedoch derzeit nicht in Sicht – auch wenn es dazu auf Dauer keine Alternative gibt.

Unter bestimmten Bedingungen können kapitalgedeckte Formen der Altersvorsorge zwar eine wichtige Rolle für eine zusätzliche Absicherung im Alter spielen. Eine Abschaffung oder noch weitergehende Ersetzung der umlagefinanzierten Rente durch kapitalgedeckte Systeme scheint aber aufgrund der genannten Probleme nicht ratsam.[4]

---

[2] C. Logeay et al., Gesamtwirtschaftliche Folgen des kapitalgedeckten Rentensystems. Zwischen Illusion und Wirklichkeit, IMK Report, Nr. 43, November 2009 (http://www.boeckler.de/pdf/p_imk_report_43_2009.pdf), p. 14: „Die Dämpfung der privaten Konsumnachfrage beeinträchtigte zwangsläufig das Wirtschaftswachstum. In den [...] ersten sechs Jahren seit Beginn der Riesterreform stieg das reale Bruttoinlandsprodukt insgesamt um fast ein Prozent weniger als [...] ohne Riesterreform und erhöhtem Vorsorgesparen. Das Beschäftigungsniveau wurde so um gut ein halbes Prozent gedrückt."

[3] A. Pfaller/L. Witte, Global Ageing. Wie sichern wir unsere Renten? Plädoyer für eine globale Strategie, in: Internationale Politik und Gesellschaft, Heft 1/2002, S. 121–136.

[4] Zudem versah der Ausbruch der jüngsten Finanzmarkt- und Wirtschaftskrise die kapitalgedeckte Altersversorgung mit einem generellen Fragezeichen. Daher hat die Friedrich-Ebert-Stiftung

## 35.3 Betriebliche Altersversorgung in Deutschland – bisher eine schmale „2. Säule“

Im internationalen Vergleich weist Deutschland bislang geringe Altersarmutsquoten auf. Doch das Risiko Altersarmut wird in Zukunft wahrscheinlich zunehmen. Die Gründe dafür liegen derzeit allerdings weniger im demographischen Wandel, sondern vielmehr im Wandel der Erwerbsgesellschaft, in der Unterbrechungen der Erwerbsbiographie, Langzeitarbeitslosigkeit, prekäre Beschäftigungen und Niedriglöhne immer häufiger geworden sind. In einem lohnarbeitszentrierten Rentensystem hat dies zur Folge, dass immer mehr Menschen nur niedrige Versorgungsansprüche erwerben, und zwar über alle Versicherungsmodelle hinweg. Darüber hinaus haben manche Reformen selbst für bestimmte Personengruppen das Risiko von Altersarmut vergrößert. Schon jetzt erreichen Personen mit geringen Einkommen (weniger oder gleich 50% des Durchschnittseinkommens) in Deutschland nur sehr niedrige Renten in Höhe von 55% ihres früheren Nettoeinkommens, während im OECD-Durchschnitt dieser Personenkreis immerhin ein Rentenniveau von 82% des früheren Nettoeinkommens erreicht. Da politisch entschieden wurde, dass der Beitragssatz zur gesetzlichen Rentenversicherung (GRV) auch in den nächsten beiden Jahrzehnten nicht steigen soll, während zugleich die Beitragszahler weniger und die Leistungsempfänger zahlreicher werden, sinken die Leistungen für die Einzelnen zwangsläufig.

Vor diesem Hintergrund könnte die betriebliche Altersversorgung (BAV) für die Masse der abhängig Beschäftigten in Deutschland unter bestimmten Bedingungen eine wichtige Rolle bei der Absicherung ihres sozioökonomischen Status’ im Alter spielen – als sog. „zweite Säule“, der Alterssicherung zwischen der „ersten Säule“, der gesetzlichen Rente, und der „dritten Säule“ der individuellen privaten Altersvorsorge. Immerhin nehmen laut des jüngsten OECD Rentenreports inzwischen etwa 64% der abhängig Beschäftigten in Deutschland an Programmen der BAV teil.[5] Dabei spielte sie in Deutschland bis vor einigen Jahren kaum eine tragende bzw. flächendeckende Rolle bei der Altersversorgung abhängig Beschäftigter, sondern wurde als freiwillige Unternehmensleistung und in der Regel nur in großen Betrieben als zusätzlicher Anreiz für begehrtes Personal oder zur Personalbindung eingesetzt. Als rein arbeitgeberseitig finanzierte Leistung ist sie nur selten und heute allenfalls bei sehr hoch qualifiziertem oder aus anderen Gründen für wertvoll gehaltenem Personal vorzufinden, wie z. B. beim höheren Management in großen Unternehmen. Paritätisch finanzierte Modelle, bei denen Arbeitgeber die

Ende des Jahres 2008 eine Projektreihe gestartet, die sich den Auswirkungen der Finanzmarktkrise auf die sozialen Sicherungssysteme und dem mittelfristigen Handlungsbedarf widmete. Die vorläufigen Ergebnisse dieser Projektreihe sind in einer Publikation zusammengefasst, die für den Gesprächskreis Sozialpolitik der Friedrich-Ebert-Stiftung erstellt wurde: D. Döhring et al., Kurzfristige Auswirkungen der Finanzmarktkrise auf die sozialen Sicherungssysteme und mittelfristiger Handlungsbedarf, WISO-Diskurs, Bonn: FES, 2009 (http://library.fes.de/pdf-files/wiso/06667.pdf).

[5] OECD, Pensions at a Glance 2009. Retirement-Income Systems in OECD Countries, S. 141.

für die BAV verwendeten Lohnbestandteile bezuschussen, gab es zumindest bis in die 1980er Jahre etwas häufiger, doch für das Gros der Beschäftigten bildeten sie die Ausnahme und haben seitdem kontinuierlich abgenommen. Von daher mag es wenig überraschen, dass auf der Leistungsseite derzeit (2008) immer noch die umlagefinanzierte GRV mit einem Anteil von ca. 80% an den Renteneinkommen in Deutschland deutlich vor dem Leistungsanteil aller kapitalgedeckten Zusatzsysteme dominiert, der bei etwa 20% liegt. Die Leistungen aus der BAV, die bislang in aller Regel kapitalgedeckt erfolgt, machen sogar nur etwa sechs Prozent am gesamten Ausgabenvolumen der Alterssicherungssysteme aus.

## 35.4 Der Ausbau der betrieblichen Altersversorgung zur tragenden Säule der Alterssicherung – Reformen mit Konstruktionsfehlern

Um die BAV zu fördern und zu einem tragenden Element der Altersversorgung aller Beschäftigten auszubauen, hat die Politik eine Reihe von Reformen durchgeführt, darunter neben steuerlichen Förderprogrammen seit 2002 auch die Einführung der sog. Entgeltumwandlung. Damit werden Lohnbestandteile, die in Beiträge zu einer betrieblichen Altersversorgung fließen, bis zu einer Höhe von vier Prozent der Beitragsbemessungsgrenze zur Rentenversicherung von Steuern und Sozialabgaben befreit. Um die Verbreitung der BAV zu fördern, war dies offenbar ein erfolgreiches Instrument, denn die meisten der neuen Verträge wurden auf dieser Grundlage abgeschlossen und die Teilnahme an BAV-Programmen hat sich in den letzten Jahren tatsächlich signifikant erhöht.

Zu einer zusätzlichen Absicherung im Alter trägt die Entgeltumwandlung in vielen Fällen jedoch kaum und in manchen sogar negativ bei, denn bezogen auf die umgewandelten Entgeltanteile werden keine Ansprüche in der GRV erworben, und unmittelbar entgehen der GRV auch die entsprechenden Einnahmen. Das hat zwar für die Versicherten auf den ersten Blick den Vorteil, dass die umgewandelten und beitragsfrei gestellten Entgeltanteile in ungeminderter Höhe in die BAV eingehen. Doch abgesehen davon, dass sich dies je nach Alter und weiterem beruflichen Fortkommen nachteilig auf die individuelle Gesamtabsicherung auswirken kann, kann diese Regelung Nachteile für alle gesetzlich Versicherten nach sich ziehen. Denn je verbreiteter diese Entgeltumwandlung in Anspruch genommen wird, desto stärker wirkt sich das auch auf die Berechnungsgrundlage der Leistungen der GRV, nämlich die sozialversicherungspflichtige Bruttolohnsumme aller Beschäftigten aus, da die umgewandelten Entgeltanteile darin nicht mehr einfließen.[6] Auf Dauer führt dies zu einer Absenkung des Leistungsniveaus für alle gesetzlich Versicherten, unabhängig davon, ob sie individuell die Entgeltumwandlung für eine BAV in Anspruch

[6] O. Ehrentraut/B. Raffelhüschen, Auswirkungen der Entgeltumwandlung auf die gesetzliche Rentenversicherung. Studie des Forschungszentrums Generationenverträge im Auftrag des Ministeriums für Arbeit, Gesundheit und Soziales NRW, Mai 2006.

genommen haben oder nicht.[7] Von Vorteil ist diese Regelung vor allem für Arbeitgeber, denn auch sie führen auf die umgewandelten Entgeltanteile weder Sozialbeiträge noch Steuern ab und haben damit, sofern sie die eingesparten Beiträge nicht für Zuschüsse zur BAV ihrer Beschäftigten verwenden, eine echte Ersparnis.

Besonders problematisch erscheint vor dem Hintergrund der Absenkung des gesetzlichen Rentenniveaus zudem, dass Geringqualifizierte vergleichsweise seltener einen Zugang zur BAV haben und selbst bei einer Teilnahme an solchen Modellen meist nur relativ geringe Ansprüche erwerben. Zudem gibt es in Deutschland keine angemessenen Mindeststandards und wenig effektive Maßnahmen zur Sicherung niedriger Verwaltungskosten. Im Gegenteil: Die Reformen übertrugen Organisation und Verwaltung der individuellen privaten wie der betrieblichen Altersversorgung an die private Versicherungswirtschaft. Deren reine Verwaltungskosten belaufen sich, vergleichbar der GRV, auf etwa 2–4% der Einnahmen, doch summieren sich ihre gesamten Betriebskosten mit der entsprechenden Werbung und dem Vertrieb in der Regel auf 10–12% der Einnahmen. Selbst bei sehr geschickten Anlagestrategien lassen sich Renditen, die diese höheren Kosten überkompensieren, auf Dauer nicht erzielen.

## 35.5 Eine gesamtwirtschaftliche Perspektive zur Vermeidung von Altersarmut ist nötig

Um Altersarmut umfassend entgegen zu wirken und zugleich die Erwerbstätigen nicht übermäßig zu belasten, ist eine gesamtwirtschaftliche Wachstumsstrategie nötig – denn die angemessene Versorgung eines wachsenden inaktiven Bevölkerungsanteils kann ohne Frustration aller Involvierten nur sichergestellt werden, wenn das Gesamteinkommen insgesamt so wächst und verteilt wird, dass weder die Erwerbstätigen noch die Leistungsempfänger reale Einbußen hinnehmen müssen. Solange der Wohlstand real wächst, was in der Regel in einem wachsenden Bruttoinlandsprodukt pro Kopf zum Ausdruck kommt, stellt die Versorgung eines wachsenden Anteils von Inaktiven an der Gesamtbevölkerung kein fundamentales, sondern „nur“ ein Organisations- und Verteilungsproblem dar. Das übergeordnete Problem ist somit das reale Wohlstandswachstum und dessen gerechte Verteilung – dafür sind mehr öffentliche und private Investitionen in reale, sozial und ökologisch nachhaltige Produktivität, der Ausbau der privaten, aber auch besonders der öffentlichen (sozialversicherungspflichtigen!) Beschäftigung vor allem in solchen zukunftsrelevanten Sektoren wie Bildung und Pflege, die Einführung

[7] Vgl. hierzu insbesondere Sozialverband Deutschland, STELLUNGNAHME zu dem Gesetzentwurf des Bundesministeriums für Arbeit und Soziales vom 8. August 2007/Entwurf eines Gesetzes zur Förderung der betrieblichen Altersversorgung, 25.09.2007, online: http://www.sovd.de/fileadmin/downloads/pdf/stellungnahmen/entgeltumwandlung.pdf.

eines allgemeinen Mindestlohnes, sowie grundlegende Reformen des Finanzsektors nötig.[8]

Dass sich der Charakter Deutschlands als Arbeitsgesellschaft in Zukunft grundlegend ändert, ist unwahrscheinlich – gut 80% der Bevölkerung sind oder waren abhängig beschäftigt, und beziehen aus dieser aktuellen, potenziellen (Arbeitslose) oder vergangenen Tätigkeit ihr Einkommen, und der bei weitem überwiegende Teil der Heranwachsenden wird ebenfalls nur ein Einkommen aus abhängiger Arbeit finden können. Umso wichtiger ist Beschäftigungsförderung – aber nicht um jeden Preis, sondern zu Bedingungen, die einen auskömmlichen Lebensstandard während und nach der aktiven Zeit ermöglichen. Mit Blick auf die Verschiebung zwischen Lohneinkommen auf der einen und Gewinn- und Vermögenseinkommen auf der anderen Seite zugunsten letzterer während der vergangenen Jahre, ist im Hinblick auf eine angemessene Altersversorgung (sowie weiterer Aspekte der sozialen Sicherung) aller Bürger und Bürgerinnen zu erwägen, Gewinn- und Vermögenseinkünfte künftig stärker an der Finanzierung sozialer Sicherungssysteme zu beteiligen.

Längerfristig könnte dies auf umfassende Reformen der GRV hinauslaufen, indem ihre Finanzierungsbasis unter Solidaritätsgesichtspunkten und Einbeziehung weiterer Einkommensarten über Lohneinkünfte hinaus ausgeweitet und ihre Leistungsseite durch Elemente einer für alle ausreichenden Basissicherung ergänzt wird. Auf diesem Fundament könnte die BAV eine stärkere Rolle bei der Statussicherung für die Masse der abhängig Beschäftigten spielen, sofern sie bei gleichzeitiger Sicherstellung einer paritätischen Finanzierung und niedriger Betriebskosten für alle Arbeitgeber obligatorisch wäre.

[8]Die Konturen und Elemente eines solchen sozialen Wachstumsprogramms sind dargestellt in: R. Bormann et al., Deutschland 2020 – aus der Krise in eine soziale Zukunft, WISO Diskurs, Bonn: FES, Juni 2009, online: http://library.fes.de/pdf-files/wiso/06453.pdf.

# Sachverzeichnis



O. Kaufmann, S. Hennion (eds.), *Steuerung der betrieblichen Altersversorgung in Europa: garantierte Sicherheit? Governance of Occupational Pensions in Europe: Guaranteed Security? Gouvernance des retraites professionnelles en Europe: Sécurité garantie?*, DOI 10.1007/978-3-642-15731-8, © Springer-Verlag Berlin Heidelberg 2011

# Index

# Index

www.ingramcontent.com/pod-product-compliance
Lightning Source LLC
Chambersburg PA
CBHW061735100826
49620CB00003B/210
* 9 7 8 3 6 4 2 1 5 7 3 0 1 *